ལྷོ་ཁའི་ལོ་རིམ་མེ་ལོང་།

山南年鉴

2018

（总第7卷）

山　南　市　人　民　政　府　主办

山南市地方志编纂委员会办公室　编

图书在版编目（CIP）数据

山南年鉴. 2018 / 山南市地方志编纂委员会办公室编. -- 北京 : 方志出版社，2018.9
ISBN 978-7-5144-3308-1

Ⅰ. ①山… Ⅱ. ①山… Ⅲ. ①山南地区－2018－年鉴
Ⅳ. ①Z527.52

中国版本图书馆CIP数据核字(2018)第224333号

山南年鉴（2018）

编　　者：山南市地方志编纂委员会办公室
责任编辑：刘方圆

出 版 人：冀祥德
出 版 者：方志出版社
地址　北京市朝阳区潘家园东里9号（国家方志馆 4 层）
邮编　100021
网址　http://www.fzph.org
发　　行：方志出版社图书经销中心
电话（010）67110500
经　　销：各地新华书店
印　　刷：河南金雅昌文化传媒有限公司

开　　本：889×1194　　1/16
印　　张：36
字　　数：954千字
版　　次：2018年9月第1版　　2018年9月第1次印刷
印　　数：001～600册

ISBN 978-7-5144-3308-1　　定价：398.00元

《山南年鉴》编纂委员会

《山南年鉴》编辑部

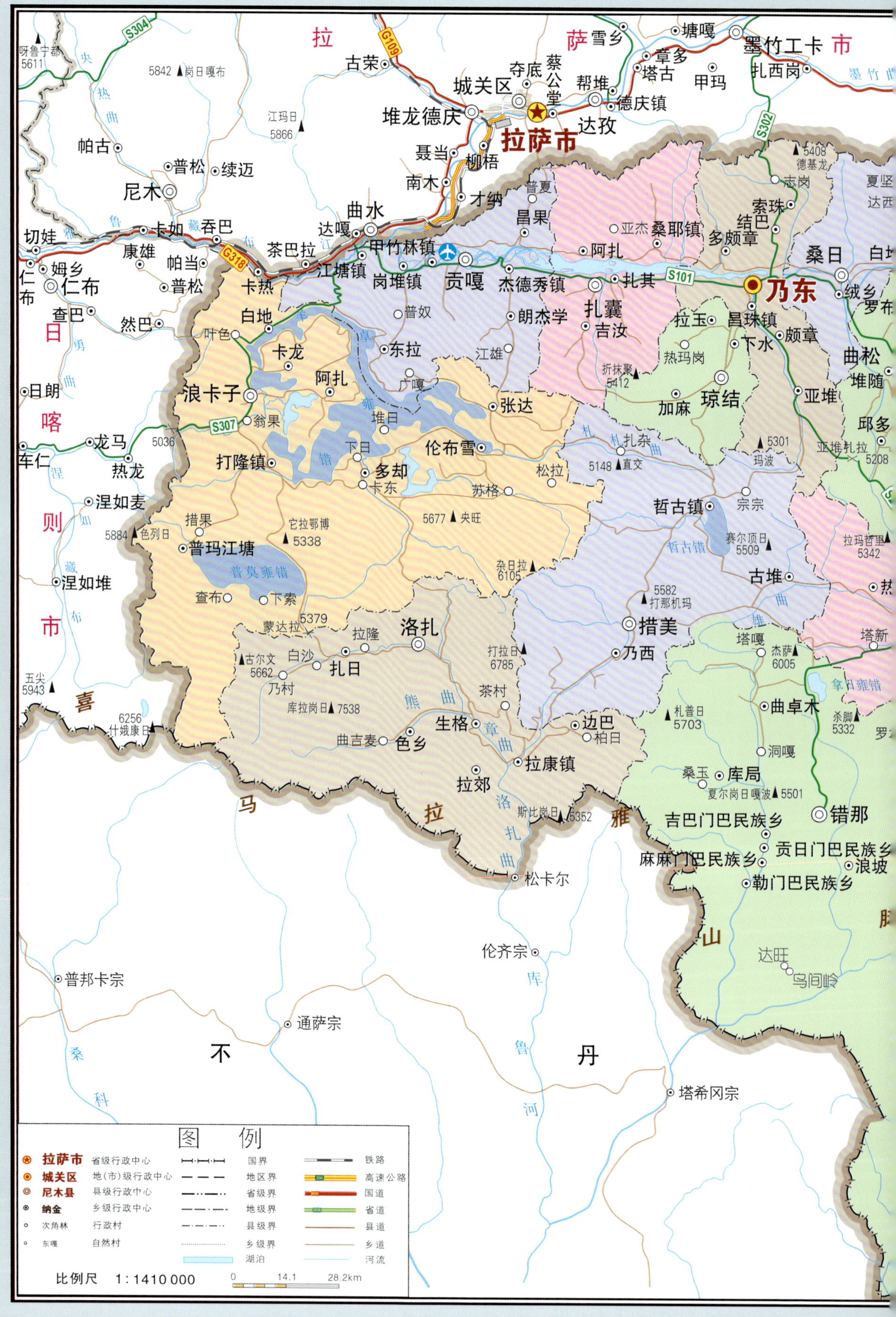

拉
萨
市
S304
G109
雪乡
塘嘎
墨竹工卡
呀鲁宁都
5611
央
5842 岗日嘎布
古荣
夺底
蔡公堂
章多
塔古
甲玛
扎西岗
墨竹
城关区
帮堆
德庆镇
热
曲
江玛日
5866
堆龙德庆
拉萨市
达孜
S302
帕古
聂当
柳梧
5408
德基龙
普松
续迈
南木
普夏
志岗
夏坚
尼木
曲水
才纳
昌果
索珠
达西
结巴
鲁
切娃
卡如
藏
吞巴
达嘎
亚杰
桑耶镇
多颇章
康雄
帕当
G318
茶巴拉
甲竹林镇
阿扎
桑日
姆乡
仁布
普松
卡热
江塘镇
岗堆镇
贡嘎
杰德秀镇
扎其
S101
乃东
绒乡
罗布
查巴
白地
普奴
朗杰学
扎囊
拉玉
昌珠镇
然巴
叶色
吉汝
下水
颇章
日
卡龙
东拉
江雄
热玛岗
曲松
阿扎
广嘎
折抹裹
5412
堆随
日朗
浪卡子
加麻
琼结
亚堆
喀
S307
翁果
堆日
张达
邱多
5036
伦布雪
扎杂
5301
龙马
下日
玛波
亚堆扎拉
车仁
打隆镇
多却
5148 直交
5208
热龙
松拉
卡东
苏格
哲古镇
宗宗
涅如麦
则
措果
5677 央旺
它拉鄂博
5338
5884 色列日
普玛江塘
赛尔贡日
5509
拉玛哲里
5342
哲古错
杂日拉
6105
藏
普莫雍错
涅如堆
古堆
查布
下索
5582
打那机玛
市
5379
蒙达拉
措美
布
拉隆
洛扎
塔嘎
杰萨
塔新
6005
古尔文
5662
白沙
扎日
打拉日
6785
乃西
五尖
5943
乃村
茶村
喜
库拉岗日 7538
熊
曲
曲卓木
拿日雍错
6256
什娥康日
札普日
5703
杀脚
5332
生格
章
边巴
柏日
曲吉麦
色乡
洞嘎
拉郊
拉康镇
桑玉
库局
夏尔岗日嘎波 5501
马
洛
斯比岗日 5352
拉
雅
吉巴门巴民族乡
错那
扎
贡日门巴民族乡
曲
麻麻门巴民族乡
浪坡
松卡尔
勒门巴民族乡
山
伦齐宗
达旺
乌间岭
普邦卡宗
库
通萨宗
鲁
桑
不
丹
河
科
塔希冈宗
图例
拉萨市 省级行政中心
城关区 地（市）级行政中心
尼木县 县级行政中心
纳金 乡级行政中心
次角林 行政村
东嘎 自然村
国界
地区界
省级界
地级界
县级界
乡级界
湖泊
铁路
高速公路
国道
省道
县道
乡道
河流
比例尺 1:1410 000
0 14.1 28.2km

西藏自治区测绘院编制　藏S（2018）022号

编 辑 说 明

一、《山南年鉴(2018)》以马克思列宁主义、毛泽东思想、邓小平理论、“三个代表”重要思想、科学发展观、习近平新时代中国特色社会主义思想为指导，坚持辩证唯物主义和历史唯物主义的立场、观点和方法。坚持为山南改革、发展、稳定服务的方针，由《山南年鉴》编辑部编辑。

二、《山南年鉴(2018)》客观、翔实、全面、系统地记载2017年山南市政治、经济、文化、社会等各方面的发展状况。为各级领导了解地情、科学决策提供依据，为各单位、各行业、各部门查阅资料提供便利，为国内外各界人士了解、认识、研究山南提供可靠信息，同时也是山南文化建设和对外宣传的重要窗口。

三、《山南年鉴(2018)》包括特载、专辑、山南概况、大事记、中国共产党山南市委员会、山南市人民代表大会常务委员会、山南市人民政府、中国人民政治协商会议山南市委员会、纪律检查(监察)、对口援藏、群众团体、法治、经济综合管理、国土·环保·住建、农牧业·水利·林业·电力、交通·旅游·邮政·通信、金融、医疗·卫生、教育·科技·气象、文化·广电、民族·宗教、民政与社会保障、区情县情、人物、附录等内容。

四、《山南年鉴(2018)》采用分类编辑法，由类目、部(门)目、条目组成。类目下设部(门)目，部(门)目下设若干条目。条目标题统一使用黑体字加【 】表示。

五、《山南年鉴(2018)》所用稿件均由各县(区)、市委各部委，市各局、委、办、室，各人民团体及驻地各单位负责撰写，并经撰写单位领导审核。所用综合性资料、数据等一律截至2017年年底。年鉴中的统计资料由市统计局提供，正文中的数据由各单位提供。数据一般以现行价格计算。本卷统计资料因统计口径等原因，有关部门所用数据与统计资料中的数据不尽一致，采用时请予注意。本书中农田土地面积的计量单位使用“亩”。

中国共产党中央委员会

卓嘎、央宗同志：

你们好！看了来信，我很感动。在海拔3600多米、每年大雪封山半年多的边境高原上，你们父女两代人几十年如一日，默默守护着祖国的领土，这种精神令人钦佩。我向你们、向所有长期为守边固边忠诚奉献的同志，表示崇高的敬意和衷心的感谢。

家是玉麦，国是中国，放牧守边是职责，你们这些话说得真好。有国才能有家，没有国境的安宁，就没有万家的平安。祖国疆域上的一草一木，我们都要看好守好。希望你们继续传承爱国守边的精神，带动更多牧民群众像格桑花一样扎根在雪域边陲，做神圣国土的守护者、幸福家园的建设者。

十九大刚刚召开，党将带领各族群众创造更加美好的生活。我相信，在大家的共同努力下，玉麦这个曾经的“三人乡”，一定能建成幸福、美丽的小康乡、乡亲们的日子也一定会越过越红火！

2017年10月28日

庆祝西藏自治区成立五十周年
习近平总书记与西藏各族人民心连心

玉麦乡位于喜马拉雅山脉东部，全乡境域面积3644平方公里，是西藏山南市隆子县境域面积最大的乡。

这是中国人口最少的行政乡。2017年，全乡9户32人。人口最少时，只有一家三口，就是卓嘎、央宗和她们的父亲。历史上人口最多时，也只有20多户300人左右。

玉麦乡，只有一个行政村，即玉麦村。全乡32人中，在校就读学生12人（大学4名、毕业1名、高中6名、小学2名）、残疾儿童1名（未上学）、学龄前儿童2名、成年人16名（男8人、女8人）。

玉麦乡是中国4.4万多个乡镇中普通的一个乡，但她却不普通的存在着。他离北京的地理距离很远，但心理距离很近。中南海始终牵挂着她。2017年10月28日，习近平总书记给玉麦乡牧民卓嘎和央宗姐妹的一封亲切回信，让这个昔日默默无闻的边陲小乡成为“网红”。

2017年11月3日，西藏自治区党委书记吴英杰（中）接见卓嘎、央宗姐妹，向他们转达习近平总书记的亲切问候。自治区党委常委、宣传部长边巴扎西（右二），山南市委书记许成仓（左二）山南市委副书记、市长普布顿珠（右一）陪同。右图为接见现场，吴英杰、边巴扎西、许成仓、普布顿珠及其他陪同人员与卓嘎、央宗姐妹合影。

2017年11月13日，西藏自治区党委书记吴英杰（中）在山南调研重大项目建设情况

2017年6月8日，西藏自治区党委副书记、自治区人大常委会主任洛桑江村（前排左三）在加查县调研

2017年5月26日，西藏自治区党委副书记、自治区主席齐扎拉（前排左二）在加查县冷达乡蓝莓基地调研

2017年7月21日，国家统计局党组成员、总经济师盛来运（左三）在山南市实地调研

2017年3月15日，西藏自治区党委副书记、自治区常务副主席丁业现（前排右一）在山南市考察调研交通重点项目建设情况

2017年3月11日，西藏自治区党委常委、纪委书记、自治区派驻山南市维稳督导组负责人王拥军（左三）在琼结县检查指导维稳工作

2017年6月16日，西藏自治区党委常委、组织部部长曾万明（前排右二）在山南市人民医院调研医疗人才“组团式”援藏工作

2017年2月12日，西藏自治区党委常委、自治区常务副主席姜杰（中）在山南市调研旅游开发工作情况

2017年4月26日，西藏自治区党委常委、宣传部部长边巴扎西（左一）在山南市贡嘎、隆子两县调研

2017年4月11—14日，西藏自治区党委常委、自治区政府副主席，自治区公安厅厅长刘江（左四）在山南市隆子、错那、措美、洛扎、浪卡子五县调研基层公安派出所（站）建设及队伍建设情况

2017年7月13—18日，西藏自治区人大常委会副主任李文汉（前排右二）率检查组对山南市落实2016年精准扶贫精准脱贫工作报告审议意见情况进行跟踪督办

2017年8月8日，安徽省副省长方春明（中）看望慰问第二批援藏干部并指导医疗人才“组团式”援藏工作

2017年4月28日，西藏自治区副主席甲热·洛桑丹增（中）在山南市琼结县加麻乡昌嘎村走访慰问结对认亲贫困户和驻村工作队

2017年3月15日，西藏自治区政府党组副书记、顾问孟德利（左二）在山南市新闻出版（广电）局调研指导工作

2017年3月14日，西藏自治区副主席多吉次珠（中）在山南市调研工商行政、市场监管和商事制度改革等工作

2017年2月25日，西藏自治区副主席汪海洲（右三）率自治区调研组在山南市调研产业发展情况并慰问区政府办驻村工作队结对认亲户

2017年8月17日，西藏自治区政协副主席白玛朗杰率领自治区政协视察团听取山南市重点项目建设情况汇报

2017年10月10日，西藏自治区政协副主席、区总工会主席洛桑久美（左二）在山南市总工会开展调研活动

2017年4月14日，山南市委书记张永泽在浪卡子调研脱贫攻坚工作并与群众座谈

2017年6月19日，山南市委书记许成仓（右一），市委副书记、市长普布顿珠（左一）看望慰问十八军退休老干部陈明英

2017年9月13日，山南市委书记许成仓（中）率山南市重点工作自查考评组在加查、曲松、桑日三县对全面深化改革重点工作进行自查考评

2017年7月11日，山南市委副书记、市长普布顿珠（右二）调研乃东区结莎社区居委会棚户区改造项目建设情况

2017年6月13日，山南市委副书记、市政协主席、市委党校校长丁哲峰（中）在乃东区督查农村改革试验区工作

2017年7月5日，山南市人大常委会主任王德文（前排左二）在曲松藏药材种植基地调研

2017年2月25日，山南市委副书记巴珠（前排右二）看望慰问节日期间坚守岗位的干部职工

2017年4月26日，山南市委副书记陈正祥（右一）在加查县调研

2017年1月3日，山南市召开宗教领域维稳工作推进会议

2017年2月23日，山南市召开第一届市纪委第二次全体会议

2017年3月8日，山南市召开脱贫攻坚专题会议

2017年3月17日，山南市召开全市企业发展座谈会

2017年6月16日，山南召开干部职工大会，宣布西藏自治区党委对山南市主要领导调整的决定：张永泽不再担任中共山南市委书记、常委、委员职务，许成仓任中共山南市委委员、常委、书记

2017年9月27日，山南市召开2017年度民族团结进步表彰大会

2017年9月28日，山南市召开科技创新大会

2017年10月30日，山南市召开全市学习贯彻党的十九大精神党员领导干部大会

2017年11月10日，中国共产党山南市第一届委员会第二次全体会议在泽当召开

2017年1月16日，国家脱贫攻坚交叉验收组在山南市验收脱贫攻坚工作

2017年3月26日，山南市举办西藏自治区和平解放58周年暨“四讲四爱”主题教育实践活动启动仪式

2017年3月28日，琼结县举办首届校园文化艺术节，图为县小学教师在台上演讲

2017年3月28日，山南市举办第五届“感动山南十大人物”颁奖晚会

2017年5月8日，《西藏百万翻身农奴口述史》图书首发仪式在乃东区昌珠镇克松村委会举行

2017年7月30日，农牧民身着节日盛装，举办祈祷丰收的望果节。2014年11月11日，望果节经国务院批准列入第四批国家级非物质文化遗产名录。

2017年8月15—21日，以“藏源·藏缘——走进山南”为主题的2017中国西藏雅砻文化节在湖南、山南两地举行。湖南设主会场，山南设分会场，这是雅砻文化节首次在市外举办

2017年9月26日，山南市召开党的十九大期间维稳誓师动员大会

2017年12月2日，山南市举行西藏福地500万吨大包装水生产基地建设项目一期工程开工仪式

山南新一轮农网建设

沃卡500千伏变电站

2017年4月10日，世界海拔最高乡——山南浪卡子县普玛江塘乡新一轮农网改造升级35千伏输变电工程开工，图为开工现场施工人员与农牧民合影（索朗多吉　摄）

2017年8月，山南市隆子县玉麦乡电力线路建设项目启动。图为玉麦乡正式接入大网电电源施工现场

山南新一轮农网工程项目部临时党支部在措美110千伏措美2标施工现场（刘雪松、牛路、陶洋　摄）

2017年6月24日，电力员工在西藏山南市洛扎县乃村走向另一处施工点（刘雪松、牛路　摄）

泽贡高等级公路

泽贡高等级公路起于两桥一隧公路嘎拉山隧道南口向东陇巴立交终点，沿雅鲁藏布江北岸设线，终点止于泽当大桥北桥头阶地处，路线全长89.869公里，设计速度100公里/小时，采用双向四车道一级公路设计标准，整体式路基宽度为23米，分离式路基宽度为11.5米，设计荷载公路-Ⅰ级。总投资49.75亿元，平均每公里5833.1万元。于2016年4月6日开工，2017年12月8日通车试运行。

2017年3月15日，泽贡高等级公路控制性工程——多吉扎寺隧道全线贯通

错那县勒门巴民族乡

江北灌区昌果子灌区昌果西干水库

哲古草原藏野驴（许伟华　摄）

哲古草原野马（许伟华　摄）

洛扎碉楼（许伟华　摄）

桑耶景区（许伟华　摄）

勒布百花滩（卢现艺　摄）

错那曲卓木千年沙棘林（向进福　摄）

岗布冰川（曹中阳　摄）

普莫雍错湖冰面赶羊的牧民

目 录

山南概况

大事记

中国共产党山南市委员会

山南市人民代表大会常务委员会

山南市人民政府

中国人民政治协商会议山南市委员会

纪律检查（监察）

对口援藏

群众团体

法 治

经济综合管理

农牧业·水利·林业·电力

交通·旅游·邮政·通信

金 融

医疗·卫生

教育·科技·气象

文化·广电

民族·宗教

民政与社会保障

区情县情

人 物

附 录

索　引

特 载

许成仓、普布顿珠同志在全市经济工作会议上的讲话

（2018年1月5日）

许成仓同志的讲话

这次全市经济工作会议主要任务是，深入学习贯彻落实党的十九大和中央、全区经济工作会议精神，总结过去5年特别是去年的经济工作，分析当前经济形势，安排部署2018年经济工作。稍后，普布顿珠同志还要作具体安排，大家要认真学习领会，抓好贯彻落实。

下面，我讲四点意见。

一、认真学习领会，切实把思想和行动统一到中央、全区经济工作会议精神上来

（一）深刻领会中央经济工作会议精神。中央经济工作会议是以习近平同志为核心的党中央在中国特色社会主义进入新时代、我国经济发展也进入新时代召开的一次非常重要的会议。会议全面总结了党的十八大以来我国经济取得的历史性成就、发生的历史性变革，深刻阐述了习近平新时代中国特色社会主义经济思想的科学内涵，深入分析了当前国内国际经济形势，明确了今年经济工作的总体要求和目标任务，为我们做好经济工作指明了方向。各级党政组织和广大党员干部要认真学习领会、把握精神实质，统一思想、武装头脑、指导工作。要深刻领会习近平新时代中国特色社会主义经济思想的科学内涵。习近平新时代中国特色社会主义经济思想，以新发展理念为主要内容，以“七个坚持”为思想内涵，是推动我国经济发展实践的理论结晶，是中国特色社会主义政治经济学的最新成果，是党和国家十分宝贵的精神财富，是我们做好当前和今后一个时期经济工作的行动指南。要深刻领会推动高质量发展的根本要求。我国经济发展进入新时代，基本特征是我国经济已由高速增长阶段转向高质量发展阶段。高质量发展，就是能够很好满足人民日益增长的美好生活需要的发展，是体现新发展理念的发展，是创新成为第一动力、协调成为内生特点、绿色成为普遍形态、开放成为必由之路、共享成为根本目的的发展。要深刻领会稳中求进工作总基调。坚持稳中求进工作总基调是治国理政的重要原则，是做好经济工作的重要方法论。要深刻理解“稳”和“进”是辩证统一的，必须作为一个整体来把握，把握好工作节奏和力度，贯穿经济工作始终。要深刻领会决胜全面建成小康社会的三大攻坚战。按照党的十九大的部署，打好防范化解重大风险、精准脱贫、污染防治三大攻坚战，解决全面建成小康社会的突出问题。要深刻

领会今年经济工作的八项重点任务。切实做好深化供给侧结构改革,激发各类市场主体活力,实施乡村振兴战略,实施区域协调发展战略,推动形成全面开放新格局,提高保障和改善民生水平,加快建立多主体供应、多渠道保障、租购并举的住房制度,加快推进生态文明建设等重大工作。

(二)深刻领会全区经济工作会议精神。中央经济工作会议召开后,区党委迅速召开常委会传达学习、研究部署,随后又召开全区经济工作会议全面安排部署,充分体现了以吴英杰书记为班长的区党委维护党中央权威和集中统一领导的思想自觉和行动自觉,贯彻中央决策部署的鲜明态度和坚强决心,雷厉风行抓落实的责任担当和过硬作风。我们要主动向区党委看齐,深入学习贯彻落实。要深刻领会中国特色、西藏特点的高质量发展路子。始终坚持创新协调绿色开放共享的新发展理念,始终着眼建设现代化经济体系这个目标,坚持稳中求进、进中求好、补齐短板的工作总基调,始终坚持处理好"十三对关系"这个根本方法。这条路子,是中国特色社会主义道路和中国特色社会主义理论体系在西藏的具体运用,是贯彻落实总书记治边稳藏重要战略思想的必然要求,是贯彻落实党的十九大和中央经济工作会议精神在西藏的新实践,是打赢脱贫攻坚战、决胜全面建成小康社会的必由之路,是完全符合西藏发展阶段性特征、充分把握全区各族人民对美好生活需求的历史选择。要深刻领会稳中求进、进中求好、补齐短板的工作总基调。这个总基调是贯彻落实中央稳中求进治国理政重要原则、结合西藏工作实际提出来的。稳是主基调、是大局,进是路径、是取向,好是标准、是目标,补齐短板是重要抓手、是迫切需要,这几个方面是辩证统一的,要作为一个整体来把握。要深刻领会"十三对关系"根本方法。正确处理"十三对关系"是自治区党委针对当前我区经济社会发展的客观实际提出来的,是做好全区经济工作的重要方法论,是历史唯物主义和辩证唯物主义、理论联系实际在西藏经济社会发展中的鲜活运用,是一个环环相扣、相互影响、相互作用的完整体系,也是解决我区发展不平衡不充分问题的根本之策和有力抓手,完全符合中央要求,完全符合我区实际,必须一以贯之、长期坚持。要深刻领会今年全区经济工作预期目标。深刻认识自治区党委、政府确定的主要预期目标,是经过深思熟虑、慎重研究的,是贯彻落实党的十九大精神、顺应全区各族人民对美好生活需求的迫切需要,是确保"十三五"规划顺利实施的必然要求。要深刻领会今年全区经济工作七项重点任务。抓好持续促进有效投资、坚决打好脱贫攻坚战、着力发展特色优势产业、大力实施乡村振兴战略和区域协调发展战略、提高保障和改善民生水平、加快推进美丽西藏建设、进一步增强发展活力七项重点任务,推动经济社会高质量发展。

各级各部门一定要把学习贯彻中央、全区经济工作会议精神作为一项重要政治任务,认真学习、深刻领会,切实把思想和行动统一到中央、全区经济工作会议精神上来,发扬钉钉子精神,一步一个脚印,推动山南经济社会更好更快发展。

二、认清形势,增强加快发展的紧迫感和责任感

党的十八大以来,在以习近平同志为核心的党中央亲切关怀下,在自治区党委、政府的坚强领导下,市委、市政府团结带领全市各族干部群众,坚持以习近平新时代中国特色社会主义思想为指导,认真贯彻落实中央、自治区决策部署,正确处理"十三对关系",突出发展、稳定、生态"三个重点",办好改善民生、脱贫攻坚、夯实基础和拉萨山南经济一体化发展"四件大事",抓重点、补短板、强弱项,各项事业取得显著成绩。一是经济实力明显增强。主要经济指标连续保持两位数以上增长,预计2017年地区生产总值、固定资产投资、社会消费品零售总额、一般公共预算收入、城镇和农村居民人均可支配收入分别完成148.4亿元、240亿元、50.5亿元、16.6亿元、28483元、11295元,分别是5年前的2.03倍、2.77倍、1.98倍、2.75倍、1.67倍、1.86倍。二是发展基础更加坚实。基础设施条件明显改善,拉林铁路山南段、山南至拉萨快速通道等重大项目加快建设,加桑公路、泽贡高等级公路建成通车,结束了山南没有高等级公路的历史;卓于水库和泽当防洪体系工程开工建设,雅砻水库下闸蓄水,农田灌溉保证率、农村安全饮供水保障率分别达80%、90%;藏中电网实现乡镇全覆盖,行政村通电率达100%。产业发展步伐加快,预计粮食产量达16.3万吨、青稞单产同比提高41斤；加查、大古水电站加快建设，街需、巴玉、冷达电站前期工作稳步推进；全域旅游精品线路和无障碍旅游区加快建设，旅游接待人数、创收逐年增长。江北新区建设取得新进展。三是民生保障持续改善。全面落实民生改善各项举措，37244人达到贫困退出标准，乃东区率先脱贫摘帽，曲松、洛扎等6个县达到自治区退出标准。15年免费教育、自治区“5个100%”要求、大学生资助等政策全面落实，12县（区）义务教育均衡发展通过国家评估认定。教育和医疗卫生组团式工作成效明显。藏医院成功创建三级甲等民族医院。5年城镇新增就业累计2.23万人，高校毕业生自主创业、自主择业的积极性空前高涨。国家公共文化服务体系示范区基本建成。科技、社会保障等工作有力推进。四是生态环境保持良好。国家生态文明先行示范区基本建成。市县两级河长制全面落实，主要江河湖泊水质达到或优于国家标准。大力推进全民植树种草和农村“四旁”植树，森林覆盖率达24.79%。顺利完成中央环保督察迎检工作。县域环境质量考核连续多年保持优良。五是改革开放不断深化。重点领域和关键环节改革稳步推进，完成重点改革任务80余项、形成改革成果300余项。乃东自治区级农村改革试验区工作有序推进。落实援藏资金18.5亿元，实施项目218个。引进招商引资企业（项目）172个，完成投资87.35亿元。优化发展环境专项行动取得阶段性成效。六是社会大局和谐稳定。全面落实自治区维稳各项措施，打赢了党的十九大、自治区成立50周年等重大节庆节点的维稳安保攻坚战，确保了社会大局持续和谐稳定。综治和“先进双联户”创建工作稳居全区前列。社会治理正在从“要我稳定”向“我要稳定”转变，为经济发展提供了和谐稳定的社会环境。这些成绩的取得，是以习近平同志为核心的党中央亲切关怀的结果，是区党委坚强领导的结果，是对口支援省市企业无私援助的结果，是市委、政府团结带领各族干部群众共同奋斗的结果。

在取得成绩的同时，我们也要清醒地看到面临的困难和问题。一是发展不平衡。区域发展不平衡，沿江、沿边、中部地区发展差距不断拉大，预计2017年沿江地区6县完成全市77%的生产总值、72%的投资、66%的财政收入，边境地区3县完成全市12%的生产总值、15%的投资、20%的财政收入，中部地区3县完成全市11%的生产总值、13%的投资、14%的财政收入。城乡发展不平衡，农牧区基础设施、公共服务滞后，城乡居民收入差距较大，全市仍有212个村没通油路，仍有1.6万贫困人口亟待脱贫。二是发展不充分。预计人均GDP、城乡居民人均收入等指标仅相当于全国的66%、76%、80%；文化旅游资源挖掘不充分，对经济贡献率低；高原特色农畜资源开发不充分，产业发展规模不大、特色不明显、效益不高；优势工业资源利用不充分，弃水、弃光及矿产利用率低的现象普遍存在，实现高质量发展任重道远。三是发展形势紧迫。目前全区经济发展格局已发生深刻变化，与发展好的拉萨之间差距越来越大，与发展较慢的日喀则、昌都之间差距不断缩小。全市固定资产投资总量由2012年的全区第3降至2015年的第4再降至2016年的第5。一般公共预算收入、工业增加值等优势正逐步削弱。四是部分干部精气神不足、不能为、不敢为。部分领导干部不思进取、努力不够，慵懒散；有的不学习、不思考、不研究，能力不足、本领恐慌，习惯用老经验老办法解决新问题；有的怕出问题，不敢担当、不敢作为，特别是扶贫领域，个别县产业扶贫资金滞留账面，产业资金花不出去，产业项目无法实施，影响脱贫进度和成效。这些问题既有发展不足的问题，也有干部层面的问题，需要我们高度重视、认真对待，下大力气加以解决。

在前进的道路上既面临一些困难和问题，也面临难得的发展机遇。一是政策机遇。党中央决定实施区域协调发展战略，加大力度支持革命老区、民族地区、边疆地区、贫困地区加快发展，“四个区域”我们占了三个，可以集中享受改善基础设施条件、提高基本公共服务能力、培育发展优势产业、加强生态环境建设等方面的一系列优惠政策。今年是“十三五”规划承上启下的关键一年，国家、自治区将对“十三五”规划进行中期调整，中央预算内投资比去年预算增加300亿元，我们有望争取更多计划外项目纳入“十三五”盘子。中央强化对以“三区三州”为代表的深度贫困地区精准支持，安排专项扶贫资金1065亿元、增加200亿元，增量重点用于“三区三州”等深度贫困地区。这些为我们做好今年经济工作提供了难得机遇。二是拉萨山南经济一体化发展机遇。区党委把拉萨山南经济一体化发展确定为全区重要的区域发展战略，自治区党委书记吴英杰在全区经济工作会议上指出，加快拉萨山南经济一体化发展、推进拉萨—山南—日喀则核心经济区建设。自治区人大常委会主任洛桑江村、自治区政府主席齐扎拉、自治区常务副书记丁业现等自治区领导同志多次作出重要指示批示。随着泽贡高等级公路建成通车、拉林铁路、拉萨山南快速通道加快建设、江北新区建设全面启动，两市基础设施和公共服务设施对向延伸，拉萨非首府功能和产业将逐步向我市延伸转移，有利于资金、人才等要素加速向我市流动。三是加快边境发展机遇。习近平总书记和党中央高度重视西藏工作，十分关心西藏边境地区发展和边民生产生活，提出了“治国必治边、治边先稳藏”的重要战略思想，亲自给隆子县玉麦乡群众回信，出台了加大边民支持力度促进守边固边的指导意见，将边界日常管理和未定边界管控明确为中央财政事权，到2020年边民补贴提高至5000元，支持守边村功能提升和新村建设。以吴英杰书记为班长的区党委高度重视边境工作，大力支持边境地区加快发展和边防建设，提出了坚持“屯兵与安民并举、固边与兴边并重”等重大举措，出台了一系列支持边境地区加快发展的特殊优惠政策，明确项目、资金、人才等要素向边境地区倾斜，整合240亿元支持边境小康村建设。四是发展基础好。区位优势明显，山南与拉萨一小时经济圈初步形成。人文优势独特，拥有丰富的历史文化和自然资源，发展文化旅游潜力巨大。发展基础较好，经济持续保持快速发展势头，基础设施持续完善，初步形成以清洁能源、建筑建材、优势矿产为主导的产业体系，为我们未来发展打下了坚实基础。广大党员干部群众思稳定、求团结、盼富裕、谋发展、奔小康的愿望十分强烈，形成了同心同德、干事创业的浓厚氛围，展现出厚积薄发、生机勃勃的发展前景。

当前，山南站在了新的历史起点上。面对各地市你追我赶、竞相发展的严峻形势，我们前有标杆、后有追兵，稍微懈怠、将被赶超；面对人民对美好生活的需要，我们只有加快发展，才能满足群众的新期待、新要求；面对如此大好的发展局面和难得的历史机遇，我们再不抓住机遇、大干快上、推动高质量发展，将辜负组织对我们的信任和重托。各级各部门和广大党员干部一定要认清形势，以慢不得、等不得、拖不得的危机感和紧迫感，以只争朝夕的精神状态、务实落实的工作作风，推动经济发展快一点、再快一点，推动山南各项事业取得新突破。

三、认真贯彻习近平新时代中国特色社会主义经济思想，推动经济社会高质量发展

2018年是贯彻落实党的十九大精神的开局之年，是改革开放40周年，是决胜全面建成小康社会、实施“十三五”规划承上启下的关键之年，做好今年经济工作意义重大。今年经济工作的总体要求是：高举习近平新时代中国特色社会主义思想伟大旗帜，全面贯彻党的十九大和中央经济工作会议精神，深入贯彻落实总书记治边稳藏重要战略思想和“加强民族团结、建设美丽西藏”的重要指示以及给隆子县玉麦乡群众的回信精神，贯彻落实自治区第九次党代会、区党委九届三次全会、全区经济工作会议和市委一届二次会议精神，加强党对经济工作的领导，坚持以人民为中心的发展思想，坚持稳中求进、进中求好、好中求快、补齐短板工作总基调，坚持新发展理念，紧扣社会主要矛盾变化，统筹推进“五位一体”总体布局和协调推进“四个全面”战略布局，以供给侧结构性改革为主线，坚持处理好“十三对关系”的根本方法，坚持走有中国特色、西藏特点的高质量发展路子，突出“三个重点”、办好“四件大事”，按照“完善基础、产业立市、统筹城乡、新区引领”的经济工作思路，开拓创新、扎实工作，推动经济社会高质量发展。

今年主要预期目标是：力争地区生产总值增长10.5%左右，城乡居民人均可支配收入分别增长10%和13%以上，居民消费价格涨幅控制在3%以内，城镇新增就业5200人左右，城镇调查失业率和城镇登记失业率分别控制在5%和2.3%以内。市委确定这样的目标任务，是从山南经济社会发展实际出发，经过深入思考、认真调研、慎重研究决定的，符合经济规律和客观实际。对照全面建成小康社会的目标要求，必须保持一定的发展速度，提高发展质量和水平，尽快把蛋糕做大，才能追上全国全区的步伐。结合山南发展趋势持续向好、经济结构不断优化、财政收入大幅提高的实际，在总基调中增加“好中求快”，兼顾了需要和可能，更多的是从积极争取、主动作为这个角度考虑。只要我们齐心协力，主动作为，真抓实干，我们确定的这些目标一定能够实现。

（一）要坚持走有中国特色、西藏特点的高质量发展路子。发展方向正确与否，决定着发展成效乃至成败。以吴英杰书记为班长的区党委敢于破题、勇于创新，把中央精神与西藏实际深度结合，创造性提出了坚持走有中国特色西藏特点的高质量发展路子，是我们坚持习近平新时代中国特色社会主义思想、推进经济高质量发展的根本遵循和重要指引。这一重要论述，具有鲜明的政治性，体现了区党委坚决贯彻中央决策部署的政治品格；具有深厚的理论性，体现了区党委关于西藏各项事业发展的理论更加成熟；具有完备的系统性，体现了治边稳藏实践体系的完整统一，体现了吴英杰书记对中央精神的准确把握和西藏区情的科学判断；具有很强的实践性，体现了实事求是的科学态度、求真务实的工作作风、敢抓善管的责任担当。我们要统一思想、提高认识，把贯彻落实“走有中国特色、西藏特点的高质量发展路子”作为树牢“四个意识”的具体体现，作为落实中央、自治区决策部署的实际行动，作为推动经济社会发展的根本要求，坚定不移把这条路子贯彻落实到经济社会发展的各个领域、各个方面、各个环节，以贯彻落实的实际成效维护党中央、区党委集中统一领导，以对习近平同志为核心的党中央的绝对忠诚和对区党委工作部署的绝对服从，做好山南各项工作。

（二）要打赢脱贫攻坚战。脱贫攻坚既是扶贫工作也是民族工作，既是经济问题也是政治问题。今年是我市脱贫攻坚的决胜之年，任务异常艰巨。要全面落实中央、自治区决策部署，举全市之力，采取超常规举措，尽出精锐、全力以赴，坚决打赢脱贫攻坚战，力争今年在全区脱贫摘帽。计划2017年摘帽的6个县，要按照“三不愁”“三有”“三保障”和“三率一度”目标要求，对照评估组反馈的问题，逐项对照检查，认真查漏补缺，抓紧整改落实，确保顺利通过国家验收。计划2018年摘帽的5个深度贫困县，要坚持精准识别、精准施策、精准实施的原则，突出重点，集中攻坚，分类推进。基础较好、可以如期实现脱贫的乡镇、村（居），要按照既定方案，完善措施，紧盯不放，确保如期实现脱贫。有困难、通过自身艰苦奋斗、加倍努力可以实现脱贫的乡镇、村（居），要进一步明确细化责任，制定有针对性、操作性强、务实管用的实施方案，做到措施到户到人、进度到月到周、问题到事到人，进一步加大援藏扶贫、企业扶贫、社会扶贫、结对帮扶等力度，加快脱贫攻坚步伐。对困难较大，通过努力仍有难度，需要加大政策支持和扶持力度的乡镇、村（居），要落实好“地级干部包县、县级干部包乡、特殊困难村（居）由市县干部直接帮扶”的分包机制，安排市县两级地方财政收入增量的20%–30%用于支持深度贫困县、乡、村，市直有关部门也要把资金、项目向深度贫困县、乡、村倾斜。要确保脱贫攻坚各项政策措施用足用活、各级领导责任落实到位、各项目标任务如期完成。

（三）要实施好乡村振兴战略。坚持农牧业农牧区优先发展，按照产业兴旺、生态宜居、乡风文明、治理有效、生活富裕的总要求，加快农村基础设施建设，加快推进农业农村现代化，确保粮食生产能力不降低，促进农村劳动力转移就业和农民增收。要推进乡、村适度集中，积极稳妥推进农牧区人口向城镇聚集、向经济资源富集区域聚集、向生活条件相对较好的地方聚集、向边境地区抵边搬迁。要加强乡村环境整治，把环境卫生清洁纳入村规民约，定期清理村庄周边、道路沿线、景区景点及周边垃圾，积极推进“厕所革命”，确保村容整洁。要让村庄建设融入山水林田湖草，注重保留村庄原始风貌，尽可能在原有村庄形态上改善居民生活条件，让群众望得见山、看得见水、记得住乡愁。要保持土地草场承包关系稳定并长久不变，完善承包地“三权分置”制度，深入推进农村集体产权制度改革，引导农牧区土地、草场有序流转，集约、节约用地。要大力实施新型经营主体培育工程，积极引进其他省市种养大户或企业到山南承包土地草场，发展多种形式适度规模经营。要加大农牧民增收力度，加强农牧民技能培训，有组织、有纪律、有保障地做好劳务输出工作，拓宽农牧民增收渠道。基层干部要加强群众教育，引导群众崇尚科学、讲究卫生、尊老爱幼、勤俭持家、遵纪守法。

（四）要加快推进区域协调发展。实施区域协调发展战略是党的十九大作出的重大战略部署。山南12个县（区）可以分为沿江地区、沿边地区、中部走廊三大区域。沿江地区包括乃东、贡嘎、扎囊、桑日、加查和琼结6县（区），沿边地区包括隆子、错那、洛扎3县和浪卡子县一个乡，中部地区包括曲松、浪卡子、措美3县。这三个区域资源禀赋、交通条件、发展基础不同，不能同质化发展，要有各自发展的战略重点。一是以江北新区为引领加快沿江地区发展。市委决定加快江北新区建设。各县（区）、各有关部门一定要牢固树立“一盘棋”的思想，积极融入、主动参与江北新区建设，以江北新区建设带动沿江地区快速发展。要按照江北新区总体规划，尽快编制控制性详细规定，找准切入点，明确任务、不等不靠，落实责任、加快推进。要多渠道筹措资金，抓住重要节点，加快推进规划区水、电、路、讯等基础设施建设。要梳理筛选一批江北新区重大项目，做好前期工作，争取纳入“十三五”规划中期评估调整盘子。要尽快设立自治区级工业园区和经济技术开发区，加大招商引资力度，落实优惠政策，加快推进。援藏“三省”要加快“飞地”园区建设。二是以固边富民为核心加快沿边地区发展。认真贯彻落实习近平总书记“加快边疆发展”的重要指示和给隆子县玉麦乡群众的回信精神，贯彻落实英杰书记“屯兵与安民并举、固边与兴边并重”的部署要求，切实建设好边境、发展好边境、巩固好边境。要用好用足政策，落实好中央、自治区、市加快边境地区发展的意见。实施好边民提标扩面政策，确保到2020年实现每人每年5000元以上的目标。继续扩大实施好固边富民整乡推进工程，及时兑现边民补贴和激励政策，发挥好边民在维稳固边中的重要作用。要破除发展瓶颈。坚持打基础、利长远，坚持军用民需并重，坚持经济利益服从政治利益、局部利益服从国家利益，重点建好路网、电网、互联网“三张网”。要加快建设国道G219、G560山南段等边境公路建设，下决心全部打通边境断头路，实现边防哨所公路黑色化。要解决好一线部队、哨所、边民和重要山口通道用电问题。要加快推进重要交通沿线、哨所、卡点、通外山口通信信号全覆盖。要加快边境地区小康村建设，确保年内所有边境小康村项目开工建设、建成玉麦小康乡，到2019年全部投入使用。要强化发展支撑。立足边境地区特色优势资源，大力发展特色产业，加快边境旅游环线建设，做大做强边境旅游业。三是以奋起赶超为重点加快中部走廊发展。中部走廊是深度贫困、情况复杂、牧业资源较集中、旅游资源富集地区。与沿江和沿边地区相比，中部走廊政策和区位优势均不明显，发展动力不足，甚至形成了“中部塌陷”。要加大支持力度，加大中部地区的政策、项目、资金支持力度，在政策扶持、脱贫攻坚、产业发展、区域合作等方面出台优惠政策，加快交通、通讯等基础设施建设，提高公共服务水平，加大开放合作力度，推动中部地区加快发展。要加快发展支撑产业，利用牧业资源相对丰富、相对集中的优势，大力发展优势牧业；依托羊湖、普姆雍措、哲古草原、拉加里王宫等资源，加快制定全域旅游规划，完善旅游设施和服务，优化旅游线路，不断壮大旅游产业。

（五）要完善基础设施。要加快综合交通运输体系建设，抓好拉林铁路山南段、拉萨至山南快速通道等重大项目，加快乡镇、行政村公路建设。要加快水利保障体系建设，以提高农业综合生产能力为根本，加快重大水利工程和农田水利基本建设，力争年内结巴水库建成蓄水、江北灌区基本建成。要加强通信基础设施建设，实现行政村移动信号覆盖率100%、乡镇4G信号覆盖率100%，交通干线移动信号连续全覆盖。要加快城市建设，坚持用城市的理念规划、建设、管理、经营、服务、发展城市，加强供排水、污水、垃圾处理等基础设施建设，重点实施好地下综合管廊建设、雅砻河两岸景观及风貌改造等项目，加快推进雅江中游治理，深化城镇及周边环境综合整治。

（六）要加快产业发展。坚持“大而强、不搞小而全”，坚持人无我有、人有我优、人优我新，做大规模、提升效益、打造品牌，聚力打造“拳头”产业，强化产业对经济发展的支撑作用。要牢牢抓住农牧业这个根本。坚持一切工作以人民为中心，始终把农业、牧业、粮食、肉类增产作为农牧业生产的根本，守好耕地红线,发展好农牧业这个基础产业。要精准制定攻坚措施,加快实施青稞增产计划,努力实现青稞单产提高50斤的目标。要发展好畜牧业,重点发展牦牛、绵羊、奶、草等特色产业,抓好地理标志产品工作,提升产业效益;要把饲草和草场灌溉作为牧业发展的基础,抓好饲草保障,采取见缝种草、荒漠种草、江北种草等方式,探索引进企业利用其他省市资源向山南提供饲草的模式,引导农牧民群众储备饲草,有效解决饲草不足的问题。要加大力度把旅游业培育成主导产业。按照中央第六次西藏工作座谈会提出的建设世界旅游目的地的要求,高起点规划、高质量建设、高水准推广,真正把旅游产业做成主导产业、支柱产业。要高起点规划,坚持以"特色、高端、精品"为导向,聘请国内旅游业内知名专家,立足旅游资源优势,做好旅游规划编制工作。要高质量建设,加强泽当城区和各景区(点)基础设施建设,提升旅游公共服务水平。特别要打通各景区(点)旅游通道,形成旅游环线。要高水准推广,加强包装、宣传、推广,打造好山南文化旅游品牌。引导群众参与旅游服务,实现就业增收。要重点抓好天然饮用水、建材、清洁能源、矿产等优势工业。大力发展以琼结大包装水为重点的天然饮用水产业。要加快祁连山水泥和海螺水泥项目建设,建成华新水泥三期工程。要加大雅江中游水电开发力度,加快推进加查、大古水电站建设,做好街需、巴玉、冷达水电站项目前期工作。要坚持在保护中开发、在开发中保护,守住生态环保底线,合理开发铬铁、铅锌、岩金等优势矿产。要大力发展以通信、电商、金融、交通运输、房地产等为主的现代服务产业。要按照大众创业、万众创新的要求,支持发展民族手工业、生态扶贫产业以及其他小微企业。

(七)要保障和改善民生。坚持以造福人民为最大政绩,认真落实民生改善措施,解决好人民最关心最直接最现实的利益问题,不断提高群众的获得感、幸福感。要优先发展教育事业。牢牢把握办学方向,把培养社会主义事业建设者和接班人作为根本要求;把提高办学质量作为教育工作的重中之重,抓好汉语文和数学两个基础学科;加强教师职业道德和能力水平建设,增强教师责任感,提升教师业务知识能力。落实立德树人根本任务,落实15年免费教育政策、教师教育振兴和乡村教师支持计划,努力实现"5个100%"目标,加快推进素质教育、寄宿制学校标准化建设,深化组团式教育援藏工作,推进组团式援藏覆盖的县(区)本地教师到基层支教工作。要千方百计扩大就业。坚持就业优先战略,落实好自治区就业扶持政策,开展岗位开发、职业指导、职业介绍、就业专项行动,积极推动政府投资项目、国有企业、对口援建项目尽量吸纳当地劳动力就业,加大技能培训力度,全力做好高校毕业生就业工作。要加快健康山南建设。落实全民健康政策。积极创建国家卫生城市。实施好县乡村医疗卫生机构标准化建设。深化组团式医疗援藏。加大大病统筹报销力度。坚持预防为主,倡导健康文明生活方式,防控重大疾病,推进全民健身。要完善社会保障体系。实施全民参保计划,完善覆盖城乡居民的基本养老、基本医疗、失业、工伤、生育等保险制度。动态调整城乡低保,加大临时救助力度。完善社会救助、社会福利、慈善事业、优抚安置等制度。加强保障性住房建设。

(八)要推进美丽山南建设。牢固树立社会主义生态文明观,坚持节约资源与保护环境的基本国策,实行最严格的生态环境制度,筑牢生态安全屏障。要抓好中央环保督察组反馈问题的整改工作。中央环保督察是代表党中央、国务院开展的督察。要站在维护党中央权威和集中统一领导的高度,充分认识做好整改工作的重大意义,牢固树立没有任何特殊性的思想,主动认领、照单全收、举一反三,全面整改。要从严从实整改,成立工作专班,制定整改方案,逐条逐项梳理,建立工作台账,明确时间节点、整改目标、责任单位和责任人、问责措施,认真抓好整改;对已完成整改的,要及时"回头看",防止问题反弹。要严肃责任追究,加强督导检查,对问题反弹和整改未达到标准的,要从严问责、绝不姑息,以铁的纪律确保全面完成整改任务。要坚守生态安全底线。坚持党政同责、一岗双责、终身追责,严格落实环境准入制、生态环境保护考核办法、环境保护"一票否决"制、生态环境损害责任终身追究制,严禁"三高"项目进入山南,严禁未批先建。要推进绿色发展。牢固树立绿水青山就是金山银山、冰天雪地也是金山银山的理念,大力实施水、大气、土壤污染防治行动。大力发展绿色产业，自觉推动绿色低碳循环发展。加快构建政府为主导、企业为主体、社会组织和公众共同参与的环境治理体系，大力开展创建节约型机关、绿色家庭、绿色学校、绿色社区和绿色出行行动。要加强生态安全屏障建设。统筹山水林田湖草系统治理，全面划定生态保护红线、永久基本农田、城镇开发边界三条控制线。深入实施西藏生态安全屏障保护与建设规划，建成国家生态文明先行示范区。牢固树立建设美丽西藏从建设美丽家园做起的理念，引导广大干部群众从身边小事做起，积极参与清理垃圾、种草植树等活动，力争“十三五”期间在有条件的地方消除“无树户”。

（九）要深化改革开放。要全面深化改革。坚持党对改革的集中统一领导，坚持“一把手”抓改革，承接好中央、自治区各项改革任务，结合山南撤地设市后的新形势新要求，有重点、有计划地推进一批改革工作。要深入推进“放管服”改革，处理好简政放权和地方承接的关系，明确权力下放清单和权限，该放的要放到位，该管的要管到位，该承接的要承接到位。要推进行政体制、投融资体制、财税体制、国企国资、商事制度等重点领域和关键环节改革，提高行政效率和服务市场经济能力。要加快推进城市建设管理地方性法规建设特别是门前“三包”、城市执法、公共设施管理等法规。建立生态文明法规制度。要扩大对外开放。要用好政府和市场两只手，发挥好市场的决定性作用，更好发挥政府作用，加大开放力度，坚持法无禁止即可为，凡是能由市场运作的都交给市场，充分调动市场各方面的积极性。要加快完善公平竞争的市场环境，全面实施并不断完善市场准入负面清单制度，坚持国企民企一视同仁，吸引更多社会投资。要加快园区建设，完善管理制度和政策体系，发展壮大园区经济。要加大招商引资力度，坚持“你发财我发展，你发大财我大发展”的理念，制定支持实体企业、园区经济的优惠政策，坚持精准招商、以商招商，大招商、招大商，瞄准“中字头”“国字号”和对口援藏省市企业以及具备条件的多元市场主体，想方设法引进一批好项目、大项目；要细化量化目标任务，建立指标体系，强化考核奖惩，完不成任务的要严肃问责。党政一把手要带头招商，带头跑项目、找资金，强力推进招商引资工作。援藏“三省”每省要组织好“百家企业进山南活动”，吸引更多企业到山南落户。要按照构建亲清新型政商关系的要求，主动为企业做好服务，为企业发展营造良好的环境。

四、加强党对经济工作的领导，确保各项目标任务圆满完成

今年经济工作的目标任务已定，当务之急是抓好落实。不干，半点马克思主义都没有。各级各部门要加强领导，落实责任，全力推进。

（一）要加强领导。各级党委（党组）要把经济工作摆在突出位置，认真研究部署本县（区）、本部门经济工作，定期听取汇报，加强工作调度，及时解决存在的困难和问题。要健全完善领导经济工作的制度，完善对中央、区党委、市委决策部署执行的监督、考评、奖惩等工作机制，确保各项目标任务落到实处。各级党委（党组）书记要负总责、亲自抓，在履行好经济第一责任人责任的同时，大力支持行政主要负责人做好经济工作。各级行政主要负责同志首先是党的干部，是党委（党组）的副书记，要自觉接受党委（党组）的领导，主动承担专抓经济工作的职责，心往一处想、劲往一处使，形成团结共事的良好氛围。各经济部门要按照职责分工，承担起推进经济工作的直接责任，把经济社会发展的各项目标任务落到实处。其他有关部门要充分发挥职能作用，相互协调、配合支持，形成促进经济社会发展的强大合力。

（二）要提高本领。各级党员干部特别是领导干部要主动适应新时代新形势新任务，加强学习研究，拿出更多时间和精力学经济、抓经济，努力克服知识恐慌、本领恐慌。要认真学习党的十九大精神、习近平新时代中国特色社会主义经济思想和中央、自治区经济工作会议精神，深刻理解中央、区党委对经济形势作出的重大判断、对经济工作思想方法作出的重大调整、对经济工作作出的重大决策，不断提高做好经济工作的能力。

（三）要转变作风。我们的干部作风总体是好的，但也有个别干部政治意识、大局意识不强，不深入基层、不深入群众，不了解情况、不研究工作，不想事、不干事，不担当、不作为，甚至对中央、自治区决策部署不学习、不安排、不落实,一定程度上影响了工作成效。各级领导干部要带头转变作风,对照“四风”十种新情况,认真抓好整改;要敬业精业、用心用情、务实落实,大兴调查研究之风,带头践行一线工作法,深入基层一线调查研究,了解实情、发现问题、推动工作。地级主要领导一定要跑遍所有乡镇、县(区)主要负责同志一定要跑遍所有村(居),带头负起责任,多务实、少务虚,多到一线解决实际问题。

(四)要狠抓落实。各级各部门要强化执行意识,围绕这次会议确定的目标任务,密切联系本县(区)、本单位工作实际,进一步分解任务、细化举措、压实责任,倒排工期、挂图作战,快节奏、高效率推进各项工作。督查部门要紧盯重点难点工作和薄弱环节,加大督办力度,推动工作落实见效。尸位素餐本身就是腐败,不作为的“懒政”也是腐败。做不到“廉”是腐败,做不到“勤”也是变相腐败。各级纪检部门一方面要狠抓经济领域腐败问题,另一方面要狠抓不作为、慢作为、乱作为整治,对不担当、不作为、敷衍塞责、失职渎职、完不成目标任务的也要追究责任、严肃处理,抓典型,发挥警示震慑作用。

最后,我再强调一下维稳工作。维护社会稳定是党中央和习近平总书记交给我们的首要政治任务,也是我们能为党和国家作出的最大贡献。稳定是做好一切工作的前提。今年大事多、喜事多,敏感节点多,维稳任务十分艰巨。我们必须保持清醒头脑,始终绷紧维护稳定这根弦,切实增强忧患意识和看家意识,坚持以防患于未然为原则做工作、以防止出大事打基础做准备、以敢于担当落实责任为标准看干部,从严从细部署任务,不折不扣落实措施,全力以赴确保社会大局和谐稳定。要狠抓社会面管控。严格落实既定戒备等级下维稳措施,以防自焚、防暴恐为重点,加强社会面管控、值班备勤、卡点检查,抓好重点人员管控,做好应急处突准备,加强情报信息工作,确保社会面和谐稳定。要严格宗教领域管理。牢牢抓住藏传佛教寺庙这个维护社会稳定的“牛鼻子”,严守“三个不增加”底线,加强和创新寺庙管理,重点管住寺庙、管住僧人、管住宗教活动,防止“宗教热”和宗教极端。要强化矛盾纠纷排查化解。严格落实“四级信访接待日”和“三级联调”制度,妥善化解矛盾纠纷,特别要深入学习贯彻总书记对内蒙古部分地方集中出现针对政府项目讨薪事件的重要批示精神,解决好“双拖欠”问题,对于顶风违规拖欠农民工工资的要严肃问责。要加强信访重点人员教育稳控,妥善处理信访重点问题,严防集体上访、越级上访。要做好公共安全监管。认真开展道路交通、消防安全、食品药品、危险物品等安全隐患综合整治,全面加强安全生产执法检查,最大限度地消除安全隐患。要严肃督导检查。进一步强化属地责任、领导责任、岗位责任,从严从实从细抓落实,对工作不得力、措施不落实或出现问题的,一律按照“三个不论”原则,严肃问责。

同志们,做好今年的经济工作,任务艰巨、责任重大。让我们更加紧密地团结在以习近平同志为核心的党中央周围,在自治区党委、政府的坚强领导下,坚定信心、乘势而上,奋发作为、真抓实干,圆满完成全年各项目标任务,为全面建成小康社会而不懈奋斗。

普布顿珠同志的讲话

这次经济工作会议,是我们深入学习贯彻党的十九大精神和中央、自治区经济工作会议精神的一项重大举措,对于深入贯彻落实习近平新时代中国特色社会主义经济思想,加快建立山南现代经济体系,具有十分重要的意义。刚才,成仓书记作了重要讲话,讲话高举习近平新时代中国特色社会主义思想伟大旗帜,通篇贯穿党的十九大精神和中央、自治区经济工作会议精神,系统总结了党的十八大以来山南经济工作,深刻分析了当前面临的发展形势,对推进全市经济高质量发展进行了全面部署,具有很强的思想性、指导性、针对性和操作性。我们一定要认真学习领会、抓好贯彻落实。

下面,我就贯彻落实中央和自治区经济工作会议精神、贯彻落实成仓书记的重要讲话精神,讲三点意见。

一、统筹谋划、上下齐心,全市经济发展态势良好

2017 年,在以习近平同志为核心的党中央亲切关怀下,在自治区党委、政府的坚强领导下,在全国人民特别是“三省一公司”的鼎力支持下,市委切实加强对经济工作的领导,团结带领全市各族干部群众，高举习近平新时代中国特色社会主义思想伟大旗帜，坚持以“十三对关系”统领经济工作，聚焦“突出三个重点、办好四件大事”主要任务，全面落实“完善基础、产业立市、统筹城乡、新区引领”经济工作思路，经济社会保持了良好发展态势。预计完成生产总值148.4亿元、增长11%，全社会固定资产投资240亿元、增长28.8%，一般公共预算收入16.6亿元、增长22%，社会消费品零售总额50.5亿元、增长13%，城镇居民人均可支配收入28483元、增长10%，农村居民人均可支配收入11295元、增长14%。国家公共文化服务体系示范区进一步巩固深化，国家生态文明先行示范区基本建成，国家新型城镇化建设试点地区、全国城市设计试点城市、全国商标战略示范城市稳步推进，山南被纳入全国质量强市示范创建城市和国家安监总局安全生产领域改革发展联系点，连续4年被评为全国防震减灾工作综合考核先进单位，市环保局被评为全国环保系统先进集体。全区统筹城乡发展示范区加快建设，山南被列为全区电子商务整体推进示范地市，综治工作和安全生产工作均荣获全区第一名，“先进双联户”创建工作荣获全区第二名，义务教育均衡发展率先在全区实现全域通过目标。

（一）*对标看齐更加自觉*。牢固树立“四个意识”，坚决向以习近平同志为核心的党中央看齐，坚决向自治区党委、政府对标，坚决与市委同步，确保党中央、区党委政府、市委提倡的坚决响应、决定的坚决执行、禁止的坚决不做。深入学习贯彻党的十九大、区党委九届三次全会、市委一届二次全会精神，及时召开了政府党组学习会、政府系统传达贯彻党的十九大精神领导干部大会和政府全体会议。主动接受党对经济工作的领导，先后召开产业扶贫现场会、经济指标冲刺会等会议，及时出台深化教育改革、深化安全生产领域改革发展等意见和方案，切实做到令行禁止、步调一致。

（二）*基础设施更加完善*。成功录入国家项目库项目2055个、总投资337亿元，位居全区前列。685个“十三五”规划项目开工建设439个，累计完成投资319亿元。10亿元以下项目前期工作全部完成，为2018年全面掀起项目建设热潮奠定了坚实基础。拉林铁路山南段加快建设，泽贡高等级公路建成通车结束了山南没有高等级公路的历史，乡镇和村居通畅率分别达到96.3%、67.8%。卓于水库启动“三通一平”，雅砻水库实现下闸蓄水，农田灌溉保证率和农村安全饮供水保障率分别达到80%、90%。新一轮农网升级改造工程加快推进，藏中电网实现乡镇全覆盖，行政村实现100%通电目标。

（三）*产业发展更加强劲*。6个粮食主产县区青稞单产提高50斤，粮食总产达到16.3万吨，打造了“百千万”工程等亮点。加查和大古水电站加快建设，拉郊、嘎堆水电站和5座光伏电站并网发电。雅砻圣泉全线投产，西藏福地大包装水一期顺利开工，天然饮用水产业发展迎来黄金期。中材祁连山水泥转移落地，海螺水泥完成现场勘探，华新三期开工建设，建筑建材业将成为支柱产业。扎西康整装勘查区发现超大型铍锡钨稀有金属矿床，山南有望成为全国“铍都”。藏中旅游东南环线全面打通，达古等景区建成开放，预计全年接待游客348万人次、实现收入14.2亿元，分别增长24%、19%。

（四）*区域发展更加协调*。拉萨山南经济一体化发展作为自治区确定的战略，江北新区作为引领拉萨山南经济一体化发展的强大引擎，总体规划和10个专项规划基本编制完成，拉萨山南快速通道、江北防沙治沙等重大支撑项目有序实施，雅江中游山南段生态屏障建设完成初步方案。统筹城乡力度不断加大，泽当大道等一大批市政功能提升项目建成使用，3个特色小城镇、19个边境小康村稳步推进，4个高寒乡镇供暖试点工程、36个基层政权示范点建成使用，城市让生活更美好的目标逐步实现。市委边境工作会议成功召开，加快边境发展的实施意见正式出台，边境地区发展进入“快车道”。

（五）*改革开放更加深化*。12县区统计局顺利组建，权责清单“建管用”工作扎实推进，市政务服务中心获批国家社会管理和公共服务综合标准化试点单位。乃东农村综合改革、农村土地“三权”确权、集体林权制度改革等稳步推进，永久基本农田全面划定。“放管服”改革成效明显，商事制度改革不断深化，减免各类税收10亿元，全市各类市场主体发展到2.24万户、注册资金417.5亿元，分别增长16.1%、41.8%。深化交往交流交融，党政代表团赴三省汇报工作、争取了支持，本轮援藏项目开工35个，完成投资4亿元，浪卡子措美错那规范化学校项目建成使用，加查桑日乃东扎囊小康示范点项目基本建成。央企入藏签约项目38个，总投资1457亿元。招商引资签约项目47个，完成投资22亿元，天籁之声挂牌上市。

（六）改善民生更加贴心。“十大民心工程”落实资金7亿元，强基惠民为民办实事7681件。洛扎等6个县和172个村居达到摘帽标准，形成了生态扶贫、能人带动、企业帮扶等新模式。学校布局调整工作加快推进，形成了内地代培班等亮点。市藏医院成功创建三甲民族医院，包虫病人群筛查全面完成。会同湖南省成功举办了2017中国西藏雅砻文化节，进一步提升了山南节庆品牌知名度。大力实施“双业”工程，“万人技能培训计划”完成培训1.1万人，城镇登记失业率控制在2.1%以内。社保参保率达到97%以上。农牧民收入突破万元大关。山南发展更有“温度”、民生幸福更有“质感”。

（七）发展方式更加绿色。配合完成了中央环保督察，61个问题全部办结。编制了森林围城规划，完成植树造林11.68万亩、封山育林4.27万亩、防沙治沙14.8万亩，形成了亿利、藏草市场化生态治理新模式。市县乡三级河长制全面建立，羊湖生态环境保护、雅砻河源头治理、农村饮用水源地保护等项目加快实施，生态环境继续保持良好。农药化肥“零增长”、锅炉“煤改电”试点工作全面启动，主要污染物排放控制在自治区下达的指标范围内。八项环境专项整治成效显著，集中整治了广告牌匾、建筑工地等领域突出问题。美丽山南加快建设，建成自治区级生态乡镇14个、村居103个。

（八）社会环境更加和谐。严格落实市委“下沉基层、片区巡逻、积案化解”等措施，深入开展民族团结进步示范创建工作，巩固深化了“三个一”活动，实现了“六个严防、六个不发生”目标，确保了党的十九大等重要敏感节点社会大局和谐稳定。配合国务院安委会完成3轮巡查督查，深入开展了安全生产“百日大排查大整治”专项行动，进一步完善了安全生产“六大体系、八项制度”，安全生产事故起数下降41%。优化发展环境专项行动持续发力，出台了违建处理、征地拆迁等配套政策，土地房屋领域违法违规问题增量全面控制、存量明显减少，直接降低城市建设成本上亿元。

在充分肯定成绩的同时，我们也要清醒地看到经济社会发展中存在的问题。刚才，成仓书记从发展不平衡、发展不充分、发展形势紧迫和部分干部精气神不足、不能为、不敢为四个方面，客观指出了经济工作中的问题，直击了短板，切中了要害。我们一定要深刻把握、保持清醒，坚持问题导向、精准对照解决，不断提升推工作、抓落实、干事业的水平。

二、突出重点、强化落实，推动经济高质量发展

2018年是贯彻党的十九大精神的开局之年，是改革开放40周年，是决胜全面建成小康社会、实施“十三五”规划承前启后的关键之年。我们一定要按照市委要求，始终高举习近平新时代中国特色社会主义思想伟大旗帜，全面贯彻落实党的十九大和中央经济工作会议精神，深入贯彻落实总书记治边稳藏重要战略思想和“加强民族团结、建设美丽西藏”的重要指示以及给隆子县玉麦乡群众的回信精神，贯彻落实自治区第九次党代会、区党委九届三次全会、全区经济工作会议和市委一届二次全会精神，坚持党对经济工作的领导，坚持习近平新时代中国特色社会主义经济思想，坚持新时代西藏工作指导思想，坚持以人民为中心的发展思想，坚持中国特色、西藏特点的高质量发展路子，坚持稳中求进、进中求好、好中求快、补齐短板工作总基调，坚持新发展理念，紧扣我国社会主要矛盾变化，统筹推进“五位一体”总体布局和协调推进“四个全面”战略布局，以建设现代经济体系为目标，以供给侧结构性改革为主线，以处理好“十三对关系”为根本方法，按照英杰书记“突出三个重点、办好四件大事”的重要指示精神和市委“完善基础、产业立市、统筹城乡、新区引领”的经济工作思路，充分发挥“六大优势”，攻坚补齐“九大短板”，坚决打好三大攻坚战，全面落实成仓书记提出的九个方面重点工作，力争全市生产总值增长10.5%左右，全社会固定资产投资增长25%以上，社会消费品零售总额增长13%以上，一般公共预算收入增长15%以上，税收收入增长15%以上，城镇和农村居民人均可支配收入分别增长10%、13%以上，居民消费价格涨幅控制在3%以内，城镇新增就业5200人左右，城镇调查失业率和城镇登记失业率分别控制在5%和2.3%以内，确保经济持续健康快速发展。

（一）牢牢抓住建设现代经济体系这个目标，实施三轮驱动，增强经济发展新动能。以推动经济发展质量变革、效率变革、动力变革为主要任务，大力实施改革推动、开放带动、创新驱动，努力挖掘发展潜力，不断增强发展动能。

一要实施改革推动。坚持越改越好、越改越符合实际、越改越对群众有利，把全面深化改革进行到底。深化行政体制改革，落实好职能相近机关合并设立或合署办公要求，科学配置政府部门及内设机构权力，明确职责。处理好简政放权和地方承接的关系，重大事项下放时把懂业务的干部一并放下去，帮助基层承接好相关工作。稳步推进县以下机关公务员职务与职级并行制度改革，扎实做好事业单位首次岗位设置和聘用管理工作。深化国有企业改革。改革国有资本授权经营体制，稳妥推进国企混合所有制改革，建立以管资本为主的国有资产监管体制。理直气壮做强做优做大国有企业，加快江南矿业上市进程，完善雅投、城投、旅投等国企现代企业管理制度。稳步推进农村集体经济和专合组织改革，探索国有企业和国有资金进入农村经济改革的有效方式和途径。深化商事制度改革。坚持成熟一批、整合一批、实施一批，扩大"多证合一"整合范围，探索"证照分离"改革，推动企业登记注册全程电子化和电子营业执照广泛应用。促进"双随机一公开"监管全覆盖，加强"经营异常名录"和"黑名单"管理，进一步规范企业发展。深化财税金融改革。有序推进国库集中支付改革扩面工作，进一步扩大公务卡改革范围。大力实施"互联网+税务"行动，积极推行网上办税改革。扎实做好村镇银行筹备工作，确保西藏银行山南分行开业运营。通过设立中小微企业贷款担保公司、风险担保基金等方式，进一步解决好企业融资难问题。

二要实施开放带动。坚持引进来和走出去并重，遵循共商共建共享原则，推动形成全面开放新格局。聚焦市场抓公平，不断完善市场准入负面清单制度，坚决破除歧视性限制和各种隐性障碍，对到山南投资兴业的企业和安家创业的群众要一视同仁、平等对待，努力构建公平公开公正的市场竞争环境。正确处理好"亲"和"清"的新型政商关系，定期召开企业座谈会，实实在在帮助企业解决发展和生产经营中遇到的困难和问题。聚焦实体抓招商，建立招商引资跟踪问效机制，出台支持招商引资企业发展办法，加快推进统筹城乡示范区基础设施建设和公共服务配套，积极协调央企入藏等签约项目尽早落地，推动哗叽服饰等重点企业项目尽早建成投产，力争招商引资完成投资50亿元。具体到县区：乃东要确保完成8亿元、力争完成10亿元，贡嘎要完成7.5亿元，扎囊和桑日要分别完成6亿元，隆子要完成5亿元，措美要完成4.5亿元，洛扎要完成4亿元，琼结要完成3.5亿元，加查、曲松和浪卡子要分别完成2亿元，错那要完成1.5亿元。具体到园区：产城一体示范点要完成5亿元、西藏桑耶文化旅游创意园区要完成3.5亿元、昌果节点要完成2亿元。市政府班子成员、三省援藏工作队也要分任务、抓招商，同心协力完成全年目标任务。市经合局要压实招商责任，量化目标任务。各县区党政一把手要带头招商引资、带头跑项目找资金，完不成任务的要严肃问责。聚焦协作抓受援，深化援藏帮扶协作三项任务，对接落实好党政代表团赴三省汇报衔接的事项，确保完成援藏投资5.5亿元。加快建设三省援藏产业园，精心组织好援藏省市"百家企业进山南活动"，协调援藏省市优质企业入园发展、做大规模。推动教育卫生组团式援藏向县区延伸，协调三省每年分别帮助完成100人以上的技能培训。

三要实施创新驱动。扎实做好乃东全国农民工返乡创业试点，在统筹城乡发展示范区建设"双创"基地，推动两所职校争创国家级"双创"平台，以企业为主体推进产学研融合。用活用好500万元的创业扶持经费，统筹解决高校毕业生创新创业面临的场租、社保、住房、医疗等后顾之忧。加大科技创新力度，足额落实科技三项经费和高新技术企业科研补助，精心实施好农畜品种选育提纯等重点科研项目，力争科技对农牧业的贡献率达到51%，对经济的贡献率达到43%。

（二）牢牢抓住供给侧结构性改革这个主线，筑牢三维支撑，培育经济发展新优势。坚持质量第一、效益优先，通过完善基础、产业立市、实体培育筑牢经济发展三维支撑，进一步提升供给质量和水平。

一要全力以赴完善基础。坚持一手抓投资一手抓项目，进一步破解基础设施瓶颈制约。突出投资抓项目，强化“稳增长首先要稳投资”的意识，力争全社会固定资产投资完成300亿元，其中国家投资完成240亿元、社会投资完成60亿元。确保交通完成投资70亿元、边境小康村建设完成投资26亿元、能源项目完成投资20亿元、机场改扩建完成投资16亿元、拉林铁路完成投资15亿元、援藏完成投资5.5亿元、住建完成投资13亿元、农牧完成投资12亿元、电力和水利分别完成投资9亿元、安居和教育分别完成投资4亿元、卫生完成投资2亿元以上，其他行业部门至少完成投资35亿元。突出融资抓项目，坚守政府债务安全底线，深化投融资体制改革。一方面，要发挥财政资金“四两拨千斤”的作用，不断壮大可用财力，力争市本级完成一般公共预算收入11亿元，乃东完成1.5亿元以上，桑日完成1.2亿元以上，隆子、加查和贡嘎突破亿元大关，曲松完成7000万元以上，扎囊完成5300万元以上，琼结、错那和浪卡子突破5000万元，洛扎、措美也要自我加压、争取突破4000万元。另一方面，要鼓励金融和社会资本以独资、控股、参股和特许经营模式依法有序进入脱贫攻坚、特色小城镇、边境小康村、园区建设等领域，推动城市给排水、供暖、污水垃圾处理、城市交通、农业等领域的政府与社会资本合作，利用好产业扶贫风险补偿基金等撬动平台，力争今年金融机构存贷款余额分别达到403亿元、327亿元以上。突出对接抓项目，抢抓中央支持革命老区、民族地区、边疆地区、贫困地区加快发展的政策机遇，加强与自治区相关部门的沟通对接，跟进做好“十三五”规划中期评估调整工作，紧盯区域协调、乡村振兴、边境建设、江北新区建设等重大课题，精心包装申报一批项目。积极对接国家“十三五”支持西藏发展涉及山南的95个重大项目，力争累计录入国家重大建设项目库项目总投资达到400亿元以上。突出进度抓项目，水利方面：扎实做好措美下巴水库等项目前期工作，尽早开工建设雅江山南段治理工程，加快推进卓于水库、泽当城区防洪工程等项目建设，确保结巴水库下闸蓄水、江北灌区全面建成，争取农田灌溉保证率、农村安全饮供水保障率分别达到82%、92%。电力方面：加快推进新一轮农网升级改造工程，尽快开工建设错那110千伏变电站，规划实施琼结、桑日和贡嘎昌果输电线路升级改造工程，确保拉林铁路供电工程建成使用。交通方面：谋划泽当至错那、泽当至琼结、米林至加查至泽当高等级公路和多颇章、杰德秀两座雅江大桥项目，扎实做好泽当环城路、羊湖内环路、13条边防公路和隆子支线机场等项目前期工作，尽早开工建设汀汀拉至肖至棒拉山边防公路等项目，加快推进拉林铁路、G560琼结至措美至错那公路、G219康马至措美至朗县公路、7条通乡油路和曲水雅江大桥项目，确保莫热坝、曲松、桑日、娘果四座雅江大桥年内全部建成，尽早实现“乡乡通油”目标，村居通畅率达到80%以上。通讯方面：围绕行政村和交通干线，精心实施好2G、4G无线网络覆盖工程，消除通讯网络盲区，确保乡镇4G信号覆盖率和行政村信号覆盖率均达到100%。有序推进“村村通邮”工程，争取建成64个村邮站。

二要强力推进产业立市。坚持大而强、不搞小而全，坚持人无我有、人有我优、人优我新，加快建设现代化产业体系。改造提升传统产业，大力发展特色农牧业，新建高标准农田5万亩，争取良种覆盖率、施肥技术指导入户率分别达到90%、85%以上，实现青稞单产提高50斤目标，确保贡嘎晏子青稞食品项目和琼结、乃东千亩蔬菜基地二季度建成投产，亿利经济林和甘草种植、藏草经济林种植等项目年内全面建成；加快推进浪卡子、措美、错那千头牦牛万亩草场等“百千万”工程，确保扎囊江雅生物有机肥厂一季度建成投产，力争中科建奶牛养殖项目二季度建成投产。繁荣发展民族手工业，加快建设文化部非遗工作站，稳步推进泽贴尔等重点项目建设，争取贡嘎铜器项目二季度全面建成，并组织开展首届市级工艺美术大师评选工作。巩固壮大优势产业，加快发展清洁能源业，积极推进雅江中游和三个小流域水电开发、措美地热风电开发前期工作，加快建设大古、加查水电站，确保拉康水电站和留琼光热项目年内开工建设、民信光伏项目年内建成投产。有序发展优势矿产业，全力推动隆子柯月铅锌矿探转采和玉峰铅锌矿、努日铜矿采矿权办理工作，力争铬铁、铅锌、岩金矿石量分别达到4.3万吨、65万吨、15万吨。稳步发展建筑建材业，积极促成海螺水泥项目落地，争取开工建设祁连山水泥项目和湖南建工装配式建筑生产线，确保华新水泥三期三季度建成投产，水泥产能达到270万吨。提速发展文化旅游业，编制山南全域旅游规划，扎实推进桑耶5A景区和羊湖、勒布4A景区创建工作以及旅游厕所革命，启动吐蕃历史文化景区旅游配套工程、扎日玉麦旅游环线等项目，确保雅江风光带等项目年内建成运营，力争接待游客410万人次、实现收入16.8亿元。培育发展新兴产业，科学发展绿色食饮品业，加快推进雪域冰川和玉麦天然饮用水项目，全力促成道衡与雅投合作开发雅砻圣泉品牌，确保二季度西藏福地大包装水一期建成投产、二期启动实施，力争天然饮用水产能达到160万吨。创新发展电商物流业，抓紧启动加查电子商务进农村综合示范项目，加快建设电商物流服务中心，争取年内开工建设商贸物流园区、2个边贸市场和13座偏远乡镇加油站，确保大型机械租赁市场一季度建成，家具市场和商贸服务中心二季度建成，物交会场地和专业市场年底前建成。借力发展生物制药业，争取一季度开工建设灵康药业藏药研究院项目，二季度开工建设市藏医院制剂室和百年汉克药业研发中心项目，三季度开工建设藏医药传承创新发展工程。

三要大力发展实体经济。坚持把着力点放在实体经济培育上，进一步增强内生发展动力。搭建园区建平台，全力打造西藏山南农业科技园区和浪卡子高山畜牧业示范区，积极申报自治区级工业园区和经济技术开发区。探索通过“优势互补、强强联合”的方式，积极培育县域经济园区，支撑县域经济发展。注重减负育企业，坚持“两个毫不动摇”，全面落实结构性减税、降低社保缴纳比例等一系列惠企政策，结合自治区政策导向适时出台中小微企业发展扶持办法，进一步健全完善地级领导联系企业制度，积极培养爱藏知藏、懂经营、善管理的企业家队伍，全力推动各类企业加快发展、做大做强。提升质量塑品牌，加快推进全国质量强市示范城市创建工作，精心申报曲松藏香、勒布茶叶、洛扎清油国家地理标志保护产品。扎实做好全国商标战略示范城市创建工作，确保全年完成商标注册60件以上。落实政策抓非公，全面落实“五放、六支持”政策，进一步促进非公有制经济健康发展、非公有制经济人士健康成长，力争全年非公经济增加值增长15%以上。

（三）牢牢抓住区域联动协同发展这个关键，落实三大任务，打造经济发展新高地。大力实施区域协调发展战略和乡村振兴战略，强力推进新区引领、统筹城乡和兴边富民，全力解决拉萨山南、城镇农村、边境腹心发展不平衡的问题。

一要强力推进新区引领。把江北新区作为引领拉萨山南经济一体化发展的强大引擎和培育新的经济增长点的强大支撑，组建江北新区管委会，聚焦“六个一体化”，主动承接好拉萨非首府功能和产业。进一步优化江北新区规划，重点打造西藏统筹城乡发展示范区、西藏桑耶文化旅游创意区、昌果节点，同步推进阿扎生态科技示范区、山南农业科技园区和贡嘎临港经济开发区。强化基础设施支撑，争取索珠至墨竹工卡公路改造工程尽早立项，加快推进拉萨山南快速通道建设。全面启动雅江中游山南段生态屏障建设，尽快拿出投融资方案和项目推进方案，积极协调水利部和长江委开展规划审查鉴定并将成果纳入雅江流域综合规划，深入研究论证河势控制工程，加快推进索朗嘎咕水利枢纽前期工作，争取部分项目在“十三五”规划中期评估时纳入国家和自治区盘子并尽早实施。

二要强力推进统筹城乡。坚持以城带乡、城乡一体，推进城镇提质和乡村振兴。有序推进全国文明城市、森林城市、卫生城市、海绵城市和全国城市设计试点城市建设，精心实施好雅砻河两岸景观及风貌改造、人民公园、泽当东入口和北入口改造等工程，打通泽当大道东延伸段、三湘大道南延伸段等断头路，开工建设鲁琼大道、和平路二期、乃东路格桑路交叉口下穿通道以及泽当和11县地下综合管廊项目。扎实做好泽当和桑耶国家新型城镇化试点工作，加快推进3个特色小城镇和50个基层政权示范点建设。坚持农牧业农牧区优先发展，实行最严格的耕地保护制度，扎实做好错那自治区级草场承包经营权确权颁证试点，基本完成乃东农村综合改革试验区建设任务；积极引进其他省市种养大户或企业承包土地草场，鼓励涉农企业适当提高青稞等农副产品收购价，争取“百千万”工程项目区群众人均增收2000元以上，不断提高农牧民收入水平。

三要强力推进兴边富民。牢牢把握加快边疆发展、确保边疆巩固、边境稳定这条主线，坚持屯兵与安民并举、固边与兴边并重这个总要求，鼓励引导更多群众做神圣国土的守护者、幸福家园的建设者。大力实施边境村“户户通路”等工程，争取边境“断头路”全部打通，加快推进隆子沙琼、浪卡子达隆绒布等水库前期工作，精心实施好边境传输带宽扩容工程、边境村居通讯普遍服务工程，不断改善边境地区发展条件。全面启动96个边境小康村建设，把玉麦打造成为幸福美丽边境小康示范乡。探索建立高寒边境县在沿江腹心县“异地招商、利益共享”机制，促进边境腹心同步发展。

（四）牢牢抓住坚持以人民为中心这个思想，提升三化水平，普惠经济发展新成果。把老百姓的安危冷暖时刻放在心上，以造福人民为最大政绩，大力实施“十大民心工程”，推动脱贫攻坚精准化、社会事业现代化、社会保障体系化，切实办好人民群众最关心的教育、就业、收入、社保、医疗、养老、居住、环境等方面的事情，让人民生活更加幸福美满。

一要确保脱贫攻坚精准化。聚焦深度贫困地区，用绣花的功夫推进差异化、精准化扶贫，确保浪卡子等5县摘帽、171个贫困村居退出、剩余建档立卡贫困群众脱贫，坚决打好打赢脱贫攻坚战。坚持思想脱贫先行，以“四讲四爱”为载体，深入开展“自力更生、勤劳脱贫”主题教育活动，严格落实贫困户自主脱贫考核机制，引导群众用辛勤劳动改变贫困面貌、过好今生幸福生活。坚持搬迁脱贫去根，加快推进加查莫热坝二期141户496人易地搬迁安置工程和贡嘎昌果330户1259人高海拔生态搬迁工程，扎实做好措美等深度贫困地区同步搬迁工作，积极对接做好昌都“三岩”片区贫困群众搬迁安置工作，争取把易地搬迁集中安置点打造成为全面小康的先行示范工程。为易地搬迁集中安置点群众开发的耕地今年要全部投入耕种。坚持产业脱贫治本，加大产业扶贫资金整合力度，积极争取扶贫产业贷款，市本级要整合资金1亿元以上投向深度贫困地区。把50个已建成的产业扶贫项目精准联结到贫困群众，推动92个在建产业扶贫项目尽早建成投产，争取“十三五”规划产业扶贫项目尽早开工建设。力争洛扎拉康水电站开工建设，并在措美古堆地热开发、西藏福地大包装水和中材祁连山水泥等重大项目中大力推行资源开发、资产受益扶贫改革模式。坚持帮扶脱贫聚力，把深度贫困地区作为脱贫攻坚的坚中之坚，坚持“找准病根、补齐短板、突出重点、强化帮扶、形成合力”，认真落实“三个新增”政策，全面完成各单位驻村点向深度贫困地区调整工作，深度贫困村包村单位负责所在村20%的脱贫摘帽任务，政府部门负责30%的脱贫摘帽任务，进一步提升帮扶成效。

二要推进社会事业现代化。牢牢抓住改善民生、凝聚人心这个出发点和落脚点，让改革发展成果更多更公平地惠及雅砻各族干部群众。全力打造教育强市，坚持教育优先，稳步推进教育改革“四化19项工程”，确保实现“5个100%”阶段目标，力争达到“三个平均水平”。大力实施学前“双语”幼儿园攻坚覆盖工程，稳步推进城乡义务教育一体化发展，大力实施高中教育质量提升计划，争取把特殊教育学校打造成全区示范学校。加快推进学校标准化、信息化建设，稳步推进中小学学校布局调整工作，精心实施好泽当完全中学等重点项目，圆满完成错那等3县国家三类城市语言文字评估等工作。深化教育人才“组团式”援藏和“二下二上”支教交流，兑现好“三包”、大学生资助、教师生活补助等惠民政策。加强师德建设，以总书记“四有”“四个引路人”“四个相统一”标准严格要求教师队伍，督促教师队伍履行好教书育人职责。全力打造健康山南，召开全市卫生与健康大会，以市委、政府1号文件出台健康山南实施意见。加快推进市人民医院新建项目和洛扎等4个县级区域医疗中心，高质量建成桑日幼保站、曲松和隆子藏医院。稳步推进等级医院创建工作，确保市人民医院创建三甲综合医院、妇幼保健院创建二甲专科医院、加查县人民医院创建二甲综合医院。深化医药卫生体制改革，健全完善医联体、医共体和分级诊疗体系，推动优质卫生服务资源下沉基层，确保中病不出市、小病不出县区。深化“组团式”医疗卫生援藏，协调对口支援医院帮助受援医院建设3到5个重点专科。扎实做好包虫病综合防治、“两降一升”、全民免费健康体检、先心病患儿免费救治等工作，持续开展风湿病、结核病、肝炎筛查救治工作。加大食品药品监管力度，确保80%以上的餐饮单位达到明厨亮灶建设标准。大力实施全民健身工程，精心举办好全市第三届运动会。全力打造文化示范，争取广播电视中心尽早立项，博物馆上半年布展开放。精心实施好13个文物保护项目，进一步扩展非遗保护名录。协调安徽省举办好2018中国西藏雅砻文化节,广泛开展送文化下基层活动,不断丰富群众精神文化生活。深化文化体制改革,积极培育和引进骨干文化企业,扎实做好公益性文化事业单位法人治理结构改革试点。

三要促进社会保障体系化。按照兜底线、织密网、建机制的要求,不断健全社会保障体系。强化就业保障,大力实施“岗位开发、就业指导、职业介绍”专项行动,动态消除城镇零就业家庭,引导大学生更多实现市场就业,各县区也要抓好辖区内大学生就业工作。大力实施“双业”工程,培训劳动力1.1万人以上、转移劳动力9万人以上。完善政府、工会、企业共同参与的协商协调机制,严格落实农民工工资保证金制度,加强劳动保障监察执法,着力构建和谐劳动关系。今后,公益性岗位要全部招收大学生。强化兜底保障,深入实施全民参保计划和“五险统征”工作,力争实现法定人群全覆盖。有序推进城乡居民基本医疗保险制度融合,扎实做好机关事业单位养老保险制度改革,试点推行“医康养”融合工作。全面落实“先住院后结算”模式,医疗保险报销至少要做到“一季一报”,切实减轻群众负担。认真做好低保动态调整、临时救助、孤儿教育管理等工作,精心实施好“双集中”场所标准化项目和老年人日间照料中心,确保残疾人康复中心建成使用。强化住房保障,坚持住房的居住属性,逐步建立多主体供给、多渠道保障、租售并举的住房制度,加快推进保障性住宅小区建设,扎实做好第二轮市直统建周转房出售工作,尽快开工建设718套市直保障性住房,高质量建成1383套棚改房和296套周转房,不断满足人民群众的住房需求。

(五)牢牢抓住人与自然和谐共生这个方略,抓好三项工作,增添经济发展新亮色。牢固树立社会主义生态文明观,像对待生命一样对待生态环境,实行最严格的生态环境保护制度,全力抓好生态保护、问题整治和体制改革,加快推进美丽山南建设,全面建成国家生态文明先行示范区。

一要加强生态保护。牢固树立“绿水青山就是金山银山、冰天雪地也是金山银山”的理念,积极倡导勤俭节约、绿色低碳、文明健康的生活方式和消费模式。广泛开展薪柴替代工程,抓紧建立政府绿色采购制度,深入开展绿色创建活动。统筹山水林田湖草系统治理,落实好一河一策、一湖一策。大力开展国土绿化行动,精心实施农村“四旁”植树和城镇“见缝插绿”工程,启动分片包责义务植树造林工作,逐步消除海拔4300米以下的“无树村”和“无树户”;各县区要立即统计造林绿化需求并上报市林业局,确保开春立即启动植树造林工作。加快推进羊湖生态环境保护、雅砻河源头生态功能区保护、地质灾害防治和矿山恢复治理等项目,切实保护好世界上最后一方净土。

二要解决突出问题。扎实做好中央环保督察组反馈问题的整改工作,做到责任到人、一改到底。深入开展大气、水、土壤污染防治三大行动,大力实施“禁白”、农药化肥“零增长”工程和锅炉“煤改电”工程,继续做好畜禽养殖污染防治工作和黄标车老旧车淘汰工作,努力降低能耗、水耗和主要污染物排放总量。加快推进污水、垃圾无害化处理设施建设,大力推行生活垃圾分类处理模式,力争城镇生活垃圾无害化处理率达到85%。深入开展农牧区环境卫生综合整治工作,争取建成自治区级生态县2个、乡镇7个、村居57个。

三要改革监管体制。全力推进环境保护“两监垂管”,统一行使全民所有自然资源资产所有者职责、国土空间用途管制和生态保护修复职责、监管城乡各类污染排放和行政执法职责。严格落实“党政同责、一岗双责、终身责任制”,建立“谁主管、谁负责,谁开发、谁保护,谁污染、谁治理”的责任体系,完善市级巡查、信息公开、信用评价、专项稽查、在线监管等机制,落实环保税征收工作,健全生态文明制度体系。

(六)抓住总体国家安全观这个系统观,营造三个环境,满足经济发展新要求。牢固树立和谐发展、安全发展、绿色发展理念,努力营造良好的社会环境、法治环境、发展环境,不断提升山南软环境硬实力。

一要营造和谐的社会环境。牢牢把握推进国家治理体系和治理能力现代化的总要求,以提高预测预警预防各类风险能力为核心,以人民安全为宗旨,以政治安全为根本,以防患于未然为原则,以防止出大事为基础,深入开展反蚕食、反分裂、反渗透、防偷渡斗争。坚持宗教的中国化方向,严守宗教活动“三项要求”,常态化开展涉宗领域“十项清理清查”工作，持续淡化宗教的消极影响，严禁在学校传播宗教，严禁宗教干预国民教育，教育引导学生树立科学的宗教观、信教群众过好今生幸福生活。稳步推进非边境群众向边境一线和控制薄弱区搬迁工作，全力打造“政策补助提标、生态岗位倾斜、扶贫搬迁固边、小康示范创建”四位一体的工作体系。畅通“12345”市长热线，严格执行“四级信访接待日”制度，进一步完善追责问责、信访周转金等制度，切实解决好群众反映强烈的热点难点问题。深入推进安全生产领域改革发展，进一步健全安全生产责任体系、监管监察体系、依法治理体系、预防控制体系、能力保障体系，做好自治区级遏制重特大事故构建双重预防机制试点工作。依法打击和惩治黄赌毒黑拐骗和非法传销等违法犯罪活动，确保社会大局和谐稳定。

二要营造公正的法治环境。坚持以法治政府为先导、法治社会为重心，全力打造法治山南。大力推进科学立法，增强立法工作的及时性、针对性和有效性，积极探索多部门联合起草、委托第三方起草规章草案模式，制定出台城市建设管理条例，加强安全生产、生态保护等方面的立法探索，定期开展政府立法和重要规范性文件实施后的自我评价和第三方评估，进一步提高立法质量。大力推进公正司法，扎实做好司法改革工作，全面推行法律顾问和执法司法协调会商、重大执法案件法制审核、行政执法全程记录等制度，探索实施县区交叉执法、部门联合执法等改革，进一步提升行政应诉和行政复议工作水平。深入开展“七五”普法工作，主动运用法治思维解决信访问题，引导群众更多地运用法律手段维护自身合法权益。

三要营造良好的发展环境。依法深入开展优化发展环境专项行动，分期分批妥善处理泽当城区土地房屋领域违规违法问题，全面完成各县专项行动既定任务。严格落实失地安置保障、地材销售运输和机械租赁指导价、土地房屋征收补偿安置等政策，始终保持高压态势，坚决防止非法买卖租赁土地、抢栽抢种、违规建房、销售运输价格、阻挠项目建设等问题反弹回潮。抓紧制定出台地材开采销售、农牧民运输车辆管理等长效机制，切实巩固专项行动成果。

三、强化保障、担当实干，圆满完成全年目标任务

任务已明确，关键在落实。全市各级各部门一定要按照市委的要求，勇于担当、实干苦干，切实把发展思路转化为具体行动，把发展目标转变为具体现实。

一要主动接受党的领导。政府系统各级各部门要牢固树立“四个意识”，主动接受党对经济工作的领导，把发展作为第一要务，定期向党委（党组）汇报工作，严格执行党委（党组）作出的决策。各级行政主要负责同志要自觉接受党委（党组）的领导，积极配合党委（党组）书记履行经济第一责任人的责任，主动承担起专抓经济工作的职责，凝聚工作合力。

二要健全工作落实机制。按照成仓书记要求，抓紧对经济工作会议确定的目标任务进行细化分解，签订军令状、下达任务书，强化综合督导、定期督导、专项督导措施，大力推行量化通报、季度调度、限时办结等机制，确保工作任务落到实处。结合自治区要求，完善年度综合考评体系，对排名靠前的县区和部门进行表彰奖励，对排名靠后的予以通报和问责。

三要弘扬担当实干精神。扎实开展“不忘初心、牢记使命”主题教育和“学玉麦、守边疆、讲奉献”活动，深入推进“两学一做”学习教育常态化制度化，努力从学习中锤炼品格、增强本领。坚持“实”字当头、“干”字为先，大力发扬“马上就办”精神，积极践行“一线工作法”，确保做到接受工作不讲条件、落实工作不找借口、完成工作不打折扣。

四要坚守廉洁自律底线。坚决贯彻新时代党的建设总要求，始终坚持“三个牢固树立”，全面履行党风廉政建设主体责任，坚决落实中央八项规定及实施细则，严防隐形和变异“四风”问题反弹回潮，坚决整治不作为、慢作为、懒作为和不愿管、往上推、绕着走等问题。抓项目、争资金要坚守底线，再急不能急程序，确保程序合法合规、公开透明。坚持抓早抓小、惩防并举、筑牢防线、保持高压，确保干部清正、政府清廉、政治清明。

同志们，实干成就事业、奋斗铸就辉煌。我们一定要高举习近平新时代中国特色社会主义思想伟大旗帜，在自治区党委、政府的坚强领导下，在市委的正确领导下，不忘初心、牢记使命，砥砺奋进、克难前行，加快推进山南长足发展和长治久安，以改革发展稳定的优异成绩向改革开放40周年献礼。

山南市人民代表大会常务委员会工作报告

——在山南市第一届人民代表大会第三次会议上

山南市人民代表大会常务委员会主任 王德文

（2018年1月16日）

2017年的主要工作

2017年，在市委的坚强领导下，市人大常委会高举习近平新时代中国特色社会主义思想伟大旗帜，把深入学习贯彻党的十九大精神作为首要政治任务，全面贯彻落实党的十八大及历次全会精神和中央第六次西藏工作座谈会精神，牢固树立“四个意识”，始终坚定“四个自信”，紧紧围绕中央和区党委、市委重大决策部署以及全市工作大局，依法行使职权，扎实开展工作，为推进山南经济社会长足发展、长治久安和民主法治建设作出了积极贡献。一年来，共召开常委会会议6次、主任会议14次，听取和审议专项工作报告11个，进行执法检查6次，开展专题询问1次、满意度测评2次，集中视察8次、专题调研9次，作出决议决定11项，依法任免国家机关工作人员16人，圆满完成了年初确定的各项工作任务。

一、突出政治引领，把坚持党的领导贯穿于人大工作全过程

坚持正确政治方向，是做好人大工作的根本。常委会始终坚持党的领导，积极主动有效作为，确保中央和区党委、市委重大决策部署在人大工作中得到全面贯彻落实。

*一是牢固树立“四个意识”。*把全面学习贯彻党的十九大精神作为重中之重来抓，充分认识重大意义，准确把握精神实质，结合实际狠抓落实，提高站位履职尽责，在思想上政治上行动上同以习近平同志为核心的党中央保持高度一致，始终不渝地拥护信赖忠诚捍卫核心，用习近平新时代中国特色社会主义思想武装头脑、引领方向、指导实践、推动工作，坚定不移走中国特色社会主义政治发展道路，切实增强在新形势下坚持、完善和发展人民代表大会制度的自觉性和坚定性。

*二是始终坚持党的领导。*自觉维护市委权威，认真落实重大事项向市委请示报告制度，人大工作中的重要安排、重要问题、重要活动和拟通过的重要事项，去年共向市委请示报告29次，依法按程序做好相关工作。市委及时研究审定人大请示，大力加强人大工作和建设。制定市人大常委会党组工作规则，细化党组的工作职责、议事范围和决策程序，完善自觉坚持市委统一领导的工作机制，保证党组工作科学化、规范化运行。强化常委会党组在人大工作中的政治领导责任，发挥好把方向、管大局、保落实的重要作用，始终坚持围绕市委重要决策部署履职尽责，使人大工作与市委同心同向、合力合拍。

*三是主动服务全市大局。*根据“三个重点”“四件大事”对我们的工作要求，认真着力跟进，统筹安排和推进人大各项工作开展。积极做好承接地方立法权的立法咨询专家库建立以及立法需求项目征集、加强立法能力建设等各项准备，自治区人大常委会已批准我市于2018年1月1日起行使地方立法权，目前我们正抓紧编制人大常委会立法规划。常委会通过召开推进会、座谈会等方式，扎实做好《山南市城市建设管理条例》立法前期工作，并组织人大代表对泽当城区和部分县镇的城市管理工作进行视察。通过法定方式，加大对经济社会发展、生态环境保护、精准脱贫攻坚等的监督工作力度。积极完成

市委安排的民主法制领域改革专项小组工作任务。认真做好结对帮扶、定点帮扶、结对认亲和强基惠民驻村以及河长制工作，为保障改善民生、建设美丽山南贡献力量。扎实做好维稳工作，按照市委统一安排，常委会领导班子成员深入基层维稳蹲点，开展责任县维稳督导等工作，为确保山南和谐稳定做出积极贡献。

二、突出问题导向，把增强监督实效落实到工作大局各方面

监督是宪法法律赋予人大的重要职能。常委会抓住关系改革发展稳定的重大问题和人民群众的普遍关切，切实强化法律监督和工作监督，认真研究并督促落实交办的常委会审议意见，积极促进“一府两院”依法行政、公正司法。

*一是积极促进经济平稳健康发展。*常委会听取审议市政府关于去年上半年国民经济和社会发展计划执行情况的报告、预算执行情况的报告和2016年度审计工作报告；听取审议市政府“十三五”规划2016—2017年上半年重大项目建设实施情况的报告并首次进行专题询问，在此之前对此项工作开展了专题调研；依法审查批准了《关于审核批准山南市2017年申请自治区发行地方政府债券项目的请示》；对全市税收工作、中小企业发展、农牧业特色产业发展、商务工作等情况开展专题调研。常委会就稳增长、调结构、扬优势、补短板、强弱项，全面完成年度经济社会发展任务等方面，提出相关意见建议并督促跟踪落实，依法促进全市经济健康平稳较快发展。

*二是积极促进民生保障与和谐稳定。*听取审议市政府脱贫攻坚工作情况报告，并从目标实现、报告内容、工作举措等方面，通过投票方式，进行满意度测评；对全市易地扶贫搬迁工程、特色小城镇建设工程、精准扶贫精准脱贫、支农惠农政策宣传落实、农牧科技创新、农牧区医疗保障和基金管理、市人民医院异地迁建项目等方面工作开展情况进行视察；对人口较少民族经济发展和社会稳定、依法管理宗教事务、藏医药传承保护和发展等方面工作开展情况进行专题调研；对全市贯彻实施档案法、教师法、归侨侨眷权益保护法、出入境管理法、慈善法、宗教事务条例以及“双语”教学和藏语文学习使用情况进行执法检查。常委会针对相关方面工作的开展和推进，提出多条针对性操作性强的改进措施并督促整改落实，积极推动相关政策、法律法规的贯彻执行，有力促进民生工作开展和社会和谐稳定。

*三是积极促进生态环境保护与建设。*听取审议市政府关于2017年度环境状况和环境保护目标完成情况的报告并进行满意度测评，结合之前的问卷调查，实事求是、客观公正地反映人大常委会组成人员和列席代表的意见；对水法、水土保持法及我区实施办法等法律法规的贯彻执行情况进行执法检查；开展“中华环保世纪行—西藏行”活动相关工作。常委会就贯彻落实新发展理念，实行最严格的环境保护制度，解决突出问题，提高环境质量等方面，提出相关意见建议并强化督办落实，为保护碧水蓝天贡献人大力量，努力促进美丽山南建设。

*四是积极促进公正司法与规范执法。*为进一步加强对司法工作的监督，提高司法公信力，常委会采取实地察看、查阅资料、召开座谈会、听取工作汇报等形式，对两级人民法院立案登记工作开展情况和两级人民检察院不批捕、不起诉工作开展情况进行了专题调研，形成专题调研报告；对全市维稳指挥中心、执法办案场所、涉案财物保管场所、市交警支队窗口服务场所、市看守所、县（区）派出所、便民警务站等18个执法点规范化建设情况进行了专题调研，形成公安机关执法规范化建设工作情况的调研报告。常委会结合调研情况和工作实际，提出意见建议并交有关部门办理，大力促进公正司法和公安机关执法行为的规范，进一步推进法治山南建设进程。

三、突出科学规范，把做好决定任免落实到依法治市进程中

常委会围绕市委重大决策部署的贯彻落实，依法行使重大事项决定权和人事任免权。

*一是定规矩。*认真学习贯彻《关于健全人大讨论决定重大事项制度、各级政府重大决策出台前向本级人大报告的实施意见》（中办发〔2017〕10号）和自治区人大常委会有关法规规定精神，结合工作实际，制定了《山南市人大常委会关于讨论决定重大事项的规定》，对重大事项范围、决议决定的提出和审查、调研论证、审议表决、公布实施以及监督检查等程序进行规范，为科学决定重大事项奠定了制度基础。

*二是抓重点。*紧扣市委中心工作，结合实际工

作需要，依法作出关于“各级人大和代表积极履职尽责、聚力脱贫攻坚的决定”“关于在全市公民中开展第七个五年法治宣传教育的决议”“关于设立人大制度宣传月的决定”“关于加强审计查出问题整改工作的决定”“关于批准山南市地方政府债券分配使用方案的决定”等。作出聚力脱贫攻坚的决定后，常委会及时召开座谈推进会进行安排部署，各县（区）人大常委会主动作为、狠抓落实，为全市脱贫攻坚贡献了积极力量。

三是强规范。坚持党管干部原则和人大依法任免的有机统一，制定了对被提请任命人员进行任前法律知识考试的试行办法和人事任免工作办法，完善任前审查、法律考试、任职承诺、颁发任命书、向宪法宣誓等程序和制度，进一步规范了任免程序、强化了任职监督实效，增强了被任职人员的法律意识、责任意识和公仆意识。同时，我们按照区党委部署、市委安排和规定要求，积极会同有关方面，认真做好我市的自治区十一届人大代表选举和成立监察委员会的相关工作。

四、突出作用发挥，把彰显主体地位融入进代表工作各环节

常委会尊重代表主体地位，把充分发挥代表作用作为密切联系群众的主要渠道，作为提高常委会工作质量的重要基础，进一步完善代表工作机制，不断提高代表工作水平。

一是代表建议办理务实有效。组织两个检查组深入有关承办单位，对市一届人大一次会议代表提出的意见建议办理情况进行督导检查，对重视不够、办理不力、答复不及时、代表不满意的单位及时督促整改。对代表在市一届人大二次会议上提出的68件意见建议进行认真梳理、科学分类，及时交由市政府及有关部门办理，并进一步明确办理时限、工作要求和有关规定。市人大常委会专门听取审议了市政府关于代表意见建议办理情况的报告。截至目前，市一届人大二次会议期间代表提出的意见建议，已全部办理完毕，所提问题已经解决或列入计划解决的占72%，答复率为100%、满意率达98.5%。

二是闭会期间活动丰富活跃。始终坚持常委会组成人员联系代表、定期走访代表和邀请代表列席人大常委会会议、参加有关活动等制度，先后邀请90余名市、县（区）两级人大代表列席常委会会议，不断扩大代表参与常委会和专门委员会工作的广度和深度。组织部分驻山南的自治区十届人大代表和市人大代表，对基层人大工作开展情况、城市建设管理、农牧业特色产业发展、“十三五”规划重点项目建设情况等进行视察。常委会对全市12县（区）及部分乡（镇）人大工作情况进行专题调研，指导各县（区）人大有计划、有措施开展“人大代表之家”活动，制定具体的活动计划，不定期地组织代表学习党和国家大政方针和法律法规，认真向选民述职，及时反映群众诉求，广泛交流代表履职经验，不断丰富代表在闭会期间的各项活动。

三是履职服务保障更加有力。按要求完成全市95个“人大代表之家”建设并充分发挥应有作用，不断拓展代表活动平台。制定常委会联系人大代表、代表履职登记管理等办法，督促代表依法履职尽责。加强代表培训，提高代表履职意识和能力。为无固定收入的市、县（区）、乡（镇）三级农牧民代表分别落实800–2000元不等的履职补贴，有效提升了代表的履职热情。同时，坚持向代表寄送人大工作要闻、人大常委会公报等报刊，畅通代表知情知政渠道，加强与代表所在单位的联系，为代表履行代表职务提供充分时间和物质保障。

五、突出保障有力，把强化担当有为落脚到人大自身建设里

常委会始终以强化政治素质，提高履职能力，转变工作作风，健全工作制度，完善工作机制为着力点，切实加强自身建设，努力强化履职尽责的思想根基和素质提升。

一是强化思想政治建设。深入学习贯彻党的十九大精神，深刻把握习近平新时代中国特色社会主义思想的指导地位，有机落实到人大工作实践中。深入推进“两学一做”学习教育常态化制度化，认真开展“四讲四爱”主题教育实践活动。落实全面从严治党主体责任，进一步加强机关党的建设。制定市人大常委会党组2017年理论中心组学习计划，全年开展理论中心组学习13次。提出始终忠诚“一个核心”，在厚植执政根基上正确作为；始终强化“两个思维”，在提高履职水平上尽心作为；始终聚焦“三大任务”，在服务中心大局上有效作为；始终抓住“四

项职权”,在强化法治保障上务实作为;始终加强“五大建设”,在提升能力素质上全力作为,即“五个作为”的工作思路,在市委领导下,在法律框架内,务实有效地开展工作。

二是强化纪律作风观念。扎实做好巡视整改工作,认真召开专题民主生活会,全面落实整改任务。严格视察调研、会议组织、公务接待等工作,不断改进视察、调研、执法检查的组织形式和方式方法。认真抓好党建工作,严格落实党风廉政建设工作要求,充分发挥党组织的战斗堡垒作用、党员的先锋模范作用和各级领导干部的表率带头作用。严格执行中央八项规定精神、区党委“约法十章”“九项要求”和市委“十项规则”,刀刃向内,正风肃纪,坚决反对和克服“四风”“两问题”,努力营造为民务实清廉、清风正气舒畅的人大工作环境。

三是强化制度规范行为。围绕政治机关、权力机关、代表机关、工作机关建设,先后建立健全了代表大会议事规则、常委会议事规则、主任会议议事规则、组成人员守则、人事任免工作办法、咨询专家管理办法、审议意见处理办法、任前法律知识考试办法、满意度测评办法、专题询问办法、讨论决定重大事项规定、代表视察办法、代表建议、批评和意见的提出与办理工作规定、代表履职登记和履职补贴发放办法、联系人大代表办法、专题调研制度等人大履职行权方面的近20件规章制度,扎实推进人大工作法制化、规范化、程序化。召开市人大机关建设和管理工作推进会,建立健全人大机关30余项规章制度,加大制度刚性执行力度,完善人大机关正向激励机制。

四是强化能力素质提升。依托援藏省和区内资源,全年组织共150余人次的人大代表和人大干部,分别举办了2期区外学习考察和在泽当举办了1期财经系统干部培训班。2017年5月市一届人大二次会议以来,建立了每次人大常委会会议后,举办专题讲座制度,邀请区内外专家学者,分别围绕“坚持和完善人民代表大会制度”“做好新形势下人大工作”“正确处理‘十三对关系’”“切实发挥代表作用”,举行了4期专题讲座,有利于常委会组成人员和机关干部更新知识、开阔眼界、依法履职。

五是强化人大宣传力度。不断强化人大理论研究和人大制度、人大工作宣传力度,将每年9月设立为“人大制度宣传月”,去年市人大常委会和各县(区)人大开展了以“增强全社会根本政治制度意识”为主题的知识竞赛、以“我履职我作为、献礼党的十九大”为主题的演讲比赛、以“坚持和完善人民代表大会制度”为主题的专题报告会、以“与时俱进推动新形势下人大工作”为主题的理论研讨会等系列宣传活动,创办《山南人大要闻》(半月报)、开通手机信息平台,广泛宣传民主法治建设、人大履职尽责和人大代表风采,讲好山南人大故事,提升了人大工作的社会影响力,增强了人民群众的人大制度自信。

六是强化整体协调联动。不断加强与上级人大、基层人大、区外人大的沟通互动,实现了上下联动和横向交流。召开全市12县(区)人大常委会主任座谈会,推进人大工作规范化发展。常委会重视发挥专门委员会和工作机构的作用,支持做好参谋助手和服务保障工作,扎实推进机关党建、综治管理、驻村工作等,不断提升人大常委会整体工作质量。

各位代表,过去的一年我们取得的成绩,是在市委的坚强领导下,常委会组成人员、全体市人大代表和市人大机关工作人员共同努力、扎实工作的结果,是市“一府两院”和各县(区)人大及其常委会密切配合、大力支持的结果。在此,我代表市人大常委会表示衷心的感谢!

回顾和总结去年以及设市一年多来的人大工作,我们深深体会到,做好新形势下的人大工作:一是必须始终坚持正确的政治方向。人大工作是党和国家工作的重要组成部分,做好人大工作必须时刻保持清醒的政治头脑。我们要树牢“四个意识”,坚定“四个自信”,始终坚持党对人大工作的全面领导,认真贯彻落实中央大政方针和区党委、市委决策部署。二是必须始终把握服务大局的定位。围绕中心、服务大局,是人大工作的本质属性。要按照“三个重点”“四件大事”的要求,在全面贯彻落实市委重大决策部署上凝神聚焦发力。三是必须始终注重履职尽责的质量。人大工作只有不断提质增效,才有生命力。要立足主要矛盾和特殊矛盾并存的实际,坚持问题导向、突出精准有效,依法履行职责、提升工作质量,发挥代表作用、凝聚社会共识。四是必须始终强化能力素质的提升。要把人大工作做好做实做到位做有效,其实并不容易。“打铁必须自身硬”。

我们既要政治过硬，也要本领高强，牢牢把握工作主动权。

在总结工作成绩的同时，我们也清醒地认识到，常委会的工作与新时代、新形势的要求和人民群众的期待还存在差距和不足，主要是：承接好立法工作的能力建设亟须进一步加强，还需深入研究使立法项目与实践需求扣得更紧些；监督工作的深度和实效有待拓展和提高；重大事项决定权的实践有待深化；代表履职培训的针对性还不强，加强代表履职管理需要继续探索，代表作用的发挥还不够充分；常委会及机关履职能力与承担的任务还不完全适应等等。我们将虚心听取代表意见，自觉接受人民监督，认真研究存在的不足并切实加以改进。

2018年的主要任务

2018年是深入贯彻落实党的十九大精神的开局之年，是改革开放40周年，是打赢脱贫攻坚战、决胜全面建成小康社会、实施"十三五"规划承上启下的关键一年。市人大常委会工作的总体要求是：深入学习贯彻党的十九大精神，以习近平新时代中国特色社会主义思想为指导，深入贯彻落实习近平总书记"治国必治边、治边先稳藏"的重要战略思想、"加强民族团结、建设美丽西藏"的重要指示和习近平总书记给隆子县玉麦乡群众的回信精神，贯彻落实区党委九届三次全会、自治区十一届人大一次会议和市委一届二次全会精神，坚持党的领导、人民当家做主、依法治国有机统一，在市委的坚强领导下，紧紧围绕全市中心工作，全面履行各项法定职能，在全面建成全区水平较高的小康社会、加快全面建设社会主义现代化山南的伟大实践中，作出应有的贡献。按照这个总体要求，2018年市人大常委会的主要工作是：

一、紧扣"一条主线"，更加着力学懂弄通做实党的十九大精神

当前和今后一个时期，我们要把深入学习贯彻党的十九大精神作为贯穿全部工作的一条主线，重中之重是深入学习贯彻习近平新时代中国特色社会主义思想，并作为总揽人大工作的总纲，引领和推动人大各项工作深入向前发展。一要更加注重原汁原味，在学懂上求高度。广泛组织各级人大代表和各级人大干部，认真开展"读原著学原文悟原理"各项工作，认真学习党的十九大报告和中纪委工作报告、党章(修正案)以及各项决议，认真学习习近平总书记在十九大闭幕、十九届一中全会和与中外记者见面会上的讲话以及在瞻仰一大会址和嘉兴南湖红船时的讲话，认真学习《习近平谈治国理政》，用心学、系统学、深入学，切实用党的十九大精神特别是习近平新时代中国特色社会主义思想武装广大干部头脑、指导民主法治实践、推动依法履职工作。二要更加注重入脑入心，在弄通上求深度。紧密结合"两学一做"学习教育，坚持以人大常委会党组中心组学习为带动，运用集中学习、个人自学、座谈交流等形式，认真组织、深入学习党的十九大精神，深刻理解和把握习近平新时代中国特色社会主义思想的指导意义、历史地位、丰富内涵、精神实质和实践要求，做到学深悟透、融会贯通，内化于心、外化于行，切实让党的十九大精神在人大落地生根、开花结果，并转化为民主法治建设的生动实践，用对以习近平同志为核心的党中央绝对忠诚的实际行动，扎实推动山南人大各项工作与时俱进、完善发展。三要更加注重落实落地，在做实上求力度。进入新时代，人民群众对民主法治有新要求新期待，人大工作要有新气象新作为。人民代表大会制度是坚持党的领导、人民当家做主、依法治国有机统一的根本政治制度安排。我们要坚定不移地维护以习近平同志为核心的党中央的权威和集中统一领导，深入贯彻党的十九大的各项部署要求，特别是把民主法治建设和人大工作的各项要求落实到位，全面担负起宪法法律赋予的职责，为新时代发展社会主义民主政治、深化依法治国实践作出更大贡献。要持之以恒加强党的建设，为做好人大工作提供坚强政治保证。

二、紧扣"三个重点"，更加着力积极全面有效履行各项法定职能

要紧紧围绕发展、稳定、生态"三个重点"，依法履行立法、监督、决定、任免职能，扎实做好代表工作，为山南长足发展和长治久安提供法治保障。一要抓好立法工作。进一步加快《山南市城市建设管理条例》《山南市立法条例》和有关科学发展、生态环保、社会和谐方面的立法工作，尽快编制山南市一届人大常委会立法规划，科学制定2018年度立法计划，扎实做好各项立法工作，坚持科学立法、民主立法、依法立法，不断提高立法质量，着力立急需的法、有特色的法、能管用的法，充分发挥立法在山南经济社会发展中的引领和推动作用。二要抓好监督工作。坚持监督到位和支持有力并重，突出监督重点、创新监督方式、增强监督实效。听取和审议市政府2018年上半年国民经济和社会发展计划执行情况的报告、财政预算执行情况的报告、2018年本级财政预算调整方案的报告和2017年度审计工作报告，听取和审议市政府关于精准扶贫精准脱贫、优化发展环境、生态环境保护等专项工作报告和市中级人民法院、市人民检察院有关工作报告，对环境保护法、文物保护法、非物质文化遗产法等法律法规的贯彻实施情况进行执法检查，对全市经济社会发展中的热点难点问题进行专题调研、组织专项视察，依法推动相关问题的有效解决，服务保障全市中心工作的开展。积极做好规范性文件备案审查工作。深入进行专题询问、工作评议等工作。三要抓好决定和任免工作。积极主动行使重大事项决定权，依法认真做好人事任免工作，依规有序组织任前法律知识考试。四要抓好代表工作。深化和拓展代表履职和服务保障工作，加大代表培训力度，用好“人大代表之家”平台，丰富闭会期间代表活动，切实提高代表议案和建议办理实效。

三、紧扣“五项建设”，更加着力提升人大依法履职尽责的能力和水平

贯彻党的十九大精神，落实区党委九届三次全会和市委一届二次全会要求，扎实开展“不忘初心、牢记使命”主题教育活动，大力推进市人大常委会和机关的政治、思想、作风、制度和廉政建设，不断巩固和拓展群众路线、“三严三实”“两学一做”学习教育成果。坚持“一岗双责”，强化主体责任，严守政治纪律和政治规矩，坚持高标准严要求、不松劲不懈怠，把全面从严治党要求贯穿于人大工作全过程、落实到依法履职各方面。要着力完善机关工作机制，切实做到正向激励和反向问责双用力、两到位。要加强政治理论和业务知识学习，提高机关信息化水平，改进人大宣传工作，密切与县（区）人大联系，进一步发挥专门委员会和工作机构作用，努力建设高素质的人大干部队伍，更好地服务常委会履职和全市工作大局。

各位代表，时代重任艰巨光荣，人民期盼殷切厚重。让我们更加紧密地团结在以习近平同志为核心的党中央周围，高举习近平新时代中国特色社会主义思想伟大旗帜，立足新起点、新方位，聚力新征程、新部署，在市委的坚强领导下，不忘初心、牢记使命，坚定信心、奋发有为，为推动山南长足发展和长治久安、决胜全面建成全区水平较高的小康社会而努力奋斗！

山南市人民政府工作报告

——在山南市第一届人民代表大会第三次会议上

中共山南市委副书记、市人民政府市长 普布顿珠

（2018年1月15日）

2017年工作回顾

2017年是喜事不断、盛事频传的一年。一年来，我们高举习近平新时代中国特色社会主义思想伟大旗帜，坚决贯彻落实总书记治边稳藏重要战略思想、自治区第九次党代会精神，正确处理好“十三对关系”，聚焦“突出三个重点、办好四件大事”主要任务，全面落实“完善基础、产业立市、统筹城乡、新区引领”经济工作思路，朝着实现全面建成小康社会目标又迈进了一大步。预计全年完成生产总值148.5亿元、增长11%，全社会固定资产投资240亿元、增长28.8%，一般公共预算收入16.6亿元、增长22%，社会消费品零售总额50.5亿元、增长13%，城镇居民人均可支配收入28483元、增长10%，农村居民人均可支配收入11295元、增长14%。

——着力推进品格锤炼，忠诚核心展现新担当。牢固树立“四个意识”，坚决向以习近平同志为核心的党中央看齐，坚决向自治区党委、政府对标，坚决与市委同步，确保党中央、区党委政府、市委提倡的坚决响应、决定的坚决执行、禁止的坚决不做。深入学习贯彻党的十九大、区党委九届三次全会、市委一届二次全会精神，及时召开了政府党组学习会、政府系统传达贯彻党的十九大精神领导干部大会和政府全体会议。主动接受党对经济工作的领导，召开了产业扶贫现场会、经济指标冲刺会等会议，出台了深化教育改革、深化安全生产领域改革发展等意见，切实做到了令行禁止、步调一致。

——着力推进供给改革，发展动能获得新增强。着力减少无效和低端供给，增加有效供给和中高端供给。6个粮食主产县区青稞单产提高50斤，粮食总产达到16.3万吨。华新水泥三期项目开工建设，新培育发展商砼站2家，有效缓解了建材供需矛盾。大力实施创新驱动战略，及时召开了全市科技创新大会，出台了“双创”实施意见和奖励办法，全国质量强市示范城市成功申建，全国商标战略示范城市、乃东全国现代农业示范区建设有序推进。创新设立了1000万元的就业专项资金和500万元的创业扶持资金，发展活力进一步激发。

——着力推进转型升级，产业立市实现新突破。24个“百千万”工程基本建成，扎囊藜麦国家农业综合标准化示范区项目成效明显，洛扎粉丝成功创建国家地理标志保护产品。加查和大古水电站加快建设，拉郊、嘎堆水电站和5座光伏电站并网发电，预计3座水电站和13座光伏电站实现产值7亿元。雅砻圣泉全线投产，西藏福地大包装水一期顺利开工。中材祁连山水泥转移落地。扎西康整装勘查区发现超大型铍锡钨稀有金属矿床。藏中旅游东南环线全面打通，达古等景区建成开放，预计全年接待游客348万人次、实现收入14.2亿元，分别增长24%、19%。山南被列为全区电子商务整体推进示范地市。

——着力推进项目建设，基础设施再上新台阶。成功录入国家项目库项目2055个、总投资337亿元。685个“十三五”规划项目开工建设439个，累计完成投资319亿元。10亿元以下项目前期工作全部完成。拉林铁路山南段加快建设，泽贡高等级公路建成通车结束了山南没有高等级公路的历史，乡镇和村居通畅率分别达到96.3%、67.8%。卓于水库启

动“三通一平”，雅砻水库实现下闸蓄水，农田灌溉保证率和农村安全饮供水保障率分别达到80%、90%。新一轮农网升级改造工程加快推进，藏中电网实现乡镇全覆盖，行政村实现100%通电目标。

——着力推进脱贫攻坚，全面小康迈出新步伐。在2016年脱贫攻坚工作被评为全区优秀等次基础上，再接再厉、扎实工作，乃东区顺利摘帽，洛扎等6个县基本达到摘帽标准，172个村居达到退出标准，18089名建档立卡贫困人口达到脱贫标准。4个集中安置点即将全部入住。50个扶贫产业项目建成投产，92个扶贫产业项目加快建设，形成了生态扶贫、光伏扶贫、能人带动等亮点，拉康水电站被列入自治区资源开发资产受益扶贫改革试点。农牧民人均可支配收入突破万元大关。

——着力推进民生改善，群众生活跃上新水平。“十大民心工程”兑现惠民资金7亿元，强基惠民活动为民办实事7681件。率先在全区实现县域义务教育均衡发展全域通过目标，百名教师“二下二上”支教交流全面铺开。市藏医院成功创建三甲民族医院，包虫病综合防治完成人群筛查，流浪犬收容中心建成使用。会同湖南省成功举办了2018中国西藏雅砻文化节，评选了首届“雅砻文学艺术奖”。大力实施“双业”工程，“万人技能培训计划”完成培训1.1万人，城镇登记失业率控制在2.1%以内。社保参保率达到97%以上。五保集中供养中心和儿童福利院改造、残疾人康复就业等工作扎实开展。

——着力推进统筹发展，城乡建设呈现新面貌。拉萨山南经济一体化发展有序推进，江北新区开发建设有条不紊，总体规划和10个专项规划基本编制完成，拉萨山南快速通道、江北防沙治沙等重大项目有序实施，雅江中游山南段生态屏障建设完成初步方案。山南被确定为全国第二批城市设计试点城市，泽当大道等一批市政功能提升项目建成使用。统筹城乡发展示范区加快建设，3个特色小城镇、19个边境小康村建设稳步推进，4个高寒乡镇供暖工程、36个基层政权示范点建成使用。市委边境工作会议成功召开，加快边境发展的实施意见正式出台，边境地区发展进入“快车道”。

——着力推进绿色发展，生态环境实现新改善。配合完成中央环保督察，61个问题全部办结。编制了森林围城规划，完成植树造林11.68万亩、封山育林4.27万亩、防沙治沙14.8万亩。河长制全面建立，羊湖生态环境保护、雅砻河源头治理、农村饮用水源地保护等项目加快建设，农药化肥“零增长”、锅炉“煤改电”试点全面启动。八项环境专项整治成效显著，集中整治了广告牌匾、建筑工地等领域突出环境问题。建成自治区级生态乡镇14个、村居103个。市环保局被评为全国环保系统先进集体。国家生态文明先行示范区基本建成。

——着力推进改革开放，体制机制激发新活力。12县区统计局顺利组建，权责清单“建管用”工作扎实推进。乃东农村综合改革、农村土地“三权”确权、集体林权制度改革等稳步推进，永久基地农田全面划定。“放管服”改革和商事制度改革不断深化，市政务服务中心获批国家社会管理和公共服务综合标准化试点单位。市场主体发展到2.24万户、注册资金417.5亿元，分别增长16.1%、41.8%。深化与对口援藏省市的交往交流交融，党政代表团赴三省汇报工作、争取了支持，浪卡子措美错那规范化学校项目建成投入使用，加查桑日乃东扎囊小康示范点项目基本建成，完成援藏投资4亿元。央企入藏签约项目38个。招商投资完成22亿元，天籁之声挂牌上市。

——着力推进社会治理，发展环境得到新优化。严格落实市委“下沉基层、片区巡逻、积案化解”等措施，深入开展民族团结进步示范创建工作，巩固深化“三个一”活动，确保了十九大等重要节点社会和谐稳定，综治和“先进双联户”创建工作荣获全区第一、第二名。配合国务院安委会完成3轮巡查督查，深入开展了安全生产“百日大排查大整治”专项行动，安全生产工作荣获全区第一名，山南被评为全国防震减灾工作综合考核先进单位、被确定为国家安监总局安全生产领域改革发展联系点。优化发展环境专项行动持续发力，出台了违建处理、征地拆迁等配套政策，土地房屋领域违法违规问题增量全面控制、存量明显减少，直接降低城市建设成本上亿元。

——着力推进作风转变，自身建设取得新成效。全面落实政府党组定期学习、“双随机一公开”全覆盖等制度，集中开展了重大项目审计、脱贫攻坚专项稽查等工作，专门制定了建设领域党员干部“十不准”等长效制度，区党委巡视组反馈意见涉及政府系统的3方面12项26个具体问题全部整改到位。扎实推进政府系统"两学一做"学习教育常态化制度化,深入开展了"四讲四爱"主题教育,积极践行"马上就办"精神和"一线工作法",进一步提升了政府服务效能。

一年来,我们主动报告工作,坚持"市委谋全局、把方向、定决策,政府抓执行、抓落实、抓推动",坚决维护了市委权威。一年来,我们自觉接受监督,主动向市人大及其常委会报告工作,向市政协通报情况,共办理人大建议66件、政协提案157件。一年来,我们努力夯实基础,在挖掘"六大优势"、补齐"九大短板"等方面实现了新的突破。一年来,我们主动增进团结,深化了军政团结、军民团结和民族团结。一年来,我们全面加强统筹,推动统计、法制、外侨、气象、藏语文、体育、群团、金融等工作取得了新的成绩。

各位代表,成绩是过往见证、更是信心源泉。这是以习近平同志为核心的党中央亲切关怀的结果,是自治区党委、政府坚强领导的结果,是"三省一公司"鼎力支援的结果,是市委正确领导的结果,是市人大及其常委会和市政协有效监督的结果,是全体人大代表、政协委员参政议政的结果,也是全市各族干部群众共同努力的结果。在此,我代表市人民政府,向36万雅砻各族干部群众,向全体人大代表、政协委员,向驻山南人民解放军、武警官兵和政法干警,向关心支持山南发展的社会各界朋友,表示崇高的敬意和衷心的感谢!

各位代表,踏上新征程,面对新矛盾,我们清醒地认识到,满足人民群众日益增长的美好生活需要,就业、教育、医疗等民生工作还有很多短板,高质量完成脱贫攻坚、如期实现全面小康任务还很艰巨。解决拉萨山南、边境腹心、城镇农村发展不平衡和以"九大短板"为代表的发展不充分问题还需要狠下力气。有的地方和部门党章党规党纪执行力度不够,有些干部不作为问题仍然存在。我们一定动真碰硬、全力解决。

2018年工作安排

各位代表,2018年是贯彻落实党的十九大精神的开局之年,是改革开放40周年,是决胜全面建成小康社会、实施"十三五"规划承上启下的关键一年。做好政府工作,要始终高举习近平新时代中国特色社会主义思想伟大旗帜,全面贯彻落实党的十九大和中央经济工作会议精神,深入贯彻落实总书记治边稳藏重要战略思想和"加强民族团结、建设美丽西藏"的重要指示以及给隆子县玉麦乡群众的回信精神,贯彻落实自治区第九次党代会、区党委九届三次全会、全区经济工作会议和市委一届二次全会精神,坚持党对经济工作的领导,坚持习近平新时代中国特色社会主义经济思想,坚持新时代西藏工作指导思想,坚持以人民为中心的发展思想,坚持中国特色、西藏特点的高质量发展路子,坚持稳中求进、进中求好、好中求快、补齐短板工作总基调,坚持新发展理念,紧扣我国社会主要矛盾变化,统筹推进"五位一体"总体布局和协调推进"四个全面"战略布局,以建设现代经济体系为目标,以供给侧结构性改革为主线,以处理好"十三对关系"为根本方法,按照英杰书记"突出三个重点、办好四件大事"的重要指示精神和市委"完善基础、产业立市、统筹城乡、新区引领"的经济工作思路,充分发挥"六大优势",攻坚补齐"九大短板",坚决打好三大攻坚战,全面落实成仓书记提出的九个方面重点工作。

2018年经济发展的预期目标是:力争全市生产总值增长10.5%左右,全社会固定资产投资增长25%以上,社会消费品零售总额增长13%以上,一般公共预算收入增长15%以上,税收收入增长15%以上,城镇和农村居民人均可支配收入分别增长10%、13%以上,居民消费价格涨幅控制在3%以内,城镇调查失业率和城镇登记失业率分别控制在5%和2.3%以内,单位GDP能耗和污染物排放总量控制在自治区下达的指标范围内,确保经济社会持续健康发展、社会大局持续和谐稳定。今年的预期目标,我们充分考虑了平衡与协调、可行与可能,符合西藏发展规律,符合山南工作实际,有利于引导预期、调整结构,有利于挖掘潜力、培育动能,经过全市上下共同努力是能够实现的。

为实现上述目标,我们将重点抓好六个方面的工作:

(一)突出质量第一、效益优先,全力打造产业立市格局。坚持大而强、不搞小而全,坚持人无我有、人有我优、人优我新,加快建设协同发展的产业体系,全力推动经济质量变革、效率变革、动力变革。

抓住一条主线。抓住供给侧结构性改革主线,认真落实“三去一降一补”任务。加快推进全国质量强市示范城市创建工作,积极申报曲松藏香、勒布茶叶、洛扎清油国家地理标志保护产品。扎实做好全国商标战略示范城市创建工作,完成商标注册60件以上。稳步推进商砼、砂石料、骨料、水泥等建材供给改革。争取开工建设13座偏远乡镇加油站,切实满足农牧民群众用油需求。

实施一个战略。大力实施产业立市战略,强力推进九大支撑产业发展。大力发展特色农牧业。加快推进浪卡子、措美、错那千头牦牛万亩草场等“百千万”工程,确保扎囊江雅生物有机肥厂一季度建成投产,琼结乃东千亩蔬菜基地和中科建奶牛养殖项目二季度全部建成,亿利经济林和甘草种植、藏草经济林种植等项目年内全面建成。提速发展文化旅游业。编制山南全域旅游规划,扎实推进桑耶AAAAA景区和羊湖、勒布AAAA景区创建以及旅游厕所革命,启动吐蕃历史文化景区旅游配套工程、扎日玉麦旅游环线等项目,确保雅江风光带、阿扎乡村旅游等项目年内建成运营,力争全年接待游客410万人次、实现收入16.8亿元。科学发展绿色食饮品业。加快推进雪域冰川和玉麦天然饮用水项目,积极培育雅砻圣泉品牌,确保二季度西藏福地大包装水一期建成投产、二期启动实施,贡嘎晏子青稞食品项目建成投产。稳步发展建筑建材业。积极促成海螺水泥项目落地,争取开工建设祁连山水泥项目和湖南建工装配式建筑生产线,确保华新水泥三期三季度建成投产,水泥产能达到270万吨。逐步放开商砼建设市场,大力发展预拌混凝土建材业。加快发展清洁能源业。积极推进雅江中游和三个小流域水电开发、措美地热风电开发前期工作,加快建设大古、加查水电站,确保拉康水电站和留琼光热项目年内开工建设、民信光伏项目年内建成投产。有序发展优势矿产业。扎实做好扎西康、江北、曲松至朗县三个矿区整装勘查工作,全力推动隆子柯月铅锌矿探转采和玉峰铅锌矿、努日铜矿采矿权办理工作,力争全年铬铁、铅锌、岩金矿石量分别达到4.3万吨、65万吨、15万吨。繁荣发展民族手工业。稳步推进泽贴尔等重点项目建设,争取贡嘎铜器项目二季度全面建成。加快建设文化部非遗工作站,改造提升毛纺织品原料加工、产品设计和生产工艺。组织开展首届山南市级工艺美术大师评选工作。借力发展生物制药业。争取一季度开工建设灵康药业藏药研究院项目,二季度开工建设市藏医院制剂室和百年汉克药业研发中心项目,三季度开工建设藏医药传承创新发展工程。创新发展电商物流业。启动加查电子商务进农村综合示范项目,加快建设电商物流服务中心,争取年内开工建设商贸物流园区、2个边贸市场,确保机械租赁市场一季度建成,家具市场和商贸服务中心二季度建成,物交会场地和专业市场年底前建成。

用好一个驱动。用好创新这个驱动,努力培育新的经济增长点。大力实施平台建设工程。全力打造山南农业科技园区和浪卡子高山畜牧业示范区。积极申报自治区级工业园区和经济技术开发区。通过“优势互补、强强联合”的方式,精心培育县域经济园区。大力实施试点孵化工程。加快建设“双创”基地,推动两所职校争创国家级“双创”平台,扎实做好乃东全国农民工返乡创业试点工作。大力实施人才激活工程,统筹解决好高校毕业生创新创业面临的场租、社保、住房、医疗等问题。大力实施科技创新工程。及时足额落实科技三项经费和高新技术企业科研补助,精心实施好农畜品种选育提纯等重点项目,力争科技对农牧业的贡献率达到51%。

强化一个保障。就是强化要素保障,集聚发展动能。强化实体经济保障。坚持“两个毫不动摇”,全面落实结构性减税、降低社保缴纳比例等惠企政策,结合自治区政策导向适时出台中小微企业发展扶持办法,努力推动非公经济等各类市场主体加快发展。强化财税金融保障。有序推进国库集中支付改革扩面工作,进一步扩大公务卡改革范围。大力实施“互联网+税务”行动,积极推行网上办税改革。扎实做好村镇银行筹备工作,确保西藏银行山南分行开业运营。通过设立中小微企业贷款担保公司、风险担保基金等方式,进一步解决好企业融资难问题。

强化人力资源保障。大力弘扬劳模精神,不断厚植工匠文化,实施好领军人才培养开发等工程,努力建设高素质劳动者队伍。积极协调建立产业和企业组团式援藏机制，全力推动其他省市优质企业在山南分支设点，实现人才与资金同步引进。

（二）突出统筹城乡、新区引领，全力打造协调发展机制。着力在统筹上下功夫、在特色上做文章、在重点上求突破，构筑整体联动、全域协同的发展格局。

全力以赴完善基础。处理好重大项目和民生项目的关系，加快推进国家"十三五"支持西藏发展涉及山南的95个重大项目。实施水利畅通工程。扎实做好措美下巴水库等项目前期工作，尽早开工建设雅江山南段治理工程，加快推进卓于水库、泽当城区防洪工程等项目建设，确保结巴水库下闸蓄水、江北灌区全面建成，争取农田灌溉保证率、农村安全饮供水保障率分别达到82%、92%。实施电力畅通工程。加快推进新一轮农网升级改造工程，尽快开工建设错那110千伏变电站，规划实施琼结、桑日和贡嘎昌果输电线路升级改造工程，确保拉林铁路供电工程建成使用。实施道路畅通工程。谋划泽当至错那、泽当至琼结、米林至加查至泽当高等级公路和多颇章、杰德秀两座雅江大桥项目，扎实做好泽当环城路、羊湖内环路、13条边防公路和隆子支线机场等项目前期工作，尽早开工建设汀汀拉至肖至棒拉山边防公路等项目，加快推进拉林铁路、G560琼结至措美至错那公路、G219康马至措美至朗县公路、7条通乡油路和曲水雅江大桥项目，确保莫热坝、曲松、桑日、娘果四座雅江大桥年内全部建成，尽早实现"乡乡通油"目标，村居通畅率达到80%以上。实施通讯畅通工程。围绕行政村和交通干线，精心实施好2G、4G无线网络覆盖工程，消除通讯网络盲区，确保乡镇4G信号覆盖率和行政村信号覆盖率均达到100%。有序推进"村村通邮"工程，争取建成64个村邮站。

始终坚持新区引领。把江北新区作为引领拉萨山南经济一体化发展的强大引擎和培育新的经济增长点的强大支撑，组建江北新区管委会，聚焦"六个一体化"，主动承接好拉萨非首府功能和产业。进一步优化江北新区规划，重点打造西藏统筹城乡发展示范区、西藏桑耶文化旅游创意区、昌果节点，同步推进阿扎生态科技示范区、山南农业科技园区和贡嘎临港经济开发区。强化基础设施支撑，争取索珠至墨竹工卡公路改造工程尽早立项，加快推进拉萨山南快速通道建设。全面启动雅江中游山南段生态屏障建设，尽快拿出投融资方案和项目推进方案，积极协调水利部和长江委开展规划审查鉴定并将成果纳入雅江流域综合规划，深入研究论证河势控制工程，加快推进索朗嘎咕水利枢纽前期工作，争取部分项目在"十三五"规划中期评估时纳入国家和自治区盘子并尽早实施。

协调发展边境腹心。牢牢把握加快边疆发展、确保边疆巩固、边境稳定这条主线，坚持屯兵与安民并举、固边与兴边并重这个总要求，鼓励引导更多群众做神圣国土的守护者、幸福家园的建设者。大力实施边境村"户户通路"等工程，争取边境"断头路"全部打通，加快推进隆子沙琼、浪卡子达隆绒布等水库前期工作，精心实施好边境传输带宽扩容工程、边境村居通讯普遍服务工程，不断改善边境地区发展条件。全面启动96个边境小康村建设，把玉麦打造成为幸福美丽边境小康示范乡。探索建立高寒边境县在沿江腹心县"异地招商、利益共享"机制，促进边境腹心同步发展。

坚定不移统筹城乡。有序推进全国文明城市、森林城市、卫生城市、海绵城市和全国城市设计试点城市建设，精心实施好雅砻河两岸景观及风貌改造、人民公园、泽当东入口和北入口改造等品位提升工程，打通泽当大道东延伸段、三湘大道南延伸段等断头路，开工建设鲁琼大道、和平路二期、乃东路格桑路交叉口下穿通道以及泽当和11县地下综合管廊项目，进一步提升城市功能。加快推进泽当和桑耶国家新型城镇化试点工作，加快推进杰德秀等3个特色小城镇和50个基层政权示范点，因地制宜打造一批城市卫星型、工业主导型、生态旅游型、商贸流通型、特色产业型、交通枢纽型、民族边陲型特色小城镇。积极稳妥推进农牧区人口向城镇聚集、向经济资源富集区聚集、向适宜人类居住区聚集，进一步提升城镇化水平。

持之以恒振兴乡村。坚持农牧业农牧区优先发展，全力打造产业兴旺、生态宜居、乡风文明、治理有效、生活富裕的现代化农牧业农牧区。着力深化农牧区改革。扎实做好错那自治区级草场承包经营权确权颁证试点工作，基本完成乃东农村综合改革试验区建设任务。落实完善承包地“三权”分置制度，促进土地草场有序流转，引进其他省市种养大户或企业承包土地草场。实行最严格的耕地保护制度，保障农牧民财产权益，壮大集体经济。着力提高农牧业产量。继续实施粮食单产提高行动，新建高标准农田5万亩，争取良种覆盖率、施肥技术指导入户率分别达到90%、85%以上，实现青稞单产提高50斤目标。大力实施黄改整乡推进工程，改良黄牛5万头以上。坚持“舍饲与半舍饲相结合”，精心实施好牦牛、绵羊育肥工程。着力增加农牧民收入。鼓励涉农企业适当提高青稞等农副产品收购价，增加群众收入。实施“百名能人带动千名群众工程”，争取“百千万”工程项目区群众增收2000元以上。力争今年农村人均可支配收入过万元的县区达到9个、乡镇达到60个。

（三）突出全面发展、共同富裕，全力打造民生改善亮点。幸福都是奋斗出来的。我们将把老百姓的安危冷暖时刻放在心上，以造福人民为最大政绩，大力实施“十大民心工程”，切实办好人民群众最关心的教育、就业、收入、社保、医疗、养老、居住、环境等方面的事情，让人民生活更加幸福美满。

*如期脱贫摘帽。*聚焦深度贫困地区，用绣花的功夫推进差异化、精准化扶贫，确保浪卡子等5县摘帽、171个贫困村居退出、剩余建档立卡贫困群众脱贫，坚决打好打赢脱贫攻坚战。坚持思想脱贫先行。以“四讲四爱”为载体，深入开展“自力更生、勤劳脱贫”主题教育活动，严格落实贫困户自主脱贫考核机制，引导群众用辛勤劳动改变贫困面貌、过好今生幸福生活。坚持搬迁脱贫去根。加快推进加查莫热坝二期141户496人易地搬迁安置工程和贡嘎昌果330户1259人高海拔生态搬迁工程，扎实做好措美、浪卡子等深度贫困地区同步搬迁工作，积极对接做好昌都“三岩”片区贫困群众搬迁安置工作，争取把易地搬迁集中安置点打造成为全面小康的先行示范工程。为易地搬迁集中安置点群众开发的耕地今年要全部投入耕种。坚持产业脱贫治本。加大产业扶贫资金整合力度，积极争取扶贫产业贷款，市本级要整合资金1亿元以上投向深度贫困地区。把50个已建成的产业扶贫项目精准联结到贫困群众，推动92个在建产业扶贫项目尽早建成投产，争取“十三五”规划产业扶贫项目尽早开工建设。力争洛扎拉康水电站开工建设，并在措美古堆地热开发、西藏福地大包装水和中材祁连山水泥等重大项目中大力推行资源开发、资产受益扶贫改革模式。坚持帮扶脱贫聚力。把深度贫困地区作为脱贫攻坚的坚中之坚，坚持“找准病根、补齐短板、突出重点、强化帮扶、形成合力”，认真落实“三个新增”政策，全面完成各单位驻村点向深度贫困地区调整工作，深度贫困村包村单位负责所在村20%脱贫摘帽任务，政府部门负责30%脱贫摘帽任务，进一步提升帮扶成效。

*建设教育强市。*坚持教育优先，稳步推进教育改革“四化19项工程”，确保实现“5个100%”阶段目标，力争达到“三个平均水平”。大力实施学前“双语”幼儿园攻坚覆盖工程，稳步推进城乡义务教育一体化发展，大力实施高中教育质量提升计划，争取把特殊教育学校打造成全区示范学校。加快推进学校标准化、信息化建设，稳步推进中小学学校布局调整工作，精心实施好泽当完全中学等重点项目，圆满完成错那等3县国家三类城市语言文字评估等工作。深化教育人才“组团式”援藏和“二下二上”支教交流，兑现好“三包”、大学生资助、教师生活补助等惠民政策。加强师德建设，以总书记“四有”“四个引路人”“四个相统一”标准严格要求教师队伍，督促教师队伍履行好教书育人职责。

*打造健康山南。*出台健康山南实施意见。加快推进市人民医院新建项目和洛扎等4个县级区域医疗中心，高质量建成桑日幼保站、曲松和隆子藏医院。稳步推进等级医院创建工作，确保市人民医院创建三甲综合医院、妇幼保健院创建二甲专科医院、加查县人民医院创建二甲综合医院。深化医药卫生体制改革，健全完善医联体、医共体和分级诊疗体系，推动优质卫生服务资源下沉基层，确保中病不出市、小病不出县区。深化“组团式”医疗卫生援藏，协调对口支援医院帮助受援医院建设3到5个重点专科。扎实做好包虫病综合防治、“两降一升”、全民免费健康体检、白内障患者复明、先心病患儿免费救治等工作，持续开展风湿病、结核病、肝炎筛查救治工作。加大食品药品监管力度，确保80%以上的餐饮单位达到明厨亮灶建设标准。大力实施全民健身工程，精心举办好全市第三届运动会。

推动文化兴盛。坚持中国特色社会主义文化发展道路,巩固提升国家公共文化服务体系示范区创建成果,激发文化创新创造活力,全力打造文化强市。争取广播电视中心尽早立项,推动博物馆上半年布展开放。规范藏语文使用,精心实施好13个文物保护项目,扩展非遗保护名录。会同安徽省举办好2018中国西藏雅砻文化节,进一步提升藏历春晚品牌效应。广泛开展送文化下基层活动,丰富群众精神文化生活。深化文化体制改革,推进公益性文化事业单位法人治理结构改革试点。加快文化产业发展,积极培育和引进骨干文化企业。

提高就业质量。坚持就业第一,大力实施“岗位开发、就业指导、职业介绍”专项行动,动态消除城镇零就业家庭,力争城镇新增就业5200人。引导大学生更多实现市场就业,今后公益性岗位要全部招收大学生。大力实施“双业”工程,培训劳动力1.1万人以上、转移劳动力9万人以上。完善政府、工会、企业共同参与的协商协调机制,严格落实农民工工资保证金制度,加强劳动保障监察执法,构建和谐劳动关系。

健全社保体系。深入实施全民参保计划和“五险统征”工作,力争实现法定人群全覆盖。有序推进城乡居民基本医疗保险制度融合,扎实做好机关事业单位养老保险制度改革,试点推行“医康养”融合工作。全面落实“先住院后结算”模式,医疗保险报销尽可能做到“一季一报”,切实减轻群众负担。认真做好低保动态调整、临时救助、孤儿教育管理等工作,精心实施好“双集中”场所标准化项目和老年人日间照料中心,确保残疾人康复中心建成使用。坚持住房的居住属性,逐步建立多主体供给、多渠道保障、租售并举的住房制度,加快推进保障性住宅小区建设,扎实做好第二轮市直统建周转房出售工作,尽快开工建设718套市直保障性住房,高质量建成1383套棚改房和296套周转房,不断满足人民群众的住房需求。

(四)突出内外兼顾、破难除弊,全力打造改革开放高地。坚持越改越好、越改越符合实际、越改越对群众有利,深入推进重点领域改革,形成全面开放格局。

深化行政体制改革。全面落实中央和自治区要求,科学配置政府部门及内设机构权力,明确职责。处理好简政放权和地方承接的关系,重大事项下放时把懂业务的干部一并放下去,帮助基层承接好相关工作。认真落实职能相近的机关合并设立或合署办公要求,扎实做好县以下机关公务员职务与职级并行制度改革,稳步推进事业单位首次岗位设置和聘用管理工作。

健全市场经济体系。深化国有企业改革。改革国有资本授权经营体制,稳妥推进国企混合所有制改革,建立以管资本为主的国有资产监管体制。理直气壮做强做优做大国有企业,加快江南矿业上市进程,完善雅投、城投、旅投等国企现代企业管理制度。稳步推进农村集体经济和专合组织改革,探索国有企业和国有资金进入农村经济改革的有效方式和途径。深化商事制度改革。坚持成熟一批、整合一批、实施一批,扩大“多证合一”整合范围,探索“证照分离”改革,推动企业登记注册全程电子化和电子营业执照广泛应用。促进“双随机一公开”监管全覆盖,加强“经营异常名录”和“黑名单”管理,进一步规范企业发展。深化投融资体制改革。鼓励金融和社会资本以独资、控股、参股和特许经营模式依法有序进入脱贫攻坚、特色小城镇建设、边境小康村建设、园区开发建设等领域,推动城市给排水、供暖、污水垃圾处理、城市交通、农业等领域的政府与社会资本合作,利用好产业扶贫风险补偿基金等撬动平台,推动成熟PPP项目尽早落地,力争今年金融机构存贷款余额分别达到403亿元、327亿元以上。

形成全面开放格局。坚持引进来和走出去并重,遵循共商共建共享原则,不断提升开放合作水平。构建招商引资新格局。建立招商引资跟踪问效机制,把招商引资任务分解到市政府班子成员、三省援藏工作队、经合局和各县区。出台支持招商引资企业发展办法,加快推进统筹城乡示范区基础设施和公共服务建设,积极协调央企入藏等签约项目尽早落地,推动哗叽服饰等重点企业项目尽早建成投产,力争完成招商投资50亿元。构建非公经济新格局。全面落实“五放、六支持”政策,大力实施“八大工程”,进一步促进非公有制经济健康发展,力争全年非公经济增加值增长15%以上。构建受援工作新格局。深化援藏帮扶协作三项任务,对接落实好党政代表团赴三省汇报衔接的事项，确保完成援藏投资5.5亿元。加快建设三省援藏产业园，精心组织好“百家企业进山南活动”，协调援藏省市优质企业入园发展。推动教育卫生组团式援藏向县区延伸，协调三省每年分别帮助完成100人以上的技能培训。

（五）突出和谐共生、永久持续，全力打造生态文明示范。牢固树立社会主义生态文明观，像对待生命一样对待生态环境，实行最严格的生态环境保护制度，加快建设美丽山南，全面建成国家生态文明先行示范区。

*推进绿色发展。*牢固树立“绿水青山就是金山银山、冰天雪地也是金山银山”的理念，健全绿色经济发展体系。广泛开展薪柴替代工程，力争清洁能源普及率、农牧区传统能源替代率分别达到70%、65%以上。建立政府绿色采购制度，将绿色节能产品优先列入政府采购目录。深入开展创建节约型机关、绿色家庭、绿色学校、绿色社区和绿色出行等行动，积极倡导勤俭节约、绿色低碳、文明健康的生活方式和消费模式。

*解决突出问题。*加强生态环境治理，深入开展大气、水、土壤污染防治三大行动，大力实施“禁白”、农药化肥“零增长”工程和锅炉“煤改电”工程，进一步降低能耗、水耗和主要污染物排放总量。加快推进污水、垃圾无害化处理设施建设，大力推行生活垃圾分类处理模式，力争城镇生活垃圾无害化处理率达到85%以上。深入开展农牧区环境卫生综合整治工作，争取建成自治区级生态县2个、乡镇7个、村居57个。

*加强生态保护。*统筹山水林田湖草系统治理，加强森林、草原、湿地和生物多样性保护，落实好一河一策、一湖一策。大力开展国土绿化行动，精心实施农村“四旁”植树和城镇“见缝插绿”工程，启动分片包责义务植树造林工作，逐步消除海拔4300米以下的“无树村”和“无树户”。加快推进羊湖生态环境保护、雅砻河源头生态功能区保护、地质灾害防治和矿山恢复治理等项目，切实保护好世界上最后一方净土。

*改革监管体制。*全力推进环境保护“两监垂管”，统一行使全民所有自然资源资产所有者职责、国土空间用途管制和生态保护修复职责、监管城乡各类污染排放和行政执法职责。严格落实“党政同责、一岗双责、终身责任制”，建立“谁主管、谁负责，谁开发、谁保护，谁污染、谁治理”的责任体系，完善市级巡查、信息公开、信用评价、专项稽查、在线监管等机制，落实环保税征收工作，进一步健全生态文明制度体系。

（六）突出法治主导、共建共享，全力打造社会治理体系。围绕维护祖国统一、加强民族团结这个着眼点和着力点，以人民安全为宗旨，以政治安全为根本，以防患于未然为原则，以防止出大事为基础，全力推动社会治理由“要我稳定”向“我要稳定”转变。

*推进依法治市。*依法接受市人大及其常委会的工作监督和法律监督，坚决落实各项决议决定并定期报告工作；自觉接受市政协民主监督，认真听取工商联、党外人士和人民团体的意见，高质量办理好人大代表建议和政协提案。科学编制政府立法工作计划，制定出台山南市城市建设管理条例。扎实推进司法改革和综合执法体制改革，全面推行政府法律顾问制度。深入开展“七五”普法工作，进一步提高各族群众法治素养。

*优化发展环境。*深入开展优化发展环境专项行动，分期分批妥善处理泽当城区土地房屋领域违规违法问题，全面完成各县专项行动既定任务。严格落实失地安置保障、地材销售运输和机械租赁指导价、土地房屋征收补偿安置等政策，持续保持高压态势，坚决防止非法买卖租赁土地、抢栽抢种、违规建房、哄抬地材销售运输价格、阻挠项目建设等问题反弹回潮。全面推行泽当城区片区管理制度。制定出台地材开采销售、农牧民运输车辆管理等长效机制，切实巩固专项行动成果。

*维护社会稳定。*坚持总体国家安全观，严格落实自治区“十项维稳措施”，深入开展反蚕食、反分裂、反渗透、反偷渡斗争。严守宗教活动“三项要求”，持续淡化宗教的消极影响，严禁在学校传播宗教，严禁宗教干预国民教育，教育引导学生树立科学的宗教观，教育引导信教群众过好今生幸福生活。扎实做好城镇网格化管理、“先进双联户”创建、“雪亮工程”建设等工作，构建以值班备勤、舆情管控、巡逻执勤、应急处突、干部下沉为一体的防控体系。严格执行“四级信访接待日”制度，健全领导包案、追责问

责、信访周转金等制度，全面推行“市级一季一排、县区一月一排、乡镇一旬一排”工作机制，切实解决好群众反映强烈的热点难点问题。

确保安全生产。积极争创全国安全发展示范城市，加快安全生产领域改革发展步伐，进一步健全安全生产责任体系、监管监察体系、依法治理体系、预防控制体系、能力保障体系，做好自治区级遏制重特大事故构建双重预防机制试点工作。坚持机构、职责、编制、人员、经费、装备“六落实”，不断夯实安全生产基层基础。突出道路交通、非煤矿山、建筑施工、危化品、消防等重点领域，常态化开展执法检查和隐患整治，确保不发生较大以上生产安全事故。大力实施食品安全战略，确保80%以上的餐饮单位达到明厨亮灶建设标准。

促进军民融合。大力弘扬拥军爱民优良传统，全力支持国防和军队现代化建设，加快形成以基础设施共建共享、社会服务保障统筹、军地公共安全合作、边防边民融合建设为主的军民深度融合发展格局。扎实做好国防动员工作，积极推进国防后备力量建设。积极争创全国双拥模范城市，规范军转干部安置管理服务，巩固好军政军民团结的大好局面。

政府自身建设

各位代表，人民群众对美好生活的向往是我们矢志不移的奋斗目标。我们将坚持为人民服务、对人民负责、受人民监督、让人民满意，切实加强政府自身建设。

（一）坚持党的领导，建设忠诚型政府。牢固树立“四个意识”，坚决维护以习近平同志为核心的党中央权威和集中统一领导，坚决服从自治区党委、政府的领导，坚决执行市委决策部署。扎实开展“不忘初心、牢记使命”主题教育和“学玉麦、守边疆、讲奉献”活动，深入推进“两学一做”学习教育常态化制度化，用忠诚践行使命、服务人民。

（二）坚持服务便民，建设效能型政府。牢固树立以人民为中心的发展思想，推动政府职能向创造良好发展环境、提供优质公共服务、维护社会公平正义转变。全面推行限时办结制，坚决砍掉烦琐手续，努力缩短群众办事时限，全面提升公共服务质量和效率。畅通“12345”市长热线，进一步拓宽群众反映诉求、参政议政的渠道，着力打造人民满意的效能型政府。

（三）坚持勤政务实，建设担当型政府。大力弘扬“红船精神”“老西藏精神”“两路”精神和列麦“自力更生、艰苦奋斗”精神、玉麦“爱国守边”精神，积极践行“一线工作法”，对为官不为、履职不力的严肃问责，对懒政怠政、失职渎职的严厉惩处。坚持严管和厚爱结合、激励和约束并重，旗帜鲜明地为敢于担当、踏实做事、不谋私利的干部撑腰鼓劲。

（四）坚持全面从严，建设廉洁型政府。坚决贯彻新时代党的建设总要求，始终坚持“三个牢固树立”，严格执行市委“三必四有”要求，全面履行党风廉政建设主体责任，坚决落实中央八项规定及实施细则，严防隐形和变异“四风”问题反弹回潮。坚持抓早抓小、筑牢防线、保持高压，坚守资金和项目程序底线，确保干部清正、政府清廉、政治清明。

各位代表，推动新时代山南各项事业不断向前发展，既是我们无上的光荣，更是我们神圣的使命。让我们更加紧密地团结在以习近平同志为核心的党中央周围，在自治区党委、政府的坚强领导下，在市委的正确领导和人大、政协的有力监督下，不忘初心、牢记使命，众志成城、砥砺奋进，努力为决胜全面建成小康社会、加快全面建设社会主义现代化山南做出新的更大的贡献！

政协第一届山南市委员会常务委员会工作报告

——在政协第一届山南市委员会第三次会议上

中共山南市委副书记、市政协主席、市委党校校长 丁哲峰

（2018年1月14日）

2017年工作回顾

党的十九大是在全面建成小康社会决胜阶段，中国特色社会主义进入新时代的关键时期召开的一次十分重要的大会，回顾总结了过去5年的工作成就和历史性变革，作出了我国社会主要矛盾转化等重大政治论断，确立了习近平新时代中国特色社会主义思想为党必须长期坚持的指导思想，确定了决胜全面建成小康社会、开启全面建成社会主义现代化国家新征程的目标，对新时代推进伟大事业和建设伟大工程作出了全面部署，具有重大现实意义和深远历史意义。区党委、政协和市委迅速行动，立即召开区党委九届三次全会、区政协第25次常委会、市委一届二次全会学习宣传贯彻落实，作出了全面部署、提出了明确要求。

市政协高度重视，及时召开党组（扩大）会议深入学习领会党的十九大精神，学习领会区党委九届三次全会、区政协第25次常委会、市委一届二次全会精神，学习领会发展社会主义民主政治、发挥社会主义协商民主重要作用、加强人民政协工作、巩固和发展爱国统一战线等重大部署，作出了具体要求。全市政协组织、政协各参加单位和广大政协委员要结合政协工作，深入思考、全面理解、准确把握，采取多种形式、通过各种渠道不断把学习贯彻引向深入，在学懂弄通做实上下功夫，在发展稳定生态上见实招，在爱党为党护党上见行动，夯实团结奋斗的共同思想政治基础。

一年来，在区党委、市委的坚强领导、区政协的有力指导和市人大、政府的大力支持下，市政协常委会广泛团结全市政协组织、政协各参加单位和广大政协委员，高举习近平新时代中国特色社会主义思想伟大旗帜，认真贯彻落实习近平总书记“治国必治边、治边先稳藏”重要战略思想、“加强民族团结、建设美丽西藏”重要指示和给隆子县玉麦乡群众的回信精神，深入学习贯彻党的十九大和中央第六次西藏工作座谈会精神，学习贯彻区党委九届三次全会、市委一届二次全会精神，贯彻新发展理念，坚持“五位一体”总体布局和“四个全面”战略布局，坚持党的治藏方略，坚持依法治藏、富民兴藏、长期建藏、凝聚人心、夯实基础的重要原则，全面贯彻落实市委决策部署，围绕市委、政府中心工作，服务大局、担当作为、履职尽责，为坚决打赢脱贫攻坚战、决胜全面建成小康社会作出了积极贡献。

一、以高度的政治自觉增进思想政治认同。党的十八届六中全会正式确立习近平总书记在党中央和全党的核心地位，党的十九大确立习近平新时代中国特色社会主义思想为党的指导思想，是党心所向、民心所向。有习近平总书记这个党的核心、军队统帅、人民领袖，是党之大幸、国之大幸、民族之大幸，是实现“两个一百年”奋斗目标、实现中华民族伟大复兴的中国梦、实现人民对美好生活向往的希望所在、力量所在、胜利所在。一是毫不动摇地坚持党的领导。把维护习近平总书记这个核心、维护党中央权威作为第一位的政治要求，牢固树立“四个意识”，严守政治纪律和政治规矩，始终在思想上政治上行动上同以习近平同志为核心的党中央保持高度

一致。自觉坚持党的领导,认真落实请示报告制度,及时向市委汇报政协工作的重大事项、重要活动、重要问题,始终在市委的坚强领导下依照章程做好政协工作。二是思想政治建设不断强化。以推进"两学一做"学习教育常态化制度化和"四讲四爱"主题教育实践活动为抓手,用党的十九大、区党委九届三次全会、市委一届二次全会精神统一思想行动,增进政治共识,坚定"四个自信",增强了走中国特色社会主义政治发展道路、积极发展社会主义协商民主的自觉性和坚定性,筑牢了团结奋斗的共同思想政治基础。三是学习政协理论更加深入。坚持把加强理论学习摆在首位,深入学习习近平总书记关于人民政协工作的重要论述,学习中央、区党委、市委关于加强政协协商民主建设和民主监督工作的决策部署,全面理解和准确把握新时代党对人民政协工作的新要求新部署,增强履职使命感和责任感,提高政治把握、调查研究、联系群众、合作共事能力,自觉担负起政协使命,履行好委员职责。

二、以深厚的为民情怀助推经济社会发展。坚持把助推经济社会发展作为履职第一要务,把改善民生、凝聚人心作为履职的出发点和落脚点,突出发展、稳定、生态"三个重点",办好改善民生、脱贫攻坚、夯实基础和拉萨山南一体化发展"四件大事",紧紧围绕完善基础、产业立市、统筹城乡、新区引领的经济发展思路建言献策,出实力、促落实。一是围绕夯实基础建言献策。始终关注"三农",对"壮大新型农业经营主体"开展调研,提出4个方面的建议。组织30名市县(区)政协委员深入乃东、扎囊、隆子等地,围绕项目建设、产业发展、生态环境保护等重点,对新型城镇化试点和农村公路建设视察调研,形成专题报告,提出意见建议11条。协助自治区政协开展重点项目专题视察,助推雅江中游水电开发和拉林铁路山南段、拉萨至山南快速通道建设。二是围绕脱贫攻坚献计出力。聚焦"精准扶贫、精准脱贫""补齐重点农牧业科技成果转化工作短板""加强农牧民技能培训、促进农牧区劳务输出""边境地区特色产业发展",牵头组织市脱贫攻坚指挥部办公室、扶贫办、科技局、农牧局、人社局、"双业办"等单位,深入各县(区)开展专题调研,形成调研报告4篇,提出建议15条。三是围绕改善民生促进落实。主动收集社情民意,反映委员意见建议,督促提案办理落实,组织全国、自治区、市政协委员200余人次参加听证会、咨询会、评议会、监督会,重点对惠民政策落实、精准扶贫、教育卫生就业、社保提标等工作进行民主监督,助推了群众利益问题的解决。

三、以独特的政治优势促进社会和谐稳定。坚持把维护祖国统一、加强民族团结作为履职的着眼点和着力点,充分发挥政协独特优势,主动担当、靠前履职,为实现"三不出""三无"目标凝心聚力、积极作为。一是主动担当尽责。认真落实区、市维稳决策部署,10位市政协班子成员分赴乃东、贡嘎、洛扎、措美、琼结、加查、桑日等县(区)维稳督导,县级以上干部积极承担市维稳指挥部各项维稳任务,倡议各级政协委员争做维护稳定的促进者、遵纪守法的带头者、平安山南的奉献者,为全市持续长期全面稳定贡献了政协力量。二是广泛凝心聚力。组织政协委员、各界代表人士广泛联系界别群众,深入开展民族团结宣传教育,引导广大群众和僧尼认清十四世达赖和达赖集团的反动本质,倍加珍惜民族团结的大好局面。助推寺庙规范化法制化管理、深化和谐模范寺庙创建活动,积极开展寺庙法制宣传教育和爱国爱教宣传服务下乡活动,宣传党的十九大精神、党的民族宗教政策和利寺惠僧政策,做到了解疑释惑、化解矛盾、凝聚人心。三是助力平安建设。各级政协委员带头开展"七五"普法宣传教育活动,引导群众依法表达利益诉求,调处化解了一批基层矛盾纠纷。积极参与优化发展环境专项整治、重点信访事件处置、综治交叉考评等工作。协助自治区政协开展安边固边兴边工作专题调研,深入错那县、隆子县5个边境乡(镇)了解边境政策落实情况,广泛听取基层干部群众意见,积极反映边境工作困难,提出了有针对性的对策建议。

四、以扎实的工作作风全力做好经常性工作。把规范有序、注重实效作为推进政协经常性工作的基本要求,增强事业心和责任感,不断提升履职水平。一是提案工作不断加强。制定提案办理协商、重点提案办理和督办等办法,积极推动提案工作制度化、规范化。全面征集各方面意见,向自治区政协提交提案39件、立案37件,解决了一批群众反映的水利基础设施建设、教育卫生就业等问题。市政协一届二次会议以来，共收到提案164件，经审查立案157件。积极组织提案交办，建立办理台账，抓好督办落实，加大跟踪问效和“回头看”，提案办复率达100%，委员满意率达96%。二是文史资料工作不断加强。完成《西藏自治区志·政协志》山南篇和《2016年政协年鉴》山南篇、《山南地区志·政协志》（2001—2015）编撰上报工作。深入全市280多座寺庙拉康，形成70多万字的《山南市藏传佛教寺庙目录型简介》（上下册），藏文版即将出版。协助区政协开展了文史资料工作专题调研。三是团结联谊工作不断加强。加强与区内外政协交流合作，协助全国政协和湖北、浙江、四川、贵州、甘肃、青海、内蒙古、黑龙江及广州、那曲等省市政协16个考察团在山南调研考察。组织市政协干部和政协委员赴湖北、湖南、安徽等地考察学习，促进了工作交流。四是信息宣传工作不断加强。制定《关于加强政协系统信息工作的意见》和《关于社情民意信息工作的通报考评反馈办法》，加大信息编报力度，被区政协和区、市新闻媒体采用信息30余篇。

五、以强烈的责任担当全面提升履职水平。坚持把能力建设贯穿履职工作始终，不断提升政协工作水平。一是加强委员队伍建设。完善委员履职工作规则、委员联络服务办法，进一步规范了委员服务管理。加强委员联络，安排委员视察调研，搭建了委员知情明政、发挥作用的平台，有效调动了委员积极性。二是加强专委会建设。主席会议定期听取专委会工作报告、审议专委会工作计划，支持专委会按照政协工作部署，发挥职能，改进视察调研，增强了针对性和实效性，提高了议政建言能力。制定专题协商、对口协商、界别协商工作规则，明确了协商内容和形式，规范了协商工作程序。三是加强机关建设。严格落实从严管党治党责任，突出党的政治建设，修订完善政协党组议事规则，发挥了党组领导作用。在政协机关开展“基层党建规范提升年”活动，认真落实“三会一课”制度、领导干部双重组织生活会制度，基层党组织作用进一步发挥。加强干部人才队伍建设，安排56名市县（区）政协干部赴全国政协干部培训中心和对口援藏省政协培训。转变工作作风，经常深入联系县（区）、村（居）、企业和寺庙调研，帮助基层排忧解难。压实党风廉政建设主体责任，严格党员干部教育管理，强化廉洁自律，抓好巡视整改，自治区巡视三组反馈的10个问题全部整改到位，营造了风清气正的政治生态。

各位委员，这些成绩的取得，是区党委、市委坚强领导、区政协有力指导和市人大、政府大力支持的结果，是各级各部门积极配合和社会各界广泛参与的结果，是我市政协组织、政协各参加单位和广大政协委员共同努力的结果。在此，我代表市政协常委会表示衷心的感谢！

在肯定成绩的同时，我们也清醒地认识到各项工作离市委的要求和政协肩负的使命还存在一定差距，主要是有的调研视察活动深度不够、成效不明显；少数委员的提案质量不高；有些界别的优势发挥不够；政协工作制度落实还需要进一步加强。对这些问题，希望委员们多提宝贵意见，帮助我们进一步改进。

2018年的主要任务

2018年，是贯彻党的十九大精神的开局之年，是改革开放40周年，是决胜全面建成小康社会、实施“十三五”规划承上启下的关键一年。全市政协工作总体要求是：高举习近平新时代中国特色社会主义思想伟大旗帜，全面学习贯彻党的十九大精神，深入贯彻落实习近平总书记“治国必治边、治边先稳藏”重要战略思想、“加强民族团结、建设美丽西藏”重要指示和给隆子县玉麦乡群众回信精神，坚持“五位一体”总体布局和“四个全面”战略布局，坚持党的治藏方略，坚持依法治藏、富民兴藏、长期建藏、凝聚人心、夯实基础的重要原则，坚持以人民为中心的发展思想，按照区党委九届三次全会和市委一届二次全会决策部署，聚焦突出发展、稳定、生态“三个重点”，办好改善民生、脱贫攻坚、夯实基础和拉萨山南一体化发展“四件大事”，围绕完善基础、产业立市、统筹城乡、新区引领的经济发展思路，紧扣团结民主两大主题，把坚持和发展中国特色社会主义作为巩固共同思想政治基础的主轴，把打赢脱贫攻坚战、加快经济社会发展、决胜全面建成小康社会献计出力作为工作主线，充分发挥政协协商民主的重要渠道和专门协商机构作用，认真履行政治协商、民主监督、参政议政职能，助推市委、政府各项决策部署的贯彻落实，着力做好思想引领、协调关系、汇聚力量、建言献策、服务大局各项工作，在“结合”上做文章，在谋划推动工作上用实功，不断推进政协事业新发展。

一、坚持党的领导，打牢团结奋斗的共同思想政治基础。“党政军民学，东西南北中，党是领导一切的。”党的领导是人民当家做主和依法治国的根本保证，也是人民政协事业发展进步的根本保证。全市政协组织、政协各参加单位和广大政协委员必须坚持市委对政协工作的领导，牢固树立“四个意识”、坚定“四个自信”，依法依章程履行职能、开展工作、发挥作用，确保党的路线方针政策和市委决策部署不折不扣地贯彻落实到政协工作各方面和全过程。我们要把维护习近平总书记党中央的核心、全党的核心作为最大的政治、作为最重要的政治纪律和政治规矩，始终在政治立场、政治方向、政治原则、政治道路上同以习近平同志为核心的党中央保持高度一致，坚决维护党中央权威和集中统一领导，始终在市委领导下开展工作。把学习贯彻党的十九大精神作为首要政治任务和工作主题，增强政治自觉、思想自觉、学习自觉和行动自觉，组织政协干部、政协委员和乡（镇）政协联络员深入基层、深入联系点开展宣讲，用精神实质创新政协工作思路举措，凝聚广大政协委员和各族各界人士智慧力量。

二、坚持以人民为中心，助推全市改革发展稳定各项事业。坚持履职为民，把实现各族群众的美好生活向往作为工作目标，带着感情做好政协工作，在服务新时代改革发展稳定中彰显政协的独特价值。紧扣全市中心工作，着眼经济社会发展重大问题和全面建成小康社会重点难点问题，深度调研、靠前履职，提出有针对性、可操作的对策建议，做到政治协商聚焦大事、民主监督紧盯难事、参政议政关注实事，助力市委、政府决策和施策有效性，积极贡献政协力量。助推经济社会发展。聚焦“完善基础、产业立市、统筹城乡、新区引领”，着眼抓重点、补短板、强弱项，积极主动开展调研视察、专题协商、民主监督等工作。围绕边境小康村建设、精准扶贫精准脱贫、江北新区建设、产业发展、乡村公共基础设施建设、城市建设等方面，开展专项视察调研，组织对口协商、界别协商。助推维护社会稳定。坚决贯彻党的治边稳藏方略和区党委、市委维护稳定决策部署，教育引导广大政协委员坚定政治立场，严守政治纪律，在反分裂斗争这个重大原则问题上，始终做到旗帜十分鲜明、立场十分坚定。协助抓好反分裂斗争、宗教事务管理、巩固发展民族团结、加强和创新社会治理、固边富民等工作，选择影响全市社会稳定的重点难点问题视察调研、议政建言，承担起维护稳定的政治责任。组织开展“推动社会治理由‘要我稳定’向‘我要稳定’转变”专题调研，提出建议案。助推保障改善民生。围绕自治区重大民生政策、市“十大民心工程”、易地扶贫搬迁、公共服务均等化、创业就业、城乡居民社会保障等群众普遍关心关注的问题咨政建言，设身处地为群众着想，感同身受为群众分忧，多做提高群众获得感、幸福感的工作。助推美丽山南建设。围绕落实生态制度和生态补偿政策、加强环境综合整治、建设国家生态文明先行示范区，提出提案或建议案。

三、坚持团结民主主题，积极发展政协协商民主。“有事好商量、众人的事情由众人商量”。坚持协商于民、协商为民，把团结的精神、民主的作风、和谐的理念贯穿协商全过程，团结一切可以团结的力量，着力增进共识、凝聚力量、解决问题。深刻把握习近平总书记关于协商民主建设的重要思想、重要观点、重大论断、重要部署，认真贯彻落实市委《关于加强山南人民政协协商民主建设的实施意见》，制定实施好2018年协商计划，扎实有效地开展专题协商、对口协商、界别协商、提案办理协商，不断拓宽协商领域，丰富协商形式，增强协商实效，形成协商机制。加强与宗教界的联系，发挥宗教界人士的特殊作用，教育引导僧尼和信教群众把思想和精力转移到发展生产、追求健康文明生活方式、过好当下幸福生活上来，积极促进宗教与社会主义社会相适应。加强与非公经济组织的联系，服务、引导、发展好非公经济，团结好非公经济人士，促进各类企业到山南投资兴业，助推经济社会又好又快发展。

四、坚持丰富工作形式，推动经常性工作规范有效。扎实做好政协经常性工作，提升履职成效。抓好调研视察工作，选择党政需要、群众关注、政协可做、能出成效的课题，沉到基层、深入群众，敢于触及矛盾和问题，努力寻求针对性强的对策，形成建设性意见建议。抓好提案办理工作，认真落实提案办理办法，组织办理协商，落实政协领导包案督办制度，促进提案办理落实，不断提高委员满意率。抓好文史资料工作，拓展新领域、丰富新内容，按照“亲历、亲见、亲闻”的原则，积极征集山南民主改革、改革开放等时期的文史资料，争取编辑出版《山南市民族传统手工业简介》，充分发挥“存史、资政、团结、育人”作用。抓好社情民意信息工作，通过政协例会、委员信箱等渠道，引导委员主动及时反映所联系界别群众的愿望要求，对委员关注的焦点问题进行梳理，形成高质量的社情民意信息。抓好团结联谊工作，积极走出去，拓宽视野，增长见识，提高协商议政建言能力。

五、坚持全面从严治党，加强政协自身建设。严格落实全面从严治党主体责任，充分发挥市政协党组领导作用，以党的建设新成效带动政协自身建设取得新进展。强化党组的领导作用，把党的政治建设摆在首位，全面加强党组自身建设，认真落实向市委请示汇报、研究政协重大工作、理论中心组学习、党风廉政建设等制度，发挥好政协党组领导作用。强化政协常委会的表率作用，完善工作规则，加强学习培训和调查研究，着力提高政治把握、调查研究、联系群众、合作共事能力，在带头履职尽责上为广大委员树立标杆、做好示范。强化专委会的基础作用，落实专委会通则，适当增加专委会委员，加强与有关部门的联系沟通，积极开展调研视察、协商和监督活动。探索创新界别工作方法，发挥好界别优势。强化委员的主体作用，加强委员学习培训，严格教育、严格要求、严格管理、严格监督，及时通报履职情况，增强懂政协、会协商、善议政的能力，做到守纪律、讲规矩、重品行。强化政协机关的服务保障作用，加强机关党建和党风廉政建设，坚决落实中央八项规定及其实施细则，坚持区党委“三个牢固树立”，扎实推进“两学一做”学习教育制度化常态化，深入开展“不忘初心、牢记使命”主题教育，不断营造风清气正的政治生态，进一步提升政协干部能力素质。

各位委员，新时代为政协工作开辟了广阔前景，新征程给政协事业赋予了神圣使命。让我们更加紧密团结在以习近平同志为核心的党中央周围，高举习近平新时代中国特色社会主义思想伟大旗帜，不忘初心、牢记使命，勇于担当、主动作为，奋力推进人民政协协商民主建设，为决胜全面小康社会作出新的更大贡献！

专 辑

泽贡高等级公路建设

【概况】 泽贡高等级公路起于“两桥一隧”公路嘎拉山隧道南口向东陇巴立交终点，沿雅鲁藏布江北岸设线，终点止于泽当大桥北桥头阶地处，路线全长89.869公里，设计速度100公里/小时，采用双向四车道一级公路设计标准，整体式路基宽度为23米，分离式路基宽度为11.5米，设计荷载公路-Ⅰ级。

泽贡高等级公路路基填方6576403立方米，挖方3379931立方米，路基防护排水浆砌片石264556立方米，混凝土100187立方米，特殊路基处理38408公里，路面15x5879平方米。桥梁总长8225.09米，共53座，其中特大桥1座、1717米，大桥12座、5274.5米，中小桥40座、1233.59米。涵洞189道，隧道1座、729米，双洞设计。桥隧工程占路线总长9.96%。设刘琼、昌果、扎囊、桑耶寺、多颇章、泽当6座互通式立交。

全线占用土地8370.81亩。总投资49.75亿元，平均每公里5833.1万元。于2016年4月6日开工，2017年12月8日通车试运行。

泽贡高等级公路设服务区1处，为阿扎服务区。在泽当设公路管理处1处，下设2个养护中心、2个监控中心、2个应急中心、2个路政大队和1个服务救助站。

【多吉扎寺隧道】 多吉扎寺隧道作为国道349线泽贡段唯一一座隧道，单洞全长1473米，位于藏传佛教宁玛派六大寺院之一的多吉扎寺附近，穿越喜马拉雅山中低山区，设计为曲线型分离式隧道技术标准，是全线的控制性工程之一。

多吉扎寺隧道右侧平面距离200米位置为多吉扎寺，施工爆破作业可能对寺庙影响较大，需采取水压预裂爆破进行围岩开挖以减少对围岩的扰动，以免造成寺庙文物受损。隧道施工工期短，施工组织、进度、质量、安全要求极高。隧道进出口约有风积沙50万立方米，由于风积沙具有无黏性、黏聚力小、抗剪强度低等特性，清理和开挖难度极大。

为按时打通这全线的控制性工程，项目部专门成立隧道施工专项小组，研究施工方案，全力推进施工任务，且春节期间不放假，管理严守岗位，在施工过程中严格执行“先探测、管超前、短进尺、弱爆破、强支护、快封闭、勤量测”的原则，加强对各道工序、各个施工环节的监管力度，确保实现施工安全“零事故”、质量“零缺陷”的预期目标。2017年3月15日，多吉扎寺隧道已实现双洞贯通。

【应用新技术、新设备】 按照“研究性设计、创造性设计、前瞻性设计”的原则，采用新技术、新材料、新工艺；加大科技投入，对该项目遇到的重点、难点问题展开专题研究与论证，对路线线形、桥梁外观、隧道洞门等按美术学的理念进行创作设计，保证工程质量，提升设计品质。

为提高测设工作效率、加快测设进度、适应新时期加快交通设施建设的要求，项目部在施工图设计阶段运用最新设备和技术，详细优化各专业设计方案，提高勘察设计质量，有效保证工期。在该项目设计阶段采用新设备、新技术。

卫星定位。控制测量采用GPS卫星定位系统，大比例尺地形图测量采用航测、三维数字化成图等技术。

地质勘查。地质勘查综合遥感、物探、电探、钻探和大比例尺调绘等技术和手段，充分运用“3S”（RS、GPS、GIS）技术，进行大范围的地质遥感解译，从总体上把握路线走廊带地质条件，为开展相关地质工作提供指导。

设计和分析软件。路线和立交设计采用德国道路工程CARD/1和纬地设计软件。路基（边坡防护、滑坡治理）设计采用理正软件。路面设计采用交通运输部公布的最新软件。桥梁设计采用GQJS、MIDAS结构计算软件，进行结构分析与计算。采用仿真技术，利用数码摄像与数字地模资料，根据设计成果制成全景动态透视图，进行设计方案的优化和检查。

防裂基布。路面工程100%聚丙烯连续长丝防裂基布的应用。由于西藏地区温差较大、易出现反射裂缝，于下面层和中面层之间铺设防裂基布，对治理反射裂缝的发展效果显著。

U型板桩新工艺。因雅鲁藏布江江水暴涨，冲刷K112+220处原地面以下风积沙，对原地面以下风积沙掏空现象严重，对路基边城造成极大威胁，经业主、设计、监理及施工单位四方代表现场核对原设计图纸、结合现场路基损毁实际情况，为保证路基稳定性，共同研究决定在K111+500—K113+250段路基坡脚外采用U形预应力混凝土板桩防止河堤冲刷，河堤采用铁丝石笼护岸，确保路基工程的稳定性和安全性。

【攻坚沙害治理】 线路通过地区降雨量较少，蒸发量大，气候干燥，植被较为稀疏，在宽谷区滩地、坡地沙漠化较为严重，断续分布有风积沙，风沙来源主要为河谷地区就地起沙，线路通过地段风沙类型主要以固定沙地、半固定沙地为主。沙丘、沙垄高度一般1—2米，局部可达到5米以上，覆盖于山坡的风沙相对高差可达60—200米，全线约有37公里路段沙漠化严重，对于一般风沙灾害路段采取放缓边坡，该项目治理公路范围内沙害的设计原则：对于填方边坡高度小于3米时边坡坡率1:3，坡面采用草方格网防护；对于填方边坡高度大于3米时，边坡坡率采用1:2，坡面采用拱形骨架护坡防护；对于挖方边坡高度小于4米时，边坡坡率1:3，坡面采用草方格网防护，并且在主导风向上游碎落台处设置积沙平台，平台宽度4—6米；对于挖方边坡高度大于3米时，边坡坡率采用1:2，坡面采用拱形骨架护坡防护，并且在主导风向上游碎落台处设置积沙平台，平台宽度4—6米。对于项目沿线风沙灾害严重路段，设置平整带、护林带进行沙害治理，以防影响到公路后期的运营安全。沙突破口防护根据沙害对路基影响的严重程度分为不同的防护类型：一般在路基两侧坡脚外设置20米的平整带，种植灌木植物为主，同时在灌木林外，种植紧密的乔木防护林区和防风固沙植草育林区。

【解决冬季施工难题】 梁板预制在进入冬季施工后，项目结合当地气候特点，白天阳光充足气温较高，夜晚降温快，风力大。在箱梁冬季养生中，采用一个养生棚分别采用阳光和蒸汽达到缩短混凝土养生周期，提高混凝土工程质量的目的。在每天10点至18点的8小时内关闭蒸汽养生转成阳光棚，养生棚内平均温度可达20℃以上，满足箱梁养生条件，两套养生棚每天可节约燃油1244.8L，下午6点至次日上午10点进行蒸汽养生，即节约成本，又能保证混凝土质量。

项目利用安装锅炉，对混凝土及施工用水进行加温，加温后的砂石料及水进入拌和站进行搅拌，保证混凝土出料温度符合施工要求，不受低气温的影响，从而保证施工进度。

2017中国西藏雅砻文化节

【概况】2017年8月15—21日，由山南市委、市政府主办，雅砻文化节组委会承办的“藏源·藏缘——走进山南”2017中国西藏雅砻文化节在湖南主会场、山南分会场同时举办。该届文化节是首次以主会场和分会场的形式办节。把招商、旅游、文化等有关内容融合到一起，举办特色招商暨旅游推介会和文艺演出，对外展示山南的发展环境、人文、自然风光和雅砻文化。

【宣传报道】媒体宣传。山南市利用微山南、山南网、山南报等新兴媒体和传统媒体连续刊发有关文化节有关消息。《红网》《潇湘晨报》等湖南主流媒体到山南实地采风，并对雅砻文化节进行集中报道，为节日营造浓厚的舆论氛围。在市各媒体上播发2017中国西藏雅砻文化节主会场在湘举办消息，协调新华网、人民网、中国西藏网等部分区内外主要媒体进行发布，对湖南主会场和山南分会场的各项活动进行详细的报道。

新闻通气会。市委宣传部在第三次新闻通气会上安排部署2017年雅砻文化节宣传报道工作，并研究制定下发《关于2017中国西藏雅砻文化节宣传报道策划方案的通知》，对雅砻文化节的宣传工作作出详细的安排部署。

媒体直播、转播。2017中国西藏雅砻文化节开幕式晚会于8月15日在湖南卫视进行首播，山南电视台在同一时间进行转播，湖南卫视进行转载。8月26日，西藏卫视进行转播，康巴卫视将在年内进行转播，这一系列的转播对扩大雅砻文化节在全国的影响力，起到推波助澜的作用。

【主会场活动】2017年的雅砻文化节开幕晚会采取“走出去”的形式，以鲜明的藏文化特色为基调，结合湖南卫视的特色，对节目和内容进行创新，并通过“魅力藏源”“和美藏缘”“喜乐山南”三个篇章把山南的概况展示给全国电视观众。唐卡、摄影、民族手工艺展将藏源文化、自然风光、山南新貌、非遗文化、民族风情等淋漓尽致地展示给湖南人民。山南市答谢演出展示藏源文化的独特魅力和雅砻儿女健康的幸福生活。

2017年8月15日，以“藏源·藏缘走进山南”为主题的2017中国西藏雅砻文化节晚会开幕。图为湖南省委常委、常务副省长、湖南省援藏援疆工作领导小组组长陈向群，湖南省委常委、宣传部长蔡振红，山南市委副书记、市政协主席、市委党校校长丁哲峰共同启动水晶球

湖南主会场的活动规模大、宣传面广、影响远。由湖南卫视顶级导演团队策划包装，吸引全国各地乃至国外的观众和人民网、新华社、凤凰资讯、央视网等20多家媒体聚焦山南。有关该届雅砻文化节的相关稿件2200条，图片3577张，其中人民网发稿10条、新华社4条、央视网6条、中国新闻网13条、《西藏日报》21篇、西藏电视台

7 条。

【分会场活动】 文化节期间，由湖南省文化厅组织的一批文化志愿者在山南市体育场、雅砻剧院和武警支队开展 3 场“春雨工程”文化志愿者边疆行活动，用相声、小品、变脸、二胡演奏等精彩节目，与山南广大市民进行文化交流，体现“藏湘两地情，文化一家亲”的发展模式，拓宽湖南省与山南市文化交流的平台，增进湖南省与山南市的文化交流，为共同推进文化大繁荣大发展奠定坚实的基础。山南专场活动文艺演出的主持人、演员等群体，出现了干部职工、退休老干部、农牧民群众和业余文艺爱好者的身影，特别是山南市发改委干部职工和琼结县退休老干部自发编排舞蹈，热情高涨。业余文艺队首次在全市重大活动中亮相。

【“雅砻好味道”厨艺技能大赛】 由山南市职业技术学校出资协同自治区烹饪协会举办“雅砻好味道”厨艺技能大赛，68 名选手参赛选手来自区内各个地市，展示 83 道“菜品”，为外界展示雅砻儿女向上、欣欣向荣的幸福生活。

【招商、旅游推介会】 推介会上共推出 44 个重点招商项目，项目资金 176 亿元，涉及绿色产业项目、全域旅游目的地建设项目、新型城镇化建设项目、智慧产业项目、产业平台建设项目、农牧民短平快项目、精准扶贫招商引资项目等七大领域。

推介会有企业和旅行社 460 家、代表 500 余人，签约项目 32 个，总投资 58 亿元，其中湖南省签约项目 12 个，协议资金 15.05 亿元，涉及特色农牧、文化旅游、藏医藏药、新能源、“互联网 +”、现代服务业等多个行业的实体项目。同时，有文化传媒、清洁能源等领域 10 多家企业到山南实地考察。

将山南旅游定位为湖南旅游的一部分，并纳入到湖南旅游“9+2”方案中；与 3 家合作企业达成战略合作意向，授权一家旅行社履行山南旅游驻长沙办事处职能，并授牌匾；确定湖南经视栏目每年定期在山南拍摄一档《去哪儿好玩》节目在湖南播放；9 月中下旬驻长沙办事处将组织一批有实力的旅行商到山南实地踩线，为包装一批经典旅游线路进行营销。

山南市环境保护工作

【概况】 2013年以来山南市加强森林、草场、湿地等生态系统和生物多样性保护，建设雅砻国家级风景名胜区、雅江中游河谷黑颈鹤国家级自然保护区、贡嘎杰德秀国家森林公园，曲松下洛，琼结琼果河、拉姆拉错3个国家湿地公园，洛扎卡久、勒布沟、隆子扎日、措美哲古4个自治区级风景名胜区，人工林保存面积150余万亩，湿地保护面积7.36万亩，实施草场禁牧400万亩。启动羊卓雍错生态环境保护、雅砻河源头生态功能区保护项目。共完成植树造林51.3万亩、封山育林20万亩、人工种草25万亩，防沙治沙103.76万亩，森林覆盖率达到24.79%。创建自治区级生态乡镇43个、生态村234个。

【环保力量建设】 2017年，山南市环保局编制数28名，12个县(区)环保局和监察机构、监测机构平均人员总数6—8名。12个县(区)环境监察执法大队、环境监测站均没有独立办公场所。82个乡(镇)配备乡镇环保专职兼职工作人员。

【环境基础设施建设】 山南市实施雅砻河截污改造工程、12县(区)垃圾填埋场以及24个乡镇垃圾转运站或填埋场(12个建成、12个在建)建设工程。建设泽当污水处理厂、市医疗废物集中处置中心、建筑垃圾消纳场和市人民医院、藏医院、妇幼保健院污水处理站，率先在全区开展生活垃圾处理、医废处置、城市绿地市场化运营工作。

【雅江"绿色长廊"】 经过几代山南人30多年的持

雅江防护林

续努力，打造西藏唯一的全国防沙治沙综合示范区，建设雅江中游河谷面积约 45 万亩的“绿色长廊”，沙尘天气从 20 世纪 80 年代的 60 余天降至 2016 年的 7 天左右。

【隆子万亩沙棘林】 自 20 世纪 60 年代开始，历届隆子县委、政府特别是女劳模朗宗带领当地干部群众，发扬自力更生、艰苦奋斗的“列麦精神”，克服恶劣条件、水源稀缺等困难，建成面积约 4.5 万亩的连片沙棘林，2012 年被列为国家公益林。

【清洁能源】 加快建设以水电为主、光电风电等为辅的藏中清洁能源基地，大力生产和使用清洁能源，相当于每年全市减少排放温室气体 14 万吨。截至年底，全区装机容量最大的水电站藏木电站已投产运行。全市清洁能源投产与在建装机容量占全区 1/3。

【生态修复】 山南市引进蒙草、亿利、中科建等一批环保企业，探索在高原荒山、沙地沙漠等生态脆弱地区植树种草，已建成高原树苗基地 2500 亩、修复植被 1200 亩。

【县域环境质量考核】 山南市制定实施《山南市实施〈西藏自治区环境保护考核办法〉（试行）细则》，将环境保护考核作为各级各部门年终综合考评和各级领导班子及领导干部履行岗位职责的重要内容，生态文明考核权重由 2013 年之前的 6% 提升至 12%，实行生态保护“一票否决制”，县域环境质量考核连续三年位居全区前列。

【环境保护防治与监测】 山南市制定出台山南市大气污染防治、水污染防治、土污染防治行动计划 3 个工作方案。全市 35 个重点河湖实施由地级领导担任河长的河长制。实施 21 处城镇集中饮用水源地和 695 处农村饮用水源地保护工程。启动农药化肥“零增长零使用”工程和“禁白”工作。全市水源地水质达标率达 100%，空气质量优良率保持在 97% 以上，主要江河、湖泊水质和重点城镇空气质量达到或优于国家标准。组织开展环境空气质量、饮用水水源地水质、地表水环境质量、重点湖泊水质状况、重点监督（监控）企业污染物排放等监测业务，2013 年以来，累计开展各类监测任务近 130 项，取得监测数据 1 万余个，填补山南市环境监测工作空白。

【环境执法监管】 山南市严把生态环境关、产业政策关、资源消耗关，严防“三高一低”企业进入山南。严格控制资源开发利用强度，严格落实环保“第一审批权”和“三同时”制度，提出资源开发“六不”要求，重点建设项目环评执行率达 100%。为 33 个重点乡镇配备 45 名环保监督员。2013 年以来，累计处理“12369”投诉问题 141 起，挂牌督办率、办结率、回复率满意率均达到 100%。查处环境违法案件 15 起、罚款 249 万元。

【落实环保责任】 山南市全面落实“党政同责、一岗双责、终身责任制”，建立健全领导干部生态文明建设责任制、生态环境保护考核办法和责任追究等制度，层层压实各级党委政府环保责任和企业主体责任。成立以市委、市政府主要领导为组长的“生态美好模范区”、国家生态文明先行示范区建设领导小组。市财政每年安排不少于 3000 万元的环保专项资金，各县（区）每年安排不少于 150 万元的环保专项资金。

山南市2017年脱贫攻坚工作

【概况】 2017年,国务院扶贫办公布乃东区成为第二批26个脱贫摘帽县之一。经过考核,琼结、洛扎、错那、曲松、加查、桑日6个县达到摘帽标准,172个村(居)达到退出标准,6130户18418名建档立卡贫困人口达到脱贫标准。

2017年,山南市选派德才兼备、有基层工作经验、懂扶贫会实干的干部驻村,第六批驻村工作队帮助村(居)理清发展思路2444条、完善发展措施2246项,发展村级经济实体577个、合作经济实体363个;落实强基惠民资金6812万元、为民办实事7681件。结合村(居)组织换届,配备村(居)"两委"班子成员3152人(其中,因脱贫攻坚成绩突出继续留任的占72%、新进致富带头人占28%),优化班子结构,为打赢脱贫攻坚战提供坚强组织保障。

【扶贫资金】 2017年,山南市通过争取和市县配套到位脱贫攻坚资金15.86亿元(其中上级脱贫攻坚专项资金到位11.77亿元,市县两级配套资金4.09亿元)。正确处理好重大项目和民生项目的关系,落实资金96亿元实施水电路讯网、科教文卫保"十项提升工程",极大地改善基层基础条件。12个县(区)与各商行签订合作协议,累计向商业银行注入产业扶贫风险补偿基金2.72亿元,授信总额度达20亿元以上,落实精准扶贫产业贷款资金9.08亿元。继续开展精准扶贫小额信贷工作,建档立卡贫困群众贷款4.34亿元,受益贫困群众9225户;农牧户金银铜卡贷款26.7亿元,受益群众43962户,通过金融助力推动群众就业创业。着力提升扶贫产业资金使用效果,明确"每百万元投资带动贫困人口不少于3人"的产业资金使用要求。

【建档立卡】 2017年,山南市制定建档立卡贫困人口动态调整工作细化方案,明确新识别、返贫、脱贫、清退4类情况的具体调整标准与方法。采取"县四大班子主要领导分片、县级领导包乡带队"的方式,逐家逐户走访识别,全覆盖开展动态调整工作。经走访识别,优化合户分户及人员自然增减、清退不符合条件人口7795人,新识别贫困人口1225户4045人。截至年底,全市2016年建档立卡贫困人口11553户34968人,净减少3721人。其中,因缺劳力致贫4749户12532人、占35.84%,因缺技术致贫1987户7681人、占21.97%,因病致贫1642户4789人、占13.7%,因缺资金致贫894户3215人、占9.19%,因残致贫1101户2827人、占8.08%,因自身发展动力不足致贫642户1742人、占4.98%,因缺土地致贫258户1020人、占2.92%,因学致贫210户927人、占2.65%,因交通条件落后致贫48户176人、占0.5%,因灾致贫22户59人、占0.17%。

【产业脱贫】 2017年,山南市坚持就近就便、不离乡不离土、能干会干,确定清洁能源、优势矿产、建筑建材、特色农牧、绿色食饮品、民族手工、生物制药、旅游文化、电商物流"九大扶贫产业"。全市扶贫产业项目开工142个、竣工50个,完成投资14.06亿元,带动1.1万余人增收。坚持宜农则农、宜牧则牧、宜林则林、宜商则商、宜游则游,实施百亩车厘子、千亩葡萄、千只绵羊、万亩黑青稞、万头黄牛整村整乡改良等27产业扶贫"百千万"工程。召开产业扶贫现场会,聚焦特色种植、畜牧养殖、乡村旅游等10个方向精选扶贫产业。创新利益联结机制,大力推广"三变"促"四金""公司+基地+农牧民""专合组织+农牧民"等模式,推动184个产业项目与5522户贫困群众建立利益联结机制。推广"资源开发、资产收益"扶贫,把拉康水电站作为资源开发资产收益扶贫改革试点,与企业签订投资协议,市里投资5.25亿元支持洛扎深度贫困地区脱贫,按5%的固定收益辐射带动相关县;县里投资3.75亿元(包括土地补偿费3000万元)、每年县扶贫开发公司9.33%的固定收益带动全县建档立卡贫困户1146户3171人获得3500万元的资产收益稳定脱贫。计划在措美古堆地热开发、中材祁连山水泥、琼结大包装水项目、综合市场等项目中推行“资源开发、资产收益”扶贫模式。

光伏扶贫。2017年，山南市投资26.82亿元在桑日、琼结、扎囊、浪卡子、隆子和措美6个县实施11个光伏扶贫项目，总装机241兆瓦，带动贫困群众3173人，可带动增收1000余万元。其中浪卡子县大有新能源开发有限公司项目，装机50兆瓦，总投资6亿元，已带动83名贫困群众实现增收156万元，人均增收1.8万元。

旅游扶贫。2017年，山南市投入6630万元发展乡村旅游、温泉旅游、自然旅游、人文旅游等，带动743名贫困群众实现增收280万元，人均增收3700元以上。

电商扶贫。洛扎、桑日、琼结、错那、贡嘎、扎囊、浪卡子、隆子等县投资3600万元，借助网络渠道销售松茸、氆氇、藏药材、铜器、藏香等特色产品，总销售额达630万元，带动433名贫困群众，实现增收30.9万元，人均增收700元。贡嘎县建成“雪域之窗”电商服务平台，推动昌果红土豆、藏承堂系列饮品等产品在“淘宝贡嘎特色馆”“神州超买贡嘎站”销售，销售额达到200万元，带动200名贫困群众。

资金变股金扶贫。乃东区充分挖掘商砼供应不足的市场潜力，按照“政府引导、企业主导、居委会入股”模式，招商引进锦泽商品混凝土有限公司，企业占股51%，乃东区索当投资公司占股25%、泽当镇6个居委会占股24%，已正式投产运营，年需求订单1.4亿元、利润1500万元，直接或间接带动就业107人。乃东区收益部分按5%提取扶贫资金专项扶贫2494人，居委会收益用于发展集体经济和群众分红。隆子、错那、措美3个县分别投入资金8000万元、3000万元、2000万元认购市直单位门面房股份，年收益5%以上。全市产业项目总投资224亿元，其中规划外153亿元、规划内71亿元，市县两级扶贫投资公司入股资金24亿元。

【搬迁脱贫】 2017年，山南市正确处理好扶贫搬迁向城镇聚集和向生产资料富裕、基础设施相对完善地区聚集的关系，坚持以产定搬、以岗定搬，全市易地搬迁、随同搬迁累计开工建设1089户3698人，“十三五”计划内335户1034人易地扶贫搬迁任务已完成，随同搬迁754户2664人搬迁工作正加快推进，完成投资5.8亿元。插花式搬迁基本竣工，4个市级集中安置点已搬迁入住3个（桑日追塘坝、加查莫热坝、扎囊桑耶镇）、1个搬迁入住（泽当城区）。高海拔生态搬迁进展顺利，贡嘎县昌果乡330户1259人高海拔生态搬迁工程开工建设。对接做好昌都“三岩”片区群众向山南市搬迁安置工作，成立山南市昌都“三岩”片区跨地市易地扶贫搬迁工作领导小组，制定《山南市昌都“三岩”片区跨地市易地扶贫搬迁安置方案》。坚持搬迁与产业、安居与乐业同步，投入18.2亿元为4个市级集中安置点配套产业项目17个，按“每名搬迁群众不少于1.5亩优质农田”的标准实施集中安置点土地开发；各县（区）易地扶贫搬迁集中安置点也科学合理配套产业项目。以习近平总书记给隆子县玉麦乡卓嘎央宗姐妹的重要回信精神为引领，强力推进边境小康村建设，以边境一线小康村建设为重点，开工建设19个边境小康村，完成投资5亿元。坚持屯兵与安民并举、固边与兴边并重，大力实施固边富民试点工程，在将一线边民补助提高到3900元、边境联防队员补助提高到500元基础上，创新开展固边富民整乡推进试点工程，按16—65岁每年5000元、65岁以上每年3000元的标准为长期生活在拉郊等5个乡、隆子县扎日乡庄那村等7个村和一线放牧点的反蚕边民发放专项补助，每人每年最高享受补助11900元。

【就业帮扶】 2017年，山南市坚持“一人就业、全家脱贫”的工作思路，积极促进建档立卡贫困人口就业脱贫，实现就业脱贫8393人、人均月收入达1500元以上。坚持培训促就业，启动“万人技能培训”计划和乃东全国农民工返乡创业试点，以“每户贫困户至少有一人掌握一门技术”为标准，采取订单培训、定向培训和培训下乡等模式，重点培训种养殖、民族手工艺等对接市场的10余项实用技术，9494名贫困群众培训后就业3476人。坚持创业促就业，创新实施就业创业“双业”工程，出台山南市创业扶持资金管理办法等措施，市财政出资500万元用于创业扶持，落实加查县盲人按摩店、错那县觉雄布尼玛修理店等14

家创业企业补贴资金438万元。采取租金免1年、发放“创业启动资金”和“创业激励资金”等方式,扶持微创扶贫示范店11家。组织开展贫困群众创业培训班8期,培训200人、创业115人,年均增收201万元,创业脱贫75人。正确处理高校毕业生政府就业和市场就业的关系,启动“离校未就业大学生就业”计划,出台创业资金扶持、场地保障等优惠政策,设立500万元的创业扶持经费。坚持生态补偿促就业,正确处理保护生态与富民利民的关系,建立生态补贴扩面覆盖、生态治理群众参与、荒山荒滩开发受益、生态岗位吸纳就业“四大机制”,引导贫困群众参与造林绿化,年人均增收450元以上,落实生态岗位5.3万个,吸纳贫困群众年人均增收3000元。鼓励贫困群众优先开发未确定土地使用权的国有荒山、荒地、荒滩、荒坡并从事产业经营,打造江北生态富民示范区。

【兜底脱贫】 2017年,山南市坚持政策普惠、成果共享,把本级财力70%以上的资金投向民生领域,助推脱贫攻坚。

扩面提标促脱贫。2017年,山南市兑现“十大民心工程”惠民资金7亿元,提高26项惠民政策。

发展教育促脱贫。2017年,山南市突出“引领全区、赶超西部”定位,围绕“5个100%”目标,出台深化教育改革意见,率先在全区实现义务教育均衡发展全域通过目标。每年本级财政投入教育比例不低于25%、援藏资金投入教育比例不低于30%,全年市本级投入教育资金达1.9亿元。山南籍贫困大学生资助全覆盖,区外本科、专科生每人每年10000元、8000元,区内本科、专科生每人每年8000元、6000元,各县按此标准的50%对国家统一招考外贫困家庭大学生进行资助。百名教师“二下二上”支教交流全面开展,以共享优质教育资源面向高寒地区农牧民子女集中办学的泽当完全中学加快建设。

健康救助促脱贫。2017年,山南市实施“健康山南”工程,加快推进等级医院创建工作,全面推行“先住院、后结算”改革,在县级及以下医疗机构住院费用农牧民最高按95%报销,建档立卡贫困群众按100%报销。落实家庭医生签约服务工作,并实施“三个一批”健康扶贫战略。提高乡镇医务人员生活补助标准和孕产妇住院分娩奖励标准,全民免费健康体检、先心病患儿免费筛查救治等工作走在全区前列,大骨节病区同步搬迁、包虫病综合防治等工作稳步推进。设立1000万元大病救助基金,部分县设立农牧民预借资金,对“因病致贫 因病返贫”贫困户逐人建档立卡,加大住院治疗报销比例。着力减轻贫困人口看病负担,从2017年起,在自治区层面为全区农牧民支付每人每年10元的医疗商业保险的基础上,市级层面再为全市农牧民特别是贫困户每人每年投保10元,将山南市住院补充医疗保险最高支付限额每人每年7万元提高到14万元,且14万元以内保险按100%赔付。

扶残助弱促脱贫。2017年,山南市实施“残疾人千人就业计划”,邀请医疗专家对全市4327名建档立卡贫困残疾人进行劳动能力鉴定,其中1403名残疾人具有劳动能力,通过帮扶已实现就业966人。制定出台《扶持残疾人创业帮扶实施方案》,对自主创业残疾人给予1.5万元—2万元的创业扶持资金,且每带动1名残疾人就业(就业时间在6个月以上的),给予一次性补贴资金2000元。累计成立“藏帖尔”手工业残疾人福利有限公司、西藏错那县拿日雍措扶贫开发有限公司、洛扎县残疾人就业培训基地等15家实体经济,已投入残疾人自主创业帮扶资金58.3万元,30名残疾人围绕民族手工纺织、缝纫加工、摩托车修理和盲人按摩等行业自主创业,带动残疾人就业29名。

兜底保障促脱贫。2017年,山南市打造福利机构服务质量品牌,加强“双集中”场所标准化、规范化、服务化建设,维修改造市儿童福利院,从人员配备、厨房卫生、医疗卫生服务、促进老年人健康管理等163个方面对五保供养中心标准化建设进行规范打造,确保集中供养老人的身心健康。实施五保供养标准提标工程,在自治区提标200元基础上再提标6000元、达到10940元,向全市2889名五保老人落实供养资金3160余万元。提标100元,将孤儿基本生活补助提高到每人每月1100元,向全市509名集中收养孤儿落实生活补助资金及提标资金683.25万元。提高城乡居民最低生活保障补助标准,在自治区提标基础上将城市低保每人每月提高200元,达到900元,农村低保分类保障对象分别每人每年提高600元、400元、200元,分别达到3531元、2727元、1813

元，落实16185人城乡低保资金6700余万元。落实12275人残疾人“两项补贴”补助资金1410余万元，落实残疾人生活补助2760余万元。落实健康老人、寿星老人和经济困难高龄失能老人补贴850余万元。

失地保障促脱贫。2017年，山南市出台《泽当城市规划区失地农牧民安置保障暂行办法》，按照连续15年，每年每亩800元的标准为失地群众发放补助，建立土地预留、就业安置等多元化失地安置保障措施。

【社会帮扶】 2017年，山南市坚持各项工作向脱贫攻坚聚焦、各种资源向脱贫攻坚聚集、各方力量向脱贫攻坚聚合，形成大扶贫格局。

重点帮扶。2017年，山南市向25个深度贫困乡镇、183个深度贫困村（居）倾斜安排157个产业扶贫项目、总投资70.38亿元。

结对帮扶。2017年，山南市2.15万名干部职工结对帮扶贫困群众全覆盖，帮助解决就业岗位2647个、协调落实政策2926件。359个机关事业单位定点帮扶269个村（居），落实资金2亿元促进产业发展、改善民生。

企业帮扶。2017年，山南市正确处理央企在藏资源开发和解决当地农牧民增加收入的关系，引导企业参与脱贫攻坚工作。亿利资源集团通过特色经济林种植示范区、千亩精品甘草种植示范区和防沙治沙区3个工程区项目的实施，已带动500人就业增收，累计发放工资312.5万元，人均增收6250元。国家烟草专卖局、自治区林业厅、蒙草集团分别投资1亿元，在扎囊县实施植物种苗繁育基地项目，项目建成后项目区能带动200人长期就业，按月工资2500元计算，年务工8个月，年人均收入达到2万元；项目固定收益将用于扎囊县扶贫基金，从资金到位当年起算，蒙草集团以租金的形式每年以固定资产投资的7.5%回报县政府1500万元，统筹在县财政扶贫基金，专项用于扶贫，建档立卡贫困户人均享受资金1933元。华电集团大古水电分公司结对帮扶桑日县10%的贫困群众，聘用贫困群众18人、月工资4000元；吸收劳力转移69人次、日工资150元。资助贫困学生7人、每人每年资助5000元；捐赠46.7万元实施藏嘎村电力磨面榨油房改造项目和达古村水磨房建设项目。使用达古村38辆运输车参与大古水电站场内弃渣运输，已通过运输增收约610万元。投资500万元配套移民新村基础设施，改善当地群众生活条件；投资4000万元，建设华电精准扶贫创业就业楼，电站建成后，将无偿捐赠给村委会，首期投资300万元的30间门面移交桑日县政府，由县政府组织贫困户开展经营活动，每年可增收100万元。中国水电基础局、华能加查水电建设分公司等在央企、藏企均参与到扶贫工作中。实施“百企帮百村”行动，华新水泥、江南矿业分别整乡帮扶桑日县绒乡、琼结县拉玉乡。全市共有199家民营企业参与行动，投入资金3501万元，带动贫困群众1745户6980人。民营企业中的优秀代表浪卡子县羊湖建筑有限公司董事长边久论珠获得全国脱贫攻坚奖“奉献奖”，隆子县隆子河酒店管理有限公司董事长巴珠被评为感动西藏扶贫“十大人物”。

援藏扶贫。2017年，山南市明确对口援藏资金的80%向基层倾斜、向贫困群众倾斜、向改善贫困地区基础设施条件倾斜、向增强贫困地区“造血功能”倾斜“四个倾斜”要求，“十三五”时期援藏资金共19.5亿元，其中用于民生领域16.9亿元、占86.6%，直接用于29个小康村建设援藏扶贫资金3.8亿元。193名贫困人口通过援藏技能培训实现就业104人。“组团式”医疗援藏工作成效显著，传帮带作用发挥明显、帮教学员100余名、带教培训3000余次，市藏医院率先成功创建三级甲等民族医院，开通洛扎县人民医院与北京301医院远程诊疗平台，设立“洛扎忠良医生”奖。深化“组团式”教育援藏，形成整体援教示范校、代培班等亮点，140名援藏教师到山南市3所高中援教，在湖南、湖北、安徽3省开设3个山南高中代培班和1个初中代培班，招录山南籍学生160名。

“能人带动”工程。2017年，山南市全市31名能人带动贫困群众2207人、实现增收3244.7万元、人均增收1.47万元。

山南市第六批干部驻村工作

【概况】 2017年,山南市及时调整充实以市委书记许成仓为组长的强基惠民活动领导小组,充实办公室人员2名。先后召开全市干部驻村工作通报会、调度会,下发58份文件,部署驻村重点工作。各派出单位及时成立以单位党组织书记为组长的活动领导小组,先后召开102次党委(组)会议、91次第六批驻村工作动员会议。选派2200名优秀干部组建550支驻村工作队开展第六批驻村工作,共提拔使用驻村干部400余名。全市投入资金163万余元,开展"送科技、送技术、送卫生、送信息、送服务"活动1872场次。投入资金6384万多元、建成帮扶项目79个。

【做好"三项工作"】 做好基层党建工作。山南市各驻村工作队帮助所驻村居健全村规民约2.7万多条和党务村务财务公开制度2653条、党风廉政建设制度2278条,培养入党分子5922名、发展新党员1967名,举办党员培训班3132期,培训党员10.5万多人次。

做好村居"两委"换届工作。山南市各驻村工作队严格按照调查摸底、软弱涣散党组织整顿、村级财务清查、换届选举、后续工作等环节任务,全程参与、监督,开展调查摸底1289场次、政策宣传6589场次,整顿软弱涣散党组织60个,推动全市548个村级组织圆满完成换届。

做好"两学一做"学习教育工作。山南市各驻村工作队实施"党性锻炼工程""先锋模范工程""战斗堡垒工程",组织集中学习1356场次,驻村工作队队长讲党课625场次,推进"两学一做"学习教育常态化制度化。

【强化"三项举措"】 强化指导。山南市各驻村工作队发挥基层维稳"主力军"作用,帮助村居成立维稳工作领导小组、制定维稳方案和应急预案,召开维稳会议5210场次,制定维稳工作方案与处突预案1100份,帮助建立健全维稳工作机制4693条。

强化教育。山南市各驻村工作队开展反分裂斗争教育,深入开展揭批十四世达赖集团活动,引导群众更加珍惜来之不易的幸福生活。组织召开抵制十四世赖集团的反分裂渗透破坏活动等专题会议2344场次,参与群众32万多人次。

强化责任。山南市各驻村工作队坚守村居阵地,建立各类工作台账,开展日常巡逻、矛盾纠纷排查、外出(来)人员管理等工作,确保基层持续和谐稳定。全年共开展巡逻8563场次,化解和妥善处理各类社会矛盾1923件。

【开展"三个活动"】 开展会议精神宣讲活动。山南市各驻村工作队采取通俗易懂的语言、喜闻乐见的方式,深入田间牧场、进村入户,深入宣传习近平总书记系列重要讲话精神,深入宣传党的十八大和十八届三中、四中、五中、六中、七中全会精神,深入宣讲党的十九大精神,深入宣讲自治区第九次党代会精神,共入户宣传13.56万多场次,召开宣讲大会2.85万多场次,开辟专题宣传栏8031期。

开展感党恩教育活动。山南市各驻村工作队开展"感党恩、算富账、要稳定、求发展"主题教育活动,召开感党恩教育大会3645场次,政策宣传5046场次,举办专题讲座2342场次,组织群众开展"中国梦"、社会主义核心价值观和新旧西藏对比教育等活动1943场次,开展法律宣讲活动2140场次。

开展"四讲四爱"主题教育实践活动。山南市各驻村工作队主动承担起面向农牧民群众宣讲工作,紧紧围绕"四讲四爱"(讲党恩爱核心、讲团结爱祖国、讲贡献爱家园、讲文明爱生活)主题,开展各类宣讲1.9万余场次,发放各类宣传资料48万多份,受教育群众达112万余人次。

【办好"三件实事"】 办好密切关系实事。山南市各驻村工作队从群众最关心的热点难点问题抓起,诚心诚意为群众办实事、解难事、做好事。帮助所驻村居解决“三就”“两保”“六通”等民生突出问题1227件，为群众办实事好事7681件，投入资金6812万元。

办好访贫问苦实事。山南市各驻村工作队把困难群众的安危冷暖时刻挂在心上，慰问五保户、贫困户、困难群众、“三老”人员5.6万多人次，发放慰问金和慰问品价值1067万多元。

办好为民解忧实事。山南市各驻村工作队每月将所驻村所有农牧户都走访一次，建立民情档案1.8万个，撰写民情日记4.6万余篇。投入资金163万余元，开展“送科技、送技术、送卫生、送信息、送服务”活动1872场次。

【谋划“三条道路”】 谋划制定思路管长远的道路。山南市各驻村工作队帮助制订中长期发展规划，帮助所驻村居理清发展思路2059条，找准发展路子1301个，制定完善实施经济发展规划1962项。

谋划发展产业奔小康的道路。山南市各驻村工作队推进农牧业产业化经营，发展特色农牧业，壮大村居集体经济，帮助所驻村居发展经济实体430个，合作经济实体206个。

谋划搭建平台促创收的道路。山南市各驻村工作队宣传推介所驻村居农畜土特产品，帮助打开区内外市场销路，开展农牧民实用技术和劳动技能培训，拓宽群众创收道路。帮助农牧民群众到区内外培训591期4991人次，组织劳务输出4.8万多人次、创收1.2亿多元。

【突出“三个重点”】 突出惠民政策宣传落实。山南市各驻村工作队梳理惠民政策，汇编成册，制成卡片，发放到每户群众手中。组织群众宣传强农惠农政策3719场次，发放宣传资料28万余份，落实各类惠民资金7428万余元。

突出“两降一升”工作。山南市各驻村工作队开展孕产妇住院分娩补助奖励政策和孕产期保健等知识宣讲2.6万多场次，参与群众10万多人次，帮助2231名孕产妇到医院分娩。

突出包虫病防治工作。山南市各驻村工作队开展包虫病防治知识宣讲活动25623场次，开辟宣传专栏610个，发放宣传资料18.4万份，协助筛查发现疑似病例628人、治疗197人，协助抓捕、收容流浪犬1159只。

【落实“三项措施”】 落实宣传教育措施。山南市各驻村工作队开展“感谢党的特殊恩情、弘扬艰苦奋斗精神”主题教育实践活动，向群众宣传扶贫开发政策9339场次，印发扶贫宣传资料12.8万多份。

落实项目扶贫措施。山南市各驻村工作队协助当地党委、政府和扶贫部门落实自治区“六个精准”“五个一批”和市“六个精准”“十个一批”扶贫要求和措施，按照村居资源禀赋，实施致富项目，从各渠道争取扶贫项目181个、投入资金1.36亿余元。

落实结对帮扶措施。山南市各驻村工作队深入开展“党员干部进村入户、结对认亲交朋友”活动，组织全市2.15万名党员干部与贫困群众结对认亲交朋友，解决帮扶资金1346.26万元，帮助解决就业636人。

【突出“三个内涵”】 创业增收生活美。山南市各驻村工作队立足村居资源禀赋，用活用足富民政策，帮助拓宽致富门路、提升生产效率、发展集体经济、助力精准扶贫，用更高经济基础实现群众生活美。

乡风文明素质美。山南市各驻村工作队结合“四讲四爱”主题教育实践活动，开展文明乡村建设，深入开展社会核心价值观、社会公德、家庭美德和个人品德教育，不断完善村规民约，组织开展丰富多彩、向上的文体活动，丰富农牧民群众精神文化生活。

村庄整洁环境美。山南市各驻村工作队开展植树造林活动，帮助建立卫生管理制度，不断完善村级基础设施建设，争取环境整治项目，广泛开展环境卫生大扫除活动，加强群众环保意识教育，努力建设整洁舒适的美丽乡村。

【打造“三个亮点”】 促进农牧民增收。山南市各驻村工作队帮助制定“一村一策”增收办法、增收工作方案828个，落实政策惠民促增收、产业增效促增收、项目带动促增收、就业创业促增收、兜底保障促增收等各项措施，扎实推动农牧民持续稳定增收。

强化创业意识教育。山南市各驻村工作队开展“自力更生、艰苦奋斗”等各类群众创业意识教育1453场次，举办实用技能各类培训班428场次，不断提升农牧民群众创业本领。

创建“十星模范村”。山南市各驻村工作队健全完善创建工作方案550个，组织开展各类创建活动3681场次。

山南概况

自然地理

【地理位置】 山南市位于冈底斯山至念青唐古拉山以南，雅鲁藏布江干流中下游地区，地处北纬27° 08′—29° 47′、东经90° 14′—94° 22′，是中国的西南边陲。境域东西长418公里、南北宽约317公里，东与林芝相连，南与印度、不丹接壤，西与日喀则毗邻，北接西藏首府拉萨市。山南市总面积7.93万平方公里，占西藏自治区总面积的1/15，边境通道44个，其中季节性通道40个、常年通道4个，地理位置和战略地位十分重要。中共山南市委、山南市人民政府驻地乃东区泽当镇，位于雅鲁藏布江中游河谷平原，海拔3580米，距贡嘎机场97公里、拉萨135公里。

【历史沿革】 山南史称"雅砻"，是西藏古文明的发祥地之一。2世纪，出生于林芝波密一带的聂赤赞普游历至雅砻地区时，被代表当地部落利益的12名雍仲本教徒推举为王，成为西藏历史上第一位赞普。6世纪左右，雅砻部落不断吞并强邻、扩张领地，成为西藏最强大部落。7世纪，松赞干布统一西藏，建立吐蕃地方政权，并逐渐将政治、经济、文化中心由山南琼结向拉萨转移。1912年，西藏地方政府在泽当设有洛喀基巧堪布（山南总管）。1952年8月，中共江孜分工委成立后，山南属江孜分工委管辖，但山南机巧及其宗政府仍属西藏地方政府管辖范围。1956年8月，山南从江孜管辖范围划出，成立山南基巧办事处。1959年12月，成立山南专员公署，隶属自治区筹备委员会领导。1969年3月，山南地区革命委员会成立。1978年10月，山南地区革命委员会改称山南地区行政公署，属自治区人民政府派出机构，驻地乃东县泽当镇，泽当成为山南政治、经济、文化中心。2016年1月，国务院批复同意撤销山南地区和乃东县，设立地级山南市，山南市设立乃东区，以原乃东县的行政区域为乃东区的行政区域。2016年5月27日，中共山南市委、市人大、市政府、市政协和市纪委举行揭牌仪式，标志着山南市正式成立。

【行政区划】 山南市下辖1个区（乃东区）、11个县（琼结县、扎囊县、贡嘎县、浪卡子县、洛扎县、措美县、错那县、隆子县、曲松县、加查县、桑日县），24个镇、59个乡，555个村（居）委会（居民委员会59个、村委会496个）。其中，原隶属于贡嘎县的甲竹林镇（3个居民委员会、3个村民委员会）在拉萨空港新区成立后，行政关系隶属于拉萨，但统计口径仍在山南。边境县4个，边境乡（镇）24个，边境村（居）委会96个。民族乡5个（麻玛、勒、贡日、基巴4个门巴民族乡和斗玉珞巴民族乡）。

【人口】 截至2017年底，山南总人口368100人，比2016年同比增加7020人，增长率1.94%。其中乃东区76976人（含泽当镇流动人口）、琼结县18338人、扎囊县38533人、贡嘎县51752人、浪卡子县38405人、洛扎县20075人、措美县15023人、错那县15358人、隆子县35858人、曲松县16621人、加查县22541人、桑日县18600人；农业人口298715人、非农业人口71460人；边境人口109696人（统计数据为错那县、隆子县、洛扎县、浪卡子县4个边境县总人口)。有藏族、汉族、门巴族、珞巴族等16个民族(公安系统数据,有9人为其他民族),其中藏族人口占96.3%、汉族人口占3.2%、其他少数民族占0.5%。其他少数民族中门巴族965人、珞巴族283人。

自然资源

【气候资源】 山南具有较丰富的气候资源,有经向和纬向的地带性变化,属高原温带半干旱季风气候。全年干湿分明,年降水约200毫米至500毫米,主要集中在6月至9月。太阳辐射较强,年平均日照数2600小时至3300小时。气温年差较小、日差较大,年平均气温5.6℃,极端最高气温为31℃、最低气温为零下27℃。冬季降水少,多大风,年平均大风数为70天左右。

【土地资源】 截至2017年年底,山南市耕地面积为156.9万亩,园地面积0.3万亩,林地面积5421.15万亩,草地面积4503.9万亩,城镇村及工矿用地面积29.25万亩,交通用地面积11.4万亩,水域及水利设施用地面积为533.7万亩,其他土地面积1231.5万亩。

【水利资源】 山南市水利资源丰富,流域面积50平方公里以上河流355条(其中流域面积200平方公里以上河流104条),湖泊125个(其中水域面积1平方公里以上湖泊24个)。湖泊蓄水量170亿立方米,地下水约230亿立方米。境域河流年均径流量706亿立方米。雅鲁藏布江由西向东流经境内7个县(区),流程337千米,流域面积1.69万平方公里,天然水能理论蕴藏量2389万千瓦。截至2017年底,雅鲁藏布江中游干流段共规划6个梯级水电站,总装机容量336万千瓦,其中藏木水电站51万千瓦、加查水电站36万千瓦、大古水电站66万千瓦、街需水电站56万千瓦、巴玉水电站80万千瓦、冷达水电站47万千瓦。藏木水电站已建成发电,加查、大古水电站正在建设,街需、巴玉、冷达水电站在做前期工作。

【矿产资源】 截至2017年年底,山南已探明的矿藏有37种,矿产地108处。优势矿产有铬铁、铅锌、岩金、铜,具有潜在优势的有石灰岩、水晶、大理岩、矿泉水、地热等矿产和资源。有全国最大的铬铁矿基地——罗布莎铬铁矿产基地。2011年以来,铬铁、铅锌、岩金、铜多金属探明资源量分别达431万吨、230万吨、58吨、136万吨(铬铁矿为矿石量,其余为金属量)。山南有矿产资源勘察单位(企业)42家,探矿权94个,整装勘查区3个(扎西康、山南铜多金属、米拉山整装勘查区),其中扎西康整装勘查区新发现的铍锡钨多金属矿,初步勘测铍资源潜力超过50万吨(全国探明资源量为57万吨),山南有望打造中国“铍都”。

【林业资源】 山南森林资源相对比较集中,主要分布在加查、洛扎、隆子、错那四县,有林地面积1960.5万亩(控制线内),其中,森林面积1774.2万亩(灌木林1495.35万亩,乔木278.85万亩),人工林面积48.9万亩,其他林地137.4万亩。森林蓄积量3463.29万立方米,森林覆盖率24.79%(控制线内)。

【植物资源】 主要包括饲用植物、花卉植物、药用植物、菌类。其中,饲用植物以菊科、禾本科、莎草科、豆科、蔷薇科、石竹科、玄参科、毛茛科、龙胆科、报春花科、百花科为主,约占全市植物总数的78.2%。花卉植物主要有滇藏木兰、滇牡丹、大白杜鹃、绒毛杜鹃、高山毛叶杜鹃、芒刺杜鹃、山杜鹃、长毛杜鹃、羽叶粉花绣线菊、金露梅、锡金海棠、大叶蔷薇、西康蔷薇、线叶毛蔷薇、高茎绿绒蒿、白花绿绒蒿、藏蓝绿绒蒿、美丽绿绒蒿、西藏绿绒蒿、大花绿绒蒿、尼泊尔绿绒蒿、小丛红景天等。药用植物主要有刺绿绒蒿、船盔乌头、西藏狼牙刺、翼首花、杉木藻、虫草、贝母、雪莲花、天麻、红景天、三七、远志、爬地柏、银白杨、人参果、知母、当归、黄芪、黄檗、党参、狼毒等。菌类主要是虫草、茯苓及各类食用菌,珍贵食用菌有猴头、刷把菌、牛肝菌、黄木耳、黑木耳、松茸等。

【动物资源】 山南地域辽阔,地形复杂,江河、高山湖泊众多,植被类型多样,为动物生存提供较好的场所。境域内鸟类主要有普通秋沙鸭、斑嘴鸭、绿头鸭、赤麻鸭、雪鸽、岩鸽、石鸡、西藏毛腿沙鸡、山斑鸠、喜鹊、红嘴山鸦、大嘴乌鸦、大杜鹃、小杜鹃、斑啄木鸟、棕腹啄木鸟、大山雀、高山旋木雀、小山雀、褐翅雪雀等。兽类有狼、狐、藏狐、赤狐、艾虎、黄鼬、果子狸、豹猫、野猪、高原兔、岩羊、藏野驴、喜马拉雅旱獭等。

【文化旅游资源】 山南是藏民族的摇篮,藏文化的发祥地。有西藏第一块农田索当、第一座村庄索卡、第一座宫殿雍布拉康、第一座寺庙桑耶寺等西藏历史上诸多"第一"。有西藏民主改革第一村、第一批农牧民党员、第一个农村党支部等民主改革后"八个第一"。截至2017年年底,山南市共有文物点723处,其中国家级文物保护单位16处18个点、自治区级文物保护单位108处、县级文物保护单位185处、其他文物保护单位414处;非物质文化遗产205项,其中国家级15项、传承人11名,自治区级43项、传承人51名,市级34项、传承人44名,县级113项、传承人102名。山南有西藏唯一的国家级风景名胜区——雅砻河风景名胜区,总面积920平方公里,共分7大景区,58个景点,景区内有藏民族遗址20余处,藏传佛教文化遗址30余处。自治区级风景名胜区4个,即卡久风景名胜区、勒布沟风景名胜区、扎日风景名胜区、哲古风景名胜区。

【特色资源】 山南市民族手工业产品涉及16个门类400多个品种,有独具民族工艺特色的氆氇、卡垫、地毯、藏被、水晶等产品。有优质青稞、油菜、大蒜和奶牛、牦牛、绵羊、藏鸡等高原特色农畜产品。有冬虫夏草、贝母、红景天、藏红花、三指雪莲花等100多种享誉世界的名贵药材。有丰富的松茸、蕨菜等林下资源。有马鹿、野驴等国家一、二级重点保护动物76种。

社会经济发展

【主要经济指标】 2017年,山南市完成生产总值(GDP)145.83亿元、增长10.1%。全社会固定资产投资261.7亿元、增长40.5%,农林牧渔业总产值11.67亿元、增长4.2%,工业总产值32.27亿元、增长14.4%,社会消费品零售总额50.7亿元、增长13.4%。一般公共财政收入16.57亿元、增长22.2%,财政预算总支出143.78亿元、增长14.05%。年末金融机构存款余额364.16亿元、增长17.5%。城镇居民人均可支配收入28535元、增长10.2%,农村居民人均可支配收入11265元、增长13.7%。客运量及客运周转量分别完成134.7万人、25824万人/公里,同比增长12.2%、12%;货运量及货运周转量分别完成252万吨、88519万吨/公里,同比增长12%、12%;邮电业务总量3.9亿元,同比增长12%。

【项目建设】 2017年,山南市按照"统筹安排、狠抓重点,倒排工期、挂图作业,月度通报、季度推进,跟踪督查、奖优罚劣,总结表彰、典型示范"的要求,扎实推进重大项目建设,成功录入国家重大建设项目库项目2055上、总投资337亿元。"十三五"685个项目开工建设439个,累计完成国家投资319亿元。"十三五"规划10亿元以下项目前期工作全部完成。拉林铁路山南段、山南至拉萨快速通道等重大项目加快建设,雅砻水库实现下闸蓄水,泽贡高等级公路建成通车,结束山南没有高等级公路的历史。乡镇和村居通畅率分别达到96.3%、67.8%。农田灌溉保证率和农村安全饮供水保障率分别达80%、90%,村邮站覆盖率达15%。新一轮农网升级改造项目加快建设,实现"藏中电网乡镇全覆盖、行政村100%通电"目标。央企入藏签约1457亿元。签约招商引资项目51个。实施援藏项目61个、完成投资4亿元。

【产业发展】 2017年,山南市深入实施农牧业"百千万"工程和"青稞单产提高四年行动",粮食总产量16.3万吨、同比增长2.5%,其中6个粮食主产县(区)青稞单产提高50斤、高寒县单产提高20斤。24个"百千万"工程基本建成,扎囊藜麦获批国家农业综合标准化示范区项目,洛扎粉丝成功创建国家地理标志保护产品。加查和大古水电站加快建设,拉郊、嘎堆水电站和5座光伏电站并网发电。华新水泥三期项目开工建设,新培育发展商砼站2家,有效缓解建材供需矛盾。与西藏福地公司签订年产500万吨的大包装饮用水战略开发合作协议,一期工程100万吨开工建设。清洁能源、优势矿产、建筑建材、藏医藏药、民族手工等产业加快发展,规模以上工业企业达15家、产值突破25亿元。中材祁连山水泥转移落地。扎西康整装勘查区发现超大型铍锡钨稀有金属矿床。实施创新驱动战略,全国质量强市示范城市成功申建,全国商标战略示范城市、乃东全国现代农业示范区建设有序推进。系统开展"厕所革命",召开市委常委会对推进旅游景区和农牧区厕所建设进行安排部署。藏源文化旅游产业不断推进,藏中旅游东南环线全面打通,达古等景区建成开放,全年接待游客348万人次、同比增长25.2%,实现旅游收入14.19亿元、增长19.2%。山南被列为全区电子商务整体推进示范地市。

【统筹城乡建设】 2017年,山南市统筹城乡发展示范区加快推进,3个特色小城镇、19个边境小康村建设稳步推进,4个高寒乡镇供暖工程、36个基层政权示范点建成使用。山南被确定为全国第二批城市设计试点城市,泽当大道等一批市政功能提升项目建成使用。全市边境工作会议成功召开,加快边境发展的实施意见正式出台,边境地区发展进入"快车道"。坚持以城市的理念经营管理城市,注重整治背街小巷、群众关心的环境问题,以泽当镇为重点,实施门前五包责任制。

【拉萨山南一体化及江北新区建设】 2017年,山南市专题听取市政府拉萨山南一体化发展规划和城市发展规划汇报,及时成立市拉萨山南一体化发展领导小组及办公室。初步筛选一批一体化发展项目,拉萨山南快速通道等重大项目有序实施,昌果至柳梧快速通道、泽当至桑日、泽当至琼结一级公路、桑耶特色小城镇等项目前期工作抓紧开展。及时向自治区有关领导和部门汇报江北发展的重要意义,召开江北新区开发专题会,提出关于成立江北新区管委会的初步方案,研究通过江北新区总体规划和重要节点规划,对下一步新区规划与开发工作进行全面安排部署。新区总体规划及10个专项规划基本编制完成。产城一体示范点市政道路一期工程等14个基础设施项目加快实施。初步签约入园企业22家,藏禾食品、哔矶服饰、藏南生物等入园企业生产线基本建成。

【重点领域改革】 2017年,山南市召开市委全面深化改革领导小组第一次、第二次会议,传达学习习近平总书记关于深化改革的一系列重要指示精神,印发《全面深化改革资料汇编》,解决改革办没有专门机构人员问题。深入推进供给侧结构性改革,形成综合执法体制改革、财税体制改革等一批亮点成果。深化"放管服"改革,调整取消下放行政审批事项34项,企业减税10亿元以上,下放职权109项,市政务服务中心获批国家社会管理和公共服务综合标准化试点单位。12县(区)统计局顺利组建,权责清单"建管用"工作扎实推进。"五证合一""先照后证"等商事制度改革扎实推进,"同城通办""免于登记"等试点成效明显,各类市场主体发展到2.24万户、注册资金417.5亿元,分别增长16.1%、41.8%。乃东农村综合改革、农村土地"三权"确权、集体林权制度改革等稳步推进,永久基本农田全面划定。优化发展环境专项行动取得阶段性成效,全市主动退还私占土地5636亩、拆除违规建筑14.9万平方米、拔除违规抢栽抢种树木60.2万余棵,整治征地拆迁、地材运输等领域的一批问题,出台农牧民货运车辆管理、泽当失地农牧民安置保障等制度。

【脱贫攻坚】 2017年,山南市坚持把打赢脱贫攻坚战作为经济社会发展的头等大事和第一民生工程,用绣花的功夫全力推进精准扶贫精准脱贫,及时召开全市深度贫困地区脱贫攻坚大会和2个专题会,坚持精准识别、精准施策、精准实施,把贫困地区分为基础较好、能够如期实现脱贫,有困难、通过努力可以如期实现脱贫,困难大、通过努力仍有难度,需要加大扶持力度三类,落实主要领导分包措施,安排本级财政收入增量的20%—30%用于深度脱贫,加度、集中攻坚。根据自治区要求,对12县(区)脱贫攻坚工作进行现场考评。2016年完成脱贫6213户19155人,在全区脱贫攻坚工作考核中获得优秀等次,乃东区率先脱贫摘帽,2017年曲松、洛扎、桑日、加查、琼结、错那6县脱贫摘帽工作完成市级初验,18091人达到贫困退出标准,落实扶贫专项资金15.61亿元。开工产业扶贫项目134个、完工34个,完成投资11.58亿元,带动1.1万余人增收。桑日县追塘坝集中安置点已搬迁入住,泽当城区、加查县莫热坝、扎囊县桑耶镇安置点已建成,全市易地搬迁完工887户。330户1259人的高海拔生态搬迁工程全面启动。落实生态岗位5.3万个。转移贫困群众就业3249人,完成年初计划的119%。设立大病救助基金1000万元,救助因病致贫群众3171人。5个深度贫困县、25个深度贫困乡镇、183个深度贫困村居脱贫力度不断加大。坚持扶贫与扶志、扶智相结合,创新实施"百名农牧民政策宣讲员"培养工程,开展"感谢党的特殊恩情、弘扬艰苦奋斗精神"教育活动,促进群众从"要我脱贫"向"我要脱贫"转变。

【民生改善】 2017年,山南市全面落实自治区"十件实事"和市"十大民心工程",群众幸福感和获得感不断提高。整合资金96亿元改善群众生产生活条件。出台26项惠民提标政策,强基惠民为民办实事7681件、投入资金6812万元。按照有组织、有纪律、有保障的原则,引导群众有序参与项目建设、产业发展,城乡居民收入大幅增加,农牧民人均可支配收入突破万元大关。教育事业优先发展。成立市教育工委。坚持社会主义办学方向和立德树人根本要求,自治区"5个100%"工作有序推进,15年免费教育、大学生资助等惠民政策全面落实,12县(区)义务教育均衡发展通过国家评估认定,在全区率先实现县域义务教育均衡发展目标,教育"组团式"援藏稳步推进,共有9个县通过国家三类城市语言文字评估验收。医疗事业全面发展,"健康山南"工程加快实施,自治区级卫生城市、市县等级医院创建、市人民医院异地迁建加快推进,市中心血站挂牌运营。市藏医院成功创建三级甲等民族医院。全民免费健康体检、"两降一升"、先心病患儿免费筛查救治等工作走在全区前列。包虫病全人群筛查工作全面完成,流浪犬收容中心建成使用。医疗卫生"组团式"援藏成效明显。食品药品监管不断加强。就业创业扎实推进。出台"双创"实施意见和奖励办法,创新设立1000万元的就业专项资金和500万元的创业扶持资金,全年安排培训和创业扶持资金3300余万元,深入实施"双业"工程和"万人技能培训计划",培训10670人、就业率70%。劳务输出9万人、劳务创收3.4亿元。新增城镇就业5200人,动态消除城镇零就业家庭,城镇登记失业率2.1%。山南籍应届毕业生就业率达90%。社会保障巩固提升,五大社保参保率稳定在97%以上。社保提标工程加快实施,重点提高"五保"户、孤儿、残疾人等特殊群体的补贴标准。完成12县(区)"五保"供养中心供暖工程,儿童福利院改造加快推进。召开科技创新大会,出台《推进科技长足发展促进大众创业万众创新的实施意见》。会同湖南省成功举办2017中国西藏雅砻文化节,评选首届"雅砻文学艺术奖"。

【环境保护和生态文明建设】 2017年,山南市严格执行环境保护"一票否决制",严禁"三高一低"企业和项目进入山南。严格落实环保"第一审批权"和"三同时"制度,资源开发和项目建设执法监管不断强化,重点建设项目环评执行率达100%。主要污染物排放控制在自治区核定范围内。全力以赴做好迎接中央环保督察各项工作,解决环境问题168个,中央环保督察组转办的61个问题全部办结,问责企业35家、罚款74万元、涉及74人次。加快推进国家生态安全屏障建设,国家生态文明先行示范区基本建成。全面落实西藏生态安全屏障保护与建设规划,雅江中游山南段生态屏障建设完成初步方案。生态系统和生物多样性保护加快推进。河长制全面建立,羊湖生态环境保护、雅砻河源头治理等项目加快建设,农药化肥"零增长"、锅炉"煤改电"试点全面启动。八项环境专项整治成效显著,集中整治广告牌匾、建筑工地等领域突出环境问题。实施农村饮用水水源地保护工程项目205个。创建自治区级生态县2个、生态乡镇14个、生态村103个。推进全民植树种草,推进农村"四旁"植树,建成现代苗圃基地5400亩,植树造林11.68万亩、封山育林4.27万亩、防沙治沙14.8万亩,森林覆盖率达24.79%。加强环境空气质量、饮用水水源地水质、地表水环境质量、重点湖泊水质状况、重点监督(监控)企业污染物排放等监测,环境执法监管能力明显增强。全市水源地水质达标率达100%,空气质量优良率保持在96%以上,主要江河、湖泊水质和重点城镇空气质量达到或优于国家标准。严格落实环保责任追究制,对在环保工作中失职渎职的13起20人给予严肃处理。

【宣传思想文化】 2017年,山南市开展理想信念教育,坚持把深入学习宣传习近平新时代中国特色社会主义思想和党的十九大精神作为首要政治任务，深入开展“四讲四爱”主题教育实践活动。全市共开展宣讲4万余场次，受教育群众达468万余人次，宣讲覆盖率达99.9%以上。深入开展社会主义核心价值观教育，弘扬“老西藏精神”“两路精神”“列麦精神”，开展“感动山南十大人物”“山南好人”评选活动，各族人民的思想更加团结统一。坚持党对意识形态的绝对领导，依法加强各类意识形态阵地管控，互联网、手机、微信等媒体监管有效加强，有效遏制敌对势力和十四世达赖集团的渗透。文化惠民工程加快实施，12县（区）综合文化活动中心、文化广场实现全覆盖，公共文化服务水平不断提高。广播电视实际综合人口覆盖率达98.4%。设立全国第二家非遗传统工艺工作站，文物保护和非遗传承工作成效明显。打造山南藏历新年晚会等文化品牌，会同湖南省举办2017中国西藏雅砻文化节，宣传山南文化、提升山南形象。

【社会管理】 2017年，山南市坚持“发展是硬道理、稳定也是硬道理，抓发展、抓稳定两手都要硬”，坚决落实中央、自治区维稳决策部署，深入开展民族团结进步示范创建工作，巩固深化“三个一”活动，确保党的十九大等重要节点社会和谐稳定。严格落实矛盾纠纷排查调处责任制和“四级信访接待日”制度，加大“双拖欠”、重大项目建设、征地拆迁、资源开发利用、优化发展环境等方面矛盾纠纷和信访隐患排查化解力度，排查化解矛盾问题40件、办理群众来信来访140批251人次，综治和“先进双联户”创建工作荣获全区第一、第二名。配合国务院安委会完成3轮巡查督查，深入开展安全生产“百日大排查大整治”专项行动，安全生产工作全区第一名，山南被评为全国防震减灾工作综合考核先进单位、被确定为国家安监总局安全生产领域改革发展联系点。

【守边固边】 2017年，山南市落实习近平总书记对卓嘎、央宗俩姐妹回信精神和自治区党委书记吴英杰“屯兵与安民并举、固边与兴边并重”指示要求，坚实担负起守边固边使命。坚持党政军警民联防联控，严密封堵通外山口和出入境通道，严厉打击非法出入境活动，没有发生一起非法出入境事件。按照严格管控、不发生冲突、妥善处置的原则，对进入洛扎县拉郊乡杰罗布境内的8名不丹人员进行安全劝离。扩大固边富民整乡推进工程范围，提高边境控制薄弱地区边民补助，最高达11900元。新设拉郊乡白玉地区杰罗布村委会。加快边境地区基础设施建设，边防大通道G219、G560全面开工，投资87.78亿元、实施边境公路项目154个，建设边境农村公路473公里。召开边境小康村建设专题会，传达学习中央《关于加大边民支持力度促进守边固边的指导意见》和全区玉麦幸福美丽边境小康示范乡工作会议精神，对加快边境小康村建设特别是玉麦小康乡建设进行安排部署，96个边境小康村已开工建设18个，玉麦小康乡建设有序推进，边境地区条件不断改善。

【反腐败工作】 2017年，山南市坚持有案必查、有腐必惩，全力支持纪委运用“四种形态”监督执纪问责，受理各类问题线索288件，立案审查48件67人，给予党纪政纪处分67人。特别是加大扶贫领域监督执纪问责，对发现的问题进行严肃处理。支持巡察工作，听取巡察工作汇报2次，作出批示4次，对深化政治巡察提出明确要求。完成3轮巡察，组建12个巡察组，对全市43个党组织开展巡察。召开市委常委会议，研究各县（区）巡察机构编制工作，12县（区）全部成立巡察机构。开展第3个廉政宣传教育月和“双述双评一建议”活动。持续开展禁赌专项行动。

【巡视整改】 2017年，山南市高度重视巡视整改，对自治区巡视组反馈的3个方面12项31个问题主动认领、照单全收、举一反三，并在全市开展巡视整改自查自纠，力争一个不漏、一个不掉。成立由市委主要领导任组长的巡视整改领导小组、5名市委常委任组长的检查整改组和5个督导组，召开市委常委会议、市委常委（扩大）会、全市巡视整改动员部署会、推进会等7次，研究制定整改落实方案，召开巡视整改专题民主生活会。截至2017年底，巡视组反馈的问题整改完成29个、长期整改2个，建立制度19项，修改完善制度58项，处理单位和个人199个（人）。

大事记

1月

3日　仁增先进事迹巡回报告会第一场在乃东区举行。市委常委、宣传部长燕红接见报告团一行。仁增是琼结县拉玉乡强吉村党支部副书记、三组组长。2015年12月18日，仁增因救跳江自杀村民曲吉，不幸被卷入漩涡，英勇牺牲，被追授为山南市优秀共产党员，并荣登中国好人榜。

5—6日　市委副书记、市长普布顿珠率市政府班子成员和市直相关部门负责人，深入琼结县、乃东区、桑日县调研“菜篮子”工程。

8日　自治区十届人大五次会议山南代表团召开第一次全体会议，审议通过自治区十届人大五次会议主席团和秘书长候选人名单（草案）和自治区十届人大五次会议议程（草案），选举成立山南代表团临时党支部。会议推选张永泽为山南代表团团长，普布顿珠为副团长。10日，自治区十届人大五次会议山南代表团审议自治区政府工作报告、计划报告和预算报告。

11—15日　山南市委常委、副市长、安徽第六批援藏工作队领队方旭率市党政代表团到安徽省阜阳、淮南、六安三市洽谈衔接援藏工作。代表团一行先后与阜阳市委书记李平，市委副书记、代市长孙正东，淮南市委副书记、市长王宏，六安市委副书记、市长毕小彬等举行会谈。

22日　山南市委农村工作领导小组召开第一次会议，贯彻落实《中共中央 国务院关于稳步推进农村集体产权制度改革的意见》和全区农村工作会议精神。

▲　山南市政府与西藏自治区旅发委调研组举行座谈会，传达学习自治区政府关于打造达古旅游景区专题会议精神，听取桑日县前期工作情况汇报，研究部署相关事宜。

▲　山南市委副书记、市长、市道路运输体制改革工作领导小组组长普布顿珠主持召开市政府专题会议，传达学习《西藏自治区深化交通运输旅游体制改革领导小组关于山南市班线客运改革实施方案的批复》，研究部署市际班线客运改革相关事宜。

24日　山南市委副书记、市长普布顿珠率团到加查县莫热坝和桑日县追塘坝考察易地扶贫集中搬迁项目。并到桑日县达布景区考察景区基础设施建设和景点打造等工作。

2月

10日　山南市召开迎接中央环境保护督察工作电视电话会议，传达学习自治区党委书记吴英杰重要批示和自治区主席齐扎拉的重要讲话以及市委书记张永泽的批示精神，通报当前山南环保工作存在的问题，对下一步迎检工作进行安排部署。16日，山南市召开迎接中央环保督察工作领导小组会议，贯彻落实自治区环保督察会议精神，再安排、再部署山南市迎接中央环保督察工作。

17日　山南市委理论学习中心组召开学习会议，传达学习中央《关于依法治理民族事务促进民族团结的意见》，传达学习自治区党委书记吴英杰重要批示精神。市委书记张永泽主持并讲话。市委副书记巴珠传达自治区党委书记吴英杰在《〈关于依法治理民族事务促进民族团结的意见〉的通知》上的批示精神和《〈关于依法治理民族事务促进民族团结的意见〉的通知》。

中旬 藏历新年来临之际，山南市委书记张永泽到拉林铁路德吉隧道和雅砻水库施工现场，考察了解项目建设情况，并看望慰问施工人员。

23日 第一届山南市纪委第二次全体会议在泽当召开。市委书记张永泽出席会议并讲话。市委常委、纪委书记吴维主持会议并代表市纪委常委会作工作报告。

3月

2日 山南市委副书记、山南市驻乃东区维稳督导组组长陈正祥到苹果园便民警务站、昌珠寺和克松居委会，督导检查当前各项工作开展情况，并看望慰问执勤民警和基层干部群众。

6日 山南市委副书记、山南市驻乃东区维稳督导组组长陈正祥到亚桑寺管会、亚桑警务站、亚堆乡完小督导检查道路交通安全和校园安全工作，并看望慰问一线执勤民警和基层干部群众。

7日 山南市委常委、副市长格桑率团到桑日县增期乡达古村街需旅游景区，调研指导景区开发项目建设工作，并召开专题会。

8日 山南市委书记张永泽主持召开全市脱贫攻坚工作专题会，贯彻落实全区脱贫攻坚工作会议精神，研究2017年脱贫攻坚工作计划和扶贫搬迁、产业脱贫等工作。

▲ 山南市召开重点建设项目推进工作电视电话会议。市委书记张永泽主持会议并讲话。市委常委、副市长格桑传达自治区重点项目建设推进工作电视电话会议精神，市委常委、常务副市长王友华部署2017年重点项目建设工作。

17日 山南市委书记张永泽主持召开全市企业发展座谈会，了解掌握全市企业生产经营情况，研究解决企业发展中遇到的困难和问题。

20日 山南市委常委、副市长、山南市驻隆子县维稳督导组组长廖良辉在隆子县准巴乡调研脱贫攻坚工作。

▲ 山南市召开包虫病综合防治工作动员部署电视电话会议，传达学习自治区党委常委、纪委书记王拥军和自治区副主席德吉就包虫病防治工作的有关指示和讲话精神，安排部署山南市包虫病综合防治工作。

27日 山南市召开非公有制经济代表人士综合评价工作联席会，学习贯彻中央和自治区非公有制经济代表人士综合评价工作会议精神，全面部署和启动山南市非公有制经济代表人士综合评价工作。

28日 山南市委副书记、市长普布顿珠主持召开扶贫开发领导小组会议，细化部署扶贫各项工作。市委常委、常务副市长王友华出席并讲话，副市长张福臣出席会议，副市长索朗曲巴传达山南市脱贫攻坚易地扶贫搬迁工作座谈会上自治区党委常委、纪委书记王拥军和自治区政协副主席金世洵的讲话精神。

▲ 第五届“感动山南十大人物”颁奖晚会在雅砻剧院举行。

29日 山南市委副书记、市长普布顿珠率团到加查县莫热坝易地扶贫搬迁点对居住区南山坡经济林、居住区配套设施建设情况以及土地开发情况进行调研并现场办公。

31日 山南市委副书记、市长普布顿珠率团到雅砻河两岸考察河道清淤工作开展情况。

4月

5日 山南市委常委、宣传部长燕红主持召开专题会议，传达学习自治区党委常委、宣传部长边巴扎西4月3日在“四讲四爱”主题教育实践活动自治区宣讲团培训班结业仪式上的讲话精神，安排部署全市“四讲四爱”主题教育实践活动宣讲相关工作。10日，山南市召开会议，再安排再部署“四讲四爱”主题教育实践活动。14日，山南市委书记张永泽到伦布雪乡美朵村，为当地牧民群众宣讲解读“四讲四爱”主题教育实践活动核心内容。

10日 全市委宣传部长会议在泽当召开。会议深入学习贯彻全国、全区宣传部长会议精神特别是自治区党委书记吴英杰关于宣传思想文化工作的重要批示指示精神和自治区党委常委、宣传部长边巴扎西讲话精神，总结工作，分析形势，安排部署2017

年全市宣传思想文化工作。市委书记张永泽出席会议并讲话,代表市委与乃东区委、市工信局党组签订《党委(党组)意识形态责任制责任书》。

▲ 市委副书记、市长普布顿珠率团到扎囊县调研产业发展情况。

12日 山南市委副书记、市长普布顿珠先后到泽当城区易地扶贫搬迁安置点、住宅开发项目和消防支队培训基地拟选址点等,调研工程进度情况和前期工作开展情况。

13—14日 山南市委书记张永泽到浪卡子县、贡嘎县,就脱贫攻坚和基层党建两项重点工作进行全面调研。

20日 山南市委副书记、市长普布顿珠主持召开专题会议,就深化出租车行业改革工作相关问题进行研究。

中旬 山南市委副书记、市长普布顿珠率团先后到桑耶易地扶贫搬迁和桑耶特色小城镇建设项目工作室,考察桑耶镇易地扶贫搬迁工作和特色小城镇建设工作。

21日 全市国土绿化动员部署电视电话会议在泽当召开,会议传达学习全区国土绿化动员部署会议精神,安排部署山南市国土绿化工作。

▲ 山南市委书记张永泽主持召开市委理论学习中心组学习会议,传达学习中央、自治区有关重要文件精神。自治区党委巡视三组组长江拥洛追出席。市委副书记、市长普布顿珠传达《中共中央办公厅 国务院办公厅关于印发〈领导干部报告个人有关事项规定〉和〈领导干部个人有关事项报告查核结果处理办法的通知〉》。市委副书记巴珠传达《中国共产党地方委员会工作条例》。市委副书记陈正祥传达《中共中央关于印发〈中国共产党工作机关条例(试行)〉的通知》《中共西藏自治区委员会关于印发〈中共西藏自治区第九届委员会常务委员会工作规则〉的通知》。

24日 山南市新广局联合市文化局、文联、图书馆、新华书店等单位在市科技文化中心广场开展"品味书香、文化山南"为主题的系列活动。

▲ 山南市委副书记、市长普布顿珠主持召开市政府专题会议,研究2017中国西藏雅砻文化节相关事宜。

27日 山南市委副书记、市长普布顿珠率团到桑日县追塘坝督导调研易地扶贫搬迁项目和产业项目建设情况。

5月

4日 山南市召开纪念中国共青团成立95周年暨首届"五四"表彰大会。

▲ 山南市委召开市委常委会会议,讨论研究优化发展环境、经济运行、医疗和教育人才"组团式"援藏等相关事项。

3—4日 自治区林业厅党组副书记、厅长云丹率调研组先后到贡嘎、扎囊、乃东和桑日4县(区)调研集体林权制度改革前期工作进展情况、与亿利集团、蒙草集团合作开展生态修复和发展生态产业情况。

5日 山南市委副书记、湖北省第八批援藏工作队总领队陈正祥先后到琼结县拉玉乡德庆村生猪养殖项目基地、多吉铁艺专业合作社、强吉村农牧民党员教育基地和琼结县绿色产业园、异地扶贫搬迁点,专题调研脱贫攻坚和援藏扶贫工作开展情况。并专程到第五届感动山南人物仁增家中看望慰问其家属。

8日 山南市人大机关召开全体干部职工大会,宣布自治区党委关于山南市人大常委会领导干部任职的决定:党宗莲因健康原因提前退休,不再担任市人大常委会主任;王德文提名为市人大常委会主任人选,邓荃提名为市人大副主任人选。

▲ 山南召开"六五"普法总结表彰暨"七五"普法推进会,安排部署"七五"普法各项工作。

9日 山南市召开基层党建工作推进会。会议贯彻落实全国、全区组织工作和组织部长会议精神,总结表彰2016年基层党建工作先进集体和优秀党员致富带头人,安排部署2017年工作。

9—11日 山南市人大常委会副主任、错那县委书记余胜能到曲卓木乡塔嘎村、曲卓木村、兴玛寺管会,库局乡库局村、桑玉村,调研基层党建、维护稳定、脱贫攻坚等工作开展情况。

12日 山南市召开旅游重点项目建设工作调度会,专门研究桑日县、加查县和市旅游投资发展有限公司合作开发有关景区事宜。

15日 山南市政府与西藏福地天然饮品产业发

展有限公司战略合作协议签署仪式在市政府举行。

▲ 山南市委副书记、市长普布顿珠到贡嘎县调研民族手工业发展、项目建设情况和杰德秀特色小城镇建设情况。

16日 山南市委副书记、市长普布顿珠率队调研市人民公园景观规划情况，并召开现场会就下一步相关工作进行安排部署。

▲ 山南市委常委、副市长、安徽省第六批援藏工作队临时党委书记、领队方旭率队到安徽省旅游集团洽谈在山南市投资事宜。

17日 经西藏自治区第十届人民代表大会常务委员会第二十三次会议研究通过，张永泽升任西藏自治区人民政府副主席，兼任中共山南市委书记职务。

▲ 自治区党委常委、自治区常务副主席姜杰到拉林铁路、贡泽公路、拉萨贡嘎机场改扩建工程施工现场调研工程建设情况。

18日 全区第二届足球锦标赛在泽当开幕。自治区体育局局长胡宾宣布西藏自治区第二届足球锦标赛开幕。

▲ 第十届中国中部投资贸易博览会西藏山南招商引资专场推介会在合肥举行。

19日 西藏自治区副主席、山南市委书记张永泽主持召开一届市委第24次常委会会议，研究市人大一届二次会议、政协一届二次会议相关材料，《山南市全面推进河长制工作方案》以及易地扶贫搬迁集中安置小区项目建设等相关事宜。

▲ 山南市举办“5·19”中国旅游日宣传活动暨“最美南环线”自驾游活动启动仪式。

▲ 西藏自治区副主席、山南市委书记张永泽率调研组，到乃东区调研基层党建工作，对“书记抓基层党建”工作进行现场述职点评。

▲ 山南市委副书记、市长普布顿珠率队调研市人民医院易地迁建项目建设情况。

20日 西藏自治区党委常委、组织部长曾万明到山南桑日县、加查县，调研督查乡镇干部队伍建设、驻村工作、基层党建情况。

21日 政协第一届山南市委员会常务委员会第三次会议在泽当召开。

22日 山南市第一届人民代表大会第二次会议主席团召开第一次会议。西藏自治区副主席、山南市委书记张永泽主持会议。该次会议应出席的主席团成员53人，实际出席会议的主席团成员44人，符合法定人数。会议推选张永泽、丁哲峰、王德文、巴珠、陈正祥、吴维、龚兵、赫沛、丹增、燕红、张定成、陈海清、贡觉多吉、扎西、尼玛次仁、沈百存、余胜能、邓荃为大会主席团常务主席。会议推选张永泽、丁哲峰、王德文、巴珠、陈正祥、吴维、龚兵、赫沛、燕红、贡觉多吉、尼玛次仁、沈百存、余胜能为市一届人民代表大会第二次会议执行主席。会议还推选扎西、严乃锦、杨娟宏、侯宝萍为大会副秘书长。市人大常委会副主任、市委组织部常务副部长沈百存向大会主席团作人事安排说明。会上，全体参会人员表决通过会议日程安排、市一届人民代表大会第二次会议表决议案办法（草案）和市一届人民代表大会第二次会议选举办法（草案）。会议酝酿市一届人民代表大会常务委员会主任、副主任、委员候选人名单（草案），提出市一届人民代表大会第二次会议总监票人、监票人建议名单。会议还决定市一届人民代表大会第二次会议代表团和代表联名提出议案的截止日期为2017年5月24日上午12时。

22—23日 西藏自治区党委副秘书长、区党委改革办专职副主任汪晓冬率督察组到山南市对全面深化改革工作进行督察并听取山南市工作汇报。

22—25日 中国人民政治协商会议第一届山南市委员会第二次会议在泽当召开。会议主要学习贯彻党的十八届六中全会和自治区第九次党代会、全市经济工作会议精神，听取和审议通过政协第一届山南市委员会常务委员会工作报告、提案工作情况报告；列席山南市第一届人民代表大会第二次会议，听取并讨论政府工作报告和其他有关报告；审议通过政协第一届山南市委员会第二次会议政治决议及其他决议。西藏自治区副主席、山南市委书记张永泽到会祝贺。本次会议应到委员203人，实到172人，符合规定人数。

▲ 山南市委副书记、市长普布顿珠会见由岳阳市委副书记李爱武率队的党政代表团，双方就下一步如何更好地开展对口援藏工作进行深入探讨。市委常委、副市长、湖南省第八批援藏工作队总领队廖良辉一同会见。

23日 山南市第一届人民代表大会第二次会议

在泽当开幕。大会应到代表249名，实到213名，出席人数符合法定人数。市委副书记、市长普布顿珠代表市政府向大会作政府工作报告。24日，听取山南市人大常委会工作报告、山南市中级人民法院工作报告和山南市人民检察院工作报告。会议由大会主席团常务主席、市人大常委会副主任贡觉多吉主持。市人大常委会副主任陈海清代表市人大常委会向大会作工作报告。市中级人民法院院长索朗扎西代表市中级人民法院向大会作工作报告。市人民检察院检察长刘志刚代表市人民检察院向大会作工作报告。

▲ 西藏自治区副主席、山南市委书记张永泽到琼结县，看望慰问基层干部群众，调研基层党建工作。

24日 山南市第一届人大第二次会议主席团召开第二次会议。本次会议应出席的主席团成员53人，实际出席会议的主席团成员40人，符合法定人数。

25日 山南市第一届人大第二次会议主席团召开第三次会议。会议应出席的主席团成员53人，实际出席会议的主席团成员38人，符合法定人数。会议听取大会秘书处关于各代表团审议各项决议草案情况的汇报；山南市第一届人民代表大会第二次会议代表团和代表提出的议案及建议情况的报告。会议表决山南市第一届人民代表大会第二次会议关于政府工作报告的决议（草案）；山南市第一届人民代表大会第二次会议关于山南市2016年国民经济和社会发展计划执行情况与2017年国民经济和社会发展计划的决议（草案）；山南市第一届人民代表大会第二次会议关于山南市2016年财政预算执行情况与2017年财政预算的决议（草案）；山南市第一届人民代表大会第二次会议关于山南市人民代表大会常务委员会工作报告的决议（草案）；山南市第一届人民代表大会第二次会议关于山南市中级人民法院工作报告的决议（草案）；山南市第一届人民代表大会第二次会议关于山南市人民检察院工作报告的决议（草案）。

▲ 山南市第一届人大第二次会议第三次全体会议召开，会议以无记名投票的方式，补选市一届人大常委会主任、副主任和委员。该次大会应到代表249名，实到202名，符合法定人数。会议由主席团常务主席、西藏自治区副主席、市委书记张永泽主持。

▲ 山南市第一届人大第二次会议完成各项议程，在泽当闭幕。山南市人大常委会主任王德文主持会议并讲话。会议应到代表249名，实到202名，符合法定人数。

▲ 山南市与中船重工第701研究所所长吴晓光率队的考察组及武汉海博瑞公司座谈，研究山南市高原供氧工程项目相关事宜。

▲ 山南市召开2016年度粮食安全专员（市长）责任制考核汇报会，向自治区考核组汇报山南市贯彻落实粮食安全专员（市长）责任制工作开展情况和存在问题及原因。

26—27日 西藏自治区党委副书记、自治区主席齐扎拉率队到山南加查、桑日、扎囊、贡嘎县，考察山南经济社会发展、重点项目建设、特色产业推进、脱贫攻坚和生态文明建设等工作。

6月

1日 山南市召开推进全市“两学一做”学习教育常态化制度化工作座谈会。会议传达学习习近平总书记关于推进“两学一做”学习教育常态化制度化的重要指示精神和自治区党委书记吴英杰在全区推进“两学一做”学习教育常态化制度化座谈会上的重要讲话精神。

2日 由中国国际工程咨询公司农林水部主任何平带队的专家组实地查勘卓于水库工程。

3—5日 山南市委副书记、市长普布顿珠率队到隆子县扎日乡、玉麦乡，调研边境小康示范村建设、三改建工程和曲玉公路工程进展情况。

5日 山南市召开安徽省第五批短期援藏专业技术人才欢迎座谈会，欢迎安徽省第五批短期援藏37名专业技术人员进藏。

6日 山南市首期行政执法人员培训班开班。培训邀请自治区法制办执法监督处和综合处负责人为参训学员授课。

9日 西藏自治区人大常委会副主任嘎玛率调研组到山南，对全市各级人大代表资格审查工作和“人大代表之家”创建工作开展调研，并召开专题座谈会。

上旬 山南市在湖北省举办精准援藏暨招商引资推介会，并与湖北省经信委洽谈对接产业项目精准援藏工作。

8—11 日　西藏自治区党委副书记,区人大常委会主任洛桑江村到玉麦、扎日、斗玉等边境一线,深入村居农户、学校医院、基层组织、边防派出所和连队,看望干部群众和边防官兵,就边境小康示范村建设、“三农”工作、脱贫攻坚和基层人大工作进行考察调研。

12 日　山南市委副书记、市政协主席、市委党校校长丁哲峰到扎囊县、乃东区和琼结县督察调研“三农”工作。

12—13 日　西藏自治区党委副书记、自治区人大常委会主任、区党委农村工作领导小组组长洛桑江村在山南市错那县边境一线乡村调研,看望边境一线干部群众、边防官兵。

13 日　“央企助力富民兴藏”山南座谈会在拉萨召开。山南市委副书记、市长普布顿珠主持会议并讲话。中粮集团、中国能源建设股份有限公司、中国中铁股份有限公司中铁十局集团、中国铁道建筑总公司昆仑投资集团、中国钢研科技集团有限公司等央企负责人出席会议并作发言。

15 日　国务院安委会第八巡查组巡查西藏自治区安全生产工作动员电视电话会议在拉萨举行。随后,山南市召开迎接国务院安全生产巡查推进会议。

16 日　山南市召开全市干部大会,宣布自治区党委关于山南市委主要领导调整的决定:决定张永泽不再担任山南市委书记、常委、委员职务,许成仓任山南市委委员、常委、书记。

▲　西藏自治区党委常委、组织部长曾万明到山南市人民医院调研医疗人才组团式援藏工作,并召开座谈会。

18 日　山南市委书记许成仓到乃东区、桑日县考察调研脱贫攻坚工作。

20 日　全区“冬青 18 号”青稞新品种示范推广现场会在山南市召开。会议讲解“冬青 18 号”栽培技术规程。

▲　山南市委书记许成仓到江北调研 S5 拉萨至泽当快速通道、扎囊县车厘子种植基地和泽贡专用公路项目建设情况。S5 拉萨至泽当快速通道,总里程 47.46 公里,采用双向四车道一级公路标准建设,设计速度为 80 公里每小时,总投资 96.97 亿元。

▲　山南市委书记许成仓主持召开拉萨山南一体化和城市发展规划座谈会。

21 日　山南市委常委、副市长、安徽省第六批援藏工作队临时党委书记、领队方旭率队到桑日县,就达古景区建设和项目实施进展情况开展实地督导,并召开现场会。

21—24 日　山南市委书记许成仓先后到隆子县、错那县两县边境乡镇,深入一线连队、一线执勤点、一线哨所、一线放牧点,看望各族干部群众、边防官兵,调研了解边境管控、脱贫攻坚、边境特色小康示范村建设、群众生产生活等情况,帮助基层解决存在的困难和问题。

22 日　山南市委副书记、市长普布顿珠率市政府班子成员、12 县(区)、市直相关部门以及 3 家投资公司主要负责人到 S5 拉萨至山南快速通道和泽贡高等级公路施工现场,交流观摩,借鉴推广好的经验和做法。并到乃东区、扎囊县实地观摩调研特色产业发展情况。

23 日　全市产业精准扶贫现场交流观摩会在泽当召开。

23—24 日　环境保护部西南督查中心专项调研督察组对山南市迎接中央环保督察准备工作情况进行专项督察。

24—26 日　由国务院安委会安全生产第八巡查组组长卢春房率巡查组到山南市开展安全生产巡查工作。

26 日　山南市与水利部长江水利委员会调研组对雅江综合治理规划等事宜进行交流讨论。

26—27 日　山南市一届人大常委会第八次会议召开。市人大常委会主任王德文主持会议并讲话。会议审议并表决通过《山南市人民代表大会常务委员会议事规则》《山南市人民代表大会常务委员会组成人员守则》《山南市人民代表大会常务委员会审议意见处理的试行办法》《山南市人民代表大会常务委员会关于对被提请任命人员进行任前法律知识考试的试行办法》《山南市人民代表大会常务委员会关于对“一府两院”专项工作报告及审议意见办理情况进行满意度测评的试行办法》《山南市人民代表大会常务委员会关于对“一府两院”开展专题询问的办法》《山南市人民代表大会常务委员会关于各级人大和代表履职尽责、聚力脱贫攻坚的决定》《关于调整充实山南市第一届人大常委会代表资格审查委员会组成人员的决定》。

29日 山南市第一次妇女代表大会开幕。来自全市各行各业的172名妇女代表参会。自治区妇联主席江措拉姆、市委书记许成仓出席会议并讲话。

7月

2—4日 西藏自治区财政厅副厅长、区脱贫攻坚指挥部生态补偿组组长孙金玲率督查组一行到乃东区就精准扶贫工作进行督查。

4日 山南市委召开第28次常委会,传达学习习近平总书记在山西太原主持召开深度贫困地区脱贫攻坚座谈会上的重要讲话精神,传达学习自治区党委书记吴英杰和自治区党委常务副书记丁业现的讲话精神,学习生态文明建设、环境保护等相关法律法规。

5日 山南市委书记许成仓到措美县调研脱贫攻坚工作,进家入户访贫苦、察实情、看真贫,同各级领导干部和群众研究对策措施,并看望慰问广大干部群众。

6日 安徽首批教育"组团式"援藏人才工作期满座谈会在山南市第二高级中学召开,总结交流和安排部署安徽教育"组团式"援藏工作。

7日 扎囊县地质灾害隐患排查组发现扎唐镇久麦村囊孜沟山体有滑坡隐患,立即成立由县委书记雷丰任总指挥长的应急指挥部,并于当天下午把久麦村2组的72户群众360余人安置到附近的学校和合作社内,确保群众生命财产安全。10日,山南市委副书记、市长普布顿珠到扎囊县久麦村地质灾害隐患点调研。

8日 "同心·共铸中国心"山南行大型公益活动正式启动。

9日 山南市人大常委会主任王德文到浪卡子县,对香达曲河环境保护工作进行调研。香达曲河系藏南内流区水系,流域面积214平方公里,为1级河流,最终汇入羊卓雍措,河流周边环境稳定,水质保持良好。

10日 西藏自治区人大常委会副主任许雪光率自治区人大立法评估工作领导小组到山南市,实地评估山南市行使地方立法权条件,并召开座谈会。市人大常委会主任王德文主持并汇报山南市开展立法准备工作情况。

▲ 西藏自治区人大民族宗教外事侨务委员会副主任委员多吉次仁率专题调研组到山南市调研华侨权益保护情况,调研组先后深入洛扎、扎囊、错那三县调研,并于13日召开汇报会,听取关于华侨权益保护情况的汇报。

▲ 山南市人大常委会主任王德文深入山南市12县(区)及部分乡镇进行调研,全面了解人大工作开展、代表作用发挥和聚力脱贫攻坚等方面情况。

11日 西藏自治区副主席、区防汛抗旱指挥部指挥长坚参到山南市调研防汛工作。

12日 西藏自治区"感动人物"先进事迹巡回报告会在山南市举行,市委书记许成仓主持报告会,报告团团长、自治区新广局党组成员、巡视员才旺出席报告会。来自全市各界的400余名干部群众在泽当主会场一起聆听报告会,各县区、乡镇设分会场。琼结县仁增入选2016年度自治区"感动人物"。

13日 山南市向国土资源部执法监察局督导调研组汇报山南市国土资源执法监察和耕地保护等工作。

▲ 山南市委书记许成仓主持召开一届市委第29次常委会议,传达学习贯彻自治区党委书记吴英杰在自治区迎接中央环保督察工作部署会议上的讲话精神、全区宣传部长座谈会精神、《中共西藏自治区纪委关于推进扶贫领域监督执纪问责工作的意见》《关于严禁共产党员和国家工作人员参与赌博或带有赌博性质娱乐活动的通知》等。

13—18日 西藏自治区人大常委会副主任李文汉率检查组到贡嘎、扎囊、加查、曲松、隆子、错那等六县和市直相关单位,对山南市落实2016年精准扶贫精准脱贫工作报告审议意见情况进行跟踪督办。18日,山南市召开精准扶贫精准脱贫工作跟踪督办情况汇报会。

14日 山南市召开迎接中央环境保护督察工作领导小组第2次会议暨迎接中央环境保护督察工作部署会议,会议传达自治区党委书记吴英杰和自治区主席齐扎拉在全区迎接中央环保督察工作部署电视电话会议上的讲话精神。并对迎检工作进行再安排、再部署。

16日 山南市政府与中国纺织工业联合会调研

组座谈，讨论山南市纺织非遗工作站建立情况。

17日 山南市委副书记、市长普布顿珠主持召开市政府第18次常务(扩大)会议，研究《2017中国西藏雅砻文化节总体方案》《文化节开幕式方案》等有关事宜。

18日 全市深度贫困地区脱贫攻坚动员部署暨脱贫攻坚先进企业表彰大会在泽当召开。

▲ 山南市召开国有企业党的建设工作会议，贯彻落实全国、全区国有企业党的建设工作会议精神，安排部署山南市国有企业党的建设工作。

▲ 中国地方志指导小组办公室第二期援藏志鉴编纂业务培训班开班仪式在山南市举办。

19日 山南市脱贫攻坚指挥部专题会议在泽当召开，会议传达中央深度贫困地区脱贫攻坚座谈会和区、市两级深度贫困地区脱贫攻坚动员大会精神，安排部署全市深度贫困地区脱贫攻坚工作。

▲ 山南市召开宣传部长座谈会。传达学习全区宣传部长座谈会精神，深入贯彻落实自治区党委书记吴英杰重要批示精神、自治区党委常委、宣传部长边巴扎西重要讲话精神和市委书记许成仓在第29次市委常委会议上的讲话精神，安排部署下半年宣传思想文化工作和“四讲四爱”喜迎党的十九大主题教育实践活动。

19—20日 市委书记许成仓到曲松县、加查县，调研经济社会发展、脱贫攻坚以及党建等工作，看望慰问基层干部群众。

19—21日 湖南省新闻出版广电局调研组到山南市考察调研。调研组一行到市广电局、广播电视台、雅砻数字影城、新华书店以及扎囊县等地考察山南市电视台、影院、有线数字电视机房运营情况以及广播影视进寺庙和寺庙书屋运行情况，并召开座谈会。20日，以“湖湘文化与湖湘人物”为主题的雅砻讲坛文化盛宴在市科技文化中心开讲。讲座由湖南省新闻出版广电局党组书记、局长朱建纲主讲。

20—21日 安徽省委组织部、省卫计委组织安徽省8家省属三甲医院和5个市属9家专科特色明显的三甲医院负责人及评估专家团赴山南市，与市人民医院开展“以院包科”深度对口支援工作。

22日 山南市召开座谈会，欢迎安徽省第三批“组团式”援藏医疗人才，欢送第二批“组团式”援藏医疗人才。

24日 山南市工商联第一次代表大会暨商会成立大会在泽当举行。

▲ 团中央书记处书记、全国少工委主任傅振邦率调研组到山南市调研指导工作并召开座谈会。

24—25日 全区文物保护单位消防工作和部队管理现场会在泽当召开。

26日 山南市人大常委会召开咨询专家受聘会议，正式成立咨询专家库。并为受聘专家颁发聘书。

27日 全市推进国家生态文明先行示范区建设工作电视电话会议在泽当召开。

▲ 山南市委副书记、市长普布顿珠主持召开专题会议，研究羊湖内环旅游公路项目规划设计工作。羊湖内环路改建项目起点位于浪卡子县浪卡子镇道布隆村口，终点位于阿扎乡入口处，全长115.4公里，全线采用三级公路标准建设，设计时速30公里，路基宽度7.5米，路面宽度6.5米。

28日 山南市“经典诵读 喜迎十九大”暨2017年党风廉政宣传教育月活动总结晚会在雅砻剧院举行。

▲ 山南市召开迎送湖北省“组团式”援藏医疗人才座谈会暨第一批“组团式”援藏医疗人才表彰大会，欢迎湖北省第二批“组团式”医疗援藏专家，表彰并欢送第一批“组团式”医疗援藏专家。

28—29日 山南市委副书记、市长普布顿珠到泽当、乃东居委会安置小区项目建设情况，调度项目建设进度，研究解决存在问题，督促项目加快建设。

29日 2017年全国青少年“未来之星”阳光体育大会西藏自治区分会场在泽当隆重举办。

▲ 山南市委副书记、市长普布顿珠到泽贡高等级公路施工现场，调研工程进度情况，现场办公研究解决项目建设中存在的困难和问题，并代表市委、市政府，代表市委许成仓书记亲切看望慰问工程建设者和施工负责人等。

31日 山南市纪委举行市纪委机关、市委巡察机构党员干部不参赌涉赌公开承诺签字仪式。

▲ 山南市委书记许成仓主持召开市委第30次常委会议，传达学习习近平总书记7月26日在省部级主要领导干部专题研讨班上的重要讲话精神和自治区党委书记吴英杰在自治区党委常委会传达学习习近平总书记重要讲话精神时的讲话精神；传达学

习中央办公厅关于学习贯彻新修改的《中国共产党巡视工作条例》的通知、《中国共产党甘肃省统一战线工作问责规定(试行)》和第五次全国金融工作会议精神,研究2017中国·西藏雅砻文化节相关事宜。

▲　西藏自治区副主席多吉次珠一行就羊湖景区旅游配套设施建设、交通安全、旅游服务等工作开展调研。

7月下旬至8月上旬　市委副书记、市长普布顿珠先后到贡嘎县东拉乡,浪卡子县张达、伦布雪、多却、白地、阿扎乡和打隆镇,调研羊卓雍错全域旅游规划工作。随后,专门组织相关部门负责人召开专题会议,研究羊卓雍措全域旅游规划工作。

8 月

1日　山南市召开庆祝中国人民解放军建军90周年座谈会。

▲　全市"四讲四爱"主题教育实践活动"讲文明爱生活"现场观摩会在扎囊县羊嘎居委会举行。

2日　山南市人大常委会主任王德文到雍布拉康及寺管会进行调研。

3日　以"吐蕃故都·大美琼结"为主题的第二届琼结吐蕃文化旅游节开幕。湖北省襄阳市委副书记、市长秦军率党政代表团出席开幕式。随后,党政代表团到琼结县考察。

▲　山南市委副书记、市长普布顿珠率队到泽当城区调研市政道路"白改黑"情况,并召开现场会研究部署相关工作。

3—4日　由西藏自治区商务厅和市人民政府联合主办的"电子商务精准扶贫培训班"在泽当开班,邀请国内知名商务专家邵明、徐大地、焦大胜、吕书海授课。来自全区各市(地)电商单位的70余人参加培训。

▲　西藏自治区党委常委、区政协副主席、区党委统战部长旦科一行先后到贡嘎县、扎囊县、乃东区各寺庙调研,分别与各级党政领导,特别是统战民宗干部、驻寺干部,以及宗教教职人员座谈交流,并看望慰问原自治区政协副主席多吉扎·江白洛桑。

4日　全市上半年经济运行情况通报暨经济工作部署电视电话会议在泽当召开。会议传达学习区党委自治区党委书记吴英杰、齐扎拉主席以及市委许成仓书记重要讲话精神,通报上半年经济运行、各县(区)经济指标完成和市直相关部门推进重点项目进度情况,对下半年经济工作进行安排部署。

▲　山南市召开金融支持深度贫困地区脱贫攻坚专题动员部署会议。

5日　山南市委书记许成仓一行到华能山南建设管理营地调研,并与企业负责人进行座谈。

6日　全国政协常委、提案委员会主任孙淦率全国政协提案委员会调研组到山南市调研。孙淦一行先后深入桑耶寺、雍布拉康、昌珠寺、藏王墓等地,围绕"加快推进文物保护科技创新"重点提案开展调研工作。

7日　山南市召开道路交通安全生产专项整治工作部署会议,传达《西藏自治区道路交通安全专项整治方案》,安排部署相关工作。

▲　山南市委书记许成仓到市迎接中央环境保护督察领导小组办公室考察迎检工作,看望慰问迎检领导小组办公室全体工作人员。

8日　由安徽省副省长方春明率领的安徽省赴藏考察组抵达山南市,推进安徽省与山南市的交流合作和对口支援工作,看望慰问安徽省第六批援藏干部和"组团式"医疗援藏专家人才,并与山南市进行座谈。

9日　山南市与湖北省农业厅、农科院,华中农业大学专家一行就青稞增产进行座谈。湖北省农业厅首席专家高广金、华中农业大学教授孙东发、湖北省农业科学院研究员李梅芳等围绕青稞增产提出重要的意见建议。会上,湖北省农业厅向市农牧局捐赠100万元产业援助资金。

▲　湖北省政协副主席肖旭明率湖北赴藏考察组到山南市考察,并与山南市座谈。1994年,中央第三次西藏工作座谈会确定湖北省对口支援山南,对口支援23年来,湖北省委、省政府始终站在党和国家战略全局的高度,坚决落实中央决策部署,把对口支援山南作为重大政治任务,不断加大经济、教育、就业、科技、干部人才的援藏力度,共选派援藏干部8批403人,援助资金和物资设备15.84亿元(其中1‰以外资金3.45亿元),累计实施项目422个。选派短期援藏专业技术人才5批247人,投入培训资金2608万元,培训干部人才8518人次。选派2批24

名医疗专业技术人才“组团式”援助市妇幼保健医院。选派50名教师和管理人员“组团式”援助市一高，促进两地交往交流交融。

▲ 山南市委副书记、市长普布顿珠主持召开专题会议，研究山南市森林围城规划工作。

▲ 山南市委常委、副市长格桑率队到西藏S5线拉萨至泽当快速通道项目和国道349线泽当至贡嘎机场段项目施工现场，调研项目建设推进情况。

10日 由西藏自治区人大常委会副主任巨建华率队的自治区人大常委会执法检查组到山南市，就山南市贯彻落实消防“一法一条例”等情况开展执法检查，并召开座谈会。

▲ 市委副书记、市长普布顿珠主持召开市政府专题会议，研究市人民公园概念性设计方案和泽当至错那高等级公路、泽当环城公路项目规划相关事宜。

7—10日 西藏自治区人大常委会副主任维色率执法检查组在山南市检查藏汉双语教育工作和《西藏自治区学习、使用和发展藏语文的规定》落实情况。

11日 山南市召开全市村（居）组织换届选举工作动员部署会议，会议贯彻落实全区村（居）组织换届选举工作动员部署会议精神，特别是自治区党委书记吴英杰的重要批示精神，安排部署山南市村（居）组织换届选举工作。

13日 “携手共进、‘湘’聚藏源”为主题的2017中国西藏雅砻文化节招商暨旅游推介会在湖南长沙举办。湖南省副省长何报翔出席。西藏自治区文化厅党组书记龙志刚出席。来自湖南、湖北、安徽及其他省市的330余家招商企业代表及170余位旅游业界人士齐聚推介会现场，共同为激活山南旅游市场和经济发展助力。2017中国西藏雅砻文化节共签订项目协议32个，协议资金达58.69亿元。15日，“藏源·藏缘——走进山南”2017中国西藏雅砻文化节山南分会场文艺演出在泽当隆重举行。同日，2017年中国西藏雅砻文化节“雅砻好味道”厨艺技能大赛在泽当开赛，于16日落幕，山南市职业技术学校荣获团体金奖，西藏藏菜研发中心、拉萨市代表队和琼结县后勤接待中心获团体银奖，雅砻藏家宴、玉露扬善素食馆等5家企业获团体铜奖。罗布多杰、达瓦、刘小军、旦巴、拉巴次仁、周发冰6人荣获个人金奖，罗桑等12人获个人银奖，罗斌等18人获个人铜奖，加央多吉等21人获优秀奖。17—18日，2017中国西藏雅砻文化节专场答谢演出晚会先后在湖南岳阳文化艺术会展中心大剧院和湖南长沙人民会堂召开。

▲ 山南市人大常委会主任王德文主持召开市人大依法推进城市建设管理工作座谈会。

14日 山南市委副书记陈正祥率队到华新水泥（西藏）有限公司，检查环保问题整改落实情况，并召开现场会。

▲ 山南市委副书记、市政协主席、市委党校校长丁哲峰率山南党政代表团在湖南长沙考察学习，学习长沙市在改革发展方面的好经验、好做法，并召开长沙市援藏工作座谈会。

15日 由山南市人民政府和湖南省文化厅共同主办的2017中国西藏雅砻文化节摄影唐卡暨民族手工艺展在湖南省文化馆开幕。

▲ 山南市委书记许成仓主持召开会议，传达学习自治区党委有关会议和自治区党委书记吴英杰重要讲话精神，对各项工作进行安排部署。市领导普布顿珠、王德文、巴珠、陈正祥、龚兵、赫沛、格桑、丹增、燕红、张定成等出席会议。

15—16日 山南市委副书记、市政协主席、市委党校校长丁哲峰率山南市党政代表团在湖南省株洲市考察学习，并与株洲市座谈。23年来，株洲市先后选派8批52名援藏干部和59名专业技术人员进藏工作，共投入援藏项目资金2.2亿元，有效促进扎囊县的经济社会发展。17日，代表团在湖南岳阳考察学习，学习岳阳市在改革发展方面的好经验、好做法，并与岳阳市座谈。23年来，岳阳市先后选派8批47名援藏干部和33名专业技术人员进藏工作，前七批援藏工作队共投入援藏项目资金1.35亿元，第八批援藏工作队计划投资1.28亿元，有效促进桑日县的经济社会发展。

17日 山南市政府与北控集团举行座谈，就推动双方全方位整体合作进行磋商。

18日 山南市委书记许成仓到措美县调研经济社会发展和党建工作，看望慰问基层干部群众。

▲ 山南市接到中央第六环境保护督察组转办的山南市扎囊县阳光氆氇厂环境问题信访举报案件。市委、市政府高度重视。19日，市委副书记、市长普布顿珠，副市长黄金城率整改督办组现场核查小组第

一时间赶赴扎囊县阳光氆氇厂，督办举报案件。

17—18日 山南市委副书记、市长普布顿珠深入罗布莎矿区、华新水泥、藏木水电站、达古景区、大古水电站、巴玉隧道等，调研指导安全生产工作。

18—21日 山南市委书记许成仓深入洛扎县、浪卡子县和扎囊县调研。在洛扎县调研改革发展稳定等各项事业，看望慰问驻村驻寺干部、驻地官兵和农牧民群众。在浪卡子县，就脱贫攻坚、产业发展、维护稳定、党风廉政建设、基层党建等改革发展稳定工作开展调研。在扎囊县，检查指导阳光氆氇厂环保问题整改落实情况。

19—20日 由西藏自治区政协党组副书记、副主席白玛朗杰率队的考察团一行先后到加查电站、藏木水电站、桑珠岭隧道、泽当火车站、S5拉萨至山南快速通道、贡嘎雅鲁藏布江特大桥等项目点考察项目建设运营情况，就山南市发输变电工程、铁路公路机场项目、重点水利工程项目建设运营情况等开展考察。

20日 西藏自治区党委常委、自治区常务副主席姜杰深入桑日、扎囊等，实地调研"达古—街需"景观带、江北新区等重点项目建设情况，详细了解交通重点工程进展情况。

中旬 山南市委副书记、市长普布顿珠率队先后到浪卡子县卡热乡、贡嘎、扎囊、乃东、桑日县，调研雅鲁藏布江中游山南段生态安全屏障建设情况。

22日 山南市委书记许成仓检查指导环保问题整改情况。

▲ 山南市委书记许成仓会见湖北省武汉市副市长龙良文率领的武汉市援藏工作调研组一行。

23日 全市"建设美丽山南 喜迎党的十九大"八项环境专项整治活动动员大会在泽当召开。会议宣读《山南市"建设美丽山南 喜迎党的十九大"八项环境专项整治活动实施方案》。

▲ 山南市委书记许成仓主持召开一届市委32次常委会议，传达学习习近平总书记致中国科学院青藏高原综合科学考察研究队的贺信精神和中央政治局委员、国务院副总理刘延东在第二次青藏高原综合科学考察研究启动出发仪式上的重要讲话精神，安排部署贯彻落实工作。同时传达自治区党委书记吴英杰，自治区党委常委、纪委书记王拥军在《自治区党委巡视机构2017年上半年工作总结暨下半年工作要点》上的重要批示精神，传达自治区党委常委、统战部长旦科在山南调研时的指示精神。

▲ 山南市政府召开第21次常务会议，传达学习自治区领导重要批示精神，7月份全区经济运行分析调度会精神，安排部署贯彻落实工作。市委副书记、市长普布顿珠主持并讲话。市委常委、常务副市长王友华传达自治区主席齐扎拉和自治区副主席其美仁增在山南《关于召开产业精准扶贫现场观摩交流会议情况的报告》上的重要批示精神，自治区党委常务副书记丁业现在《中共山南市委关于全力以赴做好防汛抗灾工作的情况报告》上的重要批示精神和全区经济运行分析调度会精神。

23—25日 由人民日报、新华社、光明日报等10家媒体16名记者组成的中央媒体采访团深入山南市扎囊、乃东、隆子、加查四县(区)对脱贫攻坚、环境保护、民生改善等方面工作进行实地采访报道。

▲ 山南市一届人大常委会第九次会议召开。市人大常委会主任王德文主持会议并讲话。会议应到常委会组成人员34名，因事因病请假10名，实到24名，符合法定人数。会议听取审议市政府关于2017年上半年国民经济和社会发展计划执行和下半年计划安排、预算执行，2016年财政决算的报告和关于预算执行和其他财政收支的审计工作报告，以及市人大财经委审议意见，关于公安机关执法规范化建设、人口较少民族经济社会发展、依法管理宗教事务等调研、考察报告及人事任免事项，并进行分组审议。会议表决通过《山南市人民代表大会议事规则》《山南市人民代表大会常务委员会人事任免工作办法》《山南市人民代表大会常务委员会关于设立"人大制度宣传月"的决定》《山南市人民代表大会常务委员会关于批准山南市本级2016年财政决算的决议》《山南市人民代表大会常务委员会关于加强审计查出问题整改工作的决定》《山南市人民代表大会常务委员会关于接受旺庆辞去市一届人大常委会委员职务的请求的决定》及人事任免事项，并向任职人员颁发任命书，举行宪法宣誓仪式，任职人员作表态发言。

24日 山南市委副书记、湖北省第八批援藏工作队总领队陈正祥到曲松县下洛村、县委宣传部、黄石市第四批援藏工作队党建援建工作室、援藏家园和县人民医院，就意识形态工作、"四讲四爱"主题教育实践活动、迎接中央环保督察氛围营造和援藏工作开展调研。

▲　山南市人大常委会第九次会议专题询问会议举行，首次对市政府“十三五”规划2016—2017年上半年重大项目建设实施情况进行专题询问。市人大常委会主任王德文出席。

25日　山南市委书记许成仓率市农牧、发改、扶贫等部门负责人和各县（区）委书记、组织部长、分管扶贫副县长组成的自查考评组深入贡嘎、扎囊两县，开展基层党建和脱贫攻坚自查考评。

▲　山南市人大常委会主任王德文主持召开全市各县（区）人大常委会主任座谈会，深入学习贯彻张德江委员长在推进县乡人大工作和建设经验交流会上的重要讲话精神，就全面推进山南市人大工作制度化、规范化相关工作进行安排部署。市人大常委会副主任陈海清、扎西出席会议。

▲　山南市委副书记、市长普布顿珠率队调研市人民医院异地迁建项目和市完全中学项目建设情况。

26日　山南市召开区党委巡视三组专项巡视山南市情况反馈会。自治区党委巡视工作领导小组成员彭祎涛、自治区党委巡视三组组长江拥洛追向市委书记许成仓传达自治区党委书记吴英杰重要讲话精神，并反馈巡视情况。市委书记许成仓主持反馈会议并作表态发言。自治区党委巡视三组于3月31日至5月31日在山南市开展专项巡视。

27日　“武汉乃东智库”成立大会在市科技文化中心召开。首批16名涵盖10个专业方向的武汉市专家人才获乃东区政府聘用。并为智库人才颁发聘用书。

28日　合肥广播电视台广播电视研究院院长、电视纪录片《雪域之恋》摄制组组长、总导演、总撰稿黄大明率摄制组与山南市座谈。

▲　山南市委书记许成仓主持召开一届市委第33次常委（扩大）会议，贯彻落实自治区党委书记吴英杰重要讲话精神、区党委巡视组要求，研究部署山南市整改工作。会议传达学习《彭祎涛同志在区党委巡视三组专项巡视山南市情况反馈会议上的讲话》《江拥洛追同志关于巡视山南市的反馈意见》《区党委巡视三组四组巡视扎囊、曲松、洛扎、措美县的反馈情况》，研究讨论关于成立山南市巡视反馈意见整改落实工作领导小组的相关事宜。

29日　山南市委副书记巴珠主持召开全市寺庙管理工作总结会议，传达相关会议精神，对党的十九大前后寺庙管理工作进行再安排再部署，表彰宗教领域“四讲四爱”主题教育实践活动僧尼书法大赛先进集体和个人。

31日　山南市委副书记、市长普布顿珠调研措美县哲古镇扎扎村优化发展环境工作开展情况。

▲　山南市委副书记巴珠在泽当会见由安徽省亳州市委常委、组织部长、统战部长秦凤玉率领的安徽省亳州市党政代表团。

9 月

1日　山南市召开对自治区党委巡视组反馈意见整改工作动员部署会议。市委书记许成仓讲话。市委副书记、市政协主席、市委党校校长丁哲峰主持会议。市委副书记巴珠传达区党委巡视工作反馈会精神，市委副书记陈正祥传达市委关于成立对区党委巡视组反馈意见整改落实工作领导小组的通知精神。

▲　山南市委副书记、市长普布顿珠主持召开市一届人民政府第23次常务会议，研究《关于山南市争创全国“质量强市”示范城市的请示》等事宜。

▲　山南市政府系统召开巡视整改动员部署电视电话会议，全面安排部署巡视整改工作。

2日　山南市委副书记巴珠主持召开会议，与湖北省公安厅党委副书记、副厅长夏志斌，湖南省公安厅警保部主任刘湘奇，安徽省公安厅党委副书记、常务副厅长许刚带队的湖北、湖南、安徽公安机关代表团座谈，共叙情谊、共话未来、共谋发展，推动援藏工作纵深发展。

▲　共青团湖南省委代表团与山南市交流座谈，梳理总结三年来湖南省共青团对口援藏工作情况，交流对口援藏工作中的好经验、好做法。

3日　山南市12名先心病患儿启程到湖北武汉大学人民医院接受免费手术治疗。

▲　山南市委巡视整改领导小组办公室召开第一次会议，深入贯彻落实区党委巡视组巡视山南意见反馈会、市委常委（扩大）会和全市巡视整改动员部署会议精神，研究市委整改落实方案。

▲ 共青团山南市委与由共青团湖北省委副书记金鹏带领的共青团湖北省委、省青企协代表团座谈。会上，代表团向共青团山南市委捐赠资金50万元；团市委负责人汇报山南市共青团工作开展情况；来自湖北的6名西部计划志愿者作交流发言。

4日 山南市委书记许成仓主持召开一届市委第34次常委会议，传达学习习近平总书记重要指示和讲话精神，传达学习国务院副总理刘延东在自治区人民医院考察调研时的重要讲话精神、热地在山南市考察调研时的重要讲话精神，传达学习自治区党委书记吴英杰对扎囊县打造车厘子基地带动群众增收致富的批示精神、自治区主席齐扎拉对服务保障环保督察工作的批示精神以及全区维稳视频会议精神等一系列指示批示和讲话精神，研究山南市关于自治区党委巡视三组反馈意见的整改落实方案等事宜。

5日 西藏自治区副主席多吉次珠到山南调研旅游景区基础设施建设工作和山南华新水泥（西藏）公司督导检查环保问题整改落实情况。

7日 由湖北省国资委副巡视员吴朝成率队的考察组一行到山南就国有企业改革、援藏等工作进行考察学习并与市政府座谈。会上，湖北省国资委向市工信局（国资委）捐赠100万元援助资金。其间，吴朝成、陈正祥共同为湖北省城市规划设计研究院西藏分院揭牌。

10日 山南市召开庆祝第33个教师节暨2017年度教育教学质量激励表彰大会。会议通报全市2017年度教育教学质量情况，表彰教育教学质量先进县（区）、先进学校、优秀个人和山南市第二届雅砻十佳美德少年；次仁等342名教师被授予“山南市乡村教师从教15年荣誉”；聘任李明金等50名教师为山南市学科带头人，索朗次仁等246名教师为山南市骨干教师。

▲ 安徽省总工会党组成员、副主席李素萍率队的安徽省总工会赴藏考察团与山南市召开对口支援座谈会。李素萍代表安徽省总工会向市总工会捐赠援助资金170万元，向在安徽就学的山南籍学生发放“金秋助学”慰问金10万元。

11日 山南市委副书记、市长普布顿珠主持召开市一届人民政府第24次常务会议，研究《关于审批雅砻河源头生态功能保护区规划》等事宜。

▲ 山南市委副书记、市长普布顿珠主持召开市一届人民政府第24次常务会议，传达学习十届全国人大常委会副委员长热地在山南市考察指导时的重要讲话精神和自治区党委副书记、自治区人大常委会主任洛桑江村的指示精神。

12日 山南市召开一届市委第六轮巡察工作动员会，传达学习九届西藏自治区党委第二轮巡视工作动员部署会精神，宣布一届市委第六轮巡视巡察组组长授权任职及任务分工决定，安排部署扶贫领域专项巡察工作。

▲ 山南市委书记、市委全面深化改革领导小组组长许成仓主持召开全面深化改革领导小组第一次会议，传达学习中央全面深化改革领导小组第38次会议精神，听取市委全面深化改革领导小组办公室及各专项小组工作汇报，安排部署下一阶段工作。

13日 山南市与安徽省铜陵市党政代表团进行座谈，并分别签署铜陵市经济技术开发区和市统筹城乡发展示范区合作共建协议，铜陵市委党校和山南市委党校（行政学校）友好党校协议。

13—16日 山南市委书记许成仓率自查考评组深入各县开展基层党建和脱贫攻坚自查考评。

15日 山南市人大常委会党组书记、主任王德文主持召开全市民主法制领域改革专项小组会议，贯彻落实中央、自治区党委和市委全面深化改革工作相关精神，总结山南市民主法制领域改革工作，梳理存在的问题和困难，对全市民主法制领域改革工作进行再督促、再推进。

▲ 山南市委副书记、市长普布顿珠到浪卡子县调研光伏电站建设运行情况。2017年5月20日成功并网发电的浪卡子县50兆瓦光伏电站，总占地面积1157亩，设计年均发电量7633万千瓦时，是西藏装机容量最大、海拔最高的并网光伏发电项目。

17日 教育部副部长孙尧率教育部调研组到山南市调研教育教学工作。

18日 国务院安全生产大检查督查组到华新水泥（西藏）有限公司进行检查，并就中央环保督察有关问题整改落实、重点项目建设水泥供应保障和稳定水泥市场价格、华新“十三五”扩能项目生产建设及安全生产等情况进行调研。

▲ 由山南市人民政府和西藏自治区旅发委携手

共同主办的山南市达古景区专场推介会在拉萨举行。

18—20 日　由中国气象局副局长许小峰率队的国务院安委会第 21 综合督查组一行，深入山南市气象局、桑日县、加查县督导检查安全生产工作。

19 日　山南市“网络安全进校园”活动在市职业技术学校启动。

▲　西藏自治区“四讲四爱”回头讲第三轮示范宣讲暨“圆梦中国人”巡回宣讲团在乃东区宣讲。

▲　山南市人大常委会与自治区人大法制委员会副主任荣少华一行座谈，就山南市承接行使地方立法权准备工作进行交流。

21 日　西藏自治区卫生计生委员会副主任胡学军、中国藏学研究院北京藏医院主任医师仲格嘉分别率评审督导组和专家评审组到山南市对藏医院进行三级甲等藏医医院评审，听取相关汇报。

▲　山南市委副书记、市长普布顿珠到市粮食局、国家粮食储备库、粮油加工厂，调研粮油库存状况、粮油安全监管、粮食仓储设施建设和储备粮经营管理等情况。

24—25 日　山南市委常委、宣传部长燕红到隆子县玉麦乡，督导调研意识形态工作和“四讲四爱”主题教育实践活动开展情况。

25 日　山南市“多证合一”改革专题会议召开。

26 日　山南市城市建设投资公司与湖南建工集团有限公司举行签约仪式，签署战略合作框架协议。

▲　西藏自治区副主席、自治区脱贫攻坚指挥部副总指挥长其美仁增率调研组到乃东区、扎囊县调研脱贫攻坚工作，并看望慰问结对认亲户。

27 日　山南市民族团结进步表彰大会在泽当召开。

▲　山南市科技创新大会在泽当召开。会议深入贯彻落实中央科技创新大会精神和习近平总书记讲话精神。贯彻落实自治区科技创新大会精神和自治区党委书记吴英杰讲话精神，总结全市科技创新工作，部署科技创新工作。

30 日　全国第四个烈士纪念日，山南市各族各界代表在烈士陵园举行公祭烈士活动。市党政军领导许成仓、普布顿珠、丁哲峰、巴珠、秦万明与社会各界代表一起，向革命烈士敬献花篮，深切缅怀烈士的不朽功绩，弘扬爱国精神，凝聚精神力量，全力推进山南长足发展和长治久安。

10月

1 日　西藏自治区“喜迎十九大 哈达献北京”巡回演出在山南市雅砻剧院举行。

1—2 日　西藏自治区党委常委、纪委书记王拥军到山南督导检查党的十九大维稳安保工作，先后听取市委工作汇报和市信访局专项汇报，深入市维稳指挥部、乃东区和桑日县部分基层单位，检查维稳措施落实情况，看望慰问执勤民警、驻村驻寺干部和寺庙僧人。

▲山南市委书记许成仓到桑日、加查两县检查指导维稳安保工作，代表市委、人大、政府和政协看望慰问坚守在维稳一线岗位的广大干部职工。

3 日　山南市委书记许成仓到浪卡子县督导检查维稳安保工作。

4 日　山南市委常委、宣传部长、市委派驻扎囊县维稳督导组组长燕红在扎囊县督导检查党的十九大及节日期间相关工作开展情况。

5 日　市委书记许成仓深入乃东、扎囊、贡嘎等县检查指导维稳安保工作，看望慰问坚守在一线的干部职工。

6 日　西藏自治区副主席坚参率调研组到贡嘎县调研“冬青 18 号”种植情况。

10 日　山南市喜迎党的十九大专场文艺晚会“雅砻儿女心向党”在雅砻剧院举办。

12 日　西藏自治区政协副主席、自治区驻山南市维稳督导组副组长金世洵率督导组到乃东区督导检查维稳安保工作。

▲　山南市委副书记、市长普布顿珠到部分警务站、加油站和市直单位检查维稳值班备勤工作。

13 日　全区公安系统“迎接十九大 忠诚报平安”先进事迹报告会在山南市作巡回报告。

▲　山南市委书记许成仓主持召开第 38 次常委会议，传达学习习近平总书记在中共中央政治局第四十三次集体学习会、所在党支部专题组织生活会上的重要讲话精神，习近平总书记、李克强总理关于脱贫攻坚工作重要指示批示精神，全国政协主席俞正声、国务院副总理孙春兰在新疆若干历史问题研究座谈会上的重要讲话精神和自治区领导批示精神，听取各县

（区）维稳工作开展情况，安排部署近期维稳工作。

▲　山南市委副书记、市长普布顿珠主持召开专题会议，研究雅鲁藏布江中游山南段生态安全屏障建设工作。

17日　山南市委副书记、市长普布顿珠主持召开全市维稳安保工作视频调度会，贯彻落实中央、自治区和山南市相关维稳会议精神，听取各县（区）、相关单位近期维稳安保工作开展情况汇报，对党的十九大期间维稳工作进行再安排、再部署。

18日　中国共产党第十九次全国代表大会在北京隆重开幕。西藏自治区副主席多吉次珠，自治区政协副主席金世洵在山南市维稳指挥部收听收看开幕盛况。市领导普布顿珠、丁哲峰、王德文、吴维、龚兵、赫沛、格桑、丹增、陈海清、邓荃、扎西加措、普布多吉以及在各县（区）督导调研工作的市领导巴珠、陈正祥、王友华、燕红、张定成、廖良辉、方旭、贡觉多吉、扎西、尼玛次仁、余胜能、黄金城、张福臣、张永林、索朗曲巴、牟永文、克珠、普布、洛桑扎西、王霞、蒋明浩、索朗扎西、刘志刚、松嘎、洛桑平措与当地干部群众一同收听收看。

▲　山南市委副书记、市长普布顿珠主持召开市委理论中心组学习会，第一时间传达学习习近平总书记在中国共产党第十九次全国代表大会开幕会上代表第十八届中央委员会所作的报告精神。会议以电视电话形式召开，各县（区）设分会场。

20日　全区社区业余应急救援队（第一应急响应人）培训工作启动仪式在山南市举行。

中旬　自治区党委副书记、常务副主席庄严在山南市加查水电站、藏木水电站、华新水泥厂、亿利山南沙漠经济扶贫项目等重点项目所在地，对项目建设及运行情况进行实地考察调研。

22日　由国务院安委会办公室大检查“回头看”第21组组长、国家安全生产应急救援指挥中心副主任王海军率队的检查组一行在山南市开展安全生产大检查“回头看”工作。24日，山南市召开安全生产大检查“回头看”工作汇报会，向国务院安委会办公室大检查“回头看”第21组汇报工作。

24—25日　西藏自治区党委组织部副部长、第八批援藏干部人才总领队郭强赴山南市加查县调研湖北省宜昌市援藏工作情况，看望慰问宜昌市第四批援藏工作队全体队员。

26日　山南市委副书记、市长普布顿珠主持召开中央环保大督察“回头看”工作推进会。27日，山南市委常委、副市长方旭在贡嘎县组织召开中央环保督察问题整改“回头看”专题会议，对自治区下达的、自查自纠的21项环境问题和中央环保督察转办的8件案件整改工作，进行再动员、再安排、再部署，要求迅速再督查、再整改。

▲　山南市委副书记、市长普布顿珠主持召开2017年度贫困对象退出市级初验及脱贫攻坚工作成效考核推进会。会议以电视电话形式召开，各县（区）设分会场。副市长张福臣在曲松县分会场对2017年度贫困对象退出市级初验及脱贫攻坚工作成效考核进行说明。

30日　山南市传达贯彻党的十九大精神干部大会在泽当召开，传达学习贯彻落实党的十九大精神和自治区传达贯彻党的十九大精神领导干部大会精神，动员全市广大党员干部群众，紧密团结在以习近平同志为核心的党中央周围，在区党委的坚强领导下，坚定信心，开拓进取，为实现党的十九大确定的宏伟目标而努力奋斗。市委书记许成仓主持并讲话。市委副书记、市长普布顿珠传达党的十九大精神。市委副书记、市政协主席、市委党校校长丁哲峰传达自治区党委书记吴英杰在自治区传达贯彻党的十九大精神领导干部大会上的重要讲话精神。

▲　市委书记许成仓主持召开会议，传达学习习近平总书记给隆子县玉麦乡牧民卓嘎、央宗姐妹的回信精神。隆子县玉麦乡设分会场。

▲　山南市委书记许成仓主持召开一届市委第39次常委会（扩大）会议，传达学习十九届中央政治局会议和中央政治局第一次集体学习会议精神，传达有关通报精神，研究讨论其他相关事宜。

31日　山南市召开学习贯彻习近平总书记重要回信精神、加快推进边境小康村建设专题部署会议。市委副书记、市长普布顿珠主持并讲话。

11月

1日　山南市委副书记、市长普布顿珠率队到琼结县,调研大包装水项目情况,并召开现场会研究部署相关事宜。

2日 山南市县(处)级以上干部学习贯彻党的十九大精神轮训班开班。自治区党委党校校委委员、副校长、自治区行政学院副院长孙向军出席并授课。

4—5日 山南市委书记许成仓率队深入隆子县玉麦乡、扎日乡放牧点、三安曲林乡完小、雪沙乡卫生院等地,面对面给干部职工和乡亲们宣讲党的十九大精神,传达习近平总书记给玉麦乡卓嘎、央宗姐妹的重要回信精神。

5日 山南市委副书记、市长普布顿珠率队先后到乃东、扎囊、贡嘎和拉萨市曲水县,实地调研雅鲁藏布江中游山南段生态安全屏障规划工作。

6日 山南市统战部长民宗局长工商联主席理论培训班在湖北省社会主义学院开班。湖北省委统战部副部长、省民宗委党组书记、主任、省援藏办主任马萍出席开班典礼并作动员讲话。山南市委常委、统战部长丹增等有关负责人与45名学员参加开班典礼。7日,湖北省委常委、省委统战部长尔肯江·吐拉洪在武昌会见丹增。

8日 山南市委副书记、市长普布顿珠到扎囊县村居、工地等基层一线宣讲党的十九大精神,把党的十九大精神送到群众和僧众心中,推动党的十九大精神在各行各业各条战线不折不扣地贯彻落实。

▲ 学习贯彻党的十九大精神全国网信系统西藏山南宣讲报告会在泽当举行。中国信息安全研究院副院长左晓栋现场宣讲党的十九大精神。

▲ 由山南市人民政府主办,山南市旅发委承办的藏源山南旅游全国巡回推介活动在南京拉开首站序幕。

10日 中共山南市委一届二次全会在泽当召开。市委书记许成仓讲话。会议听取和讨论许成仓受市委常委会委托所作的工作报告,审议通过《中共山南市委员会关于贯彻落实〈中共西藏自治区委员会关于高举习近平新时代中国特色社会主义思想伟大旗帜决胜全面建成小康社会加快全面建设社会主义现代化西藏的意见〉的实施意见》。会议决定递补市委候补委员白玛央金、古桑旦增2人为市委委员。不是市委委员、候补委员的山南市党的十九大代表和山南市自治区第九次党代会基层代表;不是市委委员、候补委员和市纪委委员的市地级党员领导干部,县(区)党政负责人,市(中、区)直单位党政主要负责人;市军分区政治部主官;市人大、政协各专委会负责人;市老干部代表参加会议。

12日 山南市召开消费者协会换届会暨第三届理事会第一次会议。会议通过《山南市消费者协会章程》和山南市消费者协会部门联席会议制度,通报当选新一届市消协理事会常务理事的26人名单。张永林当选为市消协第三届理事会会长,市工商局局长拉巴次仁当选为常务副会长。

13日 西藏自治区宣讲团赴山南市宣讲党的十九大精神宣讲会在泽当举行,自治区宣讲团山南分团团长、自治区社科院党委副书记、副院长、区社科联主席索林作宣讲报告。并与山南市宣传思想文化系统座谈。14—16日,索林深入隆子县热荣乡、玉麦乡、扎日乡等基层一线向干部群众宣讲党的十九大精神,传达学习习近平总书记给隆子县玉麦乡牧民卓嘎、央宗姐妹的重要回信精神。

▲ 西藏自治区党委常委、组织部长曾万明到山南市桑日县白堆村,面对面地向广大农牧民党员群众宣讲党的十九大精神。并到扶贫联系点桑日县白堆乡调研脱贫攻坚工作。

15日 以“天上氆氇、锦绣扎囊”为主题的2017扎囊氆氇文化节在扎囊县隆重开幕。西藏自治区党委宣传部副部长嘎玛旦巴,自治区文联副主席克珠群佩,山南市政协副主席克珠出席开幕式。

▲ 山南市举行党的十九大精神骨干宣讲员培训班暨宣讲动员会。

▲ 山南市委书记许成仓主持召开正县级以上党员干部专题会议,传达学习《中共中央政治局关于加强和维护党中央集中统一领导的若干规定》《中共中央政治局贯彻落实中央八项规定的实施细则》,安排部署贯彻落实工作。

16日 山南市委书记许成仓到琼结县调研,宣讲党的十九大精神。

16—20日 西藏自治区公安厅副巡视员德庆洛桑率自治区包虫病综合防治督导检查组,深入山南市贡嘎、措美、琼结三县的乡(镇)、村、寺庙、学校,以及市卫计委、市人民医院、市流浪狗收容中心等地,对包虫病综合防治工作开展、落实情况进行督导检查,并召开座谈会。副市长牟永文出席座谈会，并汇报山南市包虫病工作开展情况。

19日 党的十九大精神宣讲报告会在山南市驻拉萨办事处老干部服务中心礼堂举行。市委常委、组织部长张定成为山南市安置在拉萨的500余名离退休党员宣讲党的十九大精神、习近平总书记给隆子县群众的重要回信精神以及自治区党委九届三次全会和市委一届二次全会精神。

20日 山南市举办2017年高校毕业生专场招聘会暨第二十四届人力资源洽谈会。

中旬 西藏自治区党委常委、常务副主席姜杰到浪卡子县白地乡叶色村看望慰问联系点干部群众，面对面宣讲党的十九大精神，传达习近平总书记给隆子县玉麦乡牧民卓嘎、央宗姐妹的重要回信精神，勉励大家齐心协力发展脱贫产业项目，用勤劳的双手脱贫奔小康。

▲ 西藏自治区党委常委、组织部长曾万明到山南市人民医院调研医疗人才组团式援藏工作。

▲ **14—18日** 山南市委副书记、市长普布顿珠率山南党政代表团到湖南考察。湖南省委书记、省人大常委会主任杜家毫，省委副书记、省长许达哲在长沙会见由山南市委副书记、市长普布顿珠率队的市党政代表团一行。湖南省委副书记乌兰一同会见。自1994年湖南省对口支援山南市以来，已派出8批次372名援藏干部，援助资金13.48亿元。

19—23日 山南市委副书记、市长普布顿珠率领山南市党政代表团在安徽省考察学习。20日，安徽省委书记、省人大常委会主任李锦斌，省委副书记、省长李国英在合肥会见由山南市委副书记、市长普布顿珠率队的山南市党政代表团。安徽省委副书记信长星，省委常委、常务副省长邓向阳，省委常委、组织部长严植婵一同会见。安徽省对口援助山南市16年来，累计落实援助资金15.09亿元，实施援藏项目305个，选派6批144名优秀干部进藏。

23日 山南市举行“创新创业，我们同行”为主题的创新创业论坛活动。

▲ 由国家民委教育科技司副巡视员王宏晓率队的专题调研组到山南市调研双语人才队伍建设工作并座谈。

▲ 湖北省委书记、省人大常委会主任蒋超良，省委副书记、省长王晓东会见由市委副书记、市长普布顿珠率队的山南市党政代表团一行。湖北省委常委、常务副省长黄楚平，省委常委、组织部长于绍良，副省长郭生练一同会见。对口援藏23年来，湖北省累积落实援助资金17.08亿元，实施援藏项目435个，选派8批337名优秀援藏干部，全方位、多角度、宽领域开展对口支援工作。

24日 西藏自治区政府党组副书记、政府顾问孟德利到深度贫困县扶贫联系点贡嘎县，调研了解脱贫攻坚工作情况。

25日 2017年西藏高校毕业生第二批公务员考试进行笔试。该次公务员考试山南市招录77个乡镇公务员岗位和30个幼教岗位，共有2275名考生报名并参加考试，山南考区共设置2个考点，77个考场。

28日 湖南省委委员、湖南广播电视台台长吕焕斌一行到山南市考察调研，并看望慰问湖南广播电视台援藏干部。

12月

1日 为期7天的第37届雅砻物资交流会在乃东区昌珠镇卡多居委会开幕。副市长牟永文致辞并宣布物交会开幕。雅砻物资交流会始于1981年，已举办37届，是山南规模最大、历史最长的传统经贸盛会。

3日 武警西藏总队政委邹建雄一行对山南武警支队开展考核和改革相关工作调研，并与市委书记许成仓进行会谈。

5日 山南市委书记许成仓主持召开一届市委第42次常委会(扩大)会议，传达学习中共中央办公厅、国务院办公厅印发的《关于加大边民支持力度促进守边固边的指导意见》，传达学习全区玉麦幸福美丽小康示范乡工作会议精神，专题研究边境小康村建设工作。

▲ 山南市委书记许成仓主持召开一届市委第44次常委会议，传达学习习近平总书记就旅游系统推进“厕所革命”工作取得的成效作出的重要指示精神，传达学习《中国共产党党务公开条例(试行)》精神、全国精神文明建设表彰大会精神，全区深化监察体制改革试点工作培训会主要精神。

7日 山南市委书记许成仓与清华同衡规划设计院顾问、副总规划师王兴国一行会谈。王兴国一行到琼结县就琼结旅游规划编制进行调研，为开展琼结旅游规划编制做前期准备。

▲ 山南市委书记许成仓会见中央电视台电影频道采风组一行。采风组到玉麦，为拍摄以玉麦卓嘎、央宗两姐妹为题材的电影做准备。

8日 山南市工会第一次代表大会在泽当召开。自治区总工会副主席张福山出席会议并讲话。

上旬 山南市委副书记、市长普布顿珠率领市党政代表团到湖南、湖北、安徽考察学习。考察期间，先后到岳阳市第一中学西藏班、安徽35中、武汉西藏中学，看望慰问在这里求学的山南籍学生。

11日 山南市委书记许成仓主持召开一届市委第46次常委会（扩大）会议，专题研究山南市脱贫攻坚工作。

13日 山南市青年联合会第一届委员会全体会议暨学生联合会第一次代表大会在泽当召开。

15日 山南市召开大会，表彰在党的十九大维稳安保工作中涌现出的先进集体和先进个人。市委书记许成仓，市委副书记、市长普布顿珠分别作出批示。

16日 山南市举行西藏知名民营企业招商引资项目推介会。

▲ 山南召开市（中、区）直部门落实2017年党风廉政建设责任制述责述廉报告会。

17日 山南市召开总结表彰会，表彰湖南省第一批组团式优秀医疗援藏人才。

18日 山南市召开全市边境工作会议，深入贯彻落实党的十九大精神、习近平总书记治边稳藏重要战略思想和给隆子县玉麦乡群众的重要回信精神，全区边境工作会议精神特别是自治区党委书记吴英杰的重要讲话精神，总结成绩、分析形势，全面部署新时代山南市边境工作。

▲ 山南市召开全市强基惠民活动第六、七批驻村轮换工作部署暨“先进双联户”创建活动表彰大会，传达学习自治区创先争优强基础惠民生第六批干部驻村工作总结暨第七批干部驻村工作动员大会、全区“先进双联户”创建活动表彰大会精神，安排部署下一阶段山南市相关工作。

中旬 西藏自治区党委常委、常务副主席姜杰率队深入隆子县玉麦、扎日乡，入村庄、调研指导玉麦乡幸福美丽边境小康示范乡建设。

22日 山南市召开自治区解决拖欠农民工工资问题督导组反馈会议。

▲ 山南市召开2017年法治政府建设工作会议。市委常委、副市长方旭出席会议并受山南市政府委托与各县（区）、市直部门签订《山南市2018年法治政府建设目标责任书》。

26日 山南市深化国家监察体制改革试点工作转录人员座谈会在泽当召开。会议主要任务是，贯彻落实党的十九大精神，贯彻落实习近平总书记关于深化国家监察体制改革的一系列重要指示精神，统一思想，凝聚共识，深入扎实做好转隶工作，为国家监察体制改革试点顺利推进、取得实效提供坚实保证。

下旬 山南市委副书记、市长普布顿珠主持召开山南市易地扶贫搬迁和自发异地搬迁群众户口迁移工作专题部署会议，传达学习全区易地扶贫搬迁和自发异地搬迁群众户口迁移工作专题部署会议精神，专题部署搬迁群众户口迁移工作。

▲ 山南市委副书记、市长普布顿珠主持召开市政府第30次常务会议，研究江北新区开发建设等有关事宜。

中国共产党山南市委员会

综 述

【概况】 2017年，中共山南市委员会（以下简称山南市委）高举中国特色社会主义伟大旗帜，坚持以马克思列宁主义、毛泽东思想、邓小平理论、“三个代表”重要思想、科学发展观、习近平新时代中国特色社会主义思想为指导，贯彻落实习近平总书记“治国必治边、治边先稳藏”重要战略思想、“加强民族团结、建设美丽西藏”的重要指示和给隆子县玉麦乡群众的回信精神，贯彻落实自治区第九次党代会和区党委九届三次全会精神，贯彻落实市委一届二次全会精神，坚持“五位一体”总体布局和“四个全面”战略布局，贯彻新发展理念，坚持党的治藏方略，坚持依法治藏、富民兴藏、长期建藏、凝聚人心、夯实基础的重要原则，以迎接服务、学习宣传、贯彻落实党的十九大为主线，按照自治区党委书记吴英杰在山南调研时提出的突出稳定、发展、生态“三个重点”，办好改善民生、脱贫攻坚、夯实基础和拉萨山南一体化发展“四件大事”的要求，抓重点、补短板、强弱项，扎实推进改革发展稳定工作，各项事业取得新成效。

2017年，山南市委坚持“五位一体”总体布局和“四个全面”战略布局，团结带领各族干部群众，完成年度任务，经济社会持续健康发展。2017年，山南市地区生产总值、固定资产投资、社会消费品零售总额、地方财政收入、城镇居民人均可支配收入、农村居民人均可支配收入分别完成147.7亿元、232.6亿元、50.5亿元、15.6亿元、28483元、11295元，同比分别增长10.5%、25%、13%、15%、10%、14%，主要经济指标继续保持两位数增长，全市经济稳中有进、稳中向好。

【政治意识】 2017年，山南市委坚持把维护习近平总书记这个核心、维护党中央权威作为第一位的政治要求，牢固树立政治意识、大局意识、核心意识、看齐意识，严守政治纪律和政治规矩，坚定不移地向习近平总书记看齐、向党中央看齐，自觉在思想上政治上行动上同以习近平同志为核心的党中央保持高度一致，一切工作都按习近平总书记和党中央号令办、一切事情都按习近平总书记和党中央部署

2017年1月17日，山南市委召开市委班子民主生活会

要求去落实，做到习近平总书记和党中央提倡的坚决响应、习近平总书记和党中央决定的坚决执行、习近平总书记和党中央禁止的坚决不做。自觉在思想上充分信赖党的领导核心，政治上坚决拥护党的领导核心，组织上自觉服从党的领导核心，感情上深刻认同党的领导核心，在维护习近平总书记这一领导核心上保持清醒头脑、做到坚定不移。坚决拥护以自治区党委书记吴英杰为班长的区党委的坚强领导，坚决贯彻落实区党委一系列决策部署。在反分裂斗争这个重大原则问题上，始终做到旗帜十分鲜明、立场十分坚定、态度十分坚决、措施十分有力。坚持严肃纪律、严格要求，把讲政治落实到贯彻中央、区党委决策部署上来，落实到具体工作中，以对习近平同志为核心的党中央的绝对忠诚做好山南工作。坚持把服务大局作为重要职责，把学习贯彻习近平新时代中国特色社会主义思想作为增强全局意识、驾驭复杂局面的根本方法，凡事从政治考虑、从大局考虑，时时观大局、事事识大局、处处讲大局，始终从中国特色社会主义事业出发，从实现“两个一百年”奋斗目标和中华民族伟大复兴的中国梦出发，从“五位一体”总体布局和“四个全面”战略布局出发，从党和人民的利益出发，想问题、做决策、干事情。自觉把山南工作放在全国全区大局中去谋划、去推进，立足中央对西藏的战略定位和区党委对山南工作的目标要求，找准工作点，坚决守卫好边疆、维护好稳定、推动好发展、保护好生态、改善好民生，坚决打赢脱贫攻坚战，深入推进全面从严治党，不断夯实党的执政根基。

【落实上级党委决策部署】 2017年，山南市委坚持把全面贯彻落实党的理论和路线方针政策，作为检验政治素质、政治觉悟的重要标准，对中央、自治区的决策部署，第一时间组织学习、第一时间研究部署，确保政令畅通、行动迅速、落实有力。召开市委常委会、市委常委（扩大）会、市委专题会、市委理论中心组学习会46次，对学习宣传贯彻落实习近平新时代中国特色社会主义思想、习近平总书记治边稳藏重要战略思想和中央、自治区决策部署作出具体安排。把学习宣传贯彻落实党的十九大精神和习近平总书记给隆子县玉麦乡群众的回信精神作为当前首要的政治任务和工作主题，按照习近平总书记切实学懂、弄通、做实的要求，及时召开全市领导干部大会、市委常委会议、理论中心组学习会，开展党的十九大精神干部集中轮训，成立宣讲团，市委常委带头深入基层、深入联系点宣讲党的十九大精神，带头撰写心得体会，迅速掀起学习宣传热潮。坚决贯彻落实自治区第九次党代会、区党委关于正确处理好“十三对关系”“屯兵与安民并举、固边与兴边并重”的重大要求和自治区党委书记吴英杰重要指示批示特别是在山南调研时的重要讲话精神，召开全市经济工作会。召开脱贫攻坚推进会和专题会、巡视整改动员部署会、城市发展规划会、改革领导小组会、国有企业党建会、科技创新会、寺庙管理工作会、边境小康村建设专题会、产业发展专题会、江北开发与城市建设专题会、12个县（区）重点工作自查考评等会议，对贯彻落实中央精神和自治区要求进行安排部署，推动中央、区党委决策部署在山南落地实施。

【项目建设】 2017年，山南市按照“统筹安排、狠抓重点，倒排工期、挂图作业，月度通报、季度推进，跟踪督查、奖优罚劣，总结表彰、典型示范”的要求，扎实推进重大项目建设，“十三五”685个项目开工建设421个，完成国家投资295亿元。录入国家重大建设项目库项目2000个以上、总投资350亿元。“十三五”规划10亿元以下项目前期工作全部完成。拉林铁路山南段、山南至拉萨快速通道等重大项目加快建设，雅砻水库2017年实现下闸蓄水，泽贡高等级公路建成通车，结束山南没有高等级公路的历史。农田灌溉保证率和农村安全饮供水保障率分别达80%、90%，村邮站覆盖率达15%。新一轮农网升级改造项目加快建设，实现“藏中电网乡镇全覆盖、行政村100%通电”目标。央企入藏签约1457亿元。签约招商引资项目51个、到位资金25.6亿元。实施援藏项目61个、完成投资4亿元。

【产业发展】 2017年，山南市召开市委产业发展专题会，提出以建设现代经济体系为目标，以供给侧结构性改革为主线，以“十三对关系”为牵引，以实体经济为抓手，坚持有所为有所不为，抓大放小,突出强优,落实产业立市部署,按照标准化、规模化、现代化的要求,做大做强一批主导产业的产业发展思路,明确"牢牢抓住农牧业这个根本,加大培育壮大旅游主导产业,重点抓好天然饮用水、建材、矿产、清洁能源产业,发展以通讯、电商、藏医药、房地产为主的现代服务产业"等发展重点。深入实施农牧业"百千万"工程和"青稞单产提高四年行动",全年粮食总产达到16.57万吨,全市青稞单产同比提高20.5公斤,其中6个粮食主产县(区)青稞单产提高50斤、高寒县单产提高20斤。27个"百千万工程"初具规模,扎囊藜麦获批国家农业综合标准化示范区项目,洛扎粉丝成功创建国家地理标志保护产品。加查、大古水电站加快建设,街需、巴玉、冷达电站前期工作稳步推进。华新水泥三期开工建设。与西藏福地公司签订年产500万吨的大包装饮用水战略开发合作协议,一期工程100万吨开工建设。清洁能源、优势矿产、建筑建材、藏医藏药、民族手工等产业加快发展,规模以上工业企业达15家、产值突破25亿元。引进藏草、亿利、江平生物、中科建等企业,发展生态修复、特色种养、种苗繁育、生态脱贫等产业。藏源文化旅游产业不断推进,全年接待游客382万人次、实现收入14.2亿元,同比分别增长37.9%、19.3%。召开市委常委会,传达学习习近平总书记关于旅游系统推进"厕所革命"工作取得的成效作出的重要指示精神,对推进旅游景区和农牧区厕所建设进行安排部署。

【城乡建设】 2017年,山南市坚持以城市的理念经营管理城市,注重整治背街小巷、群众关心的环境问题,以泽当镇为重点,实施门前五包责任制。召开市委城市建设专题会,研究泽当城区和11县城地下综合管廊、雅砻河两岸景观及风貌改造等项目,推动城市加快发展。开展"建设美丽山南 喜迎党的十九大"八项环境专项整治活动。全区统筹城乡发展示范区加快推进,3个特色小城镇、乃东3个棚户区改造加快建设,4个高寒乡镇供暖试点工程投入使用,保障性住房建设、基层政权示范点建设稳步推进。

【江北新区】 2017年,山南市委及时向自治区有关领导和部门汇报江北发展的重要意义,专题听取市政府拉萨山南一体化发展规划和城市发展规划汇报,提出坚持旧城提升与新区开发并重、总体规划与行业规划统筹、经济发展与社会事业协调、基础设施与产业建设同步、总体布局与先行建设联动、政府投资与社会投资合力、生态保护与特色发展优先的原则。召开江北新区开发专题会,研究通过江北新区总体规划和重要节点规划,对下一步新区规划与开发工作进行全面安排部署。及时成立市拉萨山南一体化发展领导小组及办公室,提出关于成立江北新区管委会的初步方案。新区总体规划及10个专项规划基本编制完成。初步筛选一批一体化发展项目,力争纳入"十三五"规划中期评估调整盘子。昌果至柳梧快速通道、泽当至桑日、泽当至琼结一级公路、桑耶特色小城镇等项目前期工作抓紧开展。产城一体示范点市政道路一期工程等14个基础设施项目加快实施。初步签约入园企业22家,藏禾食品、哗矾服饰、藏南生物等入园企业生产线基本建成。

【重点领域改革】 2017年,山南市委召开市委全面深化改革领导小组第一次、第二次会议,传达学习习近平总书记关于深化改革的一系列重要指示精神,印发《全面深化改革资料汇编》,听取专项小组汇报,研究分析存在的问题,安排部署下一步工作,解决改革办没有专门机构人员问题。深入推进供给侧结构性改革,形成综合执法体制改革、财税体制改革等一批亮点成果。深化"放管服"改革,调整取消下放行政审批事项34项,企业减税10亿元以上,下放职权109项,完成12县区部门调整和组建工作。"五证合一""先照后证"等商事制度改革扎实推进,"同城通办""免于登记"等试点成效明显,各类市场主体、注册资本分别达到2.21万户、400.1亿元。农村土地制度改革加快推进。乃东自治区级农村改革试验区工作扎实推进。优化发展环境专项行动取得阶段性成效,全市主动退还私占土地5636亩、拆除违规建筑14.9万平方米、拔除违规抢栽抢种树木60.2万余棵,整治征地拆迁、地材运输等领域的一批问题,出台农牧民货运车辆管理、泽当失地农牧民安置保障等制度。

【脱贫攻坚】 2017年,山南市委坚持把打赢脱贫攻坚战作为经济社会发展的头等大事和第一民生工程,用绣花的功夫全力推进精准扶贫精准脱贫,及时召开全市深度贫困地区脱贫攻坚大会和2个专题会,坚持精准识别、精准施策、精准实施,把贫困地区分为基础较好、能够如期实现脱贫,有困难、通过努力可以如期实现脱贫,困难大、通过努力仍有难度,需要加大扶持力度三类,落实主要领导分包措施,安排本级财政收入增量的20%—30%用于深度脱贫,加大力度、集中攻坚。根据自治区要求,对12县(区)脱贫攻坚工作进行现场考评。2016年完成脱贫6213户、19155人,在全区脱贫攻坚工作考核中获得优秀等次,乃东区率先脱贫摘帽,2017年曲松、洛扎、桑日、加查、琼结、错那6个县脱贫摘帽工作完成市级初验,18091人达到贫困退出标准。落实扶贫专项资金15.61亿元,完成投资96亿元。开工产业扶贫项目134个、完工34个,完成投资11.58亿元,带动1.1万余人增收。桑日县追塘坝集中安置点已搬迁入住,泽当城区、加查县莫热坝、扎囊县桑耶镇安置点已建成,全市易地搬迁完工887户,对搬迁群众集中开展感党恩、自力更生教育和技能培训。330户、1259人的高海拔生态搬迁工程全面启动。落实生态岗位5.3万个。转移贫困群众就业3249人,完成年初计划的119%。设立大病救助基金1000万元,救助因病致贫群众3171人。5个深度贫困县、25个深度贫困乡镇、183个深度贫困村居脱贫力度不断加大。坚持扶贫与扶志、扶智相结合,创新实施"百名农牧民政策宣讲员"培养工程,开展"感谢党的特殊恩情、弘扬艰苦奋斗精神"教育活动,促进群众从"要我脱贫"向"我要脱贫"转变。

【改善民生】 2017年,山南市委全面落实自治区"十件实事"和市"十大民心工程",群众的幸福感和获得感不断提高。整合资金96亿元改善群众生产生活条件。出台26项惠民提标政策,强基惠民为民办实事7681件、投入资金6812万元。按照有组织、有纪律、有保障的原则,引导群众有序参与项目建设、产业发展,城乡居民收入大幅增加,农牧民人均可支配收入突破万元大关。

教育事业优先发展。2017年,山南市成立市教育工委。坚持社会主义办学方向和立德树人根本要求,自治区"5个100%"工作有序推进,15年免费教育、大学生资助等惠民政策全面落实,12个县(区)义务教育均衡发展通过国家评估认定,在全区率先实现县域义务教育均衡发展目标,教育"组团式"援藏稳步推进,有9个县通过国家三类城市语言文字评估验收。

医疗事业全面发展。2017年,山南市"健康山南"工程加快实施,自治区级卫生城市、市县等级医院创建、市人民医院异地迁建加快推进,市中心血站挂牌运营。市藏医院成功创建三级甲等民族医院。全民免费健康体检、"两降一升"、先心病患儿免费筛查救治等工作走在全区前列。包虫病全人群筛查工作全面完成,流浪犬收容中心建成使用。医疗卫生"组团式"援藏成效明显。食品药品监管不断加强。

就业创业扎实推进。全年安排培训和创业扶持资金3300余万元,深入实施"双业"工程和"万人技能培训计划",培训10670人、就业率70%。劳务输出9万人、劳务创收3.4亿元。新增城镇就业5200人,动态消除城镇零就业家庭,城镇登记失业率2.1%。山南籍应届毕业生就业率达90%。

社会保障巩固提升。五大社保参保率稳定在97%以上。社保提标工程加快实施,重点提高"五保户"、孤儿、残疾人等特殊群体的补贴标准。完成12县(区)五保供养中心供暖工程,儿童福利院改造加快推进。召开科技创新大会,出台《推进科技长足发展促进大众创业万众创新的实施意见》。

【党的十九大维稳安保攻坚】 2017年,山南市委贯彻落实习近平总书记"为党的十九大营造和谐稳定的环境""西藏维护稳定工作做好,既能为经济发展、民生改善创造有利条件,也是对党和国家工作的最大贡献"等重要指示要求,贯彻落实区党委关于坚决打赢党的十九大维稳安保攻坚战的一系列决策部署,按照自治区党委书记吴英杰"以防患于未然为基础做工作,以防出大事为原则做准备"的重要指示要求,提前安排,超前谋划,严格要求,严肃纪律,安排36名地级干部巡回督导、驻县督导,领导干部下沉基层、片区巡逻、值班带班,广大党员干部、部队官兵坚守岗位、履职尽责、敬业奉献，发扬连续奋战的优良作风，克服难以想象的种种困难，坚守在一线、奋战在一线、奉献在一线，个别党员干部甚至付出年轻宝贵的生命，确保社会大局持续和谐稳定，实现中央"五个严防、两个确保"、自治区"六个严防、六个不发生"目标，守住不出事、不给中央和自治区添乱的底线，全面打赢党的十九大维稳安保攻坚战。

【固边守边】 2017年，习近平总书记在百忙之中给隆子县玉麦乡群众回信，不仅是对卓嘎、央宗俩姐妹的慰问和感谢，也是对所有长期为守边固边忠诚奉献工作人员的慰问和感谢，充分体现习近平总书记对西藏工作的高度重视、对西藏各族人民的深切关怀、对西藏长足发展和长治久安的殷切期望，体现习近平总书记真挚的为民情怀。召开市委常委(扩大)会议和全市领导干部大会，传达学习贯彻落实习近平总书记回信精神，组织边境县开展"学习习近平总书记重要回信，做神圣国土的守护者、幸福家园的建设者"主题教育活动，增强落实习近平总书记"治国必治边、治边先稳藏"重要战略思想的自觉性。各族干部群众纷纷表示，牢记习近平总书记的嘱托，传承好爱国守边的精神，像格桑花一样扎根在雪域边陲，守卫好边境、发展好边境、建设好边境。特别是央宗的儿子索朗顿珠刚刚大学毕业，看到习近平总书记的回信后，深受鼓舞，主动申请回到玉麦工作，继承祖辈父辈坚持坚守、无私奉献、爱国守边的精神继续守边，以实际行动回报习近平总书记的关心和厚爱，谱写三代人守边的感人故事。各级党政组织和广大党员干部以回信为动力，落实自治区党委书记吴英杰"屯兵与安民并举、固边与兴边并重"指示要求，坚持稳定好社会局势、稳定好各族群众的心、稳定好干部职工队伍与治理好边境、稳定好边境两手抓，自觉担负起治边和稳藏使命。坚持党政军警民联防联控，严厉打击非法出入境活动，全年没有发生一起非法出入境事件，维护国家主权和领土完整。对8名不丹人员进入洛扎县拉郊乡杰罗布境内情况，第一时间作出安排，按照严格管控、不发生冲突、妥善处置的原则，及时进行交涉，最终将8名人员安全劝离。扩大固边富民整乡推进工程范围，提高边境控制薄弱地区边民补助，最高达11900元。新设拉郊乡白玉地区杰罗布村委会。计划向边境搬迁非边境群众239户691人。加快边境地区基础设施建设，下决心修好边境路、实现边防哨所公路黑色化，边防大通道G219、G560全面开工，投资87.78亿元、实施边境公路项目154个，建设边境农村公路473公里。召开边境小康村建设专题会，传达学习中央《关于加大边民支持力度促进守边固边的指导意见》和全区玉麦幸福美丽边境小康示范乡工作会议精神，对加快边境小康村建设特别是玉麦小康乡建设进行安排部署，提出"2018年所有边境小康村开工建设、玉麦小康乡建成，2019年所有边境小康村建成投入使用"的目标。截至年底，96个边境小康村建设，已开工建设18个，玉麦小康乡建设有序推进，边境地区条件不断改善。

【反分裂斗争】 2017年，山南市委坚持中央对十四世达赖集团的定性和斗争方针不动摇，深入开展反分裂斗争，严密防范和坚决打击各种渗透破坏、暴力恐怖、民族分裂、宗教极端活动。深入开展反分裂斗争教育，各族干部群众深刻认识到达赖集团的反动图谋和险恶用心，与达赖集团划清界限、维护祖国统一和民族团结的思想行动更加坚决。

【维护稳定】 2017年，山南市党政军警民协调联动机制落实，党委领导、政府负责、社会协同、公众参与、法治保障的社会治理体系不断完善，驻村工作队、寺管会、便民警务站、"双联户"作用充分发挥。重点地区、重点部位管控到位，打击整治专项行动、社会治安综合治理、矛盾纠纷排查调处扎实有效，深入开展反自焚、反暴恐专项斗争，"三大节日""一带一路"高峰论坛、党的十九大等节点社会和谐稳定。敢于发力，敢抓敢管，先后对违反维稳纪律的14起33人进行严肃处理。

【信访工作】 2017年，山南市坚持重点要防、难点要盯、热点要疏、一般要复的原则，严格落实矛盾纠纷排查调处责任制和"四级信访接待日"制度，加大"双拖欠"、重大项目建设、征地拆迁、资源开发利用、优化发展环境等方面矛盾纠纷和信访隐患排查化解力度，排查化解矛盾问题40件、办理群众来信来访140批251人次，确保问题化解在基层、化解在一线、化解在萌芽状态，未发生进京越级上访、大规模集体上访、因信访事项引发的极端恶性事件和负面炒作。采取有力措施依法妥善处理措美县哲古镇扎扎村非正常聚集上访，对幕后主使人进行依法处理。

【安全生产】 2017年，山南市坚守安全生产底线，制定出台推进安全生产领域改革发展的实施方案，深入开展安全生产大检查、“安全生产责任落实年”活动，强化道路交通、非煤矿山、建筑施工、校园、职业健康和危险化学品、烟花爆竹、消防、特种设备等隐患排查整治，安全生产顺利通过国务院安委会巡查和大检查。山南被确定为国家安监总局改革发展联系点。

【宗教工作】 2017年，山南市深入贯彻习近平总书记在全国宗教工作会议上的重要讲话精神，坚持宗教中国化方向，坚持把藏传佛教不受境外势力操控作为寺庙管理的底线，抓住藏传佛教寺庙这个维护社会稳定的“牛鼻子”，在“导”上下功夫，引导宗教与社会主义社会相适应。充分发挥寺管会作用，坚决防止个别干部在寺庙面前“抬不起头、直不起腰”“寺管会听寺庙的、干部听僧尼的”的不正常现象。和谐模范寺庙暨爱国守法先进僧尼创建评选活动深入开展，广大僧尼更加爱国爱教。

【民族团结】 2017年，山南市民族团结宣传教育深入开展，第27个“民族团结月”宣传活动顺利举办，民族团结进步创建评选活动深入推进，23个先进集体、28名先进个人受到市级表彰。创建民族团结示范单位2个、示范基地1个，推荐琼结县唐布齐寺为第五批全国民族团结进步创建示范区（单位）。投资1.35亿元实施“兴边富民”项目，5个较少人口民族乡群众生产生活条件明显改善。民族交往交流交融力度不断加大，安徽省、湖南省、湖北省和中粮集团赴山南考察交流57批次3437人，山南到全国各地汇报衔接工作24批次245人次，2500余名干部到其他省市学习培训。

【生态文明建设】 2017年，山南市贯彻落实习近平总书记“保护好青藏高原生态就是对中华民族生存和发展的最大贡献”和关于第二次青藏高原综合科考等重要指示，坚持人与自然和谐共生，坚持尊重自然、顺应自然、保护自然，牢固树立绿水青山就是金山银山、冰天雪地也是金山银山的理念，坚持把生态保护作为底线、红线、高压线，加快推进美丽山南建设，生态环境保持良好。

生态安全底线牢牢守住。严格执行环境保护“一票否决制”，严禁“三高一低”企业和项目进入山南。严格落实环保“第一审批权”和“三同时”制度，资源开发和项目建设执法监管不断强化，重点建设项目环评执行率达100%。主要污染物排放控制在自治区核定范围内。

迎接中央环保督察工作顺利完成。坚决贯彻落实习近平总书记对西藏生态文明建设和环境保护工作重要指示精神，贯彻落实中央、自治区和中央环保督察组的部署要求，全力以赴做好迎检各项工作。坚持提前行动、自查自纠，领导包县，明察暗访，督导指导，推动整改落实，解决环境问题168个，中央环保督察组转办的61个问题全部办结，问责企业35家、罚款74万元、涉及74人次，得到中央环保督察组的充分肯定。

生态保护与建设不断加强。国家生态安全屏障建设加快推进，国家生态文明先行示范区年内建成。全面落实西藏生态安全屏障保护与建设规划。生态系统和生物多样性保护加快推进。市、县、乡三级“河长制”全面建立，雅砻河源头保护、羊湖生态环境保护等有序实施。实施农村饮用水水源地保护工程项目205个。创建自治区级生态县2个、生态乡镇14个、生态村103个。推进全民植树种草，推进农村“四旁”植树，建成现代苗圃基地5400亩，植树造林11.68万亩、封山育林4.27万亩、防沙治沙14.8万亩，森林覆盖率达24.79%。

环境整治和监管力度加大。加强水、大气、土壤污染防治工作。加强环境空气质量、饮用水水源地水质、地表水环境质量、重点湖泊水质状况、重点监督（监控）企业污染物排放等监测。环境执法监管能力明显增强。全市水源地水质达标率达100%，空气质量优良率保持在96%以上，主要江河、湖泊水质和重点城镇空气质量达到或优于国家标准。

生态文明制度体系加快形成。“党政同责、一岗双责、终身责任制”责任体系全面落实，市级巡查、

"双随机"抽查、联审联批、信息公开、专项稽查、在线监管"六大机制"更加完善，联合执法、现场巡视巡查、专项督查、舆论监督机制更加健全，经济处罚、停产整顿、限期整改、媒体曝光措施更加有力，"力量统筹、人员整合、包县督导、一抓到底"环保整改模式全面推行。严格落实环保责任追究制，对在环保工作中失职渎职的13起20人给予严肃处理。

【民主政治建设】 2017年，山南市贯彻落实习近平总书记"有事好商量，众人的事情由众人商量"的重要论述，坚持党的领导、人民当家做主、依法治国有机统一，坚持正确政治方向，推动社会主义民主政治建设。

人大工作有新成效。确定《山南市城市建设管理条例》等首批立法项目。经济、民生、司法等监督力度不断加大。制定并实施"一府两院"专题询问、满意度测评、审议意见处理等规则和制度，人大监督工作制度化、规范化水平不断提高。制定人事任免工作办法、任命人员任前法律知识考试制度。制定完善代表工作制度。开展人大制度宣传月系列活动。

政协工作有新成效。社会主义协商民主扎实开展。建立完善专题协商、对口协商、界别协商、提案办理协商和委员履职工作规则等制度。开展脱贫攻坚专题考察和产业发展专题协商，形成新型城镇化试点建设、产业发展等调研成果。

法治山南建设有新成效。"七五"普法扎实开展，全社会法治观念明显增强。制定出台《贯彻落实法治政府建设实施纲要的实施意见》，法治政府建设进程加快。稳慎推进司法改革，执法司法规范化建设、执法司法行为专项整治取得新进展，初步构建开放、动态、透明、便民的执法司法新体制。

爱国统一战线不断巩固发展。党外代表人士队伍不断壮大，各族各界人士联系更加紧密。对爱国统战人士及其后代、为党和国家事业做出贡献的群众及其后代做出适当安排，树立导向、凝聚人心。坚持"两个不动摇"，构建亲清新型政商关系，促进非公有制经济健康发展和非公有制经济人士健康成长。

【宣传思想文化】 2017年，山南市委坚持中国特色社会主义文化发展道路，坚定文化自信，牢牢把握宣传舆论工作的主动权和主导权，狠抓意识形态管理，为推进全市改革发展稳定提供坚强保证。

宣传教育更加深入。2017年，山南市广泛开展理想信念教育，坚持把深入学习宣传习近平新时代中国特色社会主义思想作为首要政治任务，深入开展"四讲四爱"主题教育实践活动，重点宣传党中央和习近平总书记对西藏工作的关心重视、对各族干部群众的似海深情，重点宣传习近平新时代中国特色社会主义思想和治边稳藏重要战略思想在山南的成功实践，各族群众更加感恩核心、认同核心、拥戴核心，广大党员干部"四个自信"坚定。截至年底，全市共开展宣讲4万余场次，受教育群众达468万余人次，宣讲覆盖率达99.9%以上。深入开展社会主义核心价值观教育，弘扬"老西藏精神""两路精神""列麦精神"，开展"感动山南十大人物""山南好人"评选活动，各族人民的思想更加团结统一。

意识形态领域更加安全。2017年，山南市坚持党对意识形态的绝对领导，全面落实意识形态工作责任制，牢牢掌握意识形态工作领导权。坚持正确舆论导向，唱响主旋律、传播正能量，特别是针对西藏历史等问题，主动发出正确声音。

西藏民主改革第一村——克松社区居民委员会新貌

依法加强各类意识形态阵地管控，互联网、手机、微信等媒体监管有效加强，有效遏制敌对势力和达赖集团的渗透。破获利用手机微信采取点对点发送、朋友圈分享、自建微信群分享等方式方法，传播煽动分裂信息案件，对当事人进行依法处理。

文化事业更加繁荣。国家公共文化服务体系示范区创建成果不断巩固，文化惠民工程深入实施，12 个县（区）综合文化活动中心、文化广场实现全覆盖，公共文化服务水平不断提高。广播电视实际综合人口覆盖率达 98.4%。设立全国第二家非遗传统工艺工作站，文物保护和非遗传承工作成效明显。打造山南藏历新年晚会等文化品牌，会同湖南省举办 2017 中国西藏雅砻文化节，宣传山南文化、提升山南形象。

2017年4月1日，召开区党委巡视三组巡视山南市动员会

【党建工作】 2017 年，山南市委落实中央、自治区关于党的建设的一系列决策部署，坚持“三个牢固树立”，坚持“问题出在下面，根子还在上面”“上面松一寸，下面就松一丈”的理念，从问题抓起，从根子抓起，推动管党治党全面从严。

党的领导不断强化。2017 年，山南市委贯彻“党政军民学、东西南北中，党是领导一切”的思想，坚持党对一切工作的领导，全面落实地方党委工作条例和党组工作条例，向区党委专项文字汇报 73 次、口头汇报 10 余次，要求市人大、政府、政协和法院、检察院党组，各县（区）委、市（中、区）直各单位党委（党组）每半年向市委汇报一次工作，重大事项必须及时向市委汇报；制定《山南市党风廉政建设定期汇报制度》，明确各县（区）、各单位党组每半年至少向市委汇报一次党风廉政建设工作；市委常委会专题听取人大、政府、政协、法院、检察院党组工作汇报，及时了解掌握和研究解决工作中存在的困难和问题，提出工作要求。

政治建设更加深入。2017 年，山南市委把政治建设摆在首位，深入推进“两学一做”学习教育常态化制度化，开展学习会、研讨会 2.5 万场次，各级领导干部讲党课 2717 次，党员干部理想信念更加坚定，“四个意识”明显增强，始终在思想上政治上行动上同以习近平同志为核心的党中央保持高度一致，坚决拥戴信赖忠诚捍卫核心。坚持用习近平新时代中国特色社会主义思想武装党员干部头脑。

干部队伍建设不断加强。2017 年，山南市委严格落实中央好干部标准、民族地区干部标准，坚持正确选人用人导向，调整使用县级干部 29 名、科级干部 428 名，招收 206 名非西藏籍生源毕业生、29 名退役士官、38 名非公务员身份驻寺人员，充实干部队伍、优化班子结构。

基层组织建设力度加大。2017 年，山南市委推进学习型、服务型、创新型、引领型、战斗型基层党组织建设，整顿软弱涣散基层党组织 145 个，村居组织换届圆满完成，选举村干部 3154 名、党员比例达 100%。多次对新经济组织和新社会组织党建工作提出要求，截至年底，建立非公有制企业党组织 76 个、社会组织党组织 13 个，覆盖率分别达 25.3%、46.5%，共选派党建指导员 452 个。选举产生 3 名党的十九大代表。新发展党员 1345 人、党员人数达 4.81 万人。打造“边境党建长廊”“雅江党建长廊”、党建促脱贫等党建品牌。召开市委常委会，传达学习《中国共产党党务公开条例（试行）》，加大基层党务公开力度。

作风建设不断加强。中央“八项规定”精神、区党委“约法十章”“九项要求”全面落实，“四风”问题得到遏制，懒政庸政和不作为、慢作为、乱作为专项整治深入开展。对县乡干部提出敬业精业、用心用情、务实落实的工作要求，弘扬“一线工作法”，即情况在一线掌握、问题在一线发现、矛盾在一线化解、措施在一线落实、成绩在一线体现、干部在一线成长、形象在一线树立，促进党员干部作风转变。

反腐败斗争深入推进。2017年，山南市纪委监督同级党委工作扎实开展。坚持有案必查、有腐必惩，全力支持纪委运用“四种形态”监督执纪问责，受理各类问题线索288件，立案审查48件67人，给予党纪政纪处分67人。特别是加大扶贫领域监督执纪问责，对发现的问题进行严肃处理。支持巡察工作，听取巡察工作汇报2次，作出批示4次，对深化政治巡察提出明确要求。2017年完成3轮巡察，组建12个巡察组对43个党组织开展巡察。召开市委常委会议研究各县（区）巡察机构编制工作，12县（区）全部成立巡察机构。开展第3个廉政宣传教育月和“双述双评一建议”活动。持续开展禁赌专项行动。

巡视整改工作取得显著成效。2017年，山南市委始终站在坚决维护党中央和自治区党委权威的高度、推进全面从严治党的高度、推动山南改革发展稳定的高度，对待巡视工作，自觉接受巡视。把支持、全力配合巡视组工作作为重要政治责任，细致地做好各项组织协调和后勤保障工作，及时向巡视组反映安排部署和进展情况。高度重视巡视整改，对巡视组反馈的3个方面12项31个问题主动认领、照单全收、举一反三，并在全市开展巡视整改自查自纠，力争一个不漏、一个不掉。抓好巡视整改，成立由市委主要领导任组长的巡视整改领导小组、5名常委任组长的检查整改组和5个督导组，召开市委常委会议、市委常委（扩大）会、全市巡视整改动员部署会、推进会等7次，研究制定整改落实方案，召开巡视整改专题民主生活会，已整改完成29个、长期整改2个，处理单位和个人199个（人），做到见人见事；建立制度19项，修改完善制度58项，提升整改成效。

办公室工作

【概况】 2017年，中共山南市委办公室（以下简称市委办）贯彻落实党的十九大精神，贯彻落实习近平总书记“治国必治边、治边先稳藏”重要战略思想、“加强民族团结、建设美丽西藏”的重要指示和给隆子县玉麦乡群众的回信精神，贯彻落实自治区第九次党代会和区党委九届三次全会精神，贯彻落实市委一届二次全会精神和市委书记许成仓关于“敬业精业、用心用情、务实落实、细致细微、规范规矩”的重要指示，充分发挥办公室承上启下、协调左右、连接内外的枢纽作用，主动适应新形势、新任务、新要求，坚持以服务领导、服务基层、服务群众为宗旨，转变作风、强化措施、提高效率，较好地完成各项工作任务。

【政治建设】 抓住理论武装这个根本。2017年，市委办坚持把贯彻落实政策、把好正确方向、保持政令畅通作为重要政治任务，学习贯彻党的十九大精神、习近平新时代中国特色社会主义思想、习近平总书记治边稳藏重要战略思想和给隆子县玉麦乡群众的重要回信精神，切实增强政治意识、大局意识、核心意识、看齐意识，坚决维护以习近平同志为核心的党中央的权威和集中统一领导，始终在思想上、政治上、行动上同以习近平同志为核心的党中央保持高度一致。学习贯彻自治区第九次党代会、九届三次全委会和自治区党委书记吴英杰重要指示批示特别是在山南调研时的重要讲话精神，学习贯彻市委一届二次全会精神和市委书记许成仓重要指示批示特别是在参加市委办公室第一支部专题组织生活会时的重要讲话精神，突出在学懂、弄通、做实上狠下功夫，切实做到自治区和市委各项部署要求及时传达到全体干部职工、全面贯彻落实到“三服务”具体工作中。2017年，召开理论中心组学习会议15次、各支部学习会议240余次。

始终践行守纪律讲规矩这个要求。2017年，市委办坚持把守纪律讲规矩作为思想和行动的底线和基本准则，牢固树立严守党的纪律、严明政治规矩意识，不断强化大局意识、责任意识、担当意识，坚决贯彻落实中央和自治区、市委重大决策部署和相关要求，不讲条件，不搞变通，不打折扣，做到有令必行、有禁必止。严格遵守组织程序，坚决服从组织决定，努力维护党内团结。严格执行党内政治生活纪律，切实做到纪律面前人人平等、纪律面前没有特权、执行纪律没有例外。加强对党的政治纪律和组织纪律执行情况的监督检查，坚决维护党的纪律的严肃性和权威性。

把握民主集中制这个原则。2017 年，市委办贯彻执行民主集中制，发扬党内民主，贯彻机关党员的知情权、参与权、选举权和监督权。严格执行“三重一大”制度，规范领导班子集体决策重大问题，凡涉及重大决策、干部任免、资金使用等，严格按照规定程序，集体讨论决定，切实发挥领导班子集体的智慧和力量。2017 年，召开秘书长办公会议 8 次，研究讨论各类事项 23 件。

【调查研究】 2017 年，市委办紧紧围绕市委中心工作，深入开展调查研究，形成调研报告 18 篇，其中 1 篇调研报告得到区党委主要领导批示肯定、1 篇得到市委主要领导批示。完成市委一届二次全会报告、《中共山南市委员会关于贯彻落实〈中共西藏自治区委员会关于高举习近平新时代中国特色社会主义思想伟大旗帜决胜全面建成小康社会加快全面建设社会主义现代化西藏的意见〉的实施意见》等大型材料的起草任务，完成市委常委会等重要会议主要领导讲话材料 60 余期、各类专题会议材料 430 余篇，起草修改领导各类讲话、汇报、理论文章、调研报告等 340 余篇。

【办文办会】 办文工作。2017 年，市委办制定下发《关于规范公文报送有关事项的通知》，严把发文起草关、审核关、发送关、时效关，起草、核发公文 360 余件，党政内网收文 500 余期，签收、登记、办理中央、自治区文件 380 件、市（中、区）直单位文件 437 件，请示报告类文件 206 件，印发纸质类文件 250000 页。

会务活动。2017 年，市委办完成中央环保督导组、自治区赴山南维稳督导组、援藏省市代表团等工作组和全国人大副委员长热地、自治区党委书记吴英杰，自治区党委副书记、人大常委会主任洛桑江村，自治区党委副书记、自治区主席齐扎拉等领导赴山南调研期间的协调服务工作，完成市委一届二次全会等会务工作，组织各类会议和活动 380 余次，编发各类会议纪要 80 余期、工作要报 40 余期。

【信息服务】 2017 年，市委办加强信息报送工作，全面反映山南市工作动态和经验成果，上报《山南信息》1630 期，综合信息 200 余期，被中央办公厅和区党委办公厅采用 239 期；编发《山南快报》265 期，编发灾情、疫情等工作专报 7 期，为区党委、市委领导科学决策提供参考。突出信息的及时性、综合性、参考性，根据不同阶段的工作重点，随时下发信息需求要点，采取定向约稿等方式，提高信息的针对性和采用率。

【督查督办】 2017 年，市委办紧紧围绕区党委和市委重要决策部署，跟踪督办重要决策和重点工作 143 项，实地督查 30 余次，向区党委上报情况报告 212 期，下发《督查通知》29 期、《督查通报》5 期，发现和督促整改问题 20 余件。紧紧围绕区党委巡视三组反馈的问题，制定整改方案，跟踪督办落实，组织开展实地督查 32 次、文稿督查 120 余次、上报情况报告 3 期、下发整改情况通报 12 期，确保按期保质保量整改到位。参与中央环保督察组转办案件的跟踪督办，确保 61 个问题按期办结、见人见事。组织开展 2017 年度重点工作自查考核，对 12 县（区）基层党建、脱贫攻坚工作进行考核，交流经

2017年2月9日，市委常委、秘书长赫沛看望慰问困难党员

验、促进工作。紧盯区党委督查室和自治区暗访检查组反馈的问题，督促整改各类问题32个、移交相关部门责任追究33人。下发《领导批示》187期，跟踪督办市委主要领导批办事项53件。

【机要工作】 2017年，市委办传发办理各类密码电报20153份115249页，县乡党政信息网传输文件和信息15724条(份)。组织开展应急密码通信系统演练和各类实战演练19次，对200余家单位进行密码安全专项检查。培训机要秘书200余名，基本实现市(中、区)直单位配备2名以上机要秘书。

【保密工作】 2017年，市委办清洗计算机硬盘120个，销毁纸介质涉密载体15吨、涉密计算机26台、涉密硬盘35个、光盘15587张，为12次重要会议和重大活动提供保密服务，参与各类考试保密服务工作16次。宣传保密知识，发放宣传手册12600余册、传单25000余份、悬挂横幅21条。明确涉密岗位2638个、涉密人员3357人，对720余名涉密单位人员进行保密知识培训。

【党史、方志工作】 2017年，《山南地区志(2001—2015)》编修工作有序推进，完成《山南年鉴(2017卷)》编辑出版，审改8个县(区)年鉴样稿240余万字。推动第二轮修志工作，对县(区)二轮志书稿件进行全面审核，完成加查、隆子两县志稿的审改工作，并通过初审验收。协助中指办成功举办第二期援藏志鉴业务培训班。

【后勤服务】 2017年，市委办严格公务接待工作，严格执行接待规定，完成接待任务70余次、700人次。完成办公室、食堂、老旧周转房的维修改造和环境绿化工程，营造安全舒适的工作生活环境。改善职工餐饮质量，完善后勤人员管理体制，干部职工对食堂就餐满意度不断提升。加强对驾驶员的安全教育，确保市委领导出行安全。严格执行《定点采购管理制度》等，进行竞争性谈判，确定车辆维修、办公设备、电器、文具、广告制作、文印等14家定点供应商。

【安全保卫】 2017年，市委办落实市委总值班室维稳值班各项规定，严格执行24小时带班值班制度，做到要素齐全、反应灵敏、指挥高效。严格进出大院车辆和人员排查登记，排查登记车辆6520辆11080人次。深入开展“双联户”服务管理工作，召开16次会议，组织13名“双联户”户长，排查各类安全隐患108次。在党的十九大召开期间，组织干部职工对大院内部及周边环境进行全面细致排查，对内部人员和出租房外来人员进行重新登记摸排，对挂有大院通行证车辆进行重新审核，发现安全隐患12起，限期整改12起。投入资金2.6万余元，对19个监控探头进行维修。参与综治宣传月、法制宣传日等活动，发放各类宣传资料18300余张。做好来信来访工作。

【自身建设】 干部队伍建设。2017年，市委办强化规章制度建设，完善《秘书长办公会议制度》等27项工作制度，统一编印《市委办公室规章制度汇编》，促进机关工作规范化、程序化、制度化。强化干部教育，组织30名干部职工参加各类学习培训，不断提升业务能力和水平。严格执行《请销假制度》《考勤制度》等内部管理制度，从严从实管理干部职工，确保不出问题、真正发挥作用。加强队伍建设，从基层调入10名优秀年轻干部，为办公室队伍建设注入新鲜血液、增添新的活力。完成编制实名制管理、正常工资调整、机关事业单位分类区分职级人员统计、人事档案审核等工作。

机关党建工作。2017年，市委办健全完善《组织生活会制度》《民主评议党员制度》《发展党员制度》等16项制度和《党支部换届选举程序》《发展党员制度》等11项工作流程，确保党建工作制度化、规范化。完成5个党支部的改补选工作。创新党建工作载体，探索实行“互联网+”党建新模式，得到市委领导批示肯定，在市(中、区)直单位中进行推广交流。加强党员教育管理，组织开展庆“七一”中国共产党建党、重温入党誓词、党员社区报到等活动。紧盯区党委巡视三组反馈的问题，及时成立工作专班，召开巡视整改动员会议、秘书长班子专题民主生活会等，细化制定巡视整改方案，明确25项具体整改措施，狠抓整改进度和效果，坚持问题导向、全面自查自纠，收回违规资金19890元，对12名相关人员进行约谈提醒。

党风廉政建设。2017年，市委办把党风廉政建设纳入工作全局，履行主要领导"六个方面"的主体责任和秘书长班子其他成员"四个方面"的主体责任,落实"一岗双责",做到党风廉政建设工作与业务工作同部署、同检查、同落实。年初召开党风廉政建设会议,研究制定工作计划和目标要求,层层签订党风廉政建设责任书,做到分工明确、责任落实。严格执行定期汇报制度,组织科室负责人报告党风廉政建设工作情况。加强廉政教育工作,坚持逢会必讲、有案必学、有警必示,引导干部职工时刻自重自省自警自励。严格执行中央八项规定、区党委"约法十章""九项要求"、市"十项规则",办公室"三公经费"同比下降9.4%,其中公务接待、公车运行维护费同比分别下降20%、9%。

强基惠民工作。2017年,市委办第六批驻村工作队充分结合驻点村实际和农牧民群众需求,落实自治区"七项任务"和市"十项任务"要求,组织动员群众开展维护稳定工作,排查化解矛盾纠纷5起,投入资金360万元实施藏式服装加工厂、暖圈、卡热乡完小电子阅览室等民生项目,理清发展思路和脱贫增收办法13条。开展"结对帮扶春风行"活动,组织92名干部职工分四批次深入结对户,与群众同吃同住同劳动三天,面对面宣讲惠农政策53场次,帮助制定脱贫措施78条,解决困难5件,发放慰问金4万余元。对接安徽省合肥市蜀山区,签订结对共建协议。2017年,驻卡热乡边据工作队荣获自治区级先进工作队,4名队员分别荣获自治区、市、县"先进驻村工作队员"荣誉称号。

组织 编办

【概况】 2017年,中共山南市委组织部(山南市机构编制委员会办公室)(以下简称市委组织部)机关核定编制总数38名,其中行政编制29名,事业编制6名,机关核定后勤事业编制3名。所属事业单位核定编制12名,其中组织编制信息管理中心3名、党员电化教育中心4名、市机构编制委员会办公室电子政务中心5名。市委组织部内设科室由12个增设到13个,新成立新闻网宣科,同时把组织科、党员管理科更名为组织一科、组织二科。

【理论武装和思想教育】 旗帜鲜明讲政治。2017年,市委组织部牢固树立"四个意识""四个自信",坚持全面从严治党永远在路上,坚定执行党的政治路线,严守党的政治规矩和政治纪律,尊崇党章、严肃党内政治生活,坚持和完善民主集中制,弘扬锻造向上的政治文化,营造风清气正的政治生态,始终把维护习近平总书记这个核心、维护党中央权威和集中统一领导作为第一位的政治要求,体现落实到做好党的建设和组织工作的具体行动上。

补钙壮骨强党性。2017年,市委组织部坚持不等待不观望,迅速分层分类抓好党的十九大精神的集中学习和轮训,在全区率先举办县处级领导干部学习贯彻党的十九大精神轮训班3期,各县区也开展形式多样的轮训班次,实现党员干部轮训全覆盖。发挥党校、"雅砻讲坛"等主渠道、主阵地作用,自主举办培训班102期、培训干部1.8万人次。依托对口支援"三省"(湖南省、湖北省、安徽省)人才智力援藏优势,"走出去"举办培训班35期、培训干部1322人次。探索联合办班模式,先后在清华大学、浙江大学等院校,开办4期县处级领导干部高级研修班。通过培训,广大党员干部真正做到用习近平新时代中国特色社会主义思想武装头脑、指导实践、推动工作。

常态长效抓教育。2017年,市委组织部坚持以党性锻炼、先锋模范、战斗堡垒、示范引领"四大工程"为引领,深入推进"两学一做"学习教育常态化制度化。各级党组织普遍开展集中学习、专题研讨、讲党课、组织生活会和主题党日活动,夯实"学"的基础,组织广大党员干部在引领经济发展新常态、推动改革落地、脱贫攻坚等工作中身先士卒、苦干实干,强化"做"的实效。拓展深化学习教育内涵,在农牧区基层党员中集中开展思想教育活动,组织全市3.01万名农牧民党员在所在支部党员大会上,作出"不信仰宗教、不追随达赖集团、坚决反对分裂、严守政治纪律"的公开表态承诺,解决基层组织不守纪律和党员队伍理想信念不坚定、责任缺失等突出问题。

各县区、各单位结合实际,开展创新工作。2017年,市(中、区)直单位机关支部围绕"我姓党、我信党"主题开展学习研讨。隆子县通过文物展览等方式,深挖"列麦精神"时代内涵。琼结县把仁增事迹馆打造成为党员干部教育基地。贡嘎县昌果乡“点亮微心愿、助力微梦想”活动，拉近党群干群关系，全市广大党员、干部的先锋模范作用更加具体实在、可视可感。

【巡视巡察整改工作】 2017年，市委组织部高度重视巡视巡察工作，坚持把接受巡视巡察的过程作为查找差距、改进工作的过程。3—5月，自治区党委对山南开展政治巡视，向市委反馈党的领导弱化、党的建设缺失、全面从严治党不力3个方面存在的问题。市委组织部严格按照巡视是政治体检、整改是政治任务的要求，对“机关党建工作‘灯下黑’、村级党支部战斗堡垒作用弱化、发展党员和党费收缴不规范、干部队伍建设不规范”等4个方面11个党的建设缺失问题，主动认领、照单全收、举一反三，抓好巡视整改落实工作。全年整改完成9个、长期坚持2个，建立制度6项、修改完善制度2项，做到见人、见事、见底，取得实实在在的成效。12月上旬，区党委组织部对市委组织部开展组织系统巡察工作，部务会高度重视、精心组织，及时召开动员会、成立配合做好巡察工作的领导小组，配合巡察组开展工作，主动查找党的政治建设、选人用人、正风肃纪、自身建设等4个方面的问题，部务会正在以高度的政治自觉和政治担当抓好整改落实工作。

2017年7月19日，山南市委副书记、政协主席、市委党校校长丁哲峰，市委常委、纪委书记吴维调研市委组织部党风廉政建设工作。市委常委、组织部长张定成陪同

【党建制度改革】 2017年，市委组织部坚持把党的建设制度作为立根本管长远的工作，紧紧围绕提升党在山南的执政能力和领导水平，以党章为根本，以民主集中制为核心，坚持中央、区党委、市委要求与群众期盼、实践需要相结合，坚持目标导向与问题导向、实践导向相结合，坚持单项突破与系统配套相结合，坚持精准施策与精准落实并重，推动党的建设制度改革取得30多项制度成果。

党的组织制度改革。2017年，市委组织部坚持民主集中制，推进党组织规范运行，各级领导班子议事规则和决策部署逐步完善；健全完善领导干部讲党课、“三会一课”、双重组织生活、支部主题党日、民主评议党员等制度，党内政治生活严格。

干部人事制度改革。2017年，市委组织部坚持好干部标准和民族地区“三个特别”要求，健全完善干部选拔任用工作流程，突出规范选拔使用、班子考核调研和从严管理没有特殊性，干部教育培训、选拔任用、考核评价、监督管理、激励奖惩有机衔接，形成从严治吏的完整工作链条。

基层党组织建设制度改革。2017年，市委组织部健全乡镇和村居队伍建设、农牧区基层党建、边境基层党建、“两新”组织党建等制度，针对城市、农村、国企、学校、非公有制企业等不同情况分类细化指导意见，资源整合、优势互补、力量凝聚的优势放大。

人才发展体制机制改革。2017年，市委组织部贯彻落实志愿者留藏、援藏人才留藏、医疗人才组团式援藏、专技人才短期援藏、专项招收等方面的政策措施，制定完善人才引进和管理办法。

群团组织制度改革。2017年，市委组织部出台群团系统改革实施方案，改进群团组织的机构设置、管理模式、运行机制。

【党建工作】 2017年，全市各级组织部门以开展“基层党建规范提升年”活动为契机，坚持强基固本、大抓基层，不断把党的组织优势转化为发展优势。

严格落实基层党建工作责任。2017 年，山南市制定出台《山南市 2017 年基层党建工作要点》和《山南市委党建工作领导小组 2017 年工作要点》，层层传导压力、夯实责任，强化任务落实，开展基层党建半年督导检查和年度考核工作，建立问题清单、责任清单，强化整改落实，健全完善党委抓、书记抓、各有关部门抓，一级抓一级、层层抓落实的党建工作格局。

狠抓基层基础工作。2017 年，山南市召开全市城市基层党建、国有企业党建等会议，统筹抓好城市、国企、中小学等各领域基层党建工作。完成村居组织换届选举，选举产生村居“两委”班子 3161 人、村居务监督委员会班子 1647 人，“两委”班子成员党员比例达到 100%。整顿转化后进基层党组织 145 个。选派 200 余名优秀干部，下沉措美县扎扎村开展优化发展环境专项教育活动，切实解决基层突出问题，维护基层和谐稳定。坚持标准新发展党员 2498 名，培训党员干部 3.3 万人次。选举产生党的十九大代表 3 人，推荐提名自治区第十一届人民代表大会代表人选 36 名、政协第十一届西藏自治区委员会委员人选 41 名。投入资金 2.61 亿元，建设村级组织标准化活动场所 113 个。发展村级集体经济，全市村集体经济年收入 100 万元以上的 21 个、10 万元以上的 123 个。

深入推进抓党建促脱贫攻坚。2017 年，山南市把 111 名熟悉产业发展、扶贫工作经验丰富的干部充实到贫困乡镇班子，配齐配强村居扶贫力量。实施“贫困党员示范引领、能人党员辐射带动、农村党员主体参与、机关党员创先争优、行业党员社会帮扶”五大工程，164 名“能人”党员带动 2393 名贫困群众年人均增收 3869 元；2.15 万名党员干部结对帮扶 1.91 万户贫困群众，提供帮扶资金 1602 万元，帮助解决就业岗位 4896 个。

创新基层党建工作品牌。2017 年，山南市在边境 4 县打造以“建强堡垒、守土固边”为主题的“边境党建长廊”，涌现出全国先进基层党组织——洛扎县次麦社区党支部、全区先进基层党组织——浪卡子县普玛江塘乡党委和守土固边模范——玉麦乡卓嘎一家等一批先进基层党组织和优秀共产党员。在沿江 5 个县（区）打造以“引领发展、树立标杆”为主题的“沿江党建长廊”，形成扎囊县西卡学规模化经营、乃东区滴新模式、桑日县身边最美共产党员等一批示范典型。在中部 3 县打造以“创先争优、奋勇赶超”为主题的“中部党建长廊”，形成曲松县堆随乡“党建 + 务工”模式。

【党员队伍建设】 2017 年，市委组织部按照习近平总书记提出的要旗帜鲜明为那些敢于担当、踏实做事、不谋私利的干部撑腰鼓劲的要求，打造高素质干部队伍。

建强配优领导班子和干部队伍。2017 年，市委组织部坚持把中央好干部标准、民族地区干部“三个特别”要求和区党委“六个绝不使用”要求落到实处。全年共提拔调整县级干部 30 名，指导县区、市直单位提拔调整科级干部 807 名。从严保持贫困县区和乡镇党政正职稳定，持续巩固乡镇党政正职“一藏一汉”配备格局，调整充实乡镇领导班子成员 43 名，乡镇班子成员中汉族干部比例占 30% 以上。坚持消化和优化相结合，采取“调、免、转、退”等方式，清理消化除寺管会外的超配县级干部。采取个别谈话、实地调研等方式，对换届后各县区、市直各单

2017年1月13日，山南市委常委、组织部长张定成参加市委组织部2016年度民主生活会

位领导班子运行情况、领导干部工作实绩进行全方位考核调研，深入基层同干部群众谈心谈话1000余人次，收集领导班子和干部队伍建设方面的意见建议400余条，及时发现优秀干部，动态调整充实后备干部库。

从严从实管理监督干部。2017年，市委组织部坚持“严”字当头、“实”字托底，围绕中央环保督察、区党委巡视、维稳安保等重点工作，扎实开展干部监督专项检查和违法违纪追责问责工作。深入开展懒政庸政和不作为、慢作为、乱作为专项整治，对县乡干部提出“敬业精业、用心用情、务实落实”的工作要求，弘扬“一线工作法”。落实关心关爱基层干部的实施意见，规范机关事业单位人员调动、借用工作。严格贯彻执行《推进领导干部能上能下若干规定（试行）》，调整不适宜担任现职干部17人，因违纪违法问责免职13人。完成1.8万余卷干部档案的专项审核和734名县处级领导干部及市管国有企业领导个人有关事项报告填报工作。抽查143名领导干部个人有关事项报告，严肃处理34名瞒报、漏报的领导干部。对1名县处级、8名乡科级“带病提拔”对象进行倒查。委托审计部门，对11名县级领导干部进行经济责任审计。开展提醒134人次，函询36人次，诫勉29人。

援藏干部的服务管理。2017年，市委组织部协调对接“三省一公司”，完成153名援藏干部人才的集中考核工作，提出31名首批拟提任正处级及以下援藏干部建议名单。完成179名半年期、一年期、一年半期援藏专技人才的轮换工作。做好援藏干部休假报批、户籍迁移、子女考生工龄照顾审核等日常服务管理工作，努力为援藏干部干事创业保驾护航。

【干部驻村】　自第六批驻村工作开展以来，全市550支驻村工作队落实自治区七项任务和市三项任务，强基惠民工作不断引向深入。

落实各项任务。2017年，山南市深入推进“三个培养”工程，把529名致富能手培养成党员，把746名党员培养成致富能手，把622名党员致富能手培养成村组干部。帮助村居理清发展思路2444条，找准发展路子1661个，制定“一村一策”增收办法828个，举办实用技能培训班428场次，发展经济实体940个，组织劳务输出6.2万人次、创收1.4亿元，投入资金2.07亿元、落实为民办实事项目和扶贫开发项目813个，引领转变农牧民思想观念，不断提升农牧民创业本领，推动农牧民持续稳定增收。评选表彰2个“十星模范村”，发放奖金20万元。

先进典型事迹。2017年，山南市组织召开全市创先争优强基础惠民生第六批驻村居工作总结表彰暨第七批驻村居工作动员大会，对61个先进驻村工作队、244名先进驻村队员、30家优秀组织单位进行表彰，挖掘宣传一批先进典型。贡嘎县驻克西乡工作队组织45名群众利用15天时间，用氆氇编织一面党旗，并委托党的十九大代表赠送党中央，表达克西儿女心向党、共祝党的十九大胜利召开的美好祝愿。乃东区驻昌珠镇扎西妥门社区工作队依托“互联网+党建”平台，开通“扎西妥门社区党支部微信公众号”，线上党支部服务功能日趋完善。市委组织部驻扎囊县桑耶镇乃卡村工作队因地制宜、分类施策，开展“1+6+3”主题党日活动。扎囊县驻扎塘镇扎塘居委会工作队搭建办公议事、教育培训、党员活动、便民服务、文化娱乐“五大平台”，切实增强基层党组织教育管理党员和宣传服务群众的职能。自治区国税局驻错

2017年2月26日，山南市委常委、组织部长张定成看望慰问驻村工作队

2017年1月13日，山南市人大常委会副主任、市委组织部常务副部长沈百存主持召开市委组织部部务会班子及成员征求意见建议座谈会

那县觉拉乡觉拉村工作队建立“电商网上销售平台”，拓宽群众致富门路。市委办公室驻浪卡子县卡热乡工作队促成安徽省合肥市蜀山区与卡热乡结成帮扶对子，争取资金160万元、实施产业帮扶项目4个，促进当地经济发展。加查县各驻村工作队开展“党旗开遍虫草地、‘四讲四爱’进帐篷”活动，把党的关怀温暖送到雪山顶上，引导农牧民群众更加紧密地团结在以习近平同志为核心的党中央周围。自治区工商局驻措美县哲古居委会工作队为牧民筹措发放200余双冬鞋。

【人才工作】 提升人才工作科学化水平。2017年，市委组织部坚持党管人才原则，召开各级人才工作专题会议30余次，全面分析人才形势、研究人才政策、服务人才需求，建立健全党委宏观领导、组织部门牵头抓总、职能部门分工协作和重点推进的人才工作三级联动机制和人才信息交流共享机制。

实施人才工作重大工程。2017年，市委组织部深入实施人才工作“663”计划，争取自治区人才项目2个、涉及资金337.5万元。加大人才引进培养力度，借助10个领军人才工作室，培训应用型专业技术人才75名，成功推荐3名专技人才入选国家“西部之光”访问学者。从区外引进紧缺专业高校毕业生35名、接收3名中央博士服务团成员到山南工作。联合四川大学，举办1期人才工作者素质提升培训班。加大人才关心服务力度，为人才争取33套公寓。强化公务员队伍建设，从区外专项招收退役士官29名，专项招录非西藏生源高校毕业生207名，考录服务期满留藏志愿者34名，从非公务员身份驻寺人员中考录公务员38名。

推进医疗人才组团式援藏。2017年，市委组织部坚持把组团式援藏作为重大民心工程和组织部长工程来抓，先后召开6次专题会议，推动解决受援单位人才引进、编制核拨使用、简政放权、绩效工资改革等方面的实际问题。充分发挥“8+5”对口支援医院援助优势，扎实开展“以院包科”工作，推动三甲创建进程。稳步推进医疗人才组团式援藏工作向12个县区延伸，全市孕产妇住院分娩率达99.37%，“两降一升”目标提前实现，全市医疗水平实现整体提升。

【机构编制工作】 2017年，山南市机构编制委员会办公室坚持以服务全市改革发展稳定大局为目标，全力推进机构编制科学规范管理，增设机构36家，调整机构48家，撤销机构26家，增加编制634名，机构编制保障水平不断提升。持续深化“放管服”改革，取消行政职权事项11项，依规新增职权事项1项，依法修改职权事项162项，实现“建”上提速、“管”上发力、“用”上增效。县(区)政府职能转变和机构改革工作全面完成，12县(区)均设立县(区)委巡察办和巡察组，纪检监察和巡察机构建设全面加强。道路交通运输体制改革有序推进，盐业、公立医院、环保和经济发达镇管理等领域体制改革工作稳慎开展。扎实做好事业单位网上登记和党政群机关统一社会信用代码赋码工作。按照“撤一建一”原则，严控新设事业单位，承担行政职能的科级以上事业单位实现“零增长”。

【老干部工作】 2017年，全市各级老干部工作部门落实老干部政治待遇和生活待遇，选派153名老干部赴其他省市参观疗养。切实加强思想政治建设和党组织建设，离退休党支部集中学习1000余次，党支部书记讲党课120余次，对30个离退休党支部进行换届改选。引导老干部聚心向党，以“六个一”活动为载体，开展公开倡议、公开承诺签名、“庆七一·迎十九大”文艺会演、“颂扬新变化·点赞新成就”摄影书画展、“畅谈·展望”电视访谈和构筑一面“展望十九大·我心永向党”心愿墙活动，邀请老干部参与建言献策、政策宣讲和全市中心工作，聘请149名老干部担任矛盾纠纷调解员、重大项目督查员和“双联户”户长，丰富拓展“畅谈·展望·建言”活动的内涵和形式。

宣传 思想

【概况】 中共山南市委宣传部(互联网信息办公室)(以下简称市委宣传部)内设正科级科室11个。部机关行政科室6个：办公室、宣传科(国防教育委员会办公室)、理论科(市委讲师团)、精神文明建设委员会办公室、干部管理科、文艺科(文化体制改革办公室)。事业科室2个：山南报社、山南网。市网信办2个正科级行政科室和1个正科级事业科室(不计机构个数)网络管理科、网络宣传科、网评中心。市委宣传部归口管理单位2个，内设科室2个。市委外宣办(行署新闻办公室)，无内设科室；市文化市场综合执法支队(参公)内设2个正科级机构，综合科(法规科)、执法科。

2017年，市委宣传部有编制71个，其中行政编制21个，机关后勤编制2个，机关其他编制12个，事业编制36个(含执法支队编制6个)。实有人数76人。

【思想文化工作】 2017年，市委宣传部按照年初全市委宣传部长会议提出的紧扣“一条主线”，突出“两个重点”，着眼“三件大事”，实现“思想突破”的总体思路，全市宣传思想文化战线团结一心、攻坚克难，全面推进各项工作。

【理论武装工作】 2017年，市委宣传部按照建设马克思主义学习型政党的要求，围绕深入学习贯彻落实党的十八大和十八届三中、四中、五中、六中、七中全会精神，习近平总书记系列重要讲话精神、特别是治国理政新理念新思想新战略，强化理论学习、创新宣讲形式、深化理论调研，树牢全市各族干部群众的“四个意识”，增进“四个自信”。

【学习型党组织建设】 2017年，市委宣传部以理论中心组学习为龙头，推动“两学一做”学习教育常态化制度化，采取集中学习与个人学习、专题研讨与撰写理论文章、领导带头讲党课与邀请知名专家学者赴山南作辅导报告相结合的方式，与时俱进学、常态化组织学、第一时间传达学、走出去培训学，多渠道为党员干部充电加油。2017年，对党委(党组)理论学习中心组学习制度和考试制度进行修改，规范理论中心组学习，确保学习取得实实在在的效果。截至年底，组织市委理论中心组集中学习23次，发放《学习活页》等学习资料6000余册，邀请专家学者赴山南作专题辅导报告5次，在全市各级党组织中形成“重学习、强素质、增本领、促发展”的浓厚学习氛围。

【创新宣讲形式】 2017年，市委宣传部围绕精准扶贫、生态文明建设、“四讲四爱”主题教育实践活动、“砥砺奋进的五年”等设置专题，安排市委讲师团成员收集资

2017年11月5日，山南市委书记许成仓率队在玉麦乡宣讲党的十九大精神

料，结合山南实际精心备课。各级党委成立宣讲团（组），深入牧区草场、田间地头、施工现场、虫草采集区、边境一线，采取集中宣讲、座谈走访、现场问答、发放资料等形式，深入宣讲中央和自治区、市委市政府的重大政策部署，深入宣讲相关领域改革发展的具体思路和工作进展，引导党员干部群众增进对中央、自治区党委和市委决策部署的理解认同，学会运用政策维护自身权益、追求美好生活。同时，将就业、教育、住房、医疗、食品药品安全等群众关心的问题贯穿到“四讲四爱”主题教育实践活动宣讲全过程，运用最新素材和鲜活事例阐释政策、说明道理，推动理论宣讲大众化、常态化，增进广大群众的“四个自信”和“五个认同”，确保理论宣讲家喻户晓、人人皆知、深入人心。

【理论调研】 2017年，市委宣传部根据市委的统一安排，各级党员领导干部深入联系点，围绕经济社会事业发展、党风廉政建设、党的建设、强基惠民活动、精准扶贫脱贫、维护社会稳定等课题，广泛开展调研活动，人均撰写调研报告1篇以上。结合“四讲四爱”主题教育实践活动，组织全市开展理论征文，共征集理论文章60余篇，其中《增强责任担当 打造特色亮点不断开创“四讲四爱”主题教育实践活动新局面》《践行“四讲四爱”要念好“三字经”》等多篇文章刊登省级刊物，并在西藏日报微信公众号刊登推广。围绕全区宣传思想文化工作重点调研课题，分别成立两个调研组深入部分县（区）和市（中、区）直单位，就“四讲四爱”喜迎党的十九大主题教育实践活动、党委（党组）落实意识形态工作责任制和加强典型宣传的经验启示进行调研，形成《关于对山南市“四讲四爱”主题教育实践活动开展情况的调研报告》《山南市落实党委（党组）意识形态工作责任制的实践与思考》2篇调研报告。

【典型宣传】 2017年，各媒体相继推出《高山上不竭的源泉——记催人奋进的“列麦精神”》《誓把荒滩变绿洲——雅江山南段防护林建成记》《用“一种精神”汇聚干事创业的强量——评论员文章》《隆子县40万亩沙棘林成林记》《记永不过时的结巴“穷棒子精神”》《秉承精神迈向全面小康—评论员文章》等系列典型报道。围绕“四讲四爱”主题教育实践活动、“两学一做”学习教育、精神文明创建、脱贫攻坚、生态文明建设，成功推出舍己救人的优秀共产党员仁增、全国文明家庭获得者宗吉家庭、扎囊县打造车厘子基地带动群众增收致富典型、普玛江塘干部群众典型、扎囊县植绿人边久等先进典型。

【央媒区媒报道】 2017年，中央级媒体刊播转发有关山南市新闻稿件1312篇（条），其中《人民日报》/人民网刊发351条、新华社/新华网刊发186条、中央电视台播发11条（其中《中央新闻联播》播发9条）。自治区级媒体播发有关山南市新闻稿件2680篇（条），其中《西藏日报》刊登新闻稿件1099篇，西藏电视台《新闻联播》播发423条，其他媒体1158篇（条）。《西藏第一块农田开耕》《西藏山南启动“四讲四爱”主题教育实践活动》等3条新闻稿件分别在中央电视台《朝闻天下》和《第一时间》栏目播出。《七个山南》系列专题片被自治区评为西藏新闻奖电视专题类三等奖，禁毒公益宣传广告《珍爱生命·远离毒品》公益作品藏语版、汉语版分别获得自治区三等奖、鼓励奖。

【宣传阵地建设】 2017年，《山南

2017年7月10日，山南市委常委、宣传部长燕红在曲松调研

报》实现由周二小报改为周三大报,在可读性、耐看性和内容分布等方面均得到优化,得到广大读者和各级领导的充分肯定。山南广播电视台实现藏语频道播出,节目内容丰富。微信公众号实现全市覆盖的目标,形成多元信息传播通道。截至年底,全市正式上线运营的微信公众号有217个,微博23个,网站总数达39家,构建起以网站为主阵地,移动终端媒体为延伸的强有力的新媒体矩阵,特别是对"微山南官方"微信公共号进行全新的包装,开辟《山南发布》《政务便民》《生活便民》等栏目,使之成为干部群众了解重大政策方针、社会新闻、便民服务的重要渠道。

【网络监管】 2017年,市委宣传部始终坚持党管媒体、党管网络、政治家办网原则,探索创新具有山南特点的互联网系统管理手段,一边抓建设,一边抓管理,互联网建设和管理工作呈现出良好的发展态势,特别是打造乃东区昌珠镇扎西妥门社区"互联网+党建"工作示范点,得到中宣部副部长、国新办主任崔玉英和区党委常委、宣传部长边巴扎西的高度评价和充分肯定。围绕中央环保组督察、脱贫攻坚等重大活动,指导各网站开辟专题专栏24个,集中开展舆论引导7次,刊载新闻报道、评论文章、政策解读等文章16090篇,撰写各类网评文章500余篇,转发评论文章2400余篇(条),跟帖评论68000余条,其中18篇文章被区党委网信办评为优秀网评文章并在全国全网进行推广。严格落实7×24小时值班制度,开展"雅砻净网"突击行动,对全市登记备案网站运行情况进行检查,并先后上报区党委网信办关停16家传播法轮功内容的非法网站(网页),有效处置"出租车改革""加查马鹿"等29起负面舆情,及时整改中央环保督察组在藏期间反馈的山南市娱乐场所扰民2件问题。全年共接到267起举报,受办率达100%,网络空间实现天朗气清。

【执法检查】 2017年,市委宣传部召开文化市场管理领导小组会议,研究制定并下发《全市深入开展党的十九大前后文化市场专项行动工作方案》,并与各县(区)宣传部(文化市场综合执法大队)签订《文化市场目标管理责任书》。深入开展"扫黄打非·珠峰工程"和"清源""秋风""固边""净网""护苗"等专项行动,全面检查书店、报刊亭、打字复印店、音像制品店及校园周边环境,全面查缴政治性非法出版物、有害图书、非法网络游戏、侵权盗版行为和非法印刷复制窝点,其中贡嘎县吉雄镇被国家新闻出版广电总局评选为西藏唯一的"扫黄打非"先进基层示范点。截至年底,共开展联合执法及自发检查411次,出动执法人员1567人次,检查各类文化经营场所1572家次,关停无证娱乐场所13家,查办案件33件。收缴盗版图书36本,盗版光碟864张,收缴12张存储卡音像制品,收缴新旧非法地面卫星接收器27个,删除反宣违禁歌曲118首,行政处罚款4.15万元。真正做到源头可控、走向可控、影响可控,文化市场和网络空间得到净化,意识形态领域更加安全。

【外宣工作】 2017年,市委宣传部召开新闻发布会2场,围绕迎接中央环保督察工作推出生态文明创建系列报道,围绕喜迎党的十九大,开展"砥砺奋进的五年"专题宣传活动。协助完成涉藏纪录片《生活在世界屋脊》、中科院青藏高原研究所关于冰川探索研究的拍摄、《驻藏大臣》在加查县拉姆拉措的取景拍摄和涉藏外宣片《岗日杂塘》的拍摄。中文国际频道《记住乡愁》栏目记者在山南市昌珠镇拍摄的30分钟纪录片《藏乡祖地 固本守源》,在央视4套、9套和10套相继播出,向区内外很好地宣传山南深厚的历史文化底蕴、人文风情和经济社会发展情况,引起强烈反响。

【拓宽对外传播渠道】 2017年,市委宣传部完成对6县外宣主体采访点的调研和电子档案录入工作,确定和备案1县(区)党委和政府新闻发言人24人、新闻发言人助手(联络员)12人,确定和备案市直重点部门单位新闻发言人32人、新闻发言人助手(联络员)32人。同时,实施1个边境县和3个重点接访县外宣点基础设施项目建设,初步完成洛扎、浪卡子县、隆子县边境外宣业务用房功能的展示,提升外宣业务用房的使用效益。

【健全公共文化服务体系】 2017年4月,山南市创建第二批国家公共文化服务体系示范总结表彰大会召开，推广典型经验和先进做法，充分发挥示范区的典型示范带动作用。乃东区昌珠镇、琼结县琼结镇和隆子县斗玉洛巴民族乡、雪巴居委会，斗玉村，曲松县下江乡、山南市气象局分别被自治区评为“书香之乡”“书香之村”“书香机关”。投资2826万元，开工实施桑日、琼结、隆子三县广播电视高山无线发射铁塔建设项目，西新五期广播电视台站建设项目，洛扎、加查、错那三县70米广播电视铁塔建设和市广播电视台（调频台）90米铁塔项目建设，并为尚未通网络的69个村配备包含数字资源的数字文化设备。截至年底，市图书馆向社会免费开放服务，馆藏图书达16.5万余册。全市广播电视综合人口实际覆盖率均达到98.4%，12县（区）县级数字影院主体工程基本完成建设。农村电影放映10365场次，观众达80.1万人次，实现平均每月每行政村达到2场次以上。

【群众性文化活动】 2017年，山南市完成庆祝“3·28”西藏百万农奴解放纪念日暨“四讲四爱”主题教育实践活动文艺演出，庆祝西藏和平解放66周年纪念活动，庆祝建党90周年暨“四讲四爱”歌咏比赛和“雅砻儿女心向党”山南市喜迎党的十九大专场文艺晚会。开展市脱贫攻坚民间艺术团文艺会演暨“四讲四爱”文艺演出活动，并将门票收入全部捐助给市文化扶贫基金，用于推动文化扶贫事业。在各县（区）部分村（镇）开展广场舞活动，成功举办市第二届“全民健身 舞秀山南”群众广场舞大赛，为群众提供展示文艺才华的平台，满足群众精神文化需求。

【文化遗产保护】 2017年，山南市完成首批44名市级非物质文化遗产传承人推荐工作和第五批自治区级非物质文化遗产保护项目申报工作，申报项目25个。确定2017年文化项目3个，总投资1700万元，文物项目11个，总投资4167万元，完成非遗工作站筹备工作，申报国家非遗保护项目3个，自治区非遗保护项目6个。2017年，在洛扎县境内发掘2处古墓葬，发现区内首个制墨作坊遗址、首个铁矿冶炼作坊遗址。完成各级文物保护单位的文物安全状况排查和摸底工作。组织国家级非物质文化遗产“久河卓舞”赴广东参加第十三届中国民间文艺山花奖优秀民间艺术表演（民间鼓舞鼓乐）评奖活动。

【文化文艺】 2017年，山南市创作推出文艺作品40余篇。完成2017年度文艺创作扶持申报工作，上报《琼结达娃卓玛》等6个文艺作品，配合区宣文改办完成2017年度文化发展资金项目申报工作，申报国家级项目2个，自治区级文化产业扶持项目4个。“卡达藏刀”“贡且藏香”和4家商户五类产品在第十三届中国深圳国际文化产业博览交易会展出。2017年出版《山南文艺》3期、《山南传统藏戏集锦》（光盘）5000张。完成山南市第一届雅砻文学艺术奖评选活动，评选出作品41部，个人成就奖2个，充分调动广大文艺工作者的积极性。《泽当噶尔巴》等4部作品参加第二届全国少数民族优秀舞蹈展演，组织《羊卓姜谐》参加2017年第六届全国新农村文化艺术节，与湖南省共同举办2017年中国西藏雅砻文化节，借助文化平台，在湖南举办招商旅游推介会，推出44个重点招商项目，资金达176亿元，签约项目32个，总投资58亿元。山南旅游纳入湖南旅游“9+2”方案中，并与3家合作企业达成战略合作意向，授权湖南1家旅行社设立山南旅游驻长沙办事处，为文化旅游营销奠定良好基础。

【思想道德建设】 2017年，市委宣传部抓好“典型模范”、好人有好报活动，组织开展第五届感动山南十大人物评选表彰。全年向自治区上报文明家庭9户，优秀共产党员家庭6户，全国道德模范10名，并利用山南报、山南网等媒体，刊登好人先进事迹，营造向善、行善的良好氛围，受到广大干部群众的喜爱与好评。山南报刊登全国好人榜，“感动山南十大人物”得到自治区党委常委、宣传部长边巴扎西的批示。制定《山南市关爱帮扶道德模范实施办法》，以重要节日、传统节日为契机，开展走访慰问道德模范活动，推动关爱帮扶活动制度化、长效化。

【群众性精神文明创建】 2017年，市委宣传部开展“典型模范”及全国“文明村镇”“文明单位”选树推荐、自治区级“诚信商店”授牌等活动，乃东区昌珠镇门中岗村、隆子县斗玉珞巴民族乡斗玉村评为全国文明候选村，扎囊县财政局、洛扎县文广局等5个单位列入全国文明候选单位，5家商店评为自治区级“诚信商店”。开展6000余场“向国旗敬礼”活动，参与人数达30余万人次。完成全市广告牌匾整治工作，累计整治广告牌匾1900多块，下发《责令改正通知书》505份。同时，组织开展网上文明志愿者传播活动，组织网络文明志愿者，在新浪、中国文明网、搜狐等网站通过微博、博客、QQ群、论坛等形式对公益广告、道德模范先进事迹等进行传播，受到网友广泛跟帖。

【未成年人思想道德建设】 2017年，市委宣传部组织学生结合“四讲四爱”主题教育实践活动举办“哈达献给党·梅朵齐欢唱”少儿文艺会演。以开展“开学第一个课”“网上祭英烈”“向国旗敬礼”活动为契机，在师生中开展爱国主义教育活动，参与学生达3万多人次。开展庆祝中华人民共和国成立68周年，喜迎党的十九大胜利召开“向国旗敬礼”活动，场次达6000余场，参与人数30余万人次。向自治区推荐山南市、扎囊县2个先进城市，加查县坝乡小学、浪卡子县中学、桑耶镇派出所、山南市群众艺术馆4个先进单位，桑耶镇派出所所长扎西、加查县中学德育处主任普布、浪卡子县中学教师云丹次仁3名先进工作者。

【党建和党风廉政建设】 2017年，市委宣传部召开全市宣传文化系统党风廉政建设工作部署会，签订《党员干部党风廉政承诺书》，以“五抓五促”法推动党风廉政建设和反腐败工作深入开展。抓好学习型、服务型、创新型党组织建设，制定《部机关党总支2017年学习计划》和《党支部学习手册》，推行“每周一课”“微型党课”2个机关党建品牌，并按照市委巡视整改要求，开展自查整改工作，党建工作得到规范。

【干部人才队伍建设】 2017年，市委宣传部开展公开选调工作，面向全市选调2名行政工作人员、9名专业技术人员，分别安排在办公室、报社、网信办工作，其中8名干部已办理调动手续。截至年底，正与市委组织部沟通，解决3名干部的调动问题。同时，按照德才兼备、以德为先的用人标准，2017年面向社会为山南报公开招聘列入5名采编人员，切实加强新闻工作力量。

【干部服务管理】 2017年，市委宣传部参加中宣部、区党委宣传部组织实施的新任宣传部长培训班、涉藏外宣培训班、宣传干部业务骨干培训班、赴援藏三省跟班学习、互联网宣传管理工作培训班等各类培训班。全年培训宣传文化系统干部共80余人次，通过培训，提高基层宣传干部为民服务的能力和水平。

【“四讲四爱”主题教育实践活动】 2017年，按照“四讲四爱”主题教育实践活动的要求，市委和12个县（区）、82个乡（镇）、550个行政村（居）和393所学校、302座寺庙、4家国有企业，层层成立党委（党组）一把手挂帅的活动领导小组和工作专班，细化各类工作方案、制定完善规章制度、科学设置活动载体、细化措施创新方法，层层动员部署、层层宣讲培训、层层压实责任、抓好贯彻落实。各级党委（党组）将主题教育实践活动经费纳入本级财政预算，保障主题教育实践活动顺利推进。截至年底，全市共开展宣讲40468场次，受众达468万余人次；主题教育实践活动共开展18084场次，覆盖群众249.93万余人次；全市新建立规章制度5949条、废止不符合新形势要求的360条、修订完善8207条；全市宣讲覆盖率达到99.9%以上，知晓率达到96%以上。

活动开展以来，山南市得到区党委常委、宣传部长边巴扎西批示2次，市委书记许成仓批示3次，多篇总结经验类的材料被自治区活动办采用并在全区推广。覆盖面广、知晓率高的主题教育实践活动，使全市广大基层干部群众受到教育，思想更加统一，打牢山南经济社会发展稳定的思想基础、群众基础、基层基础。

全市共成立宣讲团（组）2943个，宣讲员9540名。成立由地级领导任组长的市宣讲组12个49人，县级干部任组长的宣讲组85个425人。山南市成立宗教领域宣讲组13个328人，教育系统宣讲组378个1317人，国有企业宣讲组4个53人，乡镇村居宣讲组1901个5168人，驻村工作队宣讲组550个2200人，宣讲工作注重培育群众宣讲员，让退休老干部、老党员、德高望重老人讲新旧西藏对比，僧尼、群众、学生、职工谈党的优惠政策，通过身边人讲身边事。敏珠林寺僧人扎西顿珠、古稀老人强巴朗珍、村支部书记洛桑、老党员益西次仁、查果、民办教师次仁欧珠、致富能手白珍、国企职工格桑等千余名骨干宣讲员，通过“一问一答”“讨论会”“讲故事”等方式宣讲“四讲四爱”主题教育实践活动，深受群众欢迎。

与新旧西藏对比教育相结合。宣讲团开展“3·28”西藏百万农奴解放纪念日活动、新旧西藏对比故事会、“过好今生最幸福”现场参观学习等活动。话剧《克松的昨天今天明天》已重新编排完成，着手在全市进行巡演。达古新村达瓦次仁老人讲故事、十八军老战士陈明英谈经历、强吉村洛桑老人说新旧，在群众中引起强烈反响。

与感党恩和自力更生、艰苦奋斗“两项教育”相结合。宣讲团结合脱贫攻坚重点工作，在农牧民群众中广泛开展“党的恩情怎么报”乡村两级群众性演讲比赛、“七一”中国共产党建党日基层党员重温入党誓词宣誓仪式、“脱贫致富靠双手、技能培训进万家”活动、“手拉手、富帮穷”结对帮扶活动、“勤劳致富先进典型”县级评选表彰、“乡村好人大家学”系列宣传活动，让广大群众知党恩、感党恩、跟党走，让贫困群众树立自力更生、艰苦奋斗思想，依靠勤劳双手摆脱贫困。充分利用各级各类宣传媒体，广泛宣传列麦精神、雅江植绿精神等四种精神，并制作展板在全市巡展。舞剧《大爱永恒—仁增》排练完成，即将在全市范围内巡演。

与民族团结教育相结合。宣讲团开展“民族团结榜样”推选活动，用榜样的力量感染人带动人，引导群众牢固树立“三个离不开”思想，旗帜鲜明地维护祖国统一和民族团结。通过编发新旧西藏对比画册、“学国歌唱国歌”爱国主义教育活动、“四讲四爱”僧尼藏文书法比赛、“评选最美僧尼”等活动，教育引导寺庙僧尼争做“爱国爱教”好僧尼。通过举行升国旗唱国歌仪式、反对分裂签名活动、“揭批十四世达赖集团罪行”主题宣誓仪式、“我与达赖集团划清界限”研讨表态会等活动，揭批达赖集团的“三性”反动本质，引导僧尼群众自觉与达赖集团划清界限，坚决反对分裂。

与固边富民相结合。宣讲团将“四讲四爱”主题教育实践活动融入“边境长廊”建设、“固边富民”试点工程、“新型特色城镇建设”中，开展爱国歌曲大家唱、“四讲四爱”边境行、武警边防官兵现身说教活动，凝聚起全民守边、固边、富边的强大正能量。隆子扎日、洛扎拉郊群众开展“感党恩、守边境”活动，自觉担负起情报员、信息员等“五员”职责。

与“五下乡”活动相结合。宣讲团开展“美丽乡村人人有责”清洁环保行动、“新闻联播僧舍看”“移风易俗、破迷信、改陋习”大讨论等活动，通过开展“三个一”（一次法治讲座、一次专题法治座谈会、一次集中法制宣传），深入开展“尊法学法守法用法”从我做起活动，不断深化“讲文明爱生活”的主题。文明讲堂活动深入开展，引导教育群众崇尚科学、破除迷信，改变陈规陋习，淡化宗教消极影响，养成文明健康的生活习惯。

与学生德育教育相结合。宣讲团开展“校园主题报告会”活动、“我身边的美德少年”学习宣传活动、“我向习爷爷说句心里话”等主题班会活动。贡嘎县中学德育老师用PPT生动展示新旧西藏发生的翻天覆地变化，并以师生问答形式让学生自己说出党的好政策，贡嘎县中学的典型做法在全区得到推广。

【党的十九大精神宣讲】 党的十九大胜利闭幕后，山南市成立“山南市‘面对面宣讲点对点落实 党的十九大精神进万家’宣讲团”，市委副书记陈正祥任宣讲团团长，市委常委、宣传部长燕红任副团长，在全市抽调150名理论功底深厚、讲演能力出众的干部组成13个宣讲分团，分赴12个县（区）和市（中、区）直各单位开展宣讲。各县（区）参照市做法，成立82个宣讲组、554个宣讲队深入全市各乡（镇）、村（居）面对面向基层干部群众进行宣讲。各级“四讲四爱”活动办全面投入党的十九大学习宣传工作的协调服务中，全市2583个宣讲组10282人深入宣讲党的十九大精神，推动党的十九大精神进机关、进学校、进农牧区、进社区、进企业、进军营、进寺庙、进网站。

宣讲策划。市委对学习好、宣传好、贯彻好党的十九大精神高度重视。立足早谋早动，党的十九大胜利闭幕后，市委宣传部第一时间起草《山南市党的十九大精神学习宣传工作方案》《山南市党的十九大精神宣传报道工作方案》和《山南市关于开展“面对面宣讲点对点落实 党的十九大精神进万家”宣讲工作方案》及《关于举办山南市党的十九大精神骨干宣讲员培训班的请示》，对党的十九大精神的学习宣传工作进行科学谋划。10月30日，市委书记许成仓亲自主持召开市委常委会，研究全市《党的十九大精神学习宣传工作方案》，并以市委办名义下发执行。

理论学习。山南市在全市范围内开展“读原著学原文悟原理”活动，制定下发《党的十九大精神学习方案》《党的十九大精神理论宣传方案》，制订学习计划，列出研讨专题。市委理论学习中心组充分发挥龙头带动作用，采取集中学习和个人自学的方式，深入学习党的十九大精神特别是习近平新时代中国特色社会主义思想，并通过专题研讨、座谈交流、报告会等形式交流学习经验，分享学习心得，深化学习效果。截至年底，各级党委（党组）理论学习中心组开展集中学习460余次。11月2—13日，市委组织部、市委宣传部、市委党校联合举办山南市党的十九大精神县处级干部轮训班，对全市县处级党员领导干部分3个批次进行轮训，并在学习培训结束后，进行闭卷考试，检验学习效果。

领导宣讲。市委书记许成仓深入隆子县、琼结县、乃东区农牧民群众中带头宣讲，市委副书记、市长普布顿珠深入扎囊县施工现场，面对面向工人、农牧民群众宣讲，市委副书记、市政协主席丁哲峰在贡嘎县吉雄镇集中开展宣讲，市委副书记巴珠、陈正祥等市委常委分别在分管领域开展宣讲，以上率下，带好头，树立榜样。

分类宣讲。分区域宣讲。山南市组建“习近平总书记给牧民群众回信精神巡回宣讲团”，宣讲习近平总书记回信精神。在乃东区，宣讲团就乃东如何贯彻落实党的十九大精神和自治区党委书记吴英杰在克松居委会宣讲时的重要指示精神，在推进全市经济社会发展中“做表率、走前列”的问题进行深入分析，引起大家的共鸣。

分行业宣讲。在教育系统的宣讲贴近当前教育现状，向师生解读党的十九大报告对优先发展教育事业的新举措、新要求。在金融等国有企业系统重点围绕加快完善社会主义市场经济体制作重点阐释。在卫生系统的宣讲重点围绕实施健康中国战略进行阐述。

分受众宣讲。针对机关干部，着重讲清党的十九大报告的重大意义、重大战略思想、重大工作部署和新观点、新论断、新举措等。针对农牧民群众，宣讲团结合农牧区群众的思想认识实际和发展经济的愿望，重点宣讲党的十九大报告关于解决好农牧业、农牧区、农牧民问题，宣讲乡村振兴战略等党的各项优惠政策和西藏发生翻天覆地的变化。针对僧尼，重点阐述加强民族团结、反对分裂，坚决维护祖国统一。自治区政府办公厅驻琼结县昌嘎村工作队把党的十九大报告翻译成藏文发给300余名群众。桑日县宗教领域开展“谈变化、颂党恩，学习贯彻党的十九大精神”座谈会，驻寺干部和僧尼参加座谈并发言。

四级联动。2017年11月5—9日，选派7名骨干宣讲员参加自治区党的十九大精神宣讲骨干培训班。11月15—16日，举办山南市党的十九大精神骨干宣讲员培训班暨宣讲工作动员大会，对各县（区）分管意识形态工作的副书记、宣传部长和市教育系统、宗教领域、国资部门、强基办的骨干宣讲员以及退休老干部、老党员进行培训，并向参训人员发放聘请证书，参与全市党的十九大精神宣讲工作。11月13日，自治区宣讲团到山南市宣讲党的十九大精神，首场报告会由山南分团团长、自治区社科联主席索林作宣讲报告，市委书记许成仓主持，报告会以电视电话会议形式开至乡镇一级，扩到宣讲覆盖面，提升宣讲效果。截至年底，市委统战部、市教体局、市工信局（国资委）、市强基办均完成所辖系统、行业部门党的十九大精神骨干宣讲员培训班，各县（区）、乡镇分别完成“百姓宣讲员”“双联户长”培训工作，自治区宣讲团山南分团、市宣讲团深入各县（区）宣讲221场，市（中、区）直各单位宣讲15场，直接受众达29260余人次。各县（区）宣讲组（队）宣讲9199场次，受众101.2万人次，市宗教领域、市国资系统、市教育系统宣讲组（队）宣讲1524场次，受众14.1万人次。

统一战线

【概况】 中共山南市委统战部（以下简称市委统战部）内设3个行政机构（办公室、党外干部管理科、民族宗教科）和1个事业机构（归国藏胞接待办公室)。山南市宗教工作领导小组办公室(副县级建制)挂市委统战部管理。市委统战部实有工作人员31人,其中副地级领导1名,正县级领导1名,副县级(含非领导职数)领导5名,正科级(含非领导职数)人员8名。

【民族团结宣传教育】 2017年,市委统战部坚持以“民族团结宣传月”等活动为契机,在群众中广泛宣传党的民族政策,发放宣传资料3500余份、发放宣传光碟180余张。12个民族团结先进集体、20名民族团结先进个人荣获自治区民族团结先进称号,山南市表彰民族团结先进集体23个、先进个人28名。

【兴边富民】 2017年,市委统战部整合1.35亿元少数民族发展(兴边富民)项目资金,开展精准扶贫工作。

【城市民族工作】 2017年,市委统战部健全完善全市1403户不同民族通婚家庭信息数据库,全市各民族的交往、交流、交融的密度加深,民族关系得到巩固。

【“六个一”活动】 2017年,山南市各级寺管会走访慰问僧尼家庭1100次,投入资金71万余元;为寺庙、僧尼、僧尼家庭办实事823件,投入资金达210余万元;僧尼低保、“五保”实现应保尽保。

【“一教育”“一服务”活动】 2017年,市委统战部根据区、市两级“四讲四爱”主题教育实践活动要求,及时成立山南市宗教领域“四讲四爱”主题教育实践活动领导小组,设立工作专班,对全市寺庙开展集中宣讲,累计举办宣讲2123场次,受众人数达31375人次。在自治区党委统战部举办的“四讲四爱”主题教育僧尼藏文书法比赛中,山南市获奖作品41幅,占全区获奖作品的55.4%。

【创建评选活动】 2017年,市委统战部表彰市级和谐模范寺庙42座、爱国守法先进僧尼若干名,表彰县级和谐模范寺庙131座、爱国守法先进僧尼若干名,落实表彰资金405.9万元。

【寺庙僧尼包虫病综合防治】 2017年,市委统战部根据自治区的部署要求,及时成立寺庙僧尼包虫病综合防治工作领导小组,采取集中宣讲、入舍讲解等多种形式,共宣讲190余场次、发放资料5800余册本、制作宣传展板47张、僧尼受教育全覆盖,对僧尼进行筛查。

【领导干部联系寺庙僧尼制度】 2017年,山南市宗教工作领导小组对《中共山南市委办公室 山南市人民政府办公室关于调整充实地级领导联系寺庙的通知》落实情况开展督导检查,与此同时按照自治区的通盘要求,制定《地市级领导在党的十九大前后督导联系寺庙工作清单》,完善市级领导干部联系寺庙制度,明确寺庙管理责任。

【驻寺队伍建设】 2017年,市委统战部按照市委提出的“三个一”和“五个持续解决”工作要求,开展涉宗领域干部培养教育和履职评估等工作。选派120名宗教干部赴湖北、湖南、安徽三省社会主义学院学习培训;各县(区)委统战部门采取以会代训、县城集中学习、跟班学习等形式,对驻寺干部进行培训,全年山南市受训宗教干部共860余人次,占全市涉宗干部总数的90%以上。

【党外人士工作】 2017年,市委统战部开展山南市党外人士暨知识分子调研工作,建立4514名党外知识分子和130名党外副科级以上干部数据,充实完善党外干部基础信息数据库,做到一干部一档案。加大党外干部教育培养,全年共有75名党外干部暨社会新的阶层人士参加4批次各类培训。

【经济统战】 2017年,山南市召开山南市工商联第一次代表大会暨商会成立大会,选举产生新一届市工商联班子和商会班子,完成市工商联换届;召开企业发展座谈会和银企座谈会,解决融资难、融资贵等问题,助推非公经济发展。

【藏胞工作】 2017年,市委统战部对要求申请回国探亲的23批75名藏胞进行调查、审核,接待13名回国探亲藏胞。选派8名归国定居藏胞和境外藏胞境内亲属代表人士赴其他省市参观学习,使他们切身感受到祖国国力的强盛和中华民族一家亲的情怀。走访慰问归国定居藏胞42人次;全年落实藏胞工作经费和慰问扶持困难定居藏胞共投入资金50余万元。

2017年6月29日，中组部干部教育局副局长程霜枫（左二）率调研组在市委党校调研考察

党校　行政学院

【概况】 中共山南市委党校(以下简称市委党校)有44年历史。1973年10月,山南地委根据区党委的指示,将原名"山南干部学校",更名为"中共山南地委党校",校址选为泽当镇生格塘(现为安徽大道9号)。2017年,市委党校内设科室9个,分别是办公室、教务处、总务处、学员管理科(函授处)、综合教研室、理研室、信息科、党史党建教研室和马列教研室。核定编制55人,实有人员44人(含第一支部书记1人)。

【干部培训】 2017年,在全市党员干部培训工作中,市委党校始终围绕习近平总书记系列重要讲话精神,第六次西藏工作座谈会精神及党的时政理论与治藏方略,西藏宗教与民俗、文化、生态、党性、党史及党的建设等几个方面培训专题,坚持把马克思主义原理、"三个代表"重要思想、科学发展观、"四个全面"战略布局、"两学一做"学习教育、习近平新时代中国特色社会主义思想等作为核心内容,贯彻到市委党校办学的各个环节中去,体现在教学内容、课程设置、教学方法等方面,不断推进党的最新理论进教材、进课堂、进头脑,实现教学内容的持续更新。2017年,鉴于市委党校改扩建无办班场地,市委党校多方努力,争取,得到西藏民族大学和安徽省委党校的支持,圆满完成2个重要班次的办班任务。全年共举办13个班次,培训1335人。其中,各类主体班次8个,培训960名党员干部;各类计划外培训班次5个,培训学员375人;党的十九大精神轮训班成功举办,走在全区前列,赢得区党委党校的高度赞扬。

【理论宣讲】 2017年,市委党校紧密结合党校理论宣讲职责,市委党校通过加强宣讲人员培训、科学设置宣讲内容、精心设计宣讲模式等举措,围绕党的最新理论成果和自治区、市两级党委政府的决策部署,选派专兼职教师深入12个县(区)和市(中、区)直各单位开展党的十八大、十九大精神理论宣讲。2017年,市委党校坚持"一个中心、五个重点"(中国特色社会主义理论体系教育为中心,以理论基础、世界眼光、战略思维、党性修养、反分裂斗争为重点)的教学新布局,围绕"五大发展理念""精准扶贫",围绕党的十九大及党中央和区党委、市委的各项决策部署,创新开设一批教学新专题。截至年底,共设置新专题22个(含党的十九大精神备课专题),选派10名专兼职教师深入市直各单位开展各类宣讲80余场次。

【驻村工作】 2017年,市委党校驻加查县洛林乡普姆村、江惹村工作队,在落实市驻村工作规定动作的同时,结合当地民风不良的实际,充分发挥党校自身优势,投入2万元,创新开展"弘扬孝道文化 传承中华美德"主题教育活动,开展讲一堂孝道文化专题课、听一回父母养育自己的故事、谈一个父母关爱自己的经历、写一篇尊老敬老心得体会、看一场孝老爱老电影、做一次敬老爱老的实事、奖一批孝亲爱老模范"七个一"活动,传承孝道文化,在当地产生极大反响。2017年,市委党校投入40万元资金对村委会进行改造升级,改善驻村工作生活条件。共组织农牧民群众开展各类宣传教育43场次,农牧民群众参加活动2630人次,在职的38名党员教职工个人自掏腰包,共投入资金18250元,与普姆村、江惹村13户贫困党员开展结对帮扶工作。

【项目建设】 2017年，市委党校争取国家资金6500万元（其中2500万元用于加查县委党校建设），政府配套资金4862.14万元，用于市委党校改扩建项目（总建筑面积约18324.05平方米，总投资约8862.14万元）。主要包括教学综合楼、教职工周转房、食堂及学术报告厅、学员宿舍及附属工程等，该项目全部由市住建局承建。根据市委领导的指示要求，市委党校及时组建“项目建设质量监管工作领导小组”。截至年底，改扩建项目的第一、二标段全面开工，食堂及学术报告厅完成主体建设，教学综合楼、教职工周转房、学员宿舍项目正在建设中。

【干部素质建设】 思想教育。2017年，市委党校组织开展理论中心组学习，全体教职工学习中国特色社会主义理论体系知识，学习党的十九大精神、党的治藏方略和习近平总书记系列重要讲话精神。

注重教学质量。2017年，市委党校结合教学工作实际，研究制定《专兼职教师优秀教学比赛的实施方案》，共22人参加教学比赛，有力促进党校教师理论水平和业务能力的提升，为打造一支具有铁一般信仰、铁一般信念、铁一般纪律、铁一般担当的专兼职教师队伍打下良好基础。

选派干部外出培训。2017年，市委党校协调区党校、干部教育科等部门，寻求党员干部外出培训机会。2017年，市委党校分批次共选派28名干部到中央党校、区党校和兄弟省市党校、干部学院培训学习，切实提升教师教学科研水平。

【日常工作】 2017年，市委党校开展党风廉政建设、维稳、基层党建、综治、安全生产、人民防线等工作，取得显著成绩。同时，市委党校于9月13日与安徽省铜陵市委党校（铜陵市行政学院）签订友好党校协议。

机关党建

【概况】 中共山南市直属机关工作委员会是中共山南市委派出机构，领导市直机关党的工作。编制10人（在编8人，2人退休）均为干部，内设办公室、组宣科和市纪委派出的市直机关纪律检查工作委员会。

2017年，市直机关党建工作坚持以习近平总书记系列重要讲话精神和治国理政新理念新思想新战略为指导，紧紧围绕全面落实从严治党新要求，紧扣“服务中心、建设队伍”核心任务，以“基层党建提升年”为抓手，坚持问题导向，全面加强市直机关党的建设，机关党建工作取得新成效，为推进“七个山南”建设，加快“四个全面”步伐做出积极贡献。

【思想建设】 2017年，市直机关党建工作坚持把学习贯彻党的十九大、习近平总书记系列重要讲话和自治区九次党代会、市委一届二次全委会精神作为一项重要政治任务来抓，坚持读原著、学原文、悟原理，在学懂弄通做实上下功夫，全面深入推进“两学一做”学习教育活动，引导机关党员认真学习党章党规，学习系列讲话，做合格党员。强抓市直机关党委（组）理论中心组学习和党支部学习，组织开展上党课，专题辅导，座谈讨论等各种学习教育活动1750场（次），受教育党员53100余人次。

【组织建设】 2017年，以“学、做、改”相结合助推“两学一做”学习教育常态化制度化，以开展“我姓党，我信党”主题教育和“喜迎十九大，做合格党员”征文比赛等活动，教育引导党员不断增强“四个意识”，坚定“四个自信”，争做“四讲四有”合格党员，在干事创业中显担当，在比学赶超中转作风，在攻坚克难中塑形象，在反分裂、保稳定、促团结、谋发展等问题上，立场坚定、旗帜鲜明。继续推进基层党建“六有九有”目标工程和“5+1”工程，开展党组织设置清查、党组织和党员基本信息采集工作，整改13个后进党支部，督促指导18个党总支、46个党支部完成班子成员改补选工作，根据工作需要，2个机关党组织升格为机关党总支。截至年底，市直机关成立基层党委9个、党总支24个、党支部206个、党小组83个，共有党员5778名。开展党支部书记、党务工作者业务培训，坚持把一批热爱基层党建工作、乐于投身基层党建工作，责任心强、工作热情高、年富力强的干部选拔进党务工作者队伍中来，不断提升党务工作队伍能力水平，全年开展党支部书记、党务工作者培训1次，共190人。按照发展党员“十六字”总要求，严格党员发展程序，严把党员入口关，全年开展入党积极分子培训1次，共209人，市（中、区）直各单位共发展党员43名，预备党员转正42名，党员队伍结构不断优化，活力不断增强。推进党费收缴使用管理工作制度化、规范化，全年共收缴党费103.3万元，补交2008—2016年党费35.8万元。全年，市直机关共开展党内激励帮扶140余次，慰问老党员困难党员1480余人（次），落实慰问资金147.7万余元，共有4319名在职党员干部与1622户、6735名困难群众结对认亲，办好事、解难事210多件，投入资金173.2万余元。对市直机关党建进行巡视、整改、督导，开展党建规范提升年活动，进行全年党员信息采集。在“七一”中国共产党建党日期间，向申报开展党建活动经费的单位做好经费研究拨付工作，做好推选党的十九大代表候选人推荐人选工作。

【纪检监察】 2017年，市直机关各级基层党组织和纪检组织充分发挥党内监督职能，加大对市委重大决策部署的贯彻落实情况和重点岗位、重要人员的监督检查，为推进党风廉政建设奠定坚实基础。市直机关纪工委积极督促各单位加大工作力度，推进工作进度，切实履行查处惩治职能。

老干部工作

【概况】 中共山南市委老干部局（以下简称市委老干部局）成立于1985年，属地委组织部的一个科室，1996年机构改革时，升格为副县级机构，由地委组织部管理，2011年5月升格为正县级机构，由地委组织部管理，内设一个综合科。2016年5月更名为市委老干部局。行政编制6名，事业编制4名，实有4人；局领导职数3名，实有2名；科级领导职数2名，实有2名，其中1人在扎囊县桑耶镇乃卡村任第一支部书记。市委老干部局下设泽当老干部服务站，是参照公务员管理的正科级事业机构，编制10名，实有9人。

2017年，山南市共有离退休干部3719人，其中离休干部10人，退休干部3709人；区内安置3570人，区外安置149人；党员2579人。全市共有离退休党总支6个、党支部59个，建有离退休党支部活动中心6个，活动室58个（其中租用15个）。

【老干部日常服务】 2017年，市委老干部局共邀请308名离退休老干部代表参加市委、市政府重大会议、活动6次，向老干部通报全市经济运行和维稳情况4次。市一级分2批组织100名老干部赴云南参观疗养，选派53名老干部参加区党委老干部局组织的赴其他省市健康疗养。投入5120000元，在全市范围内开展“三大节日”普遍性慰问，并对103名生病住院的离退休老干部和病故老干部遗属进行慰问。投入121000元，对家庭困难的18名离退休干部及遗属进行帮扶。协助区党委老干部局开展党的十九大前后慰问80名困难老干部党员工作，切实将党的温暖送到老干部的心坎上。

【老干部教育管理】 2017年，市委老干部局开展泽当、拉萨、成都三个集中安置点30个离退休党支部的换届改选，成立成都德阳离退休党支部，举办山南市第三期离退休党支部书记培训班，58名离退休党支部书记参加培训。为各离退休党组织发放各类学习资料1000余份，开展离退休党（总支）支部集中学习1000余次，开展党支部书记讲党课活动120余次，开展参观爱国主义教育基地11次，举办健康知识讲座6次，切实实现离退休老干部健康常在、思想常新、理想永存。

【“畅谈 展望 建言”活动】 2017年，市委老干部局在“畅谈十八大以来变化、展望十九大胜利召开”和“建言十九大”活动中，市委老干部局重点开展“六个一活动”（开展一次“全市公开倡议”活动、开展一次“公开承诺签名”活动、举办一次“庆七一、迎十九大”文艺会演、举办一次“颂扬新变化，点赞新成就”摄影书画展、开展一次“畅谈·展望”电视访谈活动、筑起一个“展望十九大，我心永向党”心愿墙）。

【参与建言献策】 2017年，市委老干部局选派20余名老干部参加全市各类征求意见会，并提出意见建议10余条。组织参与政策宣讲。选派200余名离退休老干部走进农牧区、企业，寺庙、学校等，宣讲党的理论知识和路线方针政策，组织50余名离退休老干部开展“慰问演出”和“文艺下乡”等活动，引导人民群众坚定不移跟党走。组织参与中心工作，全市53名离退休老干部担任矛盾纠纷调解员，60名老干部担任“双联户”户长、6名老干部担任市委重大项目督查专员。在全市优化发展环境专项行动中，30名离退休老干部担任协调员。

【老干部维稳信访工作】 2017年，市委老干部局组织离退休党总支召开4次维稳专题会议，传达维稳通知精神，通报维稳工作开展情况，落实各项维稳措施，保证老干部系统“三不出”。落实信访接待日制度，处理好老干部的来信来访。2017年，接访老干部问题6件、办结6件。

档案工作

【概况】 2017年，市档案局（馆）完成全市10个（县）档案行政管理机构；13个市（县）级综合档案馆；63个市（区、中）直机关档案室；61个乡（镇）机关档案室；391个县直机关档案室的538份档案统计填报任务。

【理论学习】 2017年，市档案局（馆）全体人员学习党的十九大精神；区党委九届三次会议及山南市一届二次会议精神；全国、自治区两级档案局（馆）长工作会议精神；通过学习，增强档案人员的政治鉴别力和工作责任心，提高档案人员的理论素养和业务知识水平。

【业务指导】 2017年，为提高山南档案工作质量，确保档案整理规范、档案资料完整、档案实体安全、档案管理合法，市档案局（馆）不定期对各县（区）和市（区、中）直、企事业单位的档案管理工作进行业务指导，截至年底，对十二县（区）档案馆、67家市（区、中）直单位进行业务指导。其中，年度立卷工作指导12人次，依法管理档案工作指导16人次，专业档案业务指导11人次，档案统计工作指导28人次。为切实加强农村土地承包经营权登记颁证档案管理工作，统一编制“农村土地经营权确权登记颁证”档案的全宗号，对具有参考和利用价值的文件材料，应收尽收，应归尽归，并指定专人负责，确保农村土地承包经营权确权登记档案的完整、准确、系统。

【业务培训】 2017年，市档案局（馆）根据“请进来、送出去”的培训原则，以及山南档案工作实际，为提高全市档案人员业务水平，选派22名基层档案员参加自治区档案局在区外举办的档案业务培训班。举办132人参加的全市档案业务培训班，业务指导科先后赴琼结、加查、乃东等县（区）进行业务培训3次205人。

【专业职称工作】 2017年，市档案局（馆）为充分调动广大档案技术人员的积极性，实现档案系列职务任职资格“当年申报当年评审”的要求，于9月7号召开山南市档案系列初级专业技术职务任职资格评审委员会，对19名申报人员评审，并一致通过。

【重点建设项目档案工作】 2017年，市档案局（馆）主动参与建设项目，指定专人负责重点建设项目档案工作的业务指导，确保各项重点建设项目档案工作顺利开展。派业务人员参加雅砻水电站工程第一阶段的验收，对雅砻水电站第一阶段的档案进行现场指导和检查，并电话指导2次。

【资源整理】 2017年，市档案局（馆）根据年初制定的工作计划和档案移交接收计划，山南档案局（馆）在接收文书档案进馆的同时，注重抓专业档案和特色档案进馆工作，不断丰富馆藏资源。截至年底，接收山南人大、市教育局等9家单位档案进馆，共接收文书档案1250卷（盒）16930件，其中永久915卷（盒）10288件；长期335卷（盒）6642件。接收资料133册；接收照片档案12册784张、底片50卷；接收光盘16张；实物档案21件（旧相机及印章）。

【提供利用工作】 2017年，市档案局（馆）保存保管档案的最终目的是提供利用。在加强资源整合，丰富档案馆藏的同时，注重提升档案服务社会、服务民生的能力和水平，把文明服务、主动服务、高效服务提上议事日程，在实践中体现馆藏档案的价值，在提供利用中加深社会公众对档案工作的认知度。共接待现场查阅281人次469卷，提供利用档案584件，复印档案4860页。

【档案安全管理】 馆库安全管理工作。2017年，山南市13个综合档案馆按照档案馆库“九防”要求，结合各自地域和各自馆库的实际，采取有效措施，落实健全责任制，坚持测量、记录和分析库房温湿度制度，坚持档案实体检查制度，坚持库房进出登记制度，坚持定期清洁制度，确保档案库房安全和档案（资料）实体安全，依法开展档案安全管理工作，继续保持山南档案安全管理零失误。

档案安全保护工作。2017年，市档案局（馆）争取档案日常维护配套资金，对馆藏2000年以前的档案进行维护，现已将90%的旧标准档案装入特制的档案盒中，防止案卷在密集架上翻卷、折叠、滑落等现象。

【宣传工作】 2017年，市档案局（馆）参加“宝葫芦”杯档案法规知识竞赛有奖答题、开展6月9日主题为“档案——我们共同的记忆”的国际档案宣传日活动，以及利用全市“建设平安山南”宣传日和综治宣传月之机，采取丰富多彩的形势宣传档案、档案工作、档案法律法规，使社会公众加深对档案和档案工作的了解，增强档案保护和档案利用意识，为山南档案事业快速稳步发展起到助推作用。共组织宣传活动1次，参与宣传活动2次，出动人员12人，摆放具有山南档案特色的宣传展板4张，发放宣传资料4500余份，悬挂宣传横幅2条。

【爱国教育基地建设】 申报爱国主义教育基地。2017年，为申报爱国主义教育基地，使山南档案更好地发挥其教育作用。市档案局（馆）投资53万元，按照爱国主义教育基地的标准，建成山南档案展厅——雅砻记忆，展厅以山南机构沿革、领导关怀、历史回眸、实物档案、特色展区等形式，生动地反映山南的过去和现在。9月，向市委宣传部递交《关于申请建立爱国主义教育基地的请示》，市委宣传部派人对档案馆爱国主义教育基地申报工作进行验收，并对申报所做的工作给予充分肯定。山南档案馆爱国主义教育基地争取年底挂牌。

发挥档案爱国主义教育功能。2017年，市档案局（馆）利用馆藏各种载体档案，以丰富的内容开展档案陈列活动，让档案的客观真实性发挥爱国主义教育作用，体现档案馆的文化和社会教育功能。接待市反恐支队等3家单位共3批/64人参观档案馆展厅。

【发挥参谋助手作用】 2017年，市档案局（馆）坚持做到两手抓，即一手抓业务建设，一手抓综合事务，做到两不误。按时完成公文处理工作，做到及时将上情下达、下情上报，发挥桥梁纽带作用。共办理文件材料91份，起草各类公务和事务文件20份，上报各类信息和档案利用典型实例28条，自治区档案局采用档案信息10余期，充分利用《中国档案报》《西藏档案》等业务刊物宣传山南档案工作。

山南市人民代表大会常务委员会

综 述

【概况】 1982年11月,经区党委批准,成立山南地区人大联络处筹备组,1983年10月正式成立山南地区联络处,为西藏自治区人大常委会的派出机构,副地级建制,联络处设办公室。1996年12月,人大联络处改设为西藏自治区人大常委会山南地区工作委员会,正地级建制。

2016年撤地设市后,5月份正式成立山南市人民代表大会常务委员会(以下简称市人大常委会)。市人大机关核定编制29名,其中,行政编制21名,事业编制8名。市人大常委会核定领导班子职数9名,其中主任1名,副主任8名。市人大常委会办公室核定县级领导职数3名,其中秘书长1名,副秘书长2名;内设行政机构核定科级领导职数5名,其中综合科(政工人事科)2名,秘书一科(督察室)1名,秘书二科(研究室)1名,选联科1名,市人大常委会办公室所属正科级事业单位(机关后勤服务中心),核定事业编制3名,科级领导指数2名。市法制委员会、市人大财政经济委员会、市人大教育科技文化卫生委员会各核定县级领导职数3名,共9名;内设行政机构各核定科级领导职数1名,共3名。

2017年,市人大常委会共召开常委会会议6次、主任会议14次,听取和审议专项工作报告11个,进行执法检查6次,开展专题询问1次、满意度测评2次,集中考察8次、专题调研9次,作出决议决定11项,依法任免国家机关工作人员16人,圆满完成各项工作任务。

【树立"四个意识"】 2017年,市人大常委会把全面学习贯彻党的十九大精神作为重中之重来抓,充分认识重大意义,准确把握精神实质,结合实际狠抓落实,提高站位履职尽责,在思想上政治上行动上同以习近平同志为核心的党中央保持高度一致,始终不渝地拥护核心、信赖核心、忠诚核心、捍卫核心,用习近平新时代中国特色社会主义思想武装头脑、引领方向、指导实践、推动工作,坚定不移走中国特色社会主义政治发展道路,切实增强在新形势下坚持、完善和发展人民代表大会

2017年7月13—18日,以自治区人大常委会副主任李文汉为组长的检查组一行在曲松县对山南市2016年精准扶贫精准脱贫工作情况报告审议意见落实情况进行跟踪督办

制度的自觉性和坚定性。

【制度落实】 2017年,市人大常委会自觉维护市委权威,落实重大事项向市委请示报告制度,人大工作中的重要安排、重要问题、重要活动和拟通过的重要事项,2017年共向市委请示报告29次,依法按程序做好相关工作。市委及时研究审定人大请示,加强人大工作和建设。制定市人大常委会党组工作规则,细化党组的工作职责、议事范围和决策程序,完善自觉坚持市委统一领导的工作机制,保证党组工作科学化、规范化运行。

【服务全市工作】 2017年,市人大常委会根据"三个重点""四件大事"对工作要求,跟进,统筹安排和推进人大各项工作开展。做好结对帮扶、定点帮扶、结对认亲和强基惠民驻村,以及"河长制"工作,为保障改善民生、建设美丽山南贡献力量。扎实做好维稳工作,按照市委统一安排,常委会领导班子成员深入基层维稳蹲点,开展责任县维稳督导等工作。

立法工作

【承接地方立法权】 2017年,市人大常委会承接地方立法权,做好立法咨询专家库建立以及立法需求项目征集、加强立法能力建设等各项准备。自治区人大常委会已批准山南市于2018年1月1日起行使地方立法权。

【立法规划编制】 2017年,市人大常委会开始五年立法规划编制工作。

2017年6月7日,山南市人大常委会副主任贡觉多吉为组长的市人大"十三五"重大项目建设实施情况调研组在曲松县调研

【城建管理条例立法前期工作】 2017年,市人大常委会通过召开推进会、座谈会等方式,扎实做好《山南市城市建设管理条例》立法前期工作,并组织人大代表对泽当城区和部分县镇的城市管理工作进行考察。

【民主法制工作】 2017年,市人大常委会完成市委安排的民主法制领域改革专项小组工作任务。通过法定方式,加大对经济社会发展、生态环境保护、精准脱贫攻坚等的监督工作力度。

监督工作

【促进经济发展】 2017年,市人大常委会听取审议市政府关于2017年上半年国民经济和社会发展计划执行情况的报告、预算执行情况的报告和2016年度审计工作报告;听取审议市政府"十三五"规划2016—2017年上半年重大项目建设实施情况的报告并首次进行专题询问,在此之前对此项工作开展专题调研。依法审查批准《关于审核批准山南市2017年申请自治区发行地方政府债券项目的请示》。对全市税收工作、中小企业发展、农牧业特色产业发展、商务工作等情况开展专题调研。常委会就稳增长、调结构、扬优势、补短板、强弱项,全面完成年度经济社会发展任务等方面,提出相关意见建议并督促跟踪落实,依法促进全市经济健康平稳较快发展。

【促进民生保障与和谐稳定】 2017年,市人大常委会听取审议市政府脱贫攻坚工作情况报告,并从目标实现、报告内容、工作举措等方面,通过投票方式,进行满意度测评。对全市易地扶贫搬迁工程、特色小城镇建设工程、精准扶贫精准脱贫、支农惠农政策宣传落实、农牧科技创新、农牧区医疗保障和基金管理、市人民医院异地迁建项目等方面工作开展情况进行考察。对人口较少民族经济发展和社会稳定、依法管理宗教事务、藏医药传承保护和发展等方面工作开展情况进行专题调研。对全市贯彻实施档案法、教师法、归侨侨眷权益保护法、出入境管理法、慈善法、宗教事务条例及西藏自治区实施办法等法律法规的落实情况进行执法检查。市人大常委会针对相关方面工作的开展和推进，提出多条针对性、操作性强的改进措施并督促整改落实，推动相关政策、法律法规的贯彻执行，有力促进民生工作开展和社会和谐稳定。

【促进生态环境保护与建设】 2017年，市人大常委会听取审议市政府关于2017年度环境状况和环境保护目标完成情况的报告并进行满意度测评，结合之前的问卷调查，实事求是、客观公正地反映人大常委会组成人员和列席代表的意见。对水法、水土保持法及西藏自治区实施办法等法律法规的贯彻执行情况进行执法检查。开展“中华环保世纪行——西藏行”活动相关工作。市人大常委会就贯彻落实新发展理念，实行最严格的环境保护制度，解决突出问题，提高环境质量等方面，提出相关意见建议并强化督办落实，为保护碧水蓝天贡献力量，努力促进美丽山南建设。

【促进公正司法与规范执法】 2017年，为加强对司法工作的监督，提高司法公信力，市人大常委会采取实地察看、查阅资料、召开座谈会、听取工作汇报等形式，对市、县两级人民法院立案登记工作开展情况和两级人民检察院不批捕、不起诉工作开展情况进行专题调研，形成专题调研报告；对全市维稳指挥中心、执法办案场所、涉案财物保管场所、市交警支队窗口服务场所、市看守所、县(区)派出所、便民警务站等18个执法点规范化建设情况进行专题调研，形成公安机关执法规范化建设工作情况的调研报告。市人大常委会结合调研情况和工作实际，提出意见建议并交有关部门办理，有力促进公正司法和公安机关执法行为的规范，推进法治山南建设进程。

2017年7月27日，山南市人大常务委员会副主任贡觉多吉调研河长制落实情况

人大决定

【依法决定】 2017年，市人大常委会学习贯彻《关于健全人大讨论决定重大事项制度、各级政府重大决策出台前向本级人大报告的实施意见》和自治区人大常委会有关法规规定精神，结合工作实际，制定《山南市人大常委会关于讨论决定重大事项的规定》，对重大事项范围、决议决定的提出和审查、调研论证、审议表决、公布实施以及监督检查等程序进行规范，为科学决定重大事项奠定制度基础。

【重点决定】 2017年，市人大常委会紧扣市委中心工作，结合实际工作需要，依法作出关于“各级人大和代表履职尽责、聚力脱贫攻坚的决定”“关于在全市公民中开展第七个五年法治宣传教育的决议”“关于设立人大制度宣传月的决定”“关于加强审计查出问题整改工作的决定”“关于批准山南市地方政府债券分配使用方案的决定”等。作出聚力脱贫攻坚的决定后，常委会及时召开座谈推进会进行安排部署，各县(区)人大常委会主动作为、狠抓落实，为全市脱贫攻坚贡献力量。

人事任免

【任免制度】 2017年，市人大常委

会坚持党管干部原则和人大依法任免的有机统一，制定对被提请任命人员进行任前法律知识考试的试行办法和人事任免工作办法，完善任前审查、法律考试、任职承诺、颁发任命书、向宪法宣誓等程序和制度，规范任免程序、强化任职监督实效，有利于增强被任职人员的法律意识、责任意识和公仆意识。

【人大代表选举】 2017年，市人大常委会按照区党委部署、自治区人大常委会决定和市委安排，会同有关方面，做好山南市的自治区十一届人大代表选举和成立监察委员会的相关工作。

2017年7月6日，山南市人大常务委员会主任王德文在错那县调研人大代表之家建设情况

代表工作

【代表建议办理】 2017年，市人大常委会组织2个检查组深入有关承办单位，对市一届人大一次会议代表提出的意见建议办理情况进行督导检查，对重视不够、办理不力、答复不及时、代表不满意的单位及时督促整改。对代表在市一届人大二次会议上提出的68件意见建议进行梳理、科学分类，及时交由市政府及有关部门办理，并明确办理时限、工作要求和有关规定。市人大常委会专门听取审议市政府关于代表意见建议办理情况的报告。截至年底，市一届人大二次会议期间代表提出的意见建议，已全部办理完毕，所提问题已经解决或列入计划解决的占72%，答复率为100%、满意率达98.5%。

【考察调研】 2017年，市人大常委会始终坚持常委会组成人员联系代表、定期走访代表和邀请代表列席人大常委会会议、参加有关活动等制度，先后邀请90余名市、县（区）两级人大代表列席常委会会议，不断扩大代表参与常委会和专门委员会工作的广度和深度。组织部分驻山南的自治区十届人大代表和市人大代表，对基层人大工作开展情况、城市建设与管理、特色产业发展、“十三五”规划重点项目建设情况等进行考察。常委会对全市12个县（区）及部分乡（镇）人大工作情况进行专题调研，指导各县（区）人大有计划、有措施开展“人大代表之家”活动，制定具体的活动计划，不定期地组织代表学习党和国家大政方针和法律法规，向选民述职，及时反映群众诉求，广泛交流代表履职经验，不断丰富代表在闭会期间的各项活动。

【“人大代表之家”建设】 2017年，市人大常委会按要求完成全市95个“人大代表之家”建设并充分发挥应有作用，不断拓展代表活动平台。制定常委会联系人大代表、代表履职登记管理等办法，督促代表依法履职尽责。加强代表培训，提高代表履职意识和能力。为无固定收入的市、县（区）、乡（镇）三级农牧民代表分别落实800—2000元不等的履职补贴，有效提升代表的履职热情。同时，坚持向代表寄送《人大工作要闻》《人大常委会公报》等报刊，畅通代表知情知政渠道，加强与代表所在单位的联系，为代表履行代表职务提供充分时间和物质保障。

自身建设

【政治思想建设】 2017年，市人大常委会深入学习贯彻党的十九大精神，深刻把握习近平新时代中国特色社会主义思想的指导地位，有机落实到人大工作实践中。深入推进“两学一做”学习教育常态化制度化，开展“四讲四爱”主题教育实践活动。落实全面从严治党主体责任，加强机关党的建设。制定市人大常委会党组2017年理论中心组学习计划，全年开展理论中心组学习13次。提出“五个作为”（始终忠诚“一个核心”，在厚植执政根基上正确作为；始终强化“两个思维”，在提高履职水平上尽心作为；始终聚焦“三大任务”，在服务中心大局上有效作为；始终抓住“四项职权”，在强化法治保障上务实作为；始终加强“五大建设”，在提升能力素质上全力作为）的工作思路，在市委领导下，在法律框架内，务实有效地开展工作。

【作风建设】 2017年，市人大常委会扎实做好巡视整改工作，召开专题民主生活会，全面落实整改任务。严格考察调研、会议组织、公务接待等工作，不断改进考察、调研、执法检查的组织形式和方式方法。抓好党建工作，严格落实党风廉政建设工作要求，充分发挥党组织的战斗堡垒作用、党员的先锋模范作用和各级领导干部的表率带头作用。严格执行中央八项规定精神、区党委“约法十章”“九项要求”和市委“十项规则”，刀刃向内，正风肃纪，坚决反对和克服“四风”“两问题”，努力营造为民务实清廉、清风正气舒畅的人大工作环境。

【制度建设】 2017年，市人大常委会围绕政治机关、权力机关、代表机关、工作机关建设，先后建立健全代表大会议事规则、常委会议事规则、主任会议议事规则、组成人员守则、人事任免工作办法、咨询专家管理办法、审议意见处理办法、任前法律知识考试办法、满意度测评办法、专题询问办法、讨论决定重大事项规定、代表考察办法、代表建议、批评和意见的提出与办理工作规定、代表履职登记和履职补贴发放办法、联系人大代表办法、专题调研制度等人大履职行权方面的近20件规章制度，扎实推进人大工作法制化、规范化、程序化。召开市人大机关建设和管理工作推进会，建立健全人大机关30余项规章制度，加大制度刚性执行力度，完善人大机关正向激励机制。

【能力建设】 2017年，市人大常委会依托援藏省和区内资源，2017年共组织150余人次的人大代表和人大干部，分别举办2期区外学习考察和在泽当举办1期财经系统干部培训班。2017年5月，市一届人大二次会议以来，建立每次人大常委会会议后，举办专题讲座制度，邀请区内外专家学者，分别围绕“坚持和完善人民代表大会制度”“做好新形势下人大工作”“正确处理‘十三对关系’”“切实发挥代表作用”，已举行4期专题讲座，有利于常委会组成人员和机关干部更新知识、开阔眼界、依法履职。

【宣传工作】 2017年，市人大常委会不断强化人大理论研究和人大制度、人大工作宣传力度，将每年9月设立为“人大制度宣传月”，2017年市人大常委会和各县（区）人大开展以“增强全社会根本政治制度意识”为主题的知识竞赛、以“我履职我作为、献礼党的十九大”为主题的演讲比赛、以“坚持和完善人民代表大会制度”为主题的专题报告会、以“与时俱进推动新形势下人大工作”为主题的理论研讨会等系列宣传活动，创办《山南人大要闻》（半月报）、开通手机信息平台，广泛宣传民主法治建设、人大履职尽责和人大代表风采，讲好山南人大故事，提升人大工作的社会影响力，增强人民群众的人大制度自信。

【整体协调联动】 2017年，市人大常委会不断加强与上级人大、基层人大、区外人大的沟通互动，实现上下联动和横向交流。召开全市12县（区）人大常委会主任座谈会，推进人大工作规范化发展。常委会重视发挥专门委员会和工作机构的作用，支持做好参谋助手和服务保障工作，扎实推进机关党建、综治管理、驻村工作等，不断提升人大常委会整体工作质量。

山南市人民政府

综 述

【概况】 西藏山南地区位于冈底斯山与念青唐古拉山之间的河谷地带，雅鲁藏布江中游，地处西藏南部边陲，因地处冈底斯山以南而得名，素有“藏南谷地”“西藏粮仓”之称。山南北与拉萨毗邻，西连日喀则地区，东连林芝地区，南与印度、不丹接壤，地跨东经北纬27°08′—29°47′、90°14′—94°22′，国土面积7.97万平方公里，平均海拔3700米左右。

2016年5月27日，中共山南市委、市人大、市政府、市政协和市纪委举行揭牌仪式，标志着山南市正式成立。下辖1个区（乃东区），11个县（琼结县、扎囊县、贡嘎县、浪卡子县、洛扎县、措美县、错那县、隆子县、曲松县、加查县、桑日县），24个镇，59个乡，556个村（居）委会（59个居民委员会，497个村民委员会）。

2017年，山南市共有361080人，其中农牧民297994人。全市有藏族、汉族、门巴族、珞巴族等28个民族，其中藏族占96.3%，其他少数民族占0.5%，门巴族965人、珞巴族260人。

2017年，山南市全年完成生产总值145.83亿元、增长10.1%，全社会固定资产投资261.7亿元、增长40.5%，一般公共预算收入16.67亿元、增长22.2%，社会消费品零售总额50.7亿元、增长13.4%，城镇居民人均可支配收入28535元、增长10.2%，农村居民人均可支配收入11265元、增长13.7%。

【建议、提案办理】 2017年，山南市人民政府主动向市人大及其常委会报告工作，向市政协通报情况，共办理人大建议66件、政协提案157件。

【供给改革】 2017年，山南市减少无效和低端供给，增加有效供给和中高端供给。6个粮食主产县区青稞单产提高25公斤，粮食总产达到16.3万吨。华新水泥三期项目开工建设，新培育发展商砼站2家，有效缓解建材供需矛盾。实施创新驱动战略，及时召开全市科技创新大会，出台“双创”实施意见和奖励办法，全国质量强市示范城市成功申建，全国商标战略示范城市、乃东全国现代农业示范区建设有序推进。设立1000万元的就业专项资金和500万元的创业扶持资金，激发发展活力。

2017年2月25日，西藏自治区副主席汪海洲在山南市调研

【产业转型升级】2017年，山南市24个“百千万”工程基本建成，扎囊藜麦国家农业综合标准化示范区项目成效明显，洛扎粉丝成功创建国家地理标志保护产品。加查和大古水电站加快建设，拉郊、嘎堆水电站和5座光伏电站并网发电，3座水电站和13座光伏电站实现产值7亿元。雅砻圣泉全线投产，西藏福地大包装水一期顺利开工。中材祁连山水泥转移落地。扎西康整装勘查区发现超大型铍锡钨稀有金属矿床。藏中旅游东南环线全面打通，达古等景区建成开放，全年接待游客348万人次、实现收入14.2亿元，分别增长24%、19%。山南被列为全区电子商务整体推进示范地市。

【项目建设】2017年，山南市成功录入国家项目库项目2055个、总投资337亿元。685个“十三五”规划项目开工建设439个，累计完成投资319亿元。10亿元以下项目前期工作全部完成。拉林铁路山南段加快建设，泽贡高等级公路建成通车结束山南没有高等级公路的历史，乡镇和村居通畅率分别达到96.3%、67.8%。卓于水库启动“三通一平”，雅砻水库实现下闸蓄水，农田灌溉保证率和农村安全饮供水保障率分别达到80%、90%。新一轮农网升级改造工程加快推进，藏中电网实现乡镇全覆盖，行政村实现100%通电目标。

【脱贫攻坚】2017年，山南市在2016年脱贫攻坚工作被评为全区优秀等次基础上，再接再厉、扎实工作，乃东区顺利摘帽，洛扎等6个县基本达到摘帽标准，172个村居达到退出标准，18089名建档立卡贫困人口达到脱贫标准。4个集中安置点即将全部入住。50个扶贫产业项目建成投产，92个扶贫产业项目加快建设，形成生态扶贫、光伏扶贫、能人带动等亮点，拉康水电站被列入自治区资源开发资产受益扶贫改革试点。农牧民人均可支配收入突破万元。

【改善民生】2017年，山南市“十大民心工程”兑现惠民资金7亿元，强基惠民活动为民办实事7681件。率先在全区实现县域义务教育均衡发展全域通过目标，百名教师“二下二上”支教交流全面铺开。市藏医院成功创建三甲民族医院，包虫病综合防治完成人群筛查，流浪犬收容中心建成使用。会同湖南省成功举办2017中国西藏雅砻文化节，评选首届“雅砻文学艺术奖”。实施“双业”工程，“万人技能培训计划”完成培训1.1万人，城镇登记失业率控制在2.1%以内。社保参保率达到97%以上。“五保”集中供养中心和儿童福利院改造、残疾人康复就业等工作扎实开展。

2017年7月11日，山南市委常委、副市长廖良辉在扎囊县调研项目建设情况

【城乡建设】2017年，拉萨山南经济一体化发展有序推进，江北新区开发建设有条不紊，总体规划和10个专项规划基本编制完成，拉萨山南快速通道、江北防沙治沙等重大项目有序实施，雅江中游山南段生态屏障建设完成初步方案。山南被确定为全国第二批城市设计试点城市，泽当大道等一批市政功能提升项目建成使用。统筹城乡发展示范区加快建设，3个特色小城镇、19个边境小康村建设稳步推进，4个高寒乡镇供暖工程、36个基层政权示范点建成使用。市委边境工作会议成功召开，加快边境发展的实施意见正式出台，边境地区发展进入“快车道”。

【生态保护】2017年，山南市配合完成中央环保督察，61个问题全部办结。编制森林围城规划，完成植树造林11.68万亩、封山育林4.27万亩、防沙治沙14.8万亩。

"河长制"全面建立,羊湖生态环境保护、雅砻河源头治理、农村饮用水源地保护等项目加快建设,农药化肥"零增长"、锅炉"煤改电"试点全面启动。八项环境专项整治成效显著,集中整治广告牌匾、建筑工地等领域突出环境问题。建成自治区级生态乡镇14个、村居103个。市环保局被评为全国环保系统先进集体。国家生态文明先行示范区基本建成。

2017年3月31日,山南副市长张福臣在食品药品宣传活动现场询问了解食品药品相关情况

【改革开放】 2017年,山南市12个县(区)统计局顺利组建,权责清单"建管用"工作扎实推进。乃东农村综合改革、农村土地"三权"确权、集体林权制度改革等稳步推进,永久基本农田全面划定。"放管服"改革和商事制度改革不断深化,市政务服务中心获批国家社会管理和公共服务综合标准化试点单位。市场主体发展到2.24万户、注册资金417.5亿元,分别增长16.1%、41.8%。深化与对口援藏省市的交往交流交融,党政代表团赴三省汇报工作、争取支持,浪卡子措美错那规范化学校项目建成投入使用,加查、桑日、乃东、扎囊小康示范点项目基本建成,完成援藏投资4亿元。央企入藏签约项目38个。招商投资完成22亿元,天籁之声挂牌上市。

【社会治理】 2017年,山南市严格落实市委"下沉基层、片区巡逻、积案化解"等措施,深入开展民族团结进步示范创建工作,巩固深化"三个一"活动,确保党的十九大等重要节点社会和谐稳定,综治和"先进双联户"创建工作荣获全区第一、第二名。配合国务院安委会完成3轮巡查督查,深入开展安全生产"百日大排查大整治"专项行动,安全生产工作荣获全区第一名,山南被评为全国防震减灾工作综合考核先进单位、被确定为国家安监总局安全生产领域改革发展联系点。优化发展环境专项行动持续发力,出台违建处理、征地拆迁等配套政策,土地房屋领域违法违规问题增量全面控制、存量明显减少。截至年底,全市主动退还私占土地5636亩、拆除违规建筑14.9万平方米、拔除抢栽抢种树木60.2万余棵,降低建设成本达数亿元。土地收储工作进展有序,泽当城区5100余亩土地收储测量建卡工作基本完成。落实2017年度泽当城区失地保障金700余万元,有效提升群众供地支持项目建设的积极性。推进信访工作制度改革,制定出台《全市信访"业务规范年"活动实施方案》,扎实开展突出问题化解工作。全年排查涉访矛盾纠纷41起,成功调处39起,调处率95%。排查信访突出问题19件,化解12件。严格执行"四级信访接访日"制度,全年7244名领导干部参与四级接访,接待来访群众235批601人次,解决各类信访问题210件。

【自身建设】 2017年,山南市人民政府全面落实政府党组定期学习、"双随机一公开"全覆盖等制度,集中开展重大项目审计、脱贫攻坚专项稽查等工作,专门制定建设领域党员干部"十不准"等长效制度,区党委巡视组反馈意见涉及政府系统的3方面12项26个具体问题全部整改到位。扎实推进政府系统"两学一做"学习教育常态化制度化,深入开展"四讲四爱"主题教育,践行"马上就办"精神和"一线工作法",提升政府服务效能。

办公室政务工作

【概况】 2017年,山南市人民政府办公室(以下简称市政府办)内设正科级行政科室18个，分别为市政府办公室市长办、研究科、政府督查室、综合科、秘书一科、秘书二科、秘书三科、政府金融工作办公室、应急管理科（总值班室）、政工人事科、信息综合科、信访接待科、信访办理科、接待办、财务科、保卫科、市驻拉萨办事处、市驻成都办事处。市政府办公室内设正科级事业科室2个，分别为机关后勤服务中心、信息技术中心；代管正科级事业单位1个，为市政务服务中心。实有113人，其中地级干部13人（含2名援藏干部、1名挂职），县级干部13人（含2名援藏干部）；行政科级领导职务35人，事业科级领导职务4人；行政科级非领导职务15人（7个主任科员、8个副主任科员），科员7人，工勤人员24人，专业技术人员2人。

【以文辅政】 2017年，市政府办始终立足全市经济社会发展稳定大局，瞄准经济社会发展重大问题、跟踪领导关注的焦点问题，多次组织相关县（区）和部门开展实地调研和分析论证会，参与起草《中共山南市委员会关于〈中共西藏自治区委员会关于高举习近平新时代中国特色社会主义思想伟大旗帜 决胜全面建成小康社会 加快全面建设社会主义现代化西藏的意见〉的实施意见》，起草《关于深化教育改革推进教育事业科学发展的意见》《关于加快发展现代职业教育实施方案》《关于推进安全生产领域改革发展的实施办法》《关于推进科技长足发展促进大众创业万众创新的实施意见》等一系列指导性文件。起草市政府领导讲话180余篇、典型材料120余篇、交流发言材料80余篇和汇报材料130余篇，编发市政府各类会议纪要144期、办公室党组会议纪要22期、秘书长会议纪要6期，高质量完成市政府工作报告和市政府领导在经济工作会议、政府2017年第二次全体会议、季度经济运行分析会等重要会议上的讲话，充分发挥以文辅政的作用。

【督查督办】 2017年，市政府办充分落实服务职能，坚持督查全覆盖、督查有针对、督查有实效，综合采取文电督查、实地督查、跟踪督查、专项督查、立项督办等多种方式，对中央、自治区和市级各项重大决策、工作部署和领导指示批示进行督查落实。创造性建立《山南市人民政府工作任务交办单》《重点项目周督查制度》，全面规范督查程序和要求，每项督办任务做到登记（录入督查台账）、交办（填写《市政府工作任务交办单》）、催办（电话催办、下发催办通知）、回告（填写《市政府督查室督办事项落实情况报告单》）、存档等五个环节，确保督查任务不遗漏、有督促、有回音。2017年开展实地督查30余次，下发督办通知58期、督查通报17期、交办单50期、催办单1期，编制督查报告单142期、督查专报25期，向自治区、市委上报会议情况报告87期，上报网民留言、政策措施落实情况、“两会”建议提案及督查信息等文件21期。稳步推进“12345”市长热线开通工作，科学制定工作规则、工作流程等制度，组织开展人员面试、复试、培训等工作。

【信息服务】 2017年，市政府办以宣传山南好做法、新亮点和服务领导决策为宗旨，健全完善《政务信息量化考核标准》和《政务信息工作实施细则》，严格落实信息通报制度，有效激发各单位信息员工作热情，切实抓好信息参考、决策服务工作，信息和专报采用得分稳定保持全区第二的好成绩。全年向自治区上报《山南信息》1496条、被采用数量居全区第二。上报《山南专报》43篇、被采用数量居全区第二。编辑下发《山南政务信息》54期，《信息报送及采用情况通报》4期。

【信访工作】 2017年，市政府办坚持重点问题要防、难点问题要盯、热点问题要疏、一般问题要复的原则，开展“四级信访接访日”制度，研究制定《律师参与信访工作制度》《疑难复杂信访事项督查督办制度》，突出铁路公路、电站水库、征地拆迁、扶贫搬迁等重大项目和重点领域，对久拖未决信访积案和疑难复杂信访问题进行限期攻坚化解，全面落实“控增减存”任务，全力以赴完成积案“清仓见底”目标，使一批长期想解决而没有解决的疑难复杂信访问题得到妥善化解。“信访业务规范年”“责任落实年”“十九大信访攻坚月”创新做法被自治区作为典型，在全区范围内得以推广。严格落实区、市两级维稳工作部署，按照既定戒备等级下维稳工作任务，开展值班带班和应急处突各项工作，特别是在全国“两会”、三月重要时期、“一带一路”高峰论坛、党的十九大等重大政治活动和重要节点，先后3次派专人赴北京和拉萨开展信访靠前值守。

2017年,市、县两级信访机构共办理群众信访311批(件)次701人次,信访批次和人次较2016年同比分别增长159%和120%。其中,来访302批692人次、来信9件9人次。已办结302件,正在办理9件,办结率97.1%。完成市县信访机构"今日头条"注册,搭建信访舆论平台。

【政务服务】 2017年,市政府办扎实做好自治区级服务业标准化试点单位建设,组织标准化培训、规范使用文明用语、制作标识标牌,推动政务服务大厅规范有序运转。2017年5月市政务服务中心获批国家第四批社会管理和公共服务综合标准化试点建设单位。深化"放管服"改革,简化办事程序,优化服务水平,协助推进商事制度改革、不动产登记、居民身份证跨省异地受理、新型防伪入网印章、计划生育改革等政策落到窗口上,全力推行一站式审批。强化对窗口工作人员管理,严格工作纪律,规范考勤通报,改善服务态度,努力树立政务服务大厅对外良好形象。2017年,政务服务中心共受理行政审批及公共服务事项7.4万余件,办结7.3万余件,办结率99%。

【融资服务】 2017年,市政府办坚持金融服务实体经济的本质要求,加大对实体经济中重大项目的融资力度,2017年完成"十三五"重点项目前期经费、新增异地搬迁、水利基础设施、完中建设项目共计授信21.99亿元,发行全区首笔土地储备专项债2.9亿元。制定市、县两级的《"政府风险补偿基金+银行信贷"支持产业精准扶贫项目管理办法》,设立政府风险补偿启动资金3.78亿元,撬动产业贷款规模30.24亿元,撬动产业扶贫项目34个,贷款金额3.13亿元。全区首笔政府风险补偿基金支持产业扶贫贷款在山南市扎囊县成功发放。率先实现建档立卡贫困户档案全覆盖,金融精准扶贫模式在全区得到推广。落实中央、自治区"禁止地方政府违法违规融资"要求,清理地方存量债务近10亿元,协助制定完成《山南市政府购买服务管理办法》,规范地方政府融资行为。

【规范公文办理】 2017年,市政府办在公文办理方面坚持从严、从精、及时、实效的原则,严把公文制发政策关、体例格式关、文字关和校核关,确保公文质量优良。提高公文办理效率,实行办文限时制度和公文处理全程跟踪服务制度,做到急件急办、特件特办、密件专办。文件收发及时,传递迅速,校印规范,分发准确,归档完整,实现零积压、零延误、零泄密,切实提高市政府工作的实效性。全年整理下发领导批示181期、批复160件,签收办理各类公文3165件,印发文件1048件,收发电报1988件。扎实做好档案管理利用工作,完成自治区政务志编纂委员会所需资料的收集、整理和上报工作,开展中国国家地理杂志社山南篇编纂,整理归档2014—2015年档案254盒、3628件。稳步推进市政府门户网站建设,注重网络安全检查,专门配备保密检查工具,组织开展保密自查6次,做到保密检查全覆盖、零盲区。

【服务会务活动】 2017年,市政府办严格执行会议审批制度,狠抓会前准备、会中服务、会后落实三个环节,反复核查容易出现问题的细节,精细精心组织,做到各类会议不出纰漏、细致圆满。主动加强与湖北、湖南、安徽三省对接,牵头组织山南市党政代表团赴"三省"对接项目工作,先后筹备或协助筹备自治区主要领导赴山南市调研活动、全区文物保护单位消防工作和部队管理现场会、市委一届二次党代会、全市科技创新大会、产业精准扶贫和项目建设现场交流观摩会议、央企助力富民兴藏座谈会和调研活动等各类会议498次。

【应急处突】 2017年,市政府办严格按照自治区和市委、市政府有关工作要求,落实好应急信息处理上报工作,协助自治区应急办成功举办去全区社区应急救援(第一响应人)培训工作,对乃东区8个社区进行应急救援知识和实践能力培训,得到自治区应急办的高度肯定。充分发挥政府系统"指挥中心"作用,严格执行24小时全日制政务值班制度,完善全市应急预案体系,规范值班应急和政务处理程序,市政府系统节假日值班和应急工作快捷有序。全年接收、办理各县(区)、各部门因异常气候引发的地质灾害等公共突发事件5件,在应急处置工作中做到无一差错、无一延误。

【公务接待】 2017年,市政府办严格落实中央"八项规定"、区党委"约法十章""九项要求"和市委"十条规则"、市政府"五项规定"要求,执行《党政机关厉行节约反对浪费条例》《山南市公务接待管理办法》,起草《关于规范接待工作的建设性意见和建议》。始终坚持热情大方、有礼有节的服务宗旨,注重抓好迎送服务、膳食服务、住宿服务、行车服务、规格安排等工作。圆满完成国务院安委会督察组、中央环保督察组、自治区“喜迎十九大 哈达献北京”文艺演出、同心共铸中国心山南大型公益活动、安徽省医疗人才组团式援藏轮换、乌克兰驻华大使等国外事交往的接待任务。全年接待来宾429批、12307人次,其中,外侨3批、省部级以上领导66批、492人次。严控公务接待审批,接待经费合计214.59万元,同比下降56.63%。落实巡视整改要求,主动向接待对象收取伙食费。

【财务管理】 2017年,市政府办制定《山南市人民政府办公室机关内部自行采购管理暂行办法》,健全《山南市政府办公室各项经费报销暂行管理办法》,全面整理经费报销内容,明确细化报销金额标准和报销审批程序,从制度层面完善财务细节、规范财务程序、优化财务工作。强化财务监督,严格落实预决算公开和“三公经费”使用公开制度,加强收支两条线管理和现金管理,成立办公室集中耗材采购、食堂管理、基建维修、车辆维修4个方面的领导小组,全面负责办公和家具耗材、食材采购、项目监督、车辆维修等涉财事项,并相应建立有会议纪要、有多方询价单、有合同签订、有验收凭据的一套资料档案,做到有理有据、账目清晰、手续齐全,确保经得起历史和实践的检验。切实以整改落实区党委巡视组反馈意见为契机,全面开展2014—2016年财务“回头看”工作,查漏补缺、及时整改、总结经验,规范财务工作。对资金数额较大的项目,坚持邀请市审计局,加强跟踪审计工作,确保合法合规。

【平安机关建设】 2017年,市政府办开展“双联户”服务管理和平安机关创建,参与综治平安建设宣传月周日、法制宣传日、安全生产等各种宣传活动,创建“先进双联户”与驻村点精准扶贫相结合机制,组织联户长利用国家扶贫日为驻村点道布龙村贫困户捐款捐物4400余元,协调第十联户单位联户长张丽钦深入扎囊县吉汝乡完小,开展“关爱儿童、关爱成长”捐资助学活动,赠送价值4万余元的学习和生活用品。严格落实保卫科人员24小时巡查制度,加强对流动人员的管理,逐级签订大院综治“双联户”责任书、党的十九大前后维稳军令状,全面加强党的十九大前后维稳安保的各项工作,确保大院万无一失。为切实提高应急处突能力,保卫人员和应急值班人开展“防暴力冲击和自焚事件”实战演练;邀请市消防支队和反恐支队,开展反恐防暴及消防疏散应急知识讲座和综合演练;3月约谈违反维稳纪律的6名带班值班人员,并取消6人2017年评先评优资格和当日带班值班补助。

【后勤服务】 2017年,市政府办加强对办公楼电梯、消防设施、电器设备的维修保养和水电管理工作,及时对市政府201会议室、209会议室、办公楼雨棚和大门屋顶进行维修,保证机关大楼正常运转。加强干部职工周转房日常管理和机关食堂管理各项工作,加强市政府院内绿化,及时修剪、补栽树木,改善干部职工工作生活环境。严格执行《山南市行政事业单位公务车辆管理办法》,始终坚持“安全、准时、周到、节俭”的原则,统筹安排车辆使用,注重加强驾驶员思想教育,引导驾驶员树立爱单位、爱公车的主人翁意识,做到安全用车、规范用车。

【党建工作】 强化组织抓党建,2017年,市政府办及时召开办公室党建工作专题会议,调整充实党建工作领导小组,制定实施《市政府办公室党建工作计划》,逐级签订《机关党建责任书》,做到工作有部署、任务有分工、执行有力度。

强化督促推党建。2017年8月,市政府办召开党建工作推进会,研究分析党建工作推进情况,印发《办公室党总支关于组织召开党支部组织生活会和开展党员民主评议的通知》,从时限、流程和痕迹化管理等方面规范组织生活会,做到有安排、有部署、有督促、有落实。市政府领导带头执行领导“双重”组织生活会制度,以普通党员身份参加所在支部组织生活会。圆满完成山南市驻拉萨办事处党总支和成都办事处党总支及21个所属党支部换届选举工作。办公室党组书记分别与班子成员、党总支书记、3个机关党支部书记逐一开展谈心谈话。

【学习教育】 抓思想教育,根植对党忠诚。2017年,市政府办通过理论学习升华理想信念,通过升华理想信念坚定“四个自信”,建立每周一学、专家辅导等制度,扎实推进"两学一做"学习教育常态化制度化，学习中央、自治区和市委、市政府各项决策部署，共组织党组理论中心组学习9次、干部职工集体学习49次，撰写心得体会2万字以上，学习交流70余人次，切实加强理论学习，武装头脑、坚定自信、根植忠诚。

抓贯彻落实，践行对党忠诚。2017年，市政府办坚决与以习近平同志为核心的党中央保持高度一致，吃透把准中央、自治区赋予的财政、税收、金融、保险、投资、土地、干部待遇等方面的优惠政策，全方位、立体式提高谋划办公室参与政务、办理事务、协调服务和参谋助手、督促检查等工作能力，确保市委、市政府各项决策部署和领导交办事项落地生根。全年共召开办公室党组会22次、秘书长办公会6次，建立限时办结、首问负责、任务派遣单等制度，开通"12345"市长热线，做到事事有回音、件件有着落。

【队伍建设】 强化班子建设。2017年，市政府办党组高度重视领导班子建设，结合班子成员任职经历和能力特长，建立科学的班子成员分工机制，确保职责清晰、交叉有序、作用发挥充分。贯彻落实民主集中制原则，坚持一手抓班子成员思想政治建设，一手抓履职尽责能力，切实营造坦诚相待、团结友好、密切合作、齐心协力的工作氛围。

强化干部队伍建设。2017年，市政府办紧紧围绕贯彻落实新时期好干部标准，关心干部成长，树立正确用人导向，严格按照干部选拔调整程序和要求选配干部，确保组织满意、干部顺心、职工满意。2017年提拔使用交流优秀干部10名，对2016年选用的15名干部进行试用期转正考核，干部使用满意度达到99%以上，切实激发干部职工的热情和干劲。

强化日常教育管理。2017年，市政府办党组成员和各科室负责人严格履行好分管领导责任和直接管理责任，参与"两学一做"学习教育制度化常态化、"四讲四爱"主题教育实践等主题活动，切实将纪律挺在前面，从严加强干部职工日常教育、日常管理，经常性地开展谈心交心、沟通交流，发现问题及时提醒、及时诫勉，避免小错误演变成大问题，做到管好自己的人、办好自己的事。

注重关心关爱。2017年，市政府办及时解决干部职工工作生活中的困难，设立党员活动室和职工健身室，全面加强日常交心谈心、周转房管理维修、食堂质量提升等工作，建立困难党员帮扶、干部住院慰问、群团活动释压等配套措施，切实增强办公室的凝聚力和战斗力。

【巡视整改】 高度重视，专题部署。2017年，市政府办党组始终站在讲政治、讲大局的高度，把巡视整改工作作为当前的重要政治任务来抓，先后召开3次党组会议研究部署巡视整改工作，形成整改任务有人抓、整改进度有人督的局面。

压实责任，形成合力。2017年，市政府办制定《关于落实区党委巡视三组反馈意见的整改方案》《关于推动整改落实巡视反馈意见任务分解的通知》《巡视整改专题民主生活会方案》，成立专门领导小组和办公室，明确问题整改责任人和完成时限，制定工作进度周报告机制，层层压实责任，形成强大工作合力。

立足长远，管久管远。2017年，市政府办坚持以巡视整改为契机，坚持问题导向，注重总结提炼，出台《党员民主评议制度和流程》《党员发展制度和流程》《"三会一课"计划报备和督查通报制度》《机关内部自行采购管理暂行办法》等一系列规章制度，注重对党支部会议和活动记录的检查指导，采取调换和分间方式对2个超标办公室进行整改，强化办公室党组织建设，规避廉政风险点，高效完成巡视整改任务。截至年底，除超编超职数配备干部需要长期整改外，其余15项均在整改时限内完成整改。

【党风廉政建设】 搭建廉政链条。2017年，市政府办按照"领导班子好、党员队伍好、工作机制好、工作业绩好、群众反映好"的标准，逐级签订《党风廉政建设责任书》，形成分工明确、责任具体、一级抓一级、层层抓落实的工作格局。

严格主体责任。2017年，市政府办召开党风廉政建设工作会议，落实党组"九个方面"主体责任、党组书记"六个方面"的主体责任、班子成员"四个方面"的主体责任，坚持"逢会必讲、有案必学、有警必示"原则，统筹安排部署廉政工作，确保党风廉政建设不断深入。5月，对1名严重违纪违规人员给予党内严重警告和行政记过处分，对2名科室履行教育管理责任不到位人员在干部职工大会上进行通报批评，并取消2人年度评先评优资格。

制度建设。2017年，市政府办健全完善党组会议、秘书长办公会议、车辆使用管理和维修制度、经费报销管理办法、理论学习制度、机关考勤制度等43项规章制度，全面推行“值班室统一登记、办公室层层审核”加班登记制度，健全完善公务接待清单制、集中采购询价必选制，切实织牢织密管权管人管事规章制度，切实形成全面从严治党的新局面。

【强基惠民】 2017年，市政府办始终把强基惠民工作作为办公室一项重要工作提上工作日程，及时召开专题会议和3次党组会议，安排部署强基惠民工作，做到常研究、常部署、常过问、常督导，从领导层面形成细抓狠抓驻村工作的良好格局。坚持每年从办公室经费中拨出10万元作为驻村工作队活动专项经费，坚持实行班子成员轮流每2个月赴驻村点开展一次看望慰问调研机制，切实从资金保障上、日常生活上、干部使用上和项目支持上充分展现组织的关心关怀。各驻村工作队沟通所在县（区）、乡镇、村（居）委会，扎实开展脱贫攻坚工作，争取资金185万元实施鲁琼机井维修、建立便民牧桥等一批惠民项目，为浪卡子居委会、道布龙居委会争取到各10吨牲畜饲料，协助解决泽当居委会3名重症患者报销高昂的医疗费用。扎实开展结对帮扶工作，干部职工共为帮扶对象送去慰问金38450元。

信　访

【概况】 2016年政府机构改革中，撤销原信访局副县级建制，缩减编制，与政府办挂一块牌子，下设信访接待科、信访办理科2个科室。核定人员编制6人，实际配备5人。2017年经市机构编制委员会研究，增加副县级副局长1名。

2017年，全市信访系统坚持围绕中心、服务大局，突出基础业务规范、信访问题化解、重大活动保障“三项重点”，实现分析研判和宣传引导“两大突破”，开展责任落实年和业务规范年“两项活动”，深化信访工作制度改革和信访法治化建设，加强源头治理，加大信访矛盾化解力度，强化信访应急处突工作，维护群众合法权益和社会和谐稳定。2017年全市信访总量311件701人次，同比分别上升159.23%、137.62%。其中市信访局登记办理83件，占总量的27%；12县区信访局登记办理144件，占总量的46%；市县两级责任单位登记办理84件，占总量的27%。

【信访维稳工作】 2017年，山南市把迎接服务党的十九大作为首要政治任务和头等大事，精心谋划部署、提前进入战备，制定出台《喜迎党的十九大“信访攻坚季”活动实施方案》，以最高标准、最严要求、最强力度、最实作风抓好中央、区党委和市委、市政府各项决策部署和工作要求的贯彻落实，受到自治区党委、政府有关领导和市委、市政府主要领导的充分肯定。党的十九大、全国“两会”“一带一路”高峰论坛、自治区“两会”、自治区第九次党代会等重大活动期间，先后指派专人驻京、驻拉萨开展信访靠前值守，加强信息研判预警和应急处置，牢牢掌握工作主动权，最大限度预防和控制因信访问题产生的各类负面影响。同时，坚持标准不降、力度不减，毫不松懈做好市“两会”、三月重要时期、“萨嘎达瓦”、换届选举等期间信访维稳工作，全年未发生越级进京非正常上访事件、未发生大规模越级集体上访事件、未发生因信访问题引发的极端恶性事件和舆论负面炒作，完成信访保障各项任务。

【信访改革】 2017年，山南市规范

2017年3月27日，山南市召开全市信访工作会议

和加强信访信息系统应用，针对各县区、各单位信息系统业务不熟悉、操作不规范，个别单位系统密钥丢失损坏等问题，赴各县区开展业务培训11场次，约请市直单位密钥管理使用人员到市信访局接受一对一培训46人次，向38家县区、乡镇和市直单位补发密钥38个。根据信访形势任务需要，将市、县两级部分中、区直单位接入信访信息系统，拓宽信息系统的覆盖面和提高深度应用率。在全区率先开展“业务规范年”活动，制定出台《全市信访“业务规范年”活动实施方案》，紧密结合全国信访“责任落实年”活动，找准两项活动的契合点，坚持两手抓、两促进，基层信访基础业务得到不断规范。“业务规范年”活动受到自治区联席办通报表扬，在全区范围内做经验推广。严格落实访诉分离，坚持依法分类处理信访诉求工作，邀请中院律师和司法局法律援助律师参与日常接访工作，探索建立律师参与信访工作长效机制，将17批件涉法涉诉信访问题成功引入司法途径，消除个别上访人员“信访不信法”的心理。

【矛盾纠纷化解】 2017年，山南市启动涉信涉访矛盾纠纷“周报告”机制、信访突出问题“月报告”机制、“日报告”机制，加强信访信息汇总梳理，逐项建立工作台账，对全市范围内的信访突出问题实行动态式管理、列表式推进、挂图式作战，坚决做到化解一起、销号一件。全年共排查涉信涉访矛盾纠纷41起，成功调处39起，调处率达到95%。共排查信访突出问题19件，化解12件，未化解到位的7件已按照市委、市政府及市信访工作联席会议的要求，明确包案领导、化解时限。涉及问题的各县区、各单位要强化责任担当，主动解决。严格执行“四级信访接访日”制度，加大对领导干部定日定点参与接访的督查力度，现场指导并严肃纠正检查过程中发现的有安排、无落实，有台账、无记录等问题。全年全市7244名领导干部参与四级接访，接待来访群众235批601人次，解决各类信访问题210件。

【督查督办】 2017年，山南市发挥信访督查督办职能，采取实地督查为主，网上督查、电话督查、文电督查相结合的方式，对各县（区）、各部门特殊疑难信访问题专项资金设立使用、涉信涉访矛盾纠纷排查调处、“四级信访接访日”制度落实、初信初访事项办理、信访信息系统操作应用等进行全方位督导检查。全年对各县区信访机构及市、县两级有权处理责任单位开展电话督办62次、网上督办32件次，有效提高信访事项及时受理率和按期办结率。2017年全市信访事项及时受理率达到100%、按期办结率达到92.86%，分别位居全区第一位、第三位。市联席办组成信访工作专项督导组赴12县（区）、部分乡镇、企事业单位开展实地督查2次，联合自治区信访局赴12县区实地督查2次，提出整改意见23条，特别就基层信访工作组织领导、机构建设、人员配备、责任落实等方面提出明确整改意见，扎囊、浪卡子、错那等县已单独设立信访局，其他县（区）也相应增加业务经费、工作力量，各级各部门对信访工作的重视程度有所提高。

【宣传引导】 2017年，山南市充分利用普法宣传、综治宣传等活动，精心制作发放藏汉双语宣传资料，以动漫等喜闻乐见的方式加以宣传，让群众更直观、更形象地了解信访相关法规知识，提高群众依法信访、依法维权意识。协助开展法制教育培训工作，先后从信访部门指派业务能力强、政策水平高、善做群众工作的信访骨干到市法制教育培训基地进行授课，就《信访条例》、依法逐级走访办法、信访人员“六个不得”、公安部关于信访活动中的违法犯罪行为等法规政策开展集中宣传解读，加强正面宣传教育引导，让受教群众摒弃“信访不信法”“以访谋私利”“以闹求解决”等错误观念和违法行为，树立依法信访、违法必究的信访法治观念，有效规范受教群众信访行为，营造依法有序的信访秩序。

藏语言文字工作

【概况】 2016年5月27日，山南撤地设市后，正式挂牌，地区藏语文工作委员会办公室（编译局）更名为山南市藏语文工作委员会办公室（市编译局），有4个内设机构，办公室、综合科、语管科和编译科。实有干部21名，其中藏族19名、汉族2名。市藏语委办（市编译局），领导核定指数5个，有正县2个、副调研员1个、副县3个，局内设机构领导指数8个，内设机构领导有正科3个、副科4个、副科级干部1个。

【思想建设】 2017年,市藏语委办(编译局)组织党员干部学习党章党规、系列讲话、党的历史、经典理论,不断提高广大党员的政治素养。努力提升民主生活会质量,持续抓好党性教育这个核心,弘扬党的优良传统和作风,教育引导党员干部牢固树立正确的世界观、权力观、事业观,坚定政治立场,讲党性、重品行、作表率,以实际行动彰显共产党人的人格魅力。

【组织建设】 2017年,市藏语委办(编译局)加强党组和党支部班子建设,充分发挥党的领导核心作用和党支部战斗堡垒作用,加强党员队伍教育管理,健全党员立足岗位创先争优长效机制,优化党员队伍结构,全面提高党员队伍综合素质。

【制度建设】 2017年,市藏语委办(编译局)严格落实理论中心组学习、"三会一课"等制度要求,巩固拓展"三严三实"专题教育、"两学一做"学习教育成果,弘扬优良作风,营造党员干部想在前、站在前、干在前的浓厚氛围。全面梳理党建工作制度体系,理清党建工作责任,为抓好党的建设提供制度遵循。

【作风建设】 2017年,市藏语委办(编译局)紧密联系藏语文工作和党员队伍的思想实际,开展形式多样的党风廉政教育活动,引导党员干部改进作风,牢固树立正确的权力观、地位观、利益观,领导班子带头遵循《中国共产党章程》、贯彻落实中央"八项规定"和区党委"约法十章""九项要求"、市"十项规则",按照《中国共产党章程》和《中国共产党党员领导干部廉洁从政若干准则》要求,切实做到自重、自省、自警、自励,时刻牢记自身使命,夯实廉洁从政的思想基础,筑牢拒腐防变的思想防线。

【经费与人员】 2017年,全市各县(区)、各有关部门贯彻落实《市政府关于加强藏语言文字工作意见》,不断加大"四有"要求的落实。全市12个县(区)藏语委办的办公场所,办公条件得到明显改善;专项业务经费均被列入本级财政预算,隆子、错那2县专项业务经费分别达到10万元以上,桑日、洛扎、浪卡子、琼结、乃东、措美、加查、曲松8个县(区)业务经费均达到8万元,贡嘎县业务经费4万元,扎囊县业务经费2万元。全市藏语文系统人员编制62名,实有人员65名,隆子、贡嘎2县达到意见中"藏语委办(编译局)工作人员不少于5人以上"的要求。

【学习使用藏语文】 2017年,除各级藏医部门、在校学生、寺庙僧尼、社会人群外,干部职工学习使用藏语文的主动性和自觉性逐步增强。各级党委、政府在重要会议、重大活动和重要政策颁布实施等方面加大藏汉双语同时使用的力度,切实发挥藏汉双语使用带头作用。司法机关根据群众需要,在办案过程中灵活采用藏语言文字,满足群众需求,扩大藏语文学习使用范围。各大营业厅、服务厅、便民大厅等的办事程序和公共场所的宣传文字基本实现藏汉双语。在乃东区克松居委会开展全国双语和谐乡村候选推进工作,为推荐全国双语和谐乡村(社区)建设奠定基础。

【社会用字工作】 2017年,市藏语委办(编译局)开展以泽当城区为重点的社会用字规范检查专项行动4次。对县、乡(镇)、街道、旅游景点,公路沿线、宗教活动场所等开展藏语文社会用字督查整改专项行动,规范藏语文社会用字混乱现象。

2017年,市藏语委办(编译局)陪同以自治区人大常委会副主任维色为组长的执法检查组一行,深入4个县(区)和市直有关单位对双语教育工作和《西藏自治区学习使用和发展藏语文的规定》情况执法检查。

2017年,市藏语委办(编译局)配合自治区藏语委办深入各县(区)旅游景点、宗教活动场所开展宗教活动场所名称、创建时间、创始人、教派、所在地等进行实地调查核实,并对各县(区)藏语委办"四有"落实情况进行督促检查。

2017年,市藏语委办(编译局)成立专项整治工作小组,对泽贡高等级公路沿线开展"建设美丽山南·喜迎党的十九大"社会用字专项整治工作,为党的十九大胜利召开营造良好的语言文字环境。全年共检查门牌、商铺牌匾、广告标语等17980处,发现问题346处,整改率96%;各县(区)开展社会用字规范检查专项行动146次,发现问题845处,整改率98%,减少和消除社会用字混乱现象。

【藏汉翻译】 2017年,市藏语委办(编译局)编译专业人员以强烈的事业心、责任感和严谨的政治态度，立足实际，加班加点、高效运转，保质保量完成市“两会”、《山南市法制宣传教育第七个五年规划》、各类专题学习教育活动等重要会议材料、领导讲话、行政公文等92万多字翻译任务，其中政务服务中心翻译窗口共承接完成各类门牌、公章、标语、广告、牌匾等12000余条24万多字。

2017年，各县（区）藏语委办克服翻译人员紧缺的实际困难，保质保量完成县（区）“两会”、经济工作会以及日常文稿414万多字翻译任务。同时，为党委政府工作部门和社会提供翻译服务，基本做到既准确又通俗易懂的要求。市报社、市广播电视台等业务部门完成大量的翻译工作，保证党和国家的方针政策，以及市委、市政府的决策部署及时准确地贯彻到基层提供优质服务。

2017年，市藏语委办（编译局）配合教育部门完成洛扎等5个县15所学校、25个党政机关、15家公共服务行业的国家三类城市语言文字评估验收工作。

2017年，市藏语委办（编译局）秉着对历史高度负责的态度，扎实有序开展县（区）、乡（镇）行政村（居）、自然村、重点宗教场所、重点山水等名称及其含义由来的普查登记造册工作。

2017年，市藏语委办（编译局）加大力量，稳步推进珞巴语、门巴语收集整理工作，完善内容并注国际音标等基础性工作，为规范编辑《珞巴语》《门巴语》常用对照手册奠定基础，填补历史空白。

2017年，市藏语委办（编译局）开展藏语文翻译专业职称评审工作，为藏语文工作繁荣发展提供有力的人才后备力量。

【藏语文工作宣传】 2017年，市藏语委办（编译局）组织召开2016年藏语文工作暨党风廉政建设总结表彰大会，全面总结回顾2016年各项工作，安排部署2017年重点工作，对2016年藏语文工作中表现突出的先进集体和先进个人进行表彰。召开藏语文工作座谈会，听取各县（区）“四有”落实及藏语文工作情况汇报，对“四有”落实中存在的主要矛盾和困难，进行深入讨论，形成共识，为更好地推动藏语文工作奠定基础。开展“四月藏语文工作宣传周”活动，重点宣传《中华人民共和国国家通用语言文字法》《西藏自治区学习、使用和发展藏语文的规定》《山南市社会用字管理办法》等法律法规，发放各类宣传单和图书2000余份，为构建全民共同推动藏语文工作营造浓厚的氛围。

【业务培训】 2017年，市藏语委办（编译局）始终以人才队伍建设为重要己任，不断强化各类业务培训工作的针对性和实效性，不断拓展培训载体和办班形式，以跟班学习、短期脱产培训等多种途径和措施，加强业务培训。2017年举办第八期全市基层翻译骨干培训班，邀请自治区藏语委办等地市的专家教授对60名翻译专业人员进行授课；选派市、县（区）14名职工赴北京、上海、四川、兰州、湖南、拉萨等区内外参加各类业务培训。先后抽调3批18名基层翻译骨干到市藏语委办编译科跟班学习，使干部职工开阔眼界，提升业务素质。

【党建工作】 开好各类会议。2017年，市藏语委办（编译局）召开党风廉政总结部署会，全面回顾2016年党风廉政建设工作，深刻分析突出矛盾和存在问题，详细安排2017年党风廉政各项工作。召开“党风廉政宣传月”动员部署会，广泛动员党员干部把思想和行动统一到市委、市政府、市纪委党风廉政工作重大决策部署上来，参加活动，增强廉洁意识，转变工作作风，在全办（局）营造以廉为荣、以贪为耻的良好氛围。召开巡视整改专题民主生活会，会前利用两周时间，开展广泛动员部署，深刻领会精神，学习准则条例，开展交心谈心，起草剖析材料，提交会议申请等细致的准备工作，并邀请市委巡视整改落实工作领导小组办公室、市纪委、市组织部领导到会指导，党组书记代表党组围绕区党委巡视三组反馈的党的领导弱化、党的建设缺失、全面从严治党不力3个方面问题作班子对照检查，与会班子成员轮流作个人对照检查，开展热烈的批评与自我批评，批评意见尖锐、坦率，点到要害、戳到痛处，达到“红红脸、出出汗”的目的。召开党支部专题组织生活会，党组书记以普通党员身份参加支部组织生活会，全体党员作个人对照检查，开展批评与自我批评，自我批评真实诚恳，不轻描淡写，不遮不掩，敢于亮短揭丑，每名班子成员对大家的批评都作表态，都表示虚心接受，立行立改，即知即改。召开退休老党员座谈会，通报2017年上半年藏语文工作情况和下半年工作计划，听取退休老党员对党组和藏语言文字工作的意见和建议。召开党的十九大精神学习动员会，广泛动员全体干部切实把思想和认识统一到党的十九大精神上来，统一到习近平总书记的重要报告精神上来。办（局）理论中心组专题学习党的十九大报告内容，开展“读原著学原文悟原理”活动，迅速掀起学习宣传贯彻党的十九大精神热潮。根据市委组织部关于超职数配备干部清理消化相关文件精神，及时召开干部职工民主推荐大会，对符合条件的干部进行民主推荐和谈话推荐，并特派一名班子成员率队深入驻村点开展民主推荐谈心谈话，确保干部职工参与率达到95%以上。严格按照《党政领导干部选拔任用工作条例》，对科室职位的空缺进行及时填补，对表现优秀、群众公认的干部调整到科室领导岗位上，调动干部职工工作积极性。

落好各项责任。2017年，市藏语委办（编译局）党组书记与班子成员、班子成员与普通党员之间层层签订《党风廉政目标责任书》，落实党风廉政各项责任。组织全体党员干部签订《廉洁承诺书》，构筑廉洁自律防火墙。组织副县级以上领导干部签订《领导干部个人事项报告无瞒报漏报承诺书》。

学好各类文件。2017年，市藏语委办（编译局）为全面深入学习党的十八大、十八届六中全会、中央第六次西藏工作座谈会、习近平总书记系列重要讲话，以及中央、自治区、市里各类重要文件精神，全年组织召开党支部学习会8场次，中心理论组学习会10场次，党的十九大精神学习会5场次，印发党的十九大报告原文22份，创建党的十九大精神学习专栏2副，党员干部撰写学习体会22份。

搞好各类活动。2017年，市藏语委办（编译局）组织党员干部深入持续开展“两学一做”学习教育，在定期与随机、集中与分散、自主与规范的有机结合中实现常态学、反复学、持久学，真正让党章党规党纪和系列讲话精神进入思想、融入血脉，做到政治合格、执行纪律合格、品德合格、发挥作用合格；党组班子带领其他党员干部开展“重温入党誓词”活动，向每名党员发放党徽，强调佩戴要求，坚定全体党员干部不忘初心、牢记使命，以习近平新时代中国特色社会主义思想为统领，加强民族团结，建设美丽山南的信念；组织全体党员深入养老院，与老人聊天，为他们打扫卫生，在关爱老人的同时丰富党员干部组织生活。由党组书记、副书记带头开展讲党课活动，并邀请退休老党员讲党课，提高党员干部党性观念和为民服务意识。组织开展退休老党员走访慰问活动，详细了解退休老党员生活状况，充分体现党组织对他们的关心和爱护，给老党员送去温暖，并继续发挥余热，关心和支持藏语文工作，提出期望。

【结对帮扶】 2017年，市藏语委办（编译局）按照市委、市政府和市扶贫办相关文件精神，办（局）党政一把手和其他班子成员，先后4次深入帮扶对象农家社院，与帮扶对象促膝谈心，详细了解帮扶对象所急所盼所需，分析致贫原因，研究制定帮扶措施，制作发放党员干部结对帮扶联系卡，组织开展节前慰问送温暖活动，全年为帮扶户送去价值7100余元的慰问品，切实把党和国家温暖第一时间送到贫困户心坎上。

【强基惠民】 2017年，市藏语委办（编译局）始终把强基惠民活动纳入办（局）中心工作，全年召开专题党组会议4次、主任（局长）办公会4次，研究选派驻村干部，解决驻村生活困难，主要领导及班子成员先后9次深入驻点村，检查指导驻村工作，听取驻村情况汇报，走访慰问驻村干部，全年累计送去价值50803元的慰问品，及时关心关怀驻村干部；与驻点村“两委”召开座谈会3次，听取意见3个，办（局）主要领导主动向浪卡子县强基办、浪卡子镇党委、政府汇报工作2次，并根据驻点村群众期盼，为驻村点购置一台价值2万元的炒青稞机，用实际行动为群众解决所急所盼，扎扎实实履行派出单位各项职责。

【参与全市中心工作】 2017年，市藏语委办（编译局）参与市委、市政府中心工作，先后选派5名干部完成优化发展环境、“四讲四爱”主题教育实践活动、村“两委”换届等工作。

中国人民政治协商会议山南市委员会

综 述

【概况】 山南地区政协成立于1960年2月。2016年5月，山南完成撤地设市工作，选举产生中国人民政治协商会议第一届山南市委员会（以下简称市政协）。新成立的市政协下设政协办公室、提案委员会、经济资源环境社会教科文卫委员会、文史民族宗教法制委员会4个正县级机构，内设秘书一科、秘书二科、研究室、联络科、机关后勤服务中心、提案委员会办公室、经济资源环境社会教科文卫委员会办公室、文史民族宗教法制委员会办公室8个正科级科室。核定编制35名，其中行政编制27名、事业编制8名；核定市级领导职数10名，县级领导职数12名，科级领导职数10名。截至年底，市政协机关共有干部职工47名，其中主席班子成员10名，秘书长班子成员3名，专委会主任、副主任9名，科级干部13名、普通干部2名、工人10名。

【政治思想建设】 坚持党的领导。2017年，市政协把维护习近平总书记这个核心、维护党中央权威作为第一位的政治要求，牢固树立“四个意识”，严守政治纪律和政治规矩，始终在思想上政治上行动上同以习近平同志为核心的党中央保持高度一致。自觉坚持党的领导，落实请示报告制度，及时向市委汇报政协工作的重大事项、重要活动、重要问题，始终在市委的坚强领导下依照章程做好政协工作。

思想政治建设不断强化。2017年，市政协以推进“两学一做”学习教育常态化制度化和“四讲四爱”主题教育实践活动为抓手，用党的十九大、区党委九届三次全会、市委一届二次全会精神统一思想行动，增进政治共识，坚定“四个自信”，增强走中国特色社会主义政治发展道路、发展社会主义协商民主的自觉性和坚定性，筑牢团结奋斗的共同思想政治基础。

【学习政协理论】 2017年，市政协坚持把加强理论学习摆在首位，深入学习习近平总书记关于人民政协工作的重要论述，学习中央、区党委、市委关于加强政协协商民主建设和民主监督工作的决策部署，全面理解和准确把握新时代党对

2017年7月16日，山南市委副书记、市政协主席、市委党校校长丁哲峰，市委常委、纪委书记吴维，市委常委、组织部长张定成在市政协检查指导党风廉政建设工作

人民政协工作的新要求新部署，增强履职使命感和责任感，提高政治把握、调查研究、联系群众、合作共事能力，自觉担负起政协使命，履行好委员职责。

参政议政

【概况】 2017年，市政协坚持把助推经济社会发展作为履职第一要务，把改善民生、凝聚人心作为履职的出发点和落脚点，突出发展、稳定、生态"三个重点"，办好改善民生、脱贫攻坚、夯实基础和拉萨山南一体化发展"四件大事"，紧紧围绕完善基础、产业立市、统筹城乡、新区引领的经济发展思路建言献策，出实力、促落实。坚持把维护祖国统一、加强民族团结作为履职的着眼点和着力点，充分发挥政协独特优势，主动担当、靠前履职，为实现"三不出""三无"目标凝心聚力、积极作为。

【基础建设建言】 2017年，市政协始终关注"三农"，对"壮大新型农业经营主体"开展调研，提出4个方面的建议。组织30名市县（区）政协委员深入乃东、扎囊、隆子等地，围绕项目建设、产业发展、生态环境保护等重点，对新型城镇化试点和农村公路建设考察调研，形成专题报告，提出意见建议11条。协助自治区政协开展重点项目专题考察，助推雅江中游水电开发和拉林铁路山南段、拉萨至山南快速通道建设。

【脱贫攻坚献策】 2017年，市政协聚焦"精准扶贫、精准脱贫""补齐重点农牧业科技成果转化工作短板""加强农牧民技能培训、促进农牧区劳务输出""边境地区特色产业发展"，牵头组织市脱贫攻坚指挥部办公室、扶贫办、科技局、农牧局、人社局、"双业办"等单位，深入各县（区）开展专题调研，形成调研报告4篇，提出建议15条。

2017年7月28日，西藏自治区政协调研组在山南市召开传承和发展民族传统藏医药座谈会

【促进改善民生政策落实】 2017年，市政协主动收集社情民意，反映委员意见建议，督促提案办理落实，组织全国、自治区、市政协委员200余人次参加听证会、咨询会、评议会、监督会，重点对惠民政策落实、精准扶贫、教育卫生就业、社保提标等工作进行民主监督，助推群众利益问题的解决。

【维护民族团结】 2017年，市政协组织政协委员、各界代表人士广泛联系界别群众，深入开展民族团结宣传教育，引导广大群众和僧尼认清十四世达赖和十四世达赖集团的反动本质，倍加珍惜民族团结的大好局面。助推寺庙规范化法制化管理、深化和谐模范寺庙创建活动，开展寺庙法制宣传教育和爱国爱教宣传服务下乡活动，宣传党的十九大精神、党的民族宗教政策和利寺惠僧政策，做到了解疑释惑、化解矛盾、凝聚人心。

【平安建设】 2017年，市政协各级政协委员带头开展"七五"普法宣传教育活动，引导群众依法表达利益诉求，调处化解一批基层矛盾纠纷。参与优化发展环境专项整治、重点信访事件处置、综治交叉考评等工作。协助自治区政协开展安边固边兴边工作专题调研，深入错那县、隆子县5个边境县了解边境政策落实情况，广泛听取基层干部群众意见，反映边境工作困难，提出有针对性的对策建议。

提案工作

【提案制度】 2017年，市政协制定

提案办理协商、重点提案办理和督办等办法，推动提案工作制度化、规范化。

【向自治区政协提案】 全面征集各方面意见，向自治区政协提交提案39件、立案37件，解决一批群众反映的水利基础设施建设、教育卫生就业等问题。

【市政协提案】 市政协一届二次会议以来，共收到提案164件，经审查立案157件。组织提案交办，建立办理台账，抓好督办落实，加大跟踪问效和“回头看”，提案办复率达100%，委员满意率达96%。

文史资料工作

【文史资料编辑】 2017年，市政协完成《西藏自治区志·政协志》山南篇和《2017年政协年鉴》山南篇、《山南地区志·政协志（2001—2015）》编撰上报工作。深入全市280余座寺庙拉康，形成70多万字的《山南市藏传佛教寺庙目录型简介》（上下册、藏文版）。

【文史调研】 2017年，市政协协助区政协开展文史资料工作专题调研。加强与区内外政协交流合作，协助全国政协和湖北、浙江、四川、贵州、甘肃、青海、内蒙古、黑龙江及广州、那曲等省市政协16个考察团在山南调研考察。

【交流学习】 2017年，市政协组织市政协干部和政协委员赴湖北、湖南、安徽等地考察学习，促进工作交流。

【信息工作】 2017年，市政协制定《关于加强政协系统信息工作的意见》和《关于社情民意信息工作的通报考评反馈办法》，加大信息编报力度，被区政协和区、市新闻媒体采用信息30余篇。

自身建设

【委员队伍建设】 2017年，市政协完善委员履职工作规则、委员联络服务办法，规范委员服务管理。加强委员联络，安排委员考察调研，搭建委员知情明政、发挥作用的平台，有效调动委员积极性。

【专委会建设】 2017年，市政协主席会议定期听取专委会工作报告、审议专委会工作计划，支持专委会按照政协工作部署，发挥职能，改进考察调研，增强针对性和实效性，提高议政建言能力。制定专题协商、对口协商、界别协商工作规则，明确协商内容和形式，规范协商工作程序。

【机关建设】 2017年，市政协严格落实从严管党治党责任，突出党的政治建设，修订完善政协党组议事规则，发挥党组领导作用。在政协机关开展“基层党建规范提升年”活动，落实“三会一课”制度、领导干部双重组织生活会制度，基层党组织作用发挥。加强干部人才队伍建设，安排56名市县（区）政协干部赴全国政协干部培训中心和对口援藏省政协培训。转变工作作风，经常深入联系县（区）、村（居）、企业和寺庙调研，帮助基层排忧解难。压实党风廉政建设主体责任，严格党员干部教育管理，强化廉洁自律，抓好巡视整改，自治区巡视三组反馈的10个问题全部整改到位，营造风清气正的政治生态。

纪律检查（监察）

【概况】 中共山南市纪律检查委员会（以下简称市纪委）机关核定编制38名（行政编制35名、后勤事业编制3名）。核定委局领导职数6名（2正4副），实有委局领导7名（含2名援藏干部），空缺一名纪委副书记、监察局局长。市纪委监察局机关共设10个内设机构，分别是办公室（研究室）、组织部（纪检监察干部监督室、落实监督责任办公室）、宣传部、党风政风监督室（山南市纠正部门和行业不正之风领导小组办公室）、信访室、案件监督管理室、第一纪检监察室、第二纪检监察室、第三纪检监察室和案件审理室，在不增加人员编制的情况下，使监督执纪部门的人员编制达到机关总编制的64%。10个内设机构中，配副县级主任（部长）9名，正科级副主任（副部长）10名，副科级副主任（副部长）8名，其他科级干部1名。

【政治思想学习】 2017年，市纪委把学习贯彻党的十九大精神，特别是习近平新时代中国特色社会主义思想作为首要政治任务，通过收看盛况、集中讨论、专题辅导等多种方式，原原本本地学习党的十九大报告，坚定不松劲、不停步、再出发的信心和决心。学习习近平总书记给卓嘎、央宗姐妹的重要回信精神，增强不忘初心、牢记使命，锐意进取、埋头苦干的忠诚和担当。学习吴英杰、王拥军在全区纪检监察系统表彰大会上的讲话精神，增强纪检监察干部坚定不移严守纪律规矩、毫不动摇坚定理想信念、铁面无私监督执纪问责、以身作则带头廉洁自律的坚定政治方向。

【监督检查】 2017年，市纪委把维护以习近平同志为核心的党中央权威和集中统一领导作为最大的政治责任，强化监督检查，确保令行禁止。加大对各级党组织学习党章、学习习近平新时代中国特色社会主义思想、学习《党内政治生活准则》情况监督检查，对2家不及时传达贯彻上级有关文件精神的市直单位进行严肃处理；对3名无正当理由缺席重要会议的领导干部进行约谈。加大对党员干部参与宗教活动情况的监督检查，查处违反政治纪律的案件2起。加大对维稳工作纪律执行情况的监督检查，对17名违纪人员给予党纪政纪处分，对5名违纪人员作出组织处理。加大对干部提拔、评优评先工作的监督力度，严把廉政意见回复关，全年回复廉政意见1105人次，对涉嫌违纪的3名党员干部和1个单位提出暂缓使用和取消评优资格的意见。

【党风廉政建设】 2017年，山南市委始终把党风廉政建设作为重要政治任务，市委书记与班子成员签订责任书，形成一级抓一级、层层抓落实的工作格局。市委书记带头深入县乡调研党风廉政建设，班子成员带队对12县（区）、60多个市（中、区）直部门落实党风廉政建设责任制进行考评验收，推动“两个责任”全面落实。以“双述双评一建议”为抓手，深入开展纪委监督同级党委工作，探索建立市县党委班子成员向同级纪委述责述廉制度。各级纪检机关深入贯彻落实问责条例，准确把握问责重点，对16名落实党风廉政建设主体责任不力的党员领导干部进行问责，用问责倒逼责任落实。

【预防腐败】 2017年，市纪委坚持抓节点与抓日常相结合，紧盯关键少数和奢靡享乐之风，及时下发通

2017年7月31日，山南市纪委、市委巡察机构举行不参赌涉赌公开承诺签字仪式

知、通报典型案例、重申纪律要求，在山南网、山南电视台刊播《廉洁公告》，公布举报电话和举报信箱，形成反“四风”的强大监督合力。开展禁赌专项检查，查处党员干部和公职人员参与带有赌博性质的娱乐活动问题10起19人。开展违规公款购买消费高档白酒专项整治和“三公”经费使用情况专项检查，对13名违反中央八项规定精神的党员干部进行处理。按照“实时建账、动态理账、定期对账、办结销账”的要求，查处侵害群众利益的不正之风和腐败问题14起15人，对7名挪用扶贫资金的党员干部给予党纪政纪处分，让人民群众感受到全面从严治党的实际成效。

【**执纪审查**】 2017年，市纪委深化交叉执纪审查工作模式，加强反腐协调，统筹反腐力量，实现执纪审查全市上下一盘棋的工作格局。践行监督执纪“四种形态”，做到抓早抓小、防微杜渐，全年运用“第一种形态”谈话函询、诫勉谈话、提醒谈话、约谈、书面检查等组织处理127人次。运用“第二种形态”给予党纪政纪轻处分59人次。运用“第三种形态”给予党纪政纪重处分23人次，党纪政纪双重处分14人。运用“第四种形态”移送司法机关1人。给予党纪政纪处分的68人中，县处级干部11人，乡科级干部34人，科员及其他人员23人，收缴违纪资金780余万元。

【**巡察督查**】 2017年，市纪委在全年三轮巡察中，共组建12个巡察组对43个党组织（单位）开展常规及扶贫领域专项巡察，发现“三大问题”861个，向市县两级纪检机关移交问题线索31件33人。组建2个督查组，对40个被巡察党组织整改落实情况开展实地督查，提出整改建议265条。组建县（区）巡察机构，对142个党组织开展巡察工作。深化国家监察体制改革试点工作，市委书记许成仓亲自担任“施工队长”，亲自研究部署具体工作，解决许多疑难问题，保障改革试点任务的落实。截至年底，市县两级监委已完成组建挂牌，机构撤销调整、人员编制划转、案件线索移送等工作。派驻纪检监察机构改革工作有序推进，派驻机构“探头”作用日益彰显。

【**反腐倡廉**】 2017年，市纪委健全完善山南纪检监察网和廉政微信平台，利用户外广告牌、LED电子屏、便民警务站、公交站台等载体，全方位、多角度开展理想信念教育和廉洁从政教育，对9起典型违纪案例在全市进行通报，深化执纪审查工作的法纪效果和治本效果。扎实开展第三个党风廉政宣传教育月活动，制作播出《说案明纪》警示教育片，启动“廉政知识学习考试”系统，举办“清廉山南”优秀廉政书画摄影作品展，组织廉政文化专题文艺晚会和“经典诵读，喜迎十九大”总结晚会，丰富教育活动内容，营造“以廉为荣，以贪为耻”的浓厚氛围。

【**自身建设**】 2017年，市纪委深入开展“两学一做”学习教育，集中观看警示片《打铁还需自身硬》，学习纪检监察干部违纪案件通报，强化忠诚意识。举办2期执纪审查工作专题培训、1期执纪审查安全急救常识培训、4期“从实战中来、到实战中去”执纪审查业务交流活动。参加各级各类业务培训190余人次，提升能力素质。制定出台《监督执纪工作程序暂行规定》《执纪审查、执纪审理流程图》《谈话函询和诫勉谈话暂行办法》《受理协助审理案件工作的暂行规定》等制度规定，规范工作流程。加大基层纪检监察机关建设，各县（区）配备10—20名工作人员，设立3—5个内设机构，加强反腐力量。

对口援藏

安徽援藏

【**概况**】 2017年,安徽省第六批援藏项目计划投资11758万元,实际完成投资24155万元,完成年度计划205%,超额完成序时进度。尤其是争取安徽计划外项目资金实现突破,落实安徽计划外项目72个、完成安徽计划外资金达1.24亿余元,为山南市社会长治久安、经济长足发展,特别是实现序时脱贫攻坚提供强有力支持。

【**机制建设**】 强化党的领导。2017年,报经安徽省委组织部批准,及时成立安徽省第六批援藏工作队临时党委,并下设7个临时党总支(支部),切实加强党的领导。

强化分组管理。2017年,安徽援藏工作队根据269名援藏干部人才的岗位和属地分布,安徽省第六批援藏工作队下设17个援藏工作组,夯实职责明确、组织有序的分组管理。

强化建章立制。2017年,安徽援藏工作队组织制定安徽省第六批援藏工作队15项规章制度,分级实行“周例会、月调度、季总结、年述职”援藏工作机制,有效实现“自我教育、自我服务、自我监督、自我管理”工作的“制度化、规范化和科学化”。

强化学习引导。2017年,安徽援藏工作队组织开展形式多元的党的十九大会议精神、习近平总书记系列重要讲话、皖藏两省(区)党代会精神、“老西藏精神”“赵炬精神”“讲看齐、见行动”“重温入党誓词”等学习教育活动,尤其是重点开展党的十九大精神宣讲活动。广泛组织援藏干部人才深刻领会安徽省委副书记李锦斌在接见安徽援藏援疆领队和部分干部人才时的重要讲话精神、安徽省委副书记李锦斌和安徽省省长李国英关于安徽援藏工作重要批示和讲话、西藏自治区党委常委、组织部长曾万明在全国援藏领队会议和“组团式”医疗援藏推进会议上重要讲话、安徽省委常委、常务副省长邓向阳在2017年安徽援藏援疆迎春座谈会上重要讲话、安徽省委常委、组织部长严植婵在与山南市党政代表团座谈时重要讲话等精神。先后召开临时党委(扩大)会15次、临时党委中心组理论学习会17次、全体队员会7次、各工作组会议和各党总支(支部)会议90多次,增强援藏干部人才的政治意识、大局意识、核心意识、看齐意识。

强化安全保障。2017年,安徽援藏工作队建立工作队日安全报告制度,保障全体援藏干部人才的“政治安全、工作安全、人身安全”。

【**修编援藏规划**】 2017年,安徽援藏工作队先后20余次深入市直和浪卡子、错那、措美3个高寒县开展专题调研,配合皖藏两省(区)党委政府及有关部门,及时完成《安徽省对口支援西藏山南市经济社会发展规划(2016—2020年)》的修订、审批、颁布和实施工作。

【**推进援藏项目**】 2017年,安徽援藏工作队坚持安徽援藏项目早谋划、早部署、早启动。并坚持项目实施全过程跟踪、全方位监督、全时段调度。2017年7月,在山南市三个对口援藏省中率先组织召开安徽省第六批援藏项目推进暨援藏助力扶贫誓师大会,并以山南市政府办公室名义印发《安徽省第六批援藏项目2017年度实施计划的通知》和《安徽省第六批援藏项目管理暂行办法的通知》，同时与承担安徽援藏项目的山南各有关县、市直单位和安徽各援藏工作组签订援藏项目实施责任状。2017年12月，召开2017年安徽省第六批援藏项目工作推进会，总结交流2017年安徽省第六批援藏项目实施工作进展，安排部署2018年安徽第六批援藏项目工作计划任务。

【招商引资】 2017年，安徽援藏工作队成立招商专班，先后赴成都、合肥、厦门、杭州、上海、重庆、南京、北京、深圳、广州等地开展产业招商13场次，先后邀请2100余名相关产业的企业法人参会和洽谈。先后邀请安徽海螺集团、安徽省旅游集团、安徽水安集团、安徽建工集团等48家安徽企业到山南寻求合作。截至年底，正在跟踪推进的招商项目13个，总投资26亿元，其中协议投资项目6个、计划投资15.13亿元；落地项目4个，到位资金11951万元；投资10余亿元的安徽海螺水泥项目已经完成选址和地勘工作。

【脱贫项目】 2017年，安徽援藏工作队突出安徽“十三五”援藏项目实施、全国第八（六）批援藏总队“四个一民生工程”实施，谋划出台《安徽省第六批援藏工作队关于援藏助力山南脱贫工作方案》，实施“1665”“1555”“110”“4个1”四项重点工程。截至年底，已实施精准扶贫项目16个，落实投资8493.68万元。其中，“四个一民生工程”已建设和改造水厂3座、标准化二级医院3所、制氧站3个、深水井3口，总投资2.6亿元，完成投资1.67亿元，有效促进2017年浪卡子、错那、措美对口援藏三县实现脱贫1932户、6012人的历史性突破。

【“组团式”医疗援藏】 2017年，安徽援藏工作队坚持“省市联动，结对共建，以院包科”，以山南市人民医院创建三甲医院和重点学科建设为主线，出台《安徽推进医疗人才“组团式”援藏工作方案》，组织安徽“8+5”省市19家三甲医院实施“院包科”结对共建山南市人民医院24个科室，重点打造儿科、妇产科、重症医学科（ICU）等一批重点学科；及时引进127个三新项目，其中23项手术填补医院技术空白。借助安徽省立医院等技术优势，建立医院远程化会诊技术平台。实施师带徒，打造一支带不走的医疗队伍。2017年，山南市人民医院门诊人次、出院人次、手术台次同比分别增长34%、22%、15%。床位使用率由80%上升到92%。安徽“组团式”医疗援藏成效获得中央政治局委员、中组部部长陈希及国家卫计委、皖藏两省（区）党委政府等主要和分管领导及全国第八（六）批援藏总领队郭强的充分肯定。

【“组团式”教育援藏】 2017年，安徽援藏工作队围绕把山南市第二高级中学打造成引领西藏自治区“高中教育的标杆、‘组团式’教育援藏的标杆、优质教育质量的标杆、彰显民族教育特色的标杆、皖藏教育有机融合的标杆”的目标，新增和修改学校制度19项，安排29名援藏教师兼任教研员、教研组长和学科备课组长，实施“青蓝工程”“名师工程”“学科带头人”，探索山南市第二高级中学实验室建设、数字化校园建设、智慧课堂建设、艺体传媒学科建设，全力抓好安徽“组团式”教育援藏。

【社会公益援藏】 2017年，安徽援藏工作队以“皖藏一家亲”活动为代表，构建立体化、多层次、广覆盖、有影响的安徽社会公益援藏平台，组织协调安徽省直各部门和各对口支援市，共新增山南计划外援藏项目92个，已到位资金1.243亿元。

【“十项精神文化”援藏工程】 2017年，安徽援藏工作队突出抓展览展出，成立领导机构，制定工作方案，广泛征集资料，细化资料分类，精心规划设计，推动援藏展览和援藏博物馆建设。突出抓雅砻文化节筹备，与安徽省文化厅对接，努力做好由安徽承办的2018中国西藏雅砻文化节的筹备和主办工作。突出抓工程类精神文化包装，重视文化潜移默化作用，发挥工程项目在文明城市创建、美好乡村建设、人民素质提升等方面的重要作用。突出抓非工程类交流交往精神文化引导，推动群团组织合作交流，组织皖藏青少年开展民族团结“手拉手”交流，实施素质提升工程，培训村居两委和第一书记100余人，不断夯实基层政权建设。突出抓艺术片拍摄，与合肥电视台联合，有序推进安徽援藏纪实专题片《雪域之恋》的拍摄工作，有效促进安徽对口援藏项目精神内涵的提升。

【交流学习】 以西藏藏博会、西藏雪顿节、山南雅砻文化节、山南物交会等民族节日为契机，推动安徽省113批代表团、计1130人次赴山南对口援助。以参加安徽十届中国博览会、徽商大会、各类挂职培训等为契机，组织山南62批代表团赴安徽交流、培训和挂职，计1600余人次。特别是在2017年11月推动以山南市委副书记、市长普布顿珠为团长的山南市党政代表团赴安徽省及合肥、六安、阜阳、池州等地考察交流，分别受到安徽省委副书记李锦斌、省长李国英、省委副书记信长星、省委常委、常务副省长邓向阳、省委常委、组织部长严植婵及省委常委、六安市委书记孙云飞等6位省领导的亲切会见或座谈，深化皖藏两地交往交流交融。

2017年11月20日，安徽省委书记、省人大常委会主任李锦斌，省委副书记、省长李国英在合肥会见由山南市委副书记、市长普布顿珠率队的山南市党政代表团

【促进旅游业发展】 抓创新驱动，推动旅游发展新突破。2017年，安徽援藏工作队以"全域旅游""精品景区"和"旅游+"为抓手，创新旅游发展机制，丰富旅游文化内涵，拓展旅游产业链条，打造山南"藏源文化旅游基地"和"世界旅游目的地"。2017年旅游接待人数、收入分别达到396万人次、14.19亿元，分别比2016年增加42.3%和19.2%。

抓规划引领，构建全域旅游新格局。2017年，安徽援藏工作队推进《山南市旅游总体规划》修编。推进山南《羊湖景区全域旅游发展规划》编制工作。启动《山南市全域旅游发展规划》编制工作。

抓旅游推介，拓展山南旅游新市场。2017年，安徽援藏工作队打造达古景区、推进西藏藏中旅游东南环线建设，提升"藏源山南"全域旅游品牌。4月，联合拉萨、林芝两市在山南市召开首届藏中旅游东南环线推介会。8月，在山南市举办由著名演员陈坤、周迅发起的"行走的力量"全国大型公益活动，加大对西藏藏中旅游南环线的旅游宣传力度。11月，组织赴南京、深圳、广州、北京、昆明等地市开展"神奇西藏 藏源山南"旅游巡回推介会。全年，在拉萨公交车、湖北地铁、西藏航空，以及互联网搜索引擎等载体上开展全方位山南旅游推介宣传。

抓项目建设，打造旅游产品新亮点。2017年，山南市聚全区之力，投资1.6851亿元建设达古景区；筹多方之措，分别投资2200万元、2000万元、1000万元建设雅鲁藏布江风光带旅游设施项目、羊卓雍措旅游设施项目和错那县勒布沟翼龙谷旅游项目。

共享发展，提升旅游扶贫新成效。2017年，安徽援藏工作队规划推进30个特色旅游村、379个家庭餐旅馆，争取西藏自治区乡村旅游扶贫资金1000余万元，解决建档立卡贫困人口188人就业。

【援助烟草专卖工作】 抓内部管理，净化市场行为。2017年，安徽援藏工作队指导市烟草专卖局（公司）强化专卖内管，坚决杜绝不规范经营行为。

营销创新，增强市场能力。2017年，安徽援藏工作队通过打造不可替代的网络，努力增强控制市场的能力，努力扩大销售、调整结构、增加利税。2017年卷烟销售11696.79箱，完成全年任务的101.13%，实现销售额（含税）49989.97万元，同比5.74%，实现税利7960余万元，同比增长658万元，增幅9%。

【援助防灾减灾项目建设】 抓体系建设，筑牢防灾减灾保障。2017年，安徽援藏工作队推进山南防灾减灾的制度完善、业务培训、应急处突,持续提质山南市震灾预防、监测预报、应急救援三大体系建设。组织起草山南市第一个防震减灾工作规划。组织举办山南市第二期防震减灾地震灾情速报员培训班。组织开展机关、学校、社区等应急演练1000余次,实现393所学校(园)师生参演全覆盖。成功举办山南市首次防震减灾人员应急疏散演练。

抓重点工程,提升防灾减灾能力。2017年,安徽援藏工作队指导市地震局加强重点工程建设,推进山南综合地震台主体工程顺利完工,完成新增48个基本站点的选址勘察工作,顺利实施中国地震背景场探测项目西藏分项曲松台建设,用于定期监测地球重力场的变化的山南2个重力点位建设有序启动,山南地震重点工程持续高效推进。山南市获中国地震局2017年度全国地市级防震减灾工作综合考核先进单位。

【援助法治政府建设】 抓规范建设,紧抓行政决策合法性审查。2017年,安徽援藏工作队组织市法制办制定出台《山南市规范性文件管理办法》。审查规范性文件18件,提出审查意见196条。参与重大行政决策的议定,提供法律意见200条,审查协议、文件48件,提出审查意见286条。

抓职能发挥,紧抓依法行政机制保障。2017年,安徽援藏工作队主持召开2017年山南市法治政府建设工作会议,组织制定出台《山南市人民政府法律顾问工作规则》,新聘任13名山南市政府法律顾问。

【援助侨务工作】 抓服务中心,实现外侨助推发展有作为。2017年,安徽援藏工作队以经济交流合作为重点,推进落实招商引资、招才引智、友城交往等外事出访活动,加强"走出去"工作,先后办理因公出国(境)初审14批50人次,接待外事活动团组4批23人次。

抓风险防控,实现外侨为民服务有担当。2017年,安徽援藏工作队强化涉外风险防控,组织开展公民外事领事知识和海外应急避险知识宣传,提升涉外事件应急处置能力,让出国出境的市民和外国友人始终充满安全感。

【援助市直部门中心工作】 2017年,山南市直受援单位的12名安徽援藏干部在政办、纪检、组织、宣传、审计、发改、经信、住建、教育、卫生、公安、工商等领域,紧扣职责分工,坚持锐意进取,创新工作举措,强化责任担当,坚持不懈抓思路、抓调研、抓谋划、抓推进、抓落实,充分展现安徽援藏干部想干事、能干事、敢担当、善作为的优秀品质,实现在对口支援中砥砺品质、增长才干,在分管领域中开拓创新、解决问题,在攻坚克难中锤炼能力、提升素质,较好地履行岗位工作职责,完成各项中心工作。

【对口援助县工作】 2017年,山南高寒高海拔浪卡子、措美、错那3个受援县的18名安徽援藏干部始终围绕受援县的中心工作抓履职,促发展。按照"转变理念、创新机制,优化长板、补齐短板,完善措施、突出重点"的工作思路,狠抓岗位工作职责的落实。尤其在教育、卫生、农牧、住建等领域成效明显。抓教育优先,促进义务教育均衡发展;抓卫生服务,提升县级医疗卫生水平。抓农牧基础,优化现代农牧产业结构。抓住建保障,助推县域城市规划发展。

【专业技术人才援助】 2017年,"组团式"医疗、教育援藏人才和第四、五批短期专业技术援藏人才始终围绕受援的市县(区)各级单位的紧缺的专业技术岗位抓履职,促发展。"组团式"医疗、教育和短期专业技术援藏人才不忘初心、继续前行,把责任化为动力,用坚韧书写忠诚,以实干彰显担当,在医疗、教育、农牧、卫生、法律、水利、交通、电力等援藏专业技术领域中谱写新的篇章,为山南办好改善民生、脱贫攻坚、夯实基础和拉萨山南一体化四件大事,全力打造"两基地一核心",确保到2020年建成全区水平较高的全面小康社会贡献重要力量。

【廉洁自律】 2017年,安徽第六批援藏干部坚持做到"常修为政之德、常思贪欲之害、常怀律己之心"。坚决按照准则、条例规定约束自己,始终遵循艰苦奋斗、勤俭节约的原则。坚持从小事做起、从小错防起,时刻牢记"自重慎微、自省慎思、自警慎权、自励慎行";严格执行援藏干部人才管理规定,确保在藏率在岗率;严格约束和管好亲属、子女和身边工作人员,自觉遵守接待、重大事项报告和收入申报等各项制度,始终保持"清清白白做人、老老实实做事"。

【坚持"一岗双责"】 抓分管单位

主体责任落实。安徽省第六批援藏工作队临时党委书记、领队方旭始终按照山南市委班子落实党风廉政建设责任书和市政府党组成员落实党风廉政建设责任制承诺书要求，坚持“一岗双责”，加强对分管单位、分管领域及交叉分管领域的领导干部经常性廉政教育。定期召开山南市（中、区）直部门和错那县落实党风廉政建设责任制述责述廉报告会，并于年底集中对错那县和市工信局、旅发委、外侨办、政府法制办、地震局、国税局、工商局等部门进行党风廉政建设集中考核，通过听汇报、查资料、个别约谈、座谈会等形式，定期部署、调度、了解、检查、总结分管和交叉分管单位的党风廉政建设和反腐败工作，紧抓主体责任落实。

抓援藏干部人才主体责任落实。2017年，安徽援藏工作队坚持年初召开安徽援藏工作队党风廉政建设工作部署会议，与全体队员签订廉洁自律责任状和确保“三个安全”责任状；年中和年底开展全体援藏队员述职述德述廉，确保安徽援藏工作与党风廉政建设任务同安排、同部署、同考核、同落实。

湖南援藏

【概况】 2017年，湖南省第八批援藏工作队深入学习贯彻党的十九大精神，落实两地党委、政府与相关部门关于援藏工作的系列部署，“克服困难、适应环境、融入当地、主动作为”，围绕规划实施、脱贫攻坚、教育卫生等领域重点工作，综合施策、精准发力，圆满完成援藏工作的阶段性任务。全年安排援藏资金11547万元，建设项目24个。

5月，西藏自治区党委向习近平总书记、俞正声主席的工作汇报中，对湖南等4省援藏工作予以充分肯定。5月29日，西藏自治区党委书记吴英杰对湖南援藏工作作出重要批示，吴英杰指出：“湖南省第八批援藏干部认真落实中央和湖南省委对援藏工作的一系列指示要求，把西藏当家乡，在维护稳定、改善民生、民族团结等方面倾真情、办实事，赢得了广大藏族群众的盛誉”。西藏自治区人民政府主席齐扎拉等自治区领导也先后多次对湖南援藏工作作出重要批示。

【资金援助】 “十三五”规划中智力扶贫、教育扶贫、医疗扶贫、产业扶贫等项目资金占比达90%左右。其中，专门投向贫困村的资金达1.645亿元，占援藏资金总规模的26.4%。重点建设16个生态文明小康示范村、1个乡镇供水工程、4个五保户供养工程项目，切实改善农牧民住房、安全饮水、道路、农田水利等生产生活基础设施条件。

【改善群众生产生活条件】 2017年，湖南省第八批援藏工作队认真贯彻落实“四个一”民生工程（全国援藏总队要求在每县建一个合格水厂、建一个制氧站、建标准化二级医院、每个乡镇打一口深水井）。湖南援藏通过招商引资引进湖南辉言气体氧气生产项目，已经建成投产。争取计划外援藏资金333.5万元，支持贡嘎县五保集中供养中心食堂及老年人休闲活动场所建设、隆子镇宗雪村供水建设项目；捐赠价值242.5万元5000套“村村通”设备；解决100多户居民的饮水用水难题。争取国家项目资金2.38亿元建设许木至仁青岗等9条扶贫公路等。

【脱贫攻坚】 2017年，援藏前线指挥部党委委员每人联系一个示范村，所有援藏队员联系一户或多户贫困家庭，每个季度走访慰问，协助解决贫困户的生活生产困难。通过一系列精准扶贫措施，对口支援山南4县的建档立卡贫困户共7731户24759人，截至年底，已脱贫6147户共18749人，脱贫户和脱贫人数占比达79.5%、76%。援藏工作队引进中科建设开发总公司等企业为贫困群众提供就业岗位，深入开展到贫困村义诊送药、捐赠衣物等活动。

【教育援助】 “十三五”期间，规划投入教育援藏资金17876万元，占援藏资金规模比重达28.5%，其中2017年投入援藏资金2050万元，建设湖南省西藏学生初高中代培班、4县完小提质改造等项目，通过项目的实施解决近600名农牧民子女上学难的问题，安排200名高中生到湖南代培学习。响应国家号召，开创性做好教育组团式援藏工作，选派骨干教师和管理干部46人对口支援山南市三高，其中管理干部6人，援藏教师40人。开创教育“组团式”援藏“联校模式”，山南三高“联校班”正式被确定为全区重点线招生班，在西藏全区招生，这是西藏自治区教育厅确定的全区第一个普通中学重点班。2017年，三高的高考专科及以上上线率达到79.3%，比2016年提高26%，尤其是本科（包括重点本科）有了重大突破。山南籍5100名初中毕业生填报三高学校志愿的达到4300人，录取分数线比2016年提高15分，特别是联校班录取分数达到429分。开展“手拉手”“一对一”结对活动。援藏教师与本地青年教师共结成78对师徒，集中开展教研讲座240多次；选派50名山南教师到湖南示范性中学挂职培训；协调开办山南市高中代培班，选拔80名学生到长沙望城一中学习；推动株洲市职工大学与山南二职结对共建，较好地推动山南市教育水平的提升。

【医疗援助】 “十三五”规划安排医疗卫生援藏资金11432万元，占总援藏资金比重达18.25%。其中，2017年投入医疗卫生援藏资金1350万元，占2017年度援藏资金总额的11.7%，建设“组团式”卫生援藏、县级卫生服务中心等改善医疗基础设施项目，捐赠价值90万元便携式B超和120万元确诊艾滋病设备。全年医疗队帮助山南藏医院开设ICU、手术麻醉科等9个科室；门诊接诊35678人次，开展手术678台，麻醉345台次；开展讲座教学567次，培训3678人次；开展新技术新项目36项，其中2项填补西藏自治区空白，4项填补山南市空白，14项填补山南藏医院空白。11月，山南藏医院已通过国家卫计委民族三甲医院评审，成为山南第一家三甲医院、西藏第二家三甲民族医院、全国第一家地市藏医三甲医院。帮助隆子县、扎囊县成功创建2所二甲医院，推进桑日、贡嘎2县医院创二甲。同时，派出12名专家支援山南包虫病的流调工作，得到国家卫计委的充分肯定；派出专家团队17人，为西藏24名唇腭裂儿童进行免费手术治疗；接收山南市疾控骨干到省疾控中心学习，派出3名疾控专家到山南进行帮扶工作，提升当地医疗服务水平。

【文化及社会事业援助】 2017年，湖南省第八批援藏工作队争取计划外援助资金及物资近5000万元，支持山南市国土测绘、文化保护、旅游等其他社会事业发展。同时，争取湖南广播电台人文、音乐、娱乐、资讯等十几个栏目价值近50万元播出素材，协调湖南卫视《平民英雄》节目组赴山南录制专题节目。组织参加湖南卫视2017年春节联欢晚会录制工作。协调在湖南新闻联播中播出山南市天气预报。争取将贡嘎县杰德秀镇申报为国家级历史文化名镇，争取国家文物保护单位曲德寺及自治区文物保护单位顿布曲果寺到位专项资金达1000余万元。争取国家项目资金1.1亿元建设藏南旅游环线雪巴村至达古村旅游公路等。

【加强就业服务】 2017年，湖南省第八批援藏工作队争取湖南省人社厅出台《关于印发〈促进西藏高校毕业生湖南就业创业工作方案〉的通知》，加大藏籍高校毕业生就业援助力度。将藏籍高校毕业生纳入湖南省高校毕业生就业促进计划和创业引领计划进行帮扶。2017湖南省普通高校西藏籍高校毕业生1116人，较2016年同比增加437人。截至8月底，已就业849人，初次就业率为76.07%，较2016年同比增加6.85%。加强就业创业政策覆盖，给予符合条件的湖南省普通高校西藏籍高校毕业生一次性求职创业补贴，鼓励西藏籍少数民族高校毕业生参加湖南省事业单位公开招聘，同等条件下优先招聘西藏籍少数民族高校毕业生。同时，将湖南省企事业单位招聘招考应届毕业生就业需求等信息及时通过西藏人社厅官网和微信公众号发布。支持山南市人社局80万元，用于加强当地就业公共服务机构基础建设。农业、科技方面累计培训山南劳动力近3000余人次，转移就业900人。隆子县教育培训转移就业，全年共完成培训1200多人次，实现转移就业459人。隆子、贡嘎、扎囊、桑日4县启动内地技能培训班，安排贫困群众就业400余人。招商引进湖南晏子青稞食品生产项目，总投资1.6亿，直接安排当地300多人就业。

【经济技术交流合作】 “十三五”规划中，安排援藏资金2620万元建设湖南产业援藏园，与山南市共同营造良好的招商引资环境，研究制定优惠政策，引导、扶持产业援藏企业落户山南，提供对口援藏县“飞地经济”发展平台。2017年8月在湖南举行中国西藏雅砻文化节招商引资暨旅游推介会，邀请500多家企业代表参加，现场签约项目32个，协议资金超58.69亿元。

【推动特色产业发展】 2017年，湖

2017年11月14日，湖南省委书记、省人大常委会主任杜家毫，省委副书记、省长许达哲在长沙会见由山南市委副书记、市长普布顿珠率队的山南市党政代表团

南省第八批援藏工作队挖掘山南市产业优势，围绕农牧产业、光伏产业、新兴工业和第三产业，加大招商引资力度。农牧产业方面，引进湖南晏子青稞食品生产项目、绿谷青稞酒厂等3个项目，总投资4.3亿元；在扎囊引进江平生物和央企中科建等6家企业9个项目，总投资达6亿多元；在隆子县启动产业项目8个，新建108座高标准果蔬大棚，开创隆子县有机蔬菜规模化生产的先河，成为山南市产业扶贫的示范项目。光伏产业方面，依托山南丰富的光电资源，引进北京中伏源公司投资1.8亿元建成20兆瓦光伏电站并网发电。推动新型工业与第三产业方面，引进湖南建工集团、成都置信、辉言气体、徽煌工艺等一批投资项目，活跃山南经济，拓宽就业渠道。

【人才智力支援】 2017年，湖南省选派50名专业技术人员到山南市开展技术援助工作。同时，加大智力工程的资金支持力度，2017年安排援藏资金300万元，实施山南市文化产业发展人才培训班、山南市行业领军人才、山南市公务员能力提升班等培训班，共培训专业人才和干部人才1700人次，传帮带本地人才1400余人次。选派8名民警、8名国土系统干部、50名教师、160余名党政干部到湖南挂职交流培训，协调安排10名处级以上干部到湖南省委党校主体班插班学习。在湖南举办农牧民汽车美容与维修内地培训班等，组织农牧民群众到岳阳职业技术学院等地学习就业技能，有效提升干部人才队伍素质和农牧民的就业能力。

【深化交流交往交融】 2017年，安排交流交往交融项目资金240万元，具体实施经贸合作、旅游推介、“先心病”患儿救治等项目。同时，创新交流交往交融方式，首次在湖南举办中国西藏雅砻文化节。活动期间，组织开幕式晚会（收视率达到7500多万）、招商与旅游推介会、山南风情与社会成就及非遗手工业品展览，并赴援藏相关市开展党政代表团交流访问、经贸招商与答谢演出等活动，受到各界的广泛关注，在湖南形成“山南热”，深入推动两地交往交流交融。11月，山南市党政代表团到湖南考察，省委、省政府与对口援助4市主要领导分别予以接见，并就对口援藏工作作了充分交流。

2017年，湖南省委组织部、省发改委等20多家省直援藏相关单位主要领导，赴西藏看望慰问援藏干部人才，支持指导援藏相关工作。长沙、常德、岳阳、株洲等4市市委、政府主要领导亲自协调援藏相关事项，派代表团赴西藏指导相关工作。

【教育“组团式”援藏“联校模式”】 2017年，突破选派老师到藏工作的传统教育援藏模式，探索推动湖南学校与山南学校结对的“组团式”教育援藏“联校模式”、两地师生“一对一”结对模式以及教育资源共享的“互联网+”模式。对于湖南首创的教育“组团式”援藏“联校模式”，西藏自治区党委原常务副书记、区政协党组书记邓小刚，自治区党委原常委房灵敏，自治区人民政府副主席张永泽，湖南省副省长向力力，教育部民族教育司司长毛力提·满苏尔等领导纷纷作出批示予以充分肯定。

“联校模式”。推动毛主席母校长沙市一中结对支援山南市三高，在山南市三高建立“湖南省长沙市第一中学山南联校”，并在湖南省教育厅签订联校办学备忘录，确定并分步实施三大模块十多个方面的合作办学具体框架。2017

年,自治区教育厅批准山南市三高开办长沙市一中山南联校班,这是全区唯一非重点学校按重点线批次录取的建制班。8月,联校班正式招生开班。

师生“一对一”结对模式。在教师互派方面,长沙市一中选派教育教学管理人员到山南市三高短期援藏,指导学校的办学定位与教育教学管理工作;山南市三高每学期选派管理干部和骨干教师到长沙市一中脱产学习;在山南市三高设立名师论坛,邀请湖南名师进藏开展业务指导和学术交流。在学生培养交流方面,两校学生开展结对交友、书信交流等活动;组织山南市三高部分贫困学生与长沙市一中优秀学生志愿者结成对子;选派山南市三高学生到长沙市一中进行奥赛培训;筛选山南市三高优秀学生到长沙市一中本部或分校学习。

教育资源的“互联网+”模式。在教研和信息化建设方面,联合开展“基于互联网+教育的联校模式探究”课题研究;构建包括在线课堂、在线培训、在线交流、在线研究、在线结对等功能的联校网络平台,全面对接两校的教育教学教研管理培训等工作;指导山南市三高建立校园网,并与长沙市一中校园网建立链接,实现资源共享。

【推进医疗“组团式”援藏】 开创“1333”工作模式。湖南省首批医疗“组团式”援藏专业技术人才2016年7月进藏后,在充分调研的基础上,研究制定医疗人才组团式援藏“1333”工作模式,“1”就是一个中心任务,帮助山南市藏医院通过三级甲等民族医院的评审;第一个“3”是3个提高:帮助藏医院提高服务能力、管理能力和学科能力;第二个“3”是3个帮扶:省帮院(湖南省帮扶山南市藏医院)、院帮科(湖南省三甲医院帮扶藏医院的科室)、援藏专业技术人才“师带徒”;第三个“3”是3个结合:推动藏医、中医、西医的结合。

建立“省帮院、院帮科”的援助机制。根据藏医院科室发展的需求及湖南省三级医院的技术特色,一所湖南的三级医院对口山南藏医院的一个科室或几个科室,洽谈并签署支援协议,全方位推动对口援助各项工作。

开展“一对一、一对多”的师带徒活动。在藏医院举行师带徒仪式,着重加强受援医院医务人员疾病诊疗能力和临床基础理论、基本知识、基本操作的培训,逐步实现“我来做、你来看”到“你来做、我来帮”再到“你来做、我来看”的转变,通过开展临床教学、学术讲座、示范帮教,提高受援医院医务人员的业务水平。

推动医疗组团式援藏工作向县区延伸。深入湖南对口支援的隆子、贡嘎、扎囊、桑日4县展开调研,了解4县医疗卫生事业发展的状况及需求,充分发挥组团式援藏医疗人才的技术优势,协调推动4县医院创二甲工作与医疗卫生事业发展。

【产业援藏】 2017年,为落实援藏工作“每个县引进1家经济实体、2—3个产业项目”的要求,湖南省第八批援藏工作队与派出省及内地企业联系,启动“百家湘商入藏”为主题的招商引资工作。引进或正在洽谈中科建、江平生物、隆平高科、唐人神集团、九芝堂药业、千金药业、炎帝集团、华天集团、建工集团、交水建集团、远大住工到山南投资兴业。截至年底,省第八批援藏工作队已落地开工建设招商引资项目有14个,实际投资14.4亿元;签订协议即将落地的项目有12个,协议投资19.4亿元,招商引资和产业援藏项目与投资额超过湖南援藏前七批总和,在各援藏省走在最前列。

【推进青稞增收】 2017年,为推动青稞增收,提高农牧民收入,省第八批援藏工作队协调湖南省相关部门,先后在长沙、山南分别组织召开湖南省农业援藏工作座谈会、湖南援藏推动青稞增收工作座谈会,制定《湖南援藏推动青稞增收工作方案》,联系湖南省农委、湖南省农科院、湖南农大、隆平高科等单位和科研院所选派专家团队,赴山南市考察调研,实地了解指导青稞增产工作,开展相关技术协作交流,重点支持山南市青稞亩产增产50斤计划。

联系湖南省农科院规划所对“山南市现代农业(青稞)科技创新示范基地建设”项目进行规划设计,项目总投资约5000万元,将建成集青稞育种、种植示范、产品研发、技术推广于一体的示范基地。湖南农业援藏技术人才结合山南实际提出“黑青稞新品种选育和配套高产栽培技术研究项目”,培育本地黑青稞新品种。

湖南省杂交育种和分子育种

技术已引入山南市，结合西藏传统育种方法开展青稞育种试验。2017年，农业援藏专技人员开展青稞杂交组合试验、青稞亲本材料核辐射选育试验，获得试验样本380份。针对青稞易倒伏的特征，开展青稞化控抗倒伏试验。同时在山南市农业技术推广中心的4000多亩试验田里开展病虫草害防治、田间除杂等试验工作。这一系列试验工作均取得理想的试验数据，为实现青稞亩均增产50斤目标打下坚实基础。全年山南全市青稞亩产较2016年平均增收20公斤。湖南省对口援助的隆子县热荣乡黑青稞亩产最高达到830斤，超过2016年最高亩产达150斤。湖南引进的青稞加工企业晏子食品公司，已研制出青稞系列熟食产品，广受消费者好评，产品供不应求。晏子食品公司收购的青稞价格，已使青稞收购价从2016年每斤1.9元提高到2.6元，农牧民每斤增收0.6至0.7元。

【边境小康示范村建设】 2017年，为贯彻落实习近平总书记给玉麦乡回信重要指示精神和自治区、山南市关于加快玉麦与边境小康示范村建设的部署，湖南省援藏工作队配合相关部门全力推进相关工作。市委、市政府安排湖南省援藏总领队廖良辉牵头负责玉麦乡建设相关工作，湖南省第八批援藏工作队迅速成立工作专班，与湖南建工集团洽谈衔接，多次赴玉麦乡深入调研，多次召开工作推进会，采取超常措施，克服各种困难，于12月19日全面启动玉麦乡建设，确保2018年10月28日之前玉麦乡56户群众全部入住。

【援藏队伍建设】 2017年，湖南省第八批援藏工作队共归口管理干部人才162人，其中省直单位18人，对口援助山南市18个市直单位，医疗援藏16人，对口援助山南市藏医院，“组团式”教育援藏对口援助山南第三高级中学，贡嘎、扎囊、隆子、桑日4个县对口援助干部人才33人，短期援藏队员50人。进藏工作以来，全体干部人才视形象如生命，肩负起组织重托与神圣使命，克服困难，团结一致，尽职尽责，遵规守纪，较好地完成各项援藏工作任务，共同维护援藏“湘军”的良好形象。

*党的领导与组织建设。*按照湖南省委组织部的安排，成立湖南省援藏工作队前线指挥部党委，直属中共湖南省直机关工委。2017年5月20日，工作队召开第一次全体党员大会，选举13名党员干部组成党委领导班子，明确党委工作议事规则与党委委员工作职责。党委下设市直、医疗、教育、短援与4县8个党总支或直属支部。加强党的建设与领导班子建设，充分发挥援藏前线指挥部党委的领导核心作用和班子成员的带头示范作用。工作队成立干部管理、综合协调、项目管理、纪检监察、宣传文体、教育、医疗等7个工作组，明确各组工作职责，实行网格式管理。为加强基层组织与精神文明建设，党委确定创建湖南省直文明标兵单位目标。

*加强制度建设与思想教育。*工作队在深入调研、广泛征求意见的基础上，制定《湖南省第八批援藏工作队职责分工和队内各项工作制度》，细化组织管理、学习管理、干部人才请销假、财务管理、项目管理、接待管理、宣传管理、食堂管理等15项制度措施。全体队员向工作队递交纪律与廉政承诺书。注重加强财务与项目建设管理，在建立工作队各项财务制度的基础上，成立由总领队、副领队、综合协调组组长、纪检监察组组长、会计、出纳组成的6人财务领导小组，工作队的每一笔开支都要6人审核签字并接受全体队员质询。项目建设按西藏和湖南两地最严格的要求与规定顶格执行。为解决教育组团援藏、短期专业技术人员援藏存在的体制机制问题，工作队积极与湖南省委组织部、人社厅、教育厅、财政厅、发改委等部门协调，在经费安排、人员管理、职称待遇等方面落实“经费同一标准、人员一并管理、职称特殊安排”等一系列政策。工作队先后多次召开全体干部人才大会，及时学习贯彻党的十九大精神与习近平新时代中国特色社会主义思想、中央第六次西藏工作座谈会精神以及西藏自治区、湖南和全国援藏工作总队、山南市关于援藏工作系列指示要求。深入开展“两学一做”专题学习和日常性思想政治教育活动，要求全体队员把安全、纪律、形象和团结挺在前面。组织全体队员赴山南市纪委开展专题廉政与纪律教育活动。2017年1月，利用春节回湘休年假举办党代会精神专题学习报告会。7月1日，组织全体干部人才赴山南市烈士陵园开展了重温入党誓词活动。

*加强纪律约束与行为规范。*在资金使用、项目建设、招投标、财

务管理、后勤保障等方面，既充分发挥领导班子的领导核心作用，又充分接受全体援藏干部人才的建议与监督。2017年，工作队全体干部人才共同参与、共同监管食宿接待、请假管理、集体活动、学习培训等工作，形成团结干事的和谐氛围。进藏以来，湖南省第八批援藏干部人才162人从未出现过任何违规违纪问题。

湖北援藏

【概况】 湖北省第八批援藏工作队195名各类援藏干部人才自2016年7月陆续进藏以来，狠抓精准管理，创新精准援藏，助力精准扶贫。截至2017年年底，各项工作开局良好、全面铺开、续见成效。既助推山南市精准脱贫和经济社会全面发展，又塑造和弘扬湖北援藏干部人才特别能吃苦、特别能战斗、特别能牺牲、特别能担当、特别能奉献的援藏精神。中共中央政治局委员孙春兰、西藏自治区党委书记吴英杰、湖北省委书记蒋超良、山南市委书记许成仓等各级领导先后16次作出重要批示，充分肯定和鼓励湖北省第八批援藏工作。

【从严管理】 *定制度抓规范。*2017年，湖北省第八批援藏工作队研究制订严格请假制度等15项工作队日常管理制度，将每周六确为工作队“党建日”，组织全体队员集中学习政治理论、西藏历史、山南市情，把坚决贯彻中央治边稳藏方略和抓管理带队伍教育作为“党建日”必学内容，逢会必讲，每周必查，每月必评，以上率下，层层推动。

*定目标抓效率。*2017年，湖北省第八批援藏工作队全体援藏干部人才年初拟订《个人履职尽责项目清单》，季度总结工作，填写《工作季报表》，年末对照年初清单总结全年工作，填写《个人履职尽责项目执行表》。与所有援藏干部人才谈心谈话，给所有援藏干部人才和派出单位写一封信，表达组织问候、汇报工作进展、征求意见建议，让援藏干部人才理解“严”就是“爱”，自觉接受从严教育、从严管理、从严带队伍。开展唱藏歌、跳藏舞、学藏语、交藏友、联欢会、茶话会等文体教育实践活动，广大援藏干部人才不断增强凝聚力和认同感，自觉投身工作队这个温暖大家庭中。特别是党的十九大、湖北省第十一次党代会、西藏第九次党代会期间，组织全体队员集中收看开幕式闭幕式和会议文件，开展学习讨论，撰写体会心得。适时开展丰富多彩的文体实践活动，不断增强凝聚力和认同感。针对个别典型问题，召开专题党委会和全体干部人才大会进行讨论剖析。2017年9月省委考核考察组进藏以后，在考核考察组与队员见面的当天晚上，工作队就组织全体队员深入开展了“正确对待”考核考察的专题学习讨论，引导全体队员客观认识自己、公正评价他人、理性迎接考核，确保考核考察工作平稳有序进行。省委组织部正式确定首批提拔使用或进一步使用的干部名单后，及时召集这15名干部进行任职前的集体谈话，强调大家要珍惜组织的关怀肯定、以更加昂扬的精神状态投身到援藏工作中去、发挥好模范带头作用，带动其他队员共同完成好援藏使命；与其他未列入首批提拔使用的援藏干部也逐一进行交心谈心，引导他们正确对待组织、正确对待他人、正确对待自己，勉励他们以更加优异的工作成绩迎接组织的后续考核。

【党建工作】 2017年，湖北省第八批援藏工作队成立工作队党委，建立“6个党支部”和“8个专项工作小组”，实现党建和援藏业务双轮驱动。深入开展“感党恩听党话跟党走·藏汉一家亲”主题教育实践活动，为全体队员讲党课，引导大家不踩红线、不越底线、不碰高压线。在全国各援藏工作队中率先提出湖北援藏“三个严禁、三个尽量不要”行为标准，严禁驾车、严禁酗酒、严禁进入娱乐场所，尽量不要夜间差旅、尽量不要私自外出、尽量不要带病工作。确保安全援藏、健康援藏、科学援藏。

【党风廉政建设】 2017年，湖北省第八批援藏工作队在全国各援藏工作队中率先成立纪委，创造性地提出“廉洁援藏两区理念”，制发《工作队落实党风廉政建设责任制实施意见》和《工作队员廉洁自律行为规范》。深入开展“正风肃纪安全援藏”专题教育实践活动，层层传导压力，推动责任落实。工作队领队与全体党委委员签订《作风纪律责任状》，全体工作队员签订《廉洁自律承诺书》。截至年底，湖北省援藏工作队在受援地保持着最好的在藏率在岗率。西藏自治区和湖北省纪委主要领导都作出批示，充分肯定抓管理带队伍的做法和成效。

【产业援藏】 2017年，湖北省第八批援藏工作队提出“全员招商、全域招商、全程招商”工作思路和“各级工作队一把手必须要在招商一线”的工作方法。编制实施《工作队招商引资三年工作方案》。截至年底，武汉巴山农牧生猪养殖、中船重工701所高原供氧等13个产业援藏项目已落户山南，华新水泥三期获批开工。6月9日，“湖北省精准援藏及山南市招商引资专场推介会”在武汉举行，现场签约16亿元；8月7日，在全区对口支援会议上，中利集团与山南市政府签订湖北援藏扶贫项目11.6亿元。

【项目援藏】 2017年，湖北省第八批援藏工作队全面落实湖北援藏项目，2017年按时足额拨付项目资金1.143亿元，制订实施《援藏项目监督管理暂行办法》和《湖北援藏项目工作流程》。截至年底，湖北省援藏规划项目已开复工23个，开工率为67%，完成2017年度计划的109%。2017年的规划项目正在顺利推进。

【医疗援藏】 2017年，湖北省卫生组团对口支援的妇幼保健院处于山南三家市直医院中基础最差、底子最薄、起点最低的状况。针对这一现状，湖北省第八批援藏队结合实际，全面助力山南妇幼保健院提档升级创建二甲专科，实施山南先心病患儿送湖北免费诊治项目，启动湖北·山南远程医疗系统。

【教育援藏】 2017年，湖北省教育组团对口支援的山南一高教学成绩、生源质量长期处于落后局面。面对生源质量不高、老师士气不振的现状，为山南一高设计三年工作规划，创新学校管理制度，推进校本教研、年级负责制等改革措施落地，显著提振教学士气、改善学习氛围，2017年的山南一高高考成绩10多年来首次创全市最好上线率水平。

2017年11月23日，湖北省委书记、省人大常委会主任蒋超良，省委副书记、省长王晓东会见由山南市委副书记、市长普布顿珠率队的山南市党政代表团一行

【社会援藏】 2017年，湖北省第八批援藏工作队制订《工作队社会援藏实施方案》，明确提出社会援藏资金完成目标，深入推进鄂藏交往交流交融，组织参加山南市党政代表团赴湖北学习考察活动，省委书记省长接见并座谈。专门邀请湖北新洲七建集团公司两次进藏实地考察，全面参与洛扎边境小康村建设，初步达成合作意向。截至年底，共争取各类社会援藏资金超过1亿元。推动武汉襄阳黄石宜昌四市与对口支援县（区）建立“市对县、县对乡、部门对部门结对帮扶”的“双层全覆盖”工作体系。

【湖北援藏产业园建设】 2017年，湖北省第八批援藏工作队根据市委、市政府加快推进江北新区湖北产业园建设的决策部署和山南市委书记许成仓关于园区建设“启动要快，工作要实，政策要活，力度要大”的工作要求，湖北省第八批援藏工作队举全工作队之力，统一思想，快速行动，多措并举，积极推进，按照新时代援藏工作的新要求，推进湖北援藏产业园建设，取得一定成效。

拟订工作方案。2017年12月初，湖北省第八批援藏工作队在山南率先提出《湖北省援藏产业园规划方案》，市委书记、市长普布顿珠予以充分肯定。2017年春节期间，湖北省援藏工作队还利用休假机会专程赴湖北襄阳、荆门、宜昌实地考察学习园区规划建设，学习借鉴其他省市开发区在规划管理、开发建设、行政审批改革、科技创新服务等方面的成功经验，并在招商引资、项目洽谈、招商实务培训及投资环境建设等方面加强对接合作。

充实产业园指挥部人员。2017年，湖北省第八批援藏工作队经与江北新区筹委会协商，研究确定湖北援藏产业园指挥部人员名单，并从湖北选派5名有开发区相关工作经历的短期援藏人才，面向社会招聘3名大学毕业生，充实到指挥部工作。

完善湖北援藏产业园节点规划。2017年，湖北省第八批援藏工作队按照"一次规划、分步实施、适度超前、布局合理、用地集约、产业集聚、功能完备"的原则，待江北新区筹委会将原市统筹城乡发展示范区总体规划正式移交后，再根据招商引资和产业发展实际情况，对现有控规进行适当调整完善。

同步启动引进企业入园工作。湖北援藏产业园在现有两家已建成湖北企业（湖北藏禾粮油公司、藏南生物科技公司）的基础上，正在洽谈引进一批入园企业，已与湖北同源置业公司、湖北九坤集团公司、武汉奇力源投资控股公司、鄂州祥峰工贸公司等企业或项目达成入园意向，着力形成洽谈一批、引进一批、签约一批、落地一批的格局。2017年夏季，湖北省组织党政代表团和相关企业家进藏，专程考察援藏产业园。中利集团、武汉西藏印象、武汉海博瑞、百年汉克药业、峡州旅游集团、武汉巴山农牧实业、丰华能源集团、华新水泥和大冶有色办公楼等8个项目就落户湖北援藏产业园进行洽谈。

中粮集团援藏

【概况】 2017年，中粮集团第六批援藏工作队（以下简称中粮援藏工作队）按照援藏工作总体思路和十三五援藏规划，第六批援藏工作队更加聚焦项目建设主攻方向，调减文化建设类援藏项目，重点围绕医疗援藏和产业援藏两个方面推进工作。通过"医疗援藏"完善洛扎基层医疗卫生服务体系，逐步减少偏远农牧民群众因病致贫、因病返贫现象。通过"产业援藏"扶持当地种养殖业发展，将项目建设与扩大群众就业、增加贫困户收入统筹考虑。将中粮援藏工作、项目建设有机融入全县脱贫攻坚总体工作之中。

【医疗援藏】 2017年，中粮援藏工作队拓展工作思路，与致公党北京市朝阳区委签订三年合作协议，依托致公党深厚的医疗资源，联手共建洛扎"县乡村三级医疗卫生服务体系标准化"项目，重点对基层医疗卫生服务体系进行规范化、标准化梳理和完善，千方百计提高乡镇医生诊治水平，使村级卫生室、乡镇级卫生院发挥应有作用，及时解决偏远农牧民就医看病问题。

2017年上半年援藏工作队精心组织3名洛扎乡镇卫生院医生赴北京市红十字会"999"急救中心开展为期两个月的专项培训，主要学习急救理念及相关技能、B超和心电图检测诊断技术，因为针对性、实用性很强，特别受到基层医生的好评。开展业务交流，既要走出去，也要请进来。援藏工作队特邀北京"999"急救中心的专家到洛扎，下沉到基层乡镇卫生院一个月时间，与乡镇医生共同坐诊、共同处方、共同探讨，前后接诊1756人次农牧民和驻边战士，在解决12例误诊、漏诊病例的同时，将正确的理念和精湛的技术传帮带给洛扎基层医生。援藏工作队牵头搭建的洛扎县人民医院—北京市301医院远程诊疗平台，通过互联网将首都优质医疗资源引入洛扎，在解决疑难病症诊断和治疗方面成效显著。截至年底，已利用平台资源解决22例疑难病症的诊断，还参加27场301医院举办的网络培训。为重奖业绩表现突出、长期坚守洛扎的医务人员，援藏工作队确定颁发洛扎"忠良医生"奖，出台奖项评选办法，突出基层导向，在洛扎医疗系统中引起很大反响，稳定医务工作者队伍，其做法受到山南市政府的肯定和表扬。

【产业援藏】 2017年，中粮援藏工作队产业援藏项目建设既能发挥中粮作为援藏央企的属性特点，又符合当前洛扎经济发展"输血"转"造血"的现实需求，以"产业援藏"为抓手，将"扶贫援藏""旅游援藏""就业援藏"等多方面要求一揽子统筹解决，避免工作无序化和资源分散化。

2017年，由援藏工作队牵头管理的藏鸡养殖场、黄粉虫繁殖基地和70座连片蔬菜大棚已打造为一个整体项目，形成以藏鸡养殖为纽带的、三个项目内部相互关联的循环农业实体。黄粉虫用于养鸡，虫粪替代有机肥种菜；种出的部分蔬菜被送往养鸡场和养虫场，补充青饲料；产出的藏鸡蛋和藏鸡上市销售，鸡粪再被送回蔬菜大棚种菜，真正实现内部循环、综合利用、环保无公害。中粮援藏循环农业项目已成为洛扎产业扶贫的亮点，自治区、山南市、洛扎县各级领导和部门前后40多次参观调研，山南市委书记许成仓指示以中粮洛扎循环农业项目为摹本，在山南雅鲁藏布江北岸设计建设10万只藏鸡养殖的规模化的循环农业项目，山南市政府已成立专门的筹备组负责统筹推进，这是中粮产业援藏对山南产业发展的现实贡献。

截至年底，藏鸡养鸡场陆续引进不同品种藏鸡11000余只，卖出藏鸡蛋9万余枚、藏鸡700余只，收入达到40余万元。蔬菜种植项目在援藏工作队的总体策划下，2017年推出圣女果、水果黄瓜、樱桃萝卜、苦菊、秋葵、香瓜、甜瓜、茴香、芝麻菜、罗勒、紫苏、甜椒等高附加值的蔬菜品种，吸引拉萨高端市场的关注，已接到2018年的两笔订单。同时，蔬菜大棚吸引周边农牧民群众来打工，累计达到800余人次，发放务工工资10万余元。举办3场技术培训，带动洛扎两个乡镇蔬菜大棚建设。由援藏工作队牵头管理的蔬菜大棚不仅在统筹解决产业发展、就业、增收、扶贫方面作用显著，被确定为洛扎产业扶贫的典型之一，而且在种植技术、大棚结构、市场开发等方面成为洛扎同类企业名副其实的“探路者”和“引领者”。由援藏工作队引进的黄粉虫养殖项目克服困难，摸索出一套适宜在高原繁殖黄粉虫的有效方法，全年累计供应养鸡场鲜虫20吨，其良好的品质、稳定的产量确保藏鸡日常营养所需，比传统养殖方法提前一个月产蛋，经济效益显著。鉴于洛扎黄粉虫项目的突出成效，自治区科技厅将其确定为2017年重点科研与推广项目，拨专款140万元作为对该项目的肯定和支持。

【援藏措施】 2017年6月14—15日，中粮集团党组副书记、副总裁万早田赴洛扎县调研援藏项目建设情况，慰问援藏挂职干部。在先后考察蔬菜大棚、藏鸡养殖场、黄粉虫繁殖基地、村级卫生室、县人民医院病患营养餐厅、远程诊疗平台等援藏项目之后，认为第五、第六批援藏干部紧密结合洛扎实际，探索、勇于实践，将工作重心聚焦于医疗援藏和产业援藏两个方面，在医疗援藏上注重基层性和实用性，在产业援藏上突出差异化和品牌化，将项目建设与脱贫攻坚紧密结合，既充分发挥援藏央企“做管理、做产品”的特长，又统筹解决当地农牧民群众就业、增收、脱贫问题，思路清晰、特点突出、效果明显。

【援藏资金】 2017年，中粮集团再次增加援藏资金200万元/年，达到1200万元/年，在“十三五”期间对洛扎的援助至少增加1000万元。除集团层面，各个业务部门也通过不同的方式加大对洛扎的帮扶，集团党组决定在2017年捐赠给洛扎县65万元党费，用于基层党组织建设，经县委研究，用于扎日乡蒙达村委会党员便民超市和爱心茶园建设，由2位党员致富带头人承包，吸纳6名建档立卡贫困户，探索持续帮扶模式。中粮我买网将网络食品销售与对洛扎的公益活动相结合，采取网络上每销售1元抽取若干利润作为对洛扎县教育系统的捐资，活动在中粮员工中引起很大反响，大家踊跃参与，最终集资20万元，主要用于改善基层教学条件和偏远教职工的生活待遇。

2017年援藏资金使用情况

表1

序号	项目	金额	类别
1	洛扎乡镇卫生院标准化项目	243907.00	医疗援藏 573466万元
2	洛扎县人民医院营养餐厅项目尾款	79559.00	
3	2016、2017年度忠良医生奖	250000.00	

续表1

<table>
<tr><th>序号</th><th colspan="2">项目</th><th>金额</th><th>类别</th></tr>
<tr><td>4</td><td colspan="2">洛扎县文化广场项目尾款</td><td>288488.27</td><td rowspan="5">其他
3191777.27万元</td></tr>
<tr><td>5</td><td colspan="2">洛扎县五保户供养中心项目（援藏配套资金部分）</td><td>2730000.00</td></tr>
<tr><td>6</td><td colspan="2">洛扎县民间艺术团维修项目尾款</td><td>29361.00</td></tr>
<tr><td>7</td><td colspan="2">洛扎县残疾人员培训费及残疾人蔬菜基地技师费用</td><td>125640.00</td></tr>
<tr><td>8</td><td colspan="2">2017年洛扎县村委会报刊订阅费</td><td>18288.00</td></tr>
<tr><td>9</td><td colspan="2">洛扎县扶贫建材市场项目</td><td>3317604.00</td><td rowspan="18">产业援藏
6439280.57万元</td></tr>
<tr><td>10</td><td colspan="2">洛扎县扶贫停车场/洗车场项目</td><td>435925.00</td></tr>
<tr><td>11</td><td colspan="2">扶持扎日乡蒙达村青稞加工项目</td><td>9820.80</td></tr>
<tr><td>12</td><td rowspan="6">藏鸡养殖
项目</td><td>为养鸡场购买中粮饲料</td><td>374500.00</td></tr>
<tr><td>13</td><td>为养鸡场购买雏鸡</td><td>69300.00</td></tr>
<tr><td>14</td><td>购置取暖器等设备</td><td>71297.00</td></tr>
<tr><td>15</td><td>洛扎藏鸡蛋品牌设计</td><td>85000.00</td></tr>
<tr><td>16</td><td>洛扎藏鸡蛋新款包装盒</td><td>15898.00</td></tr>
<tr><td>17</td><td>支付养鸡场技师工资</td><td>367560.00</td></tr>
<tr><td>18</td><td rowspan="2">黄粉虫养殖项目</td><td>购置饲料及工具等</td><td>201176.20</td></tr>
<tr><td>19</td><td>支付养虫技师工资</td><td>335981.07</td></tr>
<tr><td>20</td><td rowspan="5">蔬菜种植项目</td><td>支付种植技师工资</td><td>347040.00</td></tr>
<tr><td>21</td><td>三处蔬菜大棚村委会管理费</td><td>15000.00</td></tr>
<tr><td>22</td><td>三处蔬菜大棚土地租赁费</td><td>62252.00</td></tr>
<tr><td>23</td><td>三处蔬菜大棚农牧民工资</td><td>49550.00</td></tr>
<tr><td>24</td><td>购置蔬菜种子及生产工具等</td><td>37386.50</td></tr>
<tr><td>25</td><td colspan="2">为参与种养植项目的人员购买商业保险</td><td>8000.00</td></tr>
<tr><td>26</td><td colspan="2">藏鸡养殖场项目尾款</td><td>93370.00</td></tr>
</table>

续表 1

序号	项目	金额	类别
27	为洛扎县广惠农牧民施工队购买挖掘机	500000.00	产业援藏 6439280.57万元
28	协其村委会援藏大棚改造项目	42620.00	
29	援藏车辆维修、保养、保险、汽油费及驾驶员补贴	290122.00	
合计		10494645.84	

【探索合作新模式】 作为援藏央企,特别是在推进西藏农牧业产业化进程中能够发挥独特作用的央企,中粮援藏工作队响应中央号召、顺应西藏发展需要,将"央企入藏"视为丰富中粮援藏工作内涵、拓展自身业务的重大机遇,援藏干部为西藏政府部门、相关企业与中粮专业化公司(平台)牵线搭桥,促进"中粮入藏",就成为新使命、新课题、新任务。

2017年3月9日,中粮集团党组书记、董事长赵双连在中粮福临门大厦会见西藏自治区党委副书记、自治区主席齐扎拉,双方就"央企入藏"、加强产业对接进行深入的探讨。齐扎拉希望中粮集团利用西藏农牧业资源和生态环境优势帮助西藏实行产业升级和转型。赵双连赞同中粮在继续做好援藏工作的同时,推动专业化公司入藏开展合作,在矿泉水、葡萄酒、乳业等领域与西藏加强产业对接,实现互利共赢。双方高层会谈后,援藏工作队和相关专业化公司迅速行动。中粮酒业、蒙牛乳业、中可饮料、中粮饲料、中粮资本五个工作组先后赴藏考察。中粮援藏工作队于5月4日专程返回集团汇报项目进展,听取集团领导的具体指示。5月底至6月初,援藏工作队协调山南市代表团和拉萨市代表团分别赴四川、甘肃、北京等地,实地考察中粮相关企业,加深项目认识。6月12—13日,集团党组副书记、副总裁万早田在拉萨参加"央企助力 富民兴藏"活动,代表集团分别与西藏自治区和山南市签订合作项目7个,金额共计7.8亿元,涉及奶牛养殖、葡萄酒开发、矿泉水合作生产和饲料加工等领域。

中粮援藏工作队促成蒙牛乳业与拉萨市城关区合作建设年产5万—10万吨乳制品加工厂即将建成投产,投资金额达到2亿多元。协调集团米面油产品进入拉萨市城关区学生"三包"项目,2017年再次完成4500多万元的中粮品牌产品销售,使西藏消费者与其他省市消费者一样可以享受到中粮全产业链产品带来的优质服务,助力集团产品大踏步进入西藏市场,得到集团相关专业化公司(平台)的高度认可。中粮援藏工作队协助中粮资本开展西藏产融结合业务,陪同调研小组考察,直接促成洛扎藏鸡蛋和3万斤拉孜县藜麦的销售,并最终促成中粮资本即将在西藏开设分公司拓展业务。

群众团体

工商联

【概况】 山南市工商业联合会(以下简称市工商联)原名称为山南地区工商联,于1998年成立(虚设),一直为原山南地委统战部管理的副县级机构。2012年7月升格为正县级群团机关,2012年11月设立党组。2016年6月山南撤地设市时,山南地区工商联更名为山南市工商联。

2017年,山南市工商联设办公室(信息中心)、组织会员科(市非公党工委办公室)、经济联络科(宣传教育科、商会秘书科)3个正科级科室,总编制10个,其中,行政编制5个、事业编制5个;核定县级领导职数3个,科级领导职数3个。机关实有编制10个,县级干部4名(含1名离岗休养干部)。

【教育引导】 2017年,市工商联持续在非公经济人士中开展"守法诚信、坚定信心"为主要内容的理想信念教育,深入开展爱国、敬业、诚信、守法教育,以开展"四讲四爱"主题教育实践活动,迎接党的十九大胜利召开为契机,推进活动进非公企业。先后选派19名非公经济人士和工商联干部到上海、北京参加培训,有效提升综合能力。组织协调各非公党支部、会员企业200余名党员、职工集中观看党的十九大直播实况。于11月2日下午组织非公经济人士代表和机关干部职工召开学习党的十九大精神会议,传达学习党的十九大精神和全国工商联领导深入领会党的十九大关于支持民营经济发展的重要论述,传达市委书记许成仓在全市传达贯彻党的十九大精神领导干部大会上的讲话和市委副书记巴珠在市统战民宗工商联系统传达学习党的十九大精神大会上的讲话,3名非公有制经济代表人士交流心得,市委常委、统战部长、市非公党工委书记丹增出席并讲话。

【非公工作】 2017年,市工商联配合市委、市政府召开企业发展座谈会和银企座谈会,配合自治区工商联在山南召开推进供给侧结构改革会议,直面发展难题,共商发展大计,对接人行与非公企业开展金融授信签约仪式。协助区工商联举办"西藏知名民营企业山南行

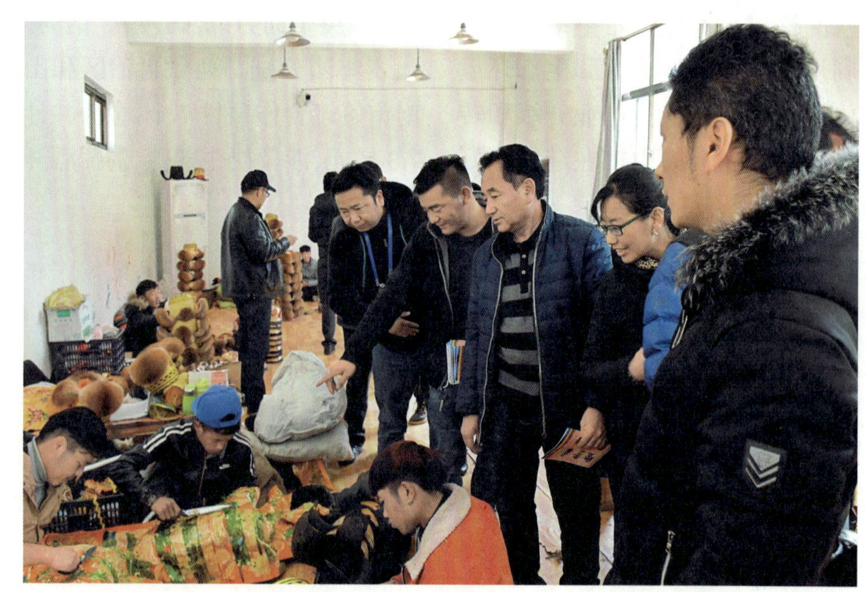

2017年2月18日,市工商联党组书记、主席保疆(左三)调研指导扎囊县扎塘镇羊嘎村藏式帽子"次仁金果"农民专业合作社生产经营情况

活动”，联合经合局召开招商洽谈会，现场签订意向性协议4份。组织非公企业代表就推进供给侧改革进行座谈，形成专题调研报告，为市委、市政府提供决策参考。配合全国工商联调研组、法律部调研组与非公有制经济人士代表围绕优化企业发展环境进行座谈。多次配合自治区工商联调研组与非公有制经济人士就对口援藏工作和推介招商引资项目、县级工商联“一个设立、五个有、五好”“百企帮百村”精准扶贫行动、非公党建等进行座谈，实地走访了解相关企业经营状况及非公党建工作开展情况，掌握企业急需解决的发展难题等。

2017年6月29日，自治区政协副主席、自治区工商联主席、总商会会长阿沛·晋源（左五），市委常委、统战部长丹增（右四）参加贡嘎县工商联第一次代表大会

【精准扶贫】 2017年，市工商联把持续开展“百企帮百村”精准扶贫行动作为山南市民营企业回报社会的重要活动载体，全市参与“百企帮百村”精准扶贫行动的民营企业数达到203家，带动贫困人口6250人，企业投资总额达5551.42万元。其中，产业帮扶投入资金1091.7万元，受帮扶贫困人口241人。就业帮扶投入资金1603.35万元，受帮扶贫困人口413人。公益帮扶投入资金2799.11万元，受帮扶贫困人口5482人。技能帮扶投入资金57.26万元，受帮扶贫困人口114人。

【党建工作】 2017年，市工商联召开全市2017年非公党建工作会议，总结成绩、部署工作，表彰奖励3个先进支部和3名优秀党务工作者。向市委、市政府专题汇报非公党建工作，受到市委市政府主要领导专门批示，对加强非公党工委办公经费、人员编制等事宜多次与组织、财政等部门沟通协调，非公党建经费由每年0.5万元增加至5万元。按照党建工作“七项重点任务”要求，向各县（区）非公党工委及非公支部印发2017年党建工作要点、发展党员工作计划、《2017年非公党建工作整改方案》《“双语”培训方案》等，不断深化工作。市非公党工委被授予“山南市2016年度基层党建工作先进集体”称号，19名非公经济人士被评为“山南市2016年度优秀党员致富带头人”。指导错那、措美两县召开全县非公党建工作会议，指导隆子、曲松、浪卡子三县非公党工委共组建3个企业党支部。深入洛扎、扎囊、曲松3县和直属会员企业了解组建党组织计划、党员现状、挂靠、联建等情况。截至年底，全市共组建非公企业党支部66个，非公党员达到577名。

【自身建设】 2017年，市工商联推动市级工商联和商会组织建设。按照全国和自治区工商联换届实施意见，制定市工商联换届方案，成立领导小组及筹备工作组，经过精心筹备，于7月24—25日，召开山南市工商联第一次代表大会暨商会成立大会，自治区政协副主席、区工商联主席、区总商会会长阿沛·晋源，市委书记许成仓，市委副书记、市长普布顿珠等区市领导出席会议，280余名非公经济人士代表参加会议。会议选举产生新一届市工商联班子和商会班子。召开创建全国“五好”县级工商联经验交流会，组织12个县（区）工商联主席、副主席实地到扎囊县参观，并以座谈会形式交流经验，推进“五好”县级工商联创建工作。指导浪卡子、措美、错那、贡嘎四县工商联召开第一次代表大会暨商会成立大会，实现12个县（区）工商联顺利换届。加强干部锻炼，会同市委统战部做好扎囊县桑耶镇前达村驻村工作，安排正科级干部担任队长，严格落实驻村各项工作任务,深入开展村情、民情、户情调研,扎实推进驻村“10+2”项任务。开展党组理论中心组学习、“四讲四爱”主题教育实践活动、推进“两学一做”常态化制度化。推进党风廉政建设,落实主体责任和“一岗双责”。对2名正科级干部进行使用。选派10名市、县(区)工商联干部到北京、上海、成都学习培训,安排1名班子成员到清华大学经济管理高级研修班学习。

工　会

【概况】 山南市总工会(以下简称市总工会)指导管理全市12个县(区)总工会718个基层工会组织,会员人数达到37576名,其中,党政机关、事业单位工会组织329个,工会会员13968名;国有企业工会组织224个,工会会员6080名,非公企业工会组织137个,工会会员12670名;其他村委会、合作组织等工会组织28个,工会会员4858名。已联合建立驻寺点89个,会员952人;便民警务站入会率100%。

2017年,市总工会有党组书记、主席各1名,副主任1名,调研员1名。内设4个科室,分别是办公室、综合(组宣)科、法律保障科、困难职工帮扶中心(事业)。4名干部在贡嘎县长期驻村,1名干部派驻村居任第一支部书记。全市12个县(区)总工会,都是单设的正科级机构,人员编制2—3人,实有人员3—5人不等。

【工代会】 根据《中国工会章程》的规定,经请示山南市委、自治区总工会同意,山南市工会第一次代表大会于2017年12月8—9日召开,大会选举产生山南市总工会第一届委员会主席、副主席、常务委员,山南市总工会第一届经费审查委员会主任、副主任。

会议选举通过,尚变丽全票当选为山南市总工会第一届委员会主席,次仁、杨剑、尼玛卓嘎、巴桑全票当选为山南市总工会第一届委员会副主席(其中尼玛卓嘎、巴桑全票当选为山南市总工会第一届委员会兼职副主席),巴桑等13人当选为山南市总工会第一届委员会常务委员

山南市工会第一次代表大会于2017年12月8日下午举行第二次全体会议,对山南市总工会第一届委员会委员候选人、第一届经费审查委员会委员候选人采用无记名投票方式,实行等额选举。

大会选举通过巴桑等41名代表为山南市总工会第一届委员会委员。扎西达杰等9人为山南市总工会第一届经费审查委员会委员,均全票当选。

【政治思想学习】 2017年,山南市各级工会把学习贯彻党的十九大精神作为首要政治任务,把学习领会习近平新时代中国特色社会主义思想作为重中之重,在学懂弄通做实上下功夫,通过党组中心组学习、专题培训、学习会、报告会、竞赛答题多种形式,迅速掀起学习贯彻热潮。市总工会第一时间下发学习通知,领导带头进行宣讲,把学习贯彻党的十九大精神作为新时代党员领导干部的第一堂课、第一堂政治必修课,将学习贯彻党的十九大精神与党的十九届一中全会、区党委九届三次全会精神以及习近平总书记治边稳藏重要战略思想和“加强民族团结、建设美丽西藏”的重要指示、给隆子县玉麦乡群众的回信精神、《中共中央国务院新时期产业工人队伍建设改革方案》精神的学习贯彻相结合,引导工会干部深刻领会党的十九大精神思想精髓、核心要义,加深对中央和区党委和市委决策部署

2017年1月10日,市政协副主席普布带领相关部门慰问市直困难职工

2017年11月13日，市总工会召开第一次代表大会活动

的认识理解、实践运用，引导工会干部牢固树立"四个意识"，不断增强"四个自信"，自觉维护习近平总书记在党中央和全党核心地位，在思想上政治上行动上以习近平同志为核心的党中央保持高度一致。充分发挥工会文化阵地作用，广泛开展宣传教育活动，及时把中央、区党委和市委精神传播到基层、传递到职工群众中，团结引领广大职工群众坚定不移听党话、跟党走。

【制度改革】 2017年，市总工会坚持增强"三性"、去除"四化""做强基础、创新"的工会改革总体思路，坚持眼睛向下、面向基层，改革和改进机关机构设置、管理模式、运行机制，坚持力量配备、服务资源向基层倾斜，创新工作体制机制和方式方法。根据区总工会改革方案，分解31项改革任务74项子任务，贯彻落实自治区群团改革工作推进会精神，集全会之力研究梳理涉及机构建设、干部队伍建设、职工帮扶服务中心建设、网上工会建设等重点难点改革任务，在建机制、强功能、增实效上下功夫，结合山南工会改革稳步推进，改革成果初步显现。落实全国总工会"网上工作纲要"和"行动计划"，增强互联网思维，适应、运用和驾驭网络空间。加快建立健全网络舆情应急处置机制和智慧数据库，加强网络宣传员、网络评论员、网络文明志愿者队伍建设，组织开展"网聚职工正能力、争做山南好网民"主题活动，创新舆论引导新途径，努力建设清朗的网络空间。让职工群众在网上找到工会组织、参加工会活动、享受工会服务，创新服务新平台，走好网上群众路线。

【基层组织建设】 2017年，市总工会加强工会基层组织建设，狠抓以职代会为主要形式的企业民主管理工作，加强以集体合同为主的机制建设，推行工资集体协商。通过强有力的工作措施，使职工的合法权益得到有效保障。按照全总"哪里有职工、哪里就必须建工会"的要求，坚持"以党建带工建、以工建服务党建"，以"两新组织"建设为契机，加强工会组织建设，最大限度地扩大工会的覆盖面。市总工会与工商局、工商联沟通联系，安排部署非公企业工会组建和会员发展工作，加大工会组织建设力度。在基层工会标准化建设上狠下功夫，充分发挥工会组织职能作用。2017年重点组织实施驻寺干部、便民警务站（含、协警、辅警）、网络、环卫工人、车站（机场）、铁路护路（工区）建会入会工作。截至年底，山南市联合建立驻寺点89个，会员952人；便民警务站入会率100%。2017年县（区）工会"六有"规范化建设县（区）3家。乡镇（街道）工会"八有"规范化建设单位16家。向达标乡镇发放2万元的补助经费。完成区总要求的农民工集中入会5500人。在国有企事业单位全面推行厂务公开制度，以职代会制度为主要载体的厂务公开全面实行，职工的知情权、参与权、决策权、监督权得到较好的落实，并按实际情况已上报优秀达标单位国有企业1家。国有企业厂务公开、民主管理建制率达到100%，已建工会的非公有制企业建制率达到70%。

【工会活动】 2017年，市总工会紧紧围绕职工最直接、最现实的利益问题，充分发挥工会组织的职能作用，组织开展"三大节日"慰问在档困难职工、困难劳模，走访慰问困难职工168户，发放慰问资金16.8万元。组织山南市在档117名困难女职工开展"两癌"筛查活动，共计5.9万元。为体现对工作在第一线的老干部、老工人的关心和爱护，争取支持，努力筹措资金，安排疗养补助资金37.5万元，组织59名干部职工到其他省市疗休养。投入资金88.6万元，协同市双业办在9个县（区）和市直企业中举办劳动技能培训班9期，对732名农民工进行建筑、维修、装修、编织等培训。以“安康杯”竞赛活动为载体，坚持落实“安全第一、预防为主、综合治理”方针，开展国有企业安全生产管理活动。全年参赛企业15家企事业单位作为参加全区“安康杯”竞赛活动，参赛班组73个职工人数达1639名。开展“法律七进”活动，切实提高职工自我维权意识，与市司法处签订协作协议，开辟工会法律援助工作新途径，接待群众来信来访，帮助解决职工群众诉求。倡导“从我做起”“从小事做起”“人人都做精神文明建设的模范”，不断改进精神文明创建工作。召开首届《山南市五一劳动奖、工人先锋号》表彰大会，评选出市藏医院等5家单位荣获“山南市五一劳动奖状”荣誉称号；多吉旺加等10名职工荣获“山南市五一劳动奖章”。市客运公司安全生产科等5家班组（科室）荣获“山南市工人先锋号”荣誉称号。同时向77名自治区级劳模和全国五一劳动奖章获得者发放补助资金17万元。

【工会能力建设】 2017年，市总工会完善落实党组工作规则，发挥党组领导核心作用，扎实推进基层党组织活动方式创新和标准化建设，深入推进“两学一做”学习教育常态化制度化，推动党内教育从“关键少数”向全体党员延伸，引导党员干部增强“四个意识”，争做“四讲四有”合格党员。严格落实“一岗双责”，加强和规范党内政治生活、合格监督，抓好党章、准则、条例等党内法规的贯彻落实，严格执行落实中央“八项规定”，自治区“约法十章”“九项要求”和山南市“十项规则”，严格执行“三重一大”决策制度。严格按照反腐倡廉工作部署和党风廉政建设责任目标，加强工会系统党风廉政建设。强化机关内部管理，“三公”经费和一般性支出明显下降。落实对目标责任书考核机制，层层签订目标责任书，以目标管理为抓手，明确“抓什么、怎么抓、谁来抓”，确保有人管事、有人干事。2017年完成4个县（区）总工会经费审计审查，综合运用监督执纪“四种形态”，扎紧制度笼子，不断将工会系统党风廉政建设和反腐败工作推向深入。落实工会干部培训规划，通过以会代训、网络平台、业务培训等方式，培训工会干部91人次，基本实现全部轮训，全市工会干部业务明显提升。通过在阿里地区召开全区工会受援工作推进会，现场观摩、总结成果、推广经验，严格按照全总“一个指导意见，一个资金管理办法”的要求，以“实现项目精准对接，确保资金落地”为工作重点，以“改善职工群众基本生活，改善工会基础设施”为抓手，以“突出倾斜基层、民生援藏、能力建设和民族交往交流交融”为工作核心，采取有力措施，完成2017年25%以上的工会援藏项目资金落实到位，确保2017年援藏资金利用率达到100%，项目验收合格率达到90%以上。

2017年4月8日，山南市总工会组织开展市直企业职工“五送”活动

共青团

【概况】 1956年8月18日，中共西藏工委组织部批准成立中国新民主主义青年团山南分工委。1957年5月，中国新民主主义青年团山南分工委更名为中国共产主义青年团山南分工委（简称共青团山南分工委）。1963年11月，中国共产主义青年团山南分工委更名为中国共产主义青年团山南地委（简称

2017年6月9日，团市委承办喜迎党的十九大“讲团结爱祖国·祖国在我心中”演讲比赛

共青团山南地委)。2016年5月，国务院批准成立山南市后，共青团山南地区委员会正式更名为共青团山南市委员会机关。内设办公室(组宣部)、青工青农部、学少部(青少年活动中心)三个部室，总编制12人(行政编制9人，事业2人，工勤1人)。2017年，实有17人，其中，县级干部3名，科级干部5名，科员及工勤人员9名。

2017年，山南市有团员35360人，团组织1273个，形成以共青团组织为核心，以青年工作委员会、青年联合会、学生联合会、青年志愿者协会等为依托的青年组织体系。履行全团带队职责，带领山南少先队事业蓬勃发展，有少先队员28439人，少先队组织1045个，建立起较为完备的山南青少年工作体系。

【思想道德宣传教育】 2017年，共青团山南市委员会开展“喜迎十九大——我向习爷爷说句心里话”“讲团结爱祖国·祖国在我心中”主题演讲比赛、“不忘初心跟党走，青春建功新时代”“学习十九大·不忘初心跟党走”系列宣讲、座谈会、微信专栏，“十九大精神进万家”露天猜谜活动、践行社会主义核心价值观主题讲座、“四讲四爱”主题教育实践活动宣讲、“奋斗的青春最美丽·成长分享会”等主题教育实践活动，开展“向上向善好青年”“最美中学生”“最美青春故事”等优秀典型评选活动，不断引导广大青少年坚决拥戴信赖忠诚捍卫习近平总书记这个核心，引导广大青少年感党恩、听党话、跟党走。全年共开展各项教育实践活动100多场次，覆盖青少年人数2.5万人次。

【法治宣传教育】 2017年，共青团山南市委员会深入开展“开学第一堂课”“青春与法同行·青少年法律大讲堂”“送法进高墙·情暖看守所”“珍爱生命、远离毒品、平安回家”网络安全知识竞赛、网络安全倡议签名、“12·4”国家宪法日法治宣传等活动，不断引导青少年学法懂法尊法守法。全年开展各类法律讲座、法制展览、法制宣传共77次，发放各类宣传资料7.3万余册，覆盖青少年5.6万余人次。

【民族团结教育】 2017年，共青团山南市委员会以“民族团结月”宣传教育活动为契机，依托湖南湖北安徽三省对口援助工作，持续开展“民族团结代代传”——青少年万人交流计划、青少年融情教育实践营、青少年民族团结进步表彰、青少年手拉手结对交友等丰富多样的民族团结教育活动。组织29名优秀青年代表到湖北武汉参加培训交流，接待湖南、湖北、安徽三省青年代表团3次、60余人，不断促进各民族之间的交往交流交融。

【青年就业创业】 2017年，共青团山南市委员会围绕“共青团助力脱贫攻坚”主线，组织山南市20个青年创业项目参加第二届西藏青年创新创业大赛，荣获三等奖、优胜奖各1名，获得奖励扶持资金13万元。组织37个青年创业项目参加第二届西藏青年创新创业创优成果展，展销收入11.8万元。组织山南市30个优秀青年电商项目参加第一届西藏青年电商扶贫创业专项赛，荣获二等奖、三等奖和优胜奖各1名，共获得奖励资金14万元。开办农牧民青年实用技能培训班7次，受益青年500多人，累计投入资金54万余元。为山南市10名青年创业者扶持创新创业资金各1万元。安排未就业高校毕业生31人，分别到国税局、人保、邮政局见习，解决生活补贴

2017年1月23日，团市委组织12名大学生西部计划志愿者在市客运站开展“暖冬行动”

44.5万元，通过见习解决就业3人。

【关爱帮扶】 2017年，共青团山南市委员会全年共争取到国酒茅台、芙蓉学子、华融湘江银行绿色助学、湖北省希望工程、安徽省希望工程、青联委员爱心助学等资金81.6万元，帮助脱贫攻坚建档立卡户、孤儿、单亲、残疾和低保等特困家庭的312名贫困学生解决就学困难。以“共青团关爱留守儿童志愿服务行动”为抓手，先后开展“春暖童心”“假期自护”等关爱行动。为留守儿童提供学业辅导、亲情陪伴、自护教育、爱心捐赠、“12355·轻松伴你行”等志愿服务活动。2017年，全市各级团组织开展学习辅导，累计受益留守儿童111人，辅导时长402小时；考前心理辅导讲座19场，覆盖初高中应届毕业生4900余人。开展亲情陪伴33次，捐赠物资2.8万元，受益留守儿童超过300人。“爱民固边关爱困难儿童公益募捐行动”累计募集爱心善款2.1万余元。坚持“真情促回归”，为市看守所在押人员送去价值1.2万元的多媒体设备一台和2000余元节日慰问品及500本各类书籍。联合天津医科大学开展“雪域光明行”活动，帮助206名白内障患者进行复明手术，对651名农牧民和2700名学生进行眼病筛查，发放700件恢复性药品，并将2名孤儿送至天津医科大学进行免费治疗。开展“践行雷锋精神、共创美好山南”活动，联合山南市华康医院为特殊学校111名患有聋、哑、智力障碍等病状的学生进行体检。团市委驻日当村工作队扎实开展各项强基惠民工作，先后开展慰问贫困老党员、结对认亲交朋友、送助学金等办实事解难事15件，投入资金10.6万元。

【志愿服务】 2017年，共青团山南市委员会组织全市1045名平安志愿者开展“平安三月·志愿护航”和“喜迎十九大·志愿来护航”大规模晚间巡逻活动。组织以西部计划志愿者为主的64名文化志愿者，在图书馆开展长期志愿服务活动，志愿服务参与356人次，志愿服务时长达712小时。组织招募40名青年志愿者开展2017中国西藏雅砻文化节志愿服务工作。全年共有170名西部计划志愿者在医疗卫生、农牧扶贫等各领域进行志愿服务。全年共有21名西部计划志愿者通过考取基层公务员扎根西藏，29名西部计划志愿者2年服务期满后通过留藏政策扎根山南，推动山南人才结构的改善。

【青少年权益保护】 2017年，山南市53家各级青少年维权岗充分发挥职能作用，活跃在青少年维权工作第一线。以加强青年婚恋和家庭公共服务为主线，深化“共青团与人大代表、政协委员面对面”活动，将青年服务工作向制度化、法制化推进。年内吸纳1名具有国家认证资质的社会工作师加入山南青少年社工队伍，填补山南市无专业社工的空白。预防青少年违法犯罪工作在各县（区）、各成员单位的共同努力下，再获全区综治专项考评第一的好成绩。

【受援工作】 2017年，共青团山南市委员会实施受援项目20个、落实资金127.45万元。根据第二次共青团对口支援西藏工作会议安排，共青团山南市委员会及时梳理总结前三年对口援藏项目，对2018—2020年项目进行实地对接，通过反复协商，确定基本框架协议38项（青少年民族团结交流、青年就业创业、红领巾快乐空间建设3项已纳入到山南市“十三五”规划总盘子），3年吸纳援藏资金1297

2017年9月3日，共青团湖北省委、省青企协代表团赴山南考察交流期间向山南团市委捐赠资金50万元

万元。

【共青团改革】 *落实团员发展新要求。*2017 年，共青团山南市委员会按照“坚持标准、控制规模、提高质量、发挥作用”的总要求，贯彻落实《中国共产主义青年团发展团员工作细则》，采取逐级分配名额的方式，对发展团员数量进行调控。2017 年山南市新发展团员 1500 人，同比下降 16.7%。严走团前教育、发展团员、组织生活、教育评议等青年入团的主要程序，不断规范发展团员工作，确保团员的先进性和光荣感，充分发挥团员在青年中的模范作用和对青年的凝聚作用。

*推动网上共青团建设。*2017 年，共青团山南市委员会“青年之声・山南”平台访问量达 207 万人次，青年创业、交友、心理、维权等各个领域咨询、求助和问题反映 2300 余条，团组织有效回复 1300 余条。“青年之声・山南”荣获团中央“青年之声”建设工作先进典型并全团通报表扬。完成全市“智慧团建”系统组织树建立工作和团组织录入工作，不断打造网上共青团工程。

【自身建设】 *开展团内评先推优工作。*2017 年，共青团山南市委员会推报评选“西藏青年五四奖章”个人和集体各 1 个，自治区级“五四红旗团委（团支部）”1 个。召开纪念中国共青团成立 95 周年暨山南市首届五四表彰大会，授予“山南市五四红旗团委”5 个、“山南市五四红旗团支部”15 个、“山南市优秀团干部”20 名、“山南市优秀共青团员”25 名。创建 6 个自治区和市级“共青团员先锋岗（队）”及 3 家自治区级“青年文明号”集体，命名 2 家自治区级、3 家市级“青年安全生产示范岗”。

*严格规范团组织生活。*2017 年，共青团山南市委员会按照团中央和团区委在全团开展“学习总书记讲话，做合格共青团员”教育实践部署要求，采取召开专题组织生活会、集中开展入团仪式和评选表彰、建立健全团员档案、规范团员发展程序、主动缴纳团费、落实“三会两制一课”（三会：支部大会、支部委员会、团小组会；两制：团员教育评议制度、团员年度团籍注册制度；一课：团课）制度等措施，严格规范团内组织生活。

*加强团干部自身建设。*2017 年，共青团山南市委员会扎实开展“两学一做”学习教育常态化制度化，采取集中学习、宣讲、座谈会等形式，学习党的十九大精神和习近平总书记系列重要讲话精神，特别是习近平关于青少年和共青团工作的重要论述，提升团干部的政治理论素养。举办为期 7 天的 2017 年基层团干部培训班，参训 53 人。组织团干部到区内外学习、培训、挂职、考察等 50 余人次，组织山南市 53 名专职团干部参加《学习党的十八届六中全会精神和从严治团要求专题在线培训班》。

*推进从严治团。*2017 年，共青团山南市委员会落实中央、区党委和市委关于推进全面从严治党的相关要求和团中央下发的关于新形势下全面从严治团的规定。落实“三会两制一课”制度，落实中央“八项规定”、区党委“约法十章”“九项要求”、市委“十项规则”，学习贯彻《新形势下党内政治生活的若干准则》《中国共产党廉洁自律准则》《中国共产党纪律处分条例》《中国共产党问责条例》。坚决抵制和纠正“四风”问题，坚决落实直接联系青年系列制度安排，切实改进团干部作风。

【首届五四表彰大会】 2017 年 5 月 4 日，召开纪念中国共青团成立

2017年5月4日，山南市举行纪念中国共青团成立95周年暨山南市首届五四表彰大会

95周年暨山南市首届五四表彰大会，授予5个团委“山南市五四红旗团委”称号，15个团支部“山南市五四红旗团支部”称号，20人“山南市优秀团干部”称号，25人“山南市优秀共青团员”称号。

【傅振邦到山南市调研】 2017年7月24日，团中央书记处书记、全国少工委主任傅振邦带队的调研组一行在团区委党组成员、副书记巴塔，团区委党组成员、副书记王晓辉，团区委学校部部长张达的陪同下到山南市调研少先队工作。市委副书记陈正祥，市委常委、组织部长张定成，市教体局党委书记董安学，团市委党组班子成员陪同调研。其间，调研组一行在山南市一小查看校史馆、宣传栏以及2016—2017年山南市一小德育少先队工作的资料画册。查看汉文和藏文书法班、围棋班等9个课外兴趣班的学生活动情况，并和学生进行交流互动。观看市一小少先队鼓号队的演示。调研完毕后，调研组一行在山南团市委三楼会议室召开座谈会，会议由市委常委、市委组织部长张定成主持，市委副书记陈正祥出席会议，团山南市委班子成员及全体干部职工、市教体局副局长赵志诚、团县委代表、少先队辅导员代表等共30余人参加会议。会上，团市委负责人做工作汇报，市教体局负责人、乃东区团委书记和贡嘎县的少先队大队辅导员分别做交流发言。最后，傅振邦作重要讲话。他表示，山南共青团工作给他留下三点印象：贯彻落实全团重点工作力度大、效果好；全团工作的主旋律是改革攻坚、从严治团，山南市共青团结合实际、工作亮点多，特别是在思想政治引领等方面工作突出；围绕山南中心工作，服务大局力度大、效果好，山南共青团围绕山南市重点工作内容，结合工作特色，在脱贫攻坚等方面汇聚青春力量，服务大局；山南共青团注重整合社会资源，重视基层基础，在服务红领巾成长成才方面有许多可圈可点的做法。最后，傅振邦对下一步工作提四点要求：要统筹好市域全局抓改革，要紧跟团中央、团区委的步伐，深入贯彻落实共青团、少先队改革，从横向统筹，纵深推进共青团改革攻坚在地市层面落到实处。要把握好工作主线抓引领，做好思想政治引领任务是共青团重点任务，各级团委、少工委要营造良好社会氛围，抓好学习贯彻，结合“四讲四爱”主题教育实践活动在学校抓好中小学生少先队员

2017年7月24日，团中央书记处书记、全国少工委主任傅振邦在山南市调研

的思想引领工作。要夯实好支部中队抓基础,要抓基础顾长远,抓好支部中队工作,夯实好基层基础的核心力量。要充分利用好对口支援,提升山南共青团、少先队工作水平。更加自觉、更加仔细、更加主动地利用对口支援资源,做好硬项目支持的同时争取软项目的支持,切实发挥对口支援的力量。

【共青团山南市第一届委员会第二次全体会议】 2017年8月14日,共青团山南市第一届委员会第二次全体会议在泽当召开。市委常委、组织部长张定成出席会议并讲话,团市委党组书记、书记拉宗代表团市委第一届常委会向大会作工作报告。团市委一届委员会委员、候补委员,不是委员的县(区)团委负责人、市(中、区)直单位团组织、市直学校团委、驻军部队团组织负责人,团市委机关全体干部职工共100余人参加会议。拉宗在工作报告中全面总结2016年全市共青团工作,分析工作中存在的不足和问题,提出当前和以后一段时期全市共青团工作思路和安排,抓好五个方面的重点工作:凝聚青年,强化思想引领,切实引导广大青少年听党话、跟党走;服务大局,促进青春建功,团结带领青年投身创新创业创优实践;当好桥梁,提升服务水平,竭诚促进青少年健康成长成才;严治团,坚持以身作则,有效提升共青团工作科学化水平;把握新形势新要求,以"抓铁有痕"的精神推动共青团改革攻坚。张定成对全市共青团做好下一步工作提出明确要求。提高政治站位,努力成为推动山南事业发展的生力军。广大青年一定要坚定理想信念,勇挑历史重担,提升自身素质,全力投身山南改革发展稳定各项事业,努力创造无愧于时代、无愧于人民、无愧于青春的光辉业绩。拧紧"总开关",做志存高远的时代先锋。练好"文武艺",做品行高尚的时代先锋。勇挑"千斤担",做开拓进取的时代先锋。认清形势任务,不断开创共青团和青年工作的新局面。全市各级团组织要围绕全市中心工作,坚持稳中求进的工作总基调,紧扣核心主业,强化履职担当,重点从5个方面,高标准高质量推进各项工作深入开展。深入开展"两学一做"教育实践。鼓励青年在创新创业中展示才华、服务社会。扎实推进共青团改革攻坚。为青年成长成才搭建平台。深入推动网上共青团建设。强化党的领导,切实增强共青团的凝聚力和战斗力。全市各级党组织一定要切实保持和增强政治性、先进性和群众性,站在巩固党的执政地位、保证党的事业健康发展的战略高度,抓好共青团工作,加强思想政治建设,加强基层组织建设,加强干部队伍建设。

【青学联换届工作】 2017年12月13日,山南市青年联合会第一届委员会全体会议及山南市学生联合会第一次代表大会召开。根据全国青联改革方案,在151名山南市青联委员中提升青联组织的代表性,注重吸收农民工、社会组织骨干、自由职业者等新兴青年群体中的优秀党员、团员、党外人士,明显提高基层和生产一线青年群众比例,大幅减少党政干部比例,增强青联委员会、常委会的广泛性、代表性。及时召开青联重点工作推进会,宣传发动青联委员参与和助力产业扶贫、就业帮扶等脱贫攻坚青春建功行动。及时启动青联委员助学帮困行动,截至年底,青联委员爱心助学募捐2.47万元。紧扣西藏的特殊矛盾,结合山南的实际,团市委副书记兼任学联名誉主席,使学联组织更好地代表和服务广大同学,更好地团结和凝聚广大同学听党话,跟党走。

妇　联

【概况】 1960年2月16—18日,山南地区第一届青年、妇女代表会议召开之后,正式成立山南地区妇女联合会。2016年,山南地区妇女联合会更名为山南市妇女联合会(以下简称市妇联)机关。

2017年,市妇联编制14人,其中行政编制8名、事业编制5名、后勤事业编制1名、县级领导职数3名(2正1副)、科级领导职数6名(4正2副)。下设办公室、权益部、城乡部及妇女儿童活动中心(事业编制)4个部室。全市共有12个县(区)级妇女联合会,82个乡(镇)级妇女联合会,549个村妇代会,69个地(中)直妇委会。

【贯彻落实会议精神】 2017年,山南市各级妇联组织学习贯彻中央、区党委党和市委党的群团工作会议精神和群团改革部署,特别是习近平总书记重要讲话精神,贯彻落实西藏第六次工作座谈会精神,党的十八届六中全会和自治区党委九次扩大会议精神，贯彻落实全国妇联十一届六次执委会精神，山南市第一次党代会精神等一系列会议精神，牢固树立"四个意识"，充分发挥妇联九届四次执委会确定的各项目标任务，按照"党政所急、妇女所需、妇联所能"的工作要求，认清新形势，把握新机遇，树立新目标，展现新作为。

2017年6月30日，市妇联主席徐梅为新一届执委候选人投票

【第一次妇女代表大会】 2017年6月28—30日，山南市妇女第一次代表大会隆重开幕，来自全市各族各界各行各业的256名妇女代表参加会议。181名山南市第一届妇女代表审议并通过市妇联工作报告，按照妇女代表大会选举办法及《中华全国妇女联合会章程》，选举产生25名第一届执行委员会委员及11名第一届执行委员会常委，徐梅当选为第一届妇联主席，格桑美措、王萍当选为第一届妇联副主席，大会还选举产生4名兼职副主席。加查县妇联于9月18—20日，召开加查县第八次妇女代表大会，选举产生13名第八届执行委员会委员，7名常务委员会委员，索朗曲珍当选为主席，罗布央宗当选为副主席，大会还选举产生3名兼职副主席。

【换届选举】 2017年，根据《中华全国妇女联合会章程》《妇女联合会农村基层组织工作条例》《西藏自治区村(居)两委换届选举工作实施方案》《西藏自治区妇女联合会〈关于做好村妇代会换届选举及试点村"会改联"工作的通知〉》等要求，截至10月下旬，全市妇代会选举工作结束。

【"两学一做"学习教育】 2017年，市妇联按照"两学一做"学习教育常态化的要求，市妇联党组高度重视，把此项工作作为首要政治任务，根据市委的统一部署，立足妇联实际，制定实施方案。结合《中国共产党章程》、习近平总书记系列重要讲话精神和"四讲四爱"主题教育实践活动，落实市委《关于抓严抓实领导机关党员干部"两学一做"学习教育的通知》精神，要求每一名党员要深入学习领会中央、自治区、市委、市政府相关文件精神。2017年，县级领导班子讲党课2次、专题研讨4次、召开专题报告会1次、参观教育基地1次、召开座谈会1次。5名县级领导干部与9户群众结对认亲，办实事2件，投入资金5000元。领导干部学习笔记达到10000字以上，撰写心得体会2篇。干部纪律得到加强，腐败的土壤得到铲除，各项制度有效落实，专题教育工作取

2017年6月29日，山南市召开第一次妇女代表大会

得良好成效。同时，各县妇联组织以“两学一做”学习教育和“四讲四爱”主题教育实践活动为契机，组织广大妇女开展知识竞赛、棋牌比赛、主题演讲、“巾帼心向党 喜迎十九大”全民健身广场舞比赛、“筑牢防腐墙 当好贤内助”廉政文化进家庭、“美丽村居 人人有责”清扫白色垃圾等特色活动。

【感党恩教育】 2017年，市妇联开展“感党恩、批达赖、守法纪、保稳定、促发展”教育活动，成立领导小组、制定活动方案、召开动员大会、制定学习计划，严格考勤制度，确保活动扎实开展。其间，组织新旧西藏对比教育活动及参观新旧西藏对比展板各1场次，组织村民结合“三八”国际劳动妇女节、“3·28”西藏百万农奴解放纪念日，邀请“三老人员”、优秀农牧民党员代表举办感党恩专题讲座。

【精准扶贫】 2017年，市妇联进行前期的动员活动准备工作，协助乡人民政府，通过走村入户，向村委会书记和主任、村委成员详细的了解本村的贫困情况，妥善安排相关工作。摸清以往扶持情况、扶持效果，市妇联5名班子成员和11名干部职工与驻村点9户23人结对认亲，并针对致贫原因制定帮扶计划，脱贫规划，将精准扶贫工作落实到户到人。全年市妇联结对帮扶资金共计9900元；各县妇联组织结对帮扶资助金共计77860元。

【妇女工作】 2017年，市妇联推荐各类妇女典型，向社会宣传妇女，展示山南市妇女良好的精神风貌，调动广大妇女积极性。为树立典型、表彰先进，动员各级政府和有关部门以及社会更加关心支持妇女儿童事业，措美县于2017年5月分别荣获“2011—2015年全国实施妇女儿童发展纲要先进集体”和“2011—2015年全区实施妇女儿童发展规划先进集体”，并在第六次全国妇女儿童工作会议上得到表彰。乃东区妇联副主席拉珍、扎囊县妇联主席格桑白珍等6人被授予“全区实施妇女儿童发展规划先进个人”荣誉称号。2017年山南市3户家庭荣获自治区“五好文明家庭”和“最美家庭”荣誉称号。措美县、洛扎县、曲松县等对全县各条战线的优秀妇女进行表彰。

2017年4月15日，市妇联副主席格桑美措在扎囊县慰问结对帮扶贫困户

【关爱妇女儿童】 2017年，山南市各级妇联组织充分利用各大节点，开展妇女维权知识讲座和法律宣传等活动。对贫困母亲、贫困女大学生、单亲家庭等群体进行慰问。其间，市妇联为便民警务站（在全市便民警务站设立59个“妇女儿童”维权岗）送去慰问金15000余元；各级妇女组织利用“三八”国际劳动妇女节、“六一”国际儿童节等节点通过走访慰问、召开座谈会、办理集体生日会、“弘扬优良家风 养育优秀儿女”主题家庭讲座、爱心捐书、亲子阅读等活动为206名困难家庭、留守儿童、特困儿童等家庭捐款捐物468494元。其中，洛扎县洛珠合作社发挥社会组织作用，为全县7个乡镇完小和教学点及幼儿园送去书包2000个，价值12万元，以实际行动回馈社会，让孩子们真切感受到社会的关心和温暖。利用“家长学校”，举办讲座，加大对留守儿童的教育引导和心理疏导。山南市共有家长学校53所，家长接受教育率达90%，全年各县（区）共开展“家教”培训12次，培训人数达8000余人。

【关爱女性健康】 市妇联坚持每年一次为全市和12个县（区）育龄妇女进行免费体检，掌握全市妇女的健康状况，有效增强广大妇女的健康意识，2017年5—7月，组织全市妇女在仁爱医院开展免费健康体检，全年参加此次健康体检的共1587人。

【妇女儿童合法权益】 2017年，在土地确权登记中参与，跟踪服务，确保妇女和男性同样作为承包方代表或共有人进行登记，截至年底，全市土地确权登记颁证共投入资金1193万元，培训42场次，宣传36480余份，悬挂横幅、张贴宣传标语91条，入户调查36445户，完成率100%，召开部署会议9次，简报87期。

信访接待工作。截至5月，市妇联接待来访5件5人次，电话来电2件2人，做到“事事有回音、件件有落实”。

促进妇女就业创业。2017年，市妇联配合人社局参与主题为“搭建供需平台促进转移就业”山南市2017年春风行动。活动现场，市妇联围绕“送政策”“送岗位”等内容，为过往群众发放《中华人民共和国妇女权益保障法》《中华人民共和国婚姻法》《男女基本国策》等宣传资料1000余份，提供免费服务人数500余人，成功介绍女性就业人数500余人，其中女性就业人数达210余人，引导妇女实现就近就地居家灵活就业。

“母亲水窖”项目。2017年，市妇联为贡嘎、桑日、洛扎、错那、曲松等5个县争取“母亲水窖”项目8个，项目国家投资236.011万元，使442户、1681人（其中妇女儿童1045人）受益。

开展“两癌”贫困妇女救助工作。全年落实2016年5名“两癌”患病贫困妇女救助资金5万元。

农牧区妇女就业培训工作。基层妇联组织向相关部门沟通、协调，举办农牧民妇女培训班23期，培训妇女人数657人。市妇联于6月上旬，组织12个县（区）农牧民参加由全国妇联主办、自治区妇联承办、林芝市妇联协办的“全国妇联新兴职业女农牧民培训班”，扩大妇女致富带头人、创业能手间的交流合作。

“母亲邮包”公益项目工作。因地制宜，广泛动员社会力量，为山南市2000多名贫困母亲开展爱心捐赠活动。

妇女小额担保财政贴息贷款工作。2017年，市妇联与各相关部门沟通、衔接，做好贷款前期摸底调查工作。

贫困单亲母亲和非婚生子女工作。2017年，市妇联为贯彻落实山南市委书记许成仓在山南市第一次妇女代表大会上的指示精神，市妇联对全市农区贫困单亲母亲和非婚生子女进行摸底调查、调研工作，并得到市委领导的肯定。

“蓝天春雷”小学。2017年，市妇联向中国儿童基金会和中国人民解放军空军部队争取100万元在洛扎县拉郊乡建设“蓝天春雷”小学。

“金凤工程助梦飞翔”活动。2017年，市妇联与援藏省市妇联沟通，湖北省妇联在山南市开展“金凤工程助梦飞翔”活动资助25名贫困女大学生，发放助学资助金5万元。

【巾帼帮扶救助活动】 2017年，全市11支志愿者队伍根据各自职能开展法律援助法治宣传、民间纠纷调解、社区治安巡逻、禁毒、维护交通安全、消防、青少年维权等活动，并组织志愿者在夜间重要地段巡逻。各县妇联组织巾帼志愿者开展巾帼义务植树活动、巾帼卫生活动、为敬老院孤寡老人打扫卫生、县城周边环境卫生整治等活动。特别是加查县妇联组织370名妇女捐款34900元“巾帼扶贫资金”用于帮扶贫困妇女。截至年底，山南市共有1605名巾帼志愿者。

【妇女干部教育培训】 2017年，为全面贯彻落实《干部教育培训工作条例》和《在全市干部教育培训工作座谈会上的讲话》精神，深入推进山南市妇联干部教育培训工作科学化、制度化、规范化建设，努力培养造就高素质的妇联干部队伍，截至年底，市妇联共选派妇女干部参加上级机关举办的各种培训17期，17人次。各县（区）妇联立足本县实际举办业务培训班，增强基层妇联干部的业务能力。

【党风廉政建设】 严格落实“一岗双责”。市妇联领导班子成员严格按照“一岗双责”要求和“谁主管、谁负责”的原则，在主体责任的落实上，主动靠前抓工作，把党风廉政建设和反腐败工作纳入目标考核，统筹安排部署。截至年底，市妇联党组召开党风廉政建设专题会4次、主席办公会讨论研究党风廉政建设工作3次。并调整充实市妇联党风廉政建设和反腐败工作领导小组，制定2017年《市妇联党风廉政建设和反腐败工作计划》《市妇联机关党风廉政建设和反腐败工作责任分工》。班子主要负责人与各县妇联之间、班子成员之间、班子成员与分管部室主要负责人之间,层层签订《妇联党风廉政建设责任书》和《家庭助廉责任书》。并健全党内民主生活制度。完善“三会一课”制度,定期召开党组会,加强班子成员间经常性交流沟通。

加强警示教育。2017年,市妇联组织在家干部观看警示纪录片,提高遵守廉洁自律规定的自觉性,减少工作和生活中的失误,有效预防和避免违纪违法案件的发生。确保营造风清气正的环境。

加强制度建设。2017年,市妇联制定学习计划、学习内容、学习方式,加强对党员干部日常教育工作。每周安排一次集中学习,结合工作实际需要,不断充实学习内容,坚持制度创新方式,加强领导班子和党员干部廉洁自律教育和党的纯洁性教育,夯实党风廉政建设思想基础。全年集中学习10次。

推进廉洁家庭创建工作。自2013年以来,深入开展“当好贤内助 筑牢防腐墙”活动,从五个方面入手,突出工作亮点,履行好“一职责”(“家庭纪委书记”职责),自觉做一名家庭助廉的支持者、清廉家风的倡议者、党纪国法的维护者、清廉从政的监督者;吹好“两股风”(在日常工作和生活中,既要向领导干部吹“勤”风,又要向领导干部吹“廉”风),做到让党纪条规进家,让警示教育进家,让廉政之风进家,常提醒,常警示,常监督,鼓励支持配偶廉洁奉公、执政为民。算好“三笔账”(前途账、家庭账、经济账),分清贪廉界限,清楚奢俭后果,明确利害关系,管好自己,管好子女,管好身边工作人员,确保配偶堂堂正正做人,实实在在做事,清清白白做官。做好“四个不”(在领导干部管辖范围或职权范围内,不替任何人捎口信,不替任何人说情,不向任何人许诺,不收任何人礼物,做到洁身自好)。把好“五个关”(当配偶收入反常时,主动过问其来源,把好收入关;当配偶带回礼品时,主动劝其退回,把好收礼关;当配偶早出晚归时,主动过问其去向,把好社交关;当亲属有事相求时,主动“挡驾”,把好人情关;当节假日来临时,主动提醒廉洁自律规定,把好教育关)。为领导干部廉洁从政筑起家庭“防腐墙”。

【党建工作】 抓组织,打基础。市委组织部在基层党建考核工作中将“党建带妇建”作为重要内容列入范畴并进行专项考评,推进基层妇联组织建设。充分发挥妇女在基层民主政权中的作用,村居妇代会主任进“两委”比例一直巩固在100%。推进“妇女之家”建设,拓展活动阵地。截至年底,全市共有“妇女之家”662个,其中,机关30个、乡镇58个、村居549个、尼姑寺13个,企业12个,实现村级“妇女之家”全覆盖。

抓队伍,强本领。2017年,市妇联党组高度重视干部、人才、党员三支队伍建设,在选好配强、增量提质、从严管理上下功夫,加强对基层妇联组织建设,为努力建设一支忠诚、干净、担当的优秀妇联工作队伍不断努力。

抓作风,强纪律。2017年,市妇联以“两学一做”专题教育为契机,要求全体党员对照中央提出的“四讲四有”标准,把党员的先锋形象树立起来。通过微信、互相学习等方式,加大宣传力度,让全体党员干部深刻认识学习的必要性和重要性。强化纪律意识,发扬雷厉风行的精神。传达学习纪委关于严肃工作纪律的文件精神,对机关工作作风、工作人员责任意识、服务意识等方面提出明确要求。深入落实中央“八项规定”,坚决贯彻落实中央“八项规定”,采取一系列专项整治措施,整顿党员干部作风,持续深入转变作风,以优良党风促进政风行风。

残疾人工作

【概况】 山南市残疾人联合会(以下简称市残联)机关位于山南市乃东区泽当镇三湘大道南段东侧,成立于1990年2月,原隶属于市民政局内部的一个正科级业务科室。2002年8月,地区残联升格为副县级单位,编制总数4名。机构升格后,地区残联和地区民政局仍共属一个党组,单位财务仍由地区民政局管理。2007年1月,财务从地区民政局分开,为地区残联下属正科级事业单位,核定事业编制3名。2011年12月,地委批准成立残联党组。2014年10月,市残联内设机构升格为正科级,并增加教育就业科,事业单位增加残疾人托养服务中心,增加2名事业编制。2016年,市编办收回1名行政编制。

2017年,山南市残联机关为副县级单位,内设办公室、综合科和教育就业科3个正科级行政科室。下设2个正科级全额拨款事业单位,分别是山南市残疾人康复中心和山南市残疾人托养服务中心。有人员编制13名,其中行政编制8名,事业编制5名,核定理事长、副理事长职数3名(副县1名、正科2名)。核定内设机构领导职数6名(正科3名、副科3名)。核定事业单位科级领导职数4名(正科2名、副科2名)。实有正式干部职工16名,公益性岗位人员12名,共计28名。

【扶贫工作】 成立领导小组。2017年,市残联制定残疾人脱贫攻坚工作方案,明确专人具体负责扶贫工作。

建档立卡。山南市符合条件列入扶贫建档立卡中的贫困残疾人为4327人,市残联对建档立卡中有劳动能力的贫困残疾人进行培训,通过培训等渠道帮助838人实现就业。

统计筛查。2017年,市残联按市政府要求对12县(区)有劳动能力的所有残疾人再次进行统计筛查。山南市有劳动能力的残疾人数为2552人,占全市残疾人总数的15%。其中,有培训需求的311人,有就业需求的455人,有创业意愿的311人,无就业、创业意愿的933人,建档立卡贫困残疾人808人,安排生态岗位的804人,在校学生45人。

农村养老保险工作。2017年,市残联对140名未参加农村养老保险的残疾人进行核查,帮助他们及时参保。

"阳光家园"资金。2017年,市残联为160名残疾人兑现2016年、2017年"阳光家园"资金24万元。

落实"两项补贴"资金。2017年,市残联配合市民政局为12641名残疾人落实"两项补贴"资金1487.7万元。

家庭无障碍改造。2017年,市残联为75户贫困残疾人落实2016年、2017年家庭无障碍改造资金26.25万元。

看望慰问。2017年,市残联在"三大节日"和"全国助残日"期间,分别对60名残疾人进行慰问,发放慰问金共计6万元。

白内障复明。2017年,市残联通过新农合、城镇医保报销和市残联补助的方式,分别在洛扎县人民医院和市人民医院完成白内障复明手术315例,落实资金15.24万元。

【残疾人就业培训】 2017年,市残联组织181名有就业能力和意愿的残疾人参加自治区残疾人就业服务中心和各县(区)举办的缝纫、民族服饰加工、装载机、摩托车修理等残疾人就业技能培训。通过培训,88名残疾人实现就业。市残联为已经开展培训的县残联累计下拨培训资金34.02万元。对6名残疾青壮年文盲进行扫盲,下拨资金0.6万元。为2016年和2017年参加实用技能培训的208名残疾人兑现培训补贴资金10.4万元。

残疾人创业扶持。2017年,市残联对12县(区)30名自主创业的残疾人进行入户摸底,根据《山南市残疾人创业扶持工作实施方案》,对自主创业的30名残疾人兑现扶持资金52.5万元,并对创业点安置就业的29名残疾人每人给予一次性补助资金2000元共5.8万元,共兑现自主创业资金58.3万元。

开展残疾人按比例就业工作。2017年,市残联按比例安置残疾人就业7人,缴纳残疾人就业保障金43家,征收残疾人就业保障金302.59万元。

【残疾人教育】 2017年,市残联为市特殊教育学校、市一小、三小和浪卡子县下拨2016年、2017年融入性教育资金49.75万元。对特殊教育学校"送教上门"的30名贫困残疾学生拨付经费1.5万元。为2016年度残疾人事业专项彩票公益金助学项目的15名特校贫困残疾学生拨付资金4.5万元。

【残疾人文体工作】 活动经费。2017年,市残联加强对残疾人艺术团的资金支持力度,为艺术团下拨活动经费87580.07元。

文艺活动。"岗拉美朵"残疾人艺术团参加第九届全国残疾人(西部赛区)文艺比赛,其中舞蹈类节目《舞动大地》和《情动玄子》分别获得一等奖和二等奖。《舞动大地》于11月20日赴北京参加全国残疾人文艺会演。

【残疾人康复】 脑瘫儿童康复。2017年,市残联赴10县(区)对0—7岁的脑瘫儿童进行筛查。经筛查,疑似脑瘫残疾儿童79例,确诊27例。根据情况,分别对确诊的脑瘫儿童进行为期一年和三个月的康复训练,大部分脑瘫儿童康复效果明显。

康复需求筛查。2017年,市

残联组织区、市康复工作人员赴曲松县、错那县对528名残疾人进行康复需求筛查，现场适配各类辅助器具255件，折合人民币约47.62万元。

社区康复协调员培训。2017年，市残联邀请自治区残疾人康复中心9名医生赴山南市对市县34名残联工作人员开展为期7天的社区康复协调员上岗培训，培训合格后颁发《康复协调员上岗证》。

加强残疾人基本康复服务工作。2017年，市残联在洛扎、错那、加查、桑日和曲松五县设立社区康复服务站，投入资金41万元；为11县（区）下拨2016年、2017年残疾人基本康复服务经费24.85万元。

基础设施建设。2017年，市残疾人康复中心在原有一个活动治疗室的基础上，新增设推拿按摩室、评估室、言语治疗室和作业治疗室4个康复训练室，为山南市残疾人提供更加有效的康复服务。

【残疾人托养服务】 残疾人托养服务中心于2017年9月正式运行，共托养的脑瘫残疾儿童共22名。市残联向市财政和自治区残联争取经费132万元，购买医疗床、康复用具、厨房用品等设备，为托养的脑瘫儿童及家属免费提供食宿，确保托养服务中心的正常运行。

【学习贯彻党的十九大精神】 2017年，市残联制定《学习宣传贯彻党的十九大精神工作方案》和《工作计划》。多次组织干部职工集中学习党的十九大报告原文、《习近平总书记给西藏隆子县玉麦乡牧民卓嘎、央宗姐妹回信》以及《许成仓书记在全市传达贯彻党的十九大精神领导干部大会上的讲话》《普布顿珠市长在政府系统传达贯彻党的十九大精神领导干部大会上的讲话》等有关文件，要求干部职工做好学习笔记，撰写心得体会。同时组织党员干部参加市委、市政府、市委宣传部组织的宣讲团，在单位掀起学习党的十九大精神的热潮。

【援藏工作】 邀请专家指导。2017年，市残联邀请湖北省援藏康复专家在山南市康复中心开展为期6个月的短期援藏工作，帮助山南市康复工作人员提高康复工作水平。

争取援藏物资。2017年，市残联、湖北省残联为山南市解决援藏经费15万元。安徽省残联为山南市捐助50辆成人轮椅和25辆儿童轮椅，价值10余万元。合肥市残联为山南市捐赠60台笔记本电脑，价值约30余万元，有效改善市残联和各县（区）残联的办公条件。

【巡视整改】 2017年8月29日，市纪委、市审计局、市财政局组成的联合检查组对市残联“三公经费”使用情况进行检查，针对检查中巡视组提出的三个方面存在的问题，市残联党组高度重视，成立整改领导小组、研究整改方案、制定整改措施、完善整改台账。并严格按照工作要求，召开巡视整改工作专题民主生活会，完成整改工作任务，有力促进各项工作。

【换届工作】 2017年12月10—12日，市残联第一次代表大会召开。选举产生新一届残联主席团，对下一届的工作进行安排部署，圆满完成换届工作任务。

【基础工作】 2017年，市残联为乃

2017年12月10—12日，山南市残联第一次代表大会在泽当召开（从左至右依次为市残联机关党组书记、理事长吴菊玲，市政协副主席克珠，市人大党组副书记、副主任陈海清，自治区残联党组书记、理事长徐非，市委常委、市委组织部长张定成，市政府副市长张福臣，市政府副秘书长邢运江）

2017年5月10日，山南市召开全市群团组织党风廉政建设工作座谈会

东、琼结、加查、浪卡子4个县(区)残联配备残疾人流动服务车。截至年底,全市12个县(区)残联的流动服务车已全部配备到位。总投资2300万元的山南市残疾人康复中心项目的前期准备工作已全部完成,将于3月10日开工建设。为改善各县(区)残联办公条件,将安徽省合肥市捐赠的44台笔记本电脑分发至各县(区)。对12县(区)的民政助理员、村(居)第一支部书记或驻村工作队队长进行残疾人基本服务状况和需求信息数据动态更新工作培训,对全市各村(居)的14127名残疾人进行调查。其中,入户调查13109人,入户率达97.64%。向自治区残联争取到价值约16万元的康复和运动器材各1套,丰富康复人员和干部职工的业余生活。为乃东区享受残疾人机动轮椅车燃油补贴的47名残疾人下拨资金1.79万元。全年新办残疾证2727个,注销残疾证18个。办证残疾人共16973人。

【党建工作】 2017年,市残联多次召开专题会议安排部署党建工作。制定党建工作方案、党建工作计划和党建工作台账。党组书记与党支部书记、党支部书记与每位党员层层签订《党建工作目标管理责任书》。根据工作需要,对党支部书记进行换届选举,配强新一届党支部领导班子。

丰富党员组织生活。2017年,市残联开展庆祝中国共产党建党96周年和香港回归20周年活动,评选表彰模范党员。以“走进困难家庭,帮扶困难党员”为主题,组织党员开展进社区服务群众活动,对结莎居委会的4名党员进行走访慰问,发放慰问物资价值2620元。

加强干部职工的教育管理。2017年,市残联健全完善《市残联机关考勤、请假、销假制度》《山南市残联机关会议纪律》《山南市残疾人康复中心康复员守则》等18条规章制度,干部职工的工作作风明显好转。

深入推进党务政务公开。2017年,市残联在党务政务公开栏,定期对“三公”经费、党费收缴、考勤等情况进行公示。同时对全体党员的承诺书进行公开,接受干部职工的共同监督。

法 治

政法委与综治工作

【概况】 2017年，中共山南市委员会政法委员会（山南市社会治安综合治理委员会办公室）（以下简称市委政法委），设有8个正科级内设机构，分别为办公室（法学会秘书科）、政工科、综治协调科、执法监督科、山南市维护稳定工作领导小组办公室（山南市防范和处理邪教工作领导小组办公室）、社会管理科（实有人口服务与管理科）、社会稳定科（反分裂斗争科、情报信息科）、山南市“先进双联户”创建评选工作办公室。核定编制29名，其中，行政编制12名，事业编制15名，后勤事业编制2名。

【党的十九大期间维稳工作】 2017年，市委、市维稳指挥部先后16次召开常委会、专题会、视频会和调度会，及时传达贯彻自治区一系列维稳会议精神，细化安排部署党的十九大期间维稳安保工作。先后下发《党的十九大维稳安保工作方案》《关于党的十九大期间地级领导干部赴各县（区）蹲点督导重点工作的通知》《山南市党的十九大维稳安保誓师动员大会及实战演练实施方案》《山南市党的十九大期间情报大平台集中办公工作方案》《关于做好国庆中秋长假期间维稳安保工作的通知》《山南市重点区域防控和机动打击工作方案》《关于做好党的十九大全市大中型桥梁维稳安保工作的紧急通知》等文件和密电20余份，细化安排部署党的十九大期间维稳安保工作。严格落实维稳第一责任，市委书记许成仓，市委副书记、市长普布顿珠与12个县（区）书记、县（区）长，市（区、中）直各单位分别签订党的十九大期间维稳安保军令状。各县（区）、各乡镇、各寺管会及各级各部门各单位分别与下属单位、内设科室层层签订军令状，压实维稳安保责任。及时召开“四级干部下基层、打赢维稳攻坚战”动员部署会，下发《山南市党的十九大期间“四级干部下基层、打赢维稳攻坚战”活动实施方案》，对责任分包工作进行细化，明确职责任务，提出具体要求。将泽当城区划分为20个片区，明确各片区分包责任和具体单位，坚持将2/3的机关干部下沉基层开展社会面防控工作。从9月1日起至党的十九大结束，全市各级党政领导干部、政法干警、执勤官兵、涉宗干部、驻村驻寺干部一律停止休假（轮休）和不必要的出差，保证有足够维稳力量，做到全员全时维稳。下发《关于规范维稳带班值班有关工作的通知》，重申值班带班有关纪律。

【反分裂斗争】 2017年，山南市健全完善研判、预警、防范风险苗头机制，坚持定期会商、专题会商、日常会商等工作机制，重点时段、重要会议、重大活动期间，实行每日一会商、一周一研判、重要情况随时研判，多角度研判、深层次预警维稳形势。坚持常态化开展影响社会稳定矛盾问题摸排调研工作，强化影响社会稳定矛盾问题源头性、针对性治理，从源头上预警、防控各类影响社会稳定的风险和隐患。

健全完善市、县（区）维稳指挥部值班带班机制。制定出台《山南市各级维稳指挥部带班值班工作制度》，强化军地警地共建共保机制，健全各级维稳指挥部、政法机关、统战民宗部门、驻军部队、武警部队、边防部队、消防部队、情报信息部门、驻村驻寺力量和各便民警务站之间的指挥调动、协作配合、沟通联系机制，加强动态巡控和联合实战训练，提升党政军警民联勤联防联动联控能力水平。

健全完善领导干部维稳分包机制。实行地级干部包县（区）、县级干部包乡（镇）、乡级干部包村（居）、村级干部包组（户）制度，分片包干负责，强化工作指导，确保联系点安全稳定，落实自治区维稳“十项措施”和市维稳“十条规定”，督促公安检查站、便民警务站、驻村工作队、寺庙管委会发挥职能、尽好职责。

健全完善重大决策社会稳定风险评估机制。制定下发《关于加强和规范重大决策社会稳定风险评估工作的实施意见》《关于加强和规范大型群众性活动审批管理有关工作的通知》《关于加强社会稳定风险评估工作 有效防控涉稳风险的通知》等文件，对重大决策社会稳定风险评估工作进行规范。全年共办理重大决策社会稳定风险评估备案、复核50件，其中备案28件、复核22件。

坚持“两套班子、两套责任体系”，强化维稳班子建设。根据组织成员变动情况，调整充实市维稳领导小组和市维稳指挥部，确保专班专责抓好维护稳定工作。继续深入贯彻中央对十四世达赖集团斗争的各项方针和自治区党委、政府关于反分裂斗争的政策措施，始终高举“五个维护”的旗帜，紧紧围绕各重要节点、重点时段，针对十四世达赖集团策划利用重要节点实施渗透破坏活动的新特点、新动向，绷紧思想上的弦，保持对十四世达赖集团的高压态势，采取“严密防范、主动进攻，露头就打、果断处置”的斗争措施，不断加大隐蔽战线工作力度，全面应对防范，迅速反应，重拳出击，严密防范和严厉打击十四世达赖集团的分裂破坏活动，维护国家安全、祖国统一、民族团结和社会稳定。

加强各族群众的教育引导，严格落实实名制加油制和安全监管员制度。组织开展揭批十四世达赖集团反动罪行活动，深入揭批“三性”反动本质，引导各族群众充分认清十四世达赖集团的反动本质和真实面目，自觉与达赖集团划清界限，与十四世达赖集团的一切分裂行径作坚决斗争。

加强人民防线建设。在充分发挥政权力量、社会力量优势的同时，以社情全掌握、敌情全覆盖为目标，加强国家安全小组、群众信息员、寺庙国家安全联系人和社联员队伍建设。充分发挥8个边境联合执勤点和6个检查点的作用，落实“一线堵、二线查、三线控”措施，加大边境一线巡逻、设卡、堵截力度。

深化爱民固边和兴边富民战略。加强边境地区基层基础建设，抓好村级组织配套建设，边境一线发展稳定根基夯实。继续深化“固边富民”工程，明确边民参与维稳固边奖惩机制，有效提高边民群众参与维稳固边的积极性。完成“固边富民”工程扩面调研工作，共涉及18个乡镇（其中5个为整乡推进）、15个村居、5个一线放牧点、4个搬迁点、1个前哨点，共涉及1748人。落实边境地区农牧民群众维稳控边奖励办法，提高广大边民群众通力维稳、全力维稳的积极性和主动性，有效维护边境地区和谐安宁。

【网格化、信息化服务管理】 2017年，市委政法委按照自治区关于加快推进社会治安综合治理信息化和“9+X”综治信息系统建设要求，提出以信息化建设为依托，加强和创新社会管理的新思路。同时依托综治信息系统，截至年底，及时调处各类矛盾纠纷、民生服务220余起，帮助解答群众咨询2600余人次，帮助群众解决困难50余人次，实时发现和处理问题的效能大为提升，公安“110”同期接处警大幅下降，真正实现“社会事务前置管理”，群众满意度稳步增强。

【“雪亮工程”建设】 2017年，市委政法委按照中央、自治区公共安全视频监控建设联网应用工作实施方案（2016—2025年）的工作要求，以各级综治中心为指挥平台、以综治信息化为支撑、以网格化管理为基础、以公共安全视频监控联网应用为重点，制定《山南市公共安全视频监控建设联网应用“雪亮工程”建设工作实施方案》和《山南市公共安全视频监控建设联网应用“雪亮工程”建设方案》，根据“党政领导、综治牵头、公安负责、部门配合、社会参与”工作格局要求，全市按照“统一规划、统一标准、分级建设、分级管理、分级维护”的原则，立足“规划、建设、运维、管理、培训、应用”，推进综治平台和公共安全视频监控建设联网应用工作。2012年依托自治区政府视频专用网络虚拟主干通道，实现厅、市、县三级视频监控共享平台(以下简称共享平台)互联互通,实现全市12个县(区)共享平台统一标准建设、统一联网、统一汇聚调度。全市共享平台实现所有联网的视频资源向公安厅视频监控联网平台推送,实现市级共享平台和市维稳应急指挥中心视频图像信息资源共享。截至2017年8月底,全市建设公共安全视频点位1052个(乃东332个、扎囊62个、贡嘎73个、琼结42个、措美43个、桑日82个、加查92个、曲松42个、浪卡子81个、洛扎38个、错那34个、隆子131个),其中视频图像资源符合GB/T28181国家标准要求,从市县两级视频图像信息共享平台接入公共安全视频资源679路。全市在省道101线、307线及各城区建设卡口279套,含交通卡口91套、电子警察146套、违停抓拍42套。由市政府投资800余万元,在洛扎县色乡麦拉嘎琼通外山口安装红外监控视频。2015年以来,全市利用视频监控手段在视频巡逻、车辆布控、视频巡逻等视频应用功能已普遍在全市公安指挥、情报、治安、刑侦、交通、边境管理及警务督察等业务工作中运用,基本形成共享机制。公安机关视频平台具有车辆大数据等智能分析工具,贴近实战的以图搜车、车型搜车、统计分析等系列智能工具模块。随着"雪亮工程"在山南市的实施应用,将实现治安防控"全覆盖、无死角"。

【社会治安防控体系建设】 2017年,市委政法委紧紧围绕拉萨—山南一体化协同发展需求,组织召开立体化防控体系建设研讨会,明确山南市社会治安防控体系建设的基本框架、主要思路和对策措施。强化顶层设计,将立体化社会治安防控体系建设纳入市"十三五"规划,统筹整合资源力量,研究制定山南市社会治安防控体系建设规划,要求各级各部门配合,协同合作,健全完善点线面结合、网上网下结合、人防物防技防结合、打防管控结合的立体化社会治安防控体系,切实提高动态化、信息化条件下驾驭社会治安局势的能力。同时,不断规范村居综治工作站和县(区)、乡两级综治中心建设,整合基层服务管理资源,实现网格化管理与双联户工作有效对接,便民利民信息化服务水平不断提升。动员组织各族干部群众参与维稳防控、治安巡逻、隐患排查、矛盾化解、安全监管等工作。

2017年9月,市委政法委在各县、乡镇(村)督导检查工作

【先进"双联户"创建】 联户保平安。2017年,市委政法委开展矛盾纠纷调解、安全隐患整治、辖区治安巡逻、流动人口登记等工作,不断夯实基层维稳根基。特别是党的十九大召开前后期,广大联户长以身作则,投入到城区、城乡接合部、农牧区、边境地区值班备勤和治安巡逻中,确保辖区社会和谐稳定。截至年底,全市各联户单位共化解矛盾纠纷473起,组织治安巡逻近15.2万余次,整治安全隐患4087处。党的十九大前后期,联户长参与值班备勤3.3万余人次、治安巡逻7.9万余人次,化解矛盾纠纷94起,整治安全隐患314处。

联户树新风。2017年,市委政法委层层制定细化《关于在"双联户"中开展"四讲四爱"喜迎党的十九大主题教育实践活动的方案》,引导广大联户长充分发挥宣讲员职责,在联户单位内组织开展"四讲四爱"宣讲活动,营造爱核心、爱祖国、爱家园、爱生活,信科学、重今生、破迷信、改陋习,向上向善、诚信友爱、乐于助人、艰苦奋斗的浓厚氛围。截至年底,联户单位内共开展"四讲四爱"主题教育实践宣讲活动2.7万余场次,教育联户群众人数达34万余人次,帮扶困难家庭3796户1.7万余人次,义务投劳19.6万人次，捐助扶贫、助学、住房建设物资价值207.5万元，开展环境卫生整治46.3万余次、检查评比12.7万余场次。

联户促增收。2017年，市委政法委各级综治部门经常深入实地，检查指导政府扶持联户增收项目进展情况，协调相关部门有效解决项目实施过程中的困难，组织增收项目参与各种展销活动，加强实用技能培训和参观交流学习，提高产品质量，努力提升产品知名度和市场占有率，促进项目健康发展。同时，宣传联户增收工作中好经验、好做法，鼓励和引导广大农牧民群众自筹资金创办联户增收项目，扩宽增收渠道，带动更多的群众增收致富。2017年，全市联户增收扶持项目实现经济效益1105.71万元，纯利润471.08万元，解决就业人数501人，发放工资300.87万元。

联户助脱贫。2017年，市委政法委充分发挥联户长与群众直接打交道的优势，向农牧民群众宣传精准扶贫、精准脱贫的政策措施，引导群众参与进来，推动山南市脱贫攻坚战行动取得实效。充分发挥72个市、县(区)两级联户增收项目的作用，带动建档立卡贫困户增收致富，共解决169名扶贫对象就业问题，就业工资达95.43万元，慰问帮扶贫困群众资金达104.5万元。

强化政策落实。2017年，市委政法委继续深化"四个一"工作法，将"四个一"工作法与年度各级"先进双联户"评选工作有效对接，并将市级监督举报电话在全市范围内进行公示，从源头上预防轮流评先、抓阄评先、打包评先以及靠关系等弄虚作假现象。同时，在全区率先制作"双联户"数据管理系统，完成各类数据的采集和录入工作，为年度各级"先进双联户"评选和次年享受政策的审核把关工作提供强有力数据支撑。健全完善联户长绩效考核办法，组织开展联户长考核定级工作，及时兑现联户长补助资金，不断提高联户长的工作性和主动性。截至年底，已向全市11613名联户长每人兑现交通费、通信费、杂费等960元，务工补贴每人1040元，待考核定级工作完成后以奖代补的形式及时兑现。各级综治部门完成2016年度区、市、县(区)三级"先进双联户"家庭直系子女享受公务员考试加分政策的审核统计上报工作，共有91名考生享受2017年第一、二批公务员考试加分政策。协助市教体局完成14名2016年度自治区级"先进双联户"家庭直系子女享受全国高考加分政策的审核工作。

【政法队伍建设】 推进公正廉洁执法。2017年，市委政法委执法监督科继续深入开展"四个一"活动，聘请执法巡视员、执法监督员，有力推进执法督查工作纵深发展。对评查中发现的问题协调检察机关下发检察建议书，规范执法行为，促进执法公正。

抓好宣传引导发动。2017年，市委政法委从提高干部群众参与综治的意识、形成综治整体合力入手，不断拓宽宣传渠道、丰富宣传内容、创新宣传载体，结合"四讲四爱"主题教育实践开展三大主题宣传活动，集中时间、集中力量广泛宣传"先进双联户"创建工作、法律法规和党的支农惠农政策、强基惠民和党的群众路线教育实践活动成果、新旧西藏对比等。加强军警民"双拥共建共保"活动的宣传，增进军警民感情，共同担负起维护山南社会局势稳定的重任。加强基层综治干部的业务培训工作。

狠抓党建及党风廉政建设工作。2017年，市委政法委根据委机关实际，制定机关党建工作要点，签订党建工作责任书，制定"四讲四爱"主题教育实践宣传教育方案。

2017年7月，市委政法委工作人员看望慰问驻村工作队

起草关于在新形势下加强政法队伍建设的实施意见，制定下发《党风廉政建设工作方案》《市委政法委机关廉政风险防控机制建设实施细则》《党风廉政建设和反腐败计划》《市委政法委领导班子及领导成员2017年度党风廉政建设工作责任分工方案》，签订党风廉政建设工作责任书，确保机关党建工作及党风廉政建设工作不走过场，不摆花架子，切实将党建工作及党风廉政建设工作责任落到实处。

【司法体制改革】 推进司法人员分类管理制度、建立法官检察官员额制等为重点的司法体制改革。自2016年8月，司法改革工作在全区全面推开以来，山南市政法系统高度重视，积极行动，多次召开专题会议研究部署司改工作。截至年底，全市两级法院入额法官120人，两级检察院100名检察官入额。

推进智慧法院和智慧检务工程。2017年，市法院相继建成服务器与存储、网络、安全等基础设施，科技法庭、远程提讯、接访和远程案件协商等系统，实现全市法院庭审直播点播、远程观摩、远程培训、远程调解、视频通信。市检察院按照“互联网＋检”的战略部署要求，加大检察机关网站建设工作力度，率先在全区检察机关实现全市检察机关“两微一端”平台全覆盖。

深化公安体制机制改革。2017年，市公安局明确案件主办侦查员和其他办案民警间的权责。遵循“谁办理、谁负责”原则，探索推进主办侦查员对案件程序和整体证据材料审查工作全面负责且终身负责制。

加强律师管理，完善执勤矫正机制。2017年，市司法局始终把握律师工作的正确方向，加强对律师队伍的思想政治建设，切实强化对律师队伍的日常教育和管理工作，不断完善律师管理的体制机制，规范律师事务所的管理。

政府法治

【概况】 2002年8月，设立行署办公室法制科，为行署办公室内设科室。2010年2月设立山南地区行署法制办公室（正县级），为地区行政公署的综合办事机构。与行署办公室合署办公。2016年5月把政府办公室挂牌的政府法制办公室（以下简称市法制办），调整为政府工作部门，独立正县级建制。

2017年，市法制办实有人员13名。内设3个行政机构，分别是综合科、立法科、执法监督科。山南市人民政府法制办公室设在科技文化中心6楼西侧，共有11间办公室，采购2辆工作用车。

【制度建设】 2017年，市法制办制定《市政府法制办公室党组会议制度》《市政府法制办公室主任办公会议制度》《山南市规范性文件管理办法》《市政府法制办公室法制监督工作制度》《市政府法制办公室学法用法制度》《市政府法制办公室公文运转制度》等22项工作和内部管理制度，做到用制度规范管理，以制度促法制各项事业发展。

【干部队伍建设】 加强学习教育，提高干部队伍素质。2017年，市法制办依托理论中心组、党支部、微信交流等平台，深入学习中央、区党委、市委重大方针政策，系统学习习近平总书记系列重要讲话精神，坚持用理论武装头脑、指导实践、推动工作。采取走出去的方式，选派干部参加区内外基层党建、党的十九大精神等专题培训18人次，从整体上提升党员队伍的理论水平。

坚持用人导向，优化队伍结构。2017年，市法制办培养和使用年轻干部，严格执行“干部选拔工作条例”，结合办公室干部队伍现状和工作需要，调整提拔干部4人，干部队伍结构优化。选派4名干部在三类区的隆子县切麦村与群众同吃、同住、同劳动，锻炼干部、服务群众，让干部在服务群众、助力脱贫中练就本领、提升能力水平。

【法治政府建设】 起草法治政府建设纲要。2017年，市法制办起草并以市政府名义下发《山南市贯彻落实法治政府建设实施纲要（2015—2020年）的实施意见》《山南市贯彻落实〈法治政府建设实施纲要（2015—2020年）〉工作任务分工方案》和2017年法治政府建设重点工作，既从长远发展角度明确2015—2020年136项目标任务，又细化分解2017年48项重点工作，并逐一确定牵头单位、检验成果和完成时限，为深入推进法治政府建设提供行动指南。

落实法治政府建设工作年报制度。2017年，市法制办及时将《山南市2016年度法治政府建设情况》上报市委、市政府、市人大人大常委会，并于10月通过山南网向社会进

2017年12月22日，召开山南市人民政府2017年法治政府建设工作会议现场

行公布。

召开法治政府建设工作会议。2017年12月22日，召开山南市2017年法治政府建设工作会议，市委常委、副市长方旭出席会议并做重要讲话，市政府法制办主任、市法治政府建设领导小组办公室主任索朗扎西做工作报告，会上，宣读山南市政府关于聘任法律顾问的通知，并向山南市政府新一批法律顾问代表颁发聘书，与各县（区）人民政府、市政府部门代表签订《山南市2018年法治政府建设目标责任书》。

【规范性文件管理】 加强规范性文件审查和备案工作。2017年，市法制办制定出台《山南市规范性文件管理办法》，对规范性文件起草、审查、公布、备案、监督、责任追究等程序作明确的规定，确保规范性文件管理有章可循。强化规范性文件合法性审查，截至年底，共审查山南市规范性文件18件，提出审查意见196条。对以市政府办名义出台的《山南市政府采购代理机构管理暂行办法》等7件规范性文件向自治区人民政府、市人大常委会进行报备。

2017年12月22日，市委常委、副市长方旭与县区、部门签订责任书

参与重大行政决策合法性审查。市政府法制办作为市政府常务会议固定列席单位，参与重大行政决策的议定。参加市委、市政府的重大会议和部门会议90余次，提供法律意见建议200余条。审查协议18件，提出审查意见96条；审查涉法文件30余件，提出审查意见190条。

全面清理规范性文件。2017年，市法制办按照自治区人民政府办公厅和自治区人民政府法制办公室有关通知要求，成立专门清理工作领导小组，在2015年清理的基础上，对山南市政府、市政府办公室、市政府各部门及各县（区）人民政府、各乡镇、县政府工作部门在1990—2016年底制定的规范性文件进行全面清理。重点清理与国务院行政审批制度改革、商事制度改革、职业资格改革、投资体制改革和清理规范行政审批中介服务事项等改革决定和“放管服”改革决策不一致的规范性文件。专项清理不符合生态文明建设和环境保护要求的规范性文件。共排查市政府（政办）、市政府部门及12县（区）文件28967件，其中328件属于规范性文件。经过清理，继续有效171件，已废止99件，已修改37件，拟废止1件，拟修改20件。

【立法筹备】 2017年，市法制办配合市人大法制委员会开展立法授权筹备工作。围绕山南市在城乡建设与管理、环境保护、历史文化保护等方面的实际情况，通过向各县（区）、市政府各部门下发《关于征集2017年度政府规章立法建议项目的通知》、在山南报发布征求立法建议公告、召开立法建议征集座谈会、深入相关部门开展立法调研等途径和方式，广泛了解和征集社会各界、广大人民群众的立法意愿和建议。上半年共征集到立法建议草案8件，经过归纳整理和研究筛选后确定7件，其中地方性法规项目4件，政府规章项目3件。征集到的立法建议项目及时上报市人大法制委员会。9月份，根据市政府立法工作安排，向各县（区）、市政府各部门下发《关于征集2018—2022年政府规章立法规划建议项目的通知》，并在山南报、山南网向社会发布公告，立法规划建议项目正在统计中。

【法律顾问制度】 2017年，市法制办按照《西藏自治区人民政府办公厅关于印发〈西藏自治区人民政府法律顾问工作规则〉的通知》要求，制定出台《山南市人民政府法律顾问工作规则》，明确法律顾问的管理部门、遴选程序、聘任条件、履职要求、考核解聘、经费保障等内容。建立以法制机构人员为主体、吸收专家学者和律师参加的市政府法律顾问人才库，拟定《山南市政府法律顾问人员建议名单》，经市政府常务会议研究通过，聘任13名政府法律顾问，包括法治工作人员6名、专家学者2名、执业律师5名，并于2017年12月22日在山南市法治政府工作会议上向新一批法律顾问代表颁发聘书。发挥政府法律顾问在制定重大行政决策、推进依法行政中的作用，在全市优化发展环境、地方性法规起草、重大决策制定、重要合同签订等工作方面邀请政府法律顾问全程参与，并出具法律意见。

【行政执法人员管理】 2017年，市法制办严格执行《西藏自治区行政执法人员资格认证和行政执法证管理办法》，加强对全市执法人员的管理，从执法人员的编制、所从事的工作、证件期限等方面入手，对全市1118名持证执法人员进行全面清理和审核，取消584名人员的行政执法资格，确认534名行政执法人员，规范行政执法队伍。提升执法人员素质，完成对全市行政执法人员的摸底调查，从市委组织部争取13万元经费，举办两期行政执法人员培训班，邀请自治区法制办有关专家对全市360名行政执法人员进行培训考核。

2017年12月22日，召开山南市人民政府2017年法治政府建设工作会议，市委常委、副市长方旭向新一批法律顾问代表颁发聘书

【落实巡视整改工作】 2017年，市法制办党组态度鲜明、行动坚决，负起主体责任，党组书记带头，班子成员自觉认领，切实把巡视整改责任扛稳、抓牢、做实。

深入学习明确整改方向。2017年，市法制办及时召开党组（扩大）会议，学习巡视整改系列讲话和文件，照单认领，第一时间凝聚做好巡视整改工作的强大合力。

深查细照制定整改方案。2017年，市法制办对照市委、市政府整改任务，查找3个方面7项13个具体问题，制定出台整改落实方案，为整改巡视问题提供路线图。

严格时限分类整改。2017年，市法制办坚持立说立改、立改立行，明确完成时限，倒排时间任务表，党组书记每日过问并及时解决工作困难，确保按时完成问题整改，截至10月20日，13个问题均已完成整改。

召开专题民主生活会。2017年，市法制办根据市委统一部署，法制办党组于10月9日召开巡视整改专题民主生活会，会议围绕“坚持党的领导、加强党的建设、全面从严治党”主题，联系班子和个人实际，深入查摆问题，严肃开展批评和自我批评，并针对问题提出切实可行的整改措施，达到预期的效果。

【安全生产】 2017年，市法制办坚持保障干部职工生命安全、保证单位正常秩序、维护社会稳定大局的原则，牢固树立“安全责任重于泰山”的思想，树立底线、红线、高压线意识，建立以主任为第一责任人的安全工作领导小组，做到分工明确，职责落实，扎实开展政治安全、消防安全、交通安全等工作，切实把安全工作的要求和措施落到实处，全年市政府法制办未发生一起安全事故。

【基层党组织建设】 2017年3月，成立市政府法制办党支部及工青妇委员会。制定党建工作要点和工青妇工作计划。建立健全党建工作各项制度，以制度规范激活组织建设。4月从市直属机关工委争取1万元党建经费，用于购置党员活动室相关设施设备，党建“九有”标准化建设正稳步推进。严格落实党建工作责任制，层层签订基层党建工作目标责任书。

【党风廉政建设】 2017年，市法制办坚持做到逢会必讲必学，在节假日等关键时间点，着重强调廉洁自律，推动作风建设常态化。严格执行民主决策制，制定完善党组、主任办公会议制度，对“三重一大”等事项，严格按照议事规则提交党组或主任办公会议集体研究决定，真正做到民主决策，阳光操作。严格落实党风廉政建设责任制，落实党组书记主体责任和党组成员“一岗双责”，强化廉政宣传教育，严格执行报告制度，深化干部作风建设，建立完善内部管理制度，坚持以制度管人管事。

公　安

【概况】 山南市公安局(以下简称市公安局)为正县级单位，内设1个副县级行政机构(特警支队)，25个正科级行政机构：办公室、指挥中心、国内安全保卫支队、经济犯罪侦查支队、治安管理支队、刑事侦查支队、出入境管理支队、网络安全保卫支队、技术侦察支队、监所管理支队、交通警察支队、车辆管理所、法制支队、警务督察支队、禁毒支队、科技信息化支队、警务保障处、防暴大队、看守所、机要科、情报中心、刑事科学技术研究所(山南市公安司法鉴定中心)、拘留所、政治部、纪检委(监察室)。13个二级内设行政机构，其中2个正科级行政机构(特警支队特勤大队、特警支队安检排爆大队)；11个副科级行政机构：国内安全保卫支队专业侦察队、国内安全保卫支队反恐怖协调领导小组办公室、经侦情报技术室、治安特别行动大队、打黑除恶专业队、技术侦察支队贡嘎县技术侦查大队、技术侦查支队加查县技术侦查大队、公交安全保卫大队、泽贡高等级公路交巡警大队、公安信访办公室、政治部警务宣传教育训练科。山南市公安局核定政法专项编制307名。

【党风廉政建设】 廉政教育。2017年，市公安局通过不定期下发廉政通知、编发廉政短信、转发廉政通报等措施，切实增强民警法纪意识和廉洁意识，严把干部职工婚丧嫁娶、子女升学等重要关口，制定《山南市公安局干部职工操办婚丧嫁娶事宜申报表》，从严审批，扎好廉政关口。对2017年调整提拔的80名科级领导干部进行集体任前廉政谈话。

2017年5月19日，山南公安机关召开“三打击一整治”专项行动部署会议

警示教育。2017年,市公安局巡回播放《警钟》等系列警示片13场次,组织讨论会35场次,参观警示教育基地2次,受教育民警达1700余人。并投入资金46.8万余元,在山南市公安局筹建警示教育展厅。

督导检查。2017年,市公安局派出督导组、暗访组,强化督导检查,先后出动警力992人次,检查单位1679次,纠察问题隐患129个,提出整改建议80余条。

窗口服务。2017年,市公安局督察部门通过在窗口服务单位派驻监察员、督促制定便民利民措施、规范办理业务工作作风等方式,制作《山南市公安机关不作为慢作为问题投诉内容和举报电话》宣传单1000份向社会发放,强化监督制约,提升公安形象。

违纪案件查处。2017年,市公安局共收到案件线索8起,其中上级转办7起(5起初查了结,1起立案查处,1起正在核查),自办案件1起(初查了结)。

审计工作。2017年,市公安局对近几年本级审计发现问题整改落实情况进行检查,发现整改问题26个,审计资金1099.28万元。

【队伍建设】 内部训练。2017年,市公安局按照“战训合一、练战一体”工作模式,组织开展综合体能、散打搏击、应急棍术、擒拿格斗、警棍盾牌术、防爆队形、高楼索降、单兵战术和射击技能等贴近实战的岗位练兵和集中强化训练。

外出培训。2017年,市公安局派出160名民警到湖南、安徽、山东、西藏林芝等地跟班学习、培训。邀请湖南、安徽公安机关专业技术人才10人赴山南局短期援藏,举办8期培训班,培训民警1000余人。

基层送教。2017年,市公安局全面启动2017年度警务技能送教活动。完成赴12个县(区)公安局“心理健康送教基层行”和“执法规范化建设基层”送教活动。

从优待警。2017年,市公安局争取市委、市政府的关心支持,以低于市场的价格为民警解决雅砻金盾苑住房200套。党委成员分别带队组成16个慰问组,看望慰问退休老干部、生活困难民警、基层民警、驻村工作队及英烈民警子女,送去党委的祝福及慰问金185000元,并向退休老干部发放从警纪念勋章。

【隐患排查】 街面巡逻。2017年,市公安局坚持特警、武警、反恐联勤联动机制,采取车巡、步巡相结合的方式,全面加强重点部位联勤武装巡逻力度和密度,实行“屯警街面、动中备勤、武装处突”措施常态化,提高街面见警率,确保“整体防控、重点管控”措施落实到位。

检查站查控。2017年,市公安局检查站充分发挥“护城河”作用,严格按照“四必查”要求,强化各类检查,发现、处置不稳定因素。2017年,共检查车辆629624台次,物品33882件,人员2571807人次,抓获在逃人员4名。89个便民警务站盘查人员173144人,检查登记出租房15830间,登记暂住人口33422人,服务救助群众2178起。

治爆缉枪。2017年,市公安局重点加强危爆物品检查力度,强化危爆物品危害宣传,消除危爆隐患,防止危爆物品流入社会造成现实危害。检查涉危涉爆单位417家次,发现整改隐患55处,配枪部门137家,枪支弹药库163个,刀具销售单位597家次,从严查处2家涉爆单位,整改隐患10处,收缴枪支5支,子弹140发,管制刀具78把,查获处理危化品50罐,群众主动上交枪支4支,子弹2123发,弹夹4个,索类爆炸物品1182米,雷管1386枚,炸药47.5公斤,硫黄15公斤,亚硝酸钠150斤。

纠纷排查。2017年,市公安局为保障农民工合法权益,及时消除不稳定因素,走访企业单位956家次,工地1001次,群众6660人次,排查调处矛盾纠纷280起,追回农民工工资510.3万元。

校园隐患排查。2017年,市公安局建立校园治安岗亭57个,设立护校岗37个,督导检查学校及幼儿园227次,整治治安(交通)乱点23处,提出整改意见26条。

寄递物流检查。2017年,市公安局为切实消除寄递物流隐患,山南公安机关检查寄递公司205家次,物流公司163家次,抽查包裹2720余件,整改隐患24处,停业整顿寄递企业1家。

危化物品检查。2017年,山南公安机关开展易制毒化学品集中宣传整治行动,对全市制毒化学品企、事业单位进行全面摸底排查,逐家检查易制毒化学品的储存、保管安全防范设施,掌握易制毒化学品企、事业单位的基本情况,并加大企事业单位易制毒化学品业务办理审批力度,重点加强对高锰酸钾、盐酸、硫酸、丙酮等涉爆易制毒化学品的管控工作,掌握药品类易制毒化学品的购销及其他类易制毒化学品管理情况。共开展易制毒化学品专项检查40余次、230余家，签订易制毒化学品管理责任书50余份。

【案件侦破】 2017年，山南市受理355起治安案件，查处355起，查处卖淫嫖娼案件11起，赌博案件10起，2018年共查处违法人员606人，拘留238人，收缴赌资177415元。

【安全生产管理】 交通隐患排查整改。2017年，市公安局排查国（省）道、县、乡、村道路交通安全隐患805处，整改安全隐患341处，正在整改77处，未整改安全隐患370处（已提交市政府），改扩建泽错公路17处，对市内3家汽车客运公司、高原成品油运输有限公司、2家危化品运输企业、6家学校开展定期检查，及时建立车辆及驾驶员档案240份，下发《道路交通安全隐患整改通知书》5份，累计整改车辆68辆次。

道路交通安全管理。2017年，市公安局先后多次开展专项整治工作，重点强化酒驾打击整治工作，开展酒驾、醉驾集中整治统一行动60余次。依法从严查处各类严重交通违法行为，查处各类道路交通违法行为37971起，发生道路交通事故27起，同比下降44.9%，造成6人死亡，同比下降33.3%，38人受伤，同比下降25%，直接经济损失189300元，同比下降54%。

治安检查。2017年，市公安局组织开展治安隐患排查，检查加油站597家次，整改隐患61处，收缴非法销售、违规存储汽油303.7公斤，柴油977公升，停业整顿加油站2家、加气站1家。检查烟花爆竹销售点160家次，整改隐患13处，收缴并集中销毁烟花92件。

消防安全管理。2017年，市公安局组织开展各行业领域消防安全专项整治工作，组织联合消防检查组25个，整治各类火灾隐患1100处。发生火灾6起，同比下降40%，直接财产损失18.79万元，同比减少68.4%。

2017年1月4日，山南市公安局党委副书记、局长洛桑次仁在隆子县检查道路交通安全管理工作

【基础建设】 2017年，山南市公安机关高度重视基础建设工作，多次向市委、市政府争取3649.63万元资金、37个项目，强化硬件和软件建设，切实为公安业务工作开展打下坚实基础。争取资金30万元，建设山南市旅店业信息系统，实现住宿人员信息实时采集和情报系统联动报警，采集信息50余万条。完成投入资金1600万元，特警支队项目主体已竣工验收，处于装修阶段。投资300万元，完成刑侦支队业务用房主体框架建设。投资726.9万元，在城区交通乱点建设65个违停抓拍、电子警察和卡口等智能交通管理设备。

【宣传教育】 2017年，市公安局围绕各大重要节点及公安重点工作开展专题宣传报道，在山南公安微信公众号及自治区级、市级各类媒体发稿413余篇，向公安厅教育训练平台上传简报330余篇。在各媒体发稿共计333篇。开展宣传活动200余次，悬挂宣传横幅120条、张贴挂图750余张、摆放宣传图板90块、制作和发放各类宣传资料18万余份，直接受教育达9万余人次。

【“5·29”特大虚开增值税案】 2017年5月26日，市公安局经侦支队根据市国家税务局稽查局移交的“山南龙海药业有限公司等10家企业涉嫌虚开增值税专用发票”案件线索，成立以洛桑次仁为组长，市公安局、相关单位为成员的“5·29”特大虚开增值税专用发票专案组。并多次召开专题会议研究侦办工作，明确侦办方向。该案涉及虚开增值税专用发票共计

2017年6月9日，山南市公安局民警在泽当镇区集中开展社会治安综合治理宣传活动

2614份，票面金额256528468.48元，造成国家税款流失数额43609840.22元。专案组历时2个月，跨越11个省市，行程约3万公里，对案件证据进行固定，于7月18日成功抓获2名犯罪嫌疑人，经山南市人民检察院批准执行逮捕，另一犯罪嫌疑人正全力追捕中。该案拟报请公安厅列为公安厅督办案件，扩大战果。

【"8·18"专案】 2017年8月18日，山南市公安局根据情报掌握：洛某等人拟于近期在曲松县盗掘文物。市局成立由洛桑次仁为组长，两级公安机关民警为成员的代号"8·18"专案组，将实施盗掘文物的洛某等3名犯罪嫌疑人现场抓获。专案组民警在一个月内辗转各地，一举将涉嫌盗窃、盗掘古文化遗址的其他12名犯罪嫌疑人（共15人）、11名购赃人全部抓获。深挖余罪破获盗挖佛塔案件31起，其中山南市28起，其他地市3起（日喀则2起、拉萨1起）。追回各种被盗窃文物309件（其中国家二级文物37件，国家三级文物119件，一般文物140件，其他涉案文物13件），追回涉案赃款15.95万元。"8·18"系列文物盗窃案是山南市乃至全区历年来最大的文物盗窃案，该案的成功破获，得到市委、市政府领导的充分肯定。自治区副主席甲热·洛桑旦增、刘江分别在山南市破获的公安厅七号督办案"8·18"系列盗窃文物案上批示西藏自治区公安机关贯彻落实国办《关于加强文物安全工作的实施意见》，高度重视、周密部署，成功侦破"8·18"系列文物盗窃案，严厉打击文物犯罪，有效保障西藏自治区文物安全。

检 察

【概况】 2017年，山南检察机关编制242名，实有干警248名。山南市检察院编制73名，实有干警68名，设有办公室、政治部、纪检组、反贪局、反渎局、侦查监督一处、侦查监督二处、公诉一处、公诉二处、预防处、控申处、刑事执行检察局、民行处、技术处、计财处、法律政策研究室、案件管理处、法警支队等18个内设机构。所辖乃东、贡嘎、扎囊、桑日、隆子、琼结、洛扎、浪卡子、加查、措美、错那、曲松等12个县（区）检察院。

【侦查监督】 2017年，全年共受理审查逮捕各类刑事犯罪108件177人，批准逮捕69件121人。批捕煽动分裂国家、间谍等危害国家安全犯罪3件4人。共办理立案监督案件2件。办理侦查活动监督案件5件。加强与行政执法机关的监督制约和协作配合，"驻市食品药品监督局检察联络室"正式挂牌成立，实现行政执法与刑事司法有效衔接。

【公诉工作】 2017年，山南市依法履行起诉职责，受理移送审查起诉178件243人，提起公诉125件179人。起诉煽动分裂国家、间谍等危害国家安全犯罪3件3人。起诉故意杀人、故意伤害、抢劫等严重暴力犯罪12件22人。起诉盗窃、诈骗、职务侵占等多发性侵财犯罪43件68人。起诉毒品犯罪14件18人。严厉打击破坏市场经济秩序犯罪，办理合同诈骗、保险诈骗、强迫交易犯罪3件5人。办理全市首例虚开增值税专用发票犯罪1件2人。全年受理二审上诉案件17件25人，受理二审抗诉案件1件1人，抗诉1件1人。

【反贪反渎工作】 2017年，全年

2017年8月18日，湖北省人民检察院党组书记、检察长王晋一行在市检察院考察指导工作

立案侦查贪污贿赂犯罪23件28人,立案侦查滥用职权、玩忽职守等渎职犯罪4件5人,所查办的案件占全自治区案件80%。查办大案21件28人,要案5件6人,大案要案占全自治区案件90%以上。通过办案,为国家挽回经济损失1584万元。立案侦查职务犯罪26件32人。采取"一案一组,窝案串案相互交流"的办案模式,立案侦查西藏甘露藏药股份有限公司董事长贡某、总经理旺某、财务总监普某等三名国企高管贪污贿赂犯罪系列案件,涉案金额达1848.5万元。立案查处一起涉案金额700余万元的国企高管贪污贿赂犯罪窝案串案。严查发生在农牧民群众身边,损害农牧民群众利益,妨害涉农惠民政策落实的"微腐败""蝇贪""蚁贪"案件。共立案查处贪污贿赂渎职犯罪13件14人。

【预防职务犯罪】 2017年,市检察院选派120名干警深入12个县(区)开展为期3个月的项目资金预防、服务优化发展专项预防调查,着重对各县区乡村项目建设进行专题调查,并逐案分析腐败背后的制度漏洞,从扎紧制度篱笆、加大招投标公开力度、让人民群众共同监督资金项目,确保资金裸视、透明等方面提出预防对策建议。制定《山南市人民检察院项目资金预防服务优化发展专项预防工作方案》,市委、自治区人民检察院和市政府主要领导作重要批示。共有37批次1857人参观警示教育基地。开展职务犯罪预防专题讲座8场次。加大廉政建设宣传力度,到洛扎、乃东、琼结、隆子、措美等县(区)作题为"不忘初心、担当作为"的廉政法制讲座。做好行贿犯罪档案查询,向社会提供查询200余次。

【民事行政检察】 2017年,市检察院办理民事行政类案件7件,提出检察建议7份,全部被采纳。依法审查法院民事行政裁判文书280余份,排查公益诉讼线索98件次。开展行政执法监督,变传统监督为服务监督,制定《服务保障民生、保护生态环境专项大联查工作方案》,对12个县(区)30余所学校、20余家诊所药店联合检查,对行政执法机关不履行职责,发出8份检察建议进行监督纠正,督促履行职责。

【控告申诉检察】 2017年,市检察院坚持全面排查与专项排查相结合,对可能引发群体性上访和越级上访的问题进行梳理,依法妥善处理来信来访11件16人。加强控申接待"窗口"建设,坚持领导干部大接访制度,优化接待环境,制定联合接访机制,深入化解矛盾纠纷,不断促进社会公平正义。

【刑事执行检察】 2017年,市检察院依法启动羁押必要性审查2件2人,建议司法机关变更强制措施的意见被采纳。监督指定居所监视居住案件2件2人。开展巡回检察,为在押人员提供法律咨询80余次,约见在押人员15人次,开展安全检察10次,查处收缴违禁品7件,提出纠正意见7条。监督社区矫正服刑人员119人。加大监督纠正力度,审查财产刑案件2件2人,督促公安机关返还在押人员取保候审的保证金1.3万元。

【案件管理】 2017年,市检察院依法保障律师执业权利和当事人诉讼权利,共接待律师59人次;不断提升执法办案风险评估预警规范化水平,共进行风险评估256件次,监控预警案件64件,流程监控

56 件，提出监控意见 33 条，发出监控流程通知书 1 份。扎实开展案件质量评查，共评查基层院各类案件 168 件。

【司法体制改革】 2017 年，市检察院制定印发《全市检察机关改革实施意见》。遴选首批入额检察官 100 名，检察官助理 79 名，书记员 60 名；制定完善司法责任制的实施意见及检察官办案权利清单，构建公正合理的司法责任认定、追究机制，突出检察官的办案主体地位。两级院检察长主动带头办案，推动司法体制改革，落实员额检察官办案责任制，共办理案件 6 件 6 人，起到示范引领和传帮带作用。深入贯彻落实自治区深化国家监察体制改革试点工作转隶人员座谈会精神，两级院召开专题会议，安排部署转隶工作，研究制定转隶方案，确定“时间表”和“路线图”。召开两级院转隶工作动员大会，与在家的转隶人员进行谈心谈话，摸清思想状况，加强思想教育，解决存在的困难，打消顾虑，形成共识，并转隶 25% 人员到位。

【政工人事】 2017 年，市检察院拟制方案向组织部推荐县级干部 10 人，新调整任用科级干部 11 人，撤地设市重新任职干部 41 人次，为县院领导班子配备考察干部 3 人，提请任免副检察长、检委会委员、检察员等法律职务 31 人次，为两级院申报新任法警 7 人，为 4 名干部办理退休有关手续，为 3 名干部职工完成拟享受 64 号文件提前退休申报手续，办理调动手续 8 人，协助预防处招录警示教育基地讲解员 8 人，转移党组织关系 23 人次。完成干部二年进档、五年晋级、员额检察官工资套改等调资增资工作 183 人次。采集在职干部、离退休干部、调入调出干部养老保险数据 132 人次。办理干部请销假手续 151 人次。2017 年政治部组织两级院干警参加上级检察机关、市委有关部门组织的各类教育培训 232 人次，组织“第三期侦监公诉实训”“井冈山综合素能培训班”“人才资源统计培训”等自主调训 3 次，培训人员 204 人次。全年培训总数达到 436 人次，与 2016 年同期相比上升 82%。开展“全面提升干警素养、擎起高原公平正义”读书活动。做好《致知》刊物的编发前期工作。组建 5 个兴趣小组，陶冶干警的生活情趣。开展喜迎党的十九大征文活动。制定《山南市人民检察院机关文明礼仪公约》等一系列规范性文件。拍摄《我与宪法》《检察文化建设专题纪录片》等微视频，协助安徽省检察院拍摄周会明“守望正义——群众最喜爱的检察官”纪录片。看望慰问老干部 11 人次，组织老干部参加工会疗养 1 人，听取并落实老干部反映的问题困难 9 件，转移老干部组织关系 12 人次。组织 32 名老干部开展以“牢记使命·继续长征”为主题的学习弘扬长征精神活动。做好援藏干部在藏期间的考核、鉴定、表彰工作，为安徽、湖南干部记三等功 10 人次。

2017年7月24日，山南市检察院检察长刘志刚检查指导初心教育基地建设

【检察受援】 2017 年，市检察院贯彻落实最高人民检察院业务、人才、教育、文化、信息科技和项目资金等“六位一体”援藏工作格局，在业务受援方面，从三省检察机关分别邀请侦监、公诉业务专家赴藏授课，提高干警业务能力。在干部人才受援方面，湖南、湖北、安徽选派近 30 名业务专家赴藏指导办案，增强两级院自身“造血”能力。在教育培训方面，两级院共选派 200 名干警到其他省市学习办案技能、诉讼监督等检察业务。在检察文化方面，选派干警赴其他省市考察检察文化长廊、院史馆建设工作，学习借鉴先进理念。

2017年8月23日，湖南省检察机关 山南检察机关援藏工作座谈会在泽当召开

【检察委员会】 2017年，山南市检察委员会共召开检委会会议15次，完成第1届第9次至23次会议召开的相关事宜，共审议案件19件。会议纪要均已向自治区检察院报备。召开的检委会全部录入统一业务软件系统，实现线上线下统一运行。

【综治工作】 2017年，市检察院成立专案组调查“4·20”出租车集体“罢运”事件。对“罢运”事件过程、原因进行梳理，运用法治思维和法治方式提出对策意见，为市委、市政府作出科学决策提供法律依据，最终全市出租车恢复运营。参与优化发展环境、环保整治，自觉在大局中找准方位，精准对接，全面融入。制定出台《关于检察机关服务和保障项目建设的工作意见》，提供法律咨询3次。参与驻村工作。按照市委整体部署，两级院在精准扶贫、精准脱贫上为困难群众谋实惠、谋利益，选派84名干警赴17个驻村点开展工作，全年两级院为驻村点送去慰问物资100余万元，为贫困户发放慰问金10余万元。与驻村联系点贫困家庭失业人员签订扶贫用工合同，共聘用45人。琼结县检察院创新举措，设立乡镇检察联系点，选聘检察民意联络员，面对面为群众开展普法宣传，化解矛盾纠纷，了解群众诉求，及时妥善处理。坚持全面排查与专项排查相结合，对可能引发群体性上访和越级上访的问题进行梳理，依法妥善处理来信来访11件16人。严格落实维稳防控、带班值班制度，共出动警力2145人次，车辆460余台次，确保党的十九大等重要时期社会安全稳定。

【检察宣传】 2017年，市检察院创办《山南检察》刊物，共向全区检察机关、市党政机关、各县(区)、人大代表和湖南、湖北、安徽三省检察机关分送800余本，不断延伸检察工作覆盖面。充分利用官方微信平台、微博和新闻客户端平台，讲好检察故事，弘扬法治精神。全年共发布信息850余条，市检察院官方微信平台关注量居全区检察机关前列。与正义网公司协调，各县(区)院先后建成门户网站，得到上级机关的充分肯定。

【检务保障】 2017年，市检察院加快技侦楼项目建设，建成具有西藏特点、山南特色的初心教育厅。委托科大讯飞公司量身定制开发移动检务办公系统，提高办公效率。为市纪委、市院反贪部门办案提供技术支持，进行手机数据恢复取证12次，提取犯罪嫌疑人删除的信息1万余条。配备侦查设备、便携式同步录音录像设备，实现科技与检察深度融合。

法　院

【概况】 1963年7月15日，山南专区中级人民法院成立。1973年8月21日，经中共山南地委批准，地区中级人民法院开始对外办公。2016年，撤地设市后，山南地区中级人民法院更名为山南市中级人民法院(以下简称市法院)。

2017年，市法院有信息科、立案庭、办公室、政治部、纪检监察室、审监庭、刑一庭、刑二庭、民一庭、民二庭、行政庭、赔偿办、执行局、司法辅助办、研究室、编译科、行装处、法警支队、审管办等19个内设机构，编制102人。

全市法院共受理各类案件1287件，审执了结1089件，与2016年同期相比，受理案件总数增加233件。其中中院受理各类案件94件，审结79件。

【依法打击各类犯罪】 2017年，市

法院发挥刑事审判在社会管理综合治理和优化发展环境中的职能作用，增强人民群众的安全感，为维护全市社会和谐稳定，营造良好发展环境发挥作用。全市法院共受理各类刑事案件149件，审结125件，其中市法院受理32件，审结26件。其中审结优化发展环境案件11件13人。注重与纪委、检察院及其他相关部门的沟通、协调，全面加强职务犯罪审判工作。依法审结贪污贿赂、渎职等职务犯罪案件20件20人，涉及县处级干部2件2人，涉及地厅级干部1件1人，为净化政治生态环境发挥作用。

【调处矛盾纠纷】 2017年，市法院坚持“调解优先，调判结合，案结事了”的民商事审判原则，加大调解力度，突出化解矛盾纠纷，增加社会和谐因素，推动法院工作更好适应经济社会发展新常态。全市法院共受理各类民商事案件807件，共审结696件，其中中院受理52件，审结44件。始终坚持“调解优先，调判结合，案结事了”的民事审判原则，调解结案518件，调撤率达74.43%。

【执行工作】 2017年，市法院按照最高人民法院院长周强在十二届全国人大四次会议上提出的，要向执行难全面宣战，用两到三年时间，基本解决执行难问题的承诺。全面加强执行工作，以开展“规范执行行为”暨“雪域飓风”执行专项活动为契机，建成全市法院上下一体、内外联动、规范高效、反应快捷的执行指挥系统，与26家市（区）直单位共同研究制定《建立和完善执行联动机制实施细则》。共执结各类执行案件261件，执结标的2929.44万元，曝光失信被执行人28人，司法拘留6人，通过公安部门协助布控11人。

【立案、信访工作】 2017年，市法院严格落实立案登记制改革措施，依法保障当事人诉权。始终把涉诉信访工作摆在重要位置，部署开展化解涉诉信访积案“清仓见底”专项行动，妥善处理一批延续时间长、化解难度大的信访“骨头”案件。为保障经济困难的当事人打得起官司，全面落实司法救助制度，为153件案件当事人减、免、缓诉讼费41.26万元，有力保障困难群众的诉讼权利和合法权益。

【维稳综治】 2017年，山南市两级法院始终把维护稳定作为压倒一切的首要政治任务，参与巡逻联防、矛盾联调等各项维稳中心工作，有效防控社会稳定风险。全市法院共投入警力参加值班备勤、巡逻等7500余人次，抽调干警参加当地党委、政府维护稳定等中心工作780余人次，出动车辆6150车次。

【队伍建设】 坚持党的领导、全面从严治党。2017年，市法院坚持党对法院的绝对领导，坚决维护以习近平总书记的党中央领导核心地位，引导干警牢固树立“四个意识”，对区党委和市委的决策部署坚定不移地贯彻、千方百计地落实。

转变司法作风，规范司法行为。2017年，市法院从转变司法作风、健全行为规范、改进司法管理、推进司法公开等方面入手，坚持强制度、强管理、强监督的原则，加强规范化管理，解决执法司法不严格、不公正、不文明、不作为等问题。

践行为民宗旨，创新便民举措。2017年，市法院推进诉讼服务中心建设，最大限度减轻当事人诉累。深入开展“流动法庭行万里，送法维权进万家”活动，发挥车载流动法庭优势，开展法制宣传、巡回办案、执行款兑现、案件回访、爱心救助等形式多样的便民服

2017年12月，山南市法院院长索朗扎西在浪卡子县调研

2017年7月，山南市法院院长索朗扎西接受湖南法院援助资金

务。车载流动法庭投入资金48.2万元，行程15.33万公里，巡回办案278件。

【司法体制改革】 十八届三中全会确立加快建设公正高效权威的社会主义司法制度，维护人民群众权益，让人民群众在每一个司法案件中都感受到公平正义的司法体制改革目标。山南两级法院坚持党的领导，争取党委、政府的支持，加快完善人员分类管理、完善司法责任制、健全司法人员职业保障、推动人财物统管等工作落地见效。

首批法官入额和遴选工作基本完成。2017年，山南两级法院共有干警359人，具有法官资格的186人，全市法院首批入额法官120人。

完善人员分类管理。三类人员的员额比例以中央下达的政法专项编制总数为测算基数，确定中院法官、司法辅助人员、司法行政人员分别占编制总数的34%、46%、20%。

司法责任制逐步建立。2017年，市法院制定完善16项配套制度，正在审核试行阶段。根据山南法院实际，对裁判文书的签发权设置过渡期，逐步实现“让审理者裁判，由裁判者负责”。建立立案登记制，依法保障当事人诉权。实行以审判为中心的刑事诉讼制度改革，在案件审理中增加庭前会议、非法证据排除程序。

推动法院内设机构改革。在保留原有19个内设机构的前提下，增设党的建设办公室，已上报区高院和市委组织部审批。

【基础设施建设】 2017年，市法院以夯实基层、打牢基础，提高法院保障能力为目标，按照高起点规划、高水平设计、高标准建设的要求，不断加大物质装备建设。“十二五”结转“十三五”建设乡镇人民法庭8个，总投资为3489万元。“十三五”规划的诉讼服务中心建设项目5个，总投资为1620万元，前置手续已办完。措美县、加查县人民法院“温馨工程”项目已全部竣工，总投资分别为149万元和179万元。投资130万元的浪卡子县法院温馨工程、800万元的扎囊县法院干警周转房、117万元的诉讼服务中心二期改造工程正在进行中。市法院执行指挥中心项目在建设当中，总投资为202万元。

司法行政

【概况】 山南市司法局（以下简称市司法局）成立于1992年8月，经市2016年三定方案核准，内设办公室、法治宣传科、基层工作科、律师公证仲裁管理科、安置帮教科、法律援助工作科、政治部和社区矫正支队8个行政科室，以及山南市公证处和西藏雅砻律师事务所2个事业单位。市司法局机关核定政法编制44人，实有36人，党员30人。在编人员中有女性13人，男性23人；藏族23人，汉族13人；研究生学历1人，大专及本科学历23人；局领导班子5人，平均年龄49岁。

【党建工作】 2017年，市司法局根据《中共山南市司法局党组理论学习中心组2017年计划》，全年局党组理论学习中心组学习19次，人均自学时间达50小时，干部职工集中学习20次，形成各类学习简报44期，人均自学时间达120小时。

2017年，市司法局根据市委巡视整改落实工作方案及相关要求，召开局党组巡视整改专题民主生活会，梳理制定《中共山南市司法局党组班子对照检查材料》，制定整改措施，形成领导班子和领导干部个人整改清单21条，限定整改期限，并按要求在全体干部职工大会进行会议通报。

2017年，市司法局按照《中国共产党章程》要求，严格规范执行“三会一课”制度，并划分党小组。同时，根据《中共山南市直属机关工作委员会关于自治区巡视三组反馈意见的整改落实方案》要求，对机关党支部存在的问题进行梳理，对发展党员工作进行专项自查，召开支部组织生活会，全体党员以“提高党员意识，发挥党员作用”为主题，开展剖析，查找自身存在的问题，深刻剖析产生问题的原因，制定下步整改及努力的方向。

2017年，市司法局狠抓党风廉政建设和反腐败工作，严明党的纪律特别是政治纪律和政治规矩，加强党内监督，强化监督执纪问责，驰而不息纠正“四风”。没有出现违反党员领导干部廉洁自律规定、利用各种名义大操大办、收钱敛财、奢侈浪费和公车私用等情况。

【政治思想教育】 2017年，市司法局党组强化干部职工的思想政治教育工作，使党的路线、方针、政策及区、市两级各项会议精神得到很好的贯彻落实，广大干部职工的政治素质、业务素质都有明显的提高。

根据市司法局科级干部岗位配备情况，按程序对12名科级干部进行选拔任用、明确职务和岗位调整。按照市委组织部、区司法厅统一部署和局机关年初干部教育培训计划，安排县级干部赴其他省市参加集中培训5人次、科级干部8人次。赴三省挂职培训3批、18人次。开展岗位练兵5人次，组织机关干部职工集中学习22次。举办司法行政业务培训班2期、70人次。

【“两学一做”学习教育常态化制度化】 2017年，市司法局按照市委“两学一做”学习教育常态化制度化工作座谈会精神，局党组高度重视，安排部署，组织实施。

2017年，市司法局及时成立市司法局“两学一做”学习教育常态化制度化领导小组和督导小组。结合实际制定具体的实施方案、督导方案和各类学习安排。

2017年，市司法局及时召开市司法局“两学一做”学习教育常态化制度化工作座谈会，对全局“两学一做”学习教育常态化制度化进行动员部署，及时将党的十八届六中全会精神列入“两学一做”学习教育范围。

2017年，市司法局围绕学党章党规、学系列讲话、做合格党员为主题，市司法局党组书记杨国福以《全面从严治党扎实推进“两学一做”学习教育常态化制度化》，市司法局局长罗布以《如何加强党性修养的思考》为全局党员作专题党课。

2017年，市司法局从公用经费中拿出22736元，制作党建、党风廉政、“两学一做”学习常态化制度化学习教育等各类专题展板，确保学习教育工作的顺利开展。自学习教育开展以来，共组织开展“两学一做”学习教育集中学习12次，安排自学17次，专题讨论交流会2次42人，制作展板2块。

【专题调研】 2017年，市司法局为全面掌握全市基层司法行政工作现状，切实加大对基层司法行政工作的指导力度，从4月6—22日，由司法局党组副书记、局长罗布带队深入12县（区）局及部分乡（镇）、村（居）对基层司法行政工作开展情况进行全面调研，对基层一线的工作开展情况和存在的问题做到情况明、底数清，为局党组科学决策提供有效支持，形成调研

2017年1月23日，山南市司法局局长罗布检查指导加查县司法局工作开展情况

报告1篇。

【完成临时性工作】 2017年，市司法局根据市委、市政府及市委组织部安排部署，2月，由司法局党组书记杨国福代表市强基办赴错那、隆子两县慰问驻村工作队。3月、6月、8月中旬至10月底根据市强基办和市委组织部统一部署深入洛扎、浪卡子、贡嘎、扎囊四县扎实开展强基惠民、村“两委”班子换届及党的十九大期间的维稳督导工作。7月，市司法局局长罗布根据市委组织部要求，带领1名工作人员赴措美县哲古镇扎扎村完成为期2个月的优化发展环境专项工作。6月，市司法局副局长李万华配合市政府开展全市出租车改革专项工作。市司法局副调研员格桑根据市委政法委统一安排，带领2名工作人员从2015年年底至2017年年底深入开展优化发展环境法治教育点培训教育工作。各项工作的完成，为维护全市社会和谐稳定、保障改善民生、推进民主法治建设和服务经济发展做出司法行政部门应有的贡献。

【维护稳定】 2017年，市司法局根据区党委、山南市委和一线指挥部的维稳部署和要求，充分发挥司法行政职能作用，在行动上周密部署，落实上紧密结合实际，紧紧围绕“三不出”“四无”目标，扎实开展维护稳定工作。以“四个严防”为重点，以反自焚为重中之重，落实全国“两会”及“3·10”“3·14”“萨嘎达瓦”“雅砻文化节”、党的十九大期间等重要节点和日常的维稳工作。根据一线指挥部的统一部署，完成3月重要时期的街面巡逻工作和5月的贡布路加油站的值班监管工作。修订完善《2017年市司法局维护稳定工作实施方案》《山南市司法局反恐怖工作应急预案》《西藏山南市司法行政系统突发事件应急预案》和《山南市司法局2017年“三月重要时期”处置突发事件应急预案》《党的十九大期间维稳安保方案》。

2017年1月25日，山南市司法局党组副书记、局长罗布慰问司法局离退休老干部

【法治宣传】 2017年，市司法局提请市人大审议通过《山南市委宣传部 市司法局关于在全市公民中开展法治宣传教育的第七个五年规划（2016—2020年）》。制定下发《山南市关于落实“谁执法谁普法”普法责任制实施方案》《关于建立以案释法制度的实施意见》《关于完善山南市国家工作人员学法用法制度的意见》等方案及制度，并按各部门工作职能，对普法内容及任务进行详细的分解。

2017年，市司法局召开全市法制宣传教育工作领导小组成员单位联席会议和山南市“六五”普法总结表彰暨“七五”普法推进工作电视电话会议，签订“七五”普法暨“谁执法、谁普法”的目标责任书，成立山南市“七五”普法宣讲团。

2017年，市司法局针对“七五”普法重点“青少年这一关键”，年内在全市2所中等职业技术学校、17所中学、90所小学、54所教学点近4万余名学生中顺利开展新学期“第一堂法治课”活动。

2017年，市司法局在“三八”国际劳动妇女节期间，配合市妇联，在桑日县水库退休妇女干部中，开展妇女权益保障法、反家庭暴力法及老年人权益保障法专题法治讲座。以市司法局、市旅发委、市普法办三家名义下发《关于在全市A级旅游景区开展“法治西藏”普法宣传活动的通知》。9月22日与市旅发委一同深入山南市扎囊县桑耶镇桑耶寺A级旅游景区开展普法活动。下发实施《山南市开展“4·15”全民国家安全教育日法治宣传教育活动实施方案》。

2017年，市司法局结合措美县哲古镇扎扎村属于牧区的实际，老百姓法律意识相对淡薄的特点，市司法局通过集中办班讲法、走访入户说法、流动放牧点宣法等多种形式，有针对性地开展以《中华人民共和国草原法》《中华人民共和国民族区域自治法》《中华人民共和国野生动植物保护法》《中华人民共和国妇女权益保护法》《信访条例》《中华人民共和国道路交通法》《中华人民共和国消防法》《中华人民共和国婚姻法》等与老百姓息息相关的法律法规的宣传共27场次，开展法治专题讲座10场次，发放宣传资料4000余份，解答法律咨询234余人次，受教育人数达2300余人次。

2017年，市司法局结合全市开展的“四讲四爱”主题教育实践活动，在全市范围内开展以《中华人民共和国宪法》和相关法律法规为主要内容的“尊法、学法、守法、用法从我做起”专题活动。

2017年，山南市司法局、市普法办投入3.6万元，组织编印以党内法规为主要内容的藏汉双语版和《中华人民共和国环境保护法》法治宣传资料4500册。投入9.6万元普法专项经费，以《中华人民共和国宪法》中节选的公民的基本权利、公民的基本义务以及国家、国旗、国徽等知识为内容，印制8000面普法宣传门帘，并将之发放给全市12县（区）普法办。投入4.9万元普法专项经费，针对领导干部、青少年和寺庙僧尼这三类

2017年10月7日，山南市司法局党组书记、副局长杨国福主持召开市司法局巡视整改专题民主生活会

“七五”普法重点对象，制作普法宣传资料，其中包括8000支三种模板的普法宣传笔和5000本两种模板的普法宣传笔记本。截至年底，全市共开展各类法治宣传活动及“尊法、学法、守法、用法从我做起”主题教育活动526场次，开展法治主题讲座151场次，发放宣传资料191043份，发放法律书籍3万余本，解答法律咨询800余人次，受教育人数达17万余人次。

【社区矫正】 2017年，市司法局贯彻落实《西藏自治区社区矫正工作实施办法》，强化组织领导、健全工作机制、狠抓措施落实，建立健全社区矫正工作制度、部门职责和工作台账，确保社区矫正工作组织到位、管理到位、措施到位，各项工作扎实推进。根据区司法厅社区矫正管理局的通知精神，切实做好三月重要时期的社区服刑人员教育工作。1—3月共开展摸排54次、走访47次、帮扶9次、集中教育18次、个别谈话60次。

2017年，市司法局根据自治区驻山南维稳督导组关于维护稳定工作的调研方案要求，及时组织人员围绕社区矫正机构、人员配备和业务工作开展情况进行调研，形成调研报告1份。

2017年，市司法局为扎实推进社区矫正工作规范化、程序化，更好的监督和管理社区服刑人员，编印下发《社区矫正工作书籍》400册、《社区矫正工作档案盒》1500盒、《社区矫正工作台账》2400本。

2017年，市司法局组织社区服刑人员通过观看宣传纪录片、参观新旧西藏展览、集中学习、参加公益劳动等形式深入开展西藏自治区和平解放66周年宣传纪念活动。

2017年，市司法局及时完成司法行政案例库社区矫正案例选编工作。自社区矫正工作开展以来，共接受社区服刑人员342人，均建立健全工作档案和执行档案两档。

【人民调解】 2017年，市司法局紧

紧围绕改革发展稳定大局和市委市政府中心工作，充分发挥人民调解工作第一道防线作用，按照“调防结合，以防为主”的要求，充分做好日常矛盾纠纷排查化解工作。山南市共有各类人民调解组织784个，有调解员5149人。其中乡镇调解组织82个，调解员699人。村居调解组织549个，调解员3373人。行业性专业性调解组织66个，调解员683人。企业单位调解组织35个，调解员146人。事业单位调解组织39个，调解员174人。寺庙调解组织13个，调解员74人。

2017年，市司法局根据《关于印发〈西藏自治区关于开展乡镇机构改革加强乡镇组织和政权建设的意见〉的通知》和《关于加强专职司法助理员编制使用和人员管理的通知》要求，对2009—2014年招录分配到山南市的专职司法助理员在编在岗情况进行全面清查。通过该次清查应在编在岗65人的专职司法助理员，实际在岗34人（其中公开招录13人，定向委培21人），离岗31人（调离22人，辞职3人，提拔到其他单位或部门6人）。人员在岗率52%，流失率48%。

2017年，市司法局根据《关于开展2017年度全国“最受欢迎人民调解员”评选活动的通知》要求，推荐上报2名2017年度全国“最受欢迎人民调解员”候选人。

2017年，市司法局为推动全市第三方调解工作的落实，探索开展全市第三方矛盾纠纷调解组织数据库（第一批数据库已基本建成，共有162名调解员。涉及人大代表、党代表、政协委员、得道高僧、专业技术类、法律等专业人员）。

2017年，市司法局针对久调不决，有可能引发群体性事件或民转刑案件的婚姻家庭矛盾纠纷；重点工程项目建设引发的征地拆迁、项目工程、劳资等矛盾纠纷；相邻县区、乡镇、村组边界、资源、草场等矛盾纠纷；惠民政策落实过程中因落实不力或落实不到位引发的群众与村委会之间的村务管理纠纷，全面启动“影响社会稳定矛盾纠纷排查化解”专项活动。山南市各级人民调解组织共受理调处矛盾纠纷295件，成功调处294件，调处率100%，调解成功率99.7%。

【安置帮教】 2017年，市司法局按照组织网络健全、人员衔接规范、帮教责任落实的总体要求，扎实开展安置帮教工作。

抓好管理工作，做好刑满释放人员衔接、建档立档和安置帮教工作，对辖区刑满释放人员进行全面走访、排查，深入帮教，针对不同情况制定思想政治、法治、道德教育工作实施方案，落实安帮措施和责任制。

督促各县（区）司法局做好在监服刑人员信息核查工作。根据2015年底建立的全市刑满释放人员数据库，对12县（区）安置帮教数据进行彻底核对。

为喜迎党的十九大胜利召开，严格按照“属地管理”“谁主管谁负责”的原则，2017年山南市共有在册安置帮教人员410人。2017年新增104人，解除安置帮教人员52人，安置88人，安置率84.6%，帮教104人，帮教率100%，重新犯罪4人，重新犯罪率0.98%，控制在1%以内。

【人民监督员】 2017年，市司法局推进人民监督员改革工作的深入落实，截至10月份，共受理各县人民检察院申请人民监督员参与监督评议案件11起，共选派人民监督员33人次参与案件监督评议；选派1名人民监督员参加检务公开活动1次。

【法律服务】 2017年，市司法局始终秉承“化解社会矛盾、创新管理方式、服务弱势群体”的工作理念，始终把提高公证律师思想素质、业务水平和职业道德教育作为工作重点、以群众满意为标准，强化便民、利民、惠民工作，创新服务方式，拓展服务范围，维护困难群众和当事人的合法权益，扎实推进山南市法治化建设。截至年底，市法律援助中心共办理各类法律援助案件68件，接待来电来访咨询860人次，代写法律文书95份，为受援人挽回经济损失达260余万元，2017年全市共争取“1+1”援助律师5名。西藏雅砻律师事务所担任法律顾问11家，办理案件6件。山南市公证处共办理各类公证982件，涉及标的额近50亿余元。为128件法律援助案件减免公证费共计6200元。

【受援工作】 2017年，市司法局贯彻执行中央第四、第五、第六次西藏工作座谈会和全国对口援藏工作会议精神，始终站在讲政治、讲大局的高度，加强与三省司法厅的沟通与联系，2017年争取三省援藏经费95万元，接待三省赴藏考

2017年8月7日，安徽省司法厅党委委员、政治部主任黄冰寬一行11人在山南市司法行政系统开展考察交流活动

察团2批16人。

【**项目建设**】 2017年,市司法局督促各县司法局完成“十三五”规划12个乡镇司法所项目前置手续的办理工作。投入资金43万余元,完成院内规划及车库建设工作。

【**创先争优强基础惠民生**】 2017年,市司法局驻加查县冷达乡玛岗村、仲沙村工作队紧紧围绕“十一项任务”,深入扎实开展创先争优强基惠民工作。加强驻村工作队自身建设,为驻村各项工作的有效推进提供坚强保障。严格落实各重要时期、重要节点的社会管理工作,确保两个村的和谐稳定。帮助村“两委”建立健全村规民约、党务公开、村务公开、财务公开、“三会一课”和“四议两公开”等规章制度,推动基层组织工作规范化、制度化、科学化。深入开展“四讲四爱”喜迎党的十九大主题教育实践活动,向广大群众讲明“四讲四爱”主题教育实践活动的重要意义、具体内容及内涵,使“四讲四爱”主题教育实践活动家喻户晓、人人皆知。同时,开展环境整治、重教尚文、维护稳定等“十星模范村”创建及考核验收工作。严格程序和流程,严把入户调查、民主评议、公示公告三个关键环节,对贫困人口进行多次调查摸底,精准识别,有效确保精准扶贫工作扎实推进。扎实完成村(居)两委班子及妇代会换届选举工作。

玛岗村、仲沙村两个工作队在“三大节日”“3·28”西藏百万农奴解放纪念日、“七一”中国共产党建党日等活动期间,共投入资金和慰问品折合人民币64675元,共发放宣传资料8500余份,参与人数1000余人次。

公安消防

【**概况**】 山南地区于1983年7月成立消防科,1988年组建消防中队,1989年消防科更名为消防分局,1996年4月脱离武警内卫支队,同年11月18日正式成立山南地区消防支队。2016年7月改名山南市公安消防支队(以下简称山南消防支队)。2017年,山南消防支队共有12个(区)县大队,1个寺庙大队,1个特勤中队,3个县中队,1个寺庙中队。

【**建设学习型班子**】 2017年,山南消防支队始终把用党的创新理论特别是党章党规、系列讲话武装头

2017年11月28日，山南市司法局召开全市司法行政业务培训动员会

2017年4月12日，山南市委副书记、市长普布顿珠调研指导山南消防支队工作

脑作为领导班子建设的首要任务，提高领导干部理论素养，筑牢班子“四个意识”。

注重第一时间及时学。2017年，习近平总书记每次发表重要讲话后，山南消防支队迅速传达学习，尽快掌握主要精神，把握重大要求，党员先学一步、快人一拍，带动学习。第一时间组织学习公安部、部消防局、厅党委、总队党委重要会议精神，领会精神要义，实现上下同频共振。

注重健全制度保障学。2017年，山南消防支队完善并严格执行党委中心组学习制度，明确学习的内容、方法、步骤，落实集体研讨、重点发言、学习考勤、规范台账等刚性要求，组织集中学习6次，专题研讨6次，每次学习有计划、有通知、有考勤、有发言、有信息、有台账。坚持定期开展四会教员巡讲活动，支队党委成员牵头、各基层党组织书记轮流授课9次，促进相互交流帮助中心组成员、普通官兵开阔视野，深化认识，实现学习部署系统化、学习安排经常化。

注重启发思考深入学。2017年，山南消防支队坚持理论联系实际，加强调查研究、定期分析研判、着力解决问题，落实每名委员分片包干和调研制度，落实下基层调研不少于1/3的时间保证，督促委员认真撰写理论文章、心得体会，启发委员提升理论联系实际的能力，形成一批有实践意义能解决实际问题的理论成果。

【建设民主型班子】 以制度维护团结。2017年，山南消防支队把贯彻执行民主集中制作为维护团结统一的重要法宝，严格遵循“十六字”方针，制定出台党委议事规则，推动按程序、按规矩办事。在“三重一大”等事关全局的问题上，坚持集体研究、集体决策。2017年，支队党委组织召开党委会十三次会议，审议决策涉及部队发展的议管议教议训议廉议审议财方面的重大问题300多个，全部体现集体智慧，无一决策失误。

以党性保证团结。2017年，山南消防支队追求有原则、明辨是非的团结，在集体决策时，坚持以事业为本、大局为重、基层至上，话不妥就听事、事不准就听理，充分尊重班子成员的意见建议。在党内政治生活中，自觉用好批评与自我批评这一有力武器，既揽镜自照，又咬耳扯袖，班子的组织生活达到“红脸出汗”“治病排毒”的效果。

以感情增进团结。2017年，山南消防支队在生活中班子成员互相关照体谅，有困难积极帮助、相互支持，有失误及时提醒和安慰，形成情同手足、亲如兄弟纯真情谊。在讨论中，班子成员勤于沟通、经常交流思想、交换看法，不带偏见、不带私利，形成和睦共事的团结氛围。在工作中，班子成员敢于负责、敢于担当，在具体事宜上不推诿扯皮、不斤斤计较、不固执己见、不争权夺利，形成聚精会神干事业，一心一意谋发展的良好氛围。

【建设务实型班子】 2017年，山南消防支队贯彻整风精神，坚持问题导向，牢固树立“作风建设永远在路上”的意识和理念，持续落实中央八项规定等一系列的转作风要求，树立新风正气。

细责任强作风。2017年，山南消防支队对照《2017年工作目标责任书》87项责任内容和《总队2017年度重点工作责任分解表》174项重点工作任务。支队班子七人形成共识不当“二传手”，无一例外强化责任担当，逐个分解任务，责任到人，平均每人落实到人头上30—50件细化任务，实现由“给我上”变成“跟我上”的作风转变。

树导向引作风。2017年,山南消防支队修订完善常态化督导考评办法,实行实时督导,突出重在平时、抓在平时、考在平时的实绩导向,有效避免年终突击、一锤定音的不良倾向。坚持党管干部、组织选人、发扬民主,树立干部士官队伍选拔“三个不吃亏”导向,引导官兵靠实干凭素质立身、靠业绩进步。

强指引正作风。2017年,山南消防支队改选党团组织22个次,健全党团组织,严格按标准吸收14名团员青年加入党组织,壮大党员队伍,在此基础上,指导各级基层组织开展党建试点创建活动,出台《党建试点创建方案和阶段性工作推进表》《组织工作实用手册》《组织运行一览表》,重点从落实组织制度入手,打造中队、辖中队的大队、不辖中队的大队、机关四个不同类型的党建示范点,并组织支部书记积极参加书记准入制考核,引导各级组织实实在在落实组织制度,实实在在开展党员培训、实实在在开展思想教育和理论学习,实实在在规范运行,真正让组织建设“真起来、实起来”,切实发挥出作用来。

【思想政治建设】 2017年,山南消防支队始终贯彻政治建警要求,将忠诚铸魂作为长远规划工程,始终紧密对接中央政策方针,紧跟上级党委步调,统筹形势任务教育、主题教育、经常性教育三项教育类别,以主题教育为全年主线、结合各类重要时间节点、重大政策出台开展形势任务教育,将经常性教育落实在茶余饭后和操课间隙。在具体实施中,坚持正面引导,扩展微信平台,宣扬符合时代主旋律的拾金不昧战士冯久江、全市优秀共青团员刘仁等身边的好人好事和敬业模范;坚持忠诚筑魂,主抓“维护核心听从指挥”主题教育,配套抓“两学一做”学习教育常态化制度化、“四讲四有”主题教育实践活动,务实做好每项规定动作;坚持旗帜鲜明,重点宣传贯彻中央意志,宣扬党的治国先治边、治边先稳藏等重大战略思想,引导清醒认识藏区反分裂斗争的长期性、复杂性、隐蔽性,筑牢官兵反分裂大是大非问题上坚守底线、鲜明立场的大局意识。坚持根源把控,讲大道理、正道理、实用道理,重点消除官兵“反四风”“停发福利”“消防改革”的片面认识、模糊认识,从根源上纠偏纠正从容面对网络负面舆论。全年,2个集体17名官兵受到自治区、市县三级表彰,154名官兵立功受奖(5个集体92名个人待批)。

【文化育警】 传承红色基因。2017年,山南消防支队依托山南市烈士陵园、西藏第一个农村党支部克松居委会,挂牌成立思想政治教育基地,使官兵始终接受正能量的文化熏陶,继承发扬优良传统,延续红色血脉。

立足存史育人。2017年,山南消防支队抓住11县新建队站东风,将红门影院、室馆建设的纳入11个县新建队站总体规划同步落实,建成红门影院3个、队史馆1个、荣誉馆2个。

丰富业余文化生活。2017年,山南消防支队开展“一队一品”特色警营文艺创建活动,见缝插针开展“短平快”的警营文化小节目,组织举办军民联谊会,在山南市双拥文艺会演上推出《火之舞》《最美逆行》两个节目广受好评并获奖。着眼怡情舒压,指导各基层打造各具特色的走廊文化、院落文化,营造轻松、愉悦的工作生活环境。

【关心官兵生活】 2017年,山南消防支队倾斜边远艰苦单位,投入资金改造基层基础设施,保证基层官兵吃上热饭、喝上热水、洗上热水澡、温暖过冬,切实改善官兵生活环境。

在每年春节和上级规定的重要时段,对烈士、因公牺牲官兵家属开展慰问。每年有计划地安排官兵疗养调休,落实年度体检、医疗巡诊和心理疏导,确保官兵身心健康。

帮助身患重病干部夏林垫付医疗费250000元,帮助伤残官兵和家庭困难官兵落实困难补助2万余元,切实帮助官兵解决最急、最盼、最忧的现实问题,力所能及的帮助官兵消除后顾之忧。

【维稳工作】 2017年,山南消防支队研判辖区大型活动规律,抓住宗教活动、重大庆典、重大会议集中节点,坚持支队、大队、中队三级联动、点线面三级防控、提前介入打好前哨战,制定各类勤务总体方案7份,反自焚、纵火、爆炸和群体性事件等类型处置预案3份,坚持政治站位,科学布控执勤力量,筑牢内圈、外圈、增援圈三层立体保卫。全年出动车辆340台次、警力1749人次,参与公务执勤263起,圆满完成“两节”“两会”、三月重要时期、雅砻文化节、物资交流会、“三考”等重大安保任务和桑耶寺“朵底节”、昌珠寺“美朵曲巴”等21项佛事安保活动，有效履行维稳政治责任。特别是在“8·22”专项勤务中，山南支队临危受命、敢为人先、敢于担当，第一时间派出20人机动处突队驻守措美县扎扎村，在气候恶劣、条件艰苦、保密程度高、危险系数高执勤一线坚守15天，高效完成此次任务，受到市委主要领导和市维稳指挥部主要领导批示表彰。

【灭火应急救援】 2017年，山南消防支队党委明确树立战斗力唯一标准鲜明导向，落实每季度议训制度，贯彻实战化练兵方针，先后组织开展“调度员通信员接警调度培训”“满期士兵职业技能鉴定培训”“四会教员暨灭火救援攻坚组培训”“执勤中队干部指挥能力考评”“水域救援培训”“地震救援、道路交通事故、危化品处置技术培训”10个专项分类别轮训和岗位练兵考核，支队344人参训、参训率94.8%，超出规定目标4.8%，执勤中队干部全员通过指挥能力考核，士官职业技能鉴定人员通过率达到100%。指导基层按照“十个一遍”扎实开展六熟悉，累计熟悉1232家次单位，达成六熟悉规定任务量。组织开展城市综合体、高层建筑、石油化工、涉爆高危场所、大型市场、公众娱乐场灭火救援实战演练和跨区域联动地震救援拉动、维稳武装拉动演练共10次大型综合性实战性练兵，各级开展各类日常性演练1214次，扎实完成规定任务量。同时，支队参加“总队基层指挥员、执勤中队长助理、接警调度员培训暨比武竞赛”“总队级地震跨区域拉动演练”检验练兵成果。截至11月24日，山南市执行灭火、抢险救援任务37起，出动车辆84辆次，出动警力455人次，抢救被困人员25人，疏散被困人员82人，6起火灾、28起抢险救援、3起社会救助全部高效圆满处置。

【消防事业发展】 2017年，市政府出台落实《“十三五”消防规划》，推动乃东、桑日等8个县完成县级消防专篇规划，推动全市新建消防栓372个，超额完成72个，推广安装独立感烟探测器850个，超额2.8倍完成，消防基础更加夯实。先后提请市主要领导牵头以政府名义召开“年度消防工作会议”“夏季消防安全检查部署会”“冬春火灾防控部署会”，配套“夏季消防安全”“冬春火灾防控”两个检查开展文物古建筑、公众聚集场所、电气火灾防控、高层建筑专项整治、党的十九大火灾防控5个专项行动，共计依托政府出台各类专项行动方案21份。向政府上报《半年消防安全综合评估报告》并专项汇报引起政府领导高度重视，推动政府出台《山南消防部队标本兼治遏制重特大火灾事故工作实施方案》，政府主要领导、各县主要领导230余人次带队开展170余次联合检查，组织开展生产型企业和农牧区消防安全专项行动，市政府还组织专题会议研究整改华新水泥厂消防行政许可事宜，推动整治一批历史遗漏的隐患问题，形成政府主导部门联合的空前推动态势。

【火灾防控制度建设】 2017年，山南消防支队修订完善《执法岗位资格制度》《外部执法监督工作制度》《举报投诉处理制度》《集中法核试点制度》等27项内部制度，结合辖区实际紧盯16个国家级重点文物保护单位、易燃易爆、人员密集、公共聚集综合体三类场所，兼顾“九小场所”持续保持整治火灾隐患高压态势，全年检查社会单位16915家次，发现火灾隐患12037处，督改火灾隐患11876出，下发责令改正通知书7968份，下发行政处罚决定书84份，下发临时查封决定书20份，责令三停23家，罚款901500元。同比2016年，检查单位数上升19%，罚款数额、三停量翻近5倍。

【消防宣传】 2017年，山南消防支队推动政府出台《消防法制宣传教育第七个五年规划总体实施方案（2016—2020）》，推动市委党校、人社、公务员局等6个部门和党政机关先后正式出台红头文件，将消防安全知识纳入该单位培训内容，消防宣传在文件政策上站稳脚跟。先后挂牌成立消防宣教中心一个，县（区）级消防科普教育基地13个，设立52名社区消防宣传大使，创建乃东区昌珠镇社区“消防宣传教育示范社区”1个。深入推动“八进”工作，在保证每周半天宣传教育时间和每月1次集中培训时间的基础上，推动消防宣传进军训、进学校、进教材全面落实到位，“三有”中小学达到60%、《“119”对你说》播放率“三提示”普及率达到100%、微信关注量达到1万人等具体目标全面实现，还投入20余万元在《山南报》、山南网开辟消防专栏1个，宣传态势和规模进一步扩大，全民消防理念得到贯彻，宣传教育受众面进一步扩宽。

【完善消防力量体系】 2017年，山南消防支队推动1000人口以上行政村21个全部建成农村志愿消防队，推动自然村建立农村义务消防队424个，共有人员2352人。新招文员20名、专职消防队员35名，指导应建企业消防专职队的山南加查藏木水电站完成专职队建设。完成全市24个重点社区及16个自治区以上寺庙全部建成微型消防站目标。推动新增重点单位微型消防站56个，重点社区微型消防站6个、寺庙微型消防站8个，乡镇街道、居委会和大型寺庙微型消防站22个，新建便民警务站微型消防站46个。截至年底，全市共挂牌成立微型消防站247个，装备器材配齐率达100%。年内，全市先后建成21个区域联防联治组织，联勤联动防控框架成型，覆盖单位194家，达成80%设立的既定目标。同时，"六有"工程得到有效推进，21个1000人口以上行政村、67个乡、24个建制镇均实现"六有"建设目标，多种形式消防力量得到均衡发展，联动联勤体系更趋于完善。

【后勤综合保障】 2017年，山南消防支队坚持有限经费使用效益最优化原则，全年各级消防部队共争取2329.5万元，支队本级业务经费实现10%增长，存量资金减少50%，支出计划得到有效落实，经费投向使用全部瞄向战斗力生成和部队建设等重要方面。

基建领域。2017年，11县新建消防站主体按时完工并顺利通过验收，制氧、取暖、加湿工程管道全部安装完成，贡嘎、扎囊、桑日、曲松、加查、隆子、琼结7个县保质保量顺利实现年内入驻目标。自筹资金700余万元为各县解决窗帘、厨具、车库门、变压器等配套设施。支队培训基地、桑耶寺中队以及11个县室内训练馆三个消防"十三五"规划项目全面启动，3个项目分别进入项目报建、方案论证和整体规划阶段，11个县"红门书吧"生态园和战勤保障大队（乃东区大中队）两个项目有序得到推动，分别处以施工图设计和置换选址阶段，支队有偿服务停止任务目标达成91%（仅剩1家受政府置换工作进度影响协议明年初搬离）。

装备建设领域。2017年，山南消防支队新增装备2263件套、车辆5台，所有执勤中队抢险救援消防车至少1辆的配备要求和30%抢险救援装备的配备要求均落实到位，仅有桑耶寺中队车辆还处于采购状态未投入使用，特勤中队、桑耶寺中队、乃东中队个人基本防护装备配备达到100%。隆子中队、加查中队个人防护装备建设配备达到80%。

信息化建设领域。2017年，山南消防支队投入40余万元给基层中队配备单兵图传设备和数字化移动手台等终端设备。投入30余万元，确保所有基层单位公网图传设备配备到位，所有执勤车辆北斗定位仪安装到位。

2017年3月31日，山南支队组织召开11个县新建消防站装修材料现场会

【完成党的十九大消防安保】 政治工作迅速向作战功能转移。党的十九大安保期间，山南消防支队迅速将思想政治工作从组织发动功能调整到遂行作战功能上，及时进行战前鼓动，重点解决个别官兵的疲劳懈怠、消极应战、麻痹松懈问题。及时进行思想发动，保证重点岗位、重点环节、重点领域人员的思想得到及时调节和持续激励。及时进行典型引领，引导官兵看齐先进，持续保持高昂斗志和饱满精神。及时进行氛围

营造，开展誓师请战，手写请战承诺书，立下“不夺最后胜利决不收兵”的铮铮誓言，保证官兵信心坚定、以必胜姿态顽强应对。及时落实从优待警措施，帮助官兵解决家庭变故、重大疾病等具体困难，向300多个家庭发出支持倡议，消除官兵后顾之忧。

后勤保障迅速向实战中心聚焦。山南消防支队开展装备巡查，联系川消技术人员深入各县检修车辆装备器材，定点联系技术过硬维修厂家，做好执勤车辆装备的维修，随叫随到，上门保障工作，确保车辆器材随时完整好用。开展医疗巡诊，备好备足常用药品，指派专人到值勤现场提供医疗保障，与山南市人民医院、解放军第四十一医院建立联动协议，随时保障官兵获得专业救治。做好战勤保障，储备充足油料、泡沫等战斗物资，定点联系大型加油站，签订突发情况特殊供应协议。备齐72小时应急物资保障，定点联系大型超市和商家，签订特殊情况生活物资保障协议。拨付专款改善战备期间伙食，保障官兵吃饱吃好体力充足。

灭火救援准备瞄准实战枕戈待旦。在夯实“三个稳定”，筑牢部队安全屏障的基础上，全市5个一线执勤中队、13个基层大队、机关全体干部全警联动全警投入，细化风险预判，在《支队总体方案》基础上，预判可能出现的各类突发情况，制定《应急处突快速处置方案》《灭火救援方案》和《跨区域增援方案》3个子方案，精修重点单位灭火预案46份，扎实开展224家次“六熟悉”和实战演练135次，全面夯实灭火救援准备工作，坚决筑牢火灾防控“最后一道防线”，有效确保部队随时冲得上、打得赢。

火灾防控面向高风险区域出击。全市62名消防监督执法干部联动各部门机动执法力量全部撤向社会面，向高风险区、重点区域和不放心场所发起进攻，安保战全程63天，执法干部累计检查单位3667家，督促整改各类火灾隐患2797处，下发行政处罚决定书27份，下发临时查封决定书15份，责令“三停”单位7家，罚款451900元。全体官兵用63个昼夜，筑牢党的十九大期间消防安全保障屏障，实现“三个不发生”“三个确保”预期目标。

【落实“两个责任”】 抓实主体责任落实。2017年，山南消防支队坚持把党风廉政建设与业务工作同部署、同落实、同检查、同考核，制定《“两个责任”实施意见》及配套制度，理清职责的同时，明确远景和近期目标，实行量化考核，做到廉政建设常抓不懈，反腐倡廉警钟长鸣。2次听取党风廉政建设形势分析，召开专门会议、6次研究重大问题、1次开展责任考核，为基层部队做好表率。

推动监督责任落实。2017年，山南消防支队坚持教育为先，持续挖掘支队“全区现役部队廉政文化精品工程”辐射教育作用，实行教育经常化、提醒常态化。支持纪委转职能、转方式、转作风，把纪律和规矩挺在前面，推动执纪“四种形态”落地成形，开展常态化督导40次、下发督察通报20期、诫勉谈话2人，及时遏制“微违纪”行为，提前发现消除违纪苗头隐患。

【加强监管】 2017年，山南消防支队严格核查《领导干部个人重大事项报告》12份，核查109名干部近亲属从业情况和私自出国出境情况，出台岗位风险预警制度，针对监督执法腐败、大宗物资采购、基建项目、干部晋升、士官改选五个高风险领域，坚持铁腕执纪，树立违纪成本高昂鲜明导向，明确释放执纪越往后越严的鲜明信号。强化审计监督服务作用，全覆盖开展装备采购专项审计，按权限对6个大队主官开展任期审计、离任审计和财务检查，开展后勤领域财务检查，纠治违法发放报领生活补助、出差补助现象。落实走访制度和接访制度，主动发现违纪线索，提前妥善处理及时消除信访苗头，定期汇报信访情况和隐患摸排情况，鼓励基层单位依法依规惩治和举报违纪行为。全年，部队高度稳定、官兵遵章守纪，全市消防部队持续保持零安全事故、零违纪违法、零信访、零财经违纪、零腐败案件的良好态势。

经济综合管理

发展改革

【概况】 山南地区发改委始建于1963年3月30日，当时名称为“西藏山南专员公署经济计划委员会”；1987年7月改为山南地区计划经济委员会；1996年9月撤销山南地区计划经济委员会，重新组建山南地区计划委员会；2002年8月改称山南地区发展计划委员会；2004年9月改称山南地区发展和改革委员会，2016年撤地设市与粮食局合并，组建山南市发展和改革委员会（市粮食局）。

2017年，市发改委下设行政科室有办公室、政工人事科、发展规划科（经济体制改革办公室）、国民经济综合科（市国防动员委员会经济动员办公室）、社会发展科、农村经济科（西部开发办公室）、基本建设管理科（市重点项目办公室、市重点项目稽查办公室）、铁路建设办公室、固定资产投资管理科（经济贸易和财政金融科）、环境资源科、受援工作办公室、产业协调科（能源管理办公室）、计划财务科、市物价局（下设价格监督检查科和农畜产品成本调查科）、粮食监督检查科、储备粮管理科16个行政科室；市价格认证中心（价格监测中心）、市工程项目评审中心（节能监察中心）、市粮食信息统计中心（粮油检化验室）3个事业科室。现有干部职工62人。全委设1个党总支，3个党支部，分别为发改委（粮食局）党总支、发改委（粮食局）机关党支部、粮食储备库党支部和雅砻购销公司党支部。各支部按照《组工条例》配齐党支部成员。有党员86人，其中在职党员72人，退休党员14人，女党员30人。

拉林铁路香嘴山隧道

2017年，市发改委研究提出2017年全市经济指标体系计划和政策措施，为市委、市政府科学决策提供参考。召开季度经济运行会，对经济运行中的苗头性和倾向性问题采取措施，确保全市经济良好发展。加强市场物价、旅游市场、地材运输销售市场监管，制定出台商品混凝土政府指导价，居民消费价格指数控制在101.3%以内，确保居民消费价格（CPI）指数控制在全区平均水平。针对水泥市场、砂石料市场供需矛盾，加强调控和干预，协调自治区解决水泥指标20万吨，确保水泥市场供应充足。全市实现地区生产总值144.2

亿元，同比增长12%。规模以上工业增加值完成13亿元，同比增长6.47%。社会消费品零售总额50.5亿元，同比增长13%。完成本级财政收入15.6亿元，同比增长15%。完成税收收入25.06亿元，同比增长16%。城乡居民人均可支配收入分别达到28483元和11295元，分别同比增长10%和14%。

拉康镇拉康居委会小康村

【重点项目】 2017年，市发改委加强衔接沟通和汇报，落实地级领导重点项目督导机制、重点项目月报制度、项目建设季调度制度、项目重点稽查制度、重点建设项目评审制度等先进项目管理经验，严把项目审批关口。制订《受援项目管理暂行办法》《山南市政府投资项目招投标管理暂行办法》和《关于进一步提高审批效率、加快推进项目前期工作的意见》。加快推进项目前期工作，完成"十三五"规划项目投资10亿元以下项目前期工作。累计录入国家重大建设项目库项目2000个，总投资350亿元。拉林铁路、泽贡专用公路、错那县供暖工程、雅砻水库、结巴水库等重大项目加快推进。全年完成固定资产投资232.6亿元，同比增长25%。

【能源建设】 2017年，拉郊、嘎堆2个水电站和浪卡子大有、隆子中伏源等5个光伏电站顺利实现并网发电，全市已建成电力总装机容量92万千瓦。加查、大古电站于2014年开工建设，正有序推进，全年完成投资17亿元。雄曲河小流域开发顺利，拉康水电站资产收益扶贫改革试点项目已报国家发改委备案，街需、巴玉、冷达电站正在开展前期工作。全市在建光伏电站2个，总装机容量4万千瓦时，已备案，正在开展前期工作的光伏项目有35个，总装机106万千瓦，总投资达125亿元。

【受援工作】 2017年湖南、湖北、安徽"十三五"对口援藏规划顺利审批，开工援藏项目42个，总投资6.2亿元，完成投资4亿元。其中，安徽省项目15个，完成投资1.6亿元；湖北省项目16个，完成投资1.5亿元；湖南省项目8个，完成投资0.8亿元；中粮集团项目3个，完成投资0.1亿元。

【迎检工作】 2017年，市发改委对照责任清单认真开展自查，积极做好国家环保督查、安全大检查和重点项目稽查，通过国家检查组检查，各项工作未出现大的问题。

【粮食工作】 2017年，市粮食局以保障粮食安全为核心，坚持做好粮食收购，切实加强储备量管理，确保自治区储备量数量真实、质量良好和储存安全，全市粮食市场保持基本稳定。抓好放心粮油工程建设，加大"三包"学生口粮供应，群众得到更多实惠，"三包"学生口粮供应覆盖率达到87%。

【全国生态文明先行示范区建设】 2017年，山南市按照示范区53项衡量指标，针对容易实现的17项指标和实现难度较大的6项指标，明确任务，主动攻坚，并着手开展示范区建设实现程度评估工作。加快推进新型城镇化试点建设工作，进一步完善泽当镇试点建设实施意见，实施泽当镇和平大道、泽当镇老城区给排水管网改造等项目。起草编制完成桑耶镇全国第三批新型城镇化试点建设方案和乃东区全国第二批支持农民工等人员返乡创业试点实施方案。稳步推进全区特色小城镇建设，率先在全区启动杰德秀特镇基础设施建设，勒乡特镇基础设施顺利启动。

【脱贫攻坚】 扎实推进易地扶贫搬迁。桑日县追塘坝已竣工并搬迁入住，加查县莫热坝、扎囊县桑耶镇、泽当城区集中安置点2017年底前搬迁入住。起草完成昌都市“三岩”片区易地扶贫搬迁安置方案。

推进高海拔生态搬迁。完成贡嘎县昌果乡自治区级生态搬迁点330户1259人搬迁对象确定等前期各项工作，正在进行三通一平。

推进边境小康村建设。整合资金1.09亿元，实施错那麻玛、隆子斗玉2个边境生态文明小康示范村，启动错那吉松居委会、洛扎拉郊村、浪卡子普玛江塘等18个边境小康村建设，开工隆子玉麦等7个边境小康村建设项目，投资5.5亿元。

工业和信息化

【概况】 2016年6月，根据《中共西藏自治区委员会办公厅 西藏自治区人民政府办公厅关于印发〈山南市人民政府职能转变和机构改革方案〉的通知》精神，将原山南地区工业和信息化局、原山南地区行政公署国有资产监督管理委员会合并，设立山南市工业和信息化局（市政府国有资产监督管理委员会），正县级，为山南市政府工作部门，内设9个行政机构（正科级）：办公室、政工人事科、产权管理科（产业规划科）、运行监测协调科（业绩考核和统计评价科）、企业改革科、中小企业科（非公有制经济办公室）、工业科（政策法规科）、监事会工作科、信息化科（无线电管理科）。机关核定编制总数27名。其中，行政编制13名，事业编制14名。

2017年8月1日，山南市工信局（国资委）党组书记拉次在驻村点扎囊县阿扎乡阿扎村看望慰问驻村工作队

2017年，山南市政府国资委4户监管企业资产总额达154790万元，同比增长15.80%；实现销售收入74424万元，同比增长17.20%；实现利润3636万元，同比减少19.60%；上缴税金6765万元，同比增长50.40%。

2017年，山南市纳入统计范围的22家重点工业监测企业实现产值304590.2万元，同比增长22.90%；实现工业增加值159089.5万元。主营业务收入252884万元，同比增长17.60%；盈亏相抵后实现利润50807万元，同比减少14.30%；上缴税金38839万元，同比增长19.80%。

【工业产业发展】 规范建材、乳制品工业项目行业准入。2017年，市工信局根据《乳制品工业产业政策（2009年修订）》相关规定，针对山南市雅砻惠民乳业有限公司“乃东区日产30吨乳制品”建设项目行业准入事项，向自治区工信厅相关处室沟通衔接，督促企业完善相关申报资料。截至年底，该项目已进入试运营阶段，这对山南市乳制品行业规模化、规范化方向发展奠定良好的基础。

推进天然饮用水产业发展。2017年，市工信局紧紧围绕自治区“打造高原绿色食（饮）品基地”和拉萨山南一体化发展目标，依托拉萨5100冰川矿泉水、大昭圣泉等区内龙头企业，引导和鼓励山南市天然饮用水企业通过联合、兼并、重组等形式引入战略投资者。雅拉香布实业有限公司1—5月份生产饮用水550吨，实现产值293万元，该企业已与西藏5100冰川矿泉水签订战略开发合作协议，年产大包装饮用水500万吨，年产值达到200亿元以上。

申报自治区工艺美术大师。2017年，市工信局根据自治区工业和信息化厅关于开展西藏自治区第二届工艺美术大师评审活动相关工作要求，在全市组织唐卡绘画、木雕、藏纸、金属器具、泥塑等工艺门类中技艺卓越的8名从业者，精选20余种具有地方特色的工艺美术作品，赴拉萨参加自治区工艺美术大师评选活动。经现场制作技艺考核、专家审查、德艺资历等为期三天的综合评定，山南市4名参赛者获得自治区级工艺美术大师称号。下一步将代表西藏工艺美术大师参加第七届中国工艺美术大师评选，为弘扬山南市优秀的民族文化，提升全市民族手工业、工艺美术行业水平奠定良好的基础。

【国有企业改制】 2017年，市国资委根据山南市委、市政府关于推进江南矿业股份有限公司新三板上市的要求，市国资委结合企业功能定位，以市场为导向，理清发展思路，明确发展目标，支持江南矿业实现整体上市，及时成立江南矿业新三板上市工作专班，确定上市工作主办券商、财务审计机构、法律服务机构，通过运用整体上市的方式，引入各类投资者，形成股权结构多元化的经营体制。截至年底，中介机构已完成对江南矿业股份改造后的财务审查及前期尽职调查工作，待相关问题整改完成后，江南矿业将按照上市计划，向国家股转中心上报申请文件。

【供给侧改革】 2017年，市工信局为翔实掌握全市工业经济发展态势，优化工业发展环境，降低企业成本、减轻企业负担，先后深入沿江各县重点企业、工业园区，深入了解企业成本及负担情况，对企业提出的有关运输成本高、原材料供给不足、部分优惠政策落地难、社保负担重等问题进行归纳梳理，分析下一步减负的空间、主要难点、制约因素，研究起草《山南市工业行业降成本、补短板实施方案》，已经山南市政府印发执行。

【国有企业资源重组】 2017年，市国资委为完善国有企业管理体制机制，调整优化资源布局结构，增强国有企业活力和竞争力，根据关于道路运输体制改革工作的总体部署，对市客运公司实行集约化、规模化、公司化改造，在其基础上，整合民营企业安达客运有限公司市际及市际以上班线经营权，按照《中华人民共和国公司法》及道路交通运输相关法律法规实行公司化管理，严禁挂靠经营，实现公车公营、经营性国有资源统一监管。客运公司与涉及改革的44台（自主经营车辆14台，联营车辆10台，回购安达客运公司车辆20台）车辆签订退市补偿协议和车辆承包合同。截至年底，车辆改革退市补偿金、奖励金和GPS补偿金全部兑现，车辆过户手续全部办理完毕。该次改革共投入资金2500万元，其中企业自筹500万元，银行贷款2000万元。

2017年7月27日，山南市工信局（国资委）党组书记拉次在监管国有企业江南矿业公司检查企业党建工作

【推进产业政策】 2017年，市工信局完善和充实山南市“十三五”产业发展规划，使规划既可以宏观统领又可以具体指导，既符合实际又具有可操作性，切实保障规划成为指导山南市下一个五年期间产业发展的纲领性文件。截至年底，山南市“十三五”产业发展规划已完成，待市政府审定后下发。

2017年，市工信局根据市委、市政府将雅砻工业园区申报为市级及自治区工业园区的要求，委托四川大学设计院组织开展雅砻工业园区的规划前期准备工作，待四川大学总体规划审定后，开展控制性详细规划和可行性研究报告编制等工作。截至年底，工业园区的总体规划初稿已完成。

【中小微企业发展】 推进民族手工业发展。2017年，市工信局按照市委、市政府关于加快民族手工业发展的战略部署，培育和传承传统民族手工产业，重点培育和引导氆氇、藏香、民族特色旅游商品、藏式家具等诸多民族手工产业快速健康发展，提高农牧民群众收入、助力脱贫攻坚。1—6月，全市民族手工业企业（合作社）109家，其中企业34家，农牧民专业合作社75家，实现产值3945.48万元，同比增长30.66%；销售收入3332.76万元，同比增长34.56%；利润1161.98万元，同比增长17.29%；上缴税金24.1万元；从业人员达2139人，其中固定工1505人，季节工634人。

提升中小微企业指导服务。2017年，市工信局推荐从事民族手工业、农产品加工等7家优质企业，参加"央企入藏"特色产品展销洽谈会，为企业提升知名度和市场占有率搭建平台。

探索"双创"工作。2017年，"双创"工作已成为推动新旧动能转换和结构转型升级的重要力量，为系统性优化创新创业生态环境，强化政策供给，突破发展瓶颈，释放山南市创新创业潜能，结合山南市实际，起草《山南市"双创"工作考察组赴拉萨市考察学习调研报告》初稿。

【国有企业改制】 2017年，市国资委为提高国有资产的运行效率，改革国有资本授权经营体制，通过划拨股权及注入资源资金等方式，按照成熟一家组建一家的思路，结合山南市综合交通体系实际，正在制定山南市交通投资股份有限公司组建方案。并加大对相同或相近产业区域重组整合力度，以"先国有、后混合"的原则，推动道路运输出租车供给侧结构性改革，已于4月28日完成山南市藏源出租车有限公司注册登记，切实有效加强城市道路运输汽车标准规范性建设，提升运输从业人员素质，强化城市出租车经营管理，促进全市出租车市场规范健康发展。

【电子信息化建设】 实施电子政务（一期）工程项目。截至年底，该项目数据中心机房设备及线路已经完成调试工作，通往124家接入单位的路由器、交换机等设备已调试联通，项目已进入收尾阶段。但还普遍存在路由器到电脑之间的线路（"最后一公里"）还未连接完成，为使各级党政机关尽快使用办公业务信息系统，提高工作效能，确保项目顺利竣工，由自治区工信厅组织，统一帮助建设各接入单位的"最后一公里"工作。

全面取消手机国内长途和漫游通话费，在2016年取消新入网4G用户手机国内长途费的基础上，2017年9月1日起将全面取消手机国内长途和漫游通话费。

【工业节能降耗、安全生产】 2017年，市工信局抓好工业企业节能降耗和环境保护工作，督促企业落实安全生产主体责任，履行工业行业安全生产监督管理职责。深入高争民爆等重点企业，深入开展行业安全生产监督检查和隐患排查整改。督促企业严格落实生产经营单位的隐患排查治理主体责任，通过制定风险清单、隐患清单，明确检查方向，突出重点查、抓住问题查，确保各类隐患得到有效整改。紧紧围绕"工业低碳发展"宣传主题，深入开展节能低碳主题宣传活动。组织通信运营商发送公益短信，向社会倡导绿色节能的生产、生活和消费模式，短信发送覆盖全市6万多手机用户，发放日常生活节能减排知识、工业节能和安全生产宣传单1000余份，接受群众咨询20余人次。

2017年8月1日，山南市工信局（国资委）党组书记、副局长（副主任）拉次在驻村点扎囊县阿扎乡阿扎村看望慰问贫困户

【国有资产监督管理】 2017年，市国资委为建立和完善市人民政府外派监事、国有企业监管基础制度，加强对企业资源、资产、资本、资金、事中、事后监督，提升监事会工作人员的素质和能力，开阔视野，充分发挥监事会应有的作用，2017年5月，举办2017年山南市国有企业监事会业务工作培训班，邀请浙江省国资委、广西壮族自治区国资委专业讲师进行授课，有效提升国有企业依法规范运作水平，防控风险，防止国有资产流失。为加大国有企业产权保护力度，完善归属清晰、权责明确、保护严格、流转顺畅的现代产权制度。6月21日，完成对山南城市建设投资责任有限公司和山南旅游文化投资有限公司需划转整合的资产进行专项审计和资产评估专家评审意见汇总工作。

2017年11月21日，山南市工信局（国资委）副局长（副主任）张秀元主持召开国资委监管企业党的十九大精神骨干宣讲员培训班动员大会

【成立党建工作领导机构】 2017年，市国资委为开展党建工作奠定坚实的组织基础。成立由市工信局党组书记拉次任组长，其他局（委）领导担任副组长，局（委）有关科室负责人和各监管企业党组织书记为成员的国资系统党建工作领导小组，并下设办公室，具体负责和协调国有企业党建日常工作，确保党建工作有人抓、有人管。市直各监管企业也相继成立党建工作领导小组，建立健全抓国有企业党建工作责任制。为使监管企业党建工作日常化、规范化，市工信局在江南矿业公司设置党建工作的常设机构——党总支部办公室，与企业的行政办公室建制相同。党总支部办公室设主任1名，副主任1名，一般工作人员若干名，使企业除党组织书记以外有专职负责党建工作的机构和人员，有效确保企业党建工作的有序开展。组织调研组对4家监管企业党建工作和党风廉政建设开展情况等进行摸底调研，对检查的情况中出现的问题和不足，要求企业限期整改落实，并建立健全相关制度，为加强党员的教育和管理奠定坚实的基础。

【经济、党建双赢】 2017年，市工信局（市国资委）党建工作与企业生产经营管理任务同部署，党建工作成效与企业效益同考核。山南市国有企业改革工作已全面启动，山南城投、山南旅投整合重组圆满完成。企业上市重组工作将陆续展开，江南矿业已开启新三板上市，国有企业效益连年增加，国有资产保值增值。扎实推进精准扶贫工作，履行企业社会责任。“抓好党建促脱贫，检验党建看脱贫”，统筹做好精准扶贫工作。江南矿业公司2017年上半年在驻村点琼结县拉玉乡白那村、德庆村、日玛岗村送去节日慰问，帮扶物资捐款共计33.6万元。建工公司结对帮扶共计24.86万元，长盛公司精准扶贫18.2万元。山南旅投在帮扶点加查县洛林乡的达热村、加果村、加热村及日岗布村开展一对一结对帮扶38户，共送去慰问资金1.5万元，客运公司为驻村点捐款5637元。建立健全党内激励关怀帮扶机制。2017年，国有企业共计走访慰问企业老党员和生活困难党员19人次，送去慰问金1.86万元。国有企业在发展经营壮大自身的同时，很好地履行社会责任。强化经费保障。各企业把党建工作经费列入企业预算，作为党建工作专项经费，解决好企业党组织“无钱办事”难题。监管企业2017年上半年共计投入党建经费10.3074万元，确保党建活动的正常开展。

【推进国有企业棚户区（危旧房）改造】 2017年，市国资委履行社会责任，有序推进国有企业棚户区改造工作，经与相关部门沟通协调，为江南矿业棚户区改造争取项目资金280万元，消除江南矿业棚户区改造资金障碍，该项目已于3月20日正式开工，棚改项目落实后将切实改善群众住房条件，保障人民生产生活环境。

财 政

【概况】 2017年，山南市财政局（以下简称市财政局）实有干部职工56人（2名援藏干部除外），其中少数民族32人，汉族24人；男30人，女26人；正县级2人，副县级6人，正科级16人，副科级15人（含2名事业编制工作人员），科办员10人（含4名事业编制工作人员），工人7人。

【财政预算】 一般公共财政预算收入。2017年，全市一般公共财政预算收入完成156000万元，完成年初预算数的135%，任务数的100%，比2016年同期增收20437万元，增长15%。收入分级次看，市本级实现财政收入77429万元，完成年初预算数的118%，任务数的100%，比2016年同期增收3241万元，增长4%；县（区）级实现财政收入78571万元，完成年初预算数的138%，任务数的100%，比2016年同期增收17196万元，增长28%。

一般公共财政预算支出。2017年，全市一般公共财政支出完成1014810万元，完成年度任务的100%，比2016年同期增加115497万元，同比增长12.8%。支出分级次看，市本级完成财政支出406502万元，完成年度预算的40.5%，比2016年同期增加31384万元，减幅8.7%。县（区）级完成财政支出608308万元，完成年度预算的59.5%，比2016年同期增加91050万元，增长17.7%。

政府性基金预算收支情况。2017年，全市政府性基金收入完成24.22亿元。政府性基金预算支出完成10.52亿元，均无可比因素。

2017年12月13日，山南市召开2017年度财政（财务）决算布置会议

国有资本经营收入情况。2017年，全市国有资本经营收入完成1047万元，为年初预算的100%，无可比因素。

【民生保障】 2017年，市财政局始终坚持把保障和改善民生作为优化支出结构的重点，把新增财力更多投向民生，更好地解决扶贫、教育、卫生、住房等重大问题，提升群众幸福感。

精准脱贫有效推进。2017年，市财政局坚持把支持农村建设、促进脱贫攻坚作为头等大事来抓，2017年共落实农林水扶贫资金自治区配套23812.62万元、市级3845.86万元，重点支持农业农村基础设施建设，加强农业综合生产能力，推进农业结构调整，发展现代农业和高效农业。安排精准扶贫产业发展资金50890.73万元、基础设施建设和生产扶持资金9615.44万元、生态脱贫增收资金15921万元、易地扶贫搬迁专项资金3226万元、其他生态项目补助资金36236.86万元；市本级安排精准扶贫资金9918.8万元，全力支持脱贫攻坚工作。

科教文卫改革发展步伐加快。2017年，市财政局落实资金85980万元，重点用于“科技三项”、科普宣传培训、义务教育均衡发展成果巩固、现代职业教育质量提升等以及文化遗产保护、公共文化服务体系建设等。推进医疗卫生、教育人才“组团式”援藏工作，落实相关经费。深化医疗体制改革，取消全市公立医院药品加成，一律实行零差率销售。加强医疗保障救助，探索建立符合山南市实际的大病统筹救助基金，为全市医疗体制改革提供更加人性化地配套设计。

社会保障和城乡居民就业有力推进。2017年，市财政局落实社会保障和就业专项资金16122.63万元，用于弱势群体、受灾群众的生产生活保障。实施就业政策开展购买公益性岗位补助、创业大赛和创业扶持，使大学生就业创业更趋稳定。

人居环境更加舒适优美。2017年，市财政局扎实推进廉租房、公共租赁房、周转房建设，落实公共租赁住房资金4592.47万元，落实棚户区改造和县级“五保户”集中供养阳光棚改造资金1916.5万元。

“十大民心工程”有序推进。2017年，市财政局坚持把改善民生、凝聚人心作为经济发展的出发点和落脚点，市本级拨付资金5.99亿元实施“十大民心工程”，持续改善和保障民生。

【项目建设】 2017年，中央预算内投资建设项目投入资金140169.80万元，比2016年同期增加30983.83万元，增长28.37%。配合建设部门落实资金、严格把关，加快实施以工代赈、保障性安居住房配套基础设施、城镇污水垃圾处理设施、污水管网工程、雅砻河源头重要生态功能区保护项目以及教育、文化（文物）、卫生等民生、基础设施项目，改善城乡基础面貌、满足民众生产生活需求。

【优化发展环境】 2017年，市财政局落实生态环境保护责任，从资金安排上严把项目建设准入关、生态环境关、产业扶持政策关和资源消耗关，配合环保督察开展专项检查，梳理历年环保经费的使用情况。市本级财政年初预算安排优化发展环境资金8400万元，落实普惠金融补贴420.5万元，为优化发展环境工作“保驾护航”。加大招商引资监管，安排产业扶持资金5亿元，共落实企业税收优惠政策补贴1.30亿元，重点扶持藏医药、民族手工业等特色优势产业。

2017年6月30日，市财政局“庆七一感党恩喜迎十九大”文艺汇演

【国有资产管理】 2017年，市财政局严格资产处置关，做到“物尽其用”。根据市委巡视的整改要求，完成28家行政事业单位经营性国有资产收益收缴工作，将993.9万元全部上缴国库。全市地直单位及各县共上缴需要处置公务车辆184辆，根据《山南地区行政事业单位公务车辆管理办法》相关规定，委托拍卖公司对符合要求的71辆公车进行拍卖，成功拍卖66辆，总成交金额达到295.9万元，比原评估价多拍卖65.6万元，全部上缴国库；对达到报废年限的45辆公车，与山南市物资回收有限责任公司签订处置协议，并按相关程序予以注销。退回企业和调剂使用的12辆。

【财政监督检查】 2017年，市财政局为贯彻落实中央“八项规定”精神和区党委“约法十章”“九项要求”，联合市纪委、审计局组成专项检查组，对12家市直单位及4个县的“三公”经费进行重点抽查。大部分单位基本上做到令行禁止，但仍也有少数单位存在超标准接待、公车私用、购买土特产等违规现象，已要求立即整改。根据《西藏自治区财政厅关于开展财政支农专项资金检查工作的通知》和《西藏自治区财政厅关于开展财政涉农资金督导检查工作的通知》文件精神，聘请中介机构参与，由市财政局组成财政涉农资金专项检查组，对部分县（区）民生资金、涉农、扶贫等资金进行专项检查。对市直20家行政事业单位2017年其他资金户存款余额开展核查。根据《区财政厅关于组

2017年8月3日，山南市县（区）级国库集中改革推进会召开

织开展2017年度会计监督检查工作的通知》要求，对6家市直单位和3家代理记账机构进行会计信息质量检查，共纠正违规问题金额2699.49万元，并首次在山南网上进行查前公示、查后公布，使检查结果公开、透明。

【预算绩效管理】 2017年，市财政局为提高财政资金使用效益，制定出台《山南市预算绩效管理办法（试行）》《山南市预算绩效管理问责办法》《山南市财政支出纯净评价管理实施细则（试行）》《山南市财政支出预算绩效目标管理实施细则（试行）》等。全年对7个专项资金实施绩效考核。

【财政改革】 2017年，市财政局通过深化改革增强体制机制活力，提高财政运行效率。

推动政府采购制度改革。2017年，市财政局实行政府采购代理制，出台《采购代理机构管理暂行办法》，使政府采购行为更加公开透明。

推动财政性资金项目评审制度改革。2017年，市财政局完善项目评审防控机制，引入竞争机制建立中介机构（扩充到7家），为规范管理制定《山南市财政投资评审中介机构管理暂行办法》。执行《山南市财政投资评审项目摇号选取规则》，确保项目评审的公开、透明。截至9月，共评审项目325个，送审资金14.02亿元，审定资金13.24亿元，审减资金7834.43万元，审减率达到5.59%。开展2014—2016年山南市国家投资（含地方配套）完工建设项目竣工决算评审，共17个项目，评审额达到10476.09万元。

探索实施政府购买服务试点工作。2017年，市财政局为规范政府购买服务，起草《山南市政府购买服务暂行管理办法》报市政府研究。

有序推进县级财政国库集中支付改革扩面工作。2017年，市财政局推行公务卡消费改革，第一批25家市直单位正在试点执行，第二批27家试点单位已完成培训；曲松县集中支付业务和财务管理系统即将上线运行。

配合开展“放管服”改革。2017年，市财政局共优化2项便民服务类和文电处理类限时办结清单。

商　务

【概况】 山南市商务局（以下简称市商务局）前身为山南地区商业局，1997年，山南地区商业局更名为山南地区贸易局，正县级建制。2016年，山南地区撤地设市后，山南地区商务局于6月份更名为山南市商务局。

2017年，市商务局内设办公室、市场秩序科、市场体系建设和运行科、商贸服务管理科、对外贸易和边境贸易管理科、外国投资管理和经济合作科6个行政机构，国际交流和商务信息中心、供销合作社2个所属事业单位。核定编制24名，实有在编人员31名，有县处级党员干部5名。

【社会消费】 2017年，山南市商务经济各项经济指标稳步增长，整体呈现出增速总体向好、结构稳中趋优的良好态势。1—9月，全市完成社会消费品零售总额36.74亿元，同比增长13.7%，完成年度计划的72.8%，年底达50.5亿元，完成13%的增长目标。利用“三大节日”、端午节、中秋节、国庆等重大节假日开展商品促销活动，营造节日气氛，拉动节日市场消费。通过“政府搭台、企业唱戏”的方式，由市商务局主办，西藏博汇会议服务有限责任公司和河南传奎商贸有限公司承办的“2017山南市金秋商品展销会”于11月5—30日在雅砻剧院广场盛大开幕。该次展销会从12个县(区)精心挑选22个农特产品生产加工合作组织和1家电子商务信息科技公司,组织汇集80家区内外正规厂商进行展会直销,共设立展位103个,上市商品3500余种。到11月10日,实现交易额297.2万元。第37届雅砻物资交流会上市品种845种,累计商品成交额约5.2亿元。2017年10月底,山南市销售成品油67851.3吨,同比增长15.5%;销售液化气1496.69吨,同比增长7%;定点回收拆解老旧汽车332辆;二手车交易共1297辆;配送碘盐1722吨,完成碘盐配送率100%。

【商务惠民】 2017年,山南市“万村千乡”工程完成18个配送中心、15个乡镇商贸中心和878家农家店建设,总体运行良好,城镇社区便民商贸服务设施完善。新建16家乡镇商贸中心和2家配送中心的升级改造项目正在实施。开展家具家电购置补贴工作,争取补贴资金3159万元,召开家具家电补贴工作专项会议,与各县签订《山南市落实家具家电补贴政策目标责任书》,推动该项工作开展,已兑付补贴资金1870.3748万元,有效刺激农牧区消费。落实碘盐配送责任制,实现和保持农牧区碘盐配送率100%的成果,达到持续消除碘缺乏危害、保护人民群众的身体健康目的。

【规范市场秩序】 2017年,市商务局开展强化市场监管、打击侵权假冒、诚信兴商等专项行动,联合相关部门开展成品油市场、碘盐市场等专项整治行动,有效地维护市场经济秩序。提升商贸执法水平,加强各县商务执法队伍建设,加强城乡市场经济秩序整顿和规范,深入开展市场秩序专项整治,严厉打击制售侵权假冒伪劣商品等商业欺诈行为,建设打击侵权假冒行政执法与刑事司法衔接信息共享服务平台,加大预付卡管理政策法规的宣传力度,努力营造良好的法治经商环境和安全的农牧区居民消费环境。

【市场监测】 2017年,市商务局加强市场运行监测统计,坚持对各样本企业的监测常态化,及时定期报送4大类、13个市场监测信息,有数据、有分析、有报告。市商务局会同统计、工商等相关部门,采取多种措施,加大摸排力度,增加能纳入统计的限额以上企业数量,制定《山南市2018年商贸流通行业及市场运行监测专项资金使用工作方案》落实补贴政策,提高监测水平。

【电子商务】 2017年,山南市正在实施的贡嘎县电子商务进农村综合示范项目,已基本完成县级电商物流中心和17个乡村服务站点建设。加查县电子商务进农村示范工作已经启动,并于11月开始招标工作。12月,完成贡嘎县电子商务进农村示范项目验收。全县网上销售各种农特产品40.8万元,帮助当地群众在网上代购物品120余件,实现交易额1.8万元。

【重点项目】 2017年,市商务局计划实施项目6个。其中,山南市家具市场项目和商贸服务中心项目投资总额1.0594亿元,已完成投资7451万元,完成总投资的70%;浪卡子县打隆镇边贸市场和琼结县琼结镇农贸市场建设项目,错那县库局边贸市场和雍布拉山通道建设项目均已完成项目前置手续,因全区商务项目进行调整,项目批复

2017年8月3日,西藏自治区电子商务进农村综合示范工程专题培训班在山南市开班

尚未下达。为加快完成投资计划，市商务局对康松传统民族服饰专业合作社升级改造及品牌发展项目、杰德秀镇堆氇氇改扩建项目以及山南雅砻食品公司冷库升级改造项目进行专项审计。对家政服务网络中心建设项目也申请专业审计部门介入，进行专业的评估、审查工作。

贡嘎县电子商务进农村综合示范项目，已基本完成县级电商物流中心和17个乡村服务站点建设。加查县电子商务进农村示范工作已经启动，并于11月开始招标工作。自治区商务厅、农发办已将山南市列入全区电子商务示范地市。

推进全市商贸物流枢纽和农牧区商贸物流网点建设，市商务局先后与中石化、中建、十九冶、重庆鼎吉等多家央企和民企洽谈山南市商贸物流园区建设项目。拟由山南市供销合作社与社会资本合作参股成立项目公司，通过DBOT的方式建设实施物流项目，待建设方案报市政府同意后，市商务局将正式与企业开展合作建设物流园区建设项目有关事宜。

【供销改革】 2017年，市商务局经过多次调研、研讨最终形成《山南市供销合作社综合改革方案》并成立山南市供销合作社综合改革工作领导小组，做好山南市供销合作社综合试点改革工作。为推进山南市供销合作社综合改革工作，结合山南市社会经济和农业发展需求，市商务局编制《山南市电子商务产业发展实施方案》，推进山南市电子商务和供销合作社综合改革工作，培育战略性新兴产业，促进经济转型升级，鼓励大众创业、万众创新。

【队伍建设】 2017年，市商务局深入开展“四讲四爱”主题教育活动，落实党风廉政建设责任制，深入推进廉政风险防控工作，强化目标管理，明确责任，规范权力运行程序，健全完善商务工作长效推进机制，从体制机制上防范廉政风险。开展创先争优强基惠民活动，全力支持驻村工作，七年来共计派驻村队员7批54人次，2名第一支部书记，惠民资金投入逐年增加，实施一大批民生项目，帮助和推动所驻村的经济发展；落实社会管理综合治理和安全生产工作责任制。

2017年9月15日，山南市商务局在白日街举行安全生产宣传活动

审　计

【概况】 2017年，山南市审计局（以下简称市审计局）定编44名，实有在职干部职工44人（含3名援藏干部）。设有经济责任审计处（副县级），办公室、法规科、财政金融审计科、行政事业审计科、社会保障审计科、固定资产投资审计科、经贸外资审计科、农业与资源环保审计科、派出审计一科、派出审计二科、派出审计三科、派出审计四科；审计信息中心（事业机构）。

【审计成果】 2017年，市审计局共完成20个审计项目。查出主要问题资金62.72亿元，其中管理不规范资金62.50亿元，违规资金2220.69万元，应上缴市县两级国库资金2220.69万元。提出审计建议48条。上报审计专报、审计要情、审计建议书5份，提交审计信息107期，被批示采用13期，向市纪委、市住建局共移送处理案件13件。

【财政审计】 2017年，市审计局共查出主要问题资金56.95亿元，其中管理不规范资金56.86亿元，违规资金907.98万元，上缴市国库资金907.98万元。

【国家重大政策措施落实情况跟踪审计】 2017年，市审计局对日喀则市2016年各类城镇保障性安居工程进行重点审计。对定日、仁布等16县的保障性安居工程的资金及项目的上报数据进行核查，并延伸审计部分项目和单位。审计报告（征求意见稿）》已按要求上报区审计厅。

2017年4月18日，山南市审计局局长巴桑次仁到扶贫联系点扎囊县扎其乡扎加村走访调研

【经济责任审计】 2017年，市审计局共查出主要问题资金40942.32万元，其中管理不规范金额39923.93万元，违规资金1018.39万元，应上缴市国库资金721.62万元，指明要求纠正资金3659.05万元，应调账处理金额101.42万元，应归还原渠道资金50万元，提出审计建议10条，向相关部门移送案件10件。

【固定资产投资审计】 2017年，市审计局完结9个项目的审计，查出主要问题资金9020.18万元，其中管理不规范金额8978.08万元，违规资金42.1万元，上缴市国库37.6万元，归还原渠道资金229.20万元，提出审计建议21条。

【民生资金（项目）审计】 2017年，市审计局查出主要问题资金430.01万元，其中管理不规范资金217.84万元，违规资金212.17万元，上缴市县两级国库资金168.62万元，提出审计建议3条。8月20日至9月底，市审计局派出审计组对林芝市2016年及2017年上半年精准扶贫精准脱贫政策落实情况进行审计。相关材料已上报自治区审计厅。

【农业与资源环保审计】 2017年，市审计局对2015—2016年生态功能转移支付专项资金进行审计，查出主要问题金额5913.62万元，其中，管理不规范资金5892.66万元，违规资金20.96万元，提出审计建议3条。

【专项资金审计】 2017年，市审计局对雅砻文化节专项资金进行审计，查出主要问题资金13.42万元（违规资金），其中，应上缴市国库资金13.42万元，提出审计建议3条。

【交办任务】 2017年，市审计局抽调2人配合自治区审计厅开展《日喀则市精准扶贫精准脱贫政策落实情况试点审计》。抽调4名骨干人员配合市纪委开展第四轮巡查及巡查督导等工作。抽调1人与市财政局组成联合检查组对“三公”经费进行专项检查。

【信息化建设】 2017年，市审计局加大与湖北、湖南、安徽三省审计系统的沟通联系，三省审计系统共选派17名审计业务骨干分别组成固定资产投资审计、经济责任审计、本级预算执行审计等5个专家组，开展联合审计，采取以审代训、座谈交流、信息互通等方式，实地运用大数据审计方式方法，现场指导山南审计工作，变“输血”为“造血”，提升审计干部的实战能力，实现山南审计业务工作的新突破。

【“两学一做”学习教育常态化制度化】 2017年，市审计局共开展局党组中心组理论学习20余次，开展集中学习近30次，撰写“两学一做”学习教育心得体会50余篇，编印局党组中心组理论学习资料2本。组织党员深入基层一线，全面开展强基惠民活动。解决在党的领导弱化、党的建设缺失、管党治党松软等方面存在的问题。在制度完善落实上深化拓展。严格落实“三会一课”、民主生活会和组织生活会、谈心谈话、民主评议党员等制度，在全局范围内推行亮党员身份、承诺践诺、党员设岗定责任等。

【完善责任体系】 2017年，市审计局扎实开展“双述双评一建议”活动，落实主体责任，层层签订廉政建设责任书，把廉政建设与审计业务工作同研究、同安排、同检查、同考核；始终坚持“两个民主”，执行“两个制度”。做到集体决策、民主决策、科学决策，牢固树立“围绕发展抓党建、抓好党建促发展”的工作理念，深入开展“四讲四爱”主题党日和“五查五看”（查思想、查行为、查效率、查制度、查纪律）专题活动，抓好党员的教育管理监督工作。1—11月，共召开党员干部大会、支部委员会、党小组专题学习共计70余次，人均撰写学习笔记13000多字，切实提高党员干部的政治素养和政策水平。

2017年12月8—15日，山南市委常委、常务副市长王友华率团赴港澳友好访问

外事与侨务

【概况】 山南地区外事办公室于1984年成立。1987年合并组建山南地区外事旅游局。2016年5月，山南地区外事办公室正式更名为山南市外事侨务办公室（以下简称市外事办）。

2017年，市外事办内设科室5个，分别为综合科、礼宾接待科、边境管理科、出国境管理科、侨务科（涉外项目科），核定总编制15名。实有干部职工17人，其中干部14人（办领导4人，正科5人，副科3人，副主任科员1人、科员1人）。

【礼宾接待】 2017年，市外事办始终按照“计划周密、安排有序、职责明确、协调配合、内紧外松”的要求，牢固树立大外事大外宣理念，坚持外事接待与涉藏外宣有机结合，精心研定接待方案，高度重视接待细节，全市外事接待工作做到把握原则、精心接待、注重实效、确保安全，实现礼宾接待与涉藏外宣双赢。共接待外宾4批23人次（其中外宾18人次，内宾5人次），较2016年相比批次下降64.6%。

【因公出国（境）管理】 2017年，市外事办坚决贯彻落实中央、自治区因公出国（境）管理相关规定，加强因公出国（境）初审服务，强化和落实行前外事纪律教育和礼节礼仪培训制度，共办理因公出国（境）初审14批50人次。加强“走出去”工作，落实自治区地厅级领导因公临时出国计划。深化和拓展山南市与尼泊尔巴德岗市友好城市交流合作，完成市委常委、副市长格桑率团因公赴尼泊尔巴德岗市调研访问任务。

【侨务援藏】 2017年，市外事办加强与湖北省外侨办的沟通协调，努力推动山南市侨务援藏工作，应武汉市外侨办邀请，7月7—9日组团参加在湖北武汉举办的第十七届“华创会”，并成功举办山南市招商引资专场推介会。巩固和深化第十七届华侨华人创业发展洽谈会西藏山南招商引资专场推介会活动成果，以2017年中国西藏雅砻文化节为契机，首次成功邀请湖北武汉市人大教科文卫委员会主任、武汉市海协会会长安卫东一行9人党政侨商团于8月15—21日赴藏调研考察，武汉市海协会、武汉市侨商会并向山南市外事侨务办公室捐赠50万元资金。

【党建工作】 2017年，市外事办按照关于开展“两学一做”学习教育常态化制度化工作部署，紧扣“学”的内容、“做”的标准、“改”的要求，实施党性锻炼、先锋模范、战斗堡垒、示范引领四大工程，扎实推进“两学一做”学习教育常态化制度化。组织党员干部开展党员上党课、重温入党誓词、庆“七一”演讲比赛、观看革命题材电影、举办党章知识竞赛等中国共产党建党96

周年系列庆祝活动。继续深入开展“党员干部进村入户、结对认亲交朋友”活动，分批不定期组织党员干部深入驻村点开展走访慰问，共扶贫帮困结对户9户，送去慰问品、慰问金等累计5400元。加强干部队伍建设，按照新时期好干部标准，坚持“德才兼备、以德为先”原则，树立注重品行、崇尚实干、鼓励创新、群众公认的用人导向，共提拔调整科级干部5名，其中正科级干部1名，副科级干部1名，平职调整3名。注重干部业务素质提升，共选派10批13人次参加外交部、国侨办、区外侨办等组织的各类学习培训。

【强基惠民】 “三大节日”期间，开展“节前送祝福，温暖大家行”慰问活动，共为70户群众发放2万余元的藏式纯铜糌粑盒。壮大驻点村集体经济，发挥好为民办实事经费作用，为驻点村修建磨面作坊，购置一台炒青稞机、磨糌粑机。加强农田基础设施建设，申请242700元修建林堆村利布沟防洪堤，截至年底，该项目已竣工并顺利通过验收，共为驻点村群众增收150000余元。坚持把驻村工作与精准扶贫工作结合起来，采取思想扶志、培训扶技、结对扶困、产业扶贫、就业扶助等方式，推进脱贫增收。

安全生产监督管理

【概况】 山南市安全生产监督管理局（以下简称市安监局）成立于2004年，成立之初为山南地区行署直属的副县级单位，2010年机构改革后升格为正县级单位，2016年山南撤地设市后为市政府工作部门。

2017年11月23日经市政府批准为行政执法机构。单位内设办公室、政策法规科（规划科技科）、安全监督管理科（职业健康科）、安全生产行政执法监察支队等4个科室和安全生产应急救援指挥中心、安全生产教育培训中心（危险化学品登记办公室）等2个参公事业机构，全局编制为23人，实有27人。

2017年，全市共发生各类生产安全事故37起、死亡17人、受伤47人、直接经济损失56.13万元，与2016年同期相比分别下降41.27%、上升30.77%、下降7.84%、下降50%。其中，道路事故27起、死亡6人、受伤38人、直接经济损失17.18万元。火灾事故1起，直接经济损失7万元，工矿商贸事故9起、死亡11人、受伤9人。全年未发生较大及其以上事故，安全生产形势平稳可控。

【加强组织领导】 2017年，市委、市政府切实把安全生产作为三条底线之一，纳入经济社会发展总体规划，纳入维护稳定与保障民生总体布局。市委书记许成仓、市长普布顿珠高度重视，多次作出指示批示，主持召开市委常委会议、政府常务会议专题研究。分管领导亲力亲为，深入基层和生产一线督导检查，主持召开安委会全体会议安排部署重点工作。全年共召开市委常委会议1次、政府常务会议2次、市安委会全体会议6次，全面部署各项工作。

【推动改革发展】 2017年，市安监局学习贯彻《中共中央、国务院关于推进安全生产领域改革发展的意见》及自治区《实施意见》，结合山南实际出台《实施方案》，提出33个方面142项改革措施任务，其中2017年要完成的31项任务已完成29项，2项正在落实。抓

2017年6月5日，山南市副市长张永林出席山南市“安全生产月”和“安全生产山南行”活动动员部署会议

住山南被确定为国家安全监管总局安全生产改革发展联系点有利契机，推进监管执法能力建设，明确市、县（区）安全监管部门作为政府组成部门和行政执法机构，市局内设机构基本齐全，两级监管人员充实。

【健全责任体系】 2017年，市、县（区）、乡（镇）、村（居）和部门、企业层层签订安全生产责任书，党的十九大期间签订《安全生产责任状》，分解细化责任与措施。各级党委明确一名常委联系安全生产，各级政府明确一名常务副职分管安全生产、一名副职协助分管安全生产，各级安委会均由政府主要领导担任。乡（镇）、村（居）全部成立安委会或安全生产领导小组并由行政主要领导负责，明确分管领导和工作人员，配备专（兼）职安全监管员、信息员。部署开展“安全生产责任落实年”活动。坚持“一票否决”和约谈制度，市政府主要领导约谈1家企业主要负责人，市政府分管领导约谈3个县（区）的政府主要负责人、分管负责人及负责巡查该县（区）的市安全生产巡查组组长。修订完善《山南市安全生产考核奖惩办法》，制定2017年度考核评分细则，对12个县（区）、60家市（中、区）直单位进行考核。

【执法检查】 2017年，市安监局围绕“三大节日”、全国全区“两会”、3月重要时期、汛期、党的十九大等重点时段和重要节点，突出道路交通、非煤矿山、建筑施工、危险化学品和烟花爆竹、消防、旅游、职业健康等重点领域，深入开展安全生产大检查、专项整治、巡查、暗访、百日大排查大整治等工作。共组织检查各类生产经营单位6531家次，排查安全隐患18302处，整改18051处，整改率98.6%，出具执法文书5697份，停产整顿违法企业147家，关闭取缔166家，罚款247.21万元。

【宣传教育】 2017年，市安监局深入开展“安全生产月”“安全生产山南行”和安全生产“九进”等活动，有效提升全社会安全生产知晓率、参与率。共开展综合宣传17次，发放各种宣传资料37万余份，发送安全生产短信50余万条，发放“一城荧光·关爱童行”荧光背心、小黄帽1000套，制作电视公益广告1期、户外大型公益广告牌2块，创建“山南市安全生产”微信公众号，发布各类信息16期次。举办安全生产资料文档规范化培训班1期，“两化”系统操作培训班1期，职业健康培训班1期，在湖北省、湖南省、安徽省各举办1期监管监察业务培训班，组织监管人员参加国家安全监管总局视频培训班9期，参加全国、全区各类监管业务培训班10余次。

【应急管理】 2017年，市安监局将应急救援纳入维稳大局，市维稳一线指挥部设立公共安全组，统筹协调全市应急救援工作。修订完善《山南市生产安全事故应急救援预案》和各重点领域分项预案，督促重点企业健全完善预案并严格落实应急预案备案管理制度。按照计划组织、督促、指导各级、各部门、各企业结合实际开展应急演练工作，共组织92家各类单位开展应急预案演练活动120场次、参演人数7845人次、直接投入25万余元。将生产安全事故的应对处置与应急救援所需资金纳入财政应急准备金管理，强化保障。

【重点工作】 2017年，市安监局落实国家、自治区关于标本兼治遏制重特大事故工作的决策部署，深

2017年7月12日，山南市安监局局长达娃次仁检查指导白鸡山采砂场安全生产工作

2017年12月8日，山南市召开自治区安全生产考评组反馈意见会

入开展遏制重特大事故工作，选定华钰矿业山南分公司为试点企业，在各重点领域推行安全风险分级分类管控机制，实现各层级有效监管。

隐患排查治理工作。2017年，山南市在全区率先建成、使用安全生产隐患排查治理数字化标准化系统，录入监管部门174家、首批重点企业110家。截至年底，正在审核企业制定的标准清单。

风险点排查工作。2017年，山南市建立数据库，绘制分布图，分级进行辨识、登记、申报和监测监控。部署开展城市风险点危险源专项排查整治工作，明确11类重点排查领域和部位。

落实国务院安委会巡查、督查反馈意见。2017年6月24—27日，国务院安委会安全生产第八巡查组对山南市安全生产工作开展巡查，反馈问题55项，完成整改54项、1项正在落实整改。9月18—23日，国务院安委会第21综合督查组对山南市安全生产大检查工作情况进行督导检查，反馈问题108项，完成整改104项，正在整改4项。10月23—25日，国务院安委会第21综合督查组对山南市整改落实情况进行"回头看"，排查出13项问题，完成整改12项，正在整改1项。

非煤矿山、危险化学品和烟花爆竹领域管理工作。2017年，市安监局继续在非煤矿山、危险化学品和烟花爆竹领域推进标准化建设工作，金属矿开采企业"六大系统"建设全面完成，11座加油站完成二级达标确认工作，烟花爆竹批发企业标准化仓库投入使用。选择华新水泥西藏有限公司、金珠雅砻藏药厂为工贸行业标准化建设试点单位，华新水泥西藏有限公司已经完成标准化创建达标工作。

统　计

【概况】 山南市统计局（以下简称市统计局）内设5个行政机构和1个事业单位（正科级）。分别为办公室、综合科、社会统计科（农牧业统计科）、专业统计科、社会经济调查队、事业单位即计算中心。核定编制总数12名。其中，行政编制7名，事业编制4名，后勤事业编制1名。局领导职数3名。内设行政机构科级领导职数6名。

2017年，山南市完成地区生产总值145.83亿元、增速位居全区第一，固定资产投资261.7亿元，消费品零售总额50.7亿元，地方财政收入16.57亿元，农牧民人均可支配收入11265元，城镇居民人均可支配收入28535元，呈现出经济较快发展、社会和谐稳定、边防巩固、民族团结、安居乐业的大好局面。

【常规统计】 2017年，市统计局组织开展国民经济核算、农牧业、工业、投资、服务业、商贸、价格、住户、能源等各项常规统计工作。涉及统计对象21115个、统计报表每月96张、统计指标4489个，取得客观翔实的统计信息，全面准确地反映全市经济社会发展现状，满足市委、市政府科学决策和社会各界生产生活的需求。6月，山南乃东锦泽商品混凝土有限公司和曲松县协信太阳能发电有限公司纳入规上工业统计库。开展第七次全国烟草消费状况问卷调查工作。10月，开展群众安全感问卷调查和1%人口抽样调查工作。在工作中注重抓好对基层统计报表的审核把关，注重年度、季度和月度报表数据的衔接，建立健全常态化的源头数据质量核查机制，以及推行"即录即审即验"工作模式。注重抓好统计台账、原始记录的完善和保存，确保统计数据质量，加大统计巡查和数据质量核查力度。

【“三农普”】 2017年，在全市1245名普查人员的共同努力下，顺利完成覆盖全市12个县区、556个行政村、78073个农户、120个规模农户、292个农业经营单位的入户登记工作。完成“三农普”普查表的登记、审核、数据处理、上报工作。“三农普”涉及面广、要求高、时间紧，在全市统计系统上下的共同努力下，取得优异成绩，受到国家和自治区统计局的高度认同，并获第三次全国农业普查先进集体。

2017年10月31日，市统计局召开山南市主要经济指标试评估会

【统计服务】 优化统计产品。2017年，市统计局以统计数据、信息、分析和调研报告等形式来深化统计产品，以微信、短信、微山南等新兴媒体公布统计成果，对外发送各类信息191篇、综合分析12篇。

强化纵横沟通。2017年，市统计局在配合市政府多次召开行业部门和企业座谈会的基础上，与相关部门召开协调会20余次，做到对全市经济运行月月分析研判、月月监测预警，及时发现存在的困难和问题，提出针对性、操作性强的对策建议。同时加强与自治区统计局的沟通协调力度，特别是在固定资产投资、消费和核算等方面。

深化核算制度。2017年，市统计局紧抓以GDP为龙头的各项统计指标的审核评估，在全市首次推进季度县级地区生产总值核算制度，并下算12县（区）生产总值。

开展数据评估。10月底，在援藏干部的支持帮助下，召开全区首次市级主要经济指标数据试评估会；那曲地区统计局主要领导及业务骨干应邀参加会议。

农牧民人均可支配收入统计。根据区党委政府主要领导的指示，为摸清全区农牧民人均可支配收入情况，先后2次对全市78073户农牧民群众进行入户调查。同时，围绕全市脱贫攻坚中心工作，根据市委、市政府的安排部署，全程参与精准扶贫工作，提供技术和人员支持。

【统计工作创新】 2017年，市统计局起草《关于推进山南市主要经济指标统计工作的实施意见（讨论稿）》并以市政府名义印发，同时下发投资、工业、贸易和服务业等专业关于加强统计工作的通知。协调市政府督查室对各单位贯彻落实相关文件精神情况进行督查，各县（区）、部分单位已建立具体实施细则。按照全区的统一要求，基本建立月度通报制度。完善统计执法的“双随机”制度。完成“一企一档”“一县一档”统计资料梳理工作，做到数出有因、数出有据，保障数据质量。

【队伍建设】 定思路。2017年，市统计局总体思路为“做好三大服务、全面提升统计能力，以服务决策为核心，服务机关为保障，加快建设服务型统计”，把党建和党风廉政建设贯穿统计业务全过程。

抓要点。2017年，市统计局制定下发《2017年统计工作要点》，并在各阶段工作中以党组名义下发《山南市统计局2017年统计调查近期重点工作任务分解实施意见》《关于近期重点工作任务分解的通知》和《关于近期重点工作任务分解的通知》，督办重点工作，把组织意志和决策贯穿始终

重推进。2017年，市统计局制定《季度推进党建和党风廉政建设制度》，分别于5月、7月、10月召开党建和党风廉政建设工作推进会，全面总结前一阶段工作、找出存在的突出问题，部署下一阶段工作。在抓落实上，印发《关于报送山统字〔2017〕6号文件贯彻落实情况的通知》，做到有部署、有督办、有落实。

突亮点。2017年，市统计局

确定“季度推进党建和党风廉政建设制度”“党建和党风廉政建设+网络”“党建+结对帮扶”和“党建+决策服务”等四项内容作为全面推进市统计局党建和党风廉政建设的新载体、新举措。

【机关建设】2017年，市统计局由于人事调整，改选党支部成员，明确各自职责，对无职党员进行定岗设责。召开党支部委员大会，健全各项规章制度，制定《党支部工作手册》《2017年党建工作要点》《2017年度党组理论学习中心组学习计划》《关于推进“两学一做”学习教育常态化制度化实施方案》《关于开展“四讲四爱”喜迎党的十九大主题教育实践活动实施方案》等。围绕《中国共产党章程》、党的十九大精神、习近平总书记系列重要讲话精神等，定期（每周四下午）组织召开全体党员集中学习、讨论等大会。完成班子成员讲党课3次，开展专题讨论3次，撰写各类学习心得体会60余篇，上报信息简报30余期，完成局党员公开承诺书，全局上下学习氛围浓厚。加强党建和党风廉政建设等各项工作。根据市政府通知要求，就党建三项延伸事宜进行排查，并提出具体整改措施。

【驻村工作】2017年，市统计局依托“网络+结对帮扶”载体深入推进驻村工作，通过统计工作微信群深化结对帮扶工作，并对《结对认亲督导办法》《结对认亲月电话联系制度》和《“一月四个一”驻村工作办法》等制度落实情况进行通报。落实上突出“五抓”，全面推进驻村结对帮扶工作。

抓机构建设。2017年，市统计局成立以党组书记为组长的领导小组，局党组先后四次专题会研究部署结对帮扶工作。

抓调查摸底。2017年，市统计局坚持以“扶智、扶技、不扶懒”为导向，29名干部走进14户29名精准脱贫对象家中，成为永不走的家庭成员。

抓关键节点。2017年，市统计局抓住结对认亲、重点节日等节点，共捐款35300元。

抓统计调查监测。2017年，市统计局充分发挥统计调查的部门优势，把建档立卡的14户贫困户确定为贫困监测对象。

抓实际困难。2017年，市统计局协调解决220万元的规范化村委会建设资金，筹措购买10万元皮卡车、解决“两委”班子出行难的问题，通过申报农业优惠政策协调购买1辆收割机，解决村民燃眉之急。

【援藏工作】2017年5月湖北省短期技术援藏干部到岗以来，帮助市统计局编纂统计年鉴、讲两场专题课、带三个业务骨干、建立起生产总值核算体系，使市统计局业务工作迈上新台阶。8—9月，经市统计局沟通协调，安徽省统计系统省局局长、6名市局局长、湖北省黄石市和黄冈市统计局局长分别赴山南市交流指导工作，并签订《黄冈市统计局与洛扎县统计局交流协作框架协议书》。安徽省统计局钱晓康局长表示将全力配合山南市建立起“省对市、市对县”的“一对一”对口援助模式。

【机制改革】2017年，市统计局结合山南市实际，起草《关于深化统计管理体制改革提高统计数据真实性的实施意见》初稿。在充分征求自治区和借鉴兄弟地市经验的基础上，分析山南市实际情况，完成统计局和调查队分离工作，并保证统计局在人员少、任务重的情况下，各项工作有序开展。

2017年9月14日，山南市委常委、副市长方旭与安徽省统计局党组书记、局长钱晓康就对口援藏工作进行座谈

调 查

【概况】 2007年9月，国家统计局山南调查队成立，为正处级单位。国家统计局山南调查队（以下简称山南调查队）是国家统计局派出机构，由国家统计局西藏调查总队直接管理，与山南市统计局设一个党组，合署办公。2016年8月2日，经市委常委第6次会议研究，同意成立中共国家统计局山南调查队党组，之后下发《关于成立、更名中（区）直单位党委（党组）的通知》文件，实行独立办公、独立运行。

2017年，山南调查队内设7个职能科室，分别是办公室、工交投资调查科、农业与农村住房调查科、城镇住户与贸易调查科、法规科、价格调查科、专项调查科，均为正科级；人员编制核定16名（中直参公事业编制16名），其中队领导职数4名（队长1名，副队长2名，纪检组长1名）。实有工作人员14人，其中党组书记、队长1人（书记、队长实行"一肩挑"，于2017年4月底任命），副队长1人，纪检组长1人。

【农村住户收支调查】 2017年，山南市共有20个农村住户调查点，200个调查户，2017年山南市农村居民人均可支配收入为11265元。

【城镇住户收支调查】 2017年，山南市共有10个城镇住户调查点，100个调查户，2017年山南市城镇居民人均可支配收入为28535元。

【物价监测】 2017年，山南市总采价点数量50个，总规格品数量942个，每月采价笔数1856笔。

2017年，山南市居民消费价格指数（CPI）累计上涨1.6%，同比上涨1.8%，全年居民消费价格运行良好，总体呈温和上涨态势。

【规模以下工业】 2017年，山南市规模以下（指主营业务收入在2000万以下）工业企业纳入统计范围的共146家，调查方式为季度报表，2017年总产值为3.67亿元，增加值为2.06亿元，可比价增速为37.2%。

2017年6月8日，国家统计局西藏调查队书记、总队长胡国亮在山南市琼结县加麻乡的农村住户点进行数据质量抽查

【限额以下贸易业】 2017年，山南市限下贸易企业主要集中在各县（区），12个县（区）各抽取8家企业进行月度监控。经山南调查队汇总后上报国家统计局西藏调查总队。

【规模以下服务业】 2017年，山南调查队对辖区内36家规模以下服务业企业进行季度监测，并通过联网直报平台上报。

【统计分析】 2017年，根据各项常规统计调查业务取得的统计数据，国家统计局山南调查队组织精干力量撰写《2017年山南市规模以下工业分析》《2017年山南市居民消费价格调查分析》《2017年山南市农村居民人均可支配收入分析》和《山南市农民工调研报告》，其中《山南市农民工调研报告》分别被国家统计局和国家统计局西藏调查总队内部信息网采用。

【专项调查】 2017年国家统计局山南调查队完成第三次全国农业普查后续工作，完成党风廉政建设民意调查、全国烟草消费状况抽样调查、网购调查等专项调查。

2017年，山南调查队联合市统计局梳理山南市针对农牧民（区、市、县）三级补贴落实情况，并向各县明确可计入可支配收入的补贴类型及标准。

【调查服务】 山南调查队配合市

扶贫办制定山南市《县乡村信息调查表》,为评定山南市深度贫困村居提供依据,并参与到全市扶贫验收工作中,助推山南市精准扶贫工作。

招商引资

【概况】 山南市经济合作局,正县级,为山南市人民政府工作部门。山南市经济合作局内设5个正科级行政机构,分别为办公室、投资服务科、项目规划科、经济协作科、信息管理科;核定编制总数15名,其中行政编制9名,事业编制4名、后勤事业编制2名。局领导职数4名;内设行政机构科级领导职数8名。

2017年完成招商引资到位资金25.56亿元,固定资产投资22亿元,占全市固定资产投资总额的9%以上,完成年度目标任务。招商引资企业全年上缴税收15亿元,占全市税收总额的58%。全市已落地招商引资企业(项目)267家,其中市级156家,县区级111家。2017年全市新引进并落地招商引资企业(项目)51家。

【招商引资企业】 2017年,全市新引进并落地招商引资企业(项目)51家。招商引资开工项目40个,总投资46.77亿元,其中,新建项目27个,续建项目13个。在建项目中投资过亿元的有12个。9月1日,山南天籁之声股份有限公司在新三板成功挂牌。三川控股、瑞霖环保、百年汉克药业、黑威兰影视文化传播公司等几家拟上市企业已落户山南,正在做上市前期准备。

2017年8月13日,山南市委副书记,市政协党组书记、主席,市委党校校长丁哲峰出席2017年中国西藏雅砻文化节招商暨旅游推介会

【招商引资活动】 2017年,山南市经济合作局坚持"走出去""请进来"的原则,结合山南市的产业发展导向,充分利用三省一公司的援藏契机,借助西藏驻北京办事处、驻西安办事处、自治区工商联、四川商会等力量,有针对性地开展招商洽谈、推介和宣传。全年共开展外出招商活动10次,其中开展自主招商活动7场,参加其他部门组织的招商活动3场,签约项目47个,协议资金75.75亿元,参会客商1500余人。全年到山南考察的企业共400多家,1300余人次(含统筹城乡发展管委会)。开通山南招商网站和"山南招商"公众号,使投资商通过网络能及时了解山南市招商环境、招商资源、招商项目、工作动态和投资服务情况。截至年底,基本有意向的在谈企业(项目)110余家。

【优化招商环境】 2017年,山南市经济合作局根据国家、自治区关于规范招商引资政策的要求,配合国家审计署、自治区财政厅等部门开展政策清理规范工作的同时,及时调整招商引资工作思路,引导企业向实体化转变,增强主动服务的意识。对引进的企业和项目建立全程服务制,跟踪问效机制,主动为企业排忧解难。为维护政府公信力,营造良好的投资环境,对2015年5月之前注册的企业兑现2016年和2017年1至9月的扶持资金,对新引进的企业根据项目具体情况给予产业扶持。

【招商载体】 2017年,山南市全面启动江北产城一体示范点的水、电、路、讯、土地收储、场地平整、河道整治等基础设施和公共设施项目建设。截至年底,一期市政道路建设项目均已完工,二期市政道路已做完前期。

【夯实招商基础】 2017年,山南市经济合作局充分调查了解全市资源现状,结合市发展定位和产业发

2017年5月19日，山南市经济合作局党组副书记、局长刘雪英（右二）与企业座谈

展导向，委托川大编制完成招商引资项目策划书，并组织招商引资成员单位及各县区对山南市招商引资项目进行论证、修改和完善。对招商引资洽谈的各类项目、企业进行分类统计、汇总、更新，建立招商资源库，便于对接跟踪和推进项目落实。

【精准扶贫】 2017年，山南市经济合作局充分利用招商引资企业的产业和就业平台，主动了解和推荐需就业人员到企业就业，为群众的增收提供可持续稳定的途径。截至年底，落户的招商引资企业提供就业岗位超过3000个，全年为群众创收1亿多元。引导企业参与精准扶贫，2017年，招商引资企业扶贫济困32万元。海思科药业、灵康药业、诺迪康药业等一批企业主动联系贫困户达20余户，帮助其脱贫致富。

【队伍建设】 2017年，山南市经济合作局党组全面深化“建机制、强组织、促实效”的党建引领促招商工作制度。通过抓服务、抓学习、抓细节三举措不断改进干部工作作风，促进党建与招商工作全面发展，不断提升党员干部素质，在全局干部职工中形成将政治热情转化为干事创业的强大动力的格局。始终把纪律放在最前沿，严抓党员工作纪律，从规范干部职工言行做起，坚决杜绝“吃拿卡要”。

扶贫　农发

【概况】 山南市扶贫开发办公室（市农业综合开发办公室）（以下简称市扶贫办）的前身为山南地区一江两河开发建设办公室，成立于1991年1月。1997年1月更名为山南地区农牧开发建设办公室（一江两河办公室）。2011年5月正式更名为山南地区扶贫开发领导小组办公室（地区农业综合开发办公室），为山南市政府直属正县级全额拨款事业单位（参照公务员管理）。

2017年，市扶贫办有编制45个，办领导职数5名，内设机构8个，分别为综合科、项目评审科、政研规划科、社会扶贫和培训科、扶贫开发科、农牧开发科、工程管理科、统计信息科，科级领导职数16名。全年调出（干部）1人，退休（干部）1人，退伍安置（工人）1人，截至年底，全办共有干部职工49名（公务员29名、工人20名）。

【动态调整】 2017年，市扶贫办制定建档立卡贫困人口动态调整工作细化方案，明确新识别、返贫、脱贫、清退4类情况的具体调整标准与方法。采取“县四大班子主要领导分片、县级领导包乡带队”的方式，逐家逐户走访识别，全覆盖开展动态调整工作。经走访识别，优化合户分户及人员自然增减、清退不符合条件人口7795人，新识别贫困人口1225户4045人。全市2016年建档立卡贫困人口11553户34968人，净减少3721人。其中，因缺劳力致贫4749户12532人、占35.84%，因缺技术致贫1987户7681人、占21.97%，因病致贫1642户4789人、占13.7%，因缺资金致贫894户3215人、占9.19%，因残致贫1101户2827人、占8.08%，因自身发展动力不足致贫642户1742人、占4.98%，因缺土地致贫258户1020人、占2.92%，因学致贫210户927人、占2.65%，因交通条件落后致贫48户176人、占0.5%，因灾致贫22户59人、占0.17%。

【深度识别】 2017年，市扶贫办准确把握深度贫困地区“两高”（贫困人口占比高、贫困发生率高）、“一低”（人均可支配收入低）、“一差”（基础设施和住房差）、“三重”

(低保"五保"贫困人口脱贫任务重、因病致贫返贫人口脱贫任务重、贫困老人脱贫任务重)特点,对照实现"三不愁、三有、三保障"脱贫攻坚目标难易程度,制定深度贫困乡镇、村(居)识别标准。聚焦资源禀赋差、发展后劲不足区域,生产条件差、生产资料不足区域,群众思想观念落后、内生动力不足区域3个方向开展深度贫困识别。突出贫困发生率,人均占有生产资料,基础设施建设,文明程度、思想开放程度、意识转化程度,资源禀赋和气候条件,灾害影响,医疗保障,贫困认定及收入8个方面内容,识别认定深度贫困乡镇25个、深度贫困村(居)183个。

【产业脱贫】 2017年,市扶贫办坚持就近就便、不离乡不离土、能干会干,确定清洁能源、优势矿产、建筑建材、特色农牧、绿色食饮品、民族手工、生物制药、旅游文化、电商物流"九大扶贫产业"。全市扶贫产业项目开工142个、竣工50个,完成投资14.06亿元,带动1.1万余人增收。坚持宜农则农、宜牧则牧、宜林则林、宜商则商、宜游则游,实施百亩车厘子、千亩葡萄、千只绵羊、万亩黑青稞、万头黄牛整村整乡改良等27项产业扶贫"百千万"工程。召开产业扶贫现场会,聚焦特色种植、畜牧养殖、乡村旅游等10个方向精选扶贫产业。创新利益联结机制,推广"三变"促"四金""公司+基地+农牧民""专合组织+农牧民"等模式,推动184个产业项目与5522户贫困群众建立利益联结机制。

推广"资源开发、资产收益"扶贫。2017年,市扶贫办把拉康水电站作为资源开发资产收益扶贫改革试点,与企业签订投资协议,市里投资5.25亿元支持洛扎深度贫困地区脱贫,按5%的固定收益辐射带动相关县。县里投资3.75亿元(包括土地补偿费3000万元)、每年县扶贫开发公司9.33%的固定收益带动全县建档立卡贫困户1146户3171人获得3500万元的资产收益稳定脱贫。

实施光伏扶贫。2017年,市扶贫办投资26.82亿元在桑日、琼结、扎囊、浪卡子、隆子和措美6个县实施11个光伏扶贫项目,总装机241兆瓦,带动贫困群众3173人,可带动增收1000余万元。浪卡子县大有新能源开发有限公司项目,装机50兆瓦,总投资6亿元,带动83名贫困群众实现增收156万元,人均增收1.8万元。

实施旅游扶贫。2017年,市扶贫办投入6630万元发展乡村旅游、温泉旅游、自然旅游、人文旅游等,带动743名贫困群众实现增收280万元,人均增收3700元以上。

实施电商扶贫。2017年,洛扎、桑日、琼结、错那、贡嘎、扎囊、浪卡子、隆子等县投资3600万元,借助网络渠道销售松茸、氆氇、藏药材、铜器、藏香等特色产品,总销售额达630万元,带动433名贫困群众,实现增收30.9万元,人均增收700元。贡嘎县建成"雪域之窗"电商服务平台,推动昌果红土豆、藏承堂系列饮品等产品在"淘宝贡嘎特色馆""神州超买贡嘎站"销售,销售额达到200万元,带动200名贫困群众。

实施资金变股金扶贫。2017年,乃东区充分挖掘商砼供应不足的市场潜力,按照"政府引导、企业主导、居委会入股"模式,招商引进锦泽商品混凝土有限公司,企业占股51%,乃东区索当投资公司占股25%、泽当镇6个居委会占股24%,已正式投产运营,年需求订单1.4亿元、利润1500万元,直接或间接带动就业107人。乃东区收益部分按5%提取扶贫资金专项扶贫2494人,居委会收益用

曲松县曲松镇琼嘎村藏药材种植加工专业合作社分红现场

于发展集体经济和群众分红。隆子、错那、措美3个县分别投入资金8000万元、3000万元、2000万元认购市直单位门面房股份，年收益5%以上。全市产业项目总投资224亿元，其中规划外153亿元、规划内71亿元，市县两级扶贫投资公司入股资金24亿元。

【搬迁脱贫】 2017年，市扶贫办正确处理好扶贫搬迁向城镇聚集和向生产资料富裕、基础设施相对完善地区聚集的关系，坚持以产定搬、以岗定搬，全市易地搬迁、随同搬迁累计开工建设1089户3698人，“十三五”计划内335户1034人易地扶贫搬迁任务已完成，随同搬迁754户2664人搬迁工作正加快推进，完成投资5.8亿元。插花式搬迁基本竣工，4个市级集中安置点已搬迁入住3个（桑日追塘坝、加查莫热坝、扎囊桑耶镇）、1个近期搬迁入住（泽当城区）。高海拔生态搬迁进展顺利，贡嘎县昌果乡330户1259人高海拔生态搬迁工程开工建设。对接做好昌都“三岩”片区群众向山南市搬迁安置工作，成立山南市昌都“三岩”片区跨地市易地扶贫搬迁工作领导小组，制定《山南市昌都“三岩”片区跨地市易地扶贫搬迁安置方案》。坚持搬迁与产业、安居与乐业同步，投入18.2亿元为4个市级集中安置点配套产业项目17个，按“每名搬迁群众不少于1.5亩优质农田”的标准实施集中安置点土地开发；各县（区）易地扶贫搬迁集中安置点也科学合理配套产业项目。以习近平总书记给隆子县玉麦乡卓嘎、央宗姐妹的重要回信精神为引领，强力推进边境小康村建设，以边境一线小康村建设为重点，开工建设19个边境小康村，完成投资5亿元。坚持屯兵与安民并举、固边与兴边并重，实施固边富民试点工程，在将一线边民补助提高到3900元、边境联防队员补助提高到500元基础上，创新开展固边富民整乡推进试点工程，按16—65岁每年5000元、65岁以上每年3000元的标准为长期生活在拉郊等5个乡、隆子县扎日乡庄那村等7个村和一线放牧点的反蚕边民发放专项补助，每人每年最高享受补助11900元。

“十三五”精准扶贫首批开工建设的产业项目——扶贫增收商业街

【就业脱贫】 2017年，市扶贫办坚持“一人就业、全家脱贫”的工作思路，促进建档立卡贫困人口就业脱贫，实现就业脱贫8393人、人均月收入达1500元以上。

坚持培训促就业。2017年，市扶贫办启动“万人技能培训”计划和乃东全国农民工返乡创业试点，以“每户贫困户至少有一人掌握一门技术”为标准，采取订单培训、定向培训和培训下乡等模式，重点培训种养殖、民族手工艺等对接市场的10余项实用技术，9494名贫困群众培训后就业3476人。

坚持创业促就业。2017年，市扶贫办创新实施就业创业“双业”工程，出台山南市创业扶持资金管理办法等措施，市财政出资500万元用于创业扶持，落实加查县盲人按摩店、错那县觉雄布尼玛修理店等14家创业企业补贴资金438万元。采取租金免1年、发放“创业启动资金”和“创业激励资金”等方式，扶持微创扶贫示范店11家。组织开展贫困群众创业培训班8期，培训200人、创业115人，年均增收201万元，创业脱贫75人。正确处理高校毕业生政府就业和市场就业的关系，启动“离校未就业大学生就业”计划，出台创业资金扶持、场地保障等优惠政策，设立500万元的创业扶持经费。

坚持生态补偿促就业。2017年，市扶贫办正确处理保护生态与富民利民的关系，建立生态补贴扩面覆盖、生态治理群众参与、荒山荒滩开发受益、生态岗位吸纳就业“四大机制”，引导贫困群众参与造林绿化，年人均增收450元以上，落实生态岗位5.3万个，吸纳贫困群众年人均增收3000元。鼓励贫困群众优先开发未确定土地使用权的国有荒山、荒地、荒滩、荒坡并从事产业经营，打造江北生态富民示范区。

贡嘎县岗巴拉山观景台

【兜底脱贫】 2017年，市扶贫办坚持政策普惠、成果共享，把本级财力70%以上的资金投向民生领域，助推脱贫攻坚。

扩面提标促脱贫。2017年，市扶贫办兑现“十大民心工程”惠民资金7亿元，提高26项惠民政策。

发展教育促脱贫。2017年，市扶贫办突出“引领全区、赶超西部”定位，围绕“5个100%”目标，出台深化教育改革意见，率先在全区实现义务教育均衡发展全域通过目标。每年本级财政投入教育比例不低于25%、援藏资金投入教育比例不低于30%，2017年市本级投入教育资金达1.9亿元。山南籍贫困大学生资助全覆盖，区外本科、专科生每人每年10000元、8000元，区内本科、专科生每人每年8000元、6000元，各县按此标准的50%对国家统一招考外贫困家庭大学生进行资助。百名教师“二下二上”支教交流全面铺开，以共享优质教育资源，面向高寒地区农牧民子女集中办学的泽当完全中学加快建设。

健康救助促脱贫。2017年，市扶贫办实施“健康山南”工程，加快推进等级医院创建工作，全面推行“先住院、后结算”改革，在县级及以下医疗机构住院费用，农牧民最高按95%报销，建档立卡贫困群众按100%报销。落实家庭医生签约服务工作，并实施“三个一批”健康扶贫战略。提高乡镇医务人员生活补助标准和孕产妇住院分娩奖励标准，全民免费健康体检、先心病患儿免费筛查救治等工作走在全区前列，大骨节病区同步搬迁、包虫病综合防治等工作稳步推进。设立1000万元大病救助基金，部分县设立农牧民预借资金，对“因病致贫 因病返贫”贫困户逐人建档立卡，加大住院治疗报销比例。减轻贫困人口看病负担，从2017年起，在自治区层面为全区农牧民支付每人每年10元的医疗商业保险的基础上，市级层面再为全市农牧民特别是贫困户每人每年投保10元，将山南市住院补充医疗保险最高支付限额每人每年7万元提高到14万元，且14万元以内保险按100%赔付。

扶残助弱促脱贫。2017年，市扶贫办实施“残疾人千人就业计划”，邀请医疗专家对全市4327名建档立卡贫困残疾人进行劳动能力鉴定，其中1403名残疾人具有劳动能力，通过帮扶已实现就业966人。制定出台《扶持残疾人创业帮扶实施方案》，对自主创业残疾人给予1.5万—2万元的创业扶持资金，且每带动1名残疾人就业（就业时间在6个月以上的），给予一次性补贴资金2000元。累计成立“藏帖尔”手工业残疾人福利有限公司、西藏错那县拿日雍措扶贫开发有限公司、洛扎县残疾人就业培训基地等15家实体经济，已投入残疾人自主创业帮扶资金58.3万元，30名残疾人围绕民族手工纺织、缝纫加工、摩托车修理和盲人按摩等行业自主创业，带动残疾人就业29名。

兜底保障促脱贫。2017年，市扶贫办打造福利机构服务质量品牌，加强“双集中”场所标准化、规范化、服务化建设，维修改造市儿童福利院，从人员配备、厨房卫生、医疗卫生服务、促进老年人健康管理等163个方面对“五保”供养中心标准化建设进行规范打造，确保集中供养老人的身心健康。实施“五保”供养标准提标工程，在自治区提标200元基础上再提标6000元、达到10940元，向全市2889名“五保”老人落实供养资金3160余万元。提标100元，将孤儿基本生活补助提高到每人每月1100元，向全市509名集中收养孤儿落实生活补助资金及提标资金683.25万元。提高城乡居民最低生活保障补助标准，在自治区提标基础上将城市低保每人每月提高200元、达到900元，农村低保分类保障对象分别每人每年提高600元、400元、200元，达到3531元、2727元、1813元，落实16185人城乡低保资金6700余万元。落实12275人残疾人“两项补贴”补助资金1410余万元，落实残疾人生活补助2760余万元。落实健康老人、寿星老人和经济困难高龄失能老人补贴850余万元。

失地保障促脱贫。2017年，市扶贫办出台《泽当城市规划区失地农牧民安置保障暂行办法》，按照连续15年、每年每亩800元的标准为失地群众发放补助，建立土地预留、就业安置等多元化失地安置保障措施。

乃东区白荣奶源基地

【社会帮扶】 2017年，市扶贫办坚持各项工作向脱贫攻坚聚焦、各种资源向脱贫攻坚聚集、各方力量向脱贫攻坚聚合，形成大扶贫格局。

实施重点帮扶。2017年，山南市向25个深度贫困乡镇、183个深度贫困村（居）计划倾斜安排157个产业扶贫项目、总投资70.38亿元。

实施结对帮扶。2017年，山南市2.15万名干部职工结对帮扶贫困群众全覆盖，帮助解决就业岗位2647个、协调落实政策2926件。359个机关事业单位定点帮扶269个村（居），落实资金2亿元促进产业发展、改善民生。

实施企业帮扶。2017年，山南市正确处理央企在藏资源开发和解决当地农牧民增加收入的关系，引导企业参与脱贫攻坚工作。亿利资源集团通过特色经济林种植示范区、千亩精品甘草种植示范区和防沙治沙区三个工程区项目的实施，已带动500人就业增收，累计发放工资312.5万元，人均增收6250元。国家烟草专卖局、自治区林业厅、蒙草集团分别投资1亿元，在扎囊县实施植物种苗繁育基地项目，项目建成后项目区能带动200人长期就业，按月工资2500元计算，年务工8个月，年人均收入达到2万元。项目固定收益将用于扎囊县扶贫基金，从资金到位当年起算，蒙草集团以租金的形式每年以固定资产投资的7.5%回报县政府1500万元，统筹在县财政扶贫基金，专项用于扶贫，建档立卡贫困户人均享受资金1933元。华电集团大古水电分公司结对帮扶桑日县10%的贫困群众，聘用贫困群众18人、月工资4000元。吸收劳力转移69人次、日工资150元。资助贫困学生7人、每人每年资助5000元。捐赠46.7万元实施藏嘎村电力磨面榨油房改造项目和达古村水磨房建设项目。使用达古村38辆运输车参与大古水电站场内弃渣运输，已通过运输增收约610万元。投资500万元配套移民新村基础设施，改善当地群众生活条件。投资4000万元，建设华电精准扶贫创业就业楼，电站建成后，将无偿捐赠给村委会，首期投资300万元的30间门面移交桑日县政府，由县政府组织贫困户开展经营活动，每年可增收100万元。中国水电基础局、华能加查水电建设分公司等在藏央企均参与到扶贫工作中。实施“百企帮百村”行动，华新水泥、江南矿业分别整乡帮扶桑日县绒乡、琼结县拉玉乡。全市共有199家民营企业参与行动，投入资金3501万元，带动贫困群众1745户、6980人。民营企业中的优秀代表浪卡子县羊湖建筑有限公司董事长边久论珠获得全国脱贫攻坚奖“奉献奖”，隆子县隆子河酒店管理有限公司董事长巴珠被评为感动西藏扶贫“十大人物”。

实施援藏扶贫。2017年，山南市明确对口援藏资金的80%向基层倾斜、向贫困群众倾斜、向改善贫困地区基础设施条件倾斜、向增强贫困地区“造血功能”倾斜“四个倾斜”要求，“十三五”时期援藏资金共19.5亿元，其中用于民生领域16.9亿元、占86.6%，直接用于29个小康村建设援藏扶贫资金3.8亿元。193名贫困人口通过援藏技能培训实现就业104人。“组团式”医疗援藏工作成效显著，传帮带作用发挥明显、帮教学员100余名、带教培训3000余次，市藏医院率先成功创建三级甲等民族医院，开通洛扎县人民医院与北京301医院远程诊疗平台，设立“洛扎忠良医生”奖。深化“组团式”教育援藏，形成整体援教示范校、其他省市代培班等亮点，140名援藏教师赴3所高中援教，在三省开设3个山南高中代培班和1个初中代培班，招录山南籍学生160名接受优质教育。

实施“能人带动”工程。2017年，山南市31名能人带动贫困群众2207人、实现增收3244.7万元、人均增收1.47万元。

【资金保障】 2017年，市扶贫办通过争取和市县配套到位脱贫攻坚资金15.86亿元（其中上级脱贫攻坚专项资金到位11.77亿元，市县两级配套资金4.09亿元）。正确处理好重大项目和民生项目的关系，落实资金96亿元实施水电路讯网、科教文卫保“十项提升工程”，改善基层基础条件。12个县（区）与各商行签订合作协议，累计向商业银行注入产业扶贫风险补偿基金2.72亿元，授信总额度达20亿元以上，落实精准扶贫产业贷款资金9.08亿元。继续开展精准扶贫小额信贷工作，建档立卡贫困群众贷款4.34亿元，受益贫困群众9225户；农牧户金银铜卡贷款26.7亿元，受益群众43962户，通过金融助力推动群众就业创业。提升扶贫产业资金使用效果，明确“每百万元投资带动贫困人口不少于3人”的产业资金使用要求。

通过以上工作措施，山南市2017年实现6130户、18418名建档立卡贫困户脱贫，172个贫困村（居）退出，洛扎、曲松、错那、桑日、琼结、加查6个县达到脱贫摘帽标准。

【农业综合开发】 2017年山南市共落实农业综合开发土地治理项目7个，项目涉及乃东区和浪卡子、贡嘎、扎囊、隆子、桑日6个县（区）的7个乡镇，建设总规模为5.28万亩，其中实施高标准农田建设5.18万亩，生态综合治理0.1万亩；项目投资12843万元，其中中央补助资金7543.32万元，自治区补助资金4926.68万元，群众投劳折资373万元。截至年底，完成投资13112万元，完成目标任务的100.9%，其中农业综合开发复工项目9个，已完成项目投资8269万元；农业综合开发开工项目7个，完成项目投资4843万元。

2017年农业综合开发项目的实施，增强山南市农业综合开发区的农业综合生产能力，使山南市农业综合开发区新增灌溉面积0.51万亩，改善灌溉面积1.8万亩，增加农田林网0.07万亩，增加机耕面积1.25万亩，扩大良种种植面积5.18万亩，年新增粮食189.99万亩，年新增粮油27.5万公斤，年新增干草100万公斤，新增种植业总产值1318.95万亩，促进农牧民增收593.13万元，为改善农牧民生产生活创造条件。

食品药品监督管理

【概况】 山南市食品药品监督管理局（以下简称市食药局）的前身为山南地区食品药品监督管理局，于2005年挂牌成立。原隶属于地区卫生局管理的副县级二级单位。2014年9月机构改革后升格为地区行署工作部门（正县级）。2014年11月经山南地委批准成立山南地区食品药品监督管理局党组。2016年5月，山南地区撤地设市，山南地区食品药品监督管理局（山南地区食品安全委员会办公室）更名为山南市食品药品监督管理局（山南市食品安全委员会办公室）。内设办公室（政工人事）、食品监督管理一科、食品监督管理二科、药品监督管理科、医疗器械监督管理科、应急管理科；直属食品药品稽查局、食品药品检验所、藏药评审中心3个事业单位。人员编制29名（其中行政14名、事业13名、后勤2名）；领导职数26名，其中县级领导5名，科级21名。

2017年，全市医疗、药品、医疗器械生产经营使用单位共812家，餐饮、保健食品和化妆品经营单位2580家，证照齐全，合法经营。

【食品药品风险防控】 强化监督抽检。2017年，市食药局按照区局下达抽检任务，完成食品抽检410批次（合格率98.5%）。完成化妆品监督抽检6类66批次（合格率97%）。

畅通举报渠道。山南市食品药品“12331”投诉举报电话，保证全天候24小时有人接听。2017年，全市共受理11起投诉举报、22起咨询，问题处置率达100%。同时加强对食品药品安全舆情信息的监测、研判、报告、应对等工作。

严把重要关口。2017年，市食药局通过探索，先试先行，投资19.46万元在泽当西区菜市场建立食用农产品快速检测室已正式启用，严把重要关口，真正让监管跑在风险前，确保群众“舌尖上”的安全。

【市场执法】 2017年，市食药局联合市农牧局、市公安局、市工商局、市商务局和乃东区及其他县局等单位和新闻媒体，利用“三大节日”、学校“三考”和食品安全宣传周等，采取开展联合行动、净流行动、突击行动和基层行动，广泛深入、声势浩大地开展食品药品专项整治，严厉打击食品药品违法犯罪行为，得到原市委书记张永泽充分肯定和高度赞誉。在全市食品安全专项整治行动中，共出动执法人员1780人次，执法车辆254台次，检查市场主体4428家，下发整改通知书20份，没收价值125597.5元、品种374种类过期食品，立案6起，结案6起，给予27000元行政处罚。

【安保工作】 2017年，市食药局履职尽责，多措并举，突出重点，圆满完成山南市“两会”、全区第二届足球锦标赛活动期间和各种食品安全保障任务，做到保障工作“零”差错，食品安全“零”事故。

【食品监管】 为保证党的十九大期间食品安全监管工作落到实处、取得实效，坚决不发生食品安全事故，市食药局高度重视，把食品安全整治作为当前工作的重心，及时制定《山南市喜迎党的十九大坚决守住不发生食品安全事件全面开展食品安全大检查工作方案》《关于国庆、中秋两节期间食品安全专项检查工作的通知》和《山南市开展秋季学校食堂食品安全专项检查工作方案》下发至各县（区）、市直相关单位，提出明确要求，要切实按照“四个最严”要求，做到早动手、早安排、高标准、严要求，科学谋划、精心组织，将食品安全监管工作职责层层落实到位。2017年，共出动执法人员393人次，检查单位1991家，没收“三无”食品83种，价值1.09万元。扎实推进学校食堂规范化建设，截至年底，全市已完成中心完小以上学校食堂规范化建设总数85所。

2017年9月13日，山南市首个农贸市场食用农产品快检室正式投入使用

【受援工作】 2017年，市食药局充分利用湖南、湖北、安徽三省局对口援助山南市局有利时机，主动对接，形成对口支援对子，分别从人才、资金、物质等方面给予援助，使援藏工作向纵深发展。应湖北、湖南两省局的邀请，2017年市食药局首次参加两省的食品药品监督管理暨党风廉政建设工作会议，主动向湖北、湖南省两局主要领导汇报受援工作、面临的困难和申请解决的事项。

质量技术监督

【概况】 山南市质量技术监督局（以下简称市质监局）前身山南地

区技术监督局，隶属山南地区经贸委（现国资委），2002年10月上划自治区质量技术监督局实行垂直管理，更名为山南地区质量技术监督局。山南地区撤地设市后，请示自治区质量技术监督局，于2016年8月更名为山南市质量技术监督局。总编制36人，内设6个正科级机构，分别是办公室、质量监督管理与认证科、标准计量科、特种设备安全监察科、执法队和质量计量特种设备监督检验测试所。

【大质量工作】 2017年，市质监局切实发挥市质量和标准化工作领导小组办公室作用，牵头编制并请示市政府研究印发《山南市“十三五”时期质量发展规划》。召开市质量技术监督暨质量振兴工作会议，副市长董加峰与市质量和标准化工作领导小组30个成员单位签订《质量振兴工作目标责任书》。牵头组织完成自治区政府对市政府质量工作的考核。还未通报公布考核情况，该考核作为自治区政府对各地（市）行署（政府）目标绩效考核“质量工作”评分依据。在2017年全市经济工作会议上，市委、市政府授予乃东功德农产品开发有限公司和华新水泥（西藏）有限公司山南市首届雅砻质量奖企业荣誉称号，分别对2家获奖企业一次性奖励10万元。向市质量和标准化工作领导小组成员单位印发《山南市2017年度质量提升行动计划》和《山南市2017年度全国“质量月”活动方案》，并积极组织推动工作，组织开展质量品牌故事演讲活动，组织广大单位、企业开展质量月广场宣传，组织企业开展质量诚信承诺，协同教育、工业和信息化、农牧、商务、住建等部门开展质量提升活动，发布山南市城市质量精神等。协调市委党校把质量发展战略、质量品牌提升、质量安全底线思维纳入干部年度培训课程。

【“全国质量强市示范城市”工作】 2017年，按照山南市人大一届二次会议上市长普布顿珠的政府工作报告中关于争创“全国质量强市示范城市”的要求和普布顿珠在听取质监工作汇报的指示精神，2017年6月12日副市长董加峰带领市质监局班子赴自治区质监局就争创“全国质量强市示范城市”工作进行对接，自治区质监局同意申报争创“全国质量强市示范城市”。6月30日，副市长董加峰组织各相关部门召开山南市申报创建“全国质量强市示范城市”工作推进会。8月29日，市政府常务会研究同意争创“全国质量强市示范城市”。9月4日，副市长董加峰带队组织住建、旅发、质监相关负责人赴北京参加争创“全国质量强市示范城市”申述论证。10月12日，国家质检总局发函同意山南市委“全国质量强市示范城市”创建城市，开展相关创建活动。

【品牌和标准化工作】 2017年，市质监局推动杰德秀围裙、昌果红土豆、哲古牦牛肉、加查核桃油创建国家地理标志保护产品。委托专业机构编制已创建成功的6个国家地理标志保护产品，分别为扎囊氆氇、泽帖尔（泽帖、泽当哔叽）、隆子黑青稞、隆子黑青稞糌粑、加查核桃、洛扎粉丝的《生产技术规范》和《产品标准》。对12个县（区）地理标志保护产品资源进行调查，组织专家评估组对19个项目逐一评估，已上报自治区质监局，力争19个项目均纳入自治区地理标志保护产品资源库中，序时创建全国地理标准保护产品。牵头编制《山南市品牌建设三年行动（2018—2020年）计划》和《山南市推进标准化工作三年行动（2018—2020年）计划》。推进已创建成功的11个国家

2017年8月22日，国家质检总局“计量援藏行”专家组在山南市检查指导工作

级农业标准化示范区后续建设，加快推进第九批农业标准化示范区项目（藜麦种植标准化示范区）建设，该项目位于桑耶镇，计划3年建成1000亩，2017年总计建成700亩。巩固泽当饭店国家服务业标准化试点单位成果。推进政务服务中心自治区级服务业标准化试点单位建设、国家社会管理和公共服务综合标准试点单位建设。

【执法检查】 2017年，市质监局按照自治区质监局（区质量和标准化工作领导小组办公室）统一部署，山南质监局组织全市250家工业产品制造企业开展自查自纠，组织质量和标准化工作领导小组成员单位，分4个组深入12个县（区）开展巡查，9月自治区质量和标准化工作领导小组办公室组织对山南市制造业集中执法检查情况进行督查，督导组深入乃东区、琼结县、桑日县、曲松县和加查县，对山南工作给予肯定，对提出的问题及时进行整改。

【安全监管】 2017年，市质监局在“质检利剑”行动中共出动执法人员260余人次，检查相关主体400余家次，主要对农资、汽车配件、建筑建材特别是建筑预制砖、食品相关产品（塑料包装、纸包装、洗涤剂）、烟花爆竹、服装鞋帽、家电家具、金银首饰、眼镜验配等进行检查。共查出问题28处，全部整改。

2017年，市质监局组织执法人员对市区8家电动车、摩托车销售店进行专项检查，抽查200余个产品，均合格。

2017年，市质监局联合市住建局对全市48家建筑混凝土预制砖厂进行执法抽检，合格率为80%，对不合格企业进行约谈、处罚，并责令整改。

2017年，市质监局开展儿童玩具专项检查，检查销售店19家，没收货值3000余元的无强制性认证、外包装无任何标识及无中文标识的儿童玩具。

【特种设备安全】 2017年，市质监局切实做好迎国务院安委会安全生产第八督查组、第二十一综合督导组、“回头看”检查组赴山南安全生产督查工作。组织召开特种设备安全工作会议、危化行业（重点是液化气站）专题会议和电梯维保单位工作会议，签订目标责任书和承诺书。围绕元旦、春节、藏历新年、三月重要节点及全国“两会”，开展为期100天的特种设备专项整治，围绕安全生产月开展集中一个月的专项整治，围绕迎雅砻文化节、国庆节、中秋节和党的十九大胜利召开，启动特种设备百日专项行动。在三大行动的专项整治中，制定方案，成立专项工作组，分别检查129家单位540台设备，查处整治隐患65起。检查135家单位580台设备，查处整治隐患56起。检查113家单位，498台设备，查处整治隐患65起。

【专项检查】 2017年，市质监局开展危化行业特种设备安全检查。检查气站45家次，查处整改隐患16处。开展医院、学校、商场等人员密集场所特种设备专项检查，检查各类特种设备271台，查处整改问题18处。开展重点项目在用特种设备专项检查，检查特种设备80台，查处整改问题12处。开展报废液化气瓶改装销售专项整治，检查电焊加工店10家，查处整改问题8处。开展电站特种设备专项整治，停用特种设备8台，截至年底，已整改到位。

2017年，市质监局开展企业执行标准情况调查，全市共有制造业250家次，对已执行标准和服务自我公开声明情况调查建档。

2017年，市质监局组织专项工作组深入各县（区），联动质量协管员，对全市固定式特种设备进行全面清查，固定式特种设备1054台（电梯472台，锅炉42台，压力容器299台，起重机238台，游乐设施3台），使用单位213家。全市有液化气站19家，压力管道2500米，液化气钢瓶近5万只。

2017年，市质监局委托安徽省特检院对2家国企（国网西藏电力有限公司沃卡发电公司和西藏矿业发展股份有限公司山南分公司）11台压力容器进行全面检验。

2017年，市质监局委托第三方机构开展电梯定检，共定期检定电梯282台，初次定期检验合格率为72%，复检合格率100%。另外，山南市质监局协同自治区特检所即时监督检验（安装检验）电梯52台，定期检验电梯349台。

【计量工作】 2017年，市质监局集中开展民生计量大整治，对贵重金银首饰销售店（加工店）、土特产店、餐饮店（卤菜店）、水果店、茶叶店、粮油店在用计量器具专项整治，检查店铺86家次，抽查计量设备220台件，合格208台件，合格

2017年10月13日，2017世界标准日宣传活动——实地检查指导泽当饭店国家服务标准化试点

率达到95%，抽查商品1080件，合格1052件，合格率达到97.4%。集中对泽当城区各土特产销售店开展在用计量器具监督执法检查。检查销售店19家，检查在用计量器具35台，合格31台，抽查定量包装960件，合格946件。

2017年，市质监局完成全市27家加油站356把加油枪（加油枪每年检定2次）和6家验配眼镜店计量器具检定工作。

2017年，市质监局组织辖区内商店（超市）、加油站、加气站、集贸市场、眼镜店、黄金饰品店、土特产品销售店等单位深入开展诚信计量建设。重点帮扶3家单位争创自治区诚信计量示范单位。

2017年，市质监局加强9家检验检测机构资质认定（计量认证）检查，组织开展能力比对验证，对4家到期实验室和1家迁址机动车检测机构开展资质认定（计量认证）评审。

2017年，市质监局落实自治区计量所和山南市质监局综合所计量测试技术一体化合作协议，强检计量器具1500余台（件），自4月1日取消强检收费以来，共减免费用20余万元。

2017年，市质监局请湖北省计量院对泽当镇8家医院和5个人口较多县（区）650台医用计量设备进行检定。

【学习培训】 2017年，市质监局组织12县（区）政府及县相关部门负责人近50人开展“推进质量兴县（区）工作和质量兴县（区）工作考核”专题培训。组织泽当城区30家建筑混凝土预制砖企业开展培训。组织全市9家检验检测机构开展资质认定（计量认证）培训，其中对3家机动车检验检测机构进行安全技术培训。联合自治区质监局特设处培训起重机械作业人员52人。

【质量宣传】 2017年，市质监局组织开展质量月宣传活动。共发放宣传资料90余种3800余份，处理投诉2起，解答咨询22个。通过微信、短信、微山南公共平台发送质量相关常识210篇（条）。发放藏汉双语《山南市质监局便民服务手册》《消费品常识》《特种设备常识》《计量常识》《国家地理标志保护产品宣传册》等10000余册，着力把质量安全知识送到基层。

【党建工作】 加强理论学习。2017年，市质监局严格落实党组中心组学习制度和党支部“三会一课”

2017年9月25日，西藏自治区质监局标准化处处长刁杉为市政务服务中心职工授课

制度，分别制定年度学习安排，采取集体学习与个人自学相结合、专题辅导与研究交流相结合等方式，引导党员干部联系实际学、带着问题学、不断跟进学。把每周一晚上 7:00—9:00 定为“每周一课”学习时间，全体干部职工参加学习，并将“每周一课”常态化制度化。组织学习党的十九大精神。组织学习习近平总书记在中共中央政治局 10 月 27 日研究部署学习宣传贯彻党的十九大精神审议《中共中央政治局关于加强和维护党中央集中统一领导的若干规定》和《中共中央政治局贯彻落实中央八项规定的实施细则》会议精神、党的十九大关于十八届中央委员会报告的决议、十八届中央纪律检查委员会工作报告和决议、中国共产党章程（修正案）说明和决议、习近平总书记给隆子县玉麦乡牧民卓嘎、央宗姐妹的回信、自治区党委书记吴英杰在西藏自治区传达贯彻党的十九大精神领导干部大会重要讲话精神、市委书记许成仓在全市传达贯彻党的十九大精神领导干部大会上的讲话、市委副书记、市长普布顿珠在市委理论学习中心组第 18 次学习会上的讲话等。组织学习区党委九届三次全会精神和自治区党委书记吴英杰重要讲话精神，以及市委一届二次全会精神和市委书记许成仓重要讲话精神。

*坚持“两学一做”学习教育常态化制度化。*2017 年，市质监局党组先后 3 次专题研究部署推进“两学一做”学习教育常态化制度化工作，推进学习教育深入开展。党组班子各成员带头参加所在党支部及所在党小组学习，重点学习《关于依法治理民族事务促进民族团结的意见》，感动山南十大人物、山南好人的先进事迹、准则、条例、习近平总书记“7·26”重要讲话精神，以及安全生产改革、环保相关工作。通过微信群向干部职工即时发送“两学一做”学习教育、党风廉政、基层党建、安全生产等相关微信 200 余篇次，并由党支部组织对微信内容掌握情况进行月度抽查。举行党章党规、党风廉政、习近平总书记系列重要讲话精神知识竞赛和闭卷考试。开展“党支部主题日”活动，每个月的第一个星期四（节假日顺延）集中开展“支部主题党日”活动，党组班子积极参加党支部组织的“党支部主题党日”活动，重点围绕组织学习讨论、开展党性分析、民主议事决策、服务党员群众、集中缴纳党费等 5 个方面的内容，组织党员集中开展活动。

*加强党风廉政建设工作。*2017 年，市质监局学习贯彻十八届中央纪律检查委员会报告、国务院、自治区政府和市政府系统党组廉政会议，市纪委一届二次全体会议，市委和自治区质监局党委关于党风廉政建设工作的部署，认真落实驻区工商局纪检组的要求，专题学习《中国共产党廉洁自律准则》《中国共产党纪律处分条例》《关于新形势下党内政治生活的若干准则》《中国共产党党内监督条例》《中国共产党问责条例》《领导干部个人有关事项规定》等。确定 2 名纪检专干协助开展党风廉政建设工作。盯紧“三大节日”、端午节、国庆节、中秋节等重要节点，加强中央八项规定、区党委“约法十章”“九项要求”和山南市“十项规则”检查，干部职工没有发生“四风”问题。主要领导带头讲廉政党课 2 次，其他班子成员共讲廉政党课 4 次，组织开展廉政学习、实地学习参观、观看廉政教育影片等 8 次。主要领导检查班子成员党风廉政建设 2 次，分管纪检监察的领导带队检查各科室、队、所党风廉政建设 2 次，分管各业务领导对分管科室、队、所党风廉政建设每季度检查 1 次，对每次检查发现的问题，都明确具体责任人和整改时限，确保整改到位。及时向自治区质监局党委、市纪委和驻区工商局纪检组报告履行第一责任情况。

【精准扶贫】 2017 年，市质监局驻村点为浪卡子县伦布雪乡帮来村，共 26 户，一般贫困户 11 户。投入 2 万元为帮来村完善农家书屋、组建学生电脑学习室。元旦、春节、藏历新年“三大节日”期间对帮来村 26 户群众进行慰问，慰问物资 1.5 万元。全年对帮来村的 11 户贫困户和门嘎村 13 户贫困户（部分贫困户）开展结对帮扶工作，每户帮扶资金 1000 元，同时还结合实际，在扶智、扶志、扶产业、扶就业等方面给予支持。

国家税务

【概况】 2017 年，山南市国家税务局（以下简称市国税局）内设机构 12 个、另设机构（机关党办）1 个、直属部门 3 个（其中稽查局为副县级单位）、事业单位 2 个、下辖 12 县（区）局，共有在职干部职工 214

人，管理纳税人15674户。

2017年，全市组织各项收入26.04亿元，同比增收4.44亿元，增长20.56%。其中完成25.27亿元，同比增收4.29亿元，增长20.45%；其他收入完成0.78亿元，同比增收0.16万元，增长25.81%。查补收入1.28亿元，同比增收0.32亿元，增长33.33%。其中稽查查补0.66亿元，同比增收0.60亿元，增长11.01倍。实现减免税税款10.49亿元。

【基层党建】 市国税局确定2017年是“党建提升年”和“文化建设年”。先后组织召开全市税务系统党建工作座谈会、党建工作推进会、推进“两学一做”学习教育常态化制度化工作座谈会，专题部署党建工作，制定实施方案，组织党务干部到区内、区外进行实地考察学习，完善《关于深化全市税务系统基层党建工作的指导意见》等10余项党建工作制度。制定出台《山南市国家税务局党员互助基金管理办法》。

落实“条主动、块为主”党建工作机制，建立12个基层党建工作联系点，下发每月党建工作清单，推动“两学一做”学习教育常态化制度化。改选补选党总支、党支部委员，完成机关党总支和系统12个县（区）局党支部活动室标准化建设工作。2017年，各支部开展组织学习、党日活动192次，党组理论中心组学习12次。其中，以微党课为载体开展“我是党课主讲人”活动41次。

【税收特点】 税收收入屡创新高。2017年税收总量达26.04亿元。税收收入连续数年出现较大突破，始终保持稳定增长的良好态势。

直属税务分局、乃东区国家税务局等11家征收单位税收同比实现增收。其中，直属税务分局、桑日县国家税务局、乃东区国家税务局和隆子县国家税务局税收总量超过亿元，分别完成160949万元、17568万元、17344万元、14413万元。

单月税收变化大，月均入库税收1.8亿元。最高1月入库39157万元，占税收总量的15.03%，最低3月入库10164万元，占税收总量3.90%。

中央级税收占比上升近两个百分点。2017年，中央级税收139036万元，同比增收28522万元，增长24.53%，占税收总量的55.60%，比2016年上升近2个百分点。其中，增值税74511万元，同比增收23372万元；企业所得税45194万元，同比增收3537万元；个人所得税11222万元，同比增收332万元；车辆购置税8109万元，同比增收413万元。地方级税收115631万元，同比增收15951万元，增长16%，占税收总量的44.4%。

股份公司税收占税收总量82.96%。2017年，股份公司实现税收216054万元，同比增收45003万元，增长26.31%，占税收总量82.96%。私营企业税收同比明显下降，实现税收11221万元，同比减收3944万元，下降26.01%，占税收总量4.31%。

批发和零售业、建筑业及租赁和商务服务业税收占税收总量69.82%。2017年，第一产业实现税收212万元，同比增长241.94%；第二产业实现税收101193万元，同比增长18.88%；第三产业实现税收159037万元，同比增长21.60%。其中，批发零售业、建筑业、租赁商务服务业、制造业、采矿业排在前五位，分别实现税收94307万元、51734万元、35798万元、26915万元和17555万元，同比分别为46.08%、10.27%、-5.96%、40.26%、15.06%。

纳税500万元以上企业税收占税收总量71.08%。2017年，纳

2017年1月20日，山南市国税局党组副书记、局长白玛旺扎与县局负责人签订党风廉政建设责任书

税总额500万元(含500万元)以上重点企业69户,同比增加15户,共创税185135万元,同比增长25.24%,占税收总量71.08%。其中四家企业纳税总额超过亿元,分别实现税收2.88亿元、1.42亿元、1.20亿元和1.07亿元,合计6.57亿元,占税收总量25.23%。落实各项税收优惠政策,加强减免税核算管理。2017年实现减免税10.49亿元,其中,征前减免104747万元(促进小型微利企业发展减免5281万元),退库减免201万元。

2017年1月22日，山南市国税局副局长徐玉彬慰问一线干部

【税收增长】 经济稳定增长为税收增长奠定税源基础。2017年全市经济运行良好,带动增值税、所得税等各主体税种收入增长。

受拉林铁路、泽贡高等级公路、S5快速通道开工建设影响,建筑业税收大幅增长。2017年建筑业实现税收51734万元,同比增收4820万元,增长72.16%,其中拉林铁路入库各项税收6724万元,泽贡高等级公路入库各项税收4207万元,S5快速通道入库各项税收1726万元,三个大项目共计入库税收12657万元,占税收总量4.86%。

部分资源价格上涨带动税收增长。2017年受部分矿产品价格和水泥价格上涨等因素影响,采矿行业税收同比增收2298万元,制造业税收同比增收7725万元。

加大堵漏增收力度。2017年,市国税局在依法组织收入同时,深挖税源潜力,采取纳税评估、加大稽查查补力度、加强与第三方的信息共享等措施,深入开展堵漏增收工作。全年实现查补税款13047万元,同比增收3223万元,增长33.73%。其中稽查查补税款6572万元,同比增收6025万元,增长11.01倍。

【税收法治建设】 2017年,市国税局加强普法宣传教育工作,推动领导、干部日常学法。推行税收执法权力清单和责任清单。将全市涉税行政许可审批事项减少至7项。全面推动法治税务示范基地创建工作。曲松局和浪卡子局分别被总局、区局命名为“全国税务系统法治基地”和“全区税务系统法治基地”。

【税种管理】 增值税管理。2017年,市国税局开展营改增政策大辅导工作,为企业减税降负。稳步推进增值税发票管理新系统,截至2017年底,推行新系统2783户。持续做好小微企业税收优惠政策管理,全市享受小微企业政策增值税纳税人9106户,享受增值税免征优惠政策纳税人25931户次,累计减免税收2449.9万元,获益纳税人达60%以上。开展增值税风险应对工作和虚开虚抵专项整治工作,清查纳税人1098户次,发现虚开虚抵21户,涉嫌虚开虚抵5户,移交稽查部门18户,移送司法机关10户,查补税款、滞纳金587万元。阻止53户高风险企业落地,并根据企业实际经营规模合理调整286户纳税人增值税发票持有量。

企业所得税管理。2016年度全市参加企业所得税汇算清缴2974户。其中,查账征收企业1312户,核定征收企业1662户,汇算清缴面达100%。通过汇算清缴,企业实际应纳所得税额56061万元。2017年实际已预缴所得税额22213万元,应补所得税额33848万元。截至年底,全市范围内小型微利企业2303户,盈利小型微利企业515户,享受小型微利企业所得税优惠企业515户,减免税额685.92万元,户均减免税额1.34万元,政策受惠面达到100%。

个人所得税管理。全年年所得12万元以上纳税人中2198人进行自行纳税申报,较2016年同期增加602人,增长38%。

土地增值税管理。同房管部门建立信息交换机制，实现先税后证。

城镇土地使用税管理。2017年，市国税局围绕“以地控税”的管理思路，有效规范和不断加强城镇土地使用税管理。

车辆购置税管理。2017年10月中旬实现11个县局国税局车购税开征工作。

其他税管理。2017年，市国税局建立健全房地产涉税信息共享机制，与国土、住建等多部门实现涉税信息共享。做好资源税运行分析和环保税开征准备工作。

【纳税服务】 便民办税。2017年，市国税局持续开展“便民办税春风行动”，主动推行“双向预约”，完善细化5类20项43条便民措施。推广自助办税终端，建立以“互联网+”为主体的办税服务体系，继续向符合条件纳税人推行财税库银横向联网和批量扣税业务，不断提高网上申报比重，提供银行收款、POS机刷卡、微信支付等多种缴税方式，稳步推进电子发票。2017年全市14个征收单位开通财税库银业务纳税人1222户，开通网上申报1013户，运用自助终端认证专票16541份，为3户纳税人发放电子发票49万份。

宣传辅导。2017年，市国税局将税收宣传月活动与“大辅导、大督查、大服务、大巡察”等工作同步运筹、结合进行，做到线上宣传和线下宣传相统一，集中宣传和日常宣传相结合。在官方网站和公众号及时公布税收资讯，与邮政公司合作在全市微信朋友圈推送最新税收政策。利用雅砻税苑和市、县两级“纳税人学校”，组织企业、个体工商户召开税企座谈会、专题培训班，安排工作人员深入企业和商户开展“春风送法进万家”、营改增“回头看”等活动，及时回复山南市人大代表、政协委员涉税建议提案。2017年，发放各类税收宣传资料3万多份，网上推送各类信息800余条，召开税企座谈会26次，深入企业400余家，纳税人学校辅导培训纳税人2300人次。

2017年4月6日，山南市国税局开展全国第26个税收宣传月活动

【税收征管】 “放管服”改革。2017年，市国税局深化“放管服”改革，有序推进商事登记制度改革。通过强化组织领导、全面把握政策、开展业务培训、持续优化服务、及时反馈问题等有效举措，推动国务院六项减税政策落地。

防范风险。2017年，市国税局抽调业务骨干成立山南市国家税务局风险管理办公室。实现固定管户向分类分级管户、无差别管理向差异化管理、事前审核向事中事后监管、经验管理向大数据管理的“四个转变”。2017年完成风险应对任务189户，共查补税款6475万元。通过核查系统推送核查发票任务27次，涉及纳税人14户。涉及增值税专用发票2198份，进项转出184.39万元。排查可疑进项发票206份，涉税金额376.54万元。

综合治税。2017年，市国税局与地方33个政府部门沟通协调，主导推动山南市政府制定下发《山南市加强税收征管保障工作实施方案》和《山南市税收征管保障涉税信息交换互通共享制度》等6项工作制度，实现多方涉税信息共享，构建起“政府领导、税务负责、部门配合、社会参与”综合治税工作机制。先后3次由市长普布顿珠、副市长张永林主持召开全市财税工作推进会议，专项安排相关部门配合税务机关，开展招商引资企业风险排查工作，集中清理102户僵尸企业。

【实名办税】 2017年，市国税局

成立实名办税工作领导小组，制定市、县两级工作方案，为14个征收单位购置19台实名办税设备，优先对增值税一般纳税人和医药企业、煤炭等高风险类型企业推行实名办税信息采集工作。2017年，山南市实名办税信息采集226户，覆盖所有一般纳税人。

【税务稽查】 2017年，市国税局在依法组织收入同时，采取纳税评估、加大稽查查补力度、加强与第三方的信息共享等措施，深入开展堵漏增收工作。2017年，查补税款6572万元，同比增收6025万元，增长11.01倍。

【扶贫攻坚】 2017年，市国税局先后深入14个结对帮扶联系点、选派两批22名干部入驻6个村(居)委开展强基惠民、感恩教育和惠民政策宣传活动。投入7.6万元帮扶16户贫困家庭。投入5.46万元资金修建驻村点桥梁。投入2.1万元修建驻村点阳光棚。筹集资金2万多元慰问贫困党员、贫困母亲。

【人事管理】 2017年，市国税局新招录公务员21人。有11名干部受到地方党委政府表彰，其中杨红波被总局、区局授予“中国好税官”“雪域好税官”荣誉称号并入选“感动山南十大人物”。

【教育培训】 2017年，市国税局组织干部学习党的十九大和习近平总书记系列重要讲话精神。参加总局、区局举办异地培训48期，参训人员165人次，共计790天；

2017年5月20日，山南市国税局开展“岗位大练兵、业务大比武”活动

组织1622人次参加自治区视频培训23期，共计12.5天。自主组织855人次开展各类培训班15期，共计31天。组织“雅砻税苑”学习19期，参学785人次，共计9.5天。

【纪检监察】 压实“两个责任”。2017年，市国税局分别与各分管领导及各县局负责人签订《党风廉政建设责任书》。研究部署党风廉政建设工作，听取班子成员和各部门负责人履行“一岗双责”、述职述廉情况汇报。综合运用监督执纪“四种形态”，推动“两个责任”和“一岗双责”落到实处。

改进工作作风。2017年，市国税局严格执行中央“八项规定”、区党委“约法十章”等相关要求，主动公开举报电话，自觉接受社会各界的监督，加强对“国庆、中秋”等重要节假日突击检查、随机抽查，防止“四风”问题反弹回潮。

巡视巡察。2017年，市国税局成立巡察办和党组巡察工作组，统筹推进巡察工作，按期完成12个县(区)局巡察工作，推动5类267条问题整改。

落实巡视整改。2017年，市国税局完成总局对区局巡视反馈意见整改工作。召开山南市国税局巡视整改专题民主生活会，建立台账、制定方案，推动完成自治区党委对市委巡视整改任务。

【政务管理】 2017年，市国税局研究修订《山南市国家税务局工作规则》等制度，持续加大督查督办，开展精文简会工作，加强公文审核把关和文秘人员力量建设，发挥内网刊载税收信息主阵地作用。严格网络安全、保密和密码管理，推进政务公开和年鉴编辑工作。严肃财经纪律，完善财务制度，严格预算编制管理，强化预算执行和分析。加强政府采购和机关后勤、公务车辆以及职工食堂、资产管理工作。加大为基层服务力度，资金继续向基层倾斜，改善基层办公区、周转房，持续深化基层规范化、标准化建设。

【内部审计】 2017年，市国税局以税收征管、预算执行和其他财政收支以及有关经济活动真实、合法、效益为基础,对山南市国税局直属税务分局、乃东区国税局、贡嘎县国税局、扎囊县国税局、加查县国税局、错那县国税局、洛扎县国税局、浪卡子县国税局等8个单位负责人进行经济责任审计。

【税务文化】 2017年,市国税局成立税务文化建设领导小组,结合山南历史,提炼以“源流”文化为主题的全方位税务文化体系,依托规范化建设,运用最前沿声光电技术,选择现代与民族传统相融合装修风格,建设集党建、文化、绩效、廉政为一体的税务文化室。围绕“源流”文化核心载体,以“雅砻税苑”为平台,在重要节日期间,组织主题多样、内容丰富的“庆十一”“喜迎十九大”等文体活动,内聚税务力量,外塑税务形象,精心培育文化软实力,增强干部职工对山南国税向心力和凝聚力。

工商行政管理

【概况】 山南市工商行政管理局(以下简称市工商局)成立于1987年7月,2016年7月由山南地区工商局改为山南市工商局。内设6个科室、2个协会,下辖12个县(区)工商局,4个工商所。

2017年,市工商局共有干部职工137人,其中男77人、女60人,分别占总人数的56%和44%;少数民族干部职工86人,占63%;大中专以上文化程度102人,占74%;党员106人,占77%;县处级干部6人,科级干部67人(包括主任科员和副主任科员)。

【注册登记】 2017年,市工商局实施“网上登记”注册、“五证合一”“两证整合”、实行注册资本认缴、推进“先照后证”,简易注销、“双告知一承诺”等一系列改革措施,降低制度性成本,减轻企业负担,激发市场活力。全年发放“五证合一”营业执照932张、“两证整合”营业执照5352张;保留前置审批33项,变更注销登记前置31项,共发放双告知文书2510份。

【个体工商户登记改革】 2017年,山南市从9月1日起至12月31日在乃东区开展“同城通办”“审核合一”“免于登记”等八项个体工商户登记制度改革试点工作,为在全区开展个体工商户登记制度改革积累经验。

【扶持小微企业】 2017年,市工商局开展新设小微企业跟踪分析,对小微企业发展壮大提出意见建议。推动股权出质、股权出资、债权转股权,全年办理股权出质6起,助企业融资7500万元。充分发挥工商部门感情、职能、体制、队伍“四大优势”,贯彻“五放”措施、落实“六优惠”政策,以党建促发展,以发展促党建,提高小微企业的市场竞争力和抵御风险能力。

截至年底,全市各类市场主体2.26万户,注册资本434.6亿元,同比增长15.92%、44.70%。其中,非公经济市场主体2.18万户、注册资本281.26亿元,从业人员6.78万人,分别同比增长16.16%、55.40%、22.35%。

【加强监管】 2017年,市工商局准确把握事中事后监管的新要求,及时转变监管理念,做到市场监管服务工作“放”而不乱,“管”而不死。截至年底,全市税务系统共查办案件182起,罚没款23.42万元,案值201.5万元。

多途径做好信息公示。2017年,市工商局加强制度建设,建立工作通报机制,深化政策解读和工作指导,强化部门合作,开展年报公示工作。2016年度年报率达99%;推进企业即时信息公示,商改以来,全市共有1235户企业已公示即时信息。

加强经营异常名录管理。2017年,市工商局全面推行“双随机、一公开”监管,抽查各类市场主体556户。全市被列入经营异常名录的市场主体442户,共有14户企业通过履行公示义务或纠正违法行为,被移出经营异常名录。

加强各类市场监管。2017年,市工商局联合市消防、安监、教体、卫生等部门,开展校园周边及危化品行业专项整治行动。对辖区内从事网络经营的市场主体进行调查摸底,涉网市场主体共计122户,大多数网络经营主体都是依托去哪儿网、美团网等网络交易平台开展经营。完成第一批次抽检工作任务,共抽检60个批次商品,合格率为63.3%,对不合格商品已立案查处。开展打击侵犯知识产权、制售假冒伪劣商品和违法广告专项行动,查处“西藏啤酒”侵犯“布达拉宫”注册商标专用权,“老凤祥”黄金销售店发布违法广告等案件。开展打击不正当竞争行为,依法查处“益轩教育培训公司”“天佑德青稞酒专卖店”等不正当竞争行为；围绕服务行业中所使用的合同格式条款开展重点整治清理，对10家娱乐行业单位召开行政指导会，签订承诺书。开展“扫黄打非”工作，查扣淫秽（盗版）光盘950张，没收违法商品地面卫星接收器、电路板40余台，通过山南网、山南微信发布电信网络违法犯罪方面的消费警示一次。扎实开展打击传销规范直销工作。以市政府名义下发《山南市关于2017年打击传销和禁止传销工作方案的通知》和《山南市打击传销规范直销宣传活动方案》。创建无传销社区、校园、乡镇共50家，新建14家，组织开展宣传66次，发放宣传资料2.4万余份。

2017年5月22日，西藏自治区党委副秘书长、区党委改革办专职副主任汪晓冬带队自治区改革办督察组在山南市工商局调研商事制度改革落实情况

【创新消费维权机制】 消费维权作为工商品牌，市工商局尽心尽力解决消费纠纷，致力营造安全放心的消费环境，释放消费潜力，增强对经济增长拉动作用。市工商局关于沈阳游客邱某消费投诉的妥善处理，得到消费者的充分肯定，自治区副主席多吉次珠为市工商局的工作点赞，市长普布顿珠和自治区工商局局长达娃欧珠予以重要批示，被西藏日报和山南报等媒体进行宣传报道，充分肯定工商部门消费维权工作。截至年底，按照“六个规范”“八个统一”的要求，共建立“12315”消费维权联络站109个；“12315”指挥中心共受理消费者投诉162件，解决161件。围绕烟花爆竹、网购防范电信诈骗、网购付款前先验货等内容发布消费警示共11期，关注量上万余人。召开山南市消费者协会换届会暨第三届理事会一次会议，并完成新一届消费者协会的换届选举，明确消协工作。

【实施商标广告战略】 2017年，市工商局制定出台《山南市“十三五”期间商标品牌战略发展与实施规划》和《关于发展农产品地理标志商标推进脱贫攻坚战略和商标富农工程的实施意见》。2017年9月，组织乃东区民族哔叽手工编织专业合作社（泽帖尔）等3家企业参加中国国际商标品牌节，乃东区民族哔叽手工编织专业合作社（泽帖尔）荣获“2017中华品牌博览会金奖”。全市拥有注册商标895件，拥有著名商标15件，地理标志商标4件。通过实施商标战略，全市已使用地理标志商标的年产值达1.8亿元，为注册前的4.6倍，年销售额达到9000万元，为注册前的3.4倍，年利润达6500万元，为注册前的3.8倍。从业农民的年收入比注册前普遍增长30%以上。

【队伍建设】 扎实推进“两学一做”学习教育常态化制度化。2017年，市工商局以开展专题党课、讨论会、开通微信公众号等方式，切实增强党员政治理论素质。2017年，组织参与网络培训1期，安排赴其他省市挂职锻炼5人，组织专题学习培训60余次，共计参学350人次。

加强法治工商建设。2017年，市工商局通过深入开展“一月一交流”“一季一考”案卷评查等学习活动，调动干部积极性，达到切实巩固学习成果的预期目标。总结推广市工商局“六五”普法工作做法和经验，并及时安排部署“七五”普法工作。市工商局“六五”普法工作被区党委宣传部、区司法厅、区普法办评为全区“六五”普法先进单位，并在全市“六五”普法总结表彰大会上作为典型进行交流。

加强党风廉政建设。2017年，市工商局严格贯彻中央“八项规定”、区党委“约法十章”“九项要求”、市委“十项规则”，落实“一岗双责”，不断增强全市工商系统干部职工的廉洁自律意识和服务改革发展的能力。全年开展廉政谈话20人次，开展监督检查24次，形成督查通报10篇。局领导班子人均调研天数超过30天，形成调研报告19篇。

加强基层党组织建设。2017年，市工商局按照党建“233”工作思路，结合“七项重点任务”，深入开展各类活动，实现党内活动生活制度化、规范化。12月底，全系统共成立独立党支部14个，设立党员先锋岗、示范岗17个，表彰先进党务工作者6名、优秀共产党员6名、党员先锋岗2名。注册窗口收到4面赞誉锦旗；1名干部因维稳工作，受到自治区党委书记吴英杰、山南市委书记许成仓大会点名表扬，山南市委通报表扬；格桑路工商所获得“第五批全国文明单位”；1名党务工作者获得“全国推进非公党建表现突出个人”。

加强强基惠民工作。2017年，市工商局制定《精准扶贫结对帮扶工作实施方案》，开展实地走访调查，坚持每月与结对户进行电话联系，全心全意为群众办实事、解难事。得到山南市副市长、脱贫攻坚指挥部总指挥长张福臣的批示和肯定。2017年，共开展结对帮扶走访2次，走访贫困户18户，填写电话联系表90余份，化解各类矛盾纠纷3起，开展慰问活动17次，送去慰问资金和物资累计6.54万元，帮助所驻村共办实事、解难事等累计3件，协调项目10个，累计帮助所驻村组织落实项目资金达198.9万元。

烟草专卖

【概况】 山南市烟草专卖局、西藏自治区烟草公司山南市公司（以下简称市烟草局）组建于1998年1月，2004年4月国家烟草总局批复同意山南烟草体制上划，2004年7月正式上划。设有办公室、人事劳资科、财务科、专卖监督管理科、内部专卖监督管理科、综合督查科、安全保卫科、营销中心、物流中心、信息中心10个职能科室，营销中心下辖贡嘎、加查、洛扎、浪卡子、隆子5个县直属网点及3个卷烟珠峰品牌店。

2017年，市烟草局有在岗职工，局领导7人、老员工16人、新员工74人，退休16人。

2017年，市烟草局始终保持卷烟打假打私高压态势，联合市公安经侦支队、工商、市文化局等执法部门，严厉打击涉烟违法行为。全年专卖执法300人次，出动执法车辆50次，涉案卷烟42.43万支，上缴罚没款5.75万元。

【卷烟营销】 2017年，市烟草局科学制定销售措施、计划，将全年销售指标层层分解，以日保周，以周保月，以月保年。制定《山南市烟草专卖局（公司）现代卷烟零售终端建设实施方案》，进一步加强对零售客户服务、信息收集、监测工作，发挥卷烟销售、预测市场需求作用。制定实施《卷烟精准投放实施方案》《卷烟差异化投放实施方案》，根据零售客户卷烟库存与市场价格情况，做到实时调整货源，努力维护好市场状态。制定实施《卷烟品牌“三转二”实施方案》《新品卷烟选点投放管理办法》，加大新品引入力度，放宽新品引入门槛，形成合理的品牌梯次，建立新品卷烟投放选点库，提高零售客户卷烟销售利润，增强零售客户信心。继续做好网上订货、电子结算、跨行结算工作，不断深化零售客户对现代电子商务建设认可度。加大“珠峰服务、情暖雪域”服务理念宣传，适应经营理念和方式的转变，稳妥推进零售客户自律互助小

2017年11月8—10日，西藏自治区烟草专卖局（公司）党委书记、局长、总经理宋俊一行在山南市政府副秘书长刘国军等领导陪同下，深入隆子县玉麦乡进行考察调研

组建设，已成立市区及5个县城11个零售客户自律互助小组（170户零售客户）。

【终端监管】 2017年，市烟草局加大对汽车站、货运部、重点地域的蹲点排查设卡堵源工作。协同市公安、工商等部门，开展“天价烟”专项治理、“雪域亮剑”专项整治等活动，严厉打击销售“假私非”卷烟违法行为。为提升市场净化率，制订零售终端大户整治方案，建立健全大户基础信息库，对辖区内“二次批发、左右价格、扰乱市场”客户进行专项整治，确保市场监管不留死角，不留空白，进一步规范辖区县级卷烟市场经营秩序。

【内部监督管理】 2017年，市烟草局落实“六个严禁、一个严控”和“六个坚决禁止”规范要求，修改完善《严肃卷烟经营管理规定》等办法，切实落实内部监管职责。重点监管终端大户订单、零售户档位分级制度的落实与执行、26—30档客户走访，对专卖行政执法程序合法性、案件办理、行政许可证审批执行、到货确认情况、购进卷烟经营活动中有无“虚假入网、虚拟客户、向无证户供货、体外循环、拆单分摊”等进行内部监管，严格落实真烟案件查处上报要求，坚决杜绝分案件、违法罚款放行、有案不查，有码不抄不报等弄虚作假行为的发生。

【法律法规宣传】 2017年，市烟草局每月定期对专卖行政处罚、行政许可依法依规情况进行抽查评审，形成对内不断提升专卖执法服务水平和案件合法查处的质量，对外不断提升法治烟草形象，增强执法的准确性，规避执法风险点。加强法律风险防控工作，法规部门严格执行合同审核管理办法，协同法律顾问，及时审核办公室送审的各类经济合同45份，规避经营活动存在的风险点。通过“5·15”公安经侦牵头的打击经济犯罪宣传活动、“12·4”国家宪法日，大张旗鼓的宣传《中华人民共和国烟草专卖法》《烟草专卖许可证管理办法》等法律法规资料800多份。落实“七五”普法计划，邀请专家开展法律法规知识讲座，组织干部职工集中学习法律知识和行业各项规章制度，定期检查学习情况，不断提升干部员工知法、守法意识。

【基础管理】 2017年，市烟草局以税利指标为核心，围绕年初预算调整指标，把控没有预算不得开支原则，充分发挥预算管理在企业管理中的实际作用。紧紧围绕全区构建“统一管理、分级核算”的财务管理格局，按全区财务模式试点改革工作要求，对原有的工作流程进行优化，按财务模式改革试点工作要求做全面清查。牢固树立“管理是竞争力、管理出效益”理念，结合预算指标情况，认真开展降本增效精益管理工作。不断完善各项规章制度，确保依靠制度、职责管人管事。修改完善《中共山南市烟草专卖局（公司）党组议事规则》等88项制度，执行区局（公司）下发的各项制度57项，杜绝管理中存在的漏洞。加强对固定资产的管理，根据2017年固定资产处置预案，对达到使用年限和计提折旧、无维修和使用价值的33项固定资产进行报废处置。持续改进和完善质量体系工作，梳理各部门流程图65个，按要求开展QC小组课题3个，发挥体系办指导作用。按照“三个保障机制”工作要求，做好对物资采购、服务采购、工程投资等项目立项、招标、执行等全过程参与监督及公示。八是严格规范落实基本建设项目批复，截至12月底，购置职工周转房及建设错那县网点项目，累计投资1307.25万元（其中购置职工周转房投资1193.63万元，错那县卷烟营销网点投资113.62万元）。

国土·环保·住建

国土资源管理

【概况】 山南市国土资源局成立于2002年8月,2016年6月市城乡规划职责划入市国土资源局(以下简称市国土局),组建成立市国土资源和规划局。主管全市土地、矿产等自然资源规划、管理、保护及合理利用,负责不动产统一登记、城乡规划管理、地质灾害防治、土地储备的政府工作部门。

2017年,市国土局内设机构有办公室(政工人事科)、耕地保护科(土地利用科)、不动产登记局(地籍管理科)、矿产资源管理科、地质环境科、城乡规划局6个行政机构和山南市土地储备中心、山南市国土资源信息技术中心(市不动产登记中心、市规划研究院)2个事业单位。人员编制31名,实有干部职工43人。

【机关建设】 坚定落实责任。2017年,市国土局召开4次党组会议和多次专题会,部署推进党建和党风廉政、精神文明、干部教育培训等工作,制定出台维稳、综治、"先进双联户"创建、"两学一做"学习教育常态化制度化等系列工作方案,调整充实系列领导小组及工作专班,坚持以"一把手"工程的标准抓落实,通过层层签订责任书、军令状和作出承诺,压紧压实局党组、党政主要领导和班子成员等主体责任、第一责任和直接责任。严格按照民主集中制原则,对50余个"三重一大"事项实行集体研究决定。

全面从严治党。2017年,市国土局以区党委巡视反馈问题整改为契机,主动查摆出6个方面、22个具体问题,制定并全部落实73条整改措施,专项整改和延伸排查取得明显成效,强化党的领导核心作用,规范"三会一课"等党建工作,纠正门面房违规集资分红、公车油料报销标准不严格等一批突出问题。扭住党风廉政建设关键,筑牢讲规矩、守纪律底线,树立高标准、严要求高线,坚持逢会必讲、有案必学、有警必示,开展"双述双评"活动,坚持分级廉政谈话制度,强化廉政提醒教育,分发告知书、设置警示牌实行双向廉政提醒,持续推进作风建设。开展廉政风险点排查专项行动,针对班子、科室负责人和重点岗位人员,排查划定出素质、权力、管理、政策、环境等53个风险点,制定80余条防控措施,12名负责人作出自我防控承诺,构建廉政风险防控体系。

加强队伍建设。2017年,市国土局突出政治思想建设,坚持每周五学习制度,深化党组理论中心组、干部职工集中学和"三会一课"等立体学习,采取领导带学、交流讨论、知识竞赛等方式,建起用好微信群、公众号等新媒体平台,推进精神文明建设和文明单位创建,把牢意识形态工作主动权,把学习贯彻落实党的十九大精神、区党委九届三次全会及市委一届二次全会精神作为首要政治任务,教育引导党员干部学深悟透做实党的十九大等重大会议、重要讲话、重点文件精神,全年共开展理论中心组学习6次,干部职工集中学40余次,"三会一课"累计20余场(次)。把方向、重推进,常指导、强督促,推动机关党支部建设和"三会一课"规范开展,支持帮助支委会"甩开膀子干",全年发展2名党员。干部教育培训持续发力,业务能力建设不断加强,组织部门选派、争取援藏支持、参加系统培训"多点开花",培训力度大、范围广、为历年少见，全系统仅派出去培训达 90 余人次。

强基惠民。2017 年，市国土局深入推进创先争优强基惠民驻村工作，以精准扶贫、精准脱贫为重点，全年共解决近 60 万元用于浪卡子县 2 个驻村点补短板、强基础、惠民生，对驻村工作的重视程度持续提高，对驻村点的支持力度不断加大，对驻村队员的关爱保障前所未有。参与优化发展环境专项行动，征地拆迁、地材开采领域专项整治成效显著，开展泽当城区闲置、零散等土地储备工作，有序处置鑫隆检测站违规用地等难题。

【制度建设】 2017 年，市国土局坚持问题导向，推进精细化管理，结合严格规范党建、巡视问题整改、环保迎检、安全生产迎考、持续加强作风建设、重申维稳禁赌纪律要求等工作实际，党组专题研究调整、重申严格执行 30 余项制度，涵盖机关管理各个方面，持续推进严格用制度管人、管事、规范行为。扎实推进维稳、综治工作制度化长效化机制化建设，严格重申维稳、禁赌等纪律要求，严格带班值班和报告制度，牵头组织开展责任路段、片区巡逻，扎实推进雅砻水库建设压覆矿产、错那县章浪铅矿拖欠工资等领域内信访和矛盾纠纷排查化解，切实按照市委书记许成仓“四个一切”要求，做好十九大召开前后维稳安保各项工作。

【用地保障服务】 2017 年，市国土局紧紧围绕基础设施、民生扶贫、军事维稳等重大项目建设，加强用地服务指导，严格用地预（初）审、项目用地报件审查和用地勘测定界报批管理，开辟用地审查科室会签“绿色通道”和前置手续限时办结“快速通道”，提高土地供给质量和效率。2017 年，出具预（初）审意见 58 宗、面积 33957.3 亩；上报自治区 27 批次建设用地报件，得到自治区批复 16 个批次、批准用地面积 2892.84 亩；组织评审土地勘测报告书 28 件、面积 12601.5 亩。

【矿产业管理】 2017 年，市国土局严格落实矿产资源政府“一支笔”审批制度，实施地质找矿和矿产开发战略行动，协调整装勘查、重点勘查和老矿山找矿等项目进度，加强优势地勘单位的技术合作，分解任务督促企业满负荷生产，地质找矿和矿产开发实现“双突破”，矿产业经济支撑作用持续凸显。2017 年，隆子县发现大型—超大型铍金属矿床，初步预测铍资源量潜力超过 50 万吨。完成开采量铬铁 4.88 万吨、铅锌 46 万吨、岩金 8.8 万吨（均为矿石量），实现矿业产值 5.69 亿元。

【耕地保护】 2017 年，市国土局严格贯彻《中共中央 国务院关于加强耕地保护和改进占补平衡的意见》，高标准完成自治区下达的耕地、基本农田保有量分别不低于 85 万亩、72 万亩的目标任务，实现耕地数量、质量和生态保护任务目标和责任“全覆盖”。全面完成永久基本农田划定工作，通过国土资源部审核入库和自治区验收，基本农田特殊保护更加坚定、坚决。推进土地开发整治和占补平衡工作，开展措美、琼结、扎囊等县土地整治和拉林铁路占补平衡项目市级终验，实现耕地占补平衡。

2017年，山南市国土局工作人员开展矿产开采勘察

【地质环境生态修复】 2017 年，市国土局深入贯彻中央第六次环保督察组反馈意见和自治区国土资源厅将山南市确定为绿色矿山试点市部署要求，初选罗布莎和华钰矿业为试点，投资 30 余万元编制罗布莎矿区“三率”调查方案，督促企业编制罗布莎矿区、华新石灰岩矿地质环境保护和土地复垦方案，并通过自治区国土资源厅审

查。在全区7个地(市)中首个出台实施《非金属矿山地质环境保护与恢复治理方案编制工作暂行规定》,共有88个砂石场地质环境保护与恢复治理方案得到审查,收缴保证金1337.62万元,矿山地质环境保护与恢复治理工作连续多年走在全区前列。

【土地市场管理】 2017年,市国土局坚持经营土地带动经营城市的理念,通过建设用地的收购储备出让,增强政府对土地的调控能力,优化土地资源配置。2017年,完成土地收储任务1081.7亩,挂牌出让经营性土地9宗、299.11亩,上缴土地出让金2.7亿元。

【生态保护区防护】 2017年,市国土局落实矿产资源勘查开发生态保护制度,严禁在生态敏感区、神山圣水、风景名胜区和自然保护区进行资源勘探和开发,督促矿山企业开展损毁土地复垦和环境恢复治理,促进节约资源、保护生态,推动矿产业建成“绿色矿业”、矿山建成“绿色矿山”。

【地下水监测】 2017年,市国土局争取投资892.29万元,实施贡嘎、加查县水文地质调查评价和沿江县16个地下水监测点建设,开展日常监测,加强矿山企业水污染防治,确保地下水安全。

【城乡规划管理】 2017年,山南市城市总体规划已获得自治区人民政府批复,控制性详细规划和园林绿地等专项规划初步成果已形成。城市规划调查评估工作正式展开,城市设计试点工作方案在考察调研的基础上修改完成。隆子县和错那县总规已报送自治区待审,本轮县城总规修编工作即将完成。隆子县乡镇规划编制进度全面加快,全市乡(镇)规划覆盖率超过70%。96个边境小康示范村规划编制进展顺利,已有70个边境小康示范村完成规划编制并报自治区有关部门审查。

【土地规划调整】 2017年,市国土局启动山南市及12个县(区)土地利用规划调整完善工作,编制《山南市土地利用总体规划调整方案》,已通过自治区国土资源厅审查。

【专项规划编】 2017年,市国土局启动编制山南市矿产资源总体规划,于6月完成项目招投标,争取于2018年上半年全面完成。错那、措美、浪卡子三县矿规已提交审查,扎囊、曲松、隆子、桑日县已启动编制,其他县(区)加紧开展前期工作。编制完成《山南市测绘地理信息“十三五”规划》《山南市“十三五”地质灾害防治规划》,实现“从无到有”突破,切实做到规划先行,强化规划的引导性和科学性。

【地质灾害防治】 2017年,市国土局始终坚持汛前有部署、汛中有巡查、汛后有治理、汛终有防护的工作原则,多次召开部署会议,下发指导性文件,排查巡查出地灾隐患点1593处,并逐个落实专人监测、划定警示区设立警示牌和建立临时避灾场所等工作。与市气象局建立联合地质灾害气象预警机制,实现信息共享、联合通报,2017年共发布预警信息4期,为各级部门和人民群众防灾避险提供技术支持。全年完成投资1984万元,开展错那、措美、浪卡子三县1:5万地质灾害调查等4个项目。

【安全生产监管】 2017年,市国土局按照“管行业必须管安全、管生产经营必须管安全”的工作要求,建立健全行业监管职责,先后多次

2017年,山南市国土局调研各县(区)不动产权证首发情况

深入12个县(区)重点矿山企业、采石采砂点和重点建设项目检查督导,切实做到"五个到位",即"思想认识到位、责任领导到位、整改目标到位、整改措施到位、完成时限到位"。

【执法检查】 2017年,市国土局扎实开展迎接中央环保督察和国务院安全生产考核工作,针对重点矿山和砂石料开采领域,先后组织30余批(次)工作组、检查组、督导组,多轮次、全覆盖深入12个县(区)矿山企业、采石采砂点,检查梳理行业领域突出问题,现场提出整改意见40余条,下发限期整改通知9个、督办通知3个,扎实推进华新水泥采石场、自然保护区和风景名胜区采砂石等领域内整治整改工作,提出12个县(区)设立34个采砂场的意见。开展土地卫片执法检查工作,针对1017个疑似违法图斑,共核查确认违法用地165宗,扎实推进整改工作,已整改到位40余宗。抽调4名干部脱岗参加全市优化发展环境专项行动,牵头开展鑫隆汽车监测站违法用地处置、泽当国有空地排查等专项行动。

【增强服务能力】 基层基础不断夯实。2017年,市国土局按照倾斜基层原则,将系统援藏资金的80%用于12个县区整合建设业务用房、添置办公设备,基层工作条件明显改善。

援藏力度不断加大。2017年,三省共到位援助资金250万元,援助开展琼结县城和乃东区滴新、鲁琼工业园共计23.3平方公里1:500地形图测绘,《山南市测绘地理信息"十三五"规划》编制和1:5万地质灾害调查等5个项目,帮助培训18人,市局与三省厅、县(区)局与三省对口市局交流交往交融不断加深,感情援藏、人才援藏、技术援藏、项目援藏力度持续加大。

信息化步伐不断加快。覆盖全市国土规划系统的OA系统、局域网和网络硬件平台稳步推进,视频会议系统、不动产登记平台已正式投入运行。

【深化改革】 持续推进不动产登记发证工作。2017年,市国土局全面完成资料移交,乃东区实现部分数据整合建库,12个县(区)基本实现持续、规范发证。截至年底,全市共颁发不动产证书830本,不动产登记证明289份。

加快推进农村集体土地所有权确权登记工作。2017年,在乃东区试点基础上,洛扎、隆子、桑日、曲松四县已通过市级初验,其他县正在加紧开展外业工作。宅基地确权登记实现100%发证。

扎实推进城市设计试点工作。山南市被列入第二批全国城市设计试点之一,开展拟订方案、成立机构、调查评估、其他省市考察和专项规划等前期工作,通过试点把山南市打造为风貌突出、功能完善、山清水秀、管理规范、宜居宜游的高原城市。

推进行政审批制度改革。2017年,市国土局按照抓大放小原则,做好"放管服"工作,采取跟班学习、传帮带、划转专人等方式,确保职责权限"放得下、接得住"。

环境保护

【概况】 山南市环境保护局(以下简称市环保局)于2010年从国土部门分离出来,升格为正县级市政府工作组成部门。

2017年,市环保局下设办公室、规划与项目科、环境监测科、环境影响评价科、污染防治科(辐射环境管理科)、自然生态保护科(生物多样性保护与生物环境安全管理办公室)6个行政科室和环境监察支队(环境应急与事故调查中心)、环境监测站(辐射环境监测站)、环境工程评估中心(固体废物监督管理站)3个参公事业科室,核定编制总数为28名。全局实有干部职工43名,其中局领导5名(含援藏干部1名)、调研员1名,科级干部21名,科员6人,事业干部2人,工人8人。

【迎接中央环保督察】 精心准备。2017年,市环保局紧紧围绕迎接中央环保督察四个重点内容,认真贯彻落实自治区和市委、市政府关于迎接中央环保督察工作安排部署,结合问题清单、整改清单和部门责任清单,全面开展自查自纠,狠抓任务整改落实和资料准备工作。

严肃查处。中央环保督察期间,全市环保系统充分发挥参谋助手和主力军作用,在材料起草、资料准备、组织协调、案件查办等方面全力以赴,对中央环保督察期间61个转办案件,坚决从严从重从快处理,有力确保山南市中央环保督察工作的顺利推进。

【环评审批】 2017年，市环保局牢固树立“发展绝不以牺牲环境为代价”的理念，严禁“三高”项目落户山南。严格执行建设项目环境评价制度和“三同时”制度，对2013年至2017年建设项目环评审批情况进行梳理归档并建立一企一档。截至年底，共审批建设项目环评文件292个，其中报告书8个、报告表284个。

【环境监测】 2017年，市环保局按照国家、自治区要求，认真组织开展环境空气质量监测、城镇集中式饮用水水源地（市级）、国家地表水水质月监测、重点监督（监控）企业监督性监测、信访举报案件应急监测等各类监测任务60余项。

【生态保护与建设】 2017年，市环保局组织各县（区）人民政府申报自治区级生态村103个、生态乡（镇）14个、生态县2个，完成资料审查和现场考核工作，并顺利通过验收。实施农村饮用水水源地保护项目205处，总投资2050万元，已完成总投资的95%。羊卓雍措生态环境保护、雅砻河源头生态环境保护、贡嘎县森布日滨江湿地保护、错那县高海拔地区清洁能源替代示范工程、土壤污染防治等项目前期工作正在加快推进，计划于2018年上半年全部开工建设。

【示范区建设】 2017年，市环保局制定印发《关于推进国家生态文明先行示范区建设工作任务分解方案》，起草《山南市环保机构监测监察执法垂直管理制度改革实施方案（草案）》《山南市建立污染物排放许可制和企事业单位污染物排放总量控制制度实施方案（草案）》，待市政府专题研究。有序推进2017年环保考核工作。

【蓝天工程】 2017年，市环保局开展2016年度大气、水污染防治行动实施情况自查。完成市机动车尾气检测站在线监管平台调控及数据同步和3万余辆机动车尾气检测。截至10月31日，淘汰黄标车、老旧车576辆，超额完成年度淘汰任务。开展加油站、储油库和油罐车油气回收治理工作。依法划定山南市高污染燃料禁燃区。督促华新水泥（西藏）有限公司实施脱硝和余热发电工程。

【碧水工程】 2017年，市环保局完成城镇集中式饮用水源地现场核查、数据录入、一源一档、保护区划分技术报告编制工作。核发西藏华钰矿业、华新水泥等7家国控、区控重点企业及行业排污许可证。

【绿地工程】 2017年，市环保局印发《山南市土壤污染防治行动计划工作方案》，开展重点行业企业土壤污染详查信息录入、空间位置遥感核实工作，共布设样点110处。加大废弃简易垃圾填埋厂和矿山土壤治理力度。

【网格化管理】 2017年，市环保局出台《山南市环境网格化监管实施方案》，下发《关于进一步发挥各县（区）环保监督员环境监管网络化管理职责的通知》，明确各级网格责任主体和网格化管理工作的内容、步骤、方法和要求，建立市、县（区）、乡（镇）、村（居）四级网格监管体系，建立环境网格化监管成员单位联席会议和联合执法制度，有效解决环境重点、难点、热点问题。

【建立健全监管机制】 2017年，市环保局出台《关于加强环境保护与公安部门执法衔接配合工作的实施方案》，制定《山南市工业污染源全面达标排放实施方案》《山南市环境卫生专项整治实施方案》《山南市泽当城区噪声污染专项整治

2017年6月5日，山南市举行世界环境日自行车骑行活动

实施方案》《山南市砖瓦行业专项执法检查工作方案》等，进一步规范和完善执法工作机制。

【执法监管】 2017年，市环保局开展全市8个重点行业摸底排查和统计工作，全面排查辖区内70家砖瓦企业环保手续履行情况，督促泽当镇污水处理厂和华新水泥编制污染物排放情况评估报告，组织开展辖区内娱乐场所噪声专项执法监察，狠抓党的十九大期间环境卫生整治工作，切实解决泽当镇“脏、乱、差”现象。2017年，全市共下达行政处罚决定书38份，行政处罚金480.4余万元，其中市本级下达行政处罚决定书7件，行政处罚金额107.9余万元，均全部执行到位。市本级下达限期整改通知书24份，约谈企业2家，处理“12369”环保投诉来电来信44起，办结率100%。

住房和城乡建设

【概况】 山南市住房和城乡建设局（市人民防空办公室）建于1996年8月。2016年6月，改为山南市住房和城乡建设局（以下简称市住建局），山南市人民防空办公室（以下简称市人防办）。

2017年，局机关行政编制26名，事业编制10名，后勤事业编制2名。编制总数38名。内设8个行政科室：办公室（政工人事科）、住房保障与公积金监督管理科（市住房制度改革办公室）、城市建设科、工程质量安全管理与建筑节能科、建筑市场管理科、人民防空建设管理与指挥通信科、公有房屋管理与房地产市场监督科、村镇建设科，4个事业科室：山南市住房资金管理中心、山南市工程质量监督站（市工程质量检测中心）、山南市建设工程招标投标管理办公室、山南市建筑工程抗震中心。下属有一个副县级事业单位（山南市雅砻风景名胜区管理局）和两个自收自支的正科级事业单位（市建筑规划设计院和市自来水总公司）。

【城乡建设】 2017年，泽当中心城区及县城基础设施不断完善。泽当中心城区泽当大道建成通车，和平路一期工程年内建成，湖北大道南延伸段项目完成投资70%以上，物交会道路开工建设，流浪狗收容中心建成投入使用。山南市人民医院异地迁建项目全面开工建设，完成投资1.5亿元，市委党校改扩建项目已全面开工建设，完成投资3200万元。和平路二期、湖北大道南延伸段二期等7个项目完成可研编制工作有序报审。泽当大道主路东延伸段、三湘大道南延伸段（泽当大道至滨江路）等7个项目（断头路）前期工作加快推进；7条路“白加黑”提质改造工程完成可研编制，海绵城市规划编制初步完成。山南市地下综合管廊、市人民公园、雅砻河两岸景观及风貌改造工程和香曲西路（泽当大道至过境公路）、鲁琼大道等6个贷款项目运用投融资模式有序推进。2017年各县（区）市政基础设施项目共计62个，总投资334375万元，续建项目31个、完工8个，新建项目31个、开工建设10个，完成投资136604万元以上。三个特色小城镇建设顺利推进，其中杰德秀镇计划投资4.68亿元，建设项目26个，开工建设6个项目，完成投资约7600万元。勒乡计划投资1.69亿元，开工建设15个项目，完成投资约9000万元。桑耶镇因规划定位调整，总体规划进行重新编制，现总体规划已通过自治区审查并下达规划批复。

2017年10月26日，市人大常委会副主任、市住建局局长邓荃（右四）主持召开人民医院易地搬迁结莎棚户区观摩现场会

【住房保障】2016年保障性安居工程项目计划39个，总投资为22478万元，计划开工套数3145套，开工建设37个，完成投资12182.83万元。2015—2016年度718套市直保障性住房整合建设项目力争年内开工建设。“雅砻家园”1812套公租房完成分配入住，有效缓解干部职工、企业职工、外来务工人员住房难问题。平安小区、民心小区首批、二批490套市直周转房分配改革出售工作基本完成，得到干部职工的一致好评。落实乃东居委会（城中村）棚改项目PSL贷款3亿元，申请泽当、乃东、结莎居委会安置棚户区改造项目PSL贷款9亿元，建设进展良好，2017年棚户区及周转房建设年内开工建设。住房公积金管理运行良好，归集住房公积金4.77亿元、较同期减少19%，住房公积金提取3.3亿元、较同期增加0.76亿元、较同期增加30%；住房公积金发放贷款6.35亿元、较同期增长4.17亿元、增幅292%；回收贷款1.19亿元、较同期增长70%。

2017年6月18日，山南市住房和城乡建设局（人民防空办公室）举行挂牌仪式

【建筑领域监管】2017年，市住建局严格项目建设程序，实现一体化平台审批报建，报建项目85个，办理施工许可证91份，办理竣工备案18个，签订五方责任主体“两书”910份。全面推进电子化招投标全过程监管，交易项目485项，金额达36亿元。开展工程质量监督巡查850余次，检测建筑用砂、混凝土试块、钢筋等约2690余组，建筑材料检测见证取样率达100%，确保送检材料的真实代表性，对不合格的坚决清理出施工工地，确保工程质量。深入开展建设领域拖欠工程款和民工工资清理工作，清理排查市直各部门和各县（区）项目480余个，受理调处拖欠投诉5起，涉及人数35人，涉及金额55.47万元，解决金额48万元。结合实际先后制定印发《山南市住建局建筑施工现场环境综合整治工作方案》《山南市住建局关于开展2017年建筑施工安全生产专项整治工作方案》《山南市住建局关于加强建筑工程施工现场文明、扬尘污染防治长效机制》，组织开展房屋建筑和市政设施建设领域质量安全检查5次，检查项目108个，下发隐患整改通知32份，1家施工单位和监理单位在全市范围内进行通报，确保建筑领域安全生产持续稳定。建筑业企业不断壮大，完成33家施工企业资质的办理、增项、延续，山南市三级以上本地建筑施工企业达124家，开办8期农牧民施工队关键岗位人员培训班，培训474人，通过368人。深化行政审批制度改革，2017年将1500万元以下的建筑工程和市政公用工程项目建筑工程施工许可、质量安全监督、竣工验收备案等方面的行政审批、监管与行政处罚权限，燃气经营许可证审批权，农牧民建筑施工队资质审批权等下放至各县（区）。扎实开展建筑市场环境综合整治工作，严格执行建筑市场准入清出制度，推行工程总承包和建立黑名单制度，加大预拌混凝土在项目建设中的运用。

【人防工作】2017年，市人防办坚持“长期准备、重点建设、平战结合”的方针，以人防业务工作和基础建设为根本，狠抓各项工作的落实。组织指挥能力建设不断加强，“十三五”人防领域重点项目山南市人防指挥所建设、山南市防灾避险公园项目有序推进，启动全国人防重点城市的申报工作。城市综合防护能力不断提高，2017年度共审批人防建设工程3项。人防易地建设管理制度建立健全，多次对结建工程进行专项检查，清理应建而未建工程11项，全年收缴人防易地建设项目7项。

城市综合执法

【概况】山南市综合执法局(以下简称市执法局)是2016年撤地设市、政府机构改革新组建的正县级政府组成部门。

2017年,市执法局内设办公室(政工人事科、政策法规科)、市政管理科、综合执法监察科3个行政机构(正科级)和综合执法支队1个所属正科级事业单位。局机关和所属事业单位核定编制总数为23名,其中,局机关核定编制数为11名(行政编制6名、事业编制4名、后勤事业编制1名)、综合执法支队核定事业编制12名。核定局领导职数5名,局内设行政机构科级领导职数5名、综合执法支队科级领导职数3名。

【执法宣传】2017年,市执法局始终把宣传教育作为城市管理和综合执法工作的重要举措,利用综治、安全生产及食品安全宣传活动,发放《致广大商户的一封信》,宣传市容市貌、环境卫生管理等相关法律法规及重大意义,对长期乱摆乱放、乱设摊点商户集中宣传学习相关法律法规,明确责任义务。截至年底,发放各类宣传资料1500余份,集中宣传教育2次、教育商户书写保证书200余份。

【城市管理】2017年,市执法局坚持把城市管理工作放在突出位置,以规范市场秩序、提升城市形象为目标,全力抓好市容环境综合整治,特别是中央环境保护督察组进驻西藏和“建设美丽山南 喜迎党的十九大”八项环境专项整治活动开展以来,多次召开专题会议,组建市容市貌督察、重点路段整治工作专班,突出重点路段、重点区域,围绕乱摆乱放、占道经营、乱设摊点、私搭乱建等重点问题开展专项整治行动。

扎实开展市场秩序和私搭乱建整治。执法人员采取步巡、车巡和疏堵相结合方式,协调发改(物价)、公安、食药监局、工商等部门,联合整治流动摊贩、出店经营等市场环境脏乱差、经营秩序混乱等问题,规范乱停乱放、私搭乱建、私拉乱接等行为,加强市内洗车市场整治,对不符合要求洗车场进行关停或限期整改。2017年共出动执法人员2300余人次,劝导整治占道经营3300余家,教育疏导流动摊贩3600余个。取缔占道经营摊贩、无证经营游商50个(夜市摊点16个)。整治规范出店经营门店1000余户,拆除违规遮阳棚30余处960平方米、人行道私搭乱建50处600平方米。关停洗车场16家。配合市优化办检查违规建房12家、下发停工核查书12份。协调建立零时停车场13处、容纳机动车2066辆(小车898个、大车1090个、130货车78个)、非机动车停放点31个290个车位。

维护市政设施。在市政维修事项移交市城投公司前,及时拆除立杆17根、维修雨水篦40套、污水井盖56套、修补网围栏280米、防护栏1813米,拆除破损国旗526面、维修公交站台橱窗31处。

开展市容市貌整治。2017年,市执法局加大街面巡逻力度,对发现的问题及时向沿街单位印发整改通知并督促做好落实。截至年底,清除小广告“牛皮癣”3000余处,清理各类违规广告画面500余处;督促清理建筑垃圾9处;清理乱堆乱放26处300多立方;下达城市规划区内建筑施工现场环境整改通知20余份,限期整改项目5个;签订《建筑工地施工现场责任书》10份。同时,加强工地文明施工及环境保护巡查力度,严查施

2017年8月17日,山南市综合执法局党组书记、副局长张志福率队开展环境整治工作

工渣土运输违规行为，加强对主要街道洒水降尘应急。

【综合执法】 2017年，市执法局主动推进，强化跨部门、跨行业联合执法检查。全年牵头协调国土部门，深入7个县（区）巡查非金属矿16家、联合下达整改通知书7份，巡查金属矿5家、联合签订《山南市矿产资源勘查开发执法监管目标责任书》5份，对发现的问题及时向资源所在县（区）致函联合监督检查。主动配合水利部门开展水源水质检查活动1次。联合人社部门开展专项劳动监察1次，受理、协调解决拖欠民工工资8件199人、涉及资金1307210元，与公安、药监、工商、消防等部门建立联合执法机制。

参与《山南市城市建设管理条例》的起草与修改。协调参与中心城区片区管理工作，对片区发现的相关问题，及时的核实处置。

【制定规章制度】 市执法局将2017年确定为“制度建设年”，制定出台《市综合执法局党组议事规则》《市综合执法局党组“三重一大”决策制度》《市综合执法局局长办公会议制度》《市综合执法局财务管理制度》等18项规章制度。坚持文明执法的理念，端正执法态度，严肃工作纪律、组织纪律、廉政纪律、群众纪律，做到严格执法、公正执法。同时，加强与市法制办的沟通，提供市政管理方面的条例规定目录12篇，重点上报《山南市市政工程设施管理办法》《山南市市区门前五包责任制规定》等。

2017年9月11日，山南市综合执法人员在泽当镇萨热路开展整治工作

【党建工作】 2017年，市执法局党组一班人带头落实党的十九大精神，坚决贯彻落实习近平总书记系列重要讲话精神，按照区党委、市委关于做好党的建设工作一系列决策部署，全面落实从严治党责任，牢固树立“四个意识”。

加强政治理论学习。2017年，市执法局组建机关党支部，选举产生党支部书记、副书记、支委成员，以党组理论学习中心组学习为平台，坚持每周五为学习日，深入推进“两学一做”学习教育常态化制度化，开展“四讲四爱”主题教育实践活动。截至年底，召开专题会议5次，开展专题学习18次，完成“两学一做”“四讲四爱”知识测试1次。

加强党风廉政建设。2017年，市执法局按照“9645”主体责任体系，严格落实“一岗双责”责任制，坚持反面警示教育、岗位教育和廉政谈话制度相结合，强化廉政风险防控措施，及时签订党风廉政建设和反腐败工作责任书，参加党风廉政诗歌朗诵活动，开展党风廉政建设宣传月活动，规范党员领导干部廉洁从政行为，引导干部职工增强廉洁自律意识。

落实工作任务。2017年，市执法局结合工作职责和业务实际，局党组按季度分解工作任务，明确牵头领导、责任科室、具体责任人以及完成时限，确保任务落实到位。

转变工作作风。2017年，市执法局坚持把政治规矩、政治纪律挺在前面，不定期对干部职工进行约谈，对苗头性、倾向性问题做到早提醒、早教育，引导干部职工做勤政务实表率、廉洁从政表率，共建廉洁、高效、务实团队。

落实巡视整改工作。2017年，市执法局深入贯彻落实巡视整改工作会议精神，严格按照整改方案，建立问题清单、任务清单、责任清单及销号制度，做到整改一项销号一项。

农牧业·水利·林业·电力

农牧业

【概况】 2017年，山南市农牧局（以下简称市农牧局）内设11个行政机构（正科级），分别为办公室、政工人事科、种植业管理科、畜牧草原水产科、兽医科（屠宰监管办公室、重大动物疫病防治指挥部办公室）、农牧业产业化科、科技教育科（政策法规与市场信息科）、农业机械化管理科、农畜产品质量安全监管科（市抗灾办公室）、计划财务科。1个所属事业单位（正科级）为畜禽良种繁育中心。下辖4个单位：市农业技术推广中心为副县级事业单位（内设3个正科级机构：农业科学研究所、农业技术推广服务站、土壤肥料工作站）；市畜牧兽医总站（市动物疫病预防控制中心）为正科级建制事业单位；市草原工作站（草原监理站）为正科级建制参照公务员管理事业单位；市动物卫生及植物检疫监督所为正科级建制参照公务员管理事业单位。农牧系统共有干部职工177人。其中局机关38人（编制38个），所属事业单位畜禽良种繁育中心2人（编制2个）。市农业技术推广中心70人（编制70个），市畜牧总站52人（编制35个），市草原工作站9人（编制8个），市动物卫生及植物检疫监督所6人（编制8个）。全系统有县级干部10人（其中免职待退2人）年度实际在岗县级干部8人，党组成员有7人组成，副调研员1名。全系统专业技术人员103人，其中推广研究员4人，副高级职称5人，中级职称22人，初级职称44人，技术员28人。

“冬青18号” 青稞新品示范基地

【农业产量】 2017年，山南市作物种植面积50.45万亩（含复种3.17万亩），粮、经、饲面积比例优化为70∶18∶12，其中青稞种植面积24.1万亩（较2016年增加1.47万亩）。粮食总产达16.33万吨，同比增长2.5%；青稞产量达10.12万吨，同比增长22%；蔬菜产量达7.2万吨，同比增长2.7%；油菜产量1.26万吨。扩大黑青稞种植面积，桑日、乃东、加查、错那、洛扎五县区完成青稞单产提高50斤目标。2017年，全市拥有各类耕、种、收农机具10.8万台（套），总动力达77.8万千瓦，农业机械化水平达到70%。全年完成深松整地任务9.4万亩，完成与农牧厅签订目标任务的 117.50%。全年未发生农机安全事故。

油菜种植基地

【畜牧业生产】 2017 年,全市完成黄牛改良 5.2 万头,年底牲畜存栏 136.59 万头(只、匹),各类新生仔畜 45.9 万头(只、匹),成活率达 94.1%,成畜死亡 2.37 万头(只),超出成畜死亡率控制在 1.3% 以内目标,达到 1.6%。全年各类牲畜出栏 43.93 万头(只、匹),肉、奶、蛋产量只达到 2.8 万吨、4.83 万吨、0.17 万吨,肉产量较 2016 年增长 1.1%,奶产量较 2016 年下降 0.97%,但隆子县奶产量突破 8000 吨,为全市奶业发展做出贡献,蛋产量与 2016 年持平。全年未发生重大动物疫情,但羊链球菌等常规疫情仍然在部分时间节点和部分区域发生,对畜牧业生产造成一定影响。市级储备抗灾饲草料 114.6 吨,下拨防抗灾资金 165 万元、防抗灾饲草料 983 吨(2016 年肉奶蛋产量分别达到 2.65 万吨、4.95 万吨、0.18 万吨)。

【草原生态建设】 2017 年,草奖工作顺利通过自治区级终验。其中,错那、扎囊两县分值达到自治区级优秀目标。全市新增草原监督员 5305 名,使全市草原监督员增至 15005 名,其中建档立卡贫困人口草原监督员 14392 名。全年已兑现草原生态保护奖励补助资金 1.18 亿元,其中草原监督员补助资金 4300 余万元。全市基本草原划定工作全部通过自治区级终验,正在开展整改工作。错那县基本完成全区草原承包经营权确权颁证试点工作,筹备迎接自治区级督导检查。2017 年全市审核办理草原征占用 17 起、草原征占用面积 917.56 亩,征收植被恢复费 313.9 万余元,联合措美、乃东查处破坏草原违法案件 4 起,下发限期停止违法行为通知书 2 份,当场处罚 2 起、收缴草原植被恢复费 4 万元,草原征占用审批制度有效提升。全年冬虫夏草采集人数累计 1.5 万人,采集总量达 6440.22 斤,产值达 3.5 亿元,市县两级组织有力、措施得当,取得良好的经济社会效益。

【产业发展】 2017 年,全市共有各类农牧民专业合作社 1242 家(其中全国农牧民专业合作社示范社 7 家,含全国农牧民专业合作社加工示范社 2 家),全年实现产值 3.33 亿元、纯利润 1.2 亿元,辐射带动人数 30908 人,辐射带动人均收入 3882 元,社员人均收入 5163 元。全市涉农企业 54 家,其中自治区级龙头企业 2 家,市级龙头企业 8 家,全年实现总产值 2.4 亿元,总利润 0.47 亿元,辐射带动人均增收 4100 余元。根据《山南市高原生物产业“百千万”工程发展规划》,推动“百千万”工程项目建设,全年共实施“百千万”工程项目 20 个,总投资达 8.7 亿元。边境小康村建设项目推进有序,已编制完成 5 个市、县二级规划和 96 个村级方案,共涉及 43 个建设项目,总投资达 5.96 亿元。“三推进”工作扎实推进,乃东泽帖尔产业推进项目、曲松藏药材项目和贡嘎铜器加工产业推进项目稳步推进,琼结县青稞酒加工项目已立项,乃东泽贴尔完成产品包装设计和商标的优化注册,并获得自治区著名商标称号。“泽贴尔”在 2017 年中国国际商标品牌节上获得商标金奖,有效提升山南市本土特色产品国际知名度、美誉度,为山南市品牌创建工作再添新彩。

【农畜产品质量安全】 2017 年,市农牧局开展综合执法检查、集中清理整顿、农资打假等专项行动 7 次,检查种养殖户及合作社共计 10 家,出动执法人员 35 人次。全区2017年农产品质量安全风险监测(例行监测)结果显示,山南市蔬菜、水产品、禽类(鸡蛋)、水果合格率较高,总体水平位居全区前列,全市无农产品安全质量事件发生。

【项目建设】 2017年,山南市实际完成产业脱贫项目投资14.09亿元,开工项目142个,完工50个,实现6218名建档立卡贫困户脱贫,完成计划任务的110.8%。全年完成农牧业基础建设项目107个,总投资达1.99亿元,超额完成市政府下达的年度目标。

【农村改革】 农村土地(耕地)确权登记颁证工作全面启动以来,全市各县区、乡镇、村居迅速成立工作专班,各级专班人员共计3124人。召开动员部署会议91次,举办培训1180次,参训2万余人次,填报入户调查表格23万余份,落实工作经费3626万元,印发各类宣传资料近4万份。截至年底,乃东区已全部完成承包地确权工作,数据上交到国家农业部,成为2017年度全区首个且唯一一个上交承包地确权数据的县区。其余11县承包地确权主体任务已全部完成,第二轮审核公示和数据库建设工作也已基本完成。

【"冬青18号"青稞推广】 2017年6月20日,全区"冬青18号"青稞新品种示范推广现场会在山南市举办。西藏自治区人民政府分管秘书长,自治区人民政府办公厅、科技厅、财政厅、水利厅、农发办、农牧厅、农科院,拉萨、山南、林芝、昌都、日喀则5市农牧局,西藏电视台、西藏日报共计84名正式代表参会。上午,参会代表现场观摩扎其乡塔巴林村"冬青18号"大面积示范田、扎其乡西卡学村现代农业合作社运行模式、桑耶镇桑耶居委会车厘子建设情况、山南市农业技术推广服务中心种子及测土配方肥加工情况。下午,在泽当饭店二楼多功能会议室召开现场交流会。现场会的成功举办,有效推动全市粮食稳定生产、农业增产增效和农民持续增收的目标,明确下一步工作思路与目标,为山南市粮食青稞单产提升任务圆满完成提供保障。

种子田

2017年9月24日,全区"冬青18号"复种现场会在山南市举办。西藏自治区人民政府分管秘书长,自治区农牧厅、农科院,拉萨、林芝、山南3个市农牧局共计47名正式代表参会。上午,参会代表实地观摩扎囊县扎其乡塔巴林村和贡嘎县吉雄镇红星村"冬青18号"地块复种情况。下午,在贡嘎县召开现场交流会。现场会的成功举办,展现山南市农业新成效、新亮点、新抓手。为促进山南市农牧业可持续发展奠定坚实的基础。

农技推广

【概况】 山南市农业技术推广中心(以下简称市农技中心)隶属于山南市农牧局,属副县级全额拨款事业单位,于1996年由原来的市农业科学研究所、土壤肥料工作站和农业技术推广服务总站合并而成。

2017年,市农技中心内设有综合科、种子管理站、食用菌繁育中心,设有团支部和党支部。实有在职人员81人,其中技术干部59人,技术工人12人。后勤工作人员10人。在59名专业技术人员中,具有本科学历的31名,具有大专学历的24名,具有中专学历的4名,具有高级职称的5人,中级职称的19人,初级职称24人和技术员11人,35岁以下技术人员35名,科技人员结构层次较合理,整体素质高。

2017年，市农技中心坚持以稳定粮食生产、增加农民收入、调整产业结构为工作目标，以提高农民科技生产意识、掌握科学生产技能为出发点，着眼于科技成果转化，提高科技含量，增加科技贡献率，充分发挥科技人员的作用，狠抓农业科研创新，牢固树立为“三农”服务的思想，把“三农”工作作为各项工作的重中之重来抓。立足当地自然条件、社会科学发展，主要承担良种繁育基地建设、农业标准化生产示范建设、病虫草害防治、农业科技培训等重大科技服务及诸多农业科技推广和服务工作，承担实施农业部丰收计划等重大科技项目，加大农业科技工作力度，有力地促进农业科技与农牧区经济的紧密结合，较好地完成各项工作任务。

【科研育种】 2017年，市农技中心突出以常规育种技术运用为基础，为加速新品种选育步伐和保证粮食安全，建立以南繁加代育种平台和实施黑青稞穗选提纯复壮技术。

青稞育种。全年完成亲本材料种植199份、选种材料424份、鉴定材料195份、品比试验13个品种（系）、区试试验12个品种（系）；“山青9号”穗行圃1亩；新品（系）展示8亩，共8个品种（系）。

油菜育种。在历年品种选育基础上，以培育高产、稳产、含油率高、优质、适应性广、抗病性强和抗逆性好的甘蓝型“双低”油菜为目标，共完成亲本材料种植95份、后代筛选材料437份、鉴定材料18份、品比材料7份；区试品种（系）12份；示范材料种植5份。

冬小麦育种。2017年，市农技中心以培育高产、优质、适宜海拔3800米以下种植的粮草兼用型新品种为目标，共种植亲本材料18份、后代筛选材料857份、鉴定材料111份、品比材料14份。种植“山冬6号”、优良品系穗行41行，“山冬7号”穗播4000行，展示品种8份，完成新配置杂交组合120份。此外，以“山油4号”“山冬7号”“山青9号”为对比品种，在加查、曲松、隆子、浪卡子、乃东五县的不同气候和生产条件下进行品种生态适应性鉴定种植，通过对青稞、小麦、油菜各品种经济性状综合评估，选定适合大面积推广的适应性新品种。

【农业科技推广服务】 2017年，市农技中心围绕实施提高粮食单位四年行动计划方案，全年共完成2.08万亩的二级种子田技术指导任务。其中，完成自治区级二级种子田1.6万亩。完成市级二级种子田2.26万亩。实施六个粮食主产县测土配方施肥和高产创建技术指导面积共51万亩（高产创建25万亩、测土配方26万亩），技术覆盖率达100%。为实现农作物病虫灾害控制在3%以内目标。按照“预防为主、综合防治”原则，2017年以来，山南市技术干部突出以沿江各县病虫害监测为主，六县共组织实施植保新技术措施防治面积达1.5万亩。截至年底，重点开展以山南农作物育种培训班和山南市农产品质量安全检验检测技术培训班及青稞增产计划等为主的培训班共21期，市农技推广中心驻点技术人员、沿江6个县农牧局局长、6个县农牧综合服务中心主任及相关县农技推广专业人员共计1260人次参加培训。

【化验室检测】 2017年，在六县共安排“3414”田间试验7个，汇总分析山南市六个县的2889个土样，建立19935个化验数据养分状况，基本摸清近年来山南市各项目

2017年4月10日，副市长索朗曲巴一行6人在昌珠镇克松社区居民委员会考察冬小麦长势

2016年7月，山南市农技中心技术人员组织群众在种子基地进行传统农业病虫害防治

县的耕地土壤养分分布状况及肥力变化趋势。按照自治区农牧厅和农科院质标所的有关要求，中心成立专班，在全市6个蔬菜基地、1个草莓种植基地、2家超市和1家农贸批发市场进行三次抽样及问卷调查，圆满完成农产品质量安全监管专项抽查工作。

【市级种子工程基地】 2017年，在乃东区昌珠镇打造出市级良种繁育基地，基地内配套集成先进机械化设施设备和专业化统防统治技术措施，在全市建立现代化的良种繁育供种基地。2017年，按照青稞单产提高50斤行动计划，基地共种植春青稞一级田1042亩（“山青9号”300亩、“藏青2000”432亩、“喜拉22号”310亩）。“山冬7号”1174亩；原种220亩（“山青9号”100亩、“山冬7号”100亩、“冬青18号”20亩）。在科技示范园区种植原种田10亩（“山冬7号”5亩、“山青9号”5亩）。

2017年，市农技中心充分发挥“基地＋农户＋公司”的作用。提供冬小麦“山冬7号”种子108.85万斤（原种3.68万斤、一级种子32.92万斤、二级种子72.25万斤）。提供春青稞“山青9号”一级种65.26万斤。

2017年，市农技中心集成良种、良田，配套先进、高效农机农艺，在乃东区昌珠镇玉沙、克松社区完成市级现代农业样板田0.1万亩（“山冬7号”0.05万亩、“山青9号”0.05万亩）。据测产，“山冬7号”样板田平均亩产达450公斤；“山青9号”样板田平均亩产335公斤。亩产较大田分别提高110斤和20斤，增产13.9%和11.7%。

【有机肥替代试验】 2017年，市农技中心首次在乃东（昌珠玉沙）、贡嘎（吉雄红星）、扎朗（扎其藏仲）三县开展以“山青9号”为试验品种，按照6小区6处理3重复的试验设计，实施有机肥替代试验。从前期综合长势到理论测产综合分析，乃东点以商品有机肥25%+复混肥75%为最佳，其次为全部施用化肥、扎朗点以商品有机肥50%+复混肥50%为最佳，其次为商品有机肥75%+测土配方复混肥25%+追肥尿素、贡嘎点以商品有机肥50%+复混肥50%为最佳，其次为商品有机肥75%+复混肥25%。截至年底，已将三县试验数据统一汇总，正在进行产量实测和种子品质检测数据综合分析。

水　利

【概况】 1996年6月，山南地区水利局成立。2016年5月，因撤地设市，山南地区水利局更名山南市水利局（以下简称市水利局）。

2017年12月12日，山南市河长制办公室成立，为市水利局下属科室。截至年底，市水利局内设正科级行政科室8个，分别为办公室、财务科、规划建设管理科、水政水资源科技科（节约用水办公室）、水土保持科、农村水利科、山南市人民政府防汛抗旱指挥部办公室、山南市“河长制”办公室。内设正科级事业科室4个，分别为灌区管理局（参公管理）、重点水利水电项目管理办公室（参公管理）、水利工程建设质量与安全监督站（参公管理）、山南市水土保持监测中心。下属自收自支事业单位1个，为山南市水利电力勘测设计研究院。市水利局在职干部职工46人，其中，少数民族27人，具有大专以上学历的40人。山南市水利电力勘测设计研究院，在职干部职工10人，其中少数民族6人，具有大专以上学历的8人。水利专业高级工程师1人，工程师4人、助理工程师1人。

2017年，山南市水利行业计划完成投资7.71亿元，全年新续建项目85项，完成水利投资9.22亿元，超额完成19.58%，与2016年相比增长21.3%。

【重点工程】 雅砻水库工程实现下闸蓄水，工程进度较原计划提前13个月，累计为当地群众创收7000万元。卓于水库工程已获得可研审批，"三通一平"开工建设。泽当中心城区防洪工程概算批复已下达，已到位资金5000万元，初步设计报告已通过水利厅审查与复核，正在与雅砻河水生态景观规划对接。雅鲁藏布江治理（山南段）已获得概算批复。

【民生水利】 2017年，山南市新续建灌区项目9项（不含结巴水库），总投资4.7亿元，完成投资3.2亿元（其中2017年完成投资2.15亿元），占总投资的68.09%；新建小型农田水利重点县、专项县共15项，总投资2.68亿元，累计完成投资2.56亿元（其中2017年完成投资2.07亿元），占总投资的95.52%。新续建饮水巩固提升工程10项，其中国家投资6项、抵押补充贷款4项，总投资0.61亿元，完成全部建设任务。农田灌溉保证率及农村饮水安全保证率分别达到80%、90%。《山南市2017—2018年冬春农田水利基本建设工作实施方案》已编制完成，计划修复水毁工程216处，新增蓄水能力26.7万立方米，新增和改善灌溉面积4.22万亩。

【前期工作】 2017年，中央预算内资金项目4个。其中，泽当中心城区防洪工程等3个项目获得概算批复，卓于水库获得可研批复。2016年度抵押补充贷款项目27个，已完成26个项目的概算批复，开工建设22个。2017年第一季度抵押补充贷款项目31个，其中19个项目获得概算批复，9个项目获得可研批复，其余项目正在推进中。已申报2017年第四季度抵押补充贷款项目27个，规划总投资6.06亿元。

2017年8月7日，湖北水利厅副厅长刘元成（前排中）率领援藏考察团在山南市与副市长黄金城开展座谈会

【防汛减灾】 2017年，山南市汛期呈现雨季时间长、降水日数多、降水量大、覆盖范围广等特点，共发生洪涝灾害196起，12个县区70个乡镇均不同程度受灾，涉及群众5.23万人，直接经济损失约7470.1万元。市水利局及时采购价值200万元的防汛物资，向12个县区调拨铁丝10吨、铅丝笼180卷、防汛袋4.5万条等物资设备，市县两级深入灾区3800余人次，组织转移群众84户323人，全年未发生人员伤亡事件。争取水利厅维修养护和防汛抗旱资金2198.64万元，用于开工建设26个水毁项目和急需建设项目。截至年底，除玉麦乡外已完成全部修复任务。安排中小河流灾害薄弱项目4个。其中，3个完成全部建设任务，1个正在建设中。开展2017年山洪灾害防治非工程措施项目招投标及2018年山洪灾害防治项目前期调研和设计方案编制工作，山洪灾害防治非工程措施项目托管方案编制和资金筹措工作已完成。

【精准扶贫】 2017年，市水利局全面梳理山南市确定的15个贫困乡、176个贫困村的水利项目需求，协调做好项目申报工作。结合市水利局帮扶乡镇自身实际，成立山南市边境地区小康村建设规划（2017—2020年）（水利）领导小组，编制《山南市水利局帮扶隆子县热荣乡脱贫攻坚工作三年规划》。发挥水利行业优势，充分利用水利项目建设带动当地群众增收达到1.5亿元。结合精准扶贫，落实水生态岗位3344人。

【水政水保】 2017年，市水利局对山南市97家河道采砂场的运营情况、63处排污口的使用情况、12485.03平方公里水土流失区域的治理情况开展检查10余次，全面检查砂石场和排污口运行情况，有效控制河道乱采乱挖、排污口乱排乱放、私设排污口的现象，完成中央环保督察迎检工作。借助中央环保督察工作契机，印发《西藏自治区山南市水功能区划报告》、出台《山南市河道采砂管理办法》，加强水资源费和水土保持费的征收。建设地下水监测点11处，为地下水禁采区、限采区和地面沉降控制区范围划定工作提供数据支撑。新建4个灌区干渠渠首取水在线监测点26个，提高水资源监控能力。新续建水土保持项目5个，总投资2516.72万元，治理水土流失面积67.4平方公里。启动水土保持监管示范市工作，水土保持"四进"工作，在西藏电视台、山南电视台进行宣传报道。

【水利工程建设管理】 2017年，市水利局共派出综合检查工作组4次，专项检查组16次，对山南市水利项目进行质量与安全监督检查；通过查看施工现场，查阅各参建单位相关资料，座谈和听取汇报等方式累计发现质量与安全隐患175处，隐患督察整改175处，下发限期整改通知单32份，隐患整改率达到100%。顺利通过国务院安委会安全生产第八巡查组和自治区安全生产巡查组的检查。开展百日大排查大整治活动，确保山南市水利行业连续15年安全生产零事故。按照水利厅年初计划验收项目要求，市水利局以交叉验收方式组成三个验收组对12个县区水利项目进行竣工验收，计划验收31项，实际完成竣工验收项目39项，完成验收任务。

2017年10月13日，山南市水利局机关党支部组织开展"喜迎十九大，不忘初心跟党走"文艺活动

【"河长制"工作】 2017年，山南市12县（区）、82个乡（镇）均印发全面推行"河长制"工作实施方案，成立工作领导小组；市委、市政府主要领导担任山南市总河长，12个县（区）长担任县级总河长；全市共有40名市级河长、248名县级河长、634名乡（镇）级河长。40条（段）市级河湖公示牌及240条（段）县级河湖公示牌设立工作已全部完成，覆盖率达100%。市级河长办有专职人员7名，12个县（区）有专职人员15名、兼职人员6名。共安排专项工作经费335.4万元。《山南市河长会议（试行）》《山南市全面推行河长制工作信息报送管理办法（试行）》等六项制度已由政府印发执行。启动3条自治区级河湖和4条市级试点河湖"一河（湖）一策"方案编制工作，初稿已编制完成。

【生态综合整治】 2017年6月初山南市政府对该项目前期工作进行安排部署后，市水利局立即开展对雅江中游索朗嘎咕—桑日宽谷河段生态综合整治项目开展现场查勘和基础资料收集工作。其间，市委、市政府多次召开会议安排部署。截至年底，初步方案已编制完成，12月20日自治区水利厅主持召开该项目的专题会议，明确任务，加快推进力度。

【党建工作】 2017年，市水利局狠抓"两学一做"学习教育活动，每周五固定组织干部职工学习理论政策，2017年组织十八届六中全会精神、全国及自治区水利工作会精神、党的十九大精神、党规党纪等学习 40 余次。干部职工严格遵守党规党纪、牢固树立“四个意识”,2017 年没有违规违纪事件发生。相关活动在自治区电视台报道 2 次,西藏日报报道 1 次,山南电视台及山南网报道 10 余次,扩大社会影响,取得良好的效果。

林　业

【概况】 2017 年,山南市林业项目共 48 个,总投资 2.2 亿余元,较 2016 年增长 8.37%。其中,植树造林项目 23 个,工程实施面积 30.75 万亩,投资 1.52 亿元;森林抚育项目 5 个,工程实施面积 5 万亩,投资 522.23 万元;林业有害生物防治治理体系项目 13 个,投资 2407 万元;其他项目 7 个,投资 3870.77 万元。1—10 月份,已开工建设项目 46 个,其余 2 个项目正在编制作业设计,已完成投资近 1.76 亿元,完成年度投资任务的 102.33%。

【造林绿化】 2017 年,全市完成造林绿化面积 30.75 万亩。其中,植树造林 11.68 万亩,封山育林 4.27 万亩,防沙治沙 14.8 万亩。造林绿化项目总投资 1.52 亿元。完成泽当城区城市绿地市场化运作任务,托管面积 17.1 万平方米,城市绿化养护管理更加专业化。市县两级均制定工作方案,年度“无树村、无树户”消除任务已经完成。推动“四个千亩、一个万亩”苗圃种植基地项目。乃东区颇章乡雪村苗圃基地已建设完成并投入使用。贡嘎县森布日苗圃正处于设计申报阶段。隆子千亩沙棘种植基地已完成作业设计。扎囊万亩现代苗圃已部分投入使用。

2017年6月7—8日,国家林业局驻成都专员办副专员刘跃祥一行,在山南市开展重点工程林地使用情况检查工作

【项目建设】 2017 年,市林业局落实拉萨—山南一体化战略,深化与亿利、藏草等公司的合作,推进江北防护林和沙化土地治理等工作。亿利公司已完成在扎囊县的全部测量工作,计划实施面积 64395 亩,已完成 400 亩特色经济林示范区、1000 亩精品甘草种植示范区和 4000 亩防沙治沙示范区的建设任务。藏草公司也通过实施扎囊万亩现代苗圃项目平整土地 4360 亩,栽植常绿乔木、落叶乔木、果树及花灌木等苗木 67.41 万株。投资 1.5 亿元的“贡嘎机场至泽当专用公路新(改)建工程”公路绿化项目作业设计已完成,正在多方筹措资金。构树和四翅滨藜的试种取得成功,得到各级领导的充分肯定。林权制度改革工作按照“启动进点、勘界确权、登记发证”等程序顺利推进,山南市林权制度改革工作于 12 月中旬全部完成。邀请国家林业局昆明院开展“森林围城”项目规划设计,相关设计已通过市政府评审,为下一步创建森林城市奠定良好基础。配合市迎检办开展迎接中央环保督察有关工作,整理相关资料 18 盒、429 份。完成保护区违建点的实地核查、整改台账建立、整改函下发和整改方案制定等工作,后期整改工作正有序开展。

【生态保护】 2017 年,市林业局统计上报 2016 年陆生野生动物造成公民伤亡及财产损失情况,涉及财产损失共计 889.86 万元。完成达布景区野生猕猴摸底调查工作。申报洛扎棕尾虹雉调查与监管项目、琼结琼果国家湿地公园湿地保护区恢复项目、雅鲁藏布江中游河谷黑颈鹤国家级自然保护区中央财政林业补助资金、乃东区野生动物救护站建设项目,错那拿日拥措国家湿地公园项目也已通过自治区评审。救护各类野生动物 150 余头/只。严

2017年4月，山南市委巡察组进驻市林业局

格建设项目征占用林地的监督管理，截至年底，已通过市林业局审核转报的建设项目使用林地27宗，审核面积1792亩，涉及林地林木补偿款1542.1万元，同时严格按照《中华人民共和国森林法》《中华人民共和国森林法实施条例》等政策法规，加强林业执法检查和监督力度，截至年底，全市共处理各类林业行政案件20起。

【防控体系】 2017年，市林业局投资1780万元的洛扎县重点区域防火项目已完成48%，总投资2407万元的林业有害生物综合治理体系建设项目已完成21.9%。加强森林防火工作，落实森林防火专项资金100万元，并多次开展森林火险隐患排查工作。规范全市所有苗圃档案和苗木调运检疫程序管理，同时为各县区发放病虫害防治药剂近6吨，设备24台。

【生态富民】 2017年，市林业局按照"补齐短板"的工作思路，加大经济林建设力度，全年新增经济林6265.4亩，全市经济林保有量35258.2亩，年产量达2974.2吨。全年投入林业管护资金7200余万元，生态脱贫岗位资金7000多万元，安排就业生态岗位32932个。全年农牧民群众通过参与造林项目、防沙治沙等工程可实现增收约6573.95万元。

电　力

【概况】 国网西藏电力有限公司山南供电公司（以下简称国网山南供电公司），是国网西藏电力有限公司的下属分公司，正处级建制。国网山南供电公司设立13个职能部门，代管县供电公司11个。

2017年，国网山南供电公司全口径用工258人，同比增加12人。全口径人事费用率15.57%，同比降低1.09%。全员劳动生产率123.64万元/人年，同比降低1.57%。人才当量密度0.9016，同比提升0.52%。

山南电网是藏中电网的重要组成部分之一，电网联结藏中主网及林芝朗县局域电网，供电范围覆盖山南市一区十一县。截至2017年年底，山南电网形成以乃东区110千伏泽当变为中心，通过110千伏扎贡线、山泽双线、山康/墨康线、沃山线、羊浪线与藏中主网联结，通过110千伏加朗双线与林芝朗县局域电网联结，电网与藏中主网联系紧密，依赖性较强。

截至2017年年底，山南市发电装机容量79.89万千瓦，其中水电装机装机容量56.64万千瓦，光伏装机容量22.5万千瓦，余热装机容量0.75万千瓦。与2016年（66.79万千瓦）相比，2017年山南电网新增装机容量13.1万千瓦（增长率19.61%），其中35千伏水电站2座2.6万千瓦，光伏电站10.5万千瓦。

2017年，山南公司调管电站（未包括藏木、大有）全年完成发电量3.53亿千瓦时，全社会用电量（售电量）5.43亿千瓦时，全年完成固定资产投资9.5亿元。

【电网建设与发展】 2017年，国网山南供电公司完成电网建设总投资9.5亿元，其中新一轮农网改造升级工程完成投资8.57亿元，昌珠110千伏输变电工程6698万元，通大网电工程2548万元。

山南新一轮农网改造升级工程。工程总投资17.1亿元，包含46个项目（包），其中110千伏项目5项、35千伏项目22项目、10千伏及以下项目19项，涉及山南11个县1个区。2016年完成项目投资8.5621亿元，2017年完成投资9.4491亿元，完成工程全部建设任务，顺利完成新一轮农网改造升级工程两年攻坚战。新一轮农网改造升级工程，新建110千伏变电站3座，新建35千伏变电站16座，10千伏及以下新增及改造配变779台、9.96万千伏安，新建及改造10千伏线路1300千米，新建及改造400千伏线路841千米，户表改造4.47万户。贡嘎县卓萨麦台区改造工程获国网公司“配电网百佳工程”称号，是四年来西藏公司首次获奖。

昌珠110千伏输变电工程。工程总投资6698万元，计划新建110千伏变电站1座，主变容量2×31500千伏安，工程于2017年6月开工建设，截至年底，基本完成工程的建设任务。

边防部队通大网电工程。工程总投资2548万元，涉及错那、隆子、洛扎三县，共计18个点位。按照工程建设总体安排，2017年顺利完成本年度8个点位的建设任务。玉麦通大网电工程进展顺利，在12月末基本完成通大网电部分的工程建设任务。

【经营管理】 按照公司提质增效工作要求，不断加大综合计划和财务预算执行刚性，努力开源节流、降本增效，2017年综合计划和财务预算执行平稳。2017年，固定资产投资同比增长53.28%，营业总收入同比增加11.58%。高度重视基建工程、技改大修等项目资金支付进度管理和工程结算、决算管理。电量电费保持良好增长趋势，保持电费回收良好形势，年度电费回收率100%，实现连续8年电费回收“双结零”。开展违约用电及反窃电排查整治，全年累计查处违约用电及窃电21起，追补电量4.12万千瓦时，追补电费及违约金93.20万元。坚持依法治企常态机制，配合开展离任经济审计，全面做好审计发现问题整改，落实整改销号工作，共销号问题42项。扎实开展问题清单梳理。扎实推进农电管理提升，定期开展管理诊断，农电帮扶工作成效显著，各代管县公司综合管理规范性不断增强，重要生产经营指标明显提升。严格代管县公司工资总额计划管理，指导开展用工规范管理，完成代管县公司2012年8月3日前在册人员转为企业职工工作，190人顺利转为县公司企业职工。开展农电综合管理培训，累计开展培训12期、培训360人次。11个县公司财务管理工作全部实现电算化。

2017年6月6日，山南公司负责人对山南市4个保电现场的保电工作准备情况进行检查

【安全生产】 2017年，国网山南供电公司安全生产形势总体平稳，未发生人身重伤及以上人身事故。未发生五级以上电网、设备事件。未发生一般及以上火灾事故。未发生六级及以上信息系统事件。未发生本企业负同等及以上责任的重大交通事故；未发生其他对公司和社会造成重大影响的事故。2017年，国网山南供电公司实现综合供电可靠率99.2719%，安全稳定装置正确动作率100%。完成2017年安全生产工作目标。

高度重视安全生产工作。2017年，国网山南供电公司主要领导抓安全生产，分管领导分专业层层部署，印发《国网西藏电力有限公司山南供电公司2017年安全工作意见》，策划全年安全生产工作重点和措施。编制《安全生产工作“二十四”节气表》，加强对安全生产重点工作环节管控，做好安全工作有思路、有计划、有重点、有控制。组织开展安规考试43场次，参考人员1600余人次。开展“一把手”讲安全、帮扶人员专项培训、农电工施工单位专项安全培训等活动12场次，参加人数500余人次。

加强安全生产责任制落实。2017年，国网山南供电公司定期召开安委会会议，共召开安委会会议18次，现场检查50余次，公司内部自查自纠20余次。与各部门、员工签订《安全生产目标责任书》，层层落实安全生产责任。落实应急体系建设工作要求，编制完善各类应急预案20项，组织开展应急培训2场次，公司应急基干分队、班组长、安全员等50余人参加应急培训，累计开展应急演练8次，参演400余人。

扎实开展安全生产大检查。2017年，国网山南供电公司坚持“安全第一、预防为主、综合治理”的方针，开展隐患排查治理，制定《深入开展电力安全生产隐患排查治理工作方案》，全面深度排查安全生产管理、电网运行、设备设施、基建施工、应急管理等方面的安全隐患。2017年共下发督办通知书8份，累计发现隐患164条，整改完成152条，12条隐患列入技改大修计划。

做好重点领域安全管控。加强检修作业、秋检预试、建设施工等现场安全管控。开展班组业务承载力分析，合理安排迎峰度冬和预试检修任务，落实基建施工“八大员”“同进同出”等规定，开展基建现场反违章行动和安全生产大检查，并限时逐项整改落实。严格落实信息、消防、交通安全管理要求，落实交通安全十条禁令，开展危险化学品综合治理，开展电气火灾综合治理及秋冬火灾隐患排查，开展“11·9”消防安全宣传活动，有效防范各类安全事件的发生。

落实安全生产问题清单梳理工作。2017年，国网山南供电公司制定《国网山南供电公司安全生产问题清单专项梳理工作实施方案》，针对法规制度落实、公司要求落实、安全责任落实、安全责任追究等方面，建立覆盖全部专业的安全生产问题清单，所有问题统一编号建册。全年共排查安全生产问题15条，完成整改12条。

【营销工作】 2017年，国网山南供电公司累计完成供电量5.81亿千瓦时，同比增长6.48%，完成年度计划的98.57%；累计完成售电量5.43亿千瓦时，同比增长10.44%，完成年度计划的99.15%。综合线损率6.45%，低于计划指标0.55个百分点。

高度重视同期线损治理工作。2017年，国网山南供电公司开展直供直管变电及关口的统计梳理，开展PMS2.0系统数据整理，营配数据贯通治理等工作。实行同期线损管理双周例会汇报制度，动态跟踪同期线损工作进展情况。全年累计清理异常数据475条次，完成43座变电站的现场核查，核查表计224块，用电信息采集系统中达标台区64个，达标率91.43%。开展用电信息采集系统数据整改，截至年底，用电信息采集系统抄表成功率99.20%，基本实现采集系统“全覆盖”年度工作目标。完成山南7300户费控试点用户费控协议签订工作，费控用户覆盖率达63%。开展营销专项稽查，借助用电信息采集系统，全年累计查处违约用电及窃电21起，追补电量4.12万千瓦时，追补电费及违约金93.20万元。与山南市环保局密切配合，开展燃煤锅炉改电工作，完成19户燃煤锅炉改电锅炉整改工作。

【优质服务】 2017年，国网山南供电公司加强业扩报装过程管理，加强对业务受理、竣工验收、送电等环节的管控，提高办电效率。落实营业投诉治理要求，加强检修计划管理，及时准确发布停电信息，努力提高供电可靠性。构建“互联网+”营销模式，继续推广电e宝、翼支

2017年7月25日，安徽帮扶山南公司项目组人员在琼结中心村项目工程施工现场开展配网标准工艺培训

2017年3月21日，山南公司农网项目部一行在措美县公司召开农网项目协调会议

付、“掌上电力”APP等电子缴费渠道。主动服务重要客户，协助重要用户开展设备隐患排查治理。服务光伏发电企业并网发电，强化光伏电站调试验收，顺利完成6.30光伏电站并网。讲政治、顾大局，主动服务地方精准扶贫、异地搬迁等工作，顺利完成桑加公路藏嘎隧洞、街需Ⅰ号隧洞照明和拉姆拉错景区供电工作，山南市主要领导给予充分肯定。提高主动服务意识，做好电力保障，完成重要节日、重要时期、党的十九大等重要会议的保电任务，全年累计完成各类保电20次，出动保电人员200人次、车辆44台次。

【队伍建设】 党的建设不断加强。2017年，国网山南供电公司加强公司党建工作责任落实，制定《2017年党建工作计划》，签订《2017年党建工作目标责任书》，层层分解党建工作责任。定期召开党建工作会议，将党建工作融入公司业务工作。按照西藏公司党委改选换届工作要求，召开党员代表大会选举产生公司第二届委员会和第二届纪律检查委员会委员，“两委”召开第一次全委会选举产生党委书记、副书记和纪委书记。坚持“十六字”方针，发展6人为预备党员、3名预备党员顺利转正。扎实开展教育实践活动，组织党员干部集中参观西藏民主改革第一个农村党支部——克松村党支部。开展庆祝中国共产党建党96周年暨“一优两先”表彰活动。按时足额收缴党费。

开展“两学一做”学习教育活动。2017年，国网山南供电公司精心制定2017年“两学一做”学习教育计划，组织全体党员学习，公司党委中心组集中学习9次，各党支部集中学习9次。严格规范组织生活，采取“传达上级精神、组织学习讨论、听取党员意见、开展先锋行动、开展志愿服务”等方法，每月固定一天作为活动日开展组织生活。

创先争优强基惠民不断深入。2017年，国网山南供电公司根据山南市委安排，下派12名队员到德杰、念果、曲龙三个驻村工作队开展驻村工作。深入实地调研，排查了解驻村“十项任务”落实情况和驻村队员工作生活情况。落实驻村工作生活补助金和高海拔工作组取暖费。做好驻村队员的关心慰问。开展“领导干部进村入户、结对认亲交朋友”活动，公司党员领导干部累计结对帮扶1.69万元。结合“全国扶贫日”活动，为浪卡子县打隆镇念果、曲龙村32户贫困户购买大米、砖茶、厨具等生活用品，开展走亲入户、结对帮扶活动。

企业文化和团青工作成果丰硕。2017年，国网山南供电公司签订《2017年度企业文化建设责任书》，组织开展西藏自治区“最美家庭”、第六届全国道德模范推荐等活动。制定《共青团国网西藏电力有限公司山南供电公司2017年团青工作计划》，明确责任分工。召开2017年团建工作会议。扎实开展“青春喜迎十九大 不忘初心跟党走”主体活动，结合“安康杯”活动，开展青年职工安规知识竞赛，引导青年带头遵章守纪、确保安全生产。参加国网西藏电力有限公司第三届“青年创新创意大赛”，共申报7个项目，其中低压综合配电箱风冷降温系统开发项目和新型电力设备巡检帽项目分别荣获国网西藏公司第二届青创赛创新类二、三等奖、自助缴费终端语音需要系统升级项目荣获创意类三等奖，公司在大赛中荣获优秀组织奖。开展青春光明行志愿服务活动。做好“推优入党”，推送5名优秀团员青年加入党组织。

综治工作扎实开展。2017年，

2017年6月5日，山南供电公司为高考现场保驾护航，图为保电人员、保电车提前进入保电现场

国网山南供电公司落实工作措施，强化重要时期值班巡逻。充分发挥“两个委员会”的职能作用，加大矛盾排查力度，做好流动人口服务与管理。开展“法制宣传月”“9 · 16”平安宣传日活动。公司内部安全保卫和电力设施保护工作不断加强。

工会和离退休工作能力不断增强。2017 年，国网山南供电公司按时按程序召开职工代表大会，做好提案征集工作，做好提案交办处理和答复。履行民主程序，完成国网西藏电力第五届总经理联络员推荐。加强职工文化建设，举办国际妇女节趣味比赛、庆“五一”迎“五四”篮球比赛、健步走等活动，参加国网西藏电力第八届职工运动会。开展“班组微讲堂”活动，公司“班组微讲堂”案例获国网西藏电力供电服务之星暨营销专业“班组微讲堂”劳动竞赛第二名。班组建设不断加强，公司运检部继电保护班被评为国网公司 2017 年一流班组（工人先锋号）。落实离退休人员两项待遇，组织各类慰问，全年发放慰问金 11.70 万元。召开离退休党员座谈会，及时了解离退休人员思想动态和生活状况，帮助离退休人员排忧解难。

交通·旅游·邮政·通信

交通运输

【概况】 2010年2月,山南地区交通运输局,为山南地区行署工作部门。2016年11月11日,设立山南市交通运输局(以下简称市交通局),正县级,为山南市人民政府工作部门。

2017年2月17日,山南市交通综合执法支队由自治区交通运输厅移交山南市交通运输局管理。2017年7月1日,经市机构编制委员会会议研究,山南市道路运输管理局(地方海事局)由正科级升格为副县级。市交通局内设正科级行政科室9个:办公室、政工人事科、规划建设科、财务科、公路养管科、总工程师办公室、交通行政执法管理科、农村公路科、交通运输科(安全生产监督管理科);独立副县级事业单位1个:山南市道路运输管理局(地方海事局);所属正科级事业单位3个(交通基本建设工程质量监督站、公路建设项目管理中心、公路工程试验检测中心);独立正科级事业单位6个(路政管理所、日当养护段、曲松养护段、扎囊养护段、洛扎养护段、交通规划公路勘察设计院)。全系统共有编制758名,山南市交通运输局核定局领导职数6名,实有领导6名;局机关编制26名,实有人员26名;局属事业编制747名,实有人员210名。

【项目建设】 2017年,全市各项交通基础设施建设项目进展顺利,超额完成年初目标。全年完成固定资产投资64.63亿元,占全年计划投资的137.83%。其中,重点项目完成投资41.16亿元,占全年计划投资的118.79%。泽当大桥至增期公路、增期至日多公路、加桑二期公路、贡嘎机场至泽当专用高等级公路建成通车。S5拉萨山南快速通道、扎日至形穷普张边防公路、勒至杜让尚边防公路顺利推进。俗坡下至三安曲林公路、勒至旺东公路、G560线琼结至措美至错那公路等项目陆续开工建设。农村公路完成投资20.77亿元,占全年计划投资的238.74%。公路基础设施总量稳步增加、质量快速提升,路网结构和功能不断完善。

【基础建设】 2017年,市交通局继续坚持将农村公路作为交通扶贫的主战场,提升农牧区交通运输服务品质,让农牧民群众共享交通运输发展成果。抓好"四好农村路"建设,制定"四好农村路"实施方案,开展"四好农村路"示范县创建活动。投资3.2亿元实施公路安全生命防护工程和危桥改造工程,全年完成投资1.8亿元。启动边境村"户户通路"工程,逐步解决边境一线地区、较少人口少数民族居住区自然村通公路问题,实现交通运输基础设施的广覆盖、深通达,促进军民深度融合发展。2017年,边境四县农村公路建设完成投资11.53亿元。

【深化改革】 2017年,市交通局启动综合交通运输体制改革。改制旅游车辆23辆,改制市际班线客运车辆55辆,在全区范围内率先完成旅游班线体制改革及市际班线客运改革任务。与自治区执法总队衔接,顺利完成交通综合执法支队的移交工作。按照市委、市政府的统一安排部署和指示精神,山南市出租汽车改革领导小组办公室初步研究制定出租车改革方案。完成春运和其他节假日交通运输保障工作,全年完成客运量134.7万人,周转量25824万人/公里,同比增长分别为12.16%、12%。完成货运量252万吨,周转量88519万吨/公里,同比增长分别为12%、12%。

【项目服务工作】 2017年,市交通局抓好建设项目服务工作,协调市各部门和各县(区)给予更大的理解和支持,建立并联审批机制,落实限时办结要求,合力推动项目前期工作,确保计划项目按时审批开工。提高公路保通服务能力,2017年山南市共发水雪毁灾害181起,各养护段出动人员3109人次,出动机械395台班,投入资金达500余万元实施抢险保通,确保国省干线公路畅通无阻。加大公路应急技能培训和演练,做好应急装备物资储备中心软环境建设,提高应急抢险能力。提高运输服务水平,加快运输服务领域诚信体系建设,开展服务质量考核,提高运输服务水平。优化客运运力和线路资源配置,培育发展农村客运,发挥公路运输效益,推进城乡客运一体化。

【行政执法】 项目服务工作加快法治政府部门建设,加快基层执法"三基三化"建设和执法队伍形象"四个统一"建设。加强工程项目管理,提高交通项目设计水平、技术评审质量和效率。完善制度体系,堵塞管理漏洞,全面加强招投标管理,重拳治理转分包问题。打造"品质工程",启动"品质工程"示范创建活动,开展项目法人信用评价。按照"谁评价、谁监管"的原则,对公路项目质量安全落实"跟踪督导、全程监管"举措,治理工程质量通病,确保工程一次性竣(交)工验收合格率达到100%。推行工程建设质量安全违法违规行为"定期公示"和"黑名单"制度,培育守法诚信的市场环境。加强交通行政执法。持续加大超限超载治理力度,建立健全联合执法机制,开展公路货车违法超限超载行为专项整治行动。严格公路水路运输执法检查,强化"两客一危"车辆监管,保障路网安全运营。加大路政巡查力度,及时查处损坏公路、侵占路权等路政案件,切实保护好建设成果。出动交通综合执法人员1584人次,检查车辆3557台次,暂扣违章(法)车辆49台。受理行政许可11件,查处超载货运车辆326台次,卸载2780余吨,收取补偿费12万余元。

【"两学一做"学习教育常态化】 2017年,市交通局以"两学一做"学习教育为依托,按照创建"五型"党组织要求,制定《中共山南交通运输局党组理论学习中心组2017年度学习计划》《中共山南市交通运输局党组"两学一做"学习教育2017年度学习安排表》以及《中共山南市交通运输局党组关于开展"讲党恩爱核心、讲团结爱祖国、讲贡献爱家园、讲文明爱生活"喜迎党的十九大主题教育实践活动的实施方案》等,规定学习主要内容,明确学习方式和学习要求。2017年,市交通局共召开集中学习40余次,局领导班子成员及各党支部书记讲党课10次,干部职工研讨发言9次,知识测试1次,党员干部人均撰写学习笔记20000字以上、心得体会1篇,观看视频教育专题片2部,印发《"两学一做"学习手册》《"两学一做"应知应会80题》《十九大前必会的100个新名词》学习手册共计240本,开展寻访"最美养路人""最靓养护道班(工区)"活动。

【强基惠民】 2017年,市交通局,严格落实市委、市政府"十项任务"的工作要点,结合村情民意,加强领导,精心组织,周密部署。加强洛林乡扎西林村、色拉村、门卡村3个驻村点两委班子及规章制度建设工作,狠抓基层组织建设。以维稳工作作为工作重点,妥善解决群众遇到的突出矛盾,解决当代群众实际困难,提升基层党员群众团结向心力。坚持把宣传教育作为工作抓手,加强宣传教育,丰富活动内容,让党的一系列方针政策深入人心,真正把群众凝聚到党的周围。坚持把为民办实事作为开展强基惠民活动的主攻方向,结合精准扶贫工作,加大项目扶持力度,重点解决贫困户家庭困难。2017年,共深入驻村点进行调研3次,撰写调研报告2篇,市交通局驻加查县洛林乡3个工作队共争取大小项目15个,落实资金252.522万元。全系统党员按"一对一""二对一""三对一"方式累计结对帮扶47户贫困户,捐赠物款共计6万余元。

【迎接环保督查】 2017年,市交通局高度重视迎接中央环保督查工作,局领导多次召开专题会议研究部署做好迎接中央环保督察各项准备工作,成立环保督察工作领导小组,负责日常工作。同时加强督促检查,确保工作落实。2017年

3月6日，市交通运输局党组书记陈桑在曲松县藏嘎村（S306）至罗布莎镇朱麦莎村公路改建工程项目建设现场召开现场会议，专题安排部署曲松县藏嘎村（S306）至罗布莎镇朱麦莎村公路改建工程环评手续以及生态恢复等事宜。3月15日，市交通局局长李国忠组织建设科、农村公路科、项目中心与西安中交公路岩土工程有限责任公司西藏片区负责人、施工单位负责人再次进行约谈，就做好西藏山南曲松县藏嘎村（S306）至罗布沙朱麦莎公路改建工程项目环境恢复工作进行督办。截至年底，局领导深入曲松县藏嘎村（S306）至罗布莎镇朱麦莎村公路改建工程、G560琼结县至错那县公路改建工程等项目工地检查环保工作12次，约谈曲松县藏嘎村（S306）至罗布莎镇朱麦莎村公路改建工程负责人3次，迎检领导小组办公室下发督办通知5期，确保迎检各项工作落到实处。

【矛盾排查化解】 2017年，市交通局巩固和发展局党组书记和局长信访接待日活动成果，落实重大信访案件包保制度，开门接访、带案下访、包案接访，妥善处理人民来信来访。坚持抓早、抓小、抓苗头，综合运用法律、行政、经济、教育等多种手段，及时化解矛盾纠纷，确保问题解决在当地、消除在基层、化解在萌芽状态。深入开展矛盾纠纷排查调处工作，各单位主要领导亲自负责抓排查、抓调解。截至年底，处理信访案（事）件11起，接待来访群众11批27人，办结11批27人，办结率100%。全系统未发生非正常上访、越级上访和群体性事件，有力的维护交通运输系统社会稳定。

【安全生产】 *落实安全生产责任制*。2017年，市交通局坚持“党政同责、一岗双责、齐抓共管、失职追责”，健全管理制度和考核机制，全力推进交通运输企业安全生产标准化建设。开展“平安交通”考核评价、道路运输平安年活动、企业安全生产和标准化达标抽查。

突出重点领域安全监管。2017年，市交通局加大工程建设、“两客一危”及水上运输等安全监管力度，强化重点营运车辆联网联控，实施从业人员安全素质提升工程，严格落实公路、水路客运实名制。

加强隐患排查治理和风险管控。2017年，市交通局开展隐患排查治理行动，落实重大事故和事故隐患约谈和挂牌督办制度。投资1.5亿元加快实施公路安全生命防护工程和危桥改造工程，提高路网安全通行能力。加大安全基础设施设备投入，切实提高安全应急保障能力。

【党建工作】 2017年，市交通局为扎实推进党建工作，年初结合“十三五”期间交通运输发展形势和中心工作，制定并印发《山南市交通运输局2017年基层党建工作实施方案》《山南市交通运输局2017年基层党建工作要点》，对全年党建工作进行安排部署。通过加强组织建设、阵地建设、人才建设和开展主题鲜明的党建活动，真正实现“提高党员素质、强化基础组织、服务群众、促进工作”的目标要求。

加强组织建设，增强领导力。2017年，市交通局要求领导班子做到集体讨论，民主决策，不搞“一言堂”，提高决策的科学性、民主性和可行性。坚持分工协作，做到分工有序、合作协调，在沟通中谋取共识，在理解中增进团结。定期召开民主生活会，成员之间充分交换意见，沟通思想，真正形成心往一处想、劲往一处使的良好工作局面。坚持调查研究，班子成员经常下基层开展调研活动，为局党组决策提供第一手资料。

加强阵地建设，增强凝聚力。2017年，市交通局全力推动党建向纵深发展，按照党建活动阵地“九有”标准，紧紧抓住“汉藏携手、局处共建”和“大党建”的平台，争取援藏经费，建设党建活动中心（党员活动室），并与湖北汉十高速公路管理处共建“网上党校”，加强两地沟通交流，实现支部活动有去处，党员有家，文化活动有场所，党员工作性有提高，增强党组织的凝聚力和向心力。

加强人才建设，增强战斗力。2017年，市交通局在实际工作中，启动“智慧交通”全年干部职工教育培训工作，2017年度共培训干部职工223人（次）；发放《大道之行》读本，开展干部职工读书计划，激发干部职工学习的自觉性、主动性，充分促使干部职工将理论和实践有效结合，增强工作能力。同时，加强经常性党务管理工作，注重做好党员发展、党费收缴和流动党员管理等工作，2017年共新发展1名正式党员，2名预备党员，2名入党分子，并为全系统党员发放“生日

贺卡”，提高广大党员干部的党性观念，增强作为党员的自豪感。

加强廉政建设，提升自律性。2017年，市交通局制定印发《中共山南市交通运输局党组及其成员党风廉政建设主体责任清单》，并于年初逐级签订《党风廉政建设目标责任书》，层层压实责任，坚持标本兼治、综合治理、惩防并举、注重预防的方针，以加强监督和廉洁自律、切实纠正损害群众利益的不正之风、提高机关作风建设水平为主要内容，拓展源头治腐工作领域，加大反腐倡廉工作力度。以开展“党风廉政建设宣传教育月活动”为切入点，召开“双述双评”会议、举行廉政知识测试、撰写心得体会、征集廉政短信、观看警示教育片、重温入党誓词等形式多样的活动，不断提升干部职工廉政自律意识。过好“三会一课”、民主生活会、组织生活会、民主评议党员等组织生活，完善加强党员领导干部参加双重组织生活制度，贯彻落实民主集中制，坚持实行重大问题、重大事项集体讨论决定，保证决策科学化、民主化。局党组书记、局长对班子成员、科级干部谈话16次、领导班子成员例行提醒谈话6次，谈话人数达37人次。扎实推进作风建设，坚决贯彻落实中央八项规定、区党委“约法十章”“九项要求”和市委“十项规则”，开展专项整治，整治党员干部上班期间迟到早退、上网、聊天、脱岗、串岗等问题，印发党员廉政提醒卡400余份、党员家属廉政警示卡，使干部作风有明显改进。狠抓巡视整改落实工作，通过召开党组会议、干部职工大会，统一思想认识，分解工作任务，成立巡视整改工作领导小组，保障巡视整改落实工作顺利开展，市交通局6个方面，16项巡察整改任务全部按期完成整改。

旅　游

【概况】 2001年，山南地区外事办公室与旅游局各自分立，山南地区旅游局正式成立。2016年11月11日，山南地区旅游局更名为山南市旅游发展委员会（以下简称市旅发委），正县级建制，为山南市政府工作部门。

2017年，市旅发委内设5个行政机构（正科级），分别是办公室、旅游促进与合作科、产业规划科、监督管理科、公共服务科。山南市旅发委机关核定编制总数18名。其中，行政编制11名，行政事业编制7名。后勤事业编制2名，导职数4名，内设行政机构科级领导职数10名。截至年底，除1名援藏干部外，市旅发委共在编20人，在职22人。此外有公益性岗位6名，志愿者1名，临时工1名。

2017年，全市共接待国内外游客348万人次，同比增长25%，实现旅游总收入14.2亿元，同比增长19%。

【旅游规划实施】 2017年，市旅发委修编《山南市旅游总体规划》和《“十三五”旅游发展行业规划》，编制《羊湖景区全域旅游发展规划》和《加查县、桑日县核心旅游资源整合开发总体规划》，启动《藏王陵墓景区规划》。

【基础设施建设】 2017年，市旅发委落实雅江观光带、羊卓雍错旅游基础设施、错那翼龙谷建设等一批旅游基础设施建设项目。协调配合相关部门完成项目总投资1.68亿元的达古景区建设项目。实施扎日、曲卓木、沃卡等一批乡村旅游项目。

【“厕所革命”】 自2015年国家旅游局全国“厕所革命”三年行动启动以来，山南市切实将“厕所革命”作为促进旅游业发展的基础工程、文明工程、民生工程来抓，按照“一年打基础、两年上台阶、三年见成效”的要求。截至年底，共投资1633万元新改建24座旅游厕所。

【响应玉麦回信】 2017年，市旅发委全面贯彻落实习近平总书记“玉麦回信”精神，争取资金100万元，着手编制扎日环玉麦边境旅游环线规划。协调扎日环玉麦边境旅游小环线3000万元基础设施及服务设施建设项目。开展玉麦风光片拍摄工作，并在南京、北京、深圳、广州等4场冬季旅游推介会上专门推介“最美边境乡——玉麦”。

【宣传促销】 2017年，市旅发委开展“藏源山南”歌词大赛、“5·19”南环线自驾游等专项促销活动。召开拉萨—山南—林芝区域旅游合作、达古景区旅游专场推介会、玉麦边境旅游宣传等专场推介会。赴目标市场开展冬季旅游系列促销活动。邀请区外旅行社走进山南和摄影家“行摄藏源山南”进行踩线采风活动。在机场、火车站、拉萨公交车、武汉地铁等交通要道发布平面广告和灯箱广告。在新浪、百度等门户网站和携程网、去哪儿等专业网站进行山南旅游特色产品和线路宣传，截至年底，百度搜索引擎点击数量已达到340多万。

【“三化”建设】 优化景区环境。羊湖精品化景区创建期间，共拆除废旧旅游厕所3座、违章建筑9处，规范摊位64处，增设垃圾设施20个，完善景区标牌和导览图共51处。

优化服务质量。2017年，山南市旅游服务质量提升，接待能力明显增强，游客数量明显提升，游客满意度大幅度提高。羊湖景区2016年接待达到40多万人次。

优化行业管理。企业每年拿出400万元对群众进行补偿，让农牧民群众退出岗巴拉山顶核心景区经营，景区经营管理工作得到规范，并荣获全区景区精品化试点工作二等奖。

【深化区域合作】 2017年，市旅发委为推进拉萨—山南—林芝旅游一体化发展，构建更加便捷快速的旅游道路交通网络，建立推进旅游城市和旅游景区开发合作平台，有效提升旅游服务和旅游产品供给。2017年4月与林芝、拉萨共同签订《西藏东南环线区域战略合作协议》，为三地旅游的相互促进、共同繁荣奠定基础。

【行业管理】 2017年，市旅发委规范行业服务标准化管理，建立健全行业管理制度和办法。协同公安、消防、食药监、安监等部门开展市场专项整治，查处旅游违法案件，规范旅游经营行为。2017年顺利通过安全生产“国检和区检”，同时实现旅游系统安全生产连续10年零事故。加大A级景区的监管力度，山南市旅游服务标准化建设工作和羊湖景区精品化创建工作顺利通过自治区验收。

邮政管理

【概况】 2017年，山南市邮政管理局共有职工6人，其中大专以上文化程度6人，占职工总人数的100%。2017年，全局所辖市邮政公司（EMS）、宅急送、申通、中通、圆通、韵达、顺丰、京东、品骏、百世汇通10家企业。

【快递业务发展】 为最大限度改善农村邮政业务现状，为广大基层群众提供便利，市邮管局推动西部网点建设和“快递下乡”服务。2017年，全市快递末端网点共增加至12个，其中城区网点1个、乡镇网点11个。

【邮政普遍服务】 2017年，全市函件业务量累计完成18.89万件，同比下降13.51%；包裹业务量累计完成0.19万件，同比增长137.50%；报纸业务量累计完成1368.05万分，同比增长4.58%；杂志业务量累计完成43.16万分，同比增长29.92%。年内分别用3月、7月、11月3个月时间，对12个县（区）普遍服务工作开展情况进行监督检查，听取县、乡政府及县邮政公司关于邮政普遍服务工作开展情况的汇报，对邮政安全生产、邮件收寄投递服务质量、机要邮件安全、普遍服务营业网点设施配备与网点公示、邮件时限、邮件查询赔偿等情况进行检查。

【安全监管】 2017年，市邮政局与市邮政公司、申通、圆通、韵达等10家快递企业签订《山南市邮政业安全保障建设责任书》，加强对各快递企业的服务保障和安全生产工作，重点加强对人员、车辆、邮

2017年9月29日，山南市邮管局开展行业安全检查

件及生产场所的安全监管,全市邮政业安全生产工作保持良好态势,保证寄递渠道安全畅通和行业平稳运行。同时,在山南市相关部门的统一安排部署下,协同各相关单位组织开展寄递服务信息安全专项整治、寄递渠道禁毒宣传、"扫黄打非"、查堵反动出版物及宣传品等专项行动,通过签订责任书落实具体职责,提高企业和从业人员的安全防范意识。

【村邮站建设】 2017年,"村邮站"建设工作取得阶段性成果。2017年9月,完成各县(区)负责人的统计工作,完成64个村邮站的选定工作。64个村邮站的设置共计需要资金10.24万元,市财政和邮政公司各承担50%的比例,10月市财政和市邮政分公司资金已经全部到位。2017年11月7日,山南市邮政管理局向政府递交一次性拨付"十三五"时期建制村村邮站设置费用的请示,2017年12月25日山南市人民政府办公室下发关于解决"十三五"时期建制村村邮站设置经费的批复,同月,市政府承担的34.32万元资金已全部拨付到位。

中国邮政集团公司山南分公司

【概况】 1998年,国务院对邮电经营管理体制进行改革,改革原有的邮政、电信由邮电局统一经营模式,实现邮政、电信分开经营。同年9月25日,山南地区邮政局正式挂牌成立。2016年2月,国务院批准山南撤地设市,根据中国邮政集团公司子改分体制改革,更名为中国邮政集团公司山南市分公司(以下简称邮政山南分公司)。

2017年,邮政山南分公司下设综合办公室(安全保卫科)、人力资源部(党委组织部)、计划财务部、工会、市场营销部、金融业务部、服务质量部(普遍服务部)、运营管理部、包裹快递部、机要通信分局10个部室。所辖贡嘎县、扎囊县、桑日县、曲松县、加查县、隆子县、错那县、琼结县、措美县、浪卡子县、洛扎县11个县邮政分公司。乃东区、赞塘、泽当营业中心3个支局。71个农牧区中心乡镇邮政所。实有员工总人数为224人。其中,市分公司现有从业人员224人,其中,藏族159人,汉族65人;男职工118人,女职工106人,平均年龄33岁;合同工193人,劳务工31人,乡邮人员100人;三级副以上管理人员有4人,中层以上管理人员29人。研究生2人;本科36人,占比16%;大专125人,占比57%;大专以下61人,占比27%。

2017年,全市总收入完成3349万元,同比增长6%,完成区分公司预算的95%。其中,主营业务收入完成3089万元,同比增长4%,完成区分公司预算的93%。其中,邮务类业务全年实现收入784万元,占总收入的23%,完成分公司预算的81%。代理金融类业务全年实现收入1285万元,同比增幅8%,完成分公司预算的104%,占总收入的比重为38%。包裹快递业务全年实现收入681万元,占总收入的20%,完成分公司预算的106%。

【提升服务质量】 2017年,邮政山南分公司做好党报党刊征订和投递服务工作,机要邮件实现"双人押运",促进普遍服务质量提升。非现场检查力度加大,信息化监管系统应用率提高,全名址信息录入、收寄验视、实名制寄递等制度得到落实,对各项服务指标进行有效监管与考核。利用微信、好讯、QQ等快捷平台,通过监督与指导并重,提升协同客服工单处理水平,全年直派工单和关联调度工单的及时处理率双项达到集团公司90%的考核标准,工单及时反馈率列居全区第二名。执行代收货款结算每周清账制度,加强账务核对、资金上划等管理工作,提高资金回笼率,全年代收货款清缴率排名全区一位。各网点执行晨会制度,开展服务礼仪培训、工作经验分享等活动,促进企业形象和服务质量提升。通过落实网点负责人的服务质量第一责任,健全完善投诉电话公开和24小时处理等管理体系,加强对报刊亭合规经营、乡邮投递服务等市场的监管,并完成年内重要节点的邮政服务安全防控工作。开展无着邮件管理提升培训和邮路安全监管宣教活动,提高从业人员的服务意识和安全意识。2017年全市邮政服务质量排名全区第一。

【财务管理】 2017年,邮政山南分公司执行零基预算制度,加强全面预算精细化管理。细化预算管理主体及管理内容,确保零基预算工作从最小预算单元做起,预算项目编制到各部室、各县分公司(支局),做到"横向到边、纵向到底"。

加强全面预算管理，根据区分公司的经营收入、利润目标摘档管理办法，在成本费用预算执行过程中严格控制业务费等变动成本、稽核项目业务成本，引导经营单位更加关注发展效益。稳步提高业财基础工作，制定或修订用户欠费管理办法、差旅费管理办法和采购管理办法等制度，2017年业财基础工作也得到区分公司的肯定，“集中核算职责季度考核”获得三次一等奖、一次二等奖，“年终决算”一等奖，“优秀审计项目”一等奖等。规范存货出入库管理，对分销商品、低值易耗品、业务宣传用品和邮资封片卡等实现出入库管理，规范分销商品和集邮票品请领流程。

【人力资源管理】 强化基础管理。2017年，邮政山南分公司围绕企业经营管理修订完善《中层干部管理办法》《月绩效考核办法》《领导人员廉政谈话办法》等，出台《2017年度企业廉洁风险防控工作实施方案》《2016—2017年效能监察工作方案》等。

强化用工管理。2017年，邮政山南分公司新招聘C类员工7人，B类员工7人，与西藏中保强盾保安押运服务有限公司签订《保安及市内押运钞外包合同》，解决资金安全风险和用工风险隐患，盘活13名安保人员充实其他缺员的紧需岗位，联系市社保局招聘21名见习生，有效缓解企业用工压力。

强化培训管理。2017年，邮政山南分公司持续开展新入局员工岗前培训和职业技能鉴定，重点抓好金融从业人员资格考试，不断提升持证率。

【企业建设】 网运改革成效显著。2017年，邮政山南分公司深化“自办＋委办网运”模式，泽当镇至贡嘎、扎囊、乃东、琼结、桑日、曲松六县的邮班实现逐日班，其余县实现周五班。陆运网关键绩效指标（KPI）全部达到集团公司标准，荣获2017年度全区网路运行“达标争先”一等奖。

投递能力不断改善。山南市区内实行网格化服务，叠加邮件自提、代投、代揽等服务功能。乡镇邮政所、便民服务点、便利超市叠加自提服务。2017年，根据客户用量需求，市区、县分公司共安装17组智能包裹柜，缓解末端投递的压力。

安全生产平稳向好。2017年，邮政山南分公司以车辆、资金、人员、信息技术为重点，签订落实各项责任书，加强监督考核。组织开展消防演练、安全教育培训、综治、“双联户”管理等工作，加大安全防范设施建设力度，及时排查各类安全隐患，规避风险，提高防范能力。2017年，安全生产工作实现零事故目标。

网点面貌持续改善。2017年，泽当营业支局、琼结县分公司营业厅装修改造工程竣工，硬件服务设施得到改善。错那县分公司营业厅新建、贡嘎等7个县分公司的网点改造土建项目已经完工，曲松县分公司网点改造工程因冬季气候原因暂时停工。11个县分公司的机要场地进行标准化改造，统一维修和安装营业柜台、防护栏、防盗门和监控设备，确保机要邮件安全收寄、安全保管。

信息化支撑能力增强。2017年，邮政山南分公司结合2017年网点装修改造项目，为8个网点搭建临时环境，支撑正常生产经营工作有序开展。配合区分公司信息技术局，安装上线保险“一区双录”系统、机要营业系统、新一代寄递平台系统，信息化服务能力得到再提升。加强日常运维工作，确保各类业务系统、管理系统及各种服务终端的完好率和使用率。

党建工作扎实推进。2017年，邮政山南分公司按程序完成党委集中换届选举工作，充实党委和纪委力量。对市分公司两个党支部进行换届改选，配强配齐支部成员。制订并落实理论学习中心组和两学一做学习计划。扎实开展“党风廉政宣传教育月”和“学雷锋志愿服务月”活动。落实“三会一课”制度，党委书记和纪委书记分别讲党课和纪律课。对党员基本信息进行清理，规范党员发展程序和党费缴纳制度。主办开展邮电通信系统首届主题演讲比赛活动，提升党员自豪感。根据市委相关巡视整改精神和要求，召开巡视整改专题民主生活会，从三个方面及时进行整改落实，取得良好效果；做好驻村联系点结对认亲户帮扶工作的同时，关心和关爱驻村工作队员，多措并举改善和提高驻村队员的各项待遇。

纪检监察工作有效开展。2017年，邮政山南分公司持续加强信访工作，及时调整矛盾纠纷排查工作领导小组，修订完善相关制度，严格开展矛盾纠纷排查工作，未出现群众信访、上访事件，为企业和谐发展提供保障。在重要节点开展廉洁自律和“四风”等问题监督检查,落实主体责任、监督责任和领导责任,实践监督执纪“四种形态”,加强监督检查,强化执纪问责,坚决防止“四风”反弹回潮。开展四级副科以上干部廉政法规知识考试,同时组织党员学习违规违纪通报、观看反腐警示教育片,教育引导党员树立守法意识、廉洁意识。严格执行集团和区分公司相关人事任免规定,上半年提拔四级副2人,四级正非领导职务1人,均无越级提拔和破格提拔,不存在跑官要官、说情打招呼、“三超两乱”问题。开展任前廉政谈话3人,开展任前廉政考试3人,开展诫勉谈话3人,处理违规违纪员工6人,免职2人。落实区分公司巡视反馈问题整改、“四风”问题整治情况“回头看”等活动,对照整改报告逐条开展自查和查漏补缺。

和谐企业建设成果丰硕。2017年,邮政山南分公司工会强化民主管理,维护企业与员工利益。2017年,市分公司继续加大力度为员工办实事,解难事,落实完成市分公司职工食堂外包、提高职工就餐补助、提高高寒县绩效发放标准、为高寒县员工配发防寒服、解决长途邮运驾驶员邮路就餐、提高驻村队员待遇等工作,通过落实相关惠民措施,员工共享企业发展成果,提升获得感。2017年,市分公司获得“西藏自治区厂务公开民主管理规范创建基本达标单位”荣誉称号。

中国电信山南分公司

【概况】2017年,电信山南分公司主营业务收入累计完成11002.5万元,完成年度预算目标的104.28%,其中固网收入完成3263.27万元,完成年度预算目标的110.43%;移动收入完成7739.23万元,完成年度预算目标的101.88%;新兴业务收入完成4853.2万元,完成年度预算目标的100.2%,收入占比达到37.24%。

【双规模业务】2017年,电信山南分公司移动出账用户净增0.63万户。新发展移动用户3.65万户。新增移动合格用户4.88万户,合格用户占新增用户比达到86.32%。有线宽带用户发展0.8万户。

【“双5翼”攻坚战】2017年,电信山南分公司持续开展“双5翼”攻坚战。截至年底,完成“双5翼”攻坚战积分288743分,完成率129.2%。其中,翼融合积分完成率116.81%,天翼视讯积分完成率184.86%,天翼高清积分完成率133.68%,翼+卡积分完成率108.09%,七分卡积分完成率83.24%,翼支付积分完成率108.61%,翼商户积分完成率120.85%,红包卡积分完成率122.10%,翼物联积分完成率137.32%,三朵云积分完成率达205.57%,天翼云盘完成率达到179.57%。

【渠道效能】2017年,电信山南分公司全渠道新发展移动用户32090户。其中,宽带用户5869户,高清累计完成13780户,完成率181.4%,占全渠道的79.28%。全渠道有效门店达187家。其中,专营渠道67家,达标率44.78%;开放渠道112家,达标率55.34%。

【客户服务工作】2017年,电信山南分公司以“两升两降”为目标,强化客户服务三级质量管控体系。截至年底,电信山南分公司未发生定责越级投诉,10000号一般投诉定责案控制在区公司目标值内。

【资本性投资】2017年,电信山南分公司资本性支出项目总投资15628.81万元,立项项目达56个,完成入账金额15583.5万元,转固

中国电信西藏公司党委书记、总经理李晓华赴山南分公司调研

金额7342.8万元(包含结转转固),达到区公司的进度要求。

【重点建设项目】 2017年,电信山南分公司完成山南农牧区391个4G基站改造和城区64个4G基站改造工程,实现山南95%以上行政村具备4G网络接入能力,启动11个无线基站建设项目。新建H端口6094个,实现全市乡镇以上区域100%光网覆盖目标。完成23个普遍服务行政村光网建设任务、29个离乡镇5公里以内行政村光网建设任务。顺利完成自治区工信厅和区公司下达的行政村光网建设任务。完成统谈的卫计委等4个项目和政企客户94条专线项目,100%满足的山南市所有单位专线项目的需求。投资164万元,重点解决城区城域网扩容工程,提升城区业务接入能力。

【增强通信服务能力】 2017年,电信山南分公司加大对网络设备、线路的巡检、巡查,及时排除故障、隐患,有效降低设备故障率。2017年,巡检次数达85次,为客户提供优质的通信服务。

【完成重保期间的工作任务】 2017年,电信山南分公司强化责任担当,制定应急预案,细化工作职责,加大巡检力度,及时排除隐患,落实维稳举措,完成重保期的各项维稳保通工作任务。9月28日,组织进行应急通信演练。9月30日前完成网络安全检查及隐患排查。在十九大期间,及时解决基站断站等故障,保障基站供电,共安排车辆86次、维护人员64人次以及调用发电油机27台,有力保障通信畅通。同时将各项维稳保通举措抓好、抓细、抓实,确保企业内部和全市社会局势持续安全稳定。

【专项行动】 2017年,电信山南分公司有序打造三张精品网专项行动。开通1.8GLTE基站27个、农村及城市区域LTE800兆重耕272个基站,实施城市LTE800兆重耕64个基站、农村区域LTE800兆重耕第二批站点180个,完成率都为100%。新增FTTH端口数达到39102个,82个行政村光网覆盖。市管市建FTTH项目新增FTTH端口27230个,完成年度进度目标。

【企业党建】 落实党建工作主体责任。2017年,电信山南分公司共召开9次党委会议专题研究党建工作,制定下发系列党建工作通知、实施方案及党建工作制度。召开党建工作会议,对分公司党建工作进行全面部署安排。

签订党建责任书。2017年,为落实党建责任,电信山南分公司党委书记与前端、后端、管保党支部书记签订党建责任书,形成一级抓一级的工作格局。

落实学习计划。2017年,电信山南分公司党委制定下发《山南分公司党组织学习制度》《山南分公司党委理论学习中心组2017年度理论学习方案》,确定党委理论学习中心组学习内容。截至年底,电信山南分公司召开党委理论中心组学习会13次、专题研讨3次、7人次讲党课,严格考勤签到和请假制度,确保中心组学习常态化规范化制度化。

各党支部严格按照“三会一课”制度和分公司党委有关工作部署抓落实。2017年,电信山南分公司3个党支部共召开党员大会11次、支委会10次、组织学习30次,支委委员、党员讲党课9次,同时加强考勤签到,确保“三会一课”制度落到实处。

【学习党的十九大精神】 2017年,电信山南分公司组织56名党员干部第一时间聆听党的十九大报告。制定学习党的十九大报告等重要文件精神计划,采取个人自学、集中学习等方式深入组织学习党的十九大报告。分别于11月3日,11月24日组织专题学习党的十九大报告。通过OA将党的十九大报告精神传达提纲发给各位党员,要求党员自学,做好笔记。12月22日,电信山南分公司召开深入学习贯彻党的十九大精神专题报告会,邀请山南市委宣讲团成员、市委党校讲师、党校学员科主任拉珍做题为“深刻学习领会党的十九大精神,开创新时代中国特色社会主义美好未来”的报告。电信山南分公司党委就深入贯彻落实党的十九大报告精神提出要求。

【反腐倡廉】 2017年,电信山南分公司结合实际,研究制定下发《全面从严治党深化党风廉政建设重点专项工作方案》,先后召开5次会议听取纪检监察室工作情况汇报,安排部署党风廉政建设重点工作。电信山南分公司与各部门、各划小单元负责人签订党风廉政建设责任书,层层落实责任。加强日常廉洁提醒教育。开展“兼职纪

中国电信山南分公司党委调研乡镇网点

检员监督与工作重点”培训学习宣贯会，提升兼职纪检员的履职意识及工作责任心。截至年底，共发放廉洁提醒12期，组织党员干部集中观看警示教育片3期。召开合作伙伴廉洁座谈会，共计70人参会，取得良好效果。编发12期党风廉政资料学习篇，群发廉洁短信6000余人次，前后召开5次党员干部廉洁从业宣教会。12月28日，山南分公司召开述廉述职大会。班子成员，分别从学习领会中央文件精神及落实党建党风工作，自身廉洁自律情况，分管领域履行“一岗双责”情况，下一步工作思路进行述廉述职。

【纪检监察迎巡整改】 2017年，电信山南分公司配合完成区公司党委巡察工作。针对区公司党委第二巡察组1月对分公司开展内部巡察发现的7个方面25项问题，落实整改要求，并按照要求时限完成全部整改任务。稳妥推进迎巡各项工作，先后召开5次专题会议对集团巡视整改工作进行安排、部署。针对9个专业线条18个方面的问题，逐条进行深入分析原因、细化和分解，制定分公司《巡视反馈意见的整改工作方案》，落实巡视整改任务目标并分解到部门和具体责任人，具体细化为52项整改任务和96项具体整改举措。其间，建章立制12件，修订完善1件。截至6月9日，已完成全部整改任务和分公司内部验收工作。

【降低成本】 清查固定资产。2017年，电信山南分公司清查固定资产共计2160件，对452项闲置资产进行报废处理。同时对16辆车辆进行报废处置，处置收益按照财务规定及时入账，资产效益提升312万元。

推进端到端的信息入库工作。2017年，电信山南分公司共计完成主光路清理入库1589条，完成计划的122%。完成子光路清理入库10189条，完成计划的171%。清理OLT设备114台，完成计划的119%。完成PON口至用户端口完整链路32276条，完成计划的105%。

存量沉默用户清理盘活。2017年，电信山南分公司共激活存量移动及宽带用户38758户，激活率达到区公司的要求。

【移动市场份额】 2017年，电信山南分公司制定区域性营销策略，进行驻点式营销、阶段性扫乡扫村等，其间多次与县局长面对面交流、分析、总结活动开展情况，及时将适合农村区域的套餐组合法等优秀成果案例通过电视电话会议形式推广。全年移动过网市场份额达到41.72%，提升1.56%。

【存量经营工作】 2017年，电信山南分公司存量业务收入完成72204.80万元，完成年计划的100.80%。星级用户收入保有率91.75%；移动出账用户月均离网率为3.54%；宽带计费用户月均离网率为1.34%，达标。

【政企行客划小承包】 2017年，电信山南分公司针对政企渠道连续多年收入均未完成年度任务，在全市排名靠后，移动、宽带等重点业务指标连续多年未完成，业务拓展面临巨大困境，员工动力严重不足等问题。狠下功夫，采取优化人力资源、实施竞标上岗、实施内部双选、实施资源穿透和清算考核、全面强化支撑力度等举措，精密组织对政企行客实施划小承包。截至年底，政企行客划小单元收入同比增长14.44%；移动、宽带净增同比增133.65%、139.74%；员工收益较2016年增长38%。

【行业信息化项目】 2017年，电信山南分公司挖掘行业信息化项目商机。通过实时关注、长期跟踪、了解需求,制定解决方案。截至年底,成功洽谈山南市教育城域网项目、曲松县社会管理综合治理服务网格项目、全市国库集中支付业务项目,共带动带宽型收入320余万元,极大推动行业信息化建设的步伐。签约市消防支队天翼对讲213户,通过信息化应用促进移动业务发展取得新突破。

【创新服务管理模式】 2017年,电信山南分公司多次与铁塔分公司、传输分局共同商讨、研究,成立铁塔服务管理办公室。出台基站建设维护及考核管理办法,推动铁塔供电服务管理模式创新,对铁塔断站率进行精确考核。完成铁塔断站考核,从9月开始实施服务质量考核,考核追责20余万元。通过考核,促使铁塔分公司更换59个基站电池,市电引入21个站,提升基站供电系统的支撑服务速度及核算铁塔租赁费的精确。

【综合支撑服务】 2017年,电信山南分公司执行按月通报工单执行、酬金、佣金兑现及到账情况、经营发展清算情况机制,并将考评结果运用到绩效考核中,有效提升支撑速度及质量。截至年底,综合支撑平台接单共计3693件,接单好评率达到99.57%。发起财务报账流程支撑单1255笔,累计资金达5714万元。其他网建、营销服务支撑类接单3017件,为小CEO做好支撑服务。先后为划小单元提供财务做账等23场次的现场精准帮扶,得到一线CEO的一致好评。

【巡视整改】 2017年,电信山南分公司根据地方巡视要求,山南分公司结合企业实际,细化、梳理出66项具体工作措施。市委巡视整改督导组对分公司高度重视市委巡视整改部署工作,提出执行纪律严格,制度健全完善,采购模式创新的方面值得借鉴的意见。并给予做到举一反三,进行分析对标,针对性地提出具体的工作措施的高度评价。

【执行力建设】 2017年,电信山南分公司定期研究各划小单元有关业务发展、网络建设等方面的需求,明确责任主体并牵头落实,并督促跟进。同时跟踪、督办相对滞后的指标任务及推进效果较差的工作,责令责任部门提交整改意见,印发各类督办通知153期,有效提升市场响应速度、整改效果以及执行力。

【办实事办好事工作】 2017年,电信山南分公司再筹集80多万元,实施错美、隆子、错那、浪卡子等县局职工生态园等建设、维修项目,改善县局、乡镇、中继站及驻段点员工的生产生活条件,为一线人员解决后顾之忧。

中国移动山南分公司

【概况】 中国移动山南分公司(以下简称移动山南分公司)内设7个职能部门,下设9个中心/班组,共13个县(区)分公司(含2个城区、11个县级分公司)。其中,客户服务管理中心为独立运营、由分管副总直管;工会党群纪检监察室工作按职责分为三个模块,分别由三位领导分管。

2017年,移动山南分公司总体发展良好,全年运营收入1.81亿元,同比增长4.73%。拥有在网客户162050户,家宽客户12504户。基站1976个,其中2G基站671个、3G基站616个、4G基站689个。网络覆盖情况现网城区、县城、乡镇2G、3G、4G的覆盖率均为100%。农村3G、4G覆盖率为81.29%,农村2G覆盖率为89.29%.乡镇光缆覆盖率达到100%。传输线路7894公里,家宽端口16783个,专线2350条。

【网络建设】 2017年,移动山南分公司坚持实施“广覆盖”工程,网络覆盖率逐年提升。加快推进4G网工程、旅游线路工程、边境覆盖通信工程等边境及旅游景点2G网络覆盖。2017年共计投资24485.51万元,建设电信普遍工程,网络演进工程等有效提升移动网络覆盖率。光交箱护网整治。2017年家宽工程建设第一批家庭宽带预覆盖工程总计投资达591.16万元,有效提升端口份额利用率。做好传输隐患整治。按照光缆线路的维护规程进行巡查、整改,对特殊地段进行重点盯防,消除隐患。对光缆衰耗、重点地段进行架高整治,其中二干增高46处,本地网增高82处,自然灾害区域杆路迁移61处,衰耗整治43处,有效提升传输网络运行稳定性。

【市场发展】 2017年,移动山南分公司加强4G储备,提升流量价值和口碑。重点部署“三换”工作，宣传引导提升降费让用户用得放心，迁移4G套餐、推广4G套餐、释放资费风险，为4G开放奠定基础。找准低份额市场，提升新增规模和价值。开展存量客户捆绑和续约工作，先后开展“网龄回馈——山南移动特惠季，越用礼越多”“山南藏源雅砻 移礼相送活动”“山南移动——存费送手机代金券”“山南移动承诺抵消送电子券活动”，实施硬捆绑，提升存量客户价值，做好收入保有。精耕细作家宽发展，做大家庭市场。利用现有最新宽带资费及优惠活动，根据地域发展趋势调整营销手段，开展家宽进社区的大型巡演活动，提升家宽知晓度和客户渗透率。同时利用好电信普遍服务点位，信息化产品资源，发展宽带农村市场。成功打造“扎西托美村”“‘互联网+党建’示范村”“玉麦乡宽带示范乡”“扎玉村惠民家宽村”。狠抓发展不松懈，提升渠道产能。以强看管，强执行，扩渠道，强宣传为抓手，细化渠道基础管理。

【政企市场】 2017年，移动山南分公司借力项目，提升信息化攻坚能力。抓住政府行业规模大、信息化需求高、个性化需求明显、影响力大的特征，与政府部门合作，把握商机，开展“智慧交通”“智能卡口”“智慧食安”“互联网+党建”示范村镇打造、各县“智能违停”等项目，促进分公司信息化产业发展，同时提升分公司社会影响力。“互联网+党建”示范村建设，2017年7月26日，来自人民网西藏频道、新华网西藏频道、西藏发布、雪域青稞等10余家国内主流媒体共16人到达山南市扎西妥门村，进行“互联网+党建”示范村的观摩、采访活动。移动山南分公司、市网信办共同完成此次活动互联网技术服务工作。创新方式、助力教育发展，与浪卡子县教育局签订“浪卡子县完小精品录播教室建设”项目合同，实现全市第一套标准化的精品录播教室建设，也是西藏教育数字化标杆性项目。协调，不断提高服务能力，为提升公安各类项目运维和保障能力，分公司组织召开公安项目运维保障沟通会，为后期项目运维和党的十九大期间保障方面提出要求。在“八一”中国人民解放军建军90周年到来之际，为做好部队单位维系保有工作，使部队广大客户深刻感受到“军民鱼水情”的真挚情谊，开展“八一”中国人民解放军建军慰问、联谊活动，取得热烈反响。

2017年6月21日，中国移动西藏公司副总经理卫红一行在山南分公司，实地调研城区渠道点发展情况

【客户服务】 2017年，移动山南分公司坚持以客户感知为导向，持续提升客户服务与产品质量。以“一二三四工程”为基础，完善质量管理体系。以客户满意度为准则，重塑网络质量工程。启动“网络质量大排查活动”，分阶段完成面向市区、县城、乡镇、村域、省道沿线、重要旅游景点六大区域基站侧网络质量满意度的全面排查、问题分类及部分故障区域的优化与新建站工作。以家宽质量改善为重点，全面提升家宽价值。开展“家庭宽带产品品质众测工作”，查找与竞争对手带宽质量差距，不断完善公司家宽质量。开展一线人员能力提升工作，基础服务及主动服务能力显著提升，实体渠道检测保持全区前两名。客户经理团队1—3期整体满意度表现领先全区并保持在全区前两名。另政企客户基础服务工作年度排名全区第一。

【扶贫帮扶】 2017年，移动山南分公司驻村工作点在浪卡子县张达乡扎玉村，该村共有190户1047人，是浪卡子县重点贫困村，在充分摸底调研的基础上，结合山南市脱贫攻坚目标和企业实际，分公司

2017年5月17日，以“5·17”世界电信日为契机，山南分公司在新一代营业厅同步开展了2017年第一期“为民服务”客户接待日活动

将扎玉村打造成为“移动惠民家宽示范村”，协助县、乡、村委会为村民们提供脱贫教育意识平台。项目累计投资近80万元，建设36个资源箱，入户光宽带用户179户，受益群众覆盖面达到全村98%。为响应政府号召，移动山南分公司总经理普布次仁带领8名党员领导干部到驻村工作点，践行“走基层、解难题、办实事、惠民生”工作，开展贫困户慰问、“结队认亲”活动，分别为贫困户送去米、面粉、油、砖茶等生活必需品。与自家亲戚互换“连心卡”，并促膝交谈，详细了解困难家庭的基本状况，做详细记录。

【党建工作】 2017年，移动山南分公司以“两学一做”学习教育为指引，下发《分公司推进“两学一做”学习教育常态化制度化实施方案、督导工作方案》等，确保学习教育各项要求落实到位。以“三会一课”作为党员教育主要阵地，以周四党员集中学习日为依托，开展集中学习25余次，党委班子领导讲党课3次。开展“四讲四爱”主题教育实践活动、志愿服务活动等提升员工文明素质。开展第二届“最美移动人”主题宣传活动，推荐典型、宣传典型、学习典型。落实党建工作责任制。加强党员队伍建设。推动发展党员工作，全年发展党员2名，吸收预备党员2名、分子4名。推进服务型党组织建设。命名首批“共产党员示范岗”、开展“在职党员进社区”义务服务日活动和“践行先锋标准、岗位建功立业”暨无职党员设岗定责活动等。

中国联通山南分公司

【概况】 2017年，中国联通山南分公司（以下简称联通山南分公司）为确保公司全年收入指标的完成，结合区公司各项营销活动指示，结合公司实际情况，制定差异化的营销政策开展营销活动，通过提升新增用户发展量，扩大公司在网用户规模，提升市场占有份额拉动收入增长。全年开展大规模营销活动12次，其中通过“5·17”营销活动、扫村营销活动、“双十一”网购节活动、物交会营销活动等。

【提升服务体验】 2017年，联通山南分公司为进行规范性的管理营业厅服务，提升服务质量，给予用户不一样的服务体验，山南联通于2015年3月设立客户服务部岗。客户服务岗设立后，根据NPS测评用户感知痛点问题，结合山南分公司实际情况，对用户进行分类维系服务。通过切合公司实际的投诉处理、回访、服务满意度调查等服务标准和服务规范，促使客户综合满意率全部达标。

【移动网络】 2017年，在网运行的物理站点共242个，逻辑站点393个，其中2G站点98个，U900站点74个，WCDMA站点133个，LTE站点88个。移动网已完成山南市1个区、11个县城、39个乡镇、97个行政村、S101、S202、S306道路沿线、重要景区景点的信号覆盖。

【传输网络】 2017年，山南至拉萨传输主通道有4个。分别为山南至拉萨机场101线、山南至机场第二环路、山南至林芝市朗县环路、山南至拉萨市墨竹工卡县环路。

【本地网干线】 2017年，联通山南分公司完成山南市1个区11个县的本地网传输光缆的建设工作，实现山南市全县域通光缆。并逐步完成县域间传输环路的建设工作。

【安全生产】 2017年，联通山南分

公司组织制定应急处置预案,明确安全防范工作的指导思想、使用范围以及突发事件处理方法和流程。严格落实安全生产责任制、维稳值班责任制,强化安全生产教育和行车安全教育,定期开展安全生产大检查,及时排查安全隐患,提高安全防范保障度。

【防腐倡廉教育】 2017年,联通山南分公司充分发挥宣传教育的基础性作用,不断夯实廉洁从政的思想道德基础、筑牢拒腐防变的思想道德防线。深入开展理想信念和宗旨教育、党风党纪和廉洁自律教育,组织开展规章制度的学习,确保规章制度执行到位。组织全公司人员参与培训和各项警示教育活动,强化干部廉洁自律意识。多次组织全员观看《说案民记》《巡视利剑》等廉政教育片。

【提升自助服务占比】 2017年,联通山南分公司加大手网厅、自助端引流力度,实现简单业务由客户自助操作完成,减少营业高峰期的人流及服务流程,提升自助服务占比。

【强基惠民】 2017年,联通山南分公司工驻村作队入驻浪卡子县堆日村开始,立即组织工作队进行走村入户,通过深入村民家中,与他们"面对面"谈心,"心贴心"交流,听取他们的意见和建议,及时了解和掌握本村牧民的生产生活状况,为开展好驻村工作收集第一手资料,共走访调研35户,145名群众,走访调研率达100%,详细摸排每家每户基本情况,包括基本现状、经济状况、劳力状况等。

联通山南分公司驻村工作队始终还把维护社会和谐稳定作为驻村工作的重点,谋划、采取有力措施、狠抓工作落实。向农牧民群众宣传党的宗教民族政策,教育农牧民群众坚决同达赖分裂主义者作针锋相对的斗争。在藏历新年、春节、"三八""3·14""两会""3·28"等特殊时期制定村"两委"班子成员和驻村工作队队员24小时轮流值班带班制度,对全村进行夜间治安巡逻,全员在岗。制定"两会"期间维稳巡逻,外出及外来人员登记并上报,做好维稳值班日志、安全隐患排查台账、矛盾纠纷排查登记。

为响应浪卡子县政府"3·28"捐款活动的号召,2018年3月26日联通山南分公司党支部组织广大员工向驻村工作点伦布雪乡堆日村乡扶贫办进行捐款活动。通过大家的慷慨解囊共募捐到5000余元爱心善款。活动所募集的款项将由公司驻村工作队统一转交至伦布雪乡堆日村乡扶贫办,扶贫办主要用于对当地生活困难群众的资助。

中国铁塔股份有限公司山南市分公司

【概况】 2017年,中国铁塔股份有限公司山南市分公司(以下简称铁塔山南分公司)立足于"服务地方、履行责任",紧紧围绕建设"七个山南",利用山南市创建"宽带中国试点城市"的契机,主动将通信规划建设融入地方经济社会发展大局中来,全力开展通信基础设施建设,夯实信息化承载能力,全面提升信息化服务水平。全年通信基础设施建设投资近9000万元,建设通信基站757个,此外还有289个需求在施工中。

【推动合作】 2017年,铁塔山南分公司主动和山南市党政机关、企事业单位进行沟通,加强合作,有针对性地对山南市重点项目区域及规划区域进行网络覆盖和开展通信规划工作,取得一定成效。2017年,针对党政机关建设通信基站5个、针对教育机构建设通信基站5个,针对开发区和旅游景点建设通信基站7个。完成山南市江北工业区规划项目及江北快速通道沿线覆盖等重点区域的通信规划和建设。

【创新发展】 2017年,铁塔山南分公司将"资源节约、降本增效、环境友好"作为企业运营的根本,立足创新发展,科学满足需求,整合资源,深入共享,减少重复建设,体现改革成效。经初步测算,通过强化存量基站共享和新建基站共享,新建铁塔的共享水平迅速提升到43%以上,节约国家投资3000余万元、每年减少维护费300余万元、减少场租费400余万元,减少土地占用20余亩。

在羊湖景区基站上安装气象实时监控系统,用于检测羊湖景区的气象技术,气象工作人员足不出户,即可了解到羊湖景区的实时气象监测数据。

在江北快速通道沿线、羊湖景区、思金拉措及拉姆拉错景区的创新建设藏式机房和美化塔，获得景区居民认可和好评，美化城市环境，促进环境保护。

与山南市气象局共赴西藏隆子县玉麦乡开展战略合作协议项下的合作项目的实地考察调研。该工作得到玉麦乡政府以及湖南建工集团的支持。双方一同详细考察当地周围环境，选出既能保障当地通信覆盖，又能保障山南市气象局气象观测站信息采集回传信号覆盖的最佳位置。

2017年为提升江北快速通道沿线通信覆盖，铁塔山南分公司建设广告牌美化塔

【党建工作】 2017年，铁塔山南分公司严格遵照“两学一做”、增强“四个意识”“约法十章”要求，紧紧围绕年度经营工作目标，深入推进党风廉政建设责任制的落实。

服务地方政治稳定和经济发展。2017年，铁塔山南分公司完成雅砻文化节等重大节日、党的十九大等重大会议期间的通信保障工作。做好应急备灾、党政通信、战备应急通信、边防通信、基层政权通信、抢险救灾等特殊通信保障工作。

推进党的组织建设，落实“一岗双责”制度。2017年，铁塔山南分公司建立健全党的各级组织作为紧迫任务。其间，召开“增强‘四个意识’，严守政治纪律政治规矩”专题民主生活会，使广大党员在严格的党内政治生活中加强党性修养，增强担当中国铁塔使命的光荣感、责任感。使全员树立把纪律规矩挺在前面，营造风清气正的良好发展氛围。

【驻村工作】 2017年，铁塔山南分公司制定精准扶贫一户一档档案、贫困户的建档立卡。深入达孜村的每一块土地开展土地确权工作。开展边境小康示范村的农户信息统计工作、全民参保统计工作、农户信用信息统计工作，挨家挨户逐个进行走访，对全村人员情况进行全面的了解，先后召开党员座谈会、村民代表大会、双联户户长座谈会、村两委班子座谈会、全村村民大会共15次，参会人数近1500人次。

针对达孜村实际，铁塔山南分公司对还有部分残疾人未有残疾证书，与市残联沟通取得市残联的支持，于2017年4月2号和2017年6月20由铁塔山南分公司驻村工作队派车接送残疾人到山南市人民医院做残疾鉴定。同时将1名“五保户”送到敬老院。开展各大节日的文艺活动和慰问活动。结合党的群众路线教育，开展“思想帮扶、物质帮扶、科技帮扶、智力帮扶”活动。铁塔山南分公司驻村工作队开展为期2月半的隆子县2017年脱贫攻坚第二届“送培入村”活动暨加玉乡达孜村中式烹调师技能培训和装饰装修技能培训。铁塔山南分公司驻村工作队展开包虫病防治与筛查的宣传工作以及实施工作。在达孜村修建幼儿园和修建入村入户入田地的道路工作。把达孜村的水泵送到山南市区维修，解决农田灌溉难的问题。根据结对帮扶最终名单，于2017年9月23日由公司党委书记、总经理次仁珠久牵头的工作组赶赴村里，连同公司驻村人员对结对贫困户开展入户调查，工作组一行赴隆子县加玉乡达孜村进行“结对帮扶”入户调查，在调查期间工作组一行还与加玉乡党委书记、乡人大主席和乡里其他领导就驻村工作和结对帮扶工作进行充分的沟通和意见交换。

金 融

中国人民银行山南市中心支行

【概况】 中国人民银行山南市中心支行（以下简称人行山南市支行）的前身是中国人民银行山南支行，成立于1956年8月1日，2016年山南撤地设市后更名为中国人民银行山南市中心支行（以下简称人行山南市支行）。

2017年，人行山南市支行内设办公室、货币信贷统计科、货币金银科、国库科、会计业务科、征信管理科、人事科、纪委监察室、保卫科、宣传群工部、科技科等11个部门。现有职工97人，其中，在册行员86人（干部82人、工人4人），聘用制员工11人。在册行员中，行级领导8人、正科级11人、副科级27人、科级非领导职务20人，一般干部20人；中级职称42人、初级职称29人；党员65人。援藏干部2人；青年志愿者1人。

【落实金融政策】 2017年，人行山南市支行引导辖区金融机构在继续贯彻落实西藏特殊优惠金融政策的基础上，强化信贷政策结构性调整，增加辖区金融供给力度，增强实体经济支撑能力。截至年底，山南市金融机构本外币各项存款余额为364.16亿元，较2016年末增长17.56%。各项贷款余额为266.01亿元，较2016年末增长5.67%。金融业对经济的贡献率接近全国总体水平，山南市金融业已逐步发展成为重要的地方支柱性产业。

2017年7月20日，山南市举行金融精准扶贫产业试点县暨金融电商惠民服务站授牌仪式

【支持地方经济发展】 2017年，人行山南市支行按照2017年山南市经济工作会议精神，及时出台《中国人民银行山南市中心支行关于金融支持山南市打好“四大战役”的指导意见》，引导辖区金融机构充分发挥金融撬动作用，全力支持地方经济发展。该项工作得到市委书记张永泽的肯定性批示。

支持地方经济建设。2017年，山南市重点项目贷款余额为104.54亿元，较2016年年末增长12.34%；企业贷款余额达216.57亿元，较2016年年末增长11.69%。

支持非公有制、小微企业发展。2017年，山南市辖区银行业金融机构与10家非公有制经济企业签订授信协议，授信额度达9.73亿元，有9笔贷款落地，占总笔数的90%，总金额达7.22亿元，占总授信额度的74.20%。截至年底，小微企业贷款余额为17.74亿元，较2016年年末增长28.74%。

支持“大众创业、万众创新”。2017年，山南市发放“双创”贷款1.17亿元、发放城乡妇女小额担保贷款215万元。

【跨境人民币业务】 2017年，山南市共发生跨境人民币业务117笔，其中发生一笔跨境收入业务，金额达446万元，跨境支出发生116笔，跨境支出金额共计2866万元。按照业务种类分类，货物贸易支出业务共发生113笔，金额达2548万元，服务贸易支出业务共发生3笔，金额达317万元。

【创新融资方式】 2017年，人行山南市支行创新开发“银行+保险+宣传”等融资扶智新模式和“项目库+抵押担保”融资方式，全面铺开“风险补偿基金+信贷”产品。截至年底，辖区涉农贷款余额达61.35亿元，较2016年年末增长41.18%；扶贫贴息贷款余额达31.1亿元，较2016年年末增长7.28%。

【建立绿色金融统计制度】 2017年，人行山南市支行在地市中支中率先开展绿色贷款统计，制定绿色贷款统计制度。全年山南市绿色贷款余额达125.14亿元，较2016年年末增长55.87%，增速居全区第一名。

【金融精准扶贫】 2017年，山南市金融精准扶贫贷款余额达18.8亿元。其中，到户贷款余额达4.25亿元，较2016年年末增长19.8%，精准扶贫到户贷款覆盖面已实现100%全覆盖，贷款需求满足率超过96%。辖内乃东区已通过国家考核评估，6213户、19151人脱贫，洛扎、曲松两县和206个村（居）达到自治区贫困县退出标准，脱贫阶段性任务顺利完成。率先在全区实现“五个全覆盖”（“达孜模式”实现全面推广、建档立卡贫困户金融服务需求建档率实现全覆盖、精准识别对接产业项目实现全覆盖、金融宣传光碟和手册发放实现行政村全覆盖、摘帽县及深度贫困县实地调研对接实现全覆盖）。11月，在中国人民银行总行进行金融精准扶贫工作经验交流，中支金融精准扶贫工作开展情况报告被拉萨中支批转全辖，并在全区金融精准扶贫工作会上先后做3次经验交流。山南市金融精准扶贫工作得到市委、市政府的高度评价和广大群众的一致好评。

【支持产业项目】 2017年，人行山南市支行对接和梳理全市产业项目，并给予信贷支持。截至年底，全市产业项目库内产业项目贷款余额达3.44亿元，较2016年年末增长34倍。其中，政府风险补偿金+银行信贷达3.15亿元。产业项目库外17个项目已获得信贷支持，金额达11.1亿元。

【推进试点县工作】 2017年，人行山南市支行确定扎囊县为产业扶贫示范县，开展一系列卓有成效的工作，金融精准扶贫试点县由原先农行垄断经营向多种银行竞争转变，有效促进县域金融格局的良性发展。截至年底，向“试点县”扎囊县发放产业项目贷款1.45亿元，其中农行0.008亿元，邮储银行1.44亿元。

【完善农牧区支付服务环境】 2017年，人行山南市支行以助农取款服务点为抓手，消除无效服务点，完善农牧区支付服务环境。截至

2017年7月25日，山南中支联合市工商联举行山南市金融促进非公有制经济发展授信协议签约仪式暨金融宣传活动

年底，山南共设立助农取款服务点741个，助农业务80973笔，金额7155万元，与2016年同期相比业务笔数增长2.9%，业务额增长10.31%。其中，发生查询9693笔；取款业务46182笔，取款金额2905万元；转账业务25098笔，金额4250万元。

【履行经理国库职能】 2017年，山南市全辖完成一般公共预算收入16.57亿元，较2016年年末增长22%；完成一般公共预算支出146.30亿元，较2016年年末增长14%，有力地支持地方政府预算的顺利执行。共发行国债743万元，较2016年末下降36%。山南市通过国库直拨共发放财政惠农资金131.84万元，惠及农户709户。在全区率先开发国库检查文书工具，实现国库执法检查文书制作一体化、电子化、系统化，为国库业务综合执法检查的规范化和便利化奠定基础。

【人民币管理】 2017年，人行山南市支行成功办理三笔发行基金出库业务。发行库发行基金投放总量为36.71亿元，较同比下降14.42%，回笼发行基金总量为13.66亿元，同比下降11.59%，发行基金净投放23.05亿元，同比下降16.01%。共完成2017年贺岁普通纪念币、中国人民解放军建军90周年普通纪念币和“和”五纪念币的发行兑换工作。建立山南市首个银警联动假币监测站。2017年山南市共收缴假人民币870张，同比增长36.79%。面额合计为60455元，同比增长18.27%。回收

2017年9月14日，山南外管局联合跨境办深入曲松县拟出口藏药材本土企业开展政策宣传及实地调研

残币40274万元。

【社会信用体系建设】 2017年，人行山南市支行推进农村信用体系建设，启动第二批参建县工作，深入曲松、贡嘎、洛扎、错那四个参建县，安排部署农户信息采集录入相关工作。全年共采集琼结县及四个参建县农户28133户银行和非银行信用信息，占农户总户数的98.25%，建立较为完整的农户信用信息数据库。做好企业和个人信用报告查询工作。2017年1—12月，提供信用报告查询服务2258笔，其中个人查询2232笔，企业查询26笔。

【外汇业务管理】 2017年，辖内个人结汇305笔，金额为21.04万美元，较2016年年末增长8.0%。购汇92笔，金额为29.51万美元，较2016年年末增长10.6%。企业购汇金额达713.14万美元。根据外管总局“控流出 扩流入”工作要求，加强对资本项下业务监测力度。年内有效监测海思科医药集团股份有效公司完成香港子公司的增资款480万美元。

【创新宣传模式】 2017年，人行山南市支行针对广大农牧区群众汉语理解能力有限的实际，组建一支55人的金融知识宣传教育专业讲师队伍，其中藏语讲师20位和汉语讲师35位，解决农牧区金融知识宣传教育中的语言障碍。完成第一期藏语金融知识宣传教育片的全面推广，将1700多张宣传教育片下发至辖区各级政府，各金融机构网点和助农取款服务点以及强基惠民驻村工作点，实现金融宣传全覆盖，得到上级部门和市委、市政府以及市强基办的高度评价，受到广大农牧民群众的一致好评。年内，在做好第一期金融知识宣传教育片推广普及的基础上，初步完成第二期金融知识宣传教育片的拍摄工作。以金融知识进农村、进部队、进企业等“金融知识七进活动”为契机，开展一系列的金融宣

传和讲座，有力提升广大群众的金融维权意识和金融素养。

【**金融监管**】 2017年，人行山南市支行完成对农行桑日县支行和加查县支行的综合执法检查，并对辖区金融机构开展金融稳健性现场和非现场评估，督促金融机构依法合规经营。防范跨境资本流动风险，维护外汇市场的健康稳定运行。在实现涉稳涉恐资金监测市、县全覆盖的基础上，加强涉稳涉恐资金监测工作机制，将山南市内各银行和邮政储蓄的分支机构纳入涉稳涉恐资金监测范围。截至年底，山南辖内开展资金监测的义务机构共有34个，覆盖全辖银行及邮政储蓄网点，确保资金监测工作的全面开展。2017年，在拉萨中支的指导下，加强与山南市公安局、税务局等部门的沟通协作，协助破获“5・29”特大虚开增值税专用发票案。

【**诚信文化教育建设**】 2017年9月14日，西藏首个诚信文化教育共建基地在山南市成立，人行山南中支与山南市第二中等职业技术学校签约诚信文化教育共建基地协议。人行山南市支行联合山南市教育局（体育局）举办山南市“诚信杯”演讲比赛活动，演讲比赛历时近半年，覆盖100余所中小学校，参与师生2万余人，引起山南市新闻媒体和社会的广泛关注和肯定。

【**全区首个金融电商惠民服务站**】 2017年，人行山南市支行以“金融综合服务点＋电商＋移动支付”的全新功能和服务推进农牧区支付服务环境建设。截至年底，服务站共办理助农取款业务148笔，金额8.99万元，实现零钞兑换5.93万元，残币兑换20笔，代购业务36笔，手机充话费53笔。另外，创新开展“金融扶贫＋农村电商”模式，通过“互联网＋电商”，打通产品销路瓶颈，已将洛扎藏鸡蛋和粉丝、贡嘎昌果红土豆、扎囊民族手工产品等销往国内19个省市，直接增加当地贫困户收入，供给销售商品4442笔，创收26.67万元，电商扶贫成效初显。

【**ACS标准化管理体系建设**】 2017年，人行山南市支行成为西藏辖内首个“ACS标准化建设A级网点”。年内，扎实开展ACS标准化管理体系建设工作，通过窗口服务、制度建设、业务管理、岗位设置、业务操作、应急管理各个方面完善各项工作，率先在西藏辖内完成ACS标准化建设任务，通过拉萨中支核查验收成为西藏辖内首个A级标准网点。

【**“萤火虫金融夜校”工程**】 2017年，人行山南市支行结合驻村工作，组建党员业务骨干金融讲师团，在驻村工作点开办“萤火虫金融夜校”，向农牧民群众普及金融精准扶贫政策、现代金融支付手段、金融理财、涉农保险等知识，得到群众的一致好评。

【**强基惠民**】 2017年，人行山南市支行驻村工作中将维稳与引导群众脱贫致富有机结合起来，帮助农牧民群众脱贫致富。年内中支“一把手”到驻村点，蹲点具体指导驻村和扶贫工作。中支75名党员干部和业务骨干与驻村点37户、106名群众结对认亲，干部职工捐助达5.3万余元。帮扶资助贫困学生7名。援藏派员单位向驻村点捐助物资近3.7万余元。山南中支的强基惠民工作得到当地群众、市委、市政府和市强基办的高度评价，相关的工作经验向全市进行推广学习，评为2017年度自治区级先进驻村工作队。

2017年8月11日，山南市金融精准扶贫办组织辖区银行业金融机构与12县主要领导、产业组负责人召开山南市产业精准扶贫对接会

中国农业银行股份有限公司山南分行

【概况】 中国农业银行股份有限公司山南分行（以下简称农行山南分行）成立于1995年7月1日。

2017年，农行山南分行在职员工677人，经营机构76个，其中，1个营业部、12个一级县（区）支行、1个二级支行、3个分理处、59个营业所，直接服务“三农”的县及县以下营业机构占机构总数的94.7%。全行业务产品涉及存贷款业务、结算业务、电子银行业务、存金通业务、理财业务、第三方存管、代理实物贵金属、e农管家、惠农e贷、代理基金、代理保险、代理国债、代发工资、现金管理、自助银行、电话银行、消费信贷等。

【党建及队伍建设】 2017年，农行山南分行始终坚持加强党的领导和各级行班子建设这一中心，筑牢业务工作和党建工作两根支柱的经营管理格局，充分发挥各级党组织书记“把方向、管大局、保落实”的领导作用，行党委带头学习宣传贯彻党的十八大、十八届三中、四中、五中、六中全会、党的十九大精神和习近平新时代中国特色社会主义思想，通过中心组学习、专题辅导、集中宣讲、支部学习等方式，迅速将全行思想统一到习近平新时代中国特色社会主义思想上来，强化基层“党建线”，不断完善基层党组织建设。严格落实选人用人制度，选优配强基层干部队伍，全年提拔科级干部21名，新选聘运营主管3名。强化“两个责任”落实，持续抓好总行、区分行专项巡视整改工作，整改率分别达到98.59%、77.59%。落实中央“八项规定”精神，持之以恒正风肃纪，推动全面从严治党、从严治行不断向纵深发展。

【经营业绩】 2017年，农行山南分行以“增强服务实体经济、案防风控、价值创造、市场竞争和稳健行远”五大能力建设为抓手，狠抓业务经营提升，各项经营指标全面改善。截至年底，全行各项存贷款余额为228.36亿元、102.49亿元，分别较年初增加10.14%、24.16%。实现中间业务收入2133万元，完成区分行调增计划的101.57%。不良贷款余额较年初下降138万元，不良贷款率较年初下降0.03%，实现“双降”，金融风险防控能力和行稳致远能力不断增强。2017年，农行山南分行在全区农行综合绩效考评中连续四个季度获得第一名，在全年综合绩效考评中位列首位。

2017年11月11日，农行山南分行党委委员、副行长吉律（左三）带队，组织三农金融部、风险管理部、综合管理部相关人员一行在隆子县玉麦乡调研边境小康示范乡建设工作和金融服务情况

【服务实体经济】 2017年，农行山南分行紧紧围绕“坚守服务‘三农’、做强县域，突出重点、做优城市，集团合成、做高回报”这三大定位，加大服务实体经济力度，全心全意支持地方经济建设。严格落实山南市经济、金融工作会议的要求，对接自治区、山南市重点项目，组建综合营销服务团队，加大与政府部门的沟通协调，逐户制定金融服务方案。2017年，累计投放各类贷款55.87亿元。推广简式贷、连贷通、厂房贷等适合中小微企业的新产品，为山南市中小微企业发展搭建平台。截至年底，累计投放小微企业贷款18笔，金额1.64亿元，贷款余额2.59亿元，较年初新增0.67亿元，完成全年计划的88.91%，贷款增速达34%，贷款户数较2016年增加10户，实现“三个不低于”的监管要求。

【普惠金融】 推进普惠金融体系

2017年11月，隆子县热荣乡党委、热荣乡人民政府赠予农行山南分行荣誉红旗

建设。2017 年，农行山南分行完善“钻金银铜”四卡小额信用贷、安居工程贷、农户联保贷、建档立卡贫困贷等产品，在满足农牧民生活生产融资需求的基础上，支持建筑材料业、民族手工业、农家乐、运输业等领域信贷需求，加大信贷投放力度。截至年底，共发放农牧户贷款 30.40 亿元。

开展“双基联动”扶贫贷款工程。2017 年，农行山南分行签约 554 个行政村，行政村签约面达到 100%，发放贷款 50.18 亿元。

推进产业扶贫项目贷款。2017 年，农行山南分行拓展“农行＋公司＋贫困户”“农行＋合作社＋贫困户”“农行＋政府风险补偿金＋贫困户”等合作方式，解决产业精准扶贫的问题。截至年底，已与 12 个县（区）政府签署政府增信合作协议，沉淀风险补偿基金 2.29 亿元，累计发放产业扶贫贷款 35 笔，贷款金额 6.48 亿元。

推进互联网金融服务“三农”一号工程。2017 年，农行山南分行共设立“三农”金融服务点 648 个，行政村覆盖率达 100%，开通“E 农管家”8 户，成功发放西藏自治区首笔“惠农 e 贷”，首个掌上银行示范村在桑耶镇居委会成功挂牌。

参与人行县域信用体系建设。2017 年，全市信用县、乡（镇）、村分别达到 5 个、74 个、538 个，覆盖面达到 41.67%、89.16%、97.11%，有力促进县域金融生态环境的持续优化，推动县域经济发展和社会长治久安。

【营业网点建设】 2017 年，完成贡嘎机场支行、浪卡子卡龙营业所、浪卡子工布学营业所、浪卡子张达营业所、浪卡子卡热营业所、浪卡子多却营业所、曲松下落营业所、隆子新巴营业所、错那勒布营业所、扎囊吉林营业所等 9 个网点建设项目竣工验收。

【数据核对、清理、采集及测试】 2017 年 7 月 31 日，农行山南分行顺利完成措美乃西营业所、桑日增期营业所等 19 个手工网点电子化联网工作，实现电子化转型并正式投产运行。

中国银行股份有限公司山南分行

【概况】 中国银行股份有限公司山南分行（以下简称中行山南分行）成立于 2004 年 9 月。

2017 年，中行山南分行有员工 32 人。其中，在岗员工共 31 人，转岗员工 1 人。党员 16 人。男性员工 13 人，占比为 41%；女性员工 19 人，占比为 59%。藏族员工 16 人，占比为 50%，汉族员工 16 人，占比为 50%。全行员工平均年龄约为 30 岁。

【服务山南经济】 2017 年，中行山南分行按照市委、市政府的经济发展规划，筹措资金，支持山南市重点建设项目和重点行业发展，重点向拉林铁路、泽贡高速、加查电站等项目发放贷款，重点向山南市市属国有企业、上市公司发放贷款，重点向旅游、建材、地方特色产业、产业扶贫等发放贷款。向地方投、融资公司提供金融服务建议，邀请城投公司及国土、规划等部门到拉萨交流考察一次。邀请专家赴山南为地方投、融资公司提供融资建议一次。就人行相关文件向山南上市公司交流沟通八次。调整信贷投向，主动压缩有资金出藏嫌疑的贷款，并将压缩出来的规模转投山南实体经济。

【绩效奖励制度】 2017 年，中行山南分行调整月度绩效奖励分配权重，同时改革对各部门的激励政策，妥善解决原有分配激励政策中显失公平的矛盾和问题，有效地鼓舞士气，带动人气，促进业务指标的攀升。

【员工管理】 2017年，中行山南分行加强员工管理，制定部门员工考勤管理。加强员工家访工作，家访工作不流于形式，通过家访，直面问题。有规划地安排员工休假。员工业务素质全面提升，柜员交叉学习机制有效落实，提升业务水平。

2017年7月26—27日，中国银行山南分行慰问山南市武警支队、边防支队、消防支队官兵

【提高服务能力】 2017年，中行山南分行紧紧围绕网点硬件升级和人员素质提升来强化服务能力，网点布防智能柜台，提高客户办理业务的质量，降低办理业务时间，提升客户体验。

【注重服务民生】 2017年，中行山南分行做好网点服务工作的同时，注重金融对民生的促进工作，每季度开展面向市民、集中市场和寺庙的上门服务活动，开展新旧人民币兑换工作，开展残损人民币上门收缴工作，开展对寺庙小面额人民币收缴兑换活动，方便广大群众，净化市场流通人民币的整洁度和干净度。同时，加强对特殊客户群的服务能力，能够为铁路项目偏远工人和农民工提供上门服务，通过移动终端对这群客户提供就地开卡业务，省去工地客户到县、乡、镇金融网点办理业务的过程，得到客户的高度认可，促进工人、农牧民群众对银行服务的认知程度，提高特殊人群对银行工具的使用率，更好地发挥金融工具对经济活动的助推作用。

【强化内部管理】 依法合规，加大行内员工贷款及担保类信用卡整治力度，加强行内员工信用循环贷款管理，提出中行山南分行员工不得在本部申请信用循环贷款，有效规避风险。并在2017年初清理员工担保类信用卡客户75户，完成降额处理。

2017年，中行山南分行信贷目标方向为服务山南、服务实体经济，调整信贷资产结构，逐步清退资金出藏嫌疑贷款约20亿元。

2017年，中行山南分行重点根据总行内控50条和区分行140条的要求，逐条对山南分行的内控情况进行检查和梳理。排查员工异常交易行为。对资金往来频繁、返利付息特征明显的员工账户进行排查。对账户中存在的真实性、合规性和完整性的进行检查。对员工遵守“双十禁”和八小时以外的工作进行排查，并进行家访。

【支持政府精准扶贫项目】 2017年，针对某公司在扎囊县的扶贫项目，中行山南分行赴内蒙古与中国银行内蒙古分行、某公司总部进行洽谈，达成合作意向。2017年8月为某公司放款2080万元，支持扶贫产业项目发展。同时中行山南分行参加人民银行组织的扶贫产业项目对接会，对接相关项目，正在对接的项目为3个。

【产品创新】 中行山南分行加强个人消费贷款业务，扩大产品种类，努力促成个人住房公积金委托贷款业务的开展。在传统汽车消费贷款的基础上，推进汽车专项信用卡分期业务。同时，成功续作山南分行首笔福费廷业务1亿元和首笔利率掉期业务。

【强化员工合规经营意识】 2017年，中行山南分行加强对员工各项规章制度的学习和掌握，组织针对公授信档案、对私贷款档案、信用卡档案、POS机资料、押品等进行清理自查。针对分行检查出的相关问题和提出的建议，及时分析原因，制定整改措施并及时健全完善制度。

【改善民生】 2017年，中行山南分行本着下得来、蹲得住、摸得清的原则，立即进入角色，开展村情民意调研，走家串户，座谈村民200余人，广泛听取党员、干部和群众反映强烈的疑点和难点问题，实地察看村容村貌，在掌握基本情况的基础上，会同冷达乡党委、政府及玛尼村“两委”有关负责人反复讨论后，合理使用好强基惠民资金，解决群众急需解决的事情。

【“平安和谐村”创建】 2017年，中行山南分行全面贯彻“旗帜鲜明、针锋相对、掌握主动、争取人心、强基固本”的方针，落实区、市、县关于维护社会稳定的重要决策部署安排。针对重要节点期间等重要时期，协助村“两委”和“联户长”健全维稳工作机制、全年维稳方案，协助村“两委”建立健全正确处理人民内部矛盾的相关工作，及时掌握社情民意，排查矛盾纠纷，正确引导社会舆情，从源头上预防和减少玛尼村不和谐因素，努力做到大事不出、中事不出、小事也不出；驻村队员和“两委”和“联户长”一对一联系“谁的组，谁负责”方式，组建巡逻队，安全维稳值班表，夯实维稳工作基础，努力做好驻村工作。

【纠正“四风”】 2017年，中行山南分行党委及纪委以高度的政治敏锐性和对党的事业高度负责的精神，学习领会中央“八项规定”及实施细则精神实质，结合中行山南分行实际，出台《财务报销流程》等制度，修订各项费用管理、会议文件管理及改进作风建设方面的一系列规章制度，做到办事有章可循，违纪有章可究。

【贯彻落实中央“八项规定”】 2017年，中行山南分行组织全行领导干部及员工学习《自治区纪委通报违反中央“八项规定”精神及侵害群众利益不正之风和腐败问题典型案例的通知》《关于下发春节期间严格执行廉洁自律各项规定的通知》《关于“五一”期间严格落实中央“八项规定”精神的通知》《关于两起违反中央八项规定精神典型问题的通报》《中央纪委公开曝光七起违反中央“八项规定”精神问题》《严禁大操大办婚丧嫁娶通知》《严禁公车私用的通知》《拉萨市柳梧新区重大建设项目领域慢作为典型问题的通报》等，并在各节假日前制定下发风险点提示，要求党员领导干部廉洁自律，勤俭办事，自觉抵制讲排场、比阔气等不符合中央“八项规定”的违纪行为。

【党建工作】 2017年，中行山南分行落实党建工作责任制，以党建促管理。在班子内部，严格执行民主集中制，鼓励畅所欲言，不搞“一言堂”，突出班子的集体领导，带头转变工作作风。

推进“两学一做”常态化教育活动。2017年，中行山南分行以“两学一做”教育为契机，落实“两个责任”，继续严格落实中央“八项规定”精神，持之以恒纠正“四风”，推进党风廉政建设工作。协助村“两委”班子建立和完善议事议决策、工作分工责任制，村级财务管理，村务公开，完善＂四议两公开＂等制度，强化基层组织建设，引导该村党支部在实践中不断提高工作水平。落实民主生活会、“三会一课”等制度，充分发挥党内民主，推进党务公开，维护党员干部的知情权、参与权和监督权。扎实开展党组织“两学一做”学习教育，坚持每周进行一次碰头学习和支部生活会。截至年底，共开展党课学

2017年1月，中国银行山南分行工作人员向少数民族群众赠送新年礼物

习10余次,参加人数200余人次,2017年发展1名党员,3名分子。

强化对党员干部的教育培训和管理。2017年,中行山南分行多次组织党委中心组学习,内容涵盖《中国共产党廉洁自律准则》《中国共产党纪律处分条例》,习近平总书记关于治国理政、党风廉政建设和反腐败斗争的一系列重要论述,部分违纪违法典型案例,组织党建共建活动,根据总行、区行要求中行山南分行制定党建共建活动方案及计划,按照计划与山南市城投、雅投、旅投签署党建共建协议,先后开展6次活动,主要内容有党团组织到市养老院(孤寡老人)开展学雷锋志愿活动、"七一"中国共产党建党日文艺演出活动、重温入党誓词牢记党员身份活动、爱国教育基地警示教育活动等。

中国建设银行股份有限公司山南分行

【概况】 2017年,中国建设银行股份有限公司山南分行(以下简称建行山南分行)配备党委书记、行长1人,党委委员、纪委书记1人,党委委员、副行长2人。员工56人,平均年龄35岁。其中中共党员23人,占比41%;藏族和其他少数民族员工18人,占比32%;学历结构,研究生2人、本科37人、大专及以下学历17人。内设部(室)7个,分别是办公室、风险管理部、财务会计部、纪检监察部、批发业务部、零售业务部和安全保卫部。营业网点3个,营业部、雅江支行和藏木支行。设立自助银行服务区8处,投入存取款一体机12台,取款机5台。其中附行式自助银行服务区3处,分别位于营业部、雅江支行和藏木支行;离行式自助银行服务区5处,分别位于民族路、泽当花园、白日街、结沙居委会、新客运站。

【负债业务】 2017年,建行山南分行一般性存款时点余额48.74亿元,较年初新增7.25亿元,增幅达到17.47%。

【资产业务】 2017年,建行山南分行各项贷款时点余额90.01亿元,较年初新增3.25亿元,增幅达到3.75%。资产质量方面:截至2017年12月31日,全行不良贷款余额为0,不良贷款率为0,资产质量持续保持优良。

【党风廉政建设】 严格落实"两个责任"。2017年,建行山南分行党委严格履行主体责任,始终把党风廉政建设工作作为"一把手"工程,放在突出位置切实抓好抓实,各领导班子成员履行"一岗双责",切实抓好分管部门的学习教育,开展"四风"整治及中央"八项规定"精神专项整治工作,每半年听取山南分行纪委工作汇报,层层签订《全面从严治党责任书》《党风廉政建设及案件防控责任书》《廉洁从业承诺书》,使党风廉政建设党委主体责任落到实处。山南分行纪委严格落实监督责任,坚持纪法分开、纪在法前,教在纪前,开展同级中层管理干部廉洁提醒谈话、新提拔、调整人员任前提醒谈话及新行员入职谈话,严格执行领导干部各项报告制度、干部任职及公务回避、述责述廉、礼金礼品上交制度,持续开展红色教育、警示教育等活动,切实发挥纪委监督执纪作用。

深入学习宣传贯彻党的十九大会议精神。在党的十九大开幕之日组织全行员工收听收看开幕盛况,召开党委中心组学习(扩大)会议,组织全行党员领导干部学习党的十九大报告精神,并组织参会

2017年12月31日,副市长董加峰及人行山南分行行长次旺朗杰看望慰问建行山南分行年终决算员工

人员对会议精神进行热议、发表感言。组织开展党委委员讲党课活动，分别开展题为“学习贯彻十九大精神 推动全面从严治党向纵深发展”的党课，以及结合《中国共产党章程（修正案）》，开展学习新党章讲党课活动。举办学习贯彻党的十九大精神专题培训，通过开展形式多样的学习活动，深入贯彻落实党的十九大会议精神。

加强组织制度建设。2017年，建行山南分行通过印发《山南分行2017年党建工作要点》《山南分行学习贯彻关于新形势下党内政治生活的若干准则和中国共产党党内监督条例实施方案》《山南分行党委成员严格执行中央“八项规定”、总行“十项要求”、区分行“八条意见”的若干规定》《山南分行2017年党风廉政建设工作实施细则》等制度，并根据班子变动情况及时调整党风廉政建设责任制领导小组，推动党风廉政建设，落实从严治党、从严治行各项要求。制定《山南分行2017年党委中心组理论学习计划》，推进学习活动。党支部坚持“三会一课”制度，在符合条件的部门成立党小组，实现党的组织和党的工作全覆盖。

推进“两学一做”学习教育常态化制度化。2017年，建行山南分行制定《山南分行推进“两学一做”学习教育常态化制度化实施方案》，召开部署会议，通过组织全体党员完成笔记摘抄，撰写心得体会，邀请党委委员及优秀党员讲党课，划分党支部党员责任区，开展“党员一日大堂”活动，开展党纪行规知识测试等方式，持续推进“两学一做”学习教育常态化制度化。

2017年7月26日，建行山南分行开展“八一”中国人民解放军建军日走访慰问活动

【金融服务】 为山南市民提供更为高效、便捷的金融服务，加大金融服务方面的投入力度，结合山南市地方经济实际，优化离行自助设备布局，加大自助设备投放建设力度，2017年，建行山南分行新设1个离行式自助银行服务区；推进多功能自助银行、智慧银行的建设力度，布放智慧柜员机7台，为山南市民提供便捷的金融服务；同时拓展“慧兜圈”业务，利用建行山南分行强大系统优势，为商户实现微信、支付宝等移动支付收单功能，为完善山南市区支付生态奠定基础。

【社会民生】 2017年，建行山南分行加强与市财政局的业务合作关系，为山南市各机关事业单位提供更为便捷的金融服务。做好人民医院、山南市公交公司的金融服务工作，为两家单位提供上门收款服务，减轻财务人员压力，提高资金管理水平。为山南市新设单位提供金融服务，主要涵盖代发工资、个人贷款、公务卡等产品，为新设单位财务管理方面提供方便。完成山南市直属机关工作委员会“党费云”系统上线工作。年内，203名党员通过建行山南分行“党费云”系统完成党费收缴和归集工作，为各单位提供方便、快捷的党费收缴新渠道。推进普惠金融业务，2017年发放小微快贷1763万元，为小微企业提供信贷支持，落实金融精准扶贫。

【业务拓展】 2017年，建行山南分行重视对绿色能源产业、交通运输业、城市基础设施建设等方面的信贷融资支持。在雅江流域的水电资源开发方面，已向藏木水电站、加查水电站、大古水电站、雅砻水库累计投放近45亿元信贷资金；在太阳能发电方面，为中广核等能源公司提供信贷支持。在交通运输方面，除支持拉林铁路工程建设，为中铁集团各施工单位发放近25亿元贷款以外，还与自治区交通厅、西藏交通投资公司合作，促进泽贡高速等重点交通项目建设，为该项目发放6亿元贷款，另外，

2017年12月31日，建行山南分行举办2018年迎新春职工文艺晚会

为协助西藏交通建设投资有限公司推动G219错美至朗县公路项目施工进展，为其提供8.5亿元周转资金，缓解其流动资金压力。随着山南十三五规划项目的深入推进，建行山南分行将加大对山南市基础设施建设的参与力度，尤其是山南市环城公路项目、城市综合管廊建设、江北新区项目建设等项目，既拓展建行山南分行业务，又履行大行社会责任。

【区域合作】 2017年，建行山南分行加大与山南市发改委、经合局等相关部门的沟通与合作，为推动区域合作奠定良好的基础。与政策性银行签订协议，做好“十三五”期间重大项目的资金承接工作，沟通项目信息，力争通过与政策性银行合作，为山南市符合条件的项目提供更多的资金支持。

【风险防控】 2017年，建行山南分行在追求各项业务快速发展的同时，将合规经营视为各项业务发展的前提和保障来抓。制定《建行山南分行2017年风险内控检查实施方案（试行）》，采用按季开展全行各部门内控检查、按月开展网点关键风险点监控调阅检查、不定期开展专项检查等方式，对存在问题进行充分暴露并督促整改，提升员工合规意识及全行内控水平；定期开展合规业务培训，将事后监督为主前移到事前预防为主；配合银监局、财政部、人民银行、总分行营运与渠道管理部等内外部监管机构开展监督检查工作，各项检查未发现严重违纪问题；持续做好反洗钱工作，按季及时向人民银行报送反洗钱监测报告，配合相关部门做好反洗钱宣传工作。

【企业文化建设】 2017年，建行山南分行在促进业务发展的同时，建行山南分行党委一直坚持以人为本，有效落实员工关爱。通过深入开展基层调研工作、组织召开员工座谈会、按月落实行长接待日制度等措施，实现领导班子成员与普通员工之间的充分交流，方便员工提出自身在工作、学习和生活中的合理诉求，为山南分行转型发展建言献策。

年初，党、团、工会分别制定年度工作计划，并按计划组织开展与共建单位的篮球比赛和沿江健步走、“五四”青年座谈会、母亲节主题活动、捐资助学、参观爱国主义教育基地、新员工入职见面会、趣味运动会、“世界咖啡”式主题沙龙等活动，使员工释放工作压力、增强团队协作能力的同时，提升建行山南分行企业形象。

完善职工之家及职工书屋建设，修缮职工之家屋面，添置空调、各类运动器材等；为职工书屋更新添置有关党建、业务、著作等各类书籍，以此丰富员工业余生活。

【维护稳定】 2017年，建行山南分行努力构建平安银行。同全行员工签订《安全保卫及综治工作目标责任书》《员工安全保卫工作目标责任书》，以及《车辆安全行驶目标责任书》，强化员工安全意识；制定《山南分行2017年维护稳定工作实施方案》，并在每个重要时期、重要节点制定维稳工作预案，安排24小时维稳值班工作，确保全行安全稳定，未发生任何事件。

【驻村工作】 2017年，建行山南分行全面落实各项驻村工作任务。分管领导定期到驻村点开展慰问、调研，将驻村与精准扶贫结合起来，想方设法为驻地农牧民群众办实事、解难事。在驻村点开展党员团员“结对帮扶”献爱心送慰问活动；为驻村工作队配发“急救药箱”，关心关爱驻村干部，强化健康驻村、安全驻村。

【精准扶贫】 2017年，建行山南分行制订《建设银行山南分行驻浪卡子县卡热乡最堆村结队帮扶脱贫方案(试行)》，准确掌握建行山南分行驻村点8户帮扶对象的实际情况，落实领导干部结对帮扶工作；向总分行争取养殖、种植、青稞粮油加工等扶贫项目资金，已成功到位项目资金26万元，通过实地走访、考察本地相关公司了解情况，努力帮助贫困户脱贫摘帽，加快结队帮扶脱贫方案落地。

人保财险山南分公司

【概况】 人保财险山南分公司于2003年1月8日开始筹建，2004年12月经保监委正式批准成立。公司承保业务包括车险、企业财产险、普通家财险、工程保险、普通意外保险、旅游保险、责任保险、政策性涉农保险等。

【业务发展】 2017年，人保财险山南分公司保费收入10296.52万元，完成全年任务计划的117.21%，较2016年同期增幅26.23%，实现直接赔款4072.85万元。农牧民意外伤害保险支付赔款443.96万元，大病补充医疗保险支付赔款681.5万元，在藏户籍人身意外伤害保险因保费未到账，待赔金额498.09万元。全年共接报案5423件，其中车险案件4471件，非车险案件952件；已结案件5174件，其中车险已结案件4242件，非车险已结案件932件。政策性农业保险共接报案322件，共计赔款3682.72万元，其中，种植业赔付131.33万元，养殖业赔付3345.38万元，农房赔付158.5万元，大棚主体赔付2.21万元，能繁母猪赔付45.3万元。

【党建和队伍建设】 2017年，为提升全体党员的党性修养，为党建学习提供新平台，人保财险山南分公司创建微党课模式，建立党员微信群，随时随地宣传和组织党员学习党的理论知识，以灵活多样的党课教育方式融入学习型党组织建设活动中。

2017年，人保财险山南分公司逐级签订党建责任状，将基层党建工作任务落实到最末梢，做到横向到边，纵向到底。按照党员发展“坚持标准、保证质量、改善结构”的方针，发展新党员，为公司党建工作增添活力。

【创新改革】 2017年，人保财险山南分公司在抓好单位车险业务的同时，将观念转型到私车业务上，注重加强一线直、营销员的思想教育工作，强化营销员谁抢占私家车市场，谁就拥有话语权的危机感与竞争意识。同时，围绕山南市发展的各个领域，加大挖掘非车险市场增长点，不断探索开发商业非车险业务，深化与政府有关部门、企事业单位的创新合作。2017年已面向山南市推出承运人责任险、雇主责任险、火灾公众责任险、景区责任险、借款人人身意外伤害险等险种，通过不断地完善产业结构，更好地为山南市经济发展改善民生发挥作用。

【树立和巩固PICC品牌】 2017年，人保财险山南分公司在山南电视台、山南网、山南报对政策性保险知识、索赔须知进行宣传。在县、乡镇开展政策性保险现场赔付会，同时对广大农牧民群众进行保险知识培训和宣传手册的发放。同时派出28个(106余人次)保险知识宣讲组，深入各乡镇对广大农牧民群众进行保险知识尤其是政策性涉农保险知识的讲解，授课达380余人次，自然村和行政村覆盖率达80%，提高广大农牧民群众的保险意识。

2017年12月10日，人保财险山南分公司举办十九大知识竞赛

2017年6月12日，人保财险山南分公司组织员工向措美县雪热村4岁生病女孩捐款

【精准扶贫】2017年，人保财险山南分公司充分发挥保险行业体制机制优势，创新保险助推脱贫攻坚的思路和途径，山南分公司积极作为，开辟政策性涉农保险理赔绿色通道，主动与相关部门对接，第一时间向贫困群众进行赔付，帮助贫困群众快速恢复生产。同时，2017年大病补充医疗保险共计赔付681.5万元，有效缓解人民群众“因意外事故返贫、因病致贫返贫”的问题。

与县域各乡镇沟通联系，提供一些适合贫困劳动力就业的工作岗位，实现用工招工的无缝对接，截至年底，已为14位大学生提供就业岗位（包括贫困户家庭中的大学生）。通过搭建就业平台，有效增强贫困群众自我发展、脱贫致富的能力，做到精准施策，精准发力。

【强化内部风险管控】2017年，为降低发生洗钱、保险诈骗等金融风险，人保财险山南分公司从源头承保系统入手，与公安身份信息核查系统联网，确保客户身份信息的真实性；在支付管理方面建立大额交易和可疑交易登记及报告制度，从源头上控制洗钱；制定完善一系列涉农保险内控管理机制，确保不发生系统性金融风险；加强反洗钱培训，使全体员工深刻领悟反洗钱工作的重要性，强化全体员工反洗钱专业知识；加大反洗钱宣传力度，参加人行组织的反洗钱宣传，制作反洗钱宣传栏、宣传册；加强社会治安综合治理，在重要时期严格执行24小时值班制度，提高全员“三防一保”意识，维护社会稳定。

医疗·卫生

综 述

【概况】 山南市卫生和计划生育委员会(以下简称市卫计委)是2016年政府机构改革时,原山南地区卫生局和人口计划生育委员会合并为正县级政府工作部门,主管全市医疗卫生、妇幼保健、人口和优生优育、食品药品安全、疾病预防控制、卫生应急、红十字会等工作。

2017年,市卫计委定编27名。其中,行政编制21名,事业编制4名,后勤事业编制2个。领导职数5名。有在职干部职工42人,含援藏干部3人。内设8个行政科(室)和2个事业科(室),均为正科级建制。下属3个独立的正科级事业单位,分别为市妇幼保健院、市疾控中心和市中心血站。市妇幼保健院编制59名,有职工73人。市疾控中心编制58名,现有职工56人,市中心血站编制10名,现有职工11人。

【创卫工作】 举办培训会。2017年,市卫计委举办市创建卫生城市业务工作培训班、"六小行业"专项整治培训会、医疗行业创卫工作培训班。已收集审核整理68家市直单位和46家乃东区直单位的基础性创卫资料。

扩大宣传力度。2017年,市卫计委投入创卫宣传经费共计62万余元,在结萨居委会城西进城处、客运公司候车室、西区农贸市场各设立一处大型创卫高炮广告和创卫宣传栏,编辑制作印发《健康素养66条宣传手册》《创建卫生城市知识问答手册》30000余份,发放《致泽当全体市民朋友们的一封公开信》(藏、汉版)1000张,以健康教育内容为主的电子工具包U盘780张,SDK50张。利用市、区14辆公交车和15处十字路口广告牌全方位进行创卫知识普及宣传,制作拍摄山南市创建卫生城市宣传公益广告,在山南电视台黄金段滚动播出。深入开展禁烟、控烟宣传活动,全面做到室内公共场所、工作场所和公共交通工具设置有禁止吸烟标识,在全市形成较大的影响,宣传效果十分明显。

推进病媒生物防制工作。2017年,市卫计委争取资金176.5万元,委托湖北襄阳卫健有害生物防治

2017年12月25日,山南市卫计委副主任其米拉珍(右一)陪同自治区卫计委妇幼处督导组在扎囊县和乃东区进行妇幼计生工作督导

科技有限公司进驻山南开展病媒生物防治工作。市委、市政府先后投入210余万元实施雅砻河清淤整治行动。投入资金1900余万元、人员4.9万余人次，组织实施环境卫生综合整治、垃圾填埋场、水质全分析等环境问题整改工作。

【医疗人才组团式援藏】 助推医院等级创建。2017年，市藏医院在湖南省“组团式”医疗援藏的帮助下新增设ICU、手术麻醉、耳鼻喉等科室，并在七地市中率先创建为三级甲等民族医院。市人民医院与安徽省13家对口支援医院签订“以院包科”协议书，多个学科和项目建设取得显著成效，各项工作走在全区前列，为2018年5月三级甲等综合医院成功挂牌奠定坚实的基础。市妇幼保健院在湖北省“组团式”医疗援藏的帮助下新增设质控、院感等科室，为创建二级甲等专科医院打下良好基础。

提升医院管理水平。2017年，医疗援藏人才帮助市人民医院制定125项医院管理制度，帮助市藏医院制定56项规章制度，帮助市妇幼保健院制定67项规章制度，有效提升市直医院管理水平。

加强医务人员培训。2017年，医疗援藏人才开展“传帮带”，在市人民医院结对帮教学员60人，开展讲座88次，带教培训2374次，组织14名学员赴其他省市进修。在市藏医院结对帮教学员34人，开展讲座32次，带教培训657次，组织4名学员赴其他省市进修。在市妇幼保健院结对帮教学员12人，开展讲座12次，带教培训24次，组织3名学员赴其他省市进修。

开展医疗服务。2017年，医疗援藏人才在市人民医院接诊15840人次，开展手术318台次，夜间急诊168次，远程会诊4次，开展新技术无创呼吸机应用、侧卧位股骨粗隆部骨折内髓钉内固定术等127项。在市藏医院接诊8000人次，开展手术35台次，夜间急诊516次，远程会诊38次，开展新技术35项。在市妇幼保健医院接诊689人次，开展手术62台次，夜间急诊756次，远程会诊1次，开展新技术25项。

三级医院对口帮扶有序推进。2017年，54名专家进驻12县（区）医院开展对口帮扶工作，确定妇产科、儿科、心内科等9个学科为重点建设专科，完善管理制度18项，结对帮教学员21人，开展讲座7次，带教培训109次，开展手术398台次，开展新技术9项，组织9名本地医务人员赴对口支援医院进修学习。

2017年11月1日，山南市卫计委召开山南市2017年度孕产妇死亡和新生儿死亡评审会议

【医疗卫生体系建设】 医院等级的创建。2017年，市藏医院在全区七地市率先开展三级甲等民族医院评审，市人民医院和妇幼保健院分别开展三级甲等综合医院和二级甲等专科医院启动会议，扎囊县人民医院通过二级甲等综合医院终审，加查县人民医院通过二级甲等综合医院预评审。

市中心血站成立。市中心血站于2017年9月29日正式挂牌运行，为市卫生计生委直属正科级建制机构，结束全市一直没有中心血站的历史，对缓解“血荒”现象、促进全市医疗卫生服务水平、保障各族群众生命安全都将起到十分关键作用，具有历史性重大意义；市政府出台《加快推进山南市中心血站建设工作方案》和《山南市无偿献血管理办法（试行）》，规范全市无偿献血各项程序和要求，理清市中心血站发展思路，提出切实可行的工作举措，强化组织领导，分解工作任务，全市形成政府指导、部门密切配合、社会参与的齐抓共管的良好格局。

公立医院管理现场交流会。2017年11月22日在洛扎县举办全市县级公立医院管理现场交流会，市政府牟永文副市长出席会议并作重要讲话，12个县（区）分管副县（区）长、卫生计生委主任、人民医院院长及市人民医院、藏医院相关领导参加会议，对县级公立医院管理和基层卫生管理工作经验进行交流学习。

2017年9月3日，山南市先心病患儿赴其他省市手术治疗启程仪式现场

【包虫病综合防治】 突出抓好患者救治。2017年9月30日完成包虫病目标人群100%的筛查工作，发现阳性1148例，截至12月22日，药物治疗430例，手术治疗161例，超额完成自治区下达年度150台手术任务。坚持患者治疗"零"支付，累计为患者垫支手术治疗费用458万余元。

突出抓好源头防控。2017年，市卫计委扎实做好流浪犬收容、防疫、驱虫工作，摸排登记1.02万只家养犬、1.56万只流浪犬，实施绵羊疫苗注射33.6万只。市流浪犬收容中心建成并投入使用，收容工作稳妥推进。每月对5个市级饮用水水源地水质进行检测1次，各县（区）每半年对辖区内县级以下集中式饮用水水源地监测1次，地表水每季度监测1次，确保供水安全。

突出抓好宣传教育。2017年，市卫计委采取多种方式、通过多种渠道普及包虫病综合防治健康教育知识，已开展宣传活动3000余场次，设立宣传栏1200个，发放宣传资料及手册30余万份，受教育群众45.5万人次，包虫病综合防治知识普及率达94%，知晓率达96%。

【"两降一升"工作】 2017年，市卫计委贯彻落实孕产妇住院分娩奖励补助政策，加大督导指导检查力度，强化人盯人、高危孕产妇和5岁以下儿童系统管理、增补叶酸、国家优生项目等工作举措，强力推进"两降一升"工程，组织24人次开展督导检查4次，发放叶酸10978瓶，全市住院分娩活产数4722人，住院分娩率为99.37%，较2016年提高0.70%。

【卫生监督】 2017年，市卫计委办理公共卫生许可证78份，做好医疗机构年度校验工作，对全市35家医疗机构开展校验，制定实施《山南市卫计委公共场所卫生监督量化分级管理制度实施方案》，加强娱乐、游泳等公共场所监督检查，督促做好医疗废物监管和卫生领域环保专项监督工作，开展打击非法医疗美容专项行动和违法违规应用人类辅助生殖技术专项检查，推进"双随机一公开"工作，全年督导完成率86.02%，任务完成率47.31%，任务完结率53.76%，加强食品安全监测和食源性疾病报告工作。

【疾控应急工作】 2017年，疾病预防控制和监测报告两项工作扎实开展，全市法定传染病发病率229.8/十万，较2016年降低3.98%。扎实做好疫苗接种工作，全年预防接种建卡3681人，建卡率100%，乙肝、卡介苗、百白破等9种国家免疫规划疫苗接种率99.76%。完成春运、"两节"、雅砻文化节、桑耶夺底节和党的十九大等重要节点期间卫生应急和传染病疫情防控工作，做好人感染H7N9禽流感等重大传染病防控工作，确保全年和重要节点未发生重大疫情。深入实施心血管高危人群早期筛查与综合干预项目，完成初筛7630人，高危人群干预1255人，随访1202人。

【传承藏医药事业】 2017 年，市藏医院全年门诊常规就诊和出院量人次较 2016 年同期分别增长 21.6%、35.9%，生产藏药制剂 300 余种，准字号 122 个，产值 2100 万元。各县人民医院（除乃东）均已挂牌藏医院（藏医部），均能开展藏医适宜技术服务，各县年平均藏医门诊量约为 1500 余人次，同比增长 13.3%，住院量约为 120 余人次，同比增长 33.3%。全市 69 个乡镇卫生院、110 个村卫生室已配备藏药并开展藏医诊疗服务。全市藏医技术人员 400 余人，其中高级职称 28 人。

【医疗卫生体制改革】 2017 年，市卫计委制定实施《山南市关于开展分级诊疗试点工作的通知》，确定市人民医院、措美县人民医院、扎囊县人民医院为分级诊疗试点单位；市人民医院与加查、琼结、隆子、扎囊、乃东、洛扎县人民医院组建医联体。市人民医院挂牌成为安徽省儿童医院、西藏自治区人民政府驻成都办事处医院医联体成员单位。

全市各级医院全面实施药品零差率销售，落实网上统一药品集中招标采购，并制定印发《医疗机构药品采购廉政工作制度（实行）》，明确医疗机构廉政风险排查定级和工作人员定期轮岗制度。

【完善医疗卫生服务体系】 项目建设。2017 年，卫生计生续建和新建项目共计 19 个，总投资 19094 万元，实际下达投资 13994 万元，计划完成投资 9755 万元，完成投资 26101 万元，其中，琼结县

2017年11月3日，山南市卫计委邀请安徽省妇幼保健院6位专家在市人民医院医技楼举办山南市"两降一升"业务技能培训班

藏医院建设项目等续建项目 5 个，已完工 5 个，总投资 2989 万元，2017 年计划完成投资 1585 万元，完成投资 1585 万元，累计完成投资 2989 万元；市人民医院异地迁建项目等新建项目 14 个，总投资 16105 万元，计划完成投资 11005 万元，实际完成投资 23112 万元。

信息化建设。2017 年，全市信息化建设推进，乡镇信息化建设项目已全面完成，县级信息化建设项目将筹资 2000 余万元，待财政评审通过后，公开招标并组织实施。

【卫生人才队伍建设】 2017 年，市卫计委开展住院医师培训，与浙江省温州医科大学附属医院、西藏军区总医院、重庆北碚中医院、西藏自治区藏医医院沟通，组织 47 名本地医务人员进行为期 3 年的培训。邀请自治区、对口援助湖南、湖北、安徽三省卫生计生专家进藏对山南市卫生计生系统开展妇幼保健、疾病预防控制、卫生监督、公共卫生服务培训 10 余次，培训 300 余人次，卫生人才增量提质工程继续推进。

2017 年，山南市完成 1009 人全国卫生专业技术资格考试、护士执业资格考试和全国医师资格考试等考务工作。从其他省市引进 29 名卫生计生专业人员和新招录 110 名卫生专业毕业生充实到各级医疗机构。

【卫生惠民工程】 2017 年，城乡居民暨在编僧尼免费健康体检工作于 2017 年 5 月 18 日全面完成，完成体检 32.14 万人次，体检建档率 100%，兑现全民免费健康体检资金 1684.33 万元。完成先心病患儿初筛 18407 人，邀请湖南、湖北、安徽 14 名专家进藏确诊先心病患儿 38 人，免费手术救治 21 人。完成两癌筛查 3614 人，免费孕前健康检查 4151 对，出生缺陷干预 2612 人；落实"一孩、双女"扶助资金 603.26 万元，扶助 6284 人，落实特殊家庭扶助资金 609.26 万

元，扶助1525人。

【健康扶贫】 建档立卡。2017年，全市“因病致贫、因病返贫”建档立卡贫困人口3600人中，已治愈224人，死亡105人，清退“五保”户38人，从健康扶贫纳入其他类别贫困户50人，致富脱贫36人，新增24人，截至年底，全市“因病致贫、因病返贫”建档立卡贫困户2875户3171人，家庭医生签约77947人。

扶贫政策。2017年，市政府制定出台《山南市健康扶贫实施方案》，明确建档立卡贫困人口100%报销。从2018年起，在自治区为全区农牧民支付每人18元的医疗商业保险投保的基础上，再为建档立卡贫困户每人每年投保18元购买补充医疗保险，建档立卡贫困户住院补充医疗保险最高支付限额提高到每人每年14万元，限额内按100%赔付。市政府制定出台《山南市城乡医疗救助制度及重特大疾病医疗救助工作实施细则》，对不能通过医保等途径支付的重大疾病医疗费用，个人自付的合规医疗费用超出城市居民家庭年人均收入的30%以上、农村居民家庭年人均收入的50%以上，造成家庭基本生活困难的，每人最高补助20万元。

【党建工作】 2017年，市卫计委在抓好业务工作的同时，市卫生计生委全面贯彻落实从严治党，持续纠正四风，统筹推进环境保护、社会治安综合治理、安全生产、“两学一做”学习教育制度化常态化和精神文明、意识形态、保守国家机密、政协人大提案建议办理等工作，贯彻落实区党委、市委强基础惠民生驻村工作，投入16万余元资金解决乡村医生培训用房、培训经费和水磨房建设等，协调农牧、水利等部门争取农田水利项目10余项，密切党群干群关系、夯实党的执政根基、筑牢防腐拒变的铜墙铁壁、武装政治理论头脑，维护社会和谐稳定。

人民医院

【概况】 2017年，山南市人民医院（以下简称市医院）有事业编制307名，编制床位580张，内设50个正科级机构，6个副科级机构，院领导职数5名（2正3副），科级领导职数35名（17正18副）。有干部职工494人，编制内354人，其中高级职称6人，大专以上学历256人；编外人员135人，其中援藏医疗人员35人，西部计划志愿者2人，公益性岗位34人，临时工101人。设有14个党支部，党员151名。实际开放床位337张。设有29个临床医技科室，15个职能科室。

2017年，市医院门（急）诊量130956人次，日均358.78人次，单日最大门诊量达462人次，比2016年同期增加14520人次。出院8920人次，比2016年同期增加515人次，增长率为6.12%。手术1915台次，较2016年同期增加223台次，增长率为12.11%。其中，外科1440台，妇产科254台，眼科168台，耳鼻喉科25台，口腔科2台。无痛分娩手术18台，门诊手术150台。全年床位周转26.4次，比2016年减少2.56次；出院病人平均住院日13.35天，较2016年增加0.46天。急危重症抢救成功率77.74%。血站全年总采供血量达到755.5u。医院业务收入达到1.56亿元。

【党建工作】 深入推进“两学一做”学习教育常态化制度化。2017

2017年4月13日，中央组织部干部一局副局长何新红莅临调研医疗人才“组团式”援藏工作

年，市医院坚持把全面贯彻落实党的理论和路线方针政策，作为检验政治素质、政治觉悟的重要标准，对中央、自治区和市委的决策部署，第一时间组织学习、研究部署，确保政令畅通、行动迅速、落实有力。开展中心理论组学习23次，参加人数840人次；召开支部学习会48次，参加人数520人，召开院党委会24次，参加人数560人，召开院办公会8次，参加人数480人次，召开院周会28次，参加人数540人次，职代会2次，上报信息简报192期，上级部门和网站采用信息20次，分别与班子成员、各党支部书记、科室负责人签订年度《党建目标责任书》15份，召开党建工作部署会2次，发放《山南市人民医院党员学习笔记本》《山南市人民医院党委理论学习笔记本》《山南市人民医院办公会议记录本》240本，编发党委文件103次，院部文件183次，院党委组织专人督导检查各支部、党员干部学习情况12次，党员干部理想信念更加坚定，"四个意识"明显增强，始终在思想上政治上行动上同以习近平同志为核心的党中央保持高度一致，坚决拥戴信赖忠诚捍卫这一核心。坚持用习近平新时代中国特色社会主义思想武装党员干部头脑。

加大基层组织建设。2017年，市医院推进学习型、服务型、创新型、引领型、战斗型基层党组织建设，整顿软弱涣散基层党组织1个，14个党支部换届圆满完成，选举支委成员65名，新发展党员5人，入党分子17名，党员人数达到151人，打造医院"廉政文化建设长廊"。

履行党委主体责任。2017年，市医院坚持一把手负总责，分管领导各负其责，班子成员齐抓共管，先后2次书面听取各党支部和各科室党建和党风廉政建设工作情况汇报，党建和党风廉政建设情况专题调研1次，召开党风廉政建设责任制和惩防体系领导小组会议1次，召开党风廉政建设和反腐败工作部署推进会3次，与院党委与各班子成员、科室负责人、患者、药品供销商分别签订年度《党风廉政建设和反腐败工作责任书》，院党委与所有党员干部签订《党员廉洁从医承诺书》《廉洁从政责任书》《医患双方廉洁协议书》《医药购销廉洁协议书》《驾驶员廉洁从业协议书》，全年开展党风廉政建设考核11次，反馈意见56余条，21个科室主任分别向院党委汇报履行"一岗双责"情况3次。

2017年4月22日，国家卫计委医政医管局行风建设处处长陈虎调研医疗人才"组团式"援藏工作

落实述责述廉制度。2017年，市医院党委班子成员每半年向党委书记述责述廉，各党支部书记每季度向党委书记述责述廉，党委书记向班子成员、党员代表述责述廉并接受建议，确保做到"三必四有"（逢会必讲、有案必学、有警必示；有调研、有安排、有督促检查、有考核验收）。全年组织党风廉政建设学习19次，参加人数3000人次，上报信息简报41期，制定《2017年山南市人民医院党风廉政建设和反腐败工作要点》，年内共印制月刊12期，上报信息37期，推进党务、院务、财务公开，每季度更新一次，院纪委对公开情况开展2次督查。

履行纪委监督责任。2017年，市医院以严查违反中央"八项规定"精神、隐形"四风"、群众身边腐败等问题为重点，持续加大审查力度。2017年查出腐败案件实施问责的1件，党政纪处分2人，收到群众来信来访或上级移交案件3件，初核各类案件线索3件，均予以了结，对发现苗头性问题的6名人员进行提醒谈话，编印《中国共产党章程》《十九大精神报告》学习手册80余册，编印《党风廉政建设和反腐败工作月刊》12期，共发放600余本，制定印发《山南市人民医院廉政文化建设工作方案》，开展党风廉政成果展、观看警示教育片、科技干部廉政知识考试、“一把手”讲党课、廉政文化进医院等一系列活动，对干部职工执行上下班制度等情况不定期进行督察，及时通报违反纪律情况，截至年底，共开展督察6次，下发通报2期。

2017年4月6日，国家卫计委医政医管局综合评价处副调研员王乐陈在山南市调研医疗人才“组团式”援藏工作

巡察整改工作取得显著成效。始终站在坚决维护党中央、区党委和市委权威的高度、推进全面从严治党的高度、推动医院改革发展稳定的高度，对待巡察工作，自觉接受巡察。把支持、全力配合巡察工作作为重要政治责任，细致地做好各项组织协调和后勤保障工作，及时向巡察组反映安排部署和进展情况。高度重视巡察整改，对巡察组反馈的3个方面12项15个问题主动认领、照单全收、举一反三，并召开巡察整改专题民主生活会，已整改完成12个，长期整改3个，做到见人见事，建立制度8项，修改完善制度3项，提升整改效果。

反腐败斗争深入推进。“两个责任”全面落实。纪委监督同级党委工作扎实开展，坚持有案必查、有腐必惩，全力支持纪委运用“四种形态”监督执纪问责，对违反工作纪律的4名干部按有关规定给予通报批评，诫勉谈话4人，廉政谈话4人。

作风建设不断加强。中央“八项规定”、区党委“约法十章”“九项要求”和市委“十项规则”全面落实，“四风”问题得到遏制，重点查处发生在群众身边的生冷硬推、吃拿卡要、收受患者红包及向患者索要礼金，以及不作为、懒作为等“为官不为”和“慵懒散”等问题，开展满意度调查8次，涉及800余人，促进党员干部作风转变。

【“组团式”援藏】 坚持同期轮换。安徽省第三批医疗人才组团式援藏工作队35人于2017年7月20日进藏，按照“同期轮换”“压茬交接”的原则，第二批援藏医疗队于2017年7月24日离藏，第二批医疗队员利用5天的时间带领第三批队员熟悉工作流程，通过两批队员的工作座谈会、日常交流等方式分享一年来的工作经验和第一手资料，使第三批工作队快速进入角色，为第三批医疗人才“组团式”援藏工作开展打下坚实基础。按照各级医疗人才“组团式”援藏工作推进会的精神，以及自治区《关于深入推进医疗人才“组团式”援藏工作的意见》要求，围绕医院总体目标，切实推进“组团式”医疗援藏工作。

压实工作责任。第二批援藏专家31人及第三批援藏专家35人全部任命为副院长、科主任（副主任）、护士长等职，使他们有职有责，全程参与医院管理和科室管理，同时，为使援藏专家更好发挥作用，于2017年三月将援藏工作队领队任命为医院党委副书记、院长，作为医院法人代表带领全院干部职工将医疗人才“组团式”援藏工作向纵深推进。

紧扣阶段任务，推动三甲创建。按照《山南市人民医院创建三级甲等综合医院总体规划方案》，分解任务，制定时间表、路线图，实行挂图作战、销号制管理，有效推进各项工作，责任到部门、到人，与各部门有效沟通后，确定条款等级，力争到2018年5月，达到A级条款332项，达74.2%（标准25%），B级条款377项，达89.87%（标准60%），C级条款415项，达100%（标准90%），同时，“三甲办”加大督导力度，截至12月中旬，通过医院自评，已完成各条款C级达

96.94%，B 级已经达到 59.15%，A 级已经达到 27.69%；

加快设备采购进度。为解决设备不足短板，在上级部门和市财政局的支持下，安徽省 3000 万元援藏资金的帮助下，已于 2017 年 6—7 月实施 3 批医疗人才组团式援藏急需设备采购。截至年底，设备到位 90%，已基本满足三甲评审需要。

加快流程改造。2017 年，市医院先后对急诊科、检验科、儿科、B 超室、门诊药房、分娩中心、发热门诊、血透室、重症医学科、手术室、影像科等重点部位实施流程改造，除手术室、影像科已基本接近尾声，其他均已完成改造并投入使用。

加快学科建设。2017 年，市医院按照“共护理、同值班、独学科”的学科发展理念，已分别独立设置消化内科、呼吸科、肾内科、心脑血管内科、肝胆外科、骨科、综合外科Ⅰ、综合外科Ⅱ、综合外科Ⅲ，截至年底，临床、医技科室达 34 个，专业治疗组达 42 个，比 2016 年分别增加 13 个、16 个，专学科设置趋于合理，初步满足区域性群众就医需求。

【规范医院管理】 2017 年，市医院完善修订医疗、护理、院感等各项管理制度达 100 余条，出台《山南市人民医院总住院医师管理办法》《山南市人民医院临床路径管理办法》《山南市人民医院医疗人才组团式援藏专家管理办法》等规定，同时，医院落实公立医院现代管理制度，首次成立党委办公室、监察审计科、宣传科、效能办，定期召开院党委会、院长办公会，实行总会计师制度，并成立效能办，及时督察各项工作落实和执行情况，加强科主任、护士长、科秘书等例会制度，使医院在管理上逐步实现科学化、制度化、优质化、高效化。为加强医院行风政风，于 9 月 11 日召开山南市人民医院社会行风监督员聘任仪式座谈会，面向社会和单位聘请 10 名行风政风监督员。

2017年7月21日，“8+5”医院工作组在市人民医院“以院包科”并指导三甲创建工作

【科研教学】 为推动科研教学工作快速发展，医院专门设立科教科。申报市级重点学科，根据病种目录和学科实力，有针对性地向市卫计委提交重点学科申报材料，已批准肝胆外科、心脑血管内科、妇产科、康复理疗科、急诊科、口腔科 6 个学科为市级重点建设学科。11 月 13 日，召开山南市人民医院第一届科研教学会议，出台《科研激励管理办法》，强化教学工作，建立临床技能培训中心，成立内科、外科、妇科、儿科、护理科 5 个教研室，并任命各教学主任，全院专技人员实行继续教育学分制，同时，为提高课题申报成功率，于 11 月 27 日召开课题申报预评审会议，对市医院援藏专家申报的 16 项课题进行院内评审，并上报区卫计委，同时，第二批援藏专家申报的 6 项课题成功立项 2 项。打包移植新技术、新项目，第二、三批组团式援藏医疗专家立足现有条件，克服设备不足的困难，已先后开展宫腔镜电切术、腹腔镜下全子宫切除术、心脏电复律推广技术等 127 项新技术、新项目，同时，着重加强对本地医务人员的培养，已开展的新技术、新项目中有 60 余项被当地医务人员熟练掌握。加强轮转生、实习生培养，制定《山南市人民医院住院医师轮转制定》《山南市人民医院实习生管理制度》《山南市人民医院实习生管理办法》等一系列规章制度，确保轮转生、实习生培养取得实效。成功打造 NICU 和产科 ICU。根据西藏包虫病防治的特殊要求，市医院借助“以院包科”的优势，独立设置肝胆外科，截至 12 月中旬，已经成功开展包

虫病手术161例，并且开创根治性肝叶切除术和根治性外囊摘除术，同时引进腹腔镜技术成功开展腹腔镜肝包虫肝叶切除术。《腹腔镜肝叶切除在肝包虫病治疗中的应用》已经申报自治区自然科学基金项目。

【人才培养】 培养一支带不走的医疗队，建立适合医院发展的人才梯队，是医疗人才组团式援藏工作的最高目标。医院紧紧抓住这个关键，做好人才培养工作。按照“援助一批人才，带出一批人才”理念，落实援藏医疗人才“传帮带”机制，逐步推动“输血型”援助向“造血型”援助转变，采取团队带团队、专家带骨干、师傅带徒弟的方式，逐步实现从“我来做、你来看”，到“你来做、我来帮”，再到“你来做，我来看”的转变，通过自我推荐、综合测评、专家选拔，第二、三批分部确定39名、60名医护人员作为“一对一、多对一”培养对象，以“四个指定”的方式，重点加强医疗理论知识、常见病、多发病诊治、实践操作等方面的培训。加强人员补充，通过引进、考录、自主招聘等方式，实现人员总数从2015年379人增加到现在的522人，增加143人，仅2017年就新增101人，于9月16日启动护理人员自主招聘工作，通过笔试、面试等考核录用25名护理人员。市委、市政府高度重视医院人才队伍建设，市委组织部和人社局先后赴多个省市引进24名医学院校应届毕业生，定向分配和公开考录11名，调入相关专业人才42名。注重学科带头人和护理骨干的培养，于11月2日，在全院范围内举行护士长竞聘会，选拔一批具有管理能力和业务较强的护理人员到护士长岗位，同时，在全院重要学科遴选出13名技能水平相对较高、具有较强发展潜力的医务人员作为高端人才培养，并明确其培养方向，分别赋予相应职责，使其快速提高。注重业务骨干的培养，将承接对象确定为各专业、各学科业务骨干，给他们定任务、压担子。在援藏专家的精心指导和本地医务人员的学习下，已基本进入“你做我看”的培养阶段。

【“1+1+1”延伸培养】 2017年，市医院为拓展“培养对象”业务水平，巩固培养效果，按照“1+1+1”延伸培养模式，2017年已先后派出16人到其他省市对口支援医院学习，开阔培养对象的眼界。

【“8+5”对口支援】 安徽省委组织部在合肥两次召开“组团式”医疗援藏推进会，于7月22日市医院与“8+5”对口支援医院分别签订《山南市人民医院“组团式”援藏结对帮扶协议书》，明确了结对帮扶科室、总体目标、年度任务和量化考核指标。安徽省卫计委9月8日召集援助医院工作推进会，并根据受援医院需求，以红头文件下发各援助医院的近期的援助任务清单，限期完成任务并作为考核要求，已全面完成安徽省“8+5”支援医院“以院包科”对接工作，加强前后方联动，已有10名柔性援藏人员在医院工作。推进远程会诊平台的建立，在已有的远程会诊平台基础上，增加与安徽省儿童医院远程会诊平台连接，与皖医一附院建立病理、心电图远程会诊平台，并聘任6名专家为市医院会诊专家，使市医院病理、心电诊断水平达到其他省市省级医院水平。

【医联体建设】 2017年，市医院为落实国务院医疗体制改革政策，结合本地医院实际，探索医疗体制改革。将安保、保洁外包，让医院有更多精力开展业务；先后将乃东区人民医院、隆子县人民医院、洛扎县人民医院、扎囊县人民医院、琼结县人民医院、加查县人民医院纳入市医院医联体成员单位，实现资源共享、优势资源向县乡下层，逐步推行分级诊疗，同时，还与安徽省儿童医院、西藏成办医院建立医联体关系。

【树牢“四个意识”】 “组团式”援藏专家参加区党委、市委以及医院组织的各类学习活动，深入开展“两学一做”学习教育活动，提高思想认识，拓展援藏途径，丰富援藏内涵。加强学习。院党委将所有援藏医疗队员纳入“两学一做”学习教育范围，医疗队员参加，并撰写学习心得体会30余篇，切实增强政治意识、大局意识、核心意识、看齐意识。医疗援藏领队虞德才被选为自治区第九次党代会党代表，为西藏发展建言献策，并将党代会精神及时准确传达到市医院每名干部职工，获得大家一致好评。组织开展“三送”（送政策、送温暖、送服务）活动。支持鼓励援藏医疗队大胆创新工作方式，在全国高血压日、雅砻文化节、哲古牧人节、教师节等节日期间，深入乡村街头、田间地头、群众家中，开展免费送医送药送健康活动,1年来开展各类义诊活动8次,医疗人才援藏专家出诊20余人次,义诊干部群众1600余人次,发放价值5万余元各类药品。主动深入基层,帮助困难群众。医疗人才“组团式”援藏专家不仅将先进技术带入山南,还主动了解困难群众,及时伸出援手,第二批援藏专家李伟在了解到浪卡子县中学一名学生家庭突发变故后,不顾浪卡子高寒缺氧,主动到浪卡子看望该学生,并提出每月向其提供生活资助300元,直至完成学业。第三批援藏专家周浩泉在了解到二高一名学生家庭十分贫困后,主动与校方取得联系,为其提供每月500元生活资助,直至完成学业。截至年底,“组团式”援藏专家会诊735人次,开展教学查房2859次,开展疑难重症和死亡病例讨论361次,帮助诊断疑难杂症106人次,“中病”可治数达到448种,危重病人抢救成功率达到94%,上转病人从2015年189人下降到现在150人,初步实现“中病不出市”的目标。

【构建和谐平安医院】 党的十九大维稳安保攻坚战取得全面胜利。2017年,市医院贯彻落实区党委、市委关于坚决打赢十九大维稳安保攻坚战的一系列决策部署,提前安排,超前谋划,严格要求,严肃纪律,制定维稳安保实施方案和应急预案,安排7名县级干部下沉临床一线、片区巡逻、值班带班,广大党员干部坚守岗位、履职尽责、敬业奉献,发扬连续奋战的优良作风,克服难以想象的种种困难,坚守一线、奋战在一线、奉献在一线,确保社会大局持续和谐稳定,全面打赢党的十九大维稳安保攻坚战。

信访工作。2017年,市医院坚持重点要防、难点要盯、热点要疏、一般要复的原则,严格落实矛盾纠纷调处责任制,加大对医疗纠纷、优化发展环境等方面的矛盾纠纷和信访隐患排查化解力度,排查化解矛盾问题3件、办理群众来信来访1批2人次,确保问题化解在基层、化解在一线、化解在萌芽状态,未发生进京越级上访、大规模集体上访、因信访事项引发的极端恶性事件。

安全生产。2017年,市医院坚守安全生产底线,制定出台推进安全生产领域的实施方案,深入开展“安全生产责任落实年”活动,强化危化品、污水处理、医疗暂存间、消防等重点领域隐患排查整治,安全生产顺利通过自治区和市安委会巡查和大检查。

民族团结。2017年,市医院民族团结宣传教育工作深入开展,第27个“民族团结月”宣传活动之际,相继开展藏汉结对互帮、互助和免费义诊活动。

医患关系处理。2017年,市医院通过狠抓医疗核心制度的落实与医疗质量管理的持续改进,以及在全院范围内深入推进优质护理、健康护理和落实“两学一做”学习教育转变工作作风等工作,患者对医院的满意度和美誉度稳步提升,达到96%以上,同时实现全年无重大医疗纠纷的目标。

【项目建设】 2017年,市医院投资2163万元的市人民医院专家楼建设项目,投资800.04万元的中心血站已完成主体封顶。投资489万元建设山南市法医鉴定中心。投资4.08亿元的市人民医院异地迁建项目,已完成急诊急救楼、预防保健楼、后勤保障综合楼、食堂、高压氧舱、精神卫生防治中心、感染门诊主体封顶,门诊医技及第一住院大楼一区地梁砼浇筑完毕,第二住院大楼筏板混凝土建筑完毕,投资完成2.4亿元。完成2017年共实施价值9297万余元(含安徽省3000万元援藏资金)的3批急需设备采购。截至年底,除磁共振、DSA外,其他设备已全部到位,基本满足临床医疗服务需要,消除设备不足短板。同时,医院还投资600多万元实施医院信息化二期工程改造,满足临床需要和提升市医院的诊治水平。

【重点工作】 2017年,市医院成功举办首届“医疗相关标准宣贯”培训班和“两降一升”业务技能培训班,相关市直医院和各县医院80余人参加培训,市医院辐射带动作用加强。

保质保量按期完成全市8470余名城镇居民和僧尼健康体检任务;高质量完成3952名征兵和小考、中考、高考学生的体检任务,在高考体检中首次采取进学校体检,极大方便学生,提高体检工作效率,受到学校及广大群众的好评,全年完成10252人次驾驶员和居民健康体检任务。

历时3个多月组织5名专业骨干深入琼结、桑日、曲松、加查、浪卡子、洛扎县完成国家关于高原性心脏病筛普查工作任务,共普查7715人,筛查7635人,高质量完成本年度预期任务目标，受到国家项目办、自治区项目办好评。

完成雅砻文化节、党的十九大等重要节日、庆典期间的干部保健任务，全年干部保健达36702人次。

扎实完成2017年医院党建、党风廉政建设、“两学一做”学习教育、民族团结教育工作、社会管理综合治理、意识形态教育、“双联户”和流动人口管理等工作的年度考核验收工作。

市医院以确保安全稳定为目标，以创建平安医院、构建和谐医患关系为抓手，先后荣获“全区老干部工作先进集体”、自治区“平安医院”和山南市“民族团结进步模范集体”等荣誉称号。

医院首次召开职工代表大会，全面落实职工民主参与、民主管理、民主监督的权利，增强职工当家做主的意识，发挥广大职工的积极性和创造性。

市医院针对2016年调整充实的医院科级领导班子的基础上，严格按照《党政领导干部选拔任用工作条例》的标准和程序，完成20名试用期满的干部考核工作。

【规范医院管理】 2017年，市医院先后完善和制定《山南市人民医院管理制度汇编》《山南市人民医院党委“三重一大”议事规则》等21项规章制度，加强医院日常管理、完善应急预案、规范服务流程，坚持大查房制度，确保医疗质量、护理质量和患者安全，以及服务态度等方面持续改进，杜绝重大医疗差错事故的发生，服务态度得到明显转变，患者对医院满意度达到96%以上。截至年底，共组织召开科间协调会8次，药事管理与药物治疗学委员会会议4次，组织医疗行政查房14次。在医院后勤管理方面，借鉴其他省市先进管理理念，逐步实行社会化托管，保证医院高效运转，不断向三甲标准靠拢。

【公益性医院建设】 2017年，市医院围绕市委、市政府关于民生工作的决策部署，主动承担保障和改善民生的重要职责，服务群众、服务基层。

推进分级诊疗工作。2017年，市医院通过与安徽省立医院建立远程综合服务平台，如远程病理、心电图，远程教学培训等平台，将基层医院和山南市医疗机构与其他省市先进医院建立远程诊疗平台，实现山南市患者在基层便能享受到其他省市医院专家高水平、高效率的诊断治疗服务，实现优质医疗资源的下沉，减轻患者负担，服务广大群众，全年，已为2例危重疑难患者进行远程诊疗，开展远程授课6次，相关专业52余人次参加远程学习，完成120余例疑难病理及疑难心电图诊断适时会诊，取得良好的社会效益。

落实“先住院后结算”诊疗服务模式。2017年，市医院为全市1区11县开通医疗救治“绿色通道”，确保患者及“三无”病人得到及时有效治疗。

深化“无假日门诊”服务。2017年，市医院把优化门诊服务流程，方便群众就医作为服务群众的重要举措，强化弹性排班，错峰服务。

深化帮教带教。2017年，市医院自觉坚持临床教学医院职能，每年接收西藏大学、西藏民族大学、湖北仙桃职业技术学院等医学院校临床实习生和基层医院进修人员，坚持培养基层紧缺专业人员，坚持深入基层医院指导疑难危重症手术、会诊、学术讲座制度，切实提升基层医院学术水平。全年共举办全院各类培训讲座80次、培养当地医疗人才63人次，开展各类疑难手术60台次，组织会诊102次、疑难和死亡病例讨论33次。

坚持开展“送医送药下基层”活动。2017年，市医院深入隆子、措美、琼结、昌珠寺偏远县乡，重要时间节点及宣传日开展义诊和免费发放药品活动，受到基层群众的普遍欢迎。对困难住院患者采取职工捐款、医院减免等方式，切实减轻患者负担。全年开展免费义诊9次、健康教育9次，受益群众2700余人次。

关心关怀职工。2017年，市医院党委、院部在“三大节日”期间走访慰问市医院离退休职工，召开座谈会，汇报医院发展，征求意见建议4条，发放节日慰问金183150元，全年慰问和看望干部职工、离退休、公益性和临时工住院及离世干部职工家属30人次，发放慰问金19100元。

藏医医院

【概况】 2017年，山南市藏医医院（以下简称市藏医院）的占地面积20760平方米，建筑面积99.162平方米。医院设有150张床位，289名职工。其中，正式工77名、合同工6名、公益性13名、退休返聘4名、临时工74名，卫生技术人员

115 名。卫生技术人员职称结构。主任医师 2 名、副高(副主任医师)6 名、中级职称 32 名、初级医师 27 名、初级护士 14 名、未取得资格的 7 名。人员编制 105 名,县级领导职数 4 名,科级领导职数 38 名。下设办公室、政工人事科、医务科、山南地区藏医药研究所、护理部、门诊部、制剂室、内科、外科、妇儿科、心脑血管专科、外治科、功能检查科、手术室、消化专科、财务室、医保办、后勤服务中心、药械科。

2017 年,市藏医院门诊常规就诊人次 110273 人,其中医保人次 89389。出院人次 4359 人;出院者平均住院日 15.6 天。各种辅助检查人次 28750。藏医特色疗法人次 28442 人。生产藏药品种 196 种,产量 44.5 吨。销售收入 2176 万元。上缴税金 468 万元。全年总收入 15700 万元,其中业务收入 9600 万元(含制剂室收入),业务收入中医保收入 3326 万元,财政经常性补助资金 4100 万元,援藏及科教、学科建设项目专项资金 2000 万元。

【医疗设备】 2017 年,市藏医院自筹资金 3000 余万元配套完善医院急需设施设备。自筹资金 1500 余万元,配套完善全身彩超、心脏彩超、高清电子胃镜、高清电子肠镜,白内障手术显微镜、免散瞳眼底照相机、电脑验光机、电脑视野计、磨边机等创三甲急需 23 个大小配套设备。自筹资金 1050 万元新购置美国 GE64 排 CT 机。自筹资金 300 万元配套完善检验科、微生物、康复理疗等方面设施设备。严格按照招标程序,自筹资金 200 余万元,完成外治楼太阳能热水改造、老住院部消防管道改造、新 CT 房改造,停车场收费系统配套设施,统一更换标示标牌,添置各科室急需办公电脑、打印机等设施设备以及污水处理、消防、水电、后勤保洁等方面零星项目。全年后勤服务中心各种修缮费用及车辆维修等零星开支共计 60 余万元。

【医疗救助】 2017 年,市藏医院承担万名医师和三级医院对口支医任务,先后 4 次选派 20 余名骨干医生到洛扎县、浪卡子、措美县、加查县嘎玛杰唐村和邦达村卫生室实地进行临床指导、专家讲座、免费义诊、包虫病筛查等工作;先后免费接收基层支援医院骨干进修力量 80 余名。应浪卡子县委、县政府和县卫生院的再次要求,市藏医院同意门诊部达瓦在该县对口援助时间延长至年底。先后选派 73 名医护人员参加优化、检察院、福利院、“五下乡”、市人社局与组织部门联合开展的专家咨询送医送药活动、雅砻文化节、军事演习等活动中的健康保障任务。

先后组织医务人员在泽当周边的乡村、福利院、特殊学校等地开展免费义诊和藏医预防保健宣传教育工作,受益群众达 3000 余人,免费送药折合人民币 12 万元。

市藏医医院响应玉麦边境小康示范乡建设工作,委派医药专家组赴隆子县玉麦乡开展药材资源普查和边境军民免费义诊送医送药活动,全年免费送医送药折合人民币 1.5 万元,并于玉麦乡政府达成合作创办藏药材资源为基础衍生产品开发公司意向。

【护士节活动】 为庆祝“5·12”国际护士节,喜迎 2017 年第 106 个国际护士节、更为充分学习、践行“两学一做”常态化制度化、深入开展“深化五项教育、增进五个意识”及“四讲四爱”喜迎党的十九大等活动,并且以创建三级甲等民族医院为契机,医院护理部组织开展“护士能力提升”专题汇报评选活动。通过藏、西医操作竞赛,

2017年4月6日,西藏自治区人大藏医药产业调研组在市藏医院调研

提升市藏医院护理人员的操作技术整体水平、护理专科能力,把更多的人参与到大健康活动中,同时让广大护理人员用特别的形式庆祝自己的节日,充分展示护士们在紧张工作之余健康活泼、向上的精神风貌和新时期护理工作者的亮丽风采。

【援藏工作】 2017年,在湖南省"组团医疗援藏"专家的扶持下,山南市藏医医院急诊科正式重新开科运行。开科仪式由医院副院长伍世葵主持。上午10点半,开科仪式正式启动,院级领导、各科室主任为急诊科全体人员道贺。

【党风廉政建设】 2017年,市藏医院重大问题决策、重要干部任免、重大项目投资决策、大额资金使用都由职代会通过决定。职代会的成立,加强医院党风廉政的建设,实现医院又好又快发展,有效规避医院运行发展中的各类风险。

【"两学一做"学习教育】 2017年,为深入推进"两学一做"学习教育常态化制度化,市藏医医院采取多项措施,确保市藏医院干部职工更好地做合格党员、做忠诚健康卫士。市藏医院通过开展迎"七一"中国共产党建党活动。"四讲四爱"主题教育实践活动、结对认亲活动、讲党课。党支部主题党日活动让广大党、团员在充满自豪的同时,更加珍视现在的美好生活,也更加感觉到自己肩上的重担。为祖国的繁荣富强,新时期的党、团员要更加发奋图强、艰苦奋斗、凝心聚力,以改革创新的勇气不断克服困难,挑战困难,为实现"两个一百年"的伟大中国梦做出的贡献。

【消防模拟实战演练】 为迎接党的十九大顺利召开,提高医护人员的防火意识和应对火灾能力。2017年6月,山南市藏医医院组织开展消防实战演练,特邀山南市消防大队2名教官到市藏医院现场指导,通过演练,不仅检验该院职工遇到火灾时报告、警戒、疏散、灭火、救援等协同作战的快速反应能力,也检测院内消防器材的完好度。同时,切实增强医务人员对消防安全的责任感和自信心,提高医院职工对火灾突发事件的应对能力、研判能力、管控能力和处置能力。

【创建全国文明单位活动】 2017年,市藏医院深化"医院管理年"活动,改善医疗服务;加强医德医风建设,树立良好的行业作风;妥善处理医患纠纷,高度重视病人投诉工作。医院参加医疗责任保险。加强医院安全工作,切实保护职工和患者安全。医院按照消防部门要求,制定医院防火预案并组织演练,加强对院内的安全检查,消除隐患。加强医院普法教育工作,切实提高干部职工法治观念,获得"全国文明单位"荣誉。

【医疗安全】 2017年,市藏医院确立查对制度,准确识别患者身份;确立核查制度,保障手术病人安全;建立"危急值"报告制度,妥善处理医疗安全事件。制定意外事件处理规程,有效防范跌倒、追床、压疮等发生。

2017年,市藏医院建立有院长领导下的业务院长分管、职能科室牵头、各科室共同参与负责的三级医疗质量管理体系,专设院质控办,全面负责医疗质量日常工作,制定和完善各项规章制度,严格制定并实施新技术准入与审核制度及相关操作规程,制定手术安全和麻醉安全评估制度,依法行医、规范诊疗行为,落实首诊负责制度等核心制度。

2017年,市藏医院学习和贯彻落实《中华人民共和国执业医师法》《医疗事故处理条例》《中华人民共和国传染病防治法》等相关法律法规,增强医务人员依法行医意识。

2017年,市藏医院加强医患沟通,制定各项诊疗协议书,尊重和保证患者知情权,构建和谐医患关系。

2017年,市藏医院制定有医疗质量考核目标,每周进行医疗质量与医疗安全检查,每月定期考核,并进行汇总与分析,减少医疗缺陷及时排除医疗安全隐患。

截至年底,市藏医院未发生医疗安全事故。

【人才培养】 2017年,市藏医院坚持通过请进来、走出去、在岗培训、师承教育、重点培养、远程教学等多种形式。先后选派30名有关眼科、康复、护理、人事管理等相关专业自身骨干力量到区内外各大医院进行中、短期进修深造;全年组织在岗人员医护专业业务培训场次56次(含科室内部培训),其中全院性专题交流讲座场次42次,参与培训人次1680人。先后接受

2017年3月4日，“组团式”医疗援藏举行一对一拜师会

区藏医学院实习生24名，甘肃、青海、云南等兄弟省市藏区藏医进修实习人员37名，接受山南市为期一年的基层藏医骨干培训学员共5名，承担藏医住院医师及全科医生规范化培训人次30人。完成第六批名老藏医学术继承申报等相关工作，第六批市藏医院共3名导师和6名学徒。依托援藏力量，继续在院内开展一对一或多对一师傅带徒弟拜师学艺活动，通过“拜师学艺”形式，重点培养一批有潜力的本院自身年轻医务骨干。参与由国家中医药管理局组织的“名中医”评选和“最美中医”评选相关活动，市藏医院格桑平措老藏医荣获“全国名中医”和“最美中医”双荣誉。为有效解决人民群众日益增长的藏医药健康需求与限定的人员编制之间的矛盾，2017年，市藏医院在全市卫生系统中首次尝试开展“编外人员、编内待遇、面向社会、公开招聘”活动，共招聘8名医院急需紧缺专业人才，这部分人员所有待遇由医院自筹解决。2017年正式职工退休人员共3名，新增正式职工5名，其中新分配1名，调入4名。

【特殊药品管理和使用】 2017年，市藏医院严格执行药品价格政策和医疗服务收费标准，严格执行药品收支两条线，参加药品集中招标采购工作。规范药品采购工作，通过医生的药品使用需求，实行药品采购品种统一制定计划并逐一申报审批制度。向社会公开收费项目和标准，完善并严格执行价格公示制度，住院病人费用清单制度，提高收费透明度。严格规范药品使用，定期或不定期召开院委会，广泛征求群众意见，集中解决存在的问题。完善医疗服务项目和费用核查制度，季度清库制度，药品入出库登记制度，报废药品登记核查制度，毒、麻限制药品管理制度，特殊药品双锁双管、每月报表以及安瓿瓶回收等管理制度。

【精准扶贫】 2017年，市藏医院克服人少业务工作量繁忙的困难，按时、按要求，足额选派驻村工作人员到市藏医院驻村工作点加查县冷达乡嘎玛杰唐村和邦达村开展强基惠民活动，全年仅队员补助经费共计388000元，其中医院补贴236000元；两队车辆油料、办公用品、宣传报道、办实事经费等共计103200元。

作为两队队员们严格按照地、县、院三级活动办的要求，在完成规定动作的同时，时刻心系群众，帮助群众解决困难，医院自筹资金近30万元，为嘎玛吉塘村帮助实施果园开发项目；为巴达村改建饮水工程；先后为3名贫困户盖建新房。

2017年，市藏医院结对认亲发放慰问金18.24万元。其中，第一支部书记办实事经费3万元、两村扶贫慰问金5.3万元，“三大节日”慰问金8.4万元。

2017年，市藏医院为驻村点开展免费义诊人次3000余人，送医送药折合人民币6万元。

教育·科技·气象

教育

【概况】 2016年6月,山南地区教育局(体育局)挂牌更名为山南市教育局(体育局)(以下简称市教体局)。2017年,市教育局(体育局)共设置办公室、政工人事科、财务科(发展规划办公室)、基础教育科(学前教育办公室)、职业教育科、师资管理科、体育卫生艺术科、德育教育科、教育督导室、学校稳定安全工作科10个正科级行政机构和招生办公室、教研室(语言文字办公室)、电教馆3个事业单位机构。共有编制55名,其中核定编制总数35名(其中行政编制20名、事业编制15名,局领导职数7名,内设行政机构科级领导职数20名),核定后勤事业编制3名,核定所属事业单位机构编制10名,核定业余体校编制7名。全局实有干部职工67人(含业余体校人员),其中干部48人、工勤6人、公益性岗位4人、临时工9人。

2017年,全市共有各级各类学校395所。其中,中等职业技术学校2所、九年一贯制学校1所、高级中学3所、初级中学14所、小学90所、教学点54个、特殊学校1所、幼儿园230所。在校学生数56199人。其中,普通高中在校生6670人、中职在校生3215人、初中在校生12598人、小学在校生24044人、幼儿园在园幼儿9490人、特校在校生182人。高中阶段毛入学率达到92.64%;初中阶段毛入学率达到102.4%;小学阶段入学率达到100%,巩固率99.99%;学前教育三年毛入园率达到83.35%。

2017年6月9日，山南市召开教师组团式支教交流工作推进会

【教育协调发展】 2017年,市教体局坚持加快发展学前教育、均衡发展义务教育、特色发展高中教育、转型发展职业教育的原则,扎实推进学前双语教育改革试点工作,制定《山南市2017—2019年学前幼儿教师三年培训计划》,提升教师队伍整体素质,邀请学前骨干教师、专家修订完善《山南市县(区)幼儿园分类定级评估指标体系》《山南市乡(镇)幼儿园分类定级评估指标体系》,组织年度幼儿园分类评估定级及复评认定工作。错那、措美、浪卡子三县义务教育均衡发展通过国家评估验收,率先在全区实现义务教育均衡发

展的目标。洛扎、贡嘎、隆子、加查、琼结五县顺利通过自治区三类城市语言文字评估验收。出台《山南市中小学校实施素质教育督导评估指导手册》，开展洛扎、曲松、桑日三县自治区级评估和市直学校素质教育市级评估。完成浪卡子、洛扎两县全区初级中学规范化管理工作现场会和全区第二届足球锦标赛的承办工作，完成高考、中考、小学升西藏内地初中班考试等一系列重大考试的组织工作。为切实做好山南市义务教育学校标准化建设工作，制定《山南市义务教育学校标准化建设规划(2018—2020年)》，已交市政府审定。2017年国家投资项目115个，总投资78525万元，截至11月底，完成累计投资64278.34万元，占总投资的81.8%。开工建设泽当完全中学，已完成投资13500万元，完成率45%；建设67村级幼儿园，完成投资7987.5万元，完成率67%。加快推进二职和三高二期项目，分别完成投资7444万元、3544.34万元，完成率达49.6%、55%。完成浪卡子、措美、错那三县的布局调整工作。

2017年9月10日，山南市庆祝第33个教师节暨2017年度教育教学质量激励表彰大会

【提升教育质量】 2017年，市教体局把习近平新时代中国特色社会主义思想和党中央治国理政新理念、新思想、新战略"进教材、进课堂、进头脑"作为一项重要政治任务，在学前儿童中加强认知教育，在小学阶段中加强基础知识教育，在中学和职业学校学生中加强理论和实践能力，开展好主题讲座、主题班会、社会实践等活动。以社会主义核心价值观教育为引领，继续深化爱国主义、民族团结教育、反分裂斗争、新旧西藏对比教育，坚持不懈开展好中国特色社会主义中国梦宣传教育。引导师生增强"四个自信"和"五个认同"。采取不同形式开展好"七个一""一帮一""手拉手""结对子"主题实践活动。完成"四讲四爱"主题教育实践活动任务，在党的十九大召开之际，组织开展全市师生唱红歌大型文艺活动。创建好一批起示范作用的民族团结先进学校、先进班级、先进宿舍，树立一批民族团结先进教师、先进学生，开展好年度民族团结教育表彰活动。发挥好学校德育室、爱国主义教育基地、励志教育基地(特殊学校)的作用。开展"山南市第二届美德少年评选活动""寻找最美孝心少年""颂中华经典、做有德之人""少年传承中华传统美德"系列活动，表彰雅砻十佳美德少年、民族团结进步模范学校、模范班级、模范宿舍、模范个人。通过实施教育质量提升计划，制定实施《关于实现"五个100%"教育目标的实施方案》，组织开展教育质量监测，表彰2017年度教育教学质量先进县(区)、先进学校、优秀个人，核拨教育激励资金1178.965万元。2017年，"三大考试"质量明显提升，小学阶段西藏内地班人数、比例均有所增加，2017年共输送213名学生到西藏内地班就读。中考总均分稳步提升，从2016年的363.33分提高至367.41分。2017年高考总上线率达94.62%(含已录取的艺体学生和单招学生)，比2016年大幅提升。

【精准扶贫】 2017年，市教体局全面落实15年免费教育、"三包"、营养改善计划等惠民政策。2017年下达免费教育经费4737.98万元、"三包"资金17432.5万元、营养改善计划资金2782.16万元。按照大学生资助标准，完成2013—2016年市级在校大学生资助工作，共资助在校大学生5127人次，资助金额4061.9万元。完成2017

年市级大学生新生的统计审核,资助新生3391人,资助金额2340.9万元。资助2016—2017学年建档立卡大学生2535人,资助资金2304.95万元,其中自治区配套1481.6万元,山南市配套823.35万元。开展山南市高校毕业生学费和国家助学贷款代偿工作,共资助61人,资助金额88.32万元。实施"乡乡有西藏班生源""村村有内地生源"工程,2017年初,山南市无内地生源行政村60个,其中1个村有2017年内地初中班录取考生,其余59个村考取内地初、高中代培班10人、解决行政村8个,其中初中代培班3人,解决行政村3个;高中代培班7人,解决行政村5个,无内地生源行政村剩余51个。加大薄弱学校改造力度,启动教学设施、图书资料等资源配置达标计划。探索建立"学校结对、教师支教"的优质学校帮扶基层薄弱学校机制。整合资金在海拔4000米以上的高寒地区学校分批实施供暖工程。落实教师补助政策,制定《山南市教师生活补助资金管理办法》,下达自治区级乡村教师生活补助资金2155.5万元,下达市级教师生活补助资金1521.94万元,市、县两级共兑现本级教师生活补助资金3677.44万元。推进对隆子县雪沙乡的结对帮扶工作,局机关干部职工和市直各学校教职工1143人,结对帮扶雪沙乡贫困户469户、1642人,走访慰问22次,慰问物资达30余万元,在隆子县雪沙乡才木村、林麦村、其共村安排新建幼儿园3所,总投资达570万元。精准扶贫形成体系。为推动职业教育发展,按照《关于清理清查全区民办学校管理及办学行为的通知》,对山南市民办教育机构进行集中清理清查,民办学校办学环境持续优化。依托职业教育资源,发展多种形式职业技能培训,开展驾驶技能培训223人,开展4期农牧民建筑施工培训,参训210人,合格率达79%,开展唐卡绘画、虱雕培训65人次,切实提高群众增收致富技术和能力。

2017年11月3日,错那县义务教育均衡发展通过国家评估验收

【教育改革】 2017年,市教体局为深化教育改革,稳步推进学校布局调整,优化教育资源配置。扎实推进依法治教,建立法律顾问制度。创新执行新进教师、西藏内地班名额抽签分配制度,完成152名公招教师和213名西藏内地初中班名额分配。教育人才"组团式"援藏工作顺利启动,140名援藏教师全部到位,赴三省挂职的75名山南管理人员、骨干教师抵达三省相关学校。扎实推进整体援教示范校创建,与安徽、湖南、湖北援藏三省教育厅协调,开设1个初中内地代培班、3个内地高中代培班,招录160名山南籍小学、初中毕业生。从其他省份引进41名专业人才到山南市任教。为推动职业教育蓬勃发展,山南市人民政府出台《山南市加快发展现代职业教育实施方案》,援藏工作的持续开展带动职业教育办学条件大幅改善,教师素质和管理水平大幅提升。完成2017年脱贫攻坚中等职业教育专项招生计划,职业技术学校学前专业招生40人。西藏内地中职班招生124人,完成率达98%。完成521名其他省市西藏中职班学生进(出)藏交通安全。做好"中职学生管理信息系统""全国中等职业学校专业设置管理系统"平台的管理及应用,开展第三个职业教育宣传周活动,共有1460名师生、群众参加,活动取得良好效果。为实现智慧教育,山南市政府先后出台《山南市人民政府办公室关于成立教育信息化工作领导小组的通知》《山南市基础教育信息化发展规划(2017—2020)年》,山南市教育局出台《关于成立山南市基础教育信息化推进领导小组的通知》《山南

市基础教育信息化推进建设实施方案(2017—2020年)》,切实保障各项工作的科学有效推进。实施教育城域网、教育局数据中心模块化机房及三级等级保护评测建设项目,已完成招投标开工建设。通过专题培训会议、援藏干部讲座、现场集中培训和网络远程培训相结合的方式,狠抓教育行政管理干部、专(兼)职电教员和全员教师三支队伍的培训。参加第十八届中小学生电脑制作比赛、第五届中小学教师交互式电子白板教学实践大赛、第四届中小学教师"信息技术实践与创新"论文比赛活动。2017年,山南教育网站发布信息86条,浏览量达284251次。山南微信公众平台发布信息数1027条,现关注人数达4915人。

【优化师资队伍结构】2017年,山南市共有教职工6276人,其中在职5199人。职校、高中、初中、小学、幼儿师生比分别为1:10、1:12、1:9、1:11、1:16,教师结构优化。高中、初中、小学、学前专任教师学历合格率分别达到98%、99%、99%、99%。启动教师"二下二上"组团式支教交流工作,共有109名教师投入到支教交流中,解决基层学校教师结构性紧缺的问题。评选并表彰学科带头人50人、市级骨干教师250人。在全市教育系统开展"学习市委2017年1号文件精神,争做教育事业改革发展的排头兵"为主题的春训活动,参与教师4900人次。实施教师轮训计划,共选派2042名局长、校长、教师参加国培、区培、市培,选派75名教师赴援藏省市挂职培训。结合校本培训,开展以"规范教学行为,提高教育质量"为内容的大练兵、大研讨、公开课、示范课活动。规范山南市教师档案工作,对6000余人档案进行标准化管理。对违反师德师风行为的在全市范围内进行通报批评。

【校园安全】2017年,市教体局坚持把维护安全稳定作为第一责任,严格落实山南市《学校安全管理工作暂行办法》。依托综治宣传月、平安宣传周、"9·16"平安宣传日、安全生产宣传月等节点,做好课前三分钟安全教育工作,定期邀请公安、消防、卫生等部门工作人员进校讲座,开展安全常识教育、网络安全教育、心理健康教育。组织师生开展防震、消防演练、反恐防暴演练43次,累计参加学生23000余人次。开展以"牢记历史、珍惜现在"为主题的系列纪念活动,参加学生15000余人,悬挂横幅85条,制作板报62期,观看爱国主义影片35场。配合市工商局开展打击传销宣传教育活动15次,发放材料万余份。召开学校及周边社会治安综合治理联席会议2次,开展专项检查27次,出动人员170余人次,定期开展安全隐患排查,营造和谐育人环境。做好安全监管工作,严格执行学生返乡返校护送制、食品留样制等制度,发挥好安全监管员的监督作用。做好安全防范工作,健全与公安、网监等部门安保联动机制,严格落实三月重要时期、萨嘎达瓦、党的十九大期间等重要节点的带班值班和信息零报告制度,加强巡逻防控工作,确保各类重要节点、关键时段安全稳定。由266名家长、213名学生组成安全监督员队伍,全时段监督学校安全工作。继续开展好"双联户"服务管理、矛盾纠纷排查整治、平安校园创建等工作,有力维护和谐稳定。

【全民健身活动】2017年,集登山健身、宣传教育、休闲娱乐功能为一体的全区首条登山健身步道在山南市朗庆日山建成,新建县级公共体育场2座、农牧民体育健身工

2017年5月18日,在山南市体育场承办西藏自治区第二届足球锦标赛

2017年11月2日，山南市第十届中学生运动会在山南市体育场召开，图为获奖选手领奖

程3个、铺设全民健身路径4条，发放全民健身器材12套。督促各县（区）教体局建立区域内健身设施器材普查制度，及时更换破损公共体育设施、设备，对山南市体育场进行全面修缮，全年公共体育设施总投资超过3000万元。截至年底，山南市体育公共设施拥有量排在全区第二位。承办2017年西藏自治区第二届足球锦标赛，举办“体彩杯”足球赛、“全民健身”篮球赛、阳光体育大赛、“广场舞、健身操”等赛事，推广打牛角这一具有较好群众基础的民族体育项目，全市经常参加体育锻炼的人数达全市人数的27%。广泛深入开展社会体育指导员培训，近五年来共培训基层体育骨干1300余人，其中社会体育指导员660人。举办全民健身科普知识宣传讲座6次，群众体育健身组织网络基本形成，全民健身氛围浓厚。

【**党风廉政建设**】 2017年，市教体局制定《山南市教育局（体育局2017年基层党建工作要点）》，层层签订党建目标责任书，健全完善各项制度，与市委组织部联合印发《关于加强全市中小学党的建设工作的实施意见》，推进“两学一做”学习教育制度化常态化工作，以“四讲四爱”主题教育实践活动为契机，深入推进“党建七项重点任务”（继续抓好党员组织关系集中排查；扎实推进党代会代表和党员违纪违法未给予相应处理排查清理情况。做好基层党组织按期换届检查工作。稳妥开展党费收缴工作专项检查。集中推进非公有制企业和社会组织“两个覆盖”即党的组织覆盖和工作情况覆盖）。深入推进抓党建促脱贫攻坚工作。抓严抓实领导机关党员干部学习教育的落实和“三联三进一交友”（联系学校、联系学生、联系家长。进班级、进宿舍、进食堂；与学生交朋友）、“五型”党组织建设、党的十九大系列主题教育活动开展，为推进“服务型党组织”建设打下坚实基础。开展主题党日活动，加大对“三会一课”制度落实的管理力度，严格执行“三会一课”计划报备和督查通报制度。严格落实领导干部个人事项报告制度，开展科级以上干部档案专项审查，完成对局机关、市直学校党组织和党员个人信息采集和汇总，开展规范党费收缴和补缴工作。加强校园文化建设，不断巩固德育室、校史馆、学校广播、文化走廊、宣传栏、主题班会等文化建设主阵地，为师生搭建党的理论、路线、方针和政策教育平台，充分发挥环境育人功能。在强化学校思想政治课堂主阵地的基础上，通过山南教育网、“微型党课周周讲”“道德讲台人人讲”“山南教育微信”等平台继续深入开展理想信念、政策理论、党纪国法、反分裂斗争和民族团结教育，切实把社会主义核心价值观体系融入教育全过程，引导广大师生树立正确的世界观、人生观和价值观。制定党员教育培训工作计划，坚持党员培训与学校教育教学工作有机结合，相互促进。举办市教育系统基层党务工作者培训班，对来自全市教育系统132个基层党组织的133名党务工作者进行培训，强化党务干部政治理论水平和党建业务能力。为深入推进教育系统党风廉政，层层签订党风廉政建设责任书，每半年召开教育系统党风廉政建设部署会，每逢节假日专项安排党风廉政建设工作，做好局党委和市纪委第五纪检组的沟通协调，加强机关和学校工作纪律整治，切实转变工作作风，努力提高服务质量和工作水平。开展第三个党风廉政建设宣传教育月活动，加强党规党纪学习，开展“双述双评一建议”和“千堂党课进基层”活动，组织干部职工签订党风廉政建设承诺书。加强阳光招生、项目建设、“三包”经费使用、职称评聘、教师招录等关键环节的制度建设，推进“廉洁文化进校园”活动，为学校健康发展提供强有力保障。做好信访接待工作，畅通信访渠道，及时排解矛盾纠纷，消除隐患，抓好自治区巡视三组和市委巡察二组反馈问题的整改落实。严格贯彻落实中央“八项规定”、区党委“约法十章”“九项要求”和市“十项规则”，制定公车管理办法、公务接待管理办法、规范干部职工福利待遇的规定，切实改善工作作风，扎实推进廉政建设。

2017年4月7日，副市长扎西加措（中）在市职校考察指导工作

职业技术（教师进修）学校

【概况】 山南市职业技术（教师进修）学校（以下简称市职校）是一所以中职教育为主，短期实用技能培训、师资培训、继续教育四位一体的国家级重点中等职业技术学校。其前身是1975年创办的山南地区师范学校。1999年，职业中学并入师范学校更名为山南地区中专学校。2004年10月，正式挂牌成立“山南地区职业技术学校”“山南地区教师进修学校”。学校总投资近2亿多元，占地面积达22.5万平方米，建筑面积近5.58万平方米，拥有2个教学实训基地，14个校内实训室，校外合作实训场所23个。全日制在校学生1824人，其他各类短期培训学员年均达千人。

2017年，市职校设有办公室、教务处等10个正科级和1个副科级内设机构。拥有教职工174人，其中女教工85人，汉族教工33人，中共党员103人；专任教师164人，占教职工总数的92.5%；专业课教师84人，占专任教师总数的52.2%；双师型教师53人，占专任教师总数的33%；研究生学历13人，本科学历143人，学历合格率达到97%；高级职称20人，占专任教师总数的12.4%，中级职称90人，占专任教师总数的56%。

【党建工作】 2017年，市职校始终将党建工作纳入工作重点，层层签订基层党建目标管理责任书，制定下发《山南市职业技术学校2017年党建工作计划》，明确责任，细化任务。落实“一岗双责”。坚持民主集中制，组织召开27次党委会议、34次校务会议，以程序规范权力，严格管理学校日常工作。

2017年，市职校选优配强各党支部支部委员，落实“三会一课”制度，严肃党内政治生活，规范党务公开工作程序，及时公开党费使用情况和“两优一先”评选情况等。严格按照《党政领导干部选拔任用条例》有关规定，完成6名正科级干部和3名副科级干部试用期满考核工作。严格党员发展程序，严把党员入口关，全年发展学生预备党员7名和教师党员2名，转正3名。

2017年，市职校突出对各类主题教育活动方案的制定、活动的落实和成果的总结。开展庆祝中国共产党建党96周年表彰大会及校级“党员先锋岗”评选工作，评选表彰33名党员干部和1个优秀党支部。推进“两学一做”学习教育常态化制度化建设。通过集中学习、自学的方式，分层次、分时段组织理论中心组学习会议12次、党员学习会议27次、教职工学习会议18次，开展支部书记讲党课8人次，发放学习资料1336份。

【党风廉政建设】 2017年，市职校按照落实“两个责任”的要求，校党委履行党风廉政建设主体责任，坚持把党风廉政建设与学校常规

2017年9月22日，在市职校召开湖南省支持山南职业教育转型升级座谈会

教学工作同部署、同落实、同检查、同考核。层层签订《2017 年党风廉政建设责任书》，组织召开 7 次党风廉政建设和防腐败工作专题会议，研究制定 2017 年党风廉政建设和反腐败工作计划及年度重点工作。召开党风廉政建设工作会议，市政府副市长扎西加措出席并作出重要讲话。

2017 年，市职校校党委组织召开 3 次专题民主生活会议，制定出台《山南市职业技术学校党委会制度与议事规则》等 9 个制度。开展“双述双评一建议”和廉政知识测试活动，听取各科室党风廉政建设工作汇报，观看《说案明纪》等 2 部警示片，参观市检察院预防职务犯罪廉政教育基地，扎实推进“清廉校园”建设。

【巡视整改】 2017 年，市职校成立巡视整改领导小组，根据自治区党委巡视三组对山南市委、市政府反馈的党的领导弱化、党的建设缺失、全面从严治党不力等方面存在的问题，对照自查，细致梳理归纳，确定认领 3 个方面 6 项 12 个问题，制定《山南市职业技术学校党委关于自治区党委巡视三组反馈意见的自查整改落实方案》，召开巡视整改专题民主生活会，采取切实有效的整改措施，对存在的问题一一进行整改，在市委规定的时限内完成 12 个问题整改任务。

市委巡察三组入驻开展巡察工作以来，校党委配合巡察工作，结合市委巡察三组对山南市职业技术学校党委反馈意见，成立巡察整改落实工作领导小组，召开巡察整改专题会议，对反馈意见中提出的各项整改任务一一进行梳理。先后 4 次研究制定修改《中共山南市职业技术学校委员会关于落实市委巡察三组反馈意见的整改方案》，3 次修改上报《中共山南市职业技术学校委员会关于市委巡察三组巡察反馈意见整改情况的报告》，出台制定相关整改制度 7 个，收缴超标准违规发放津贴补贴 234000 元。进行大量的任务分解细化和梳理归纳工作，明确责任，规定整改时限，完成整改任务。

【意识形态教育】 2017 年，市职校学校党委高度重视意识形态工作，构建“一网一平台”“互联网 + 党建”工作模式，把学校网站和微信平台作为党建宣传新阵地，建立学校网站党建专栏和微信公众平台党建专栏。定期发布中央、区党委、市委有关党建工作动态信息 160 期。把微信平台作为党组织和党员实时交流的大平台，分层次建立党员微信群 6 个，创建网络党建工作宣传长廊 1 个和网络党建活动室 1 个，通过校园网、微信平台，拓宽党员工作交流渠道。

【精准扶贫】 2017 年，市职校注重脱贫攻坚精准扶贫工作，其中“党建 + 扶贫”呈现亮点。注重支部党员全员参与这一保障。学校根据市委市政府脱贫攻坚工作任务目标，在正科级以上党员领导干部与浪卡子县白地乡龙桑村 8 户贫困户结对子认亲戚的基础上，发动学校 4 个党支部，形成每个支部结对认亲 2 户贫困户的工作机制，党员领导干部和支部书记先后入户调研，解基本情况，分析致贫原因，召集支部会议，党员纷纷出点子、想办法，各支部制定切实可行的脱贫攻坚方案，誓保 2017 年 4 户贫困户顺利脱贫。

注重思想扶贫这一关键。扶贫先扶志，各党支部书记入村入户进行“四讲四爱”主题教育实践活动宣讲，传递党的声音，讲解惠民政策，引导贫困户群众摆脱“等、靠、要”的思想，帮助群众树立自尊自强、向上、主动作为的思想，贫困户纷纷表现出强烈的脱贫信心和决心，为脱贫攻坚奠定扎实的思想保障。

注重办实事这一重心。学校驻村工作队先后争取到17万元资金，用于解决村两委群众反映的热点、难点问题，为群众办实事，精准扶贫、精准帮困。组织开展全校干部职工“精准扶贫”募捐大会，募集资金114000元，做到资金使用精准，对症施策。科级以上干部带头帮扶8户贫困户，解决生活资金13400元和2500元的衣物及床上用品。

【教学常规】 2017年，市职校及时督促教师教学内容、教学进度、教案的编写工作；14级两次对口高职模拟考试及各年级期末考试的出卷、评卷工作，建立和规范试卷库。开展听课、评课交流活动，安排公开课、汇报课以及高级讲师专题讲座。

2017年，市职校安排汽修、畜牧、旅游、学前、烹饪专业的师生，进入社区开展各项社区教育活动。通过活动的开展，锻炼师生的社会实践能力。

2017年，市职校紧紧围绕“共筑职教梦 喜迎十九大”的主题，通过技能展示、国旗下讲话、校园开放活动、主题班会、首届技能大赛成果展、宣传职业教育、创业演讲报告等活动，开展第三届职教周宣传相关工作。

结合4月、10月“教学质量月”活动，开展首届校级技能大赛和校园文化艺术节；组织烹饪专业师生观摩第十五届珠峰文化旅游节宴席大赛暨2017年中国技能大赛西藏分赛区竞赛；选派代表教师参加第九届中国名厨大会。

2017年，市职校制定学生宿舍内务整理规范标准，实行校级领导、科室领导分区包干制，上挂学生宿舍成员门牌、床位牌，开展内务整理个人技能赛，全面规范学生宿舍内务整理工作，学生宿舍军事化管理初见成效。

2017年，市职校多方联系，先后将酥油花制作工艺非遗传承人和藏戏“扎西雪巴”非遗传承人请进校园，在藏历年期间学校美术专业师生为山南群众制作精美的酥油花工艺品，举办非遗藏戏“扎西雪巴”进校园汇报演出。

2017年制定驾校三年发展规划，招收社会学员260名，共有428名学员获得机动车驾驶证。

【师资队伍建设】 2017年，市职校为广大教师搭建各种活动平台，为教师的专业发展，业务提升创造条件。以培训为抓手，通过各级各类培训提升教师专业素养。制定2017年度教师培训方案和培训计划，安排教师参加教育厅、教育局组织的学习培训，开展校本培训。推荐李明金等7名市级骨干教师候选人，李明金被评为市级学科带头人，索朗次仁等6名教师被评为市级骨干教师。选派6名文化课教师到鄞州职业高级中学，进行为期两个月的培训。选派汽修专业2名教师和2名学生，到鄞州职业高级中学学习钣金和喷漆技术。寒假学校将选派9名专业教师到安徽蚌埠商贸学校学习相关专业内容。选派25名班主任及科室人员到成都万博培训中心学习。选派5人到江苏扬州大学学习旅游专业及中层干部培训。通过专项引领和个人自我发展的强化培养，推进师资队伍建设。

【社会实践】 2017年，市职校研究制定《山南市职业技术学校创业教育实施方案》，学校烹饪、作物生产技术、畜牧兽医专业师生投入创业活动，开设星期天市场，向教职工出售糕点、蔬菜、藏鸡等产品，形成产教结合、创业创新的职教新风貌。学校加快改造5号教学楼成为创业园区，加强学生创新创业

2017年5月，山南市职教宣传周活动中，在市职校展点讲解山南市景点

教育。

2017 年，市职校联系协调市教育局、市农牧局、市旅游局以及深圳多家企业，安排 15 级 341 名学生的顶岗实习。学校选派 16 级 337 名农牧、旅游等专业学生赴区内农牧部门、旅游部门进行实习；选派 162 名文秘、计算机、汽修等专业学生赴区外深圳弘丰塑胶制品有限公司和深圳龙岗区比亚迪汽车制造厂进行实习。

2017 年，市职校信息中心开展数字化实验校建设，实时采集学校各类素材，及时归档分类，及时制作宣传影像资料。开展教师信息技术类培训 4 次，不断强化教师信息素养。顺利启动网络安全进校园工作，签订师生网路安全协议，开展网络安全教育 2 次。

【德育教育】 2017 年，市职校德育科、团委、教研室等充分利用校会、班会、黑板报、国旗下讲话等多种途径有计划、有针对性地对学生进行爱国主义教育、民族团结教育、法制教育、安全教育、心理健康教育、禁毒教育、新生入学教育等，对全体学生尤其突出行为习惯的养成教育，做到重点清，要求明，措施实，让每一个学生熟知良好习惯的内容，从思想上内化为自己的行动。

2017 年，市职校组织召开三个年级的家长会，通过单独邀请家长、《致家长一封信》等各种形式的家校联系，进行分层分类的家庭教育指导，帮助家长树立正确的教育观念，掌握科学的教育方法。形成学校、家庭、社会教育相互渗透、整体协调的德育教育格局。

德育科以“四讲四爱”主题教育实践活动和开展创卫工作为引导，采用分层实施的办法，通过多种渠道、多种措施、多种方式对学生进行“四讲四爱”主题教育实践活动、卫生习惯养成教育，组织藏文宣讲员两次深入到浪卡子县白地乡龙桑村为全体村民进行宣讲。组织学生收看爱国主义影片、开展各类文体活动、参加义务劳动等，让学生从实践中加深对“四讲四爱”主题教育实践活动的理解。

2017年5月5日，山南市职校学生观摩学校网络安全教育长廊

【校园安全】 推进“护校行动”和“平安校园”建设。2017 年，市职校通过多途径、多方式，面向广大师生广泛宣传安全知识，进行“防火、防盗、防灾、防暴、防溺水”安全教育和应急疏散演练。全年发放各类宣传单 3000 余份、制作宣传栏 62 期、开展主题班会 420 余次、主题黑板报 6 期、“双联户”排查整治各类安全隐患 18 余次。

党的十九大期间及前后安保工作。2017 年，市职校贯彻落实关于维护稳定工作的一系列指示精神，严格按照党的十九大学校维稳安保要求，提前谋划、提前部署、提前演练。层层签订《党的十九大期间维稳安全责任书》，班子成员带头轮值轮岗，组织安排片区 24 小时巡逻值班人员，扎实做好党的十九大期间校园和谐稳定工作。

卫生安全。2017 年，市职校提升校医务室医疗条件，增设就诊室、输液室、隔离室等。校医务室共接诊 2600 人次，门诊输液 30 人次。同时，校医务室多渠道加强传染病预防宣传教育。定期对学校食堂、宿舍、教室等进行全方位的消毒工作，及时发现问题、解决问题，严格落实各项疾病防控措施。

【后勤保障】 2017 年，市职校完成校园绿化硬化工程，教练场地车棚及硬化工程，学校两间机房建设工程，购置摄影室设施设备、汽修专业仪器设备、农牧专业标本及学生实验实训仪器设备等。结合市委巡察工作，完善财务管理制度，持续加强财务人员业务学习和纪律培训等内容。组织财务人员学习有关财经制度和法律法规。总务处完成开学前后的所有后勤服务，设施设备添置、整修等工作，开展3次全校公物大检查和公物交接工作，完成学校固定资产清理清点工作，总务后勤工作人员持续开展周末校园保洁工作。

第二中等职业技术学校

【概况】 2017年，山南市第二中等职业技术学校（以下简称市二职）不断丰富“产教融合、校企合作、创新发展、全面成才”办学模式，构架“学业合格+技能特长”工学结合的人才培养模式，加强校企合作、校校合作，探索“2+1”“1+2”办学机制，实现学生的学分制及弹性学制管理，坚持学制教育与职业教育并举，努力培养实用型的高素质技术技能型人才，促进民族文化艺术、民族传统工艺等事业发展。

学校占地面积202亩，建筑总面积74900余平方米，基础建设和规划均按照国家中等职业教育示范校标准实施，与2016年同比增长85%。截至2017年12月31日，学校在编干部职工共146人，其中，正县级干部2人、副县级干部4名（1名援藏干部）、专任教师138人、合同制工人2人，与2016年同比增加在编在职干部职工31人；内设9个科室，已配备科级干部14名，其中正科5名、副科9名；在校生1385人，2017年首届毕业198人，2017级注册新生551人。

【完善“五年发展规划”】 2017年，市二职站在长远发展的高度，遵循职业教育发展规律，结合全区职业教育发展状况和地方经济社会发展状况，从14个方面进行详细规划，有序推动学校各项事业发展。

2017年3月15日，山南市二职聘请藏族唐卡钦孜派三级画师、自治区级非物质文化传承人扎西江村（左五）进校传承民族文化

【教学改革】 *队伍建设不断加强。*2017年，市二职通过“请进来、走出去”的方式，组织中层干部、班主任、骨干教师、专业技术人员赴区内外开展考察培训，7名教师完成专业转型培训。市二职组织干部职工参与各级各类培训106人次，强化管理队伍、师资队伍建设。

*落实“五个100%”。*2017年，市二职根据自治区教育厅要求精神，研究制定落实“五个100%”教育目标工作计划，制定各专业《课程设置方案》，按照要求落实课程计划、开齐开足国家目录规定的课程；加快校内实训基地建设、加强与专业对口的行业企业的沟通协调，努力拓展实训教学途径。

*以质量提升办学影响力。*2017年，毕业人数为198人，普通高考录取51人、对口高职录取73人、其他方式升学数为17人，推荐就业25人、参军1人，首届毕业生就业率为84.3%。

*专业建设内外兼顾。*2017年，市二职在充分调研的基础上，从专业内涵建设、设备配备、专业拓展等方面完成服装设计等5个专业实训室建设方案，设备采购已进入公开招投标阶段；完成12个专业人培方案的制定工作；聘请唐卡钦孜派三级画师、自治区级非遗传承人扎西江村担任美术绘画专业课教师，并在其指导下完成美术绘画专业实训基地建设工作。

*落实教育质量年工作要求。*2017年，市二职结合教学诊改工作，制定《教育管理年实施方案》，狠抓落实，有效推进市二职职业教育的改革、创新和发展。

【基础建设】 *扩大基础建设规模。*2017年，市二职二期第一批基建已完成实训楼、信息综合楼、田径场建设项目，增加校园建筑面积超过3万平方米，为市二职职业教育教学的顺利开展提供基础保障。

优化校园环境。2017年，市二职完成校园绿化一期项目建设，扩大校园绿化面积10422平方米，新种各类树木35689棵；完善田径场、篮球场和行政楼亮化美化配套设施，优化办学环境和育人环境。

推进信息化建设。2017年，市二职建立微信公众平台，在不断完善当中，为校园信息传播和对外宣传提供便捷平台；顺利完成校园网络建设，实现办公区网络全覆盖。

完善教育功能区域。2017年，市二职投入专项资金推动图书馆设施设备及图书配备、德育室建设工作，不断提升学校的办学条件和办学水平。

2017年，职教周美术绘画专业学生展示唐卡画技

【德育教育】 班主任队伍建设。2017年，市二职做好班主任选聘工作，组织班主任20人赴区外开展业务素质提升培训，促进相互学习、交流、提高，鼓励创新、不断积累，努力打造一支适应现代职业教育发展要求的班主任队伍。

结合实际务求教育实效。2017年，市二职结合“四讲四爱”主题教育实践活动，开展各类宣讲活动35场次，在全校开展主题教育超过4万人次。

强化学生行为习惯养成。2017年，市二职以主题班会、学生大会、新生军训等途径，组织开展“成人礼”“毕业典礼”、践行“中职生文明公约”“青春期生理健康”主题讲座等主题活动，努力引导广大学生养成良好的学习、生活习惯，树立正确的世界观、价值观和人生观。

强化班级量化管理。2017年，市二职每日对各班级“两操”“三区卫生”情况进行量化考核，利用升旗仪式进行总结。实行学生宿舍班主任包干责任制，负责学生一日三餐、就寝情况进行检查和督促，及时排除安全隐患、调处矛盾纠纷，确保学生生活区的安全稳定。

【廉政建设】 2017年，市二职党风廉政建设工作长效机制逐步健全，推进学校党务公开、校务公开、财务公开工作，把防范重点放在项目、收费、招生、职称评聘领域，实现学校管理、决策的公开、透明。

开展基层党建。2017年，市二职把“我姓党、我信党”主题活动融入“四讲四爱”主题教育实践活动中，发展学生党员16名、教师党员1名；干部职工累计捐款超过4.9万元，开展支部进敬老院“献爱心”、进特校“共建美好家园”、进驻村点“结对认亲帮脱贫”、党员与困难学生结对帮扶等主题活动，帮扶困难党员3名，设立党员先锋岗，在校园掀起“创先争优”热潮。

维护安全稳定。2017年，市二职校园社会治安综合治理、先进“双联户”创建工作长效机制不断完善，有效维护社会安全稳定。

活跃校园文化。2017年，市二职组织开展“爱护母亲河”志愿者活动、红歌会、主题演讲、朗诵、主题班会活动。联合市教育局、中国人民银行山南总行开展山南市教育系统“诚信山南”主题教育活动，在市二职建立山南市第一个诚信教育共建基地。先后荣获全市广场舞比赛二等奖、全市中学生运动会荣获团体总分第二名的好成绩。

深入学习宣传贯彻党的十九大精神。2017年，市二职研究制定《学习宣传十九大精神主题活动实施方案》，通过专家做专题报告、学校主要领导讲党课、班级主题班会、大会宣讲、校园广播、微信平台等途径开展宣传达2万人次以上，师生撰写心得体会1500余篇、理论文章近100篇，组织开展“庆十九大书画摄影展”活动，开辟宣传栏2个、悬挂横幅10条、LED

大屏宣传标语12条，在全校营造起学习宣传贯彻党的十九大精神的浓厚氛围。通过以上工作，在丰富师生业余生活的同时，在全校营造向上、朝气蓬勃的校园文化氛围，有力推进文明校园、书香校园、和谐校园工作。

【办学机制体制创新】 对外合作成效明显。2017年，市二职先后与琼结县人民医院、西藏大学艺术学院、湖北襄阳职业技术学院等9个单位签订合作办学或共建协议，为市二职职业教育发展奠定坚实基础。

扩大社会服务成果。2017年，市二职举办农牧民施工队“八大员”培训4期，完成210人次的培训任务；选派13人次赴区内外参加“创业指导师”培训，为市二职“双创”基地建设奠定人才基础；联合市“双业办”成功举办“创业论坛”，不断提升职业教育的社会服务能力和扩大职业教育辐射作用。

探索社区教育方式方法。2017年，市二职组织力量深入山南市乃东区部分社区开展“终生学习”宣讲活动、“退休支部健康知识教育巡回讲座”“乃东社区村（居）两委干部文化提升培训班”等，深受群众好评。

科学技术

【概况】 山南地区科学技术局于2016年6月更名为山南市科学技术局（以下简称市科技局）。2017年，市科技局内设4个行政机构（正科级）、1个事业单位（正科级）。分别是办公室、科技管理科（市星火计划办公室、市高新技术管理办公室）、科协技术协会办公室（科学技术普及科）、知识产权局、科技交流中心。实有在编干部职工20人。其中，县级领导干部4人，科级干部8人，专技人员4人，工人4人。

【优化科技环境】 谋划全年工作思路。2017年3月22日上午，山南市召开2017年全市科技（科协）工作暨党风廉政建设工作会议。副市长扎西加措出席会议并作重要讲话。下午，召开全市科技（科协）工作座谈会。会议的召开为做好全市2017年各项科技工作提供思想保证。

成功召开全市科技创新大会。2017年9月28日，市委、市政府召开全市科技创新大会。市委书记许成仓出席会议并作重要讲话。市委副书记、市长普布顿珠主持会议。自治区科技厅副厅长钟国强受邀出席会议并讲话。副市长扎西加措总结全市科技创新工作，部署当前和以后一个时期的科技创新工作。会议的召开为全市科技创新工作指明方向、提供遵循。区党委常务副书记丁业现对山南市召开科技创新大会给予重要批示，充分肯定山南市科技创新工作取得的显著成效，并提出要求和希望。

出台促进科技创新政策。市委、市政府印发《中共山南市委办公室山南市人民政府办公室关于印发〈山南市推进科技长足发展促进大众创业万众创新的实施意见〉的通知》和《山南市人民政府办公室关于印发〈山南市科学技术奖励暂行办法〉的通知》文件，为全市科技创新工作提供政策支持。

【项目争取和实施】 2017年，市科技局挖掘、筛选科技含量高、有发展前途的科技项目，全年共组织实施各类科技、科协项目29个，总资金1803万元（其中，国家财政投入676万元，自治区财政投入651万元，市级财政投入476万元），完成年初1500万元目标的120.2%。

2017年4月6日，西藏自治区科技厅厅长赤列旺杰、副市长扎西加措出席西藏自治区2017年度“科技下乡”集中服务活动启动仪式

组织实施中央引导地方科技发展“草牧业示范基地建设”项目500万元,“三区”人才计划项目176万元。组织实施洛扎县黄粉虫高原养殖研究与示范项目140万元、措美县温室蔬菜生产技术示范项目145万元、错那县无性系茶苗繁育技术研究项目90万元、洛扎县花椒新品种种植技术示范项目70万元、山南市黑青稞提纯复壮与高产栽培技术示范项目90万元、科技特派员创业计划项目70万元、中学科技馆40万元、科普示范社区6万元。组织实施市本级科技三项费380万元、研发经费10万元、科普经费86万元。

2017年9月28日，山南市委书记许成仓，市委副书记、市长普布顿珠，市委副书记、政协主席丁哲峰等市委领导出席全市科技创新大会

【科技援藏】 2017年,根据第四次全国科技系统援藏工作会议和全国科协系统对口援藏工作座谈会精神,市科技局衔接湘鄂皖三省科技厅、科协,争取计划外经费,用于科技管理业务技能培训、农牧民科技特派员科技知识技能提升培训及新型科技人才培训。截至年底,已组织市二高五名学生参加“武汉大学高校科学营活动”,组织安徽省农技专家赴错那、措美、浪卡子县开展蔬菜种植等实地教学,落实科技援藏资金140万元。

【创业平台建设】 2017年,市科技局为将山南农业科技园区打造为自治区级、国家级园区和创新创业示范基地,委托湖南省农科院对《山南农业科技园区总体规划》进行重新编订,同时请四川大学工程设计研究院专家对规划进行审核。《总体规划》已上报市政府待审批。《山南农业科技园区总体规划》已经一届市委第45次常委(扩大)会议研究通过。

【科技特派员管理】 2017年,市科技局围绕农牧业中心工作特别是青稞增产,组织科技特派员投入到高标准农田建设、优良品种示范推广、良种良法配套、病虫害防治、黄牛改良等技术服务工作中来。完成2016年科技特派员年终考核和兑现一次性生活补贴664.8万元,并对2017年科技特派员服务管理进行安排部署。同时,根据市委、市政府要求,组织人员全市科技特派员工作开展情况进行全面调研,并科学合理制定《山南市本级农牧民科技特派员增加计划》。

【科普宣传】 2017年,市科技局利用“五下乡”、科技活动周、全国科普日等品牌活动,开展“科普一条街”“科普进寺庙”“科普进乡村”“科普进校”等科普宣传活动,展出展板120块,发放各类科普图书资料1万余余册(份),受益群众30000余人次。利用行业手机报推送科普手机短信3万余条,受益群众达3000人。结合“四讲四爱”主题教育实践活动开展科普宣传、免费义诊等科技下乡活动,共发放7.5万元免费药品,受益群众达4520余人。争取4台“科普西藏”平台终端和40台藏文“移动科普”职能服务终端落户山南市,为下一部开展科普服务提供平台。开展“全国科技工作者日”活动,慰问4名优秀科技工作者,发放慰问金4000元。

【精准扶贫】 2017年,市科技局鼓励项目区建档立卡贫困户通过务工、技术培训等方式投入到科技项目实施过程中来。通过实施“山油4号”高产栽培技术集成与示范、“春青稞新品种”“山青9号”高产栽培技术集成与示范”“洛扎县黄粉虫高原养殖研究与示范”、市本级“科技三项经费”等项目,建档立卡贫困户以务工、技术培训的方式,带动项目区400人次开展创业创新活动，带动项目区52人实现就业。推进驻村点脱贫攻坚工作，全年落实项目资金20万元，为驻村点打赢脱贫攻坚战、贫困户脱贫摘帽提供不竭动力。申报自治区科协“科技助力精准扶贫项目”2个70万元。

【“两学一做”学习教育常态化制度化】 2017年，市科技局利用党组理论学习中心组学习会、周五干部职工集中学习日、“三会一课”等方式，重点学习党的十九大、习近平总书记系列重要讲话以及自治区第九次党代会、市委一届二次全会精神和区、市有关会议精神，教育引导全体干部职工对党绝对忠诚，毫不动摇地坚持党的基本理论、基本纲领、基本经验、基本要求，增强道路自信、理论自信、制度自信、文化自信，牢固树立政治意识、大局意识、核心意识、看齐意识，坚定不移向以习近平同志为核心的党中央看齐，自觉在思想上政治上行动上始终与党中央、区党委和市委保持高度一致。截至年底，共召开党组理论中心组学习会21次。

【党建工作】 2017年，市科技局坚持把党建工作同业务工作同安排、同部署、同检查、同总结。完善组织生活会制度，每个党员都参加党的组织生活，接受党内外群众监督。落实“三会一课”制度，结合“两学一做”学习教育常态化制度化，组织全局党员干部学习中央、自治区、市有关会议精神，支部成员坚持与干部谈心谈话，确保干部全身心地投入到日常工作中。共召开党员集中学习会20余次。建立党员信息库，并及时更新，确保信息准确无误，支部活动做到专人记录、文件专人管理。按月及时收缴上缴党费，开展为困难党员捐款、“母亲邮包”捐赠、党员进社区等活动。组织党员干部学习贯彻落实党的十九大精神情况测试。

【党风廉政建设】 2017年，市科技局落实党风廉政建设“964”责任体系，坚持把党风廉政建设纳入党建工作的总体目标，与业务工作同安排、同部署、同检查、同考核。严格执行“三重一大”集体决策和民主集中制，对“三重一大”事项做到集体研究，特别是对项目资金安排主动邀请市纪委第四纪检组、财政等部门领导监督指导，不搞“一言堂”“家长制”。同时，强化对“一把手”的监督，完善党务公开、政务公开制度。严格落实党组主体责任，牢固树立不抓党风廉政就是失职的意识，做到守土有责、守土负责、守土尽责。严格落实党组书记第一责任人责任，牢固树立党组书记对党风廉政建设负全面责任、直接责任、首要责任，做到“五个亲自”（亲自部署、亲自过问、亲自协调、亲自督办、亲自批办）、“三必”（逢会必讲、有案必学、有警必示）。班子成员履行“一岗双责”，高度重视分管科室党风廉政建设工作。加强党风廉政建设宣传学习教育，结合“两学一做”学习教育，组织党员干部40余次集中学习党的十九大精神以及区市相关文件精神。层层签订责任书，市委市政府分管领导与市科技局主要领导、局党组书记与班子成员、分管领导与科室负责人、科室负责人与科室干部层层签订《落实党风廉政建设责任书》，同时，修改完善党风廉政建设规章制度10余项，并督促落实。加强公务车辆管理，严格执行节假日车辆封存制度，建立公务用车封存台账，确保公务车辆规范运行。开展第三个党风廉政宣传教育月各项活动，组织党员干部职

2017年7月19日，山南市委副书记、政协主席、市委党校丁哲峰，市委常委、纪委书记吴维，市委常委、组织部长张定成等市委领导到市科技局检查指导党风廉政建设工作

工开展重温入党誓词、廉政知识测试,接受警示教育,提高理论知识水平。加强廉政文化建设,搭建党风廉政建设文化走廊,悬挂廉政挂图12幅,制作廉政建设宣传展板2块。结合市科技局工作职能,修改完善《市科技局党组会议制度》《市科技局局长办公会议制度》《市科技局党组理论中心组学习制度》《市科技局财务管理制度》《市科技局车辆管理制度》《市科技局干部职工管理制度》等规章制度10余项,并编印成册,发放全体干部职工,贯彻执行。严格执行"三公"经费、大宗物品采购、财政预算及执行情况等公开制度,严格执行公务员津贴补贴规定以及专项资金的管理、使用。全年无超规格接待、无不正当理由出行、无不合理开支等情况。加强对重点科室监督管理,做到重点节日前早招呼、早提醒,确保干部队伍健康成长。加强对项目资金监督管理,根据相关文件要求,加强对各项目承担单位资金使用、项目效益等情况的监督检查力度,确保项目资金安全、高效使用。全年未发生干部违法违纪现象、未发现违规使用项目资金现象。

气　象

【概况】 2017年,山南市气象局(以下简称市气象局)共有内设机构4个(办公室、人事科、业务发展科、计划财务科);直属事业单位4个(气象台、财务核算中心、大气探测中心、气象灾害防御技术中心);由市气象局管理,市政府序列常设机构2个(山南市防雷减灾工作办公室、山南市人工影响天气工作办公室);山南市气象科技服务与产业实体1个(山南雪云科技工贸有限责任公司)。局下辖隆子、贡嘎、错那、加查、浪卡子、琼结6个县级气象局;独立设置和管理的国家级措美、桑日、曲松、洛扎、扎囊、错那勒布沟6个国家级无人气象自动观测站和桑耶镇、哲古镇、古堆乡、琼结加麻乡、浪卡子普玛江塘、隆子扎日和斗玉乡、错那曲卓木乡8个区域无人自动气象站;地方编制,由市气象局管理的有洛扎、扎囊、措美、桑日、曲松5个县级气象局。

全市气象部门在职职工98人,藏族85人,占总数的87%,大中专以上学历占98%,聘任至副研级高级工程师岗位的有3人(五级岗1人,七级岗2人),聘任至工程师岗位的41人(八级岗9人,九级岗10人,十级岗22人)。市气象部门形成一支结构合理、学历层次和业务素质较高的气象科技和专业技术人才队伍。

【预测预警】 2017年,市气象局在扎实开展常规决策服务的基础上,出色完成汛期各项气象保障服务工作。汛期期间,共发布6期重要天气报告、3期强降水蓝色预警信号、15期旬月天气预测预报,其预测准确率达到85%。气象服务工作2次受到市委、市政府主要领导的肯定性批示。举办2期基层县局天气预报业务集训,共计30天。联合市人社局、总工会成功举办山南市气象行业职业技能竞赛——2017年预报业务技能竞赛,提升基层业务人员的预报能力;西藏气象一体化服务平台实现市、县级全面推广和应用。5月中旬,山南市电视天气预报首次实现网络传输,有效提升工作效率、节约资源,为推进服务产品共享化、无纸化提供经验借鉴。

【汛前人影减灾管理】 2017年6月1日,市政府主持召开全市首届人工影响天气工作会议,人影安全管理和防雹减灾工作提升到政府决策部署高度。汛前人影安全巡检、高炮年检、作业公告等各项措

2017年5月23日,山南市气象局科普人员向村民讲解风向风速仪原理与功能

施落到实处。浪卡子县曲度村标准化作业点供电项目顺利完成。

【气象装备】 2017年,市气象局配合区局装备中心完成全市所有自动气象站仪器设备的标校工作。错那县局地沟改造项目顺利开工实施,由于措施精细、技术保障到位,综合气象观测业务未受任何影响。

【科普宣传】 2017年,市气象局共开展6场次气象科普"进虫草营、进驻村点、进校园"宣传培训活动,在桑日、曲松、措美、扎囊等县举办6场次气象灾害"应急演练+兼职气象信息员"培训班,把气象科普知识转化为防灾减灾和精准扶贫效益。

【服务"三农"】 2017年,桑日、曲松、措美三个新建县气象局先后揭牌启动,在全区率先实现县级气象主管机构12个县(区)全覆盖,并全面开展"三农"服务专项建设相关工作。

【创新工作】 2017年5月20日,山南市天气预报首次亮相湖南卫视黄金频道,为宣传山南打开新的窗口,受到市委、市政府领导的高度点赞。

全区首个"西藏民间气象谚语搜集出版"课题项目已完成,并获评"2017年全国创新工作项目",为继承和发扬西藏悠久的农耕气象文化,推广和普及自然科学知识提供重要文献资料。

2017年12月29日,市气象局与中国铁塔股份有限公司山南市分公司签署战略合作协议,双方在供电、信息网络通讯等资源共享方面开展合作,为无人自动气象站确保数据采集和通讯传输正常稳定保驾护航。

2017年,"智能防霜系统"测试工作取得圆满成功,获取适合当地实际情况的配置数据,为即将在农田开展的测试打下坚实基础。

【综合行政】 2017年,市气象局出台较为完善的《山南市气象部门内部控制管理办法》,从党组"三重一大"工作集体决策、财务运行管理到安全维稳等各项工作全面实现制度化、规范化管理。严格落实维护稳定和社会管理综合治理各项决策部署,档案保密管理、环保和安全生产、创省级卫生城市等迎国务院和自治区两级检查工作顺利通过相关部门的验收。尝试机关后勤保障工作物业管理模式,初步实现大院绿化物业化管理。

【党风廉政建设】 2017年,以提高机关党组织的领导力、执行力、凝聚力为抓手,以加强气象部门党风廉政建设和推进"两学一做"学习教育制度化常态化为重点,以全面提升气象部门党建科学化水平为目标,多措并举、驰而不息地加强党风廉政建设工作。坚持每月党组理论中心组学习制度,内容涉及习总书记系列讲话、准则和条例、以及保密、维稳和安全生产等。由党组纪检组牵头,组织开展1次全市气象部门党风廉政建设巡察工作,出台《山南气象部门监督执纪问责工作实施细则(试行)》。按照山南市委要求,开展区党委巡视组对山南市委反馈意见的整改落实工作,制定对照整改落实方案,召开巡视整改落实专题民主生活会。组织党员开展参观廉政教育基地活动。开展以"我姓党、我信党暨迎七一迎十九大"为主题的知识竞赛、书画和演讲比赛及健身体育等系列活动。党组班子成员带头推进"两学一做"学习教育制度化、常态化工作,召开推进"两学一做"学习教育常态化制度化工作会议,贯彻落实山南市推进"两学一做"学习教育常态化制度化工作座谈会精神,并以较好的成绩通过市委宣传部对班子成员的"两学一做"学习教育考核、考试。

地　震

【概况】 2011年7月,山南地区地震局成立,副县级建制。2017年,山南市地震局(以下简称市地震局)成立1个党支部,有干部职工3人(副县1名,副主任科员1名,科员1名),无内设机构。

【地震科普宣传】 2017年,市地震局利用防震减灾云MAS宣传教育平台,手机宣传短信全网发送20条覆盖1万人次。通过广播、电视,宣传报道山南市各行各业在防震减灾工作中突出的先进典型,加大正面宣传力度,全年共计播出防震减灾工作新闻56条,公益广告13条。各校(园)充分利用广播、标语、黑板报等形式,加强地震知识和自救互救能力教育,做到师生人人皆知。全市393所学校(园)累计贴防震减灾宣传标语1500余

2017年5月12日，山南市地震局在白日街开展防震减灾宣传活动

条，出黑板报2000多期，开展防震知识教育1000多次，受教育学生6万多人，教职工5000多人。利用“5・12”防震减灾日、全国科普日等时机共向社会公众发放防震减灾宣传资料12种10000余份，宣传挂图50套（500张），摆放展板10块，努力营造民众自觉依法参与防震减灾良好氛围。

【地震应急演练】 2017年，全市各级消防部队和各学校参加由政府组织牵头、多部门共同参与组织开展地震应急演练活动。通过演练，锤炼山南市地震救援队的意志，增强地震应急救援队的救援实战能力，提高大家的地震应急自救互救能力，取得良好的效果。

【创建科普示范学校】 2017年，市地震局根据《关于印发〈西藏自治区防震减灾科普示范学校管理办法〉的通知》文件要求，完成山南市两所学校防震减灾科普示范学校创建工作（实验中学、第二机关幼儿园），充分发挥学校在防震减灾科普宣传中的示范带动作用，努力提高社会公众防震减灾意识。

【培训工作】 2017年，市地震局开展山南市第二期防震减灾地震灾情速报员培训工作，及时下发《关于更新地震灾情速报人员信息的通知》文件，做好山南市各县（区）、各乡（镇）地震灾情速报人员信息更新工作，完善地方各级政府防震减灾“三网一员”（地震宏观测报网、地震灾情速报网、地震知识宣传网、防震减灾助理员）体系建设，有效提高地震监测水平。

【项目建设】 山南综合地震台建设项目于2017年3月开工，工期150天。载至年底，主体工程已完成，附属工程和监测山洞正在加紧施工中。该台站的建成将大幅度提升山南市震害监测预报能力，为山南经济跨越式发展和社会长治久安提供更为可靠的地震安全保障。

2017年，市地震局根据《西藏自治区地震局关于申请“中国地震背景场探测项目西藏分项曲松台阵”建设用地的函》文件精神，西藏地震背景场探测项目曲松台阵项目建设于年底投入运行。

2017年，市地震局根据中国地震局、教育部和中国地震局、中国气象局相关文件要求，2017年将在山南市11个县（区）新增48个基本站点，各县（区）基本台站勘选工作已全部完成。

2017年，国家地震局一测、二测中心调研组，分别于9月中旬、下旬抵达山南市，开展“1606”工程重力基准网重力点位选址建设工作。国家地震局将在全区建设15个重力点位，山南市将建设1—2个重力点位。该项目主要用于定期监测地球重力场的变化，为地震科研和预测提供可靠资料。重力点位建设工作将填补山南市前兆监测的空白，建成后将大大提高山南市乃至藏中地区地震前兆监测能力。

【地震情况】 2017年，山南市及周边50公里共发生2.0级以上地震29次（根据地震速报规定，国内3级以下地震不属于正常速报范围），其中市内13次、周边16次，2.0—2.9级18次；3.9—3.9级9次；4.0—4.9级2次。

2017年，山南市范围内发生最大地震为1月4日、2月8日以及12月22日错那县3.4级地震，周边50公里范围内最大地震为2017年5月24日不丹4.4级地震。地震主要沿错那—隆子—曲松—墨竹工卡断裂带分布。

文化·广电

文化事业

【概况】 2016年11月，山南市文化局(市文物局)成立，正县级，为山南市人民政府工作部门。将原市文化局(市新闻出版局、市文物局)综合管理的新闻出版职责、承担的扫黄打非和版权保护工作职责划入市新闻出版广电局(市版权局)。

山南市文化局(市文物局)，两块牌子、一套人马。下设办公室、政工人事科、公共文化科(文化艺术科)、非物质文化遗产科、文化产业科、文化市场管理科、文博科(考古管理科)、文物综合科(文物法规督察科)、文联办9个职能科室，设市艺术团、市群众艺术馆、市图书馆和市博物馆4个独立事业单位。

2017年，山南市文化局(市文物局)总编制有28名，其中，领导职数为6名，内设8个行政科室、1个事业科室，实有人数为25人。市艺术团编制59名、实有35人，市群众艺术馆编制28名、实有19人，市图书馆编制2名、实有9人，市博物馆编制2名、实有11人。

2017年11月10日，西藏自治区文化厅党组书记龙志刚（前排左四），党组成员、副厅长张治中（前排左五）在山南市隆子县玉麦乡调研

全市12个县(区)综合文化活动中心有工作人员106人；全市82个乡镇综合文化站现有工作人员493人。

【完善文化保障体系】 2017年，市文化局编制《山南市“十三五”文化发展规划》和《山南市“十三五”文化产业发展规划》，制定《山南市民族手工业发展方案》和《山南市文化扶贫方案》，以规划和方案为引领，全力推动山南文化事业和文化产业发展，为全面打赢脱贫攻坚战助力。同时，严格落实文化各项政策措施。2017年市、县两级财政共安排文化发展专项资金4066.85万元，为山南文化发展提供重要保障。

【示范区创建】 2017年，市文化局及时召开全市创建第二批国家公共文化服务体系示范区总结表彰大会，制定《山南市巩固提升公共文化服务体系示范区创建工作规划》，不断完善工作措施，加强公共文化设施标准化和公共文化资源数字化建设，开展公共文化服务单位免费开放服务绩效考核工作，提升公共文化服务效能。组织各县

2017年4月24日，山南市文化局在科技文化广场开展第21个世界图书日活动

（区）文化局长和市图书馆、市群艺馆负责人赴内蒙古包头市考察学习公共文化服务体系建设。完成市群艺馆改扩建项目。湖北省图书馆在山南图书馆设立分馆，将有力助推山南市图书馆事业发展。

【文化市场管理】 2017年，市文化局梳理文化文物行政审批事项，规范办事流程。开展16家互联网上网服务营业场所和15家歌舞娱乐场所的转型升级工作。完成40家互联网上网服务营业场所和60家歌舞娱乐场所新证换发工作。加强文化市场监管平台建设，加大日常监督检查力度，确保文化市场安全有序。

【文学艺术创作】 2017年，市文化局完成山南市首届雅砻文学艺术奖评选活动，共评选出优秀作品41个、个人成就奖2名。开展2017年度文艺新创作品评审工作，共扶持文艺作品42个。完成《山南文艺》改版升级工作。市艺术团组织优秀节目完成赴尼日利亚的出访演出任务。重新打造提升《雅鲁藏布》剧，并先后在湖南和北京进行巡演。参加区内外各种文艺展演活动。琼结久河卓舞队《山南鼓舞》荣获第十三届中国民间文艺山花奖·优秀民间艺术表演奖，《排练》《夯歌起舞》《故乡邱多江》3个作品荣获“感党恩·爱核心”喜迎党的十九大全区民间文艺会演优秀作品奖。

【文化活动】 2017年，市文化局充分利用对口援藏优势，在湖南和山南两地同时举办2017年雅砻文化节系列活动，提升山南的知名度和影响力。成功举办“雅砻儿女心向党”喜迎党的十九大专场晚会、山南市庆“七一”感党恩听党话跟党走歌咏晚会、山南市党风廉政建设宣传教育月活动文艺晚会、脱贫攻坚民间艺术团文艺会演等演出活动。举办第二届群众广场舞大赛和庆祝党的十九大暨“四讲四爱”书法美术摄影展。深入开展送文艺下乡活动，共演出800余场次，丰富群众精神文化生活。

【文化队伍建设】 2017年，市文化局完成市艺术团舞蹈演员整班委培工作，录取40名农村户籍学员到云南省艺术学院学习。全市各类艺术团体发展党员29名，新招演职人员20名。全年举办各类业务培训班9期，培训507人次。参加区内外培训41次，培训295人次，提升文化干部的业务素质和服务水平。

文　物

【概况】 截至2017年底，全市共有文物点723处1300多个点，全国重点文物保护单位16处18个点，自治区级文物保护单位108处，县级文物保护单位185处。全市野外文物看管人员93名。国家级非物质文化遗产项目15项，传承人11名。自治区级非物质文化遗产项目43项，传承人51名。市级非物质文化遗产项目34项，传承人44名。县级非物质文化遗产项目113项，传承人102名。普查到珍贵古籍3000函。

【文物保护】 2017年，市文化局开展全市文物安全状况大排查专项行动，及时排查消除文物安全隐患。完成全国第一次可移动文物普查工作，登记可移动文物15000余件。扎实开展文物保护维修工程项目前期工作，实施桑耶寺乌孜大殿维修工程等17个文物保护项目。在洛扎县和琼结县境内考古发掘全区首个铁矿冶炼作坊和制墨作坊遗址。落实野外文物看管人员补助资金162万元。

【非遗保护与传承】 2017年,市文化局制定《山南市非物质文化遗产保护管理办法》,公布命名首批市级非物质文化遗产代表性项目34个、传承人44名。推荐第五批国家级非遗代表性传承人5名和第五批自治区级非遗代表性项目25个。成功申报3个国家级和6个自治区级非遗保护项目。举办首个"文化和自然遗产日"宣传活动。出版《山南非遗保护名录》《山南珍贵藏文古籍图典》和《山南传统藏戏集锦》。琼结久河卓舞传承人尼玛旺久和乃东泽帖尔编制技艺传承人巴桑被文化部评选为中国非遗年度人物,乃东泽帖尔编制技艺传承人巴桑被中纺联评选为首届中国纺织非遗推广大使。山南市4名非遗传承人荣获"自治区工艺美术大师"荣誉称号。

广播电影电视

【概况】 2016年政府机构改革中,原山南地区广播电影电视局与原新闻出版局合并成立市新闻出版广电局(市版权局)(以下简称市广电局),于2016年10月正式挂牌。

2017年,市新广电局内设6个行政科室,1个事业科室:行政科室分别是办公室(财务科)、政工人事科、新闻出版与版权科、宣传管理科、科技管理科、传媒机构与影视管理科,1个事业科室为网络管理中心。全局下属5个正科级全额拨款事业单位,分别为山南市广播电视台、山南电视台、山南市有线电视台、山南市调频转播台、山南市电影放映发行站和新华书店(自收自支)。

2017年6月6日,西藏自治区新闻出版广电局局长韩辉(前左四)在山南市检查安全播出工作开展情况

全局核定编制总数为125名,实有在职干部职工117名,汉族40名,占干部总数34%。其中,局机关核定行政编制21名,实有人数21名(包括1名援藏干部),汉族10名,占干部总数48%;广播电视台核定事业编制总数80名,实有人数80名(包括一名援藏),汉族30名,占干部总数37%;电影放映发行站核定编制总数15名;实有人数12名,均为藏族干部,空编3名;新华书店(自收自支)核定编制9名;实有人数4名,均为藏族干部,空编5名。

全局科级领导职数28名(14正14副),实际配备22名(10正12副),汉族7名,占现有科级班子总数32%,女7名,占现有科级班子总数32%。其中,局机关核定县级领导职数4名,配备有2名正县级干部,3名副县级(含援藏一名)、1名调研员。核定科级领导职数14名(7正7副),实际配备13名(6正7副),汉族6名,占现有科级班子总数46%,女6名,占现有科级班子总数46%;空缺事业科级班子2名(1正1副),行政科室超职数配备1名副科级职数。

广播电视台核定科级领导职数10名(4正6副),实际配备(2正5副,其中1正有局机关宣传管理科科长兼任),汉族2名,占现有科级班子总数28%,女1名,占现有科级班子总数14%。空缺职数3名(2正1副)。

电影发行放映站核定科级领导职数2名(2正),实际配备2名(2正),均为藏族和男性。

新华书店核定科级领导职数2名(1正1副),实际配备1名(1正)为藏族、女性,空缺1名副职。

【项目建设】 2017年,市广电局完成固定资产投资2826万元,桑日、琼结、隆子三县广播电视高山无线发射铁塔建设项目已建设完成并投入使用。西新五期广播电视台站建设项目洛扎、加查、错那三县70米广播电视铁塔建设和市广播电视台(调频台)90米铁塔建设项目已开工实施。县级有线电视数字化工程建设项目已完成,并率先在全区实现数字电视全覆盖。2017年,广播电视综合人口覆盖率分别达到93.03%和98.16%。2017年经国家广电总局批准,除乃东区外11县成立县级广播电视台。

【电影放映】 2017年,全市农村电影共放映13649场次,观众达103万人次,平均每月每行政村达到2场以上。2017年,市广电局在全市范围内组织举行"四讲四爱"喜迎党的十九大爱国主义影片集中展映活动,助力全市营造"喜庆祥和、拥护核心、热爱祖国"浓厚社会舆论氛围。雅砻数字影城2016年3月28日正式运营以来,运总收入达到672万元,运营效果较好。

新闻出版

【新闻宣传】 2017年,在《山南新闻》中先后推出《回眸2016》《四讲四爱》《脱贫攻坚山南行动》《撤地设市一年来》《感动山南十大人物事迹巡礼》《直通两会》等栏目,重点完成2017中国西藏雅砻文化节、中央环保督察组迎检工作、喜迎党的十九大系列报道及上传上送西藏电视台等各项宣传报道任务,完成各项宣传报道工作任务。特别是《砥砺奋进的5年》《以优异的成绩迎接党的十九大》。

2017年,山南广播电视台本台播出新闻稿件3277条,上送西藏电视台新闻稿件476条,采用369条。上传西藏人民广播电台441条,采用412条。上传康巴卫视124条,采用67条。特别是山南市广播电视台直接参与采制的5条新闻稿件被中央电视台采用,其中《同升一面旗 祝福祖国更加繁荣富强》《大交通让人们尽享别样节日》《十九大时光——扮靓山河喜迎盛会》等3条稿件被中央电视台《新闻联播》采用。新闻稿件《西藏第一块儿农田开耕》《西藏山南启动四讲四爱主题教育实践活动》等2条稿件分别被中央电视台《朝闻天下》和《第一时间》栏目采用。中央七套《聚焦三农》栏目播出由山南台协助拍摄制作的人物短片——寻找最美农技员之次仁云丹的故事。《七个山南》系列专题片被评为西藏新闻奖电视专题类三等奖。禁毒公益宣传广告《珍爱生命·远离毒品》公益作品藏语版、汉语版分别被自治区禁毒办评为三等奖、鼓励奖。《中央新闻联播》《西藏新闻联播》稿件采用量均创历史新高。成功举办山南市春节、藏历新年电视联欢晚会,并在西藏电视台、拉萨、林芝、日喀则分别展播和交流播出,扩大山南对外宣传,市委、市政府主要领导给予高度肯定。

【新闻出版】 2017年,乃东区昌珠镇、琼结县琼结镇和隆子县斗玉珞巴民族乡被自治区评为"书香之乡(镇、街道)";雪巴居委会,斗玉村,曲松县下江乡佳娃村被自治区评为"书香之村";山南市气象局为被自治区评为"书香机关"。完成图书及教材发行,特别是党的十九大辅导读物的发行工作。2017年销售图书170万册,实现总收入1359万元。春秋两季教材152万册,实现利润1063万元,累计库存图书158万元,实现利润8万元。发行党的十九大辅导读物3.5册。

【"扫黄打非"】 2017年,市、县两级文化、公安、工商等成员单位先后共出动行政执法检查人员1567人次,车辆382台次,开展扫黄打非专项行动411次,检查各类文化经营场所1572家次,关停无证娱乐场所13家,共查办案件32件。收缴盗版图书100多本,盗版光碟864张,收缴12张存储卡音像制品,收缴非法卫星地面接收设施27个,删除违禁歌曲118首。

民族·宗教

综 述

【概况】 山南市民族宗教事务局（以下简称市民宗局）成立于1984年，原名为山南地区民宗局。2016年撤地设市后，正式成立山南市民族宗教事务局。

2017年，市民宗局编制总数为25人，其中行政编制11人，事业编制11人，机关后勤编制1人，事业单位编制2人。内设5个正科级行政机构，分别为办公室、民族科、宗教一科、宗教二科、法制宣传教育科；1个全额拨款正科级事业单位，为山南地区佛教协会办公室。截至年底，共有28名干部职工，3名公益性岗位人员。

【党风廉政和反腐败工作】 2017年，市民宗局贯彻总书记“从严治党永远在路上”的重要指示，把抓党建工作和落实党风廉政建设责任作为工作重点，始终坚持“三个牢固树立”，严格执行新形势下党内政治生活的若干准则和党内监督条例，严肃党内政治生活，始终把维护总书记这个核心，维护党中央和区党委、市委权威作为第一位的政治要求，履行党组书记“第一责任人”的责任和班子成员“一岗双责”的责任，层层签订《党风廉政建设责任书》。先后召开统战、民宗系统2017年党风廉政建设工作安排部署会、市政府分管部门及联系单位党风廉政建设和反腐败工作专题会议，及时推进党风廉政建设工作。坚持民主集中制，对寺庙维修项目安排、“三公经费”开支使用等“三重一大”工作上，始终坚持民主集中制原则，并主动邀请纪委第五纪检组进行监督和指导。

民族工作

【民族政策】 2017年，市民宗局始终把全面贯彻落实党的理论方针政策，特别是新形势下党的民族宗教方针政策落实，作为检验干部的重要标准，培养和提高干部综合素质的首要措施，加强组织学习、及时研究部署，确保各项决策及时落实、有力落实。先后召开党组理论中心组学习会、党组扩大会、党员干部每周集中学习会等多种形式，全面深入学习贯彻习近平新时代中国特色社会主义思想和中央第六次西藏工作座谈会精神，深入学习贯彻《关于依法治理民族事务促进民族团结的意见》《关于加强和改进少数民族流动人口服务管理工作的意见》《关于加强和改进新形势下宗教工作意见》，深入学习贯彻中国共产党第十九次人民代表大会精神以及区党委、市委关于民族宗教方面的各项决策部署，特别是党的十九大和区党委九届三次全会闭幕后，及时制定《市民宗局党组关于学习宣传贯彻党的十九大精神工作计划》《山南市宗教领域“面对面宣讲点对点落实党的十九大精神”宣讲工作方案》，通过集中学习、专题研讨，学习宣传贯彻党的十九大精神和习近平总书记给隆子玉麦乡群众的回信精神，迅速把干部职工的思想认识统一到学习贯彻党的十九大和区党委九届三次全会精神上来。

【民族领域调研】 2017年，市民宗局配合区民宗委，全面开展民族领域调研工作，为全区如期建成“全国民族团结模范区”和山南市创建为“全国民族团结示范市”做前期工作。根据《关于开展民贸民品工作相关事项调研的通知》精神，协同区民宗委，先后对山南市敏珠林寺藏香厂、雍布拉康藏药厂等民贸民品定点生产企业进行调研，全面了解山南市“十二五”期间民贸民品定点生产企业运行情况，将山南市更多民贸企业纳入西藏“十三五”期间民贸民品定点企业名录，打下基础。

【民族团结进步工作】 2017 年，市民宗局为深入贯彻执行党的民族政策和民族区域自治制度，推进山南市民族工作法制化建设，结合实际，制定完善《山南市民族团结宣传教育及民族团结进步创建活动工作实施方案》《山南市民族团结进步模范评选表彰活动实施方案》等，为稳步推进全市民族各项工作法制化建设奠定基础。

【固边安民“四年行动”】 2017 年，市民宗局整合项目资金 1.35 亿元，实施“兴边富民”项目，加快山南市边境县和人口较少民族聚居区的发展步伐。规划制定 2017—2020 年 4 个边境县每年不低于 3 个亿的发展项目。申报 3 个少数民族特色村寨保护与发展项目，申报资金 300 万元。

2017 年，市民宗局开展“讴歌民族大团结、喜迎党的十九大”为主题的第 27 个民族团结月宣传教育活动，成功举办山南市第 27 个“民族团结月”集中宣传和文艺演出活动，丰富活动内涵，增强活动吸引力，起到全民参与人人知晓的作用。召开 2017 年山南市民族团结进步表彰大会，表彰市级民族团结模范个人 28 名，模范集体 23 个。12 个先进集体和 20 个先进个人

2017年9月27日，山南市召开民族团结进步表彰大会

推荐评选为自治区级先进模范代表。加强民族团结进步教育基地建设，与三省民委系统对口援藏部门和自治区民宗委、市政府相关部门沟通，推荐琼结县唐布其寺为第五批全国民族团结进步创建示范区（单位）。

宗教工作

【宗教场所维修】 2017 年，市民宗局与区民宗委、市发改委等相关部门沟通衔接，确定 2017 年重点宗教活动场所维修项目 30 个、中央预算内投资 2741 万元，超额完成山南市 2017 年国家投资项目计划（计划完成投资 1308 万元、15 个项目）任务，争取 190 万元的边远小型寺庙、拉康（日追）维修保护项目，已下达的第一批维修批复，涉及寺庙 13 座、落实资金 167.7 万元。第二批批复涉及寺庙 2 座、落实资金 36 万元。

【佛教协会】 2017 年，市民宗局把政策法规学习贯彻作为强化佛协组织政治领导的主要措施，及时组织佛协理事，传达学习自治区第十届理事会第三次常务会议精神及“两会”精神和区、市两级民族宗教工作会议精神。组织寺庙僧尼观看党的十九大盛况，研究制定宗教领域学习宣传党的十九大精神方案，并全面开展学习宣传。深入开展涉宗领域“四讲四爱”主题教育实践活动及寺庙法治宣传教育活动。成立宗教领域“四讲四爱”主题教育实践活动领导小组，组成宗教领域宣讲骨干人员在全市各寺庙内举办爱国守法先进僧尼新旧西藏对比体会座谈会、“我与达赖划清界限”研讨会、僧尼书法比赛、邀请老僧人开设“四讲四爱”微讲堂、组织僧尼参观扶贫搬迁点等形式多样宣传教育活动，全年共开展教育宣讲活动 2123 场次，僧尼受教参与率达 100%。组织召开山南市宗教界人士座谈会，对全市 80 名宗教界人士代表进行节前慰问，兑现慰问资金 8.5 万元，凝聚人心、凝聚力量。

民政与社会保障

民 政

【概况】 1956年8月,山南基巧办事处下设民政科。1960年12月,成立专属民政科,属山南行署下设科室。1965年,专属民政科改为民政人事局。1975年成立地区民政局,县级建制。2016年,撤地设市以后,市民政局机关内设6个行政机构(正科级),分别为办公室(财务科)、民政科(民间组织管理局)、优抚安置科、救灾科、社会救助科、社会福利科(社会事务科)。所属事业单位7个,分别为山南市老龄工作委员会办公室(市关心下一代工作委员会办公室)、山南市社会救助管理站、山南市社会福利院(市儿童福利院、市老年养护中心)、山南市福利彩票销售管理站、山南市申请救助居民家庭经济状况核对指导中心、军休干部、无军籍退休职工管理科。独立事业单位1个,为山南市烈士陵园管理处。

2017年,山南市民政局(以下简称市民政局)核定编制42名,其中机关核定编制18名(含2名工勤编制),事业单位核定编制24名。实际配有42名干部,其中机关干部25名,事业单位干部17名。2017年底,享受相关文件退休4名干部,实有干部38名。

【社会保障救助】 2017年,山南市严格执行城乡低保认定条件,按照户籍状况、家庭收入、家庭财产收入三项基本信息,切实把符合条件的困难群众纳入城乡低保范围,实现精准认定、应保尽保。截至年底,全市城镇低保对象2261人,农村低保对象14379人。全年落实城乡低保资金6706.65万元(含“十大民心工程”补助资金1397.58万元)。

2017年,山南市制定出台《山南市城乡医疗救助制度及重大疾病医疗救助工作实施细则(暂行)》,建立1000万大病医疗救助基金。2017年落实医疗救助资金3834.3万元,累计医疗救助10645人次,兑现医疗救助资金3469.5万元。

2017年,市委、市政府高度重视特困人员供养工作,大幅提高供养标准,在原有标准的基础上,每人每年增加6000元。截至2017年年底,全市特困人员2889人,落实特困供养资金3187.92万元(含“十大民心工程”补助资金1748.4万元)。

2017年,市民政局健全临时救助制度,完善“救急难”工作机制。落实2016年临时救助资金1060.59万元,累计临时救助1296人次,兑现救助资金186.42万元。

2017年,市民政局共救助包虫病人22人,其中纳入低保12人,落实资金0.74万元,医疗救助10人,落实资金3.25万元。

【福彩销售】 2017年,全市共有福彩终端投注站53家,福利彩票销售总额突破3亿元大关,是2016年的2倍。

【孤儿救助】 2017年,市民政局重视儿童福利院管理工作,打造孤儿幸福家园。对福利院护理人员实行绩效考核制度,层层签订目标管理责任书,修订完善各项标准化规章制度。采取公开招聘、挂职等方式,为福利院招聘专业技术人员3名,坚持“引进来、走出去”的方式,安排管理人员赴其他省市考察学习,接收安徽省选派短期援藏人才1名。全市集中收养孤儿509人(其中那曲籍孤儿174人),落实生活补助资金及提标资金683.25万元,孤儿集中入住率达100%。

【老龄工作】 2017年,市民政局提升服务质量,打造养老服务机构品牌。为切实提升养老院服务质量,制定出台《山南市养老机构服务质量建设专项行动方案》《山南市养老机构服务质量建设专项考评细则》,召开山南市养老机构服务质量建设试点工作推进会,开展交叉考评验收工作。落实12县养老院阳光棚建设资金1200万元,落实援藏资金385万元,用于福利机构建设。市老年人日间照料中心项目开工建设,养老服务基础条件大幅提升。

【残疾人生活保障】 2017年,市民政局严格落实残疾人"两项补贴"政策的要求,协调市残联对全市重度和困难残疾人进行调查摸底、认定核实工作。截至年底,全市有残疾人12321人,兑现"两项补贴"资金1487.71万元(含市级配套资金297.54万元),落实"十大民心工程"补贴资金2765.34万元。

【防灾减灾救灾】 2017年,全市发生各类自然灾害35起,因灾倒损房屋656间,共造成经济损失5854.9万元,紧急转移安置588人,下拨自然灾害生活补助资金400万元,购买并发放价值288.5万元的救灾物资,有效保障受灾群众的基本生活。完善防灾减灾应急工作机制,防灾减灾体制机制改革有序推进。开展"5·12"全国防灾减灾日宣传活动,社会力量参与防灾减灾救灾工作性提高,广大群众防灾减灾救灾意识显著增强。

【拥军】 2017年,市民政局开展"三大节日"拥军优属、拥政爱民慰问活动,市县(区)两级落实慰问经费总计285.88万元。走访慰问困难退役军人家庭14户,落实慰问经费1.4万元。

【退役安置】 2017年,市民政局开展1978—2016年退役士兵安置和权益保障、数据采集工作。完成1978年以来山南市退役士兵符合政府安排工作条件2599人信息采集工作。全面落实优抚安置政策。及时兑现优抚对象补助提标资金,全年共兑现优抚安置军休等各类补助资金3122.25万元。接收退役士兵187人,安置符合政府安排工作条件退役士兵8人。加大在乡退伍军人就业培训力度,根据在乡退伍军人个人意愿,举办以汽车驾驶、装载机操作、农机具维修、厨师烹饪等技术培训班,共培训129人,落实培训资金58.27万元。

【纪念烈士】 2017年,市民政局充分发挥山南烈士陵园爱国主义教育基地的作用。完成清明节祭扫、"9·3"抗日战争胜利纪念日、"9·30"烈士纪念日等活动,全年接待参观瞻仰、扫墓祭奠人数12000余人次。2017年,山南市烈士陵园被国家民委评为"全国民族团结进步教育基地"。

【社会事务管理】 2017年,市民政局贯彻执行《西藏自治区村务公开民主管理办法》和《西藏自治区村(居)委会突发事件应急处理指导意见》,配合市委组织部完成全区第九次村(居)"两委"换届选举和村(居)务监督委员会换届选举。开展村务公开民主管理示范单位创建工作,145个村(居)委会社区管理示范创建工作扎实推进。规范社会组织登记管理,全市登记社会组织54家,已建立党组织45家,占总数的83%,组织开展社会组织党组织负责人和社会组织党组织书记培训,社会组织党建工作水平明显提高,社会组织自律诚信意识

2017年5月12日,山南市委常务副市长方旭(左三)在山南市百日街督导"5·12"全国防灾减灾日活动

明显增强。地名普查、县域勘界联检、区划调整等任务完成。

人力资源 社会保障

【概况】 2017年,山南市人力资源和社会保障局(市公务员局)(以下简称市人社局),内设10个正科级行政机构,分别为办公室、规划财务科(社会保险基金监督科)、公务员科、人力资源管理科(军官转业安置科、自主择业军队转业干部工作科)、专业技术人员管理科(事业单位人事管理科、市外国专家局)、劳动关系科、工资福利科、社会保险科、调解仲裁管理科(劳动人事争议调解仲裁院)、劳动监察局。内设6个正科级事业单位,分别为市劳动就业服务局(职业介绍中心、职业技能鉴定中心)、市社会保险局、市城乡居民养老保险局、市人才流动中心(市高校毕业生就业服务中心)、信息中心、市人事考试中心。核定编制51名,其中,行政编制35名、事业编制16名。核定局领导职数6名,内设行政机构科级领导职数20名,事业单位领导职数14名。有干部职工89名,其中公务员52人、专业技术人员7人、工勤人员11人、公益性岗位19人。

【养老保险制度改革】 2017年,市人社局召开机关事业单位养老保险参保登记、基础数据申报审核培训会,加强业务指导,提高数据采集的效率,为改革工作奠定良好基础。共审核完成868家机关事业单位20723名工作人员的养老保险参保登记和基础数据。

【建立公务员职务与职级并行制度】 2017年,市人社局指派专人负责,学习有关文件精神,掌握标准条件、熟悉操作程序,做好政策宣传解释及符合条件人员的统计、审核工作,确保平稳顺利进行。共有符合政策条件94人。

【事业单位岗位设置】 2017年,市人社局严格坚持以编定岗、按需设岗、按岗聘用的原则,根据事业单位基本情况、改革现状、人员结构等有关情况,做好岗位设置审批,完成乃东区和77家市直单位岗位设置工作。

【医疗保险领域改革】 2017年,市人社局针对群众关切的医保报销问题,推行“即时结算”业务,安排专人电话告知待遇领取人,确保参保人员医疗待遇及时兑现,共办理“即时结算”业务2783人次,日均结算量15人次,即时办结率为76%。

【行政审批制度改革】 2017年,市人社局梳理权责清单,编制公共服务办事指南和办理流程图,提升服务质量和水平。聘请法律顾问,提供法律服务,推进人社系统依法行政工作,法律顾问协助处理行政诉讼案件1起,有效降低行政行为风险。

【扩大就业】 2017年,市人社局落实城乡均等的公共就业服务举措,制定《山南市人民政府关于做好新形势下就业创业工作实施意见》等政策措施,实施免费职业指导、职业介绍,多渠道开发就业岗位,推动各类群体就业。全年实现城镇新增就业5200人,开发就业岗位3406个,免费职业指导3682人,职业介绍3211人、成功1865人,城镇登记失业率控制在2.1%以内。

【高校毕业生就业】 2017年,市人社局始终将高校毕业生就业创业工作摆在突出位置,建立工作联席会议制度,制定方案,分解任务,明确属地管理要求,通过就业服务、岗位开发、落实《山南市创业扶持资金管理办法实施细则(试行)》政策等,做好各项工作。年初,经梳理并与自治区人社厅核对,全市应届高校毕业生及往届未就业高校毕业生共4236人,截至年底,已实现就业3893人,就业率为91.9%。落实各项扶持及补贴资金556.85万元。

【转移就业】 2017年,市人社局以市场为导向,结合农牧民劳动力文化素质、培训意愿,创新培训模式,采取“送培入村”等方式,开展种养殖、建筑施工、实用技术等就业技能培训,全年投入培训资金2227万元,举办各类培训274期,培训10670人,其中贫困户劳动力9494人。依托基层就业和社会保障服务平台,通过项目带动、企业吸纳等方式,实现劳动力转移就业9万人、18万人次,创收3.4亿元。按照“十个一批”任务分解,实现转移就业脱贫3316人。

【帮扶就业】 2017年,市人社局走访援助对象823人,帮扶困难群体就业805人,城镇零就业家庭动态消除。充分发挥公益性岗位托底安置作用,为机关事业单位补充岗位80人,发放公益性岗位补贴2004.33万元。审批新设山南市西海职业技能培训学校等民办培训机构3所,达11所。强化对职业技能培训机构的监督管理,推动职业介绍、技能培训、技能鉴定工作规范化、科学化、制度化发展。

【社保扩面征缴】 2017年,市人社局加快实施全民参保登记计划,将扩面征缴工作纳入年度考核内容,利用人社政策"进社区、进村居、进军营"主题宣传活动,加大宣传力度,促进和引导各类单位和符合条件的人员长期持续参保。全年各项保险参保373740人次,其中,企业职工基本养老保险6594人、城乡居民养老保险192400人、城镇职工基本医疗保险35045人、城镇居民基本医疗保险20177人、生育保险26890人、工伤保险27000人、失业保险11744人,参保率均达97%以上,征缴基金41251万元。

【兑现社会保险待遇】 2017年,市人社局执行自治区制定的阶段性降低社保费率政策,企业职工基本养老保险单位缴费比例降至19%,失业保险单位和个人缴费费率均降至0.5%。做好企业离退休特困职工和长期病号帮扶工作,发放帮扶资金20万元。城镇居民基本医疗保险政府补助标准提高到460元。为年满60周岁及以上城乡居民每人每月发放30元的地方补贴。企业退休人员基本养老金实现13年连调,月人均达到3985元;2017年全市支付各类社会保险待遇40859.76万元。

【社会保险业务】 2017年,市人社局梳理各项政策制度,制作相应服务指南及流程图,提升服务质量。设置投诉举报信箱,接受服务对象和社会公众监督。同时,加强考核体系建设,采取通报批评、换岗等措施给干部职工传导压力,有力地促进服务规范化发展。组织开展社会保险基金收支管理情况重点检查和通过随机抽样的方式开展养老保险重点指标专项核查,查找基金管理风险点和薄弱环节,切实维护基金安全。

【公务员队伍管理】 2017年,市人社局以提升公务员队伍素质为目标,严抓入口关、培训关、考核关,强化公务员队伍建设。按照自治区公开考录要求,科学设置岗位,优化队伍结构。通过公开考录和定向派遣共录用274人。依托对口援藏平台,扎实开展公务员教育培训和实践锻炼,拓宽干部视野,提高能力素质。在湖南省人社厅举办政府系统公务员综合管理业务培训班,35人参训。充分发挥考核在加强管理、树立导向、工作落实、选人用人方面的重要作用,开展年度考核,完成2016年全市政府机关公务员6606人的考核工作,确定优秀等次1084人。

【专技人才队伍建设】 做好职称管理工作。2017年,市人社局明确职称申报范围、对象、条件等有关政策规定和材料要求,不断加强职称评聘工作,充分调动广大人才的积极性。确认中级资格80人、高级资格3人,聘任中级49人、高级27人。

做好人才教育工作。2017年,市人社局立足岗位需求,有计划、分领域、分类别、分层次地开展专技人员特殊培训、继续教育和研修等活动,不断提高工作能力和素质。选拔9名专业技术人员参加第四批西藏少数民族专业技术人才特殊培养,组织38名专业技术人员参加区内外研修班。

做好人才引进工作。2017年,市人社局完善人才引进方式,组建工作组赴青海、陕西等地开展2017年人才引进工作,引进医疗卫生、广电等紧缺专业人才35人,充实专技人才队伍。

【人事制度改革】 2017年,市人社局有序开展公务员招录,充实基层公务员(工作人员)队伍,夯实基层基础。顺利实施专技人员考试,组织开展全国经济资格和政治考试,2952人参加,宣传考纪法规,净化考试环境,提升舆情判断能力。有序开展人事调动,为380人办理调动手续,保证干部的正常流动。高效完成2017年自主择业军转干部档案审核和移交、岗前培训及安置任务,为1194名自主择业军转干部核算调整退役金,确保自主择业军转干部管理服务工作上水平。完成市国有监管16家企业职工工资标准调整工作,人均月增资3254元。继续稳慎实施机关事业单位工作人员提前退休和离岗休养工作,上报拟批准提前退休和离岗休养285人。加强机关、企事业单位职工和个体参保人员审批退（职）休工作，共批退 92 人。

【执法维权】 2017 年，市人社局以学习贯彻中央、国务院、自治区关于构建和谐劳动关系的意见为契机，切实维护劳动者合法权益，努力构建和谐稳定的劳动关系。

【规范劳动用工行为】 2017 年，市人社局推动建立企业工资集体协商制度，稳妥扩大工资集体协商覆盖范围。深入贯彻落实劳动合同法及其实施条例，完善劳动关系三方协调机制，依法主动调整劳动关系，推进集体合同制度攻坚计划，不断扩大集体协商和集体合同覆盖范围，提高农牧民工合同签订率和履行质量，全市国有企业劳动合同签订率 100%，发放劳动合同 12636 份，鉴证 563 家用人单位 6012 名劳动者 18036 份合同，督促补签劳动合同 3174 份。

【劳动保障监察】 2017 年，市人社局深化劳动保障监察网络化、网格化建设，加强执法力量和基层服务设施建设，深入开展专项检查和日常检查活动，及时查处和纠正劳动用工违法行为，切实维护用人单位和劳动者合法权益。出动监察执法人员 915 人次、检查 355 次，检查用工单位 1765 家 / 次，受理投诉举报案件 295 起，结案 293 起，正在处理 2 起，为 1.61 万人追回劳动报酬 4126.24 万元，65% 以上的劳资纠纷化解在现场一线，收缴 103 家建设企业农民工工资保证金 6931 万元，为 56 家建筑施工企业退还保证金 3516 万元，督促补签劳动合同 3174 份，接待法律和政策咨询 1263 人次。

【劳动人事争议调解仲裁】 2017 年，市人社局坚持“两调一裁”办案方法，强化基层调解组织建设，仲裁调解制度和办案程序不断规范，基层劳动争议调解组织不断健全，信访工作机制不断完善，受理劳动争议案件 14 起，办结 14 起，为 17 名劳动者追回各类报酬 374.97 万元。建立基层调解组织 72 个，配备专（兼）职调解员 419 人。国有企业、从业人员 25 人以上的非公企业普遍建立劳动争议调解委员会，形成区域、行业基本覆盖的调解模式新格局。不断加强工伤认定和劳动能力鉴定，2017 年，受理工伤认定 68 起，其中工伤认定 63 起、调查举证 4 起、不予认定 1 起。劳动能力鉴定 16 人次。

【党建工作】 2017 年，市人社局深入推进“两学一做”学习教育常态化制度化和“四讲四爱”主题教育实践活动，各级领导干部讲党课 34 次，开展学习会、研讨会 60 余次，党员干部理想信念更加坚定，“四个意识”明显增强，坚决拥戴信赖忠诚捍卫核心。顺利完成党支部换届选举，设 1 个党总支、2 个党支部，党组织战斗堡垒作用得到发挥。

【队伍建设】 2017 年，市人社局严格落实中央新时期好干部标准和民族地区干部标准，坚持正确选人用人导向，平职调整干部 13 名，提拔使用干部 11 名，加强局机关二级班子建设，优化干部结构。

【综合工作】 2017 年，市人社局深入开展强基惠民、综治维稳、结对帮扶、法治教育、对口援藏、档案管理、机要保密、意识形态、民族团结、精神文明、环保督查、安全生产、人大、政协等工作，提高综合服务能力。市人社局被评为自治区级强基惠民优秀组织单位、市级民族团结先进集体，结对帮扶 35 户，组织系统干部职工完成在线学习任务，办复 7 件人大代表建议和政协委员提案，局机关实现全面持续稳定。

【基础设施建设】 2017 年，市人社局全面加强基层服务平台建设力度，建成 105 个基层劳动就业社会保障公共服务平台，建成率为 100%，实现人社工作的重心下移和服务延伸。完善优化市、县（区）两级人力资源社会保障门户网站，访问量达 41 万人次。开发设计党建专栏二级子网页，注册并开通微信公众号，580 余人关注，拓宽宣传渠道。

【党风廉政建设】 2017 年，市人社局严格落实中央“八项规定”精神、自治区“约法十章”和市委“十项规则”，通过查找廉政风险点、签订目标责任书，“三公”经费得到控制、“四风”问题得到遏制。贯彻民主集中制，凡“三重一大”事项一律集体研究决策，使重大决策体现集体意志。按照区党委巡视三组反馈的意见和市委、市政府的要求，扎实做好巡视整改工作，促进党员干部作风转变。

区情县情

乃东区

【概况】“乃东”,藏语中意为“象鼻山尖前”。乃东区人民政府驻泽当镇,“泽当”,藏语意为“猴子玩耍的地方”。雅砻部落时期,乃东是西藏的政治文化中心。位于西藏自治区中南部、冈底斯山南部、雅鲁藏布江中游。总面积2208.85平方公里,总人口63183人,流动人口24426人,其中农牧民人口36985人。主要农作物有青稞、小麦、油菜、蔬菜以及野生虫草、红景天等中草药品种,畜牧业有牦牛、黄牛、犏牛、山羊、绵羊、藏猪、藏鸡等,野生动物有野驴、黑颈鹤、白唇鹿、盘羊等国家一、二级保护动物20多种,野生植物有银白杨、塔柏、灌木等,矿产有铜、铬、锰、金、铅、锌、云母、水晶等矿种。

【历史沿革】1353年设立乃东宗,1751年噶厦政府建立,乃东隶属噶厦政府,1911年在乃东设立洛喀(山南)基巧,1959年由乃东宗和温宗合并改为乃东县,隶属山南专区(地区),2016年国务院批复同意撤销乃东县,设立乃东区,以原乃东县的行政区域为乃东区的行政区域,2016年6月5日,举行乃东区揭牌仪式。

【地理环境】位置境域。乃东区位于西藏自治区中南部、冈底斯山南部、雅鲁藏布江中游。地理坐标为北纬27° 08′—29° 47′、东经90° 14′—94° 22′。

地形地貌。乃东区平均海拔3560米,地形以高山、谷底为主。海拔在5000米以上的山峰11座,最高海拔为6647米的雅拉香波山。

水文。乃东区主要河流有雅鲁藏布江。雅鲁藏布江自西横贯全区,将全县分为南北两部分。

气候。乃东区空气稀薄,光照充足,气温偏低,年温差小,日温差大,属高原温带季风气候。

【自然资源】矿藏资源乃东区矿产资源主要有铬铁矿、金、银、铜、白云母、水晶等矿种。境内蕴藏着十分丰富的矿产资源。发现的矿种有20多种,已开采利用的矿种有铬铁、云母、水晶、沙金、岩金、铜矿、火山灰、石灰岩等。每年矿产销售量达160余万元。

2017年3月8日,山南市人大常委会副主任、乃东区委书记尼玛次仁主持召开乃东区迎接中央环境保护督察工作领导小组第一次会议

水资源在昌珠镇卡多村分布有丰富的矿藏地下水资源，处在泽琼公路边，距泽当镇仅有11.2公里。每年流出泉水约250万吨。

【行政区划】 2017年，乃东下辖2个镇（泽当镇、昌珠镇）5个乡（颇章乡、结巴乡、多颇章乡、索珠乡、亚堆乡）。18个社区居民委员会、29个行政村。区人民政府驻泽当镇乃东社区居民委员会。

【人口民族】 2017年，乃东区总人口6.32万余人，其中藏族5.4万人、汉族8338人、蒙古族18人，回族47人、苗族53人、彝族36人、壮族17人、布依族9人、朝鲜族1人、满族26人、侗族13人、瑶族6人、白族26人、土家族54人、哈尼族3人、傣族3人、黎族3人、傈僳族2人、土族17人、水族2人、羌族8人、仡佬族2人、普米族3人、门巴族161人、珞巴族46人、其他民族5人。

【经济发展】 2017年，乃东区完成地区生产总值50.07亿元（含市直），增长11.7%；固定资产投资42.5亿元，增长60.7%；财政收入1.28亿元，增长96.17%；税收收入1.7亿元，增长101%；社会消费品零售总额38.21亿元（含市直），增长13%；农村居民人均可支配收入13411元，增长12%；存款余额为31.7亿元，较年初增长15.61%，贷款余额为6.59亿元，较年初增长67.51%。财税收入实现“双过亿”，取得历史性成就，在综合考评中荣获全市第一名，综治考核荣获全市第三名，乃东区被评为自治区级“书香之县”和“生态县区”。

【产业结构】 2017年，乃东区落实总播种面积6.06万亩，粮、经、饲比例调整为75∶19∶6，粮食产量达2.32万吨，荣获自治区级青稞绿色增产先进县区。农业综合机械化作业率达85.6%。重大动物疫病防控及黄牛改良等农牧业基础性工作有序开展。“百千万”工程加快建设，部分项目已投产运营。全年申报农产品品牌10个，地理标识4个，绿色品牌4个。依托天然饮用水、新能源、建筑建材、民族手工业培育发展商砼站、空心加气砖厂等一批优质企业。雪域冰川天然饮用水设备完成采购，藏禾粮油、哗叽民族手工编织项目一期已完工，阿爸家园民族手工业厂房已开工建设。文旅融合深入推进，全年接待游客11万人次，实现收入700万元。第37届雅砻物资交流会实现成交额5.2亿元，同比增长10.63%。非公有制经济迅猛发展，全区注册各类企业621家、注册资金达67.3亿元，分别增长33%、232%，注册个体工商户4765户，注册资金达6.41亿元，分别增长27.4%、196%。

2017年8月23日，山南市人大常委会副主任、乃东区委书记尼玛次仁（右三）带队在流浪狗收容中心督察环境问题

【城乡建设】 2017年，山南市城市总体规划（2017—2030）通过自治区审查批准，完成5个乡镇总体规划及专项规划编制工作，完成茶如、扎西曲登、克麦、布仁、曲德沃村（居）基层政权建设，顺利完成1306户农村危房改造任务，启动17个村（居）基层政权建设项目前期工作，昌珠镇、多颇章乡垃圾转运站和亚堆乡垃圾填埋场建成试运行。产城一体示范园建设有序推进，乃东、结莎、泽当三个居委会棚改项目完成投资4.55亿元。农村公路建设项目全部完工，实现47个村（居）全部通等级公路的目标。城乡土地储备810亩，完成挂牌出让415亩。出台规划区内住宅建设、征地拆迁、土地租赁等领域规范性文件，泽当城区十项环境专项整治、爱卫创卫工作成效显

著，城乡环境不断优化。

【社会民生】 2017年，乃东区出台《乃东区“十三五”时期十大民生规划》，兑现山南市“十大民心工程”惠民资金4900余万元。出台《乃东区教育改革全面提升教学质量三年行动计划》，本级财政对教育投入达30%，教育“五个100%”全力推进，“三包”政策、大学生资助实现全覆盖。出台《乃东区2017—2019年医疗卫生事业发展行动计划》，本级财政对卫生投入达15%，乃东群众在区人民医院住院实行全额报销，区人民医院置换工作推进有力。藏戏传习所建设和乃东区非遗展厅建设稳步推进，非物质文化遗产申报和传承保护工作成效明显。乃东泽帖尔编织技艺传承人巴桑被文化部评选为中国非遗年度人物，被中纺联评选为首届中国纺织非遗推广大使。全面实施“科教兴区”战略，科技进步对农牧业贡献率达47%。“双业”工程全面实施，实现农牧区劳动力转移就业10768人，城镇登记失业率控制在2.1%以内。

2017年5月27日，乃东区委副书记、区长张维（右三）协调解决山南市人民医院异地迁建项目征地拆迁户拆迁搬迁工作

【项目建设】 2017年，乃东区成功录入国家项目库项目177个、总投资51.52亿元，位居全市第一。“十三五”规划内项目前期工作全面完成，总投资3.79亿元。拉林铁路乃东段加快建设，泽贡高等级公路建成通车，雅砻水库下闸蓄水，移民搬迁安置工作顺利通过自治区终验，农田灌溉保证率和农村安全饮供水保障率分别达85%、99%。农网改造全面完成。“五保”集中供养中心供暖、区应急避难场所建设基本完成，老年日间照料中心、救灾仓库等项目推进有力。全年征地报批2081亩，完成重大项目征地拆迁任务。

【招商引资】 2017年，乃东区招商引资实现突破性进展，中石化、人保寿险、碧桂园等46家企业相继落户乃东，与亿利集团等近10个优质企业签订战略合作协议，实现招商固定资产投资3亿元，累计注册资金5.6亿元。

【深入改革】 2017年，乃东区农村综合改革、集体林权制度改革、国企改革、商事制度改革、周转房试点改革稳步推进，永久基本农田全面划定。深入开展优化发展环境专项行动，优化综合整治率达93.5%。注资7000万元成立索当、善为、西藏德堂公司，实现融资1.29亿元。财税体制改革成效显著，财源税基建设不断巩固。与武汉市对接，形成14个行政区结对援助乃东7个乡镇机制。建立武汉乃东智库，聘请17名专家为乃东决策咨询顾问，开展首次决策咨询考察。

【援藏工作】 2017年，乃东区探索实施“系统化精准援藏”，加快五大领域援藏帮扶，完成援藏扶贫产业投资6800万元，完成第八批援藏项目投资2877万元，占总投资15%。主动与武汉市对接，在第八批援藏工作队协调下，争取社会援藏资金2800余万元。设立培训基金150万元，组织100名贫困农牧民赴武汉培训就业，建立武汉乃东智库，聘请17名专家为乃东决策咨询顾问，实施乃东干部成长工程，启动“红色引擎工程”，与武汉市卫计委签订组团式援助协议，搭建学校联盟工程平台，援藏工作成效明显。

【脱贫攻坚】 2017年，乃东区在全区脱贫攻坚工作考核中获得优秀等次，11月1日国务院扶贫办公布乃东脱贫摘帽。万头生猪养殖、雪村苗圃、锦泽商砼、百亩黑枸杞种植等4个扶贫产业项目建成投产，家具市场、民族传统缝纫、布麦乡村农家乐、丁拉藏香猪养殖、绿源农产品物流配送中心等10个产业项目加快建设。出台产业项目利益联结机制，实现“产业建设，群众受益”的产业扶贫新模式。设立精准扶贫产业项目有偿风险补偿基金、脱贫攻坚奖励基金、教育援藏基金和大病救助基金。7户30人易地搬迁全部入住。生态转移就业全面实施，落实生态岗位4700个。

【生态环保】 2017年，乃东区完成植树造林0.98万亩、封山育林0.89万亩、防沙治沙2.04万亩，全区森林覆盖率达32.67%，区林业局获全国防沙治沙先进集体的称号。完成14个自治区级生态村居、1个自治区级生态乡镇和自治区级生态县（区）创建工作，完成72个农村饮用水源点和温曲河湿地保护建设项目。全面实施“河长制”“禁白”活动，燃煤锅炉淘汰和餐饮业高效油烟净化器安装工作全面启动，配合完成中央环保督察，21个案件全部办结。

【党的十九大宣讲】 党的十九大开幕会在北京举行，全区共有干部职工、学校师生、僧尼、公安干警、农牧民群众共2万余人同时观看党的十九大开幕式。11月9日，组织党的十九大精神报告会，由党的十九大代表姚驰向与会人员作报告。11月22日，举办乃东区党的十九大精神宣讲员骨干培训，全区136名骨干宣讲员接受培训。宣讲开展以来，共计宣讲400余场次，其中自治区宣讲团示范宣讲8场，市宣讲团宣讲8场，区宣讲团宣讲4场，各乡镇、村（居）宣讲350余场次，受众达5万余人次。

琼结县

【概况】 琼结县地处西藏南部、雅鲁藏布江南岸的琼结河谷地带，琼结河横贯南北，全县国土面积1030平方公里，平均海拔3850米，全境长44千米，东北与乃东区相连，西南与措美县接壤，西北与扎囊县为邻，全县西、南、北三面环山，东南为狭窄谷地，地势西高东低，境内有一条季节性琼结河贯穿全境，流入雅砻河至雅鲁藏布江，气候属高原温带季风半干旱气候类型，琼结县山地峰峦起伏相连，群峰林立，山峰众多，大部分系海拔4900米—5120米的草山，海拔5000米以上的山峰有13座，其中较大的有琼果罗布日（“日”和“拉”是藏语山岭之意）、卓玛日、杂日贡桑、日吾等。县城距山南市28公里。琼结县辖琼结镇、加麻乡、下水乡、拉玉乡一个镇三个乡，20个行政村，71个自然村，全县共有6127户，总人口18298人，其中农村人口16504人。琼结县主要以农牧结合为主，主要农作物有冬小麦、青稞、豌豆、油菜等，畜牧业主要牲畜有牦牛、黄牛、山羊、绵羊等。耕地面积27411.1亩，粮食播种面积18498亩，经济作物耕地面积6012.45亩。森林覆盖率23.31%，林地面积394355.535亩。国家级野生保护动物有藏羚羊、岩羊、黑颈鹤、雪豹、天鹅、獐子、藏野驴等，已探明矿产资源有锑、铬铁、水晶石、玉石等。主要旅游景点有国家级重点文物保护单位藏王墓、自治区级重点文物保护单位强吉庄园。2017年完成生产总值37420万元，同比增长14.90%；其中第一产业完成2863万元；第二产业完成15357万元；第三产业完成19200万元。全社会固定资产投资66075万元，同比增长62.2%。社会消费品零售总额5900万元，同比增长19.80%。接待旅游186100人次，

2017年5月9日，琼结县开展卫生下乡活动，图为医疗人员免费为农牧民检查眼睛

实现旅游收入867.5万元，同比增长270%。地方财政收入2862万元，同比增长14.43%。年末金融存款余额78212万元。全年农村居民人均可支配收入11779元，同比增长19.91%，不断促进群众转移就业，全县城镇登记失业率控制在2.1%以内，共输出劳动力6501人次，创收2023.83万元，分别完成全年目标任务的108%、107%。截至年底，参加城镇失业保险515人，参加基本养老保险237人，城乡居民养老保险11152人。全县共有寺庙、拉康、日追17所。

【农业发展】 2017年，琼结县完成农作物播种面积2.74万亩，其中粮食作物面积1.85万亩，经济作物面积0.6万亩，饲草料作物面积0.29万亩，粮、经、饲比例从2016年的65∶21∶14调整为67∶22∶11。2017年粮食产量完成2164.5万斤（其中青稞产量1188.92万斤），比2016年粮食增产76.2万斤，增幅为3.65%；蔬菜产量423.73万斤，油菜产量206.87万斤。推广良种1.99万亩，建立高产创建及测土配方施肥田2.03万亩，建设二级种子田2706亩。冬青18号试种200亩，青薯9号试种200亩，经实地测产冬青18号每亩达到779斤；青薯9号每亩达到5120斤、比当地品种增产860斤。年内，县政府在落实2016年农机购置补贴300万元的基础上出资241.8万元为20个行政村购置联合收割机20台、为唐布齐村农业合作社购置轮式拖拉机（160马力）2台、深松整地一体机2台。通过政府的扶持，2017年全县机耕面积、机播面积、机收面积分别为2.35万亩、2.15万亩、2.15万亩，机耕、机播、机收面积同比增长2.2%、2.4%、2.4%。

【优化产业结构】 以绿色发展为主线，加快发展优势产业，三产比重不断优化。琼结县2017年三产比重为8∶41∶51。推进农牧业发展，2017年全县粮食产量完成10822吨，同比增长3.65%，完成市任务的100.20%；其中，油菜籽产量1034吨，同比减少3.36%，完成市任务的103.40%；肉类产量1014吨，同比增长1.98%，完成市任务的100.40%；奶类产量1127吨，同比增长1.99%，完成市任务的101.53%；牲畜出栏率达到45%，增长6个百分点。推进特色产业发展，加快发展琼结水晶玉石、达娃卓玛民族服饰以及农业新型体系农业标准化示范区等特色优势产业，加快建设具备区域经济带动力的藏鸡、藏猪、绵羊等养殖场房，百亩藏中药材、百亩苗圃基地建成，推进菜篮子工程建设；全区首个光伏农场试点项目落户琼结，丰华琼结二期进展顺利，计划总投资约40亿元的西藏福地天然饮品有限责任公司开工建设，与中铁建港航局第四分公司签订战略合作协议。2017年全县立足自身找准优势，不断在强化基础建设、完善引资政策、提供优质服务、打造招商平台上狠下功夫，变特色资源为特色产业，全县注册商标31件，正在进行注册的18件，已注册成功自治区著名商标1件（雅拉香布）。

【脱贫攻坚】 琼结县是集中连片贫困地区，全县贫困发生率为14.35%，扶贫的对象主要分布在地质灾害区、资源匮乏区和疾病多发区。全县共有建档立卡贫困户745户2398人，其中一般贫困户415户1657人、低保户222户625人、“五保”户108户116人。2017年，全县共计完成一般贫困户脱贫任务584户1853人。2017年，通过项目申报、审批，共计获批四个扶贫开发项目，总投资达9726.98万元。具体为山南（琼结）绿色产业园区建设项目（一期），项目总投资为1842.09万元；山南（琼结）绿色产业园区建设项目（二期），项目

2017年12月17日，琼结县召开《西藏帝王谷·琼结》图文书初审会

总投资为2177.69万元；琼结县扶贫商贸楼建设项目，项目总投资为4507.20万元；琼结县1兆瓦贫困村光伏农场产业扶贫示范项目，项目总投资为1200万元。截至年底，完成项目总投资6403.31万元，占总投资的65.87%。全县建立“四包四定”结对帮扶机制。由“主要领导包乡、县级领导包村、县直部门包组、干部职工包户，定目标、定责任、定标准、定措施”为主要内容的“四定四包”帮扶行动，落实四大家主要领导联乡包村，20名县级领导联村包组，20支80名驻村工作队员全面进村入户，2017年参与结对帮扶单位66个，干部职工1077人，共帮扶贫困户520户1839人，全年累计投入帮扶资金及物资折价111.36万元，合计服务人次3442人次，宣传党的惠农惠民政策及党的十九大精神2746次，解决贫困户就业80人，帮助上学就医68人，帮助落实政策200件，帮助技术培训373人次。

2017年8月3日，琼结县第二届吐蕃文化节开幕式现场

【经济基础建设】 2017年，琼结县生产总值、全社会固定资产投资、社会消费品零售总额、农村居民人均可支配收入、财政收入、税收收入分别完成39680万元、66075万元、5900万元、11779元、2862万元、1705万元，分别增长14.90%、62.20%、19.80%、19.91%、14.43%、16.78%，经济基础不断夯实。G560琼错公路、绿色产业园、扶贫商贸楼、棚户区改造、基层政权等一批项目有序推进，青阿路、文成公主路、影剧院等一批项目建成使用，基础设施不断改善。全年粮食产量完成10822吨，增长3.65%。新品种“冬青18号”试种成功，完成全国第三次农业普查。西藏福地天然饮品有限责任公司一期100万吨大桶装水项目开工建设，与中铁建港航局第四分公司签订战略合作协议，招商引资取得实质性突破。琼结襄阳两地党政代表团互访，接受援助资金700万元，1‰计划内7225万元援藏项目完成前期工作，1‰计划外争取投资2500万元，受援工作不断深化。琼结县被列入全区拉萨山南一体化发展“核心区”，交通、旅游等方面不断融入，主导推动G560沿线县区战略协作发展，泽琼高等级公路有序推进，区域协调发展不断推进。

【社会事业】 2017年，琼结县先后投入2396万元实施教育优先发展、加大扶贫力度、提升就医保障、发展现代农业、提高村干待遇等“民生十件实事”。高质量通过国家三类城市语言文字评估验收。县公共体育场、5所幼儿园、中学教学用房及食堂改扩建等项目建成使用，琼结镇完全小学前期工作进展顺利。西藏班上线率和抽测考试成绩名列全市前茅，教育教学再创佳绩。农村基层综合公共服务平台、县广播影视中心及文化文物业务用房等项目有序推进，有线电视网络覆盖城乡。成功举办2017藏历新年文艺晚会、“唱红歌·喜迎党的十九大”等系列文化活动，广泛开展全民健身活动。县人民医院成为首个市人民医院医联体单位，二级综合医院创建有序推进，藏医院建成使用。城乡居民免费健康体检质量稳步提升，“两降一升”、包虫病防治等工作扎实开展，建档立卡贫困户、孕产妇等群体家庭医生签约服务逐步推行。食品药品监管覆盖面和监管水平不断提升。全民参保登记率达97.2%，有意愿“五保户”集中供养率100%。城镇失业率控制在2.1%以内。承办以“游神奇西藏·品藏源山南”为主题的“最美南环线”自驾游活动，成功举办2017西藏·琼结吐蕃文化旅游节、第二届强钦青稞酒文化节、“吐蕃故都·大美琼结”全国藏汉双语诗歌大赛等系列文旅活动。舞台剧《大爱永恒》亮相“感动山南十大人物”颁奖晚会,《吐蕃故都·琼结》书籍、《西藏人文地理》琼结专刊、《达娃卓玛》歌碟等出版发行。推进“厕所革命”,投入701万元新建旅游厕所9座。县游客中心开工建设。召开景区门票价格听证会。借力拉萨山南林芝区域战略合作推介会、第十三届海峡旅游博览会等平台推介琼结旅游。

【生态环境建设】 2017年,琼结县严格执行区“四个绝不能”、市“六不”要求和“三同时”制度,建设项目环评执行率100%。强化宣传教育,全民环保理念逐步树立,“美丽琼结”建设不断推进。自治区级生态乡(镇)村(居)创建全覆盖。顺利通过中央环保督察,办结转办件2件,整改自查问题11个。环境综合整治成效显著,受到市迎检办通报表扬。防沙治沙、重点区域造林、东嘎沟水土流失综合治理、农村饮水巩固提升、垃圾收集房等一批项目建成,县城污水处理及收集系统、3个乡垃圾转运站等项目有序推进。“河长制”、国土绿化工作深入推进。

【维护稳定】 严格落实各项维稳措施,确保三月重要时期、全国“两会”“一带一路”高峰论坛、党的十九大等重要时段、重要节点全县社会大局持续和谐稳定。先进“双联户”创建、平安建设扎实推进,综治工作再创佳绩。深化民族团结宣传教育,涌现出一批民族团结先进集体和个人。深化加强和创新寺庙管理,引导宗教与社会主义社会相适应。加大矛盾纠纷排查调处力度,“七五”普法不断深化。重拳打击违法犯罪,刑事案件侦破率80%。迎接国务院安全生产考核和安全生产检查巡查,深入排查整治隐患,实现“零事故”。

【各项改革】 年内,琼结县深化行政体制改革,单设县统计局,组建县外事侨务办公室,撤销县粮食局、规划局,对县卫生局等4个部门更名,22个部门科级领导职数增至4名,优化部分政府部门职责。深化农业农村、财税和商事制度等改革,农村土地确权、集体林权制度改革有序推进,出台《琼结县政府采购实施意见》《琼结县现金管理暂行办法》及《琼结县国库集中支付改革实施方案》,规范支付程序。严格执行“多证合一、一照一码”等制度,促进大众创业万众创新。出台《琼结县项目管理制度与建设流程》,规范建设领域管理。坚持用法治思维、法治方式履行职责,建立政府法律顾问制度。坚决维护党中央权威和集中统一领导,坚持县委领导,严格落实党风廉政“一岗双责”,持之以恒正风肃纪,坚持以上率下,持续整治“四风”问题,确保干部清正、政府清廉、政治清明。

【党建工作】 2017年,琼结县以习近平新时代中国特色社会主义思想为指导,深入贯彻党的十九大、区党委九届三次全会及市委一届二次全会精神,毫不动摇地加强党的建设,全县168个基层党组织3017名党员戮力同心,为经济社会发展提供坚强有力的组织保障。建立县、乡、村三级责任联动体系,明确各级责任,在全县上下形成抓基层党组织建设“一盘棋”的思想。组织开展琼结县党的十九大精神“百场学习讨论会”和微琼结网上学习活动,在全县营造学习宣传贯彻党的十九大精神全民氛围。坚持强基固本,强化保障提升,本级配套2800余万元实施村级标准

2017年3月28日,第五届山南市感动山南十大人物颁奖晚会现场为琼结县仁增家属颁奖

化活动场所建设。对村居“两委”班子成员按正职1000元/年、其他成员800元/年的标准进行补助。以“一考二查三评四建”为载体，推进“两学一做”学习教育常态化、制度化，取得较好成效。创建党建品牌，琼结镇党建综合服务楼、东嘎“民生小屋”、唐布齐党建促脱贫示范点等党建品牌发挥示范引领作用。完成全县20个村（社区）“两委”班子换届工作。围绕党建“七项重点任务”，对10个软弱涣散党支部进行整顿升级，建立党组织关系排查台账84个，查处口袋党员3名，15个非公党支部实现党建指导员全覆盖。围绕党建促脱贫，实施走进群众家中、走进群众心中的“两个走进”活动，激发群众内生动力，密切党群干群关系。在下水乡唐布齐村建立党建促脱贫攻坚示范点，形成培育一个、影响一片、带动一方的示范效应。

扎囊县

【概况】扎囊县地处西藏中南部、山南市西北部、雅鲁藏布江中游，冈底斯山南侧，县境地跨北纬28°27′50″—29°34′53″，东经90°03′34″—90°38′6″之间。东与乃东、琼结两县相邻，西与贡嘎县相邻，南与浪卡子、措美两县相接，北与拉萨市和达孜县相接。全县辖区总面积2173平方千米，平均海拔3620米，低于自治区平均海拔。地势中间低两边高，具有明显的高原河谷垂直气候，气候干旱缺水，不利于农牧业发展。扎囊县委、县政府所在地均在扎唐镇，全县平均海拔3620米，距西藏首府拉萨市103公里，距离泽当镇45公里、距西藏最大航空港拉萨贡嘎机场45公里；贡泽高速公路、101省道、江北公路和雅鲁藏布江横穿县境；长约5.4公里的扎囊雅江特大桥是连接江南江北（雅鲁藏布江以北地区和以南地区）重要的交通枢纽和经济纽带；拉林铁路扎囊段正在全面施工。

2017年，全县下辖5个乡镇（扎唐镇、桑耶镇、吉汝乡、阿扎乡、扎其乡），5个居民委员会，57个村民委员会，县人民政府驻扎在扎唐镇，全年常住总人口35179人，主要民族有藏族、汉族、回族等。县境内有丰富的野生动植物资源和矿产资源，野生动物资源主要有藏原羚、黑颈鹤、喜山马鸡、棕熊、白唇鹿、猞猁、雪鸡等；野生植物资源主要有爬地柏、虫草、贝母、雪莲花等；地质矿产资源有大理石、方解石、硅质岩、汉白玉、铬铁、锑、铜、铁、陶土等，其中主要矿产以铜矿、铬铁矿为主。完成地区生产总值119431.70万元（现价绝对额），同比2016年增长9.0%。其中一产6764.7万元，同比增长4.0%；二产80721.5万元，同比增长9.9%（工业3332.5万元，同比增长25.7%）；三产31945.5万元，同比增长8.1%。完成社会固定资产投资336474万元，同比增长31.0%；实现财政收入4635万元，同比增长32.4%；税收累计完成8305万元，同比增长195.2%；社会消费品零售总额8033万元，同比增长14%；农村居民人均可支配收入10385元，同比增长13.7%；城镇居民人均可支配收入27469元，同比增长10.3%，全年实现劳务输出8548人、共创收5893万元。

【农牧业发展】2017年，扎囊县全年粮食总产量25085.33吨，其中青稞总产量11530.5吨、油菜总产量1819.78吨，蔬菜总产量2999.07吨，粮经饲比例调整为73:18:9。完成春播种植面积4.87

2017年2月23日，扎囊县开展2017年“春节、藏历新年”暨“最美扎囊人”颁奖晚会活动

万亩，其中春青稞2.72万亩，优质油菜0.86万亩，春小麦0.06万亩蔬菜0.54万亩，青饲料0.69万亩；完成冬播种植面积2.86万亩，其中冬小麦2.42万亩、冬青稞0.26万亩；推广“冬青18号”“山冬7号”“山油系列”等优良作物种植面积68760亩，良种种植覆盖率达94.75%。完成秋翻面积3万亩，现已秋播1200亩，积造农家肥4.3万吨，保证亩施农家肥3000斤以上；全年复种面积5000亩，复种作物主要以箭舌豌豆、芫根、菠菜、小白菜为主。其中箭舌豌豆4680亩、芫根300亩、菠菜10亩、小白菜10亩。

在秋收种植工作期间，县农牧局宣传农机购置补贴宣传、免费为310人进行农机使用技术培训、全面推广农机代替传统播种方式，抽调农牧服务中心骨干组成技术指导小组对整个秋收过程进行全程指导，全程做好病虫预测和防治工作。

2017年，全县牲畜总头数90518头(只、匹)、新生仔畜29260头(只、匹)，牲畜出栏32.3%，成畜死亡率1%，仔畜成活率94.1%；现有存栏牛27010头、黄牛11246头、绵羊55208只、山羊4805只；猪出栏总计2965头只、其中藏香猪1379头、猪1586头家禽出栏19046只，肉类产量合计3490吨，奶类产量总计4098吨。完成黄牛改造冻配8125头，怀胎7312头，怀胎率90%，新生1525头，出生率21%，成活1448头，成活率95%，完成上半年犊牛成活率93.6%。常规疾病治疗处理农牧民群众动物疾病求助，累积出诊153次、350人次。

【经济建设】 全年实现地区生产总值11.94亿元，同比增长9.0%，按总量排名第5、按增速排名第9；全社会固定资产投资完成33.65亿元，同比增长31.0%，按总量排名第3、按增速排名第8，投资贡献率71.41%；社会消费品零售总额8033万元，同比增长13.6%，按总量排名第8、按增速排名第5；农牧民人均可支配收入10385元，同比增长13.7%，按增速排名第5；实现城镇居民人均可支配收入27469元，同比增长4.3%，按增速排名第5；财政收入4635万元，同比增长32.4%，按总量排名第7、按增速排名第2；税收收入8305万元，同比增长195.2%，按总量排名第5、按增速排名第1。主要经济指标继续保持两位数以上增长，经济社会发展保持稳中有进、稳中向好的态势。

【基础设施建设】 2017年，扎囊县总投资639.82万元的强巴林河防洪堤工程已完工验收，全面推动县、乡两级“河长制”工作；阿扎乡1000万元的整村推进项目资金已到位，等待评审。新建厕所选点27处，开工4处；落实资金303余万元，对株洲路、园区东路等5条市政道路更换、新立路灯313盏。总投资8200万元的沿江大道等5条市政道路竣工并投入使用，新增公路里程5.56公里，完成总投资480万元的145线强弱电入地工程；总投资2亿元的农网改造工程，已完成总工程量的90%；加大网络通信提速降费。电信、移动、联通在县域范围内共有手机网络基站248个，网络覆盖率达98%以上；个体工商户、私营企业、农民专业合作社分别发展到1470户、161户、173户，分别同比增长21.4%、53.3%、68.2%，注册资金分别为1.05亿余元、9.22亿余元、8157.15万元。

【社会民生】 全年落实各类民生资金7732.69万元，同比增长31.55%，其中本级配套资金2605.4万元，占财政收入的56%；落实解

2017年7月8日，“同心·共铸中国心”助医公益活动在扎囊县人民医院住院部举行启动仪式

决县中学热水供应、白内障康明工程、敬老院供氧供暖等十个突出民生问题；教育事业的投入达到1200万元，首次突破千万大关，全面完成教育工作“5个100%”目标任务；县政府投入1000万元大病统筹资金，全年报销大病统筹3246人2866万余元。全年未发生重大食品、药品安全事故；成功举办第三届“氆氇文化节”。完成总投资279万余元，新装、改造1400户数字线路改造项目；全年举办农牧民技能培训29期，培训896人，实现就业428人，选派134名农牧民参加市级培训班，实现就业93人。全年实现农牧民劳务输出8548人，创收5892.9万元，人均创收6893.8元。新增旅游从业人员38户77人。城镇登记失业率严格控制在2.1%以内；全面启动全民参保计划，各类保险参保率均达到100%；共有2.2万余人参加城乡居民养老保险，缴纳保费188.8万元。全年发放城乡居民养老保险金4441人949.3万元；

【项目建设】 2017年，扎囊县开复工项目共96个，总投资129.87亿元，完成投资33.65亿元。录入国家重大项目库项目181个，总投资29.8亿元。完成“十三五”规划内45个项目前期工作。敲定“十三五”援藏项目8个。通过对65个项目进行二次审概、跟踪审计、工程结决算，为国家节省项目资金2573.55万元。全力实施“走出去、引进来”战略，全年赴其他省市招商5次，联系企业53家，实现注册落户企业9家，扎囊县继续以“精准做标尺、良心扛责任、真情攻扶贫”为总要求，将脱贫攻坚作为头等大事和头号工程。签订三家招商代理机构。实现招商引资3.83亿元，完成率为192%，同比增长279.2%，完成产业扶贫招商引资企业15家，累计完成投资16.4亿元。

【招商引资】 2017年扎囊县招商引资任务为2亿元。全年完成3.83亿元，为总任务的192%，同比2016年增长率为279.2%，顺利完成全年工作任务。西藏藏草生态科技有限公司扎囊县阿扎乡种苗繁育基地项目完成投资16950万元；西藏江平农业有限责任公司扎囊县现代农牧产业示范园项目完成投资7500万元；西藏山南市扎囊县瑞丰泰农业发展有限公司桑耶镇车厘子种植项目完成投资3000万元；山南市亿欣生态科技有限公司沙漠经济扶贫项目完成投资6500万元；西藏高原蓝冷储有限公司扎囊县桑耶镇藜麦种植基地项目完成投资700万元；西藏辉言气体生产有限公司扎囊县氧气生产建设项目完成投资1750万元；扎囊县徽煌工艺品生产有限公司扎囊县工艺品生产基地项目完成投资1900万元。全年注册落户企业9家，注册资本2.27亿元。分别为西藏藏草生态科技有限公司1000万元、西藏江平农业科技有限公司5000万元、山南市亿欣生态科技有限公司1亿元、西藏山南市扎囊县瑞丰泰农业发展有限公司1000万元、西藏央聚玛农业科技有限公司2000万元、西藏明华供应链管理有限公司1000万元，西藏辉言气体生产有限责任公司500万元、西藏九华物流有限责任公司200万元、西藏沙渠防水保温节能科技发展有限公司2000万元。

【脱贫攻坚】 2017年，扎囊县以习近平新时代中国特色社会主义思想和党的十九大全面打赢脱贫攻坚战、决胜全面建成小康社会为指导，开展精准识别，贫困建档立卡等排查工作，扎实开展智力扶贫、政策扶贫、产业扶贫、技能扶贫等

2017年7月20日，山南市金融精准扶贫（产业）试点县及金融电商惠民服务站授牌仪式在扎囊县举行

2017年6月10日，扎囊县召集农家乐的业主召开2017年旅游农家乐扶持会议

扶贫工作。扎囊县按照市委和市政府的统一安排部署，对全县62个行政村的七大类31个子项进行综合量化分析，最终确定3个深度贫困乡，25个深度贫困村，为下一步精准扶贫工作奠定基础。年底统计，全县全年稳定脱贫653户2157人，动态调整清退516户2183人，新增82户336人。年度财政安排扶贫资金1201.71万元、同比增长189%；整合“十大民心工程”资金1478.69万元，同比增长50.7%；累计兑现各类政策扶贫资金4404.4万元；兑现在校大学生及建档立卡外大学生补助763.3万元；落实10个产业项目信贷资金1.44亿元；农行累计为2118户建档立卡贫困户提供小额贷款5696万元；通过利益联结，带动贫困户600户2350人增收1200万元，人均增收5000元。重大项目、产业项目实现600余人就近就业；对接区、市服务业解决建档立卡贫困户35人以上就业；第八批援藏工作队争取计划外扶贫专项资金300万元；非公企业、专业合作社带动500多名贫困群众增收；申报基础设施建设项目共计12.28亿元；落实桑耶易地搬迁配套产业项目4个，总投资1.45亿元，长期带动213户836人稳定就业，人均增收5000元以上；亿利民俗旅游文化示范村已完成基础工程。

【生态环保】 扎囊县生态环保工作紧紧围绕习近平新时代中国特色社会主义思想和中央第六次西藏工作座谈会为指导，牢固树立“绿水青山就是金山银山”的可持续发展思想，坚决不以破坏生态环境为代价换取短暂的经济收益，依法严厉打击查处各类违法破坏生态环境的行为。2017年，在县政府的高度重视下，县财政投入资金113万元、争取国家重点生态功能转移支付资金环保投入资金415.784万元用于生态环境保护，这些资金主要用于县域水污染防治、乡镇环境综合整治、环境监测，乡镇村居排污设施维修和垃圾填埋托运管理等方面。全年，接受群众举报生态环境污染案件6起：阳光氆氇厂、阿扎乡章达村3家采石场、朗塞林砂石场、罗堆村传统取料点、县城生活垃圾填埋场（2次），妥善处理6起。在打击非法开采砂石过程中，及时制定出台《扎囊县关于依法打击非法采砂采石专项行动实施方案》，成立以县委、县政府主要领导为第一责任人的扎囊县非法采砂采石取缔专项行动领导小组，对阿扎乡章达村、扎其乡充堆村、桑耶镇桑耶居委会等12家非法采砂场开展非法采砂场设备拆除，区域平整、生态修复等工作。在监督执法过程中，出动环境执法人员50人次，下达《责令限期整改通知书》20余份，《现场监察记录》40余份，对孤西鸟采石场、昊天混凝土有限公司等行政处罚案件4起，罚款共计139560万元。全年创建14个自治区级生态村，其中吉汝乡10个，桑耶镇4个。创建生态乡（镇）桑耶镇1个，14个行政村生态村和桑耶镇生态乡（镇）的创建，集中式饮用水水源地水质达标率100%，饮用水卫生合格率100%，地表水环境质量、空气环境质量、声环境质量均达标，生活垃圾处置率在80%以上，生活垃圾定点存放清运率100%，清洁能源普及率70%以上，农药化肥施用量低于全县平均水平，畜禽养殖废弃物综合利用率95%，农作物秸秆综合利用率95%，林草覆盖率高于全县平均水平，村民对环境状况满意率为100%。全年共发放环保宣传册5200余本、垃圾桶300余个、环保袋54000余个、张贴悬挂宣传横幅200余条，增强群众环保意识。

【党的十九大宣讲】 2017年，扎囊

2017年8月23日，扎囊县举办“争创新业绩、喜迎党的十九大”暨“四讲四爱”文艺会演

县委和政府高度重视学习宣讲党的十九大，坚持把学习宣传贯彻党的十九大精神作为当前和以后一个时期的首要政治任务来抓。年内，精心组织安排各项学习宣传活动，做好“六个主题宣讲活动”（做好各级领导带头讲、做好进村入户贴心讲、围绕典型榜样讲好扎囊故事、开展文艺活动宣讲、开展新兴媒体融入宣讲、开展党的十九大精神践行活动），在全县营造浓厚的学习宣讲氛围。全年组织干部群众观看党的十九大开幕会直播96场次、观看人数26350人次，组织观看闭幕会直播共87场次，观看人数13880人次。制定《扎囊县学习宣传贯彻党的十九大精神方案》《扎囊县“面对面宣讲点对点落实 党的十九大精神”宣讲工作方案》《关于在全县各级各类学校开展党的十九大精神宣讲工作的通知》《关于组织驻寺干部开展党的十九大精神宣讲工作的通知》《扎囊县党的十九大精神宣讲团成员》聘书、《十九大应知应会知识手册》等文件，为统筹推进全县深入学习宣讲党的十九大提供有力保障。为系统全面地让全县干部职工、党员群众能尽快知悉党的十九大会议精神内涵，扎囊县特邀请自治区讲师团成员、山南市委党校讲师向亚克作专题宣讲，机关单位、寺庙、学校、村居等地方进行宣讲，在机关干部率先完成学习后，挑选领悟深刻、演讲通俗易懂的干部，在深入村居、寺庙、学校等地进行宣讲，确保全县宣讲无死角和宣讲有成效。

贡嘎县

【概况】 贡嘎县位于西藏自治区山南地区西北角，东邻扎囊县，西南与浪卡子县接壤，北面与拉萨市的曲水县、堆龙德庆县相连，平均海拔3750米。贡嘎县地处雅鲁藏布江中游，地势总体呈现宽阔平坦之势，地貌类型以高山和谷底为主，属于藏南湖盆谷地，水资源丰富。贡嘎县历年平均气温8.6℃，由于海拔较高和受高空西风流及印度洋暖流的交替影响，形成独特的半干旱温带高原气候。贡嘎县主要物产为青稞。距山南市政府所在地85公里，辖区8个乡镇，36个行政村，171个自然村（含甲竹林镇29个自然村），户籍总人口51752人。地域面积2283.84平方公里，主要以第一产业为主，农业包括种植小麦（春小麦、冬小麦）、青稞、玉米、豆类、油菜、土豆、蔬菜、青饲料。畜牧业有养殖牛（黄牛、改良牛、牦牛、犏牛）、马、骡、猪、羊。有天然草场、人工种草。2017年，粮食播种面积93415亩。森林覆盖率32.56%，林地面积1365306亩。国家级野生保护动物有黄鸭、黑颈鹤，已探明矿产资源有铜矿、铬铁矿。2017年，完成生产总值13.4亿元。全社会固定资产完成投资369115万元，社会消费品零售总额1114.3万元，地区生产总值143448万元，人均生产总值27709元，实现工业增加值7546.8万元，农村居民人居可支配收入11519元，城镇居民人均可支配收入27781元。地方财政收入6358万元。全年接待游客51.2万人次，同比增长18%；创收1637万元，同比增长20.3%。全县人才总数1257人，新增就业人员72人，实现农牧民劳动转移就业1.93万人次，转移收入3100万元。截至2017年12月底，贡嘎县实现新增就业440余人。城镇登记失业率控制在2.1%。

【农牧业】 2017年，贡嘎县总播面积93415亩。种植小麦24200亩，青稞41500亩，油菜5550亩，土豆7000亩，饲草作物22000亩。全年生产粮食3.283万吨，较2016年增长0.4%；生产青稞1.952万吨，较2016年增产10.92%。高产创建面积67600亩，测土配方面积69300亩。2017年，县政府投入农作物良种采购资金180.08万元，筹备良种56.43万斤。实施6个农牧业项目，总投资达4719.8万元。完成农业综合开发投资1948万元，在岗堆镇托噶村、乃萨村实施7300亩的高标准农田建设。年内，县政府补贴42.93万元扶持农机合作社购买农机，推动农业生产现代化进程，同时全面打造"百千万"工程，完成万亩优质青稞种植基地建设，种植优质青稞4.6万亩。实施万亩马铃薯种植基地，在昌果乡完成种植马铃薯5000亩。全年生产肉类0.35万吨，奶类0.397万吨。

2017年8月24日，贡嘎县委书记黄金刚（右二）在岗堆镇多丁村调研村居换届工作

【项目建设】 2017年，贡嘎县共开复工项目136个（续建项目35个、新开工项目101个），其中已完工69个，在建67个。录入国家重大建设项目库项目78个，总投资45.89亿元；储备三年滚动项目177个，总投资7.01亿元。拉林铁路贡嘎段、县城污水处理及收集系统工程、杰德秀特色小城镇项目等一批大型国家投资项目有序推进，泽贡高等级公路贡嘎段已于12月8日正式通车。

【招商引资】 2017年，全年完成招商引资8300万元，完成年初任务的118%，同比增长25.5%。新签和洽谈的招商引资项目27个，正式签约的有湖南晏子食品有限公司、四川绿谷农业技术开发有限公司、河北新天清洁能源集团、四川丰丰农业开发集团等10家企业，签约总金额达到2.45亿元。电子商务推进有序，全县拟建30个电子商务服务网点，已建成19个，村级覆盖率54.3%。

【旅游业】 2017年，贡嘎县全年接待游客51.2万人次，同比增长18%；创收1637万元，同比增长20.3%。投资200万元完成岗巴拉4280处观景台项目，开工建设江塘旅游综合接待中心项目。推进羊湖"三化"建设，实现岗巴拉山顶核心景区芝龙村5组村民有序退出，对岗巴拉山4280观景台商铺进行重新规划，统一制定摊位，规范经营行为，旅游扶贫卓有成效。优化旅游环境，继续开展景区专项整治工作，并对全县26家旅游行业进行实名登记。开展"旅游厕所革命"，在杰德秀、岗堆、县城建设高标准的旅游厕所，在交通沿线的9处旅游厕所进行前期调研准备工作。

【教育事业】 2017年，全县学生总人数5595人，其中初中在校生1728人，小学在校生2873人，学前教育幼儿园在园人数为994人。2017年本级投入教育经费1588.5万元，改善教学条件，完成15所村级幼儿园、多功能运动场、学校附属工程等20个学校新建项目。加大督导力度，促进贡嘎县"五个100%"目标有效落实。优化学校资源布局，完成达然多小学、吉纳小学撤并至岗堆镇。

【文化事业】 2017年，完成6项自治区级第五批物质文化遗产名录申报工作和第一批市级非物质文化遗产传承人申报工作。成功举办贡嘎县首届"自然与遗产日"展销活动，当天营业额达5万余元。杰德秀邦典技艺传承人旦增卓嘎荣获第六届中国成都国际非物质文化遗产"新生代传承之星"称号。

杰德秀古镇正式入选为西藏自治区历史文化名镇。成功实现为县城两家互联网场所的网络文化经营许可证和两家娱乐场所的娱乐经营许可证的机打证件。全年完成文艺下乡巡演 59 场,外出商演 4 场,文化交流活动 1 场,完成电影下乡 1600 场次。

【医疗卫生】 2017 年,圆满完成全民免费健康体检、“两降一升”、先心病患儿救治等工作。全面启动创建二甲医院和“爱婴医院”工作。扎实开展食品安全专项整治工作,严格食品药品经营审批程序,制定药品安全协管机制,全年未发生一起食物中毒或食源性食物中毒事件。全年共为 605 人次兑现住院分娩补助 132.89 万元,住院分娩率达 99.72%。为 87 人落实特殊疾病保险理赔款 107.6 万。兑现 2016 年度计生“两项”奖扶资金,共计为 907 人发放扶助资金 150.94 万元,两项扶助发放率达到 100%。

【社会保障】 2017 年,“十大民心”工程兑现惠民资金 1.14 亿元,强基惠民活动投入 525 万元为民办实事 36 件。本级投入 100 万元购买农牧民人身意外保险。社保参保率达到 95% 以上。“五保”集中供养服务中心制度健全、管理规范、功能完善,有意愿“五保”对象集中供养率达到 100%。年初安排残联专项经费 13 万元,建立健全全县残疾人数据库,为 1364 名残疾人发放两项补贴资金 476.3 万元。

【城市建设】 2017 年,贡嘎县完成 2016 年公租房建设项目,周转房建设项目基本建成,2017 年棚户区改造项目已在开展前期工作。县城功能逐步完善,开工建设祥瑞大酒店,完成县城道路、环城南路建设项目。县政府垫资 1650 万元实施贡嘎县综合市场项目,可使环城南路两侧商户搬进综合市场,以改善县城面貌、规范市场管理。杰德秀特色小城镇建设各子项目正在有序开展,其中具有代表性的邦典广场已完成风貌设计、选址和拆迁工作。

2017年6月9日,贡嘎县委副书记、县长次仁(左一)在雅江河谷4280观景台调研旅游精准扶贫工作

【水利建设】 2017 年,贡嘎县实施的水利工程项目共有 8 个,总投资为 1.49 亿元,已完成投资 0.67 亿元,完成总投资的 45%。2016 年和 2017 年的小型农田水利重点县建设工程顺利竣工。完成贡嘎县农村饮水维修工程,解决 507 户 2597 名群众和 32950 头(只、匹)牲畜吃水难问题。昌果、岗堆、江雄水库上游等三个抵押贷款防洪堤项目,全部开工建设。全力推进“河长制”工作。完成“河长制”实施方案和河湖长名录的编制和公示,实现“河长制”管理全覆盖。

【交通】 2017 年,泽贡高等级公路正式通车,S307 线江塘段道路改造项目全线竣工。建成昌果乡岗旦桥、朗杰学乡江雄三组桥、岗堆镇托嘎五组桥。全县新增油路通车里程 39 公里,交通网络日益完善。县政府投入 140 万元,开展汛期公路维修及养护工作。

【新农村建设】 2017 年山南市安排贡嘎县建档立卡户危房改造任务 25 户,实际完成改造 51 户,兑现资金 76.5 万元。改善村级社会管理和公共服务能力,实施 4 个基层政权建设项目,已完成东拉村和森布日村的建设。有序推进农村土地(耕地)承包经营权确权登记颁证工作。打通电子商务进农村“最后一公里”,建成杰德秀居委会、克西村等 8 个电子商务服务网点,初步建成县、乡、村三级物流配送体系。

【生态环境保护】 2017年，投入环境综合整治经费2046万元，安排专项资金200万元解决历史遗留环境问题。办理中央环保督察转办案件，7个转办案件全部办结。生态创建取得实效。完成1个镇、5个村的生态创建申报工作。严把项目环境保护关，环评执行率100%。植树造林面积不断扩大，2017年贡嘎县新建营造林项目36334亩，总投资2111万元，完成率100%。全县森林面积增加0.09平方公里。开展全县病虫害防治工作，防治面积达10万亩，控制病虫害扩散趋势。

【党建工作】 2017年，扎实推进“两学一做”学习教育常态化制度化，深化“雅江党建长廊”建设，制定6个“党支部主题党日活动”制度，先后组织召开县委理论中心组学习会议13次，县级干部带头讲党课36次、深入联系点宣讲党的十九大精神43次。2017年，新发展党员304名。全年共发放《中国共产党章程》等学习资料11080本，汇编《贡嘎县“两学一做”学习教育辅导学习资料》六期500余本。针对“两学一做”学习教育常态化制度化工作，组织召开县委理论中心组学习会议9次，“四家”联席会议3次，专题党课讲座2次，专题报告会1次，各级党组织召开专题党课、专题座谈会342次，县级领导讲党课36次，支部书记讲党课86次，普通党员讲党课25次。制定基层党建工作“每月督查、季度通报、半年考核、全年评比”工作机制。完善《中共贡嘎县委常委会工作规则》《贡嘎县党政领导干部履职情况季度述职考核实施办法》等13项制度。以学习贯彻党的十九大精神为契机，带领全县78名基层党组织书记到克松居委会参观学习。

【党风廉政工作】 2017年，先后6次召开县委常委会研究党风廉政建设相关工作，成立县委巡察办公室，先后抽调51名干部组成6个巡察组，对10个寺管会、2个乡镇、3个县直单位进行2轮巡察。统筹安排党风廉政建设和反腐败工作经费18.94万元，解决纪检监察内网建设资金24.73万元，调整14名政治素质过硬的干部充实到纪检干部队伍。对2012—2015年财政扶贫项目管理费进行清查，对2015—2017年“三公经费”使用情况进行检查，8次组织开展“四风”问题、组织纪律、工作纪律专项检查。

2017年7月8日，“同心·共铸中国心贡嘎行”大型公益活动启动仪式在贡嘎县长沙广场举行

【“四讲四爱”主题教育实践活动】 2017年，制定下发《“四讲四爱”主题教育实践活动实施方案》，建立县级领导分区包片制度和宣讲员、巡讲员、督导员职责，动员全县上下踊跃参与。全县共开展宣讲活动5127场次，受众覆盖面达到99%。

【党的十九大精神宣讲】 2017年10月29日，启动贡嘎县传达学习贯彻党的十九大精神动员部署会议，召开全县传达学习贯彻党的十九大精神干部大会，筹备成立各级领导小组和工作专班，制定出台工作方案，编印宣讲提纲，明确各项任务，深入学习宣传党的十九大精神。10月31日前，各乡（镇）和各驻村工作队、各寺庙管理委员会、各级各类学校完成动员。

【精准脱贫】 2017年，贡嘎县确定全县建档立卡贫困对象为1736户5508人，完成（刘琼、扎庆、吉雄、昌果、普夏、岗旦、白康、秀吾）8个行政村退出、632户2242人脱贫

2017年3月29日，贡嘎县在岗堆镇托嘎村举行“万亩青稞”开耕仪式

摘帽工作，截至2017年12月底贫困发生率为7.82%。

产业脱贫。贡嘎县在“十三五”项目当中确定产业脱贫项目24个项目，总投资46362万元。县本级财政投入奖励资金792万元，提前实施7个产业项目，带动35户146人实现增收。截至年底，完工9个，在建5个，剩余项目正在对接洽谈中。

生态补偿。2017年，建档立卡内符合条件的3940名和边缘户944名，以及新增草原监督员105个(新增草原监督员为边缘户)，共计4989名岗位资金已全部兑现。全年兑现生态岗位资金1496.7万元，兑现990名定向政策补贴资金78.111万元。

易地搬迁脱贫。2017年，兑现农村低保生活补助资金232.18万元；“五保”对象供养资金334.6万元；分散“五保”对象供养资金100.53万元；分散“五保”对象护理补贴16.2万元；70周岁以上农牧民健康补贴资金113.02万元；残疾人“两项”补贴资金476.3万元；临时救助城乡特困群众93户437人，临时救助资金37.4万元；本级财政配套大病救助基金75万元，城乡医疗救助人数1208人次，其中住院救助847人次，门诊救助4人次，兑现救助金337.47万元。

转移就业。2017年，实现劳动力转移就业1.91万人次，创收2670.48万元。投入培训资金92.59万元，先后组织970名贫困对象参加汽车维修、民族手工业、厨师培训，实现就业781人，培训就业增收273.35万元。全方位拓展就业岗位，开发就业岗位316个。实现城镇新增就业433人，城镇登记失业率控制在2.1%。

医疗救助脱贫。2017年贡嘎县“因病致贫”建档立卡贫困户212户792人，均已纳入新型农村合作医疗政策。通过超声检查发现包虫病建档立卡贫困确诊患者11人，已完成治疗7人，其余的已安排治疗；为建档立卡贫困户兑现“独生子女伤残”补助18.52万元、“一孩双女”奖扶资金9.8万元、孕产妇住院分娩奖金4.33万元以及特殊疾病理赔金21.1万元，惠及人数330人，通过新型农村合作社医疗制度为全县1354人次补偿住院医疗费用共计1194.15万元。

社会保障兜底。2017年，兑现农村低保生活补助资金232.18万元；“五保”对象供养资金334.6万元；分散“五保”对象供养资金100.53万元；分散“五保”对象护理补贴16.2万元；70周岁以上农牧民健康补贴资金113.02万元；残疾人“两项”补贴资金476.3万元；临时救助城乡特困群众93户437人，临时救助资金37.4万元；本级财政配套大病救助基金75万元，城乡医疗救助人数1208人次，住院救助847人次，门诊救助4人次，兑现救助金337.47万元。

宣传引导脱贫。2017年，全面安排部署精准扶贫、精准脱贫工作宣传报道工作，研究制定《贡嘎县精准扶贫、精准脱贫攻坚战宣传报道工作方案》，明确将责任划分至职能部门及个人。全年县级媒体报道各类扶贫新闻稿件230篇；制作发放宣传册2300册、宣传单90000张，开展各类政策宣讲活动1064场次。

浪卡子县

【概况】 浪卡子县地处西藏南部的喜马拉雅山中段北麓，处前后藏交界地，位于山南市南部，地理坐标为北纬28°46′—29°11′之间，东经91°05′，是山南市平均海拔最高的县，也是离拉萨最近的边境县。东连措美县，南接不丹王国，西与日喀则市仁布、江孜、康玛县接壤，北隔雅鲁藏布江与拉萨市曲水、尼木相望。辖区总面积7969.89平方千米，平均海拔4480米，县府驻地浪卡子镇距自治区首府拉萨市164千米，距山南地区行署所在地泽当镇227千米。

浪卡子县属藏南山原湖盆宽谷区，四周边缘高凸，中间呈低洼湖泊，是高原型壑谷缓冲多平台地带，地质构造复杂。年内日照时数2929.7小时，年降水量376毫米，年无霜期只有60天。全县盛行西北风，年均风速2.2米/秒，最大风速34米/秒。自然灾害主要有风、旱、虫、雹、洪水、雪、霜和泥石流等。

浪卡子县境内有丰富的自然资源。有较高品位的沙金、丰富的太阳能资源和风能；野生动物有国家级保护动物水獭、野驴、雪豹、盘羊、黑颈鹤、赤麻鸭、贝母鸡、黄鸭及丹顶鹤等，野生植物种类也极其繁多，有虫草、贝母及雪莲花等。还有羊湖中蕴藏量高达2亿—3亿公斤的高原特有无鳞鱼和裂鲀鱼，素有"西藏鱼库"之称。

浪卡子县境内自然景观独特，河湖众多。有着西藏三大圣湖之一的羊卓雍错，总面积638平方千米，湖水均深20—40米，最深处可达60米。截至2017年底，浪卡子县下辖8个乡2个镇，98个村（居）委会，人口3.8万余人。

【经济发展】 2017年，全县生产总值全年完成生产总值7.35亿元，固定资产投资15.15亿元，社会消费品零售总额1.21亿元，财政收入3742万元，税收收入3567万元，农牧民可支配收入10037元，城镇居民可支配收入30737元。分别同比增长36.9%、135.3%、12.9%、16%、33.3%、13.3%和9.5%。

【农牧民发展】 2017年，浪卡子县完成农作物播种面积3.9万亩，推广青稞新品种7830亩，建立"喜拉22号"二级种子田200亩，实现粮油总产量1759.1万斤。年末牲畜存栏控制在285215头（只、匹），出栏82099头（只、匹），出栏率达27.35%；仔畜成活80031头（只、匹），成活率83.24%；成畜死亡1634头（只、匹），死亡率控制在2.6%。实现肉、奶类产量900.83万斤、6103.7吨。全年实现劳务输出16300人次，创收6683万元。同时，基本草原划定顺利通过自治区验收，落实草补资金1957万元。

【旅游业发展】 2017年，浪卡子县成功举办第五届环羊卓雍措自行车体验游，有序推进羊湖景区"三化"工作，配合上级部门开展羊湖旅游全域规划，完成岗巴拉山"厕所革命"示范点工作。全年接待游客42.04万人次，实现旅游收入3840万元，吸纳380余名农牧民群众就业。

【特色产业】 2017年，浪卡子县大有新能源柯来村50兆光伏发电项目并网发电。与神华四川能源有限公司等企业协商光热开发，风力发电、岗布沟天然饮用水、羌央措开发、曲增温泉等项目稳步推进。谋划布局菜篮子工程、农牧业产品深加工等项目，扎玉服装厂投产，林西石材广泛运用于教育基建和乡村建设，县域3家砂石厂规范运营。

【基础设施建设】 2017年，浪卡子县实施交通先行战略，完成交通投资2.05亿元，交通通达率、通畅率全面提高。完成水利投资4200万元，2017年小农专项县、吉古扎村饲草基地灌溉、卡巴水库维修等项目全面完成，推进一批连片综合整治和高标准农田建设，防汛抗旱体系和能力建设不断增强。边境小康村建设稳步推进，一期主体工程

2017年11月30日，浪卡子县委宣传部、组织部在皖江剧院联合举办以"贯彻党的十九大精神"为主题的知识竞赛

全面完成，措果、沙空两村群众入住，二期和打隆镇小康村项目稳步推进。基层政权项目扎实开展，乡镇供暖试点项目稳步推进，白地等5个乡镇供暖项目已立项。扎实推进县变电站扩容和6个乡镇农网改造升级工程。一大批通信光缆和基站建成使用，村（居）宽带、网络覆盖大幅提高。

【援藏及招商引资】 2017年，浪卡子县完成招商引资4.8亿元、援藏投资10480万元。伦布雪乡加油站点项目完成前期工作。加强羊卓城投融资平台建设，融资和基建能力逐步增强，实现财政创收380余万元。

【生态环境建设】 2017年，浪卡子县顺利通过中央环保督察。全面落实“河长制”工作，深入推进水环境综合治理。生态美好模范区建设扎实推进，城乡环境综合整治、自治区级生态乡村创建工作全面开展。推进雅江中游河谷黑颈鹤国家级自然保护区区划调整，羊湖及周边生态环境保护项目稳步实施。

【脱贫攻坚】 2017年，浪卡子县始终把脱贫攻坚作为最大的政治任务抓好抓实，完成易地扶贫搬迁61户113人，普玛江塘乡、打隆镇边境小康村建设稳步开展，党建促脱贫扎实推进，党员干部、社会企业广泛参与，“大扶贫”格局基本形成。全年实现12个贫困村“摘帽”、1994名贫困人口稳定脱贫。

【民生改善】 2017年，浪卡子县投入民生事业资金8959万元，占财政总支出的8.1%。“十大民心工程”落实资金3197.5万元，强基惠民为民办实事680余件。新建保障性住房32套、农村危旧房改造40户。本级财政的2%投入到“双业”工程，坚持以创业促就业，发放贫困户小额贴息贷款235.1万元，城镇零就业家庭保持动态清零。县级财政安排大病医疗救助基金42万元；配套20万元，解决普玛江塘乡、打隆镇推瓦村50岁以上94名老人养老金；安排80万元，提高聘用干部、半脱产干部待遇，安排22.44万元，提高村医工资标准；解决普玛江塘乡干部职工人身意外保险金3万元。成立浪卡子县大病预付基金，出台计划外大学生资助政策，开展重度残疾人定向补助。

2017年9月23日，浪卡子县委组织部党支部党员志愿者服务队在道布龙居委会帮助无劳力群众收割

【社会事业】 2017年，浪卡子县本级财政25%以上投入教育，投入1.97亿元，全面实施义务教育均衡发展工作，顺利通过国家评估认定。稳步推进医疗卫生体制改革，本级财政5%投入卫生事业，全面开展卫生县乡村一体化工作，全面完成包虫病筛查和城乡居民健康免费体检。食品药品监督检查力度加大，严格查处经营违法行为，确保无食品药品安全事故发生。文化事业繁荣发展，“一乡一品”特色文化节庆品牌效应凸显，数字电视实现县城全覆盖，4座寺庙及遗址被列入第七批自治区文物保护单位，阿扎乡金银锻制技艺、曲宗谐旺列入第五批自治区非物质文化遗产名录。

【安全稳定】 2017年，浪卡子县全面落实区市各项维稳措施，充分发挥党政军警民群防群治力量，深入推进“民族团结模范区”建设和双拥创建工作，深化和创新寺庙管理，扎实开展“四级信访接访日”和矛盾纠纷排查化解工作，推进“先进双联户”创建，大力推进“平安浪卡子建设”，完成各项维稳任务。全面落实安全生产“党政同责、一岗双责”制度，强化日常监察和专项检查，制定出台《浪卡子县安全生产领域改革发展实施意见》《浪卡子县安全生产监督管理办法》，加强防汛和地质灾害防治工作，安全生产形势平稳向好，连续2年荣获“山南市安全生产先进县”称号。优化发展环境专项行动和“八个专项行动”稳步推进，发展环境持续优化。

洛扎县

【概况】 洛扎县位于山南市西南部，“洛扎”藏语意为“南方大悬崖”，因地处喜马拉雅山南麓而得名，地理位置位于北纬27° 43′—28° 28′，东经90° 22′—91° 36′，是西藏的边境县之一。外与不丹王国接壤，内与措美县、错那县、浪卡子县相邻，距山南市政府所在地354公里。全县有通外山口8个，争议地区1处（拉郊乡白玉地区，总面积580平方公里）。全县有传统边贸市场3处，没有对外口岸。县境内最高海拔7538米、最低海拔2310米，县城所在地洛扎镇海拔3890米。县域总面积5031平方公里，其中，耕地面积3.2万亩、草场面积333万亩、森林面积255万亩。全县辖2个镇5个乡，27个村（社区）委会，101个村（居）民小组，全县共有6242户20055人，其中，一线边境乡（镇）6个、边境村（社区）委会22个，共3599户、13408人；二线边境乡（镇）1个（洛扎镇）、社区委员会5个，共1268户4596人。全县下设一个地方党委，7个乡（镇）党委、1个县直属机关党委、1个非公经济组织党工委、1个互联网党工委、5个党组、5个党总支、68个党支部，共有党员2758名，其中农牧民党员2063名，占党员总数的74.8%。全县有1所中学、6所小学、12个教学点，医疗卫生机构1个、乡（镇）卫生院7个、村卫生室26个。洛扎县是藏传佛教噶举派的发祥地，主要教派有噶举派、宁玛派、格鲁派，现共有24个宗教活动场所。境内水能、风能、太阳能等清洁能源，以及林业、野生动物和旅游等资源十分丰富。其中，野生动植物资源中有国家一级保护动物雪豹、棕尾虹雉和国家一级保护植物红豆杉等。“赛卡古托”粉丝、洛扎清油等洛扎土特产在区内享有一定知名度。

2017年，洛扎县生产总值5.29亿元，同比增长27.6%，其中第一产业4657万元，同比增长3.6%、第二产业3.02亿元，同比增长36.4%、第三产业1.8亿，同比增长18.9%；全社会固定资产投资1.50亿元，同比增长149.4%；税务收入2044万元，同比下降27.2%；财政收入3270万元，同比增长5%；全县金融机构贷款4.47亿元，同比增长17.02%，存款16.22亿元，同比增长65.01%；社会消费品零售总额1.05亿元，同比增长13%；农牧民人均可支配收入10964元，同比增长14.2%；城镇居民人均可支配收入27162元，同比增长10.4%。全县2017年劳务输出6400人，其中女性2518人，建档立卡贫困户287人，同比增长率达到32.87%，按行业分布：在建筑施工行业务工人员3349人，占52.33%；在乡镇企业、个体工商户等务工人员3051人；按务工区域划分：县内务工3096人，占48.4%，县外务工3304人。全县务工总收入达4600万元，环比增长17.57%，其中女性创收为1469万元，全县务工人员人均创收达7188元。

【产业发展】 一产上，农作物播种面积达3.2万亩，良种覆盖率达80%以上，粮食产量达1.1万吨；牲畜成活率、出栏率分别达96.8%、33%，黄牛改良完成率达100%；肉奶产分别达1171吨、2414吨；

2017年9月16日，山南市委书记许成仓在生格乡甲聚检查指导工作

重大动物疫情免疫率达100%，切实做好防灾减灾工作，做到未雨绸缪；实施“万千百十”工程，完成1.2万亩油豌、1032亩花椒、572.6亩苹果和15亩黑木耳种植。洛扎粉丝成功列为国家地理标志保护农产品，粉丝厂被评为市级龙头企业；嘎波民族手工业打造成国家级农民示范合作社；次麦藏鸡养殖、拉康藏药材专业合作社已推荐为自治区级示范合作社。二产上，成功发展65家农牧民专业合作社和1家市级龙头企业，总产值、利润分别达2090万元、1060万元，受益群众达4225户16808人；工业总产值达605万元，同比增长30.4%。三产上，成功列入自治区级、市级非物质文化遗产各1个；全年接待游客3.82万人次，实现旅游总收入385万元。三次产业分别完成5000万元、1.79亿元、1.95亿元，同比分别增长5.5%、30.2%、19.8%。

2017年6月3日，洛扎县委书记赵天武在即对居委会慰问老党员

【城乡建设】 2017年，洛扎县筹措各方面资金2330余万元，实施7个基层政权标准化示范点建设项目，并已完成11个点的前期工作；实施24套县级周转房项目、县城环境综合整治工程和42个农村危房改造项目；完成全县27个村的小康示范村建设规划，共涉及4957户18311人，完成15个行政村和4个边境一线前哨点小康示范村建设项目的选址、环评等前期工作，5个村已进入初设阶段，开工建设拉郊乡2个村和桑普拉、空漳浦、隆拉3个前哨点的小康示范村建设，已完成70%以上。

【社会民生】 2017年，全县中小学适龄儿童入学率、巩固率和升学率均达到100%；农村一年和两年入园率分别达88%、82%；中考成绩600分以上人数同比增长260%，中考平均成绩继续名列全市前茅；小学西藏班输送率同比增长300%；双语教育普及率、小学教学开课率均达100%；国家三类城市语言文字工作和素质教育顺利通过自治区级评估验收。县中学常规管理工作取得良好成效，成功召开“全区初中学校规范管理现场会”。卫生上，孕产妇住院分娩率达98.7%，无孕产妇死亡；全民健康体检率达100%；组织开展包虫病筛查工作，筛查率达到91%；县域内农牧民住院实行全免；基层卫生工作和县级公立医院改革工作取得显著成效，召开“全市县级公立医院管理现场会”。文化上，正式成立广播电视台，成功开播首档自办节目；开展首个“文化和自然遗产日”活动；广播电视覆盖率分别达到97%、98%；成功举办第二届“库拉岗日文化旅游节”。社会保障上，全县五大参保率均达100%，城乡居民基本养老保险参保率达98%，人社工作获得自治区级“先进集体”称号；残疾人培训公司已解决44名残疾人就业，公司销售额达51.6万元；全年落实民生资金共1044万元。深入开展强基惠民活动，共落实办实事资金405万元，办理170余件为民实事。通过整合本级财政各方面资金，实施洛扎县“为民服务十件实事”，全面共享改革发展成果。

【项目建设】 2017年，洛扎县投资在线审批监管平台上申报项目累计248个，总投资25.28亿元，录入国家重大建设项目库的项目共131个，总投资14.31亿元。全年开复工项目共161个，其中，续建项目39个、新建项目122个，完成固定资产投资11.17亿元；实施重点项目37个，总投资达11.9亿元。全县27个村(居)全部列入自治区边境小康示范村建设项目范畴，计划总投资26.7亿元。

【基础设施建设】 2017年，洛扎县实施G219改扩建、边防通道建设、6条建制村通畅、42条自然村公路、县城供水工程、扶贫商贸楼等一大批惠民工程。基础设施得到改善，全县公路通车总里程达967.8公里，乡镇通达率达100%，行政村通达率达100%、通畅率达81.5%；农田水利灌溉保障率达93%，自然村供水保障率达98%；本级财政投入40余万元资金修建杰罗布和桑布拉前哨点小型水电站，除民久玛外其余自然村已全部通电，居民用电量同比增长7.14%；通信覆盖率达96.3%，农村宽带普及率达40%以上。

【招商引资】 2017年，洛扎县委、县政府采取有力的招商举措，不断完善招商引资机制，先后成功地引进3家外地企业来县投资。成功与三川控股签订投资协议。项目总投资101亿，包括主流域5个梯级电站和支流2个电站，规划总装机量534兆瓦。总投资2亿元的支流拉郊电站已经完工投入运行，主流域梯级开发电站已经完成项目规划报告。与招商新能源、中伏集团在光伏产业方面进行深度合作。签订曲措50兆瓦和乃村50兆瓦光伏电站项目投资意向协议。其中曲措光伏电站拟投资8亿元，占地1500亩；乃村光伏电站拟投资5亿元，占地1500亩。两个项目每年仅土地租赁费用就达到200万元，可使100余户群众受益。项目建成后还将为洛扎县带来4900万元的财税收入。截至年底，两家企业中一家已经成功获得自治区审核批准。洛扎县色乡熊曲流域及支流水利水电开发意向协议，初步预算，开发电站数量5个，总装机容量约20万千瓦，总投资为30亿以上。截至年底，招商引资和民间投资分别完成8002万元、4000万元，完成年度计划的100%。

【精准脱贫】 2017年，洛扎县通过企业吸收、人才招聘等多种措施，解决近1400人的就业问题。继续实施县级领导1人包2户、科级干部1人包1户、一般干部2人包1户的帮扶机制，全县干部职工结对帮扶759户，驻军部队结对帮扶49户，社会组织主动包保171户，实现结对帮扶全覆盖。深入开展贫困户动态调整工作，建档立卡贫困户自然减少41户119人、清退157户482人、新识别31户53人、自然增加293人。实施扶贫产业项目18个，总投资1.21亿元；总投资25亿元的拉康电站被确定为自治区首批扶贫改革试点项目，规划报告已顺利通过审查。实施“双业工程”，共组织89期农牧民技能培训，参训群众达410人次；推动劳务输出，实现劳务输出6400余人次，创收4600余万元；创新实施扶贫电商工程，总销售额已突破50万元。强化金融扶贫，全县扶贫贴息贷款余额达8820万元，产业贷款达397万元。全县建档立卡贫困户979户2916人的年人均纯收入达11463元，实现“三不愁、三有、三保障”，全县贫困发生率为0.01%，控制在2.8%以内，已达到退出标准，脱贫攻坚工作已顺利通过自治区第三方评估、市级初验和自治区级交叉考核。

【生态环保】 2017年，洛扎县深入推进国土绿化工作，共植树造林3916.3亩，成活率达87.8%、管护率为100%。完成洛扎镇、生格乡、边巴乡3个乡(镇)和吉堆、古局等8个村(社区)的自治区级生态创建工作。建设项目环评和“三同时”制度执行率达100%。及时办理中央环保督察组转办案件，案件办结率达100%。实施17个饮用水源点保护项目；全面推进生态文明先行示范区创建工作，实施环境综合整治、新型城乡发展等方面

2017年5月16日，洛扎县在会议中心二楼召开2017年脱贫攻坚工作会议

八大工程34项重点项目。依法取缔关闭5家无证非法采石采砂场，整合规范各采砂场，确保权属集体所有、依法规范运行。对不符合县城整体规划的房屋进行统一拆迁，共征收项目用地25亩。严格执行地材销售运输及机械租赁指导价。深入开展“八项环境专项整治”行动，整治市场秩序、私搭乱建等八个方面问题1857处，拆除影响县容县貌的违规建筑10余处，集中抓捕收养1500余条流浪狗，优化地理环境、居住环境和发展环境，提升洛扎形象。

【体制改革】 2017年，洛扎县全面推行“放管服”改革，推进权责清单制，明确政府各部门的3530项权责，切实做好权限下放后的承接服务工作，完成权责清单公布和行政事业性收费目录公开工作。开展多证整合138个，整合率达97%。深入推进土地和林权制度改革。农村土地确权登记办证已完成实地测绘和承包户基本信息录入工作，并进行第一轮公示。农村集体土地所有权确权登记工作已通过区市两级验收。土地利用总体规划修编工作已完成资料收集和外业编制工作。永久性基本农田划定工作已顺利通过国家级验收。基准地价制定和土地年产值更新工作已通过县级评审。林权制度改革的实地勘测和登记颁证工作已完成。不动产登记工作已完成资料移交工作，正在修补测和数据整合中。深入推进“河长制”工作。成立23个县级河长并设立河湖公示牌，深入推进雄曲河流域开发、县城防洪堤修建等河湖开发和治理工作。

【党的十九大精神宣讲】 2017年，县委书记带头深入边境一线宣讲党的十九大精神和习近平总书记给玉麦乡牧民卓嘎、央宗的回信精神，并在全县上下形成学习宣传贯彻党的十九大精神的浓厚氛围。洛扎县将贯彻党的十九大精神作为当前和以后一个时期的首要政治任务。领导干部带头学、带头讲、带头干，县乡两级宣讲组迅速开展宣讲，用群众语言解读党的十九大精神，在全县形成上下联动，全面覆盖的学习贯彻党的十九大精神的良好态势。突出习近平新时代中国特色社会主义思想这个重点，抓住领导干部、致富能人等关键少数作用，面向群众讲清楚党的十九大的鲜明主题、习近平新时代中国特色社会主义思想的丰富内涵、党的十八大以来党和国家事业发生的历史性变革等。截至2017年12月底，洛扎县党的十九大精神县级宣讲次数21次，受益人数6425人；乡镇宣讲次数39次，受益人数14624人。

措美县

【概况】 措美，藏语意为“湖的下游”，位于山南市的西南高原上，县政府坐落在一个半月形的洪冲积阶地上，地处北纬28°11′15″—28°57′50″，东经90°56′18″—92°00′04″。全县总面积4177.20平方公里，其中永久基本农田面积为15020.74亩，耕地面积保有量为2.26万亩，草场面积556万亩。平均海拔4500米，县城海拔4242米，离山南市130公里，距拉萨300公里。在山南市属地域相对较大、人口相对较少、资源相对匮乏的高寒偏远县。

全县下辖2个乡2个镇（措美镇、哲古镇、古堆乡和乃西乡），16个村（居）民委员会，居住着藏族、汉族、回族等民族，总人口15023人，其中农牧业人口13238人。全县共有干部职工951人，其中，汉族干部219人，藏族干部714人，其他少数民族干部18人。党员1924名，其中农牧民党员1212人。县境内共有24座寺庙和拉康。1所中学、4所小学、5个教学点、11所幼儿园。1所医院，4所卫生院。

措美县属西藏南山原湖盆区的高原湖谷区。地势北高南低，属高原温带半干旱季风气候区，全年气候特点是冬春季干寒多风，夏秋季（6—9月）温和多雨。年平均气温5.2℃，最低气温-20℃，最高气温27.1℃。年日照时数为2800小时，年无霜期90天。年降水量少、分布不均，蒸发量大，年均降水量为286.5毫米，降水多集中在6—9月，年平均蒸发量为2270.5毫米。风力及风速大、时间长、面积广，风能资源丰富，年平均风速为2.75米/秒，最大风速为24米/秒，年大风日数164天左右。

措美县地处喜马拉雅山脉北麓，境内大小山脉连绵起伏，地质结构复杂。全县境内共有大小山脉124座，海拔在5500米以上的高山有73座，海拔6000以上终年覆盖冰雪的有9座，最高拔（打拉日峰）6777米。全县地势东北高，西南低，平均海拔4500米，最低海

2017年10月28日，措美县委书记牛堃看望慰问结对帮扶户

拔3266米，位于当巴村与洛扎县交界处，全县相对高差为3511米。

措美县水资源较丰富，共有大小河流18条，大小湖泊38个、水泉15处，全县水域面积20.44万亩，其中河流水面2.57平方公里，湖泊水面124.54平方公里，水泉面积6平方公里，最大的湖泊哲古湖约66平方公里，南北长15公里，东西最宽5.92公里，最窄2.84公里，属内流湖，水源主要靠冰雪融水和降水为主，在夏秋退缩。县内有4条外流河，其中最大的是洛扎雄曲，流经当许、乃西、当巴出境，县境内长约90公里，发源于措美县西北部的高山冰川。据措美县电站测定，最大流量在7月份，为6—8立方米/秒，最小流量在1月份，为0.67—0.86立方米/秒。

县境内野生动物繁多，主要有野驴、野鸭、黑颈鹤、水獭、盘羊、黄羊、岩羊、獐子等。藏药材资源丰富，有冬虫夏草、当归、贝母、雪莲花等300多种药用植物，且自行研制的藏药疗效明显，深受群众欢迎。措美县已开采的矿产主要有板岩、铅银锌矿、锑矿、黏土等。另外已发现的矿种有铜矿、硫黄等，但尚未进入开采阶段。太阳能、风能、地热、旅游资源也很丰富，古堆地热区已被探明为除羊八井外全区第二大地热区，前期勘探工作已完成，并取得《地热资源勘查许可证》，获得探矿权。哲古湖风景区2011年4月被评为国家AA级风景区，玛悟觉寺为藏南朝佛第一古刹，扎扎服饰2008年6月被列入国家级非物质文化遗产目录，古堆藏獒闻名全区乃至全国。

【经济发展】 2017年，措美县生产总值56507.30万元、同比增长56.51%；全社会固定资产投资178976万元、同比增长127.54%，社会消费品零售总额7439万元、同比增长13%；财政收入2346万元、同比增长16.37%；税收收入2107万元、同比增长16.86%；农牧民人均可支配收入完成10106.21元、同比增长13.40%；劳务输出5200人、创收2115万元；金融机构存款、贷款余额分别达101727万元、24629万元，其中扶贫贷款10402万元。

【农牧业发展】 2017年，措美县播种农作物14758.05亩，粮食产量3100.07吨，油菜籽产量378.72吨。新生仔畜成活数59510头（头、只），成活率96%，牲畜出栏64631头（头、只），出栏率45%。肉类产量2047.50吨，奶类产量4442.48吨，酥油产量291.54吨，毛类产量149.76吨。改良黄牛1710头。春季免疫牲畜197560头（只、匹、羽），秋季免疫牲畜223724头（只、匹、羽），免疫密度100%。兑现2016年、2017年草原生态补奖资金2446.80万元。

【工业发展】 2017年，哲古农畜产品一体化加工项目（其中哲古牦牛地理标志认证已经申报）、市江北工业园措美双创产业园、现代农业示范基地、本土传统手工业当许羊毛加工合作社开工建设，2017—2018年小型农田水利规划专项县项目建设全面完成。

【教育事业】 2017年，措美县落实控辍保学、中小学教育“三包”政策和学生营养改善计划，提高农牧民子女上大学资助标准，投入12606.50万元，推进义务教育均衡发展，并通过国家级评估验收。7名学生考入小升初其他省市西藏学生班，小学入学率和城镇学前两年受教育率均达100%，初中入学率、农牧区学前两年受教育率分别达99.56%和95.51%。助力教育脱贫，资助2016、2017年建档立卡贫困户学生809名，落实各项资助资金173.35万元。

【医疗卫生】妇女儿童“两全目标规划纲要”工作受到国务院和自治区表彰，二级乙等综合医院成果得到巩固，全民免费健康体检完成100%，孕产妇住院分娩率达100%，“五大保险”参保率达100%，“两降一升”全部达标，构建建档贫困户县内住院全额报销体系机制。藏医院建设健全，管理规范，藏医药产业初见成效。持续开展包虫病筛查诊治工作，加大流浪狗集中管理救助。加大重大疾病患者救助，完善村居医疗场所条件，提高村医技能水平，选派骨干医生到对口援藏市县挂职锻炼，提高整体提高医疗技术水平。

【文化事业】2017年，措美县国家公共文化服务体系示范区建设得到有效巩固，广播人口综合覆盖率、电视人口综合覆盖率分别达到94.20%和96.80%。全县共开展“感党恩、听党话、跟党走”和“新旧西藏对比”主题教育活动86余场，宣讲覆盖率达100%。县电视台自办节目《每周要闻》连续开播，送电影、送节目、送文化下乡深入开展，群众精神生活不断丰富。《热巴吉念》节目登上区市电视台银幕。截至年底，全县共宣传党的十九大精神92场次，受众人数达6124人次。

【社会民生】2017年，措美县推进大学生就业创业工程，150名往届、应届大学生就业率达70%以上。深入实施“双业工程”，累计培训农牧民1321人，536名农牧民实现

2017年5月，措美县委副书记、县长巴桑欧珠（左三）带队在洛扎县学习考察

就业，社会保障就业率达100%，城镇登记失业率在2%以内。全面开展城镇低保动态调整工作，落实城镇低保、城乡医疗救助、临时救助、救灾救济、寿星老人健康补贴、残疾人“两项”补贴1781人，兑现资金385.53万元。深入推进“五保”集中供养中心标准化建设，使有意愿的“五保”户集中供养率达100%，孤儿全部得到有效救助。为群众办实事95件、落实资金390余万元。

【城乡建设】2017年，110千伏电网线路改造升级工程、县城入口广场改造工程、淮河大道改造项目开工建设，措美协和20兆瓦光伏并网发电，年发电量3200万度。G560、G219施工阶段稳步进行，新建设公路里程达261.79公里，乡镇公路通畅率达100%、通村公路通达率、通畅率分别达到100%、81.25%，与乃东、琼结、浪卡子、隆子、洛扎、错那等6个县实现互联互通。卓德等5个村居基层政权示范点建设已全面启动。24套保障性住房、30户农村危房改造等工程稳步推进。

【产业发展】2017年，措美县稳步推进万亩黑青稞、万斤藏野葱等“百千万工程”。按照成熟一个实施一个，产业项目从无到有，从小到大的发展思路，培育打造县城扶贫增收商业街、县城“菜篮子”工程、古堆藏野葱、当许黑青稞、机械租赁、砂石场、千只绵羊短期育肥基地、卡珠藏鸡养殖等扶贫产业，2017年开工建设产业扶贫项目8个，总投资7943.19万元，共完成投资7500万元，其中机械租赁公司、雪菊种植、砂石厂等3个项目实现产业收益98.20万元。2017年，全县第三产业增加值达14600.8万元，其中农村第三产业总收入9822.35万元。

【项目建设】2017年，措美县推进重点产业项目和重点基础设施建设。完成“十三五”规划项目投资210000万元，完成总投资的35.66%。成功录入国家项目库项

目163个，总投资152762万元。利用投资项目在线审批平台，审批通过项目177个，总投资128039万元。古堆地热开发取得实质性进展。哲古湖水生态保护与修复工程、县城水土保持综合治理等重大项目加快推进。推进国家生态文明先行示范区建设，审批环评建设项目64个。

2017年8月25日，措美县哲古牧人节开幕

【招商引资】 2017年，措美县招商引资8个项目有序推进，卡里拉山口内的哲古镇一期50兆瓦并网光伏发电项目；哲古镇卡珠村的措美县哲古镇牦牛肉初（深）加工及配套项目；雪拉村13.8兆瓦光伏扶贫项目；哲古宗宗村30兆瓦光伏精准扶贫基地示范项目；山南措美县雷诺玉美村50兆瓦并网光伏发电项目；措美县（大地实业）双创产业园项目；措美县100兆瓦风力发电项目；措美县古堆乡地热发电项目。全年招商引资完成23864万元。

【脱贫攻坚】 22017年，措美县新识别贫困人口114户380人、清退贫困人口47户210人，共有建档立卡贫困户1177户3782人，360户1163人实现脱贫，当许居、卡珠村、具巴村等7个村（居）达到整村（居）退出贫困村（居）条件。截至年底，未脱贫贫困人口691户2238人，贫困发生率由28.73%下降至17%。扎实做好全县易地搬迁工作，泽当集中安置点建设完成，22户42人即将搬迁。落实生态补偿脱贫岗位2925个，兑现岗位资金914.94万元，落实2016年、2017年定向补助政策，向2385人兑现资金276.76万元。社保兜底的建档立卡贫困户584户1639人，兑现资金584.22万元。助力教育脱贫，资助2016年、2017年建档立卡贫困户学生809名，落实各项资助资金173.35万元。

【生态环保】 2017年，措美县扎实开展“建设美丽措美、喜迎党的十九大”八项任务整治活动，连续获得“自治区级生态保护良好县”荣誉称号。成功创建1个自治区级生态乡镇和3个自治区级生态村居。措美镇至乃西乡“绿色长廊”规划建设。顺利通过中央环保督查验收，全面完成中央环保督查整改问题13项，3个环境问题全部办结。加大对空气、水质检测力度，建立1处空气质量监测点和5处水质监测点。29处主要河湖全面推行“河长制”。加强对重大项目执法和环境整治工作，完成高原生态防护林体系建设和植树造林1767.75亩、防沙治沙28000亩、禁牧草场170万亩。

【旅游发展】 2017年，成功举办哲古第九届牧人节和措美县第十七届物资交流会。最美南环线自驾游活动总计接待区内外游客31200人次，创收53.50万元以上，同比分别增长22%、24%。

【党建工作】 政治建设。2017年，措美县坚持把维护习近平总书记这个核心、维护党中央权威作为第一位的政治要求，坚决拥戴信赖忠诚捍卫核心，牢固树立政治意识、大局意识、核心意识、看齐意识，坚定不移地向习近平总书记看齐、向党中央看齐，严守政治纪律和政治规矩，召开九届三次全会，号召全县各级党组织和党员干部自觉在思想上政治上行动上同以习近平同志为核心的党中央保持高度一致，“四个意识”明显增进，“四个自信”明显增强。思想建设：深入开展“两学一做”常态化制度化教育和“四讲四爱”专题教育实践活动，“三会一课”制度全面落实，各级党组织党内生活规范有序，县委带头加强学习、常委带头讲党课，党员干部思想上的灰尘得以清除。

弘扬社会主义核心价值观和“老西藏”精神、“两路”精神、“列麦”精神，保持党员干部思想上的纯洁性和行动上的先进性。

组织建设。坚持党管干部原则。完成村居“两委”换届工作。公道正派选拔干部，队伍结构更加合理。力推党支部晋位升级，注重质量发展党员，确保“五型”党支部建设更加有力。持续开展干部驻村工作，党群干群关系更加融洽。2017年，措美县坚持正确用人导向，匡正选人用人风气，倡导“四个优先、两个不让”，提拔调整干部206名。落实“十六字”方针，发展党员130名。

作风建设。2017年，措美县贯彻中央“八项规定”、区党委“约法十章、九项要求”和市委“十项规则”，实行公车集中统一管理、公共平台调配，创新开展“九个一”和“承诺践诺评诺、确责履责问责、述学评学考学”活动，各级党员干部，思想上受到启发、灵魂上受到触动，作风上有新转变。

廉政建设。落实全面从严治党主体责任，抓实“三必四有”，念好“五字决”，严格执行财经制度，开展个人财政借款专项治理活动和16个村居“三资”清查工作，落实县级分管领导签字审批制度，狠刹财经纪律松散之风，“三公”经费支出809万元，同比下降5%。始终保持对腐败行为的高压态势，全力支持县纪检监察机关执纪审查工作，全年共立案7起，给予党纪处分1人。

巡视巡查。2017年，措美县提高政治站位，抢抓政治担当，全面接受区党委巡视，全面开展县委巡察，巡视巡察实现上下联动。巡视巡察工作聚焦党的领导弱化、党的组织建设缺失、全面从严治党不力的三个问题，对全县5个党委、6个党组、75个党支部进行对照检查，发现问题、督促整改、指导落实，区党委巡视三组涉及县政府系统7方面8个具体问题、区党委巡视四组涉及县政府系统3方面17个具体问题全部整改到位。办理人大代表建议32件、政协提案57件，办复率和满意率均达95%以上。

2017年12月22日，党的十九大宣讲员——措美县措美镇雪热村党支部书记格桑云丹台上演讲

【改革工作】 2017年，措美县坚持以制度管人管事管长远，出台《县委议事规则》《措美县公车管理办法》《措美县干部职工请销假管理办法》等规章制度，“笼子”越扎越紧，制定完善《措美县脱贫攻坚工作干部包乡包村包户、确责履责问责实施方案》，出台项目建设领域《项目监理管理》等9项制度。深入开展“放管服”整改工作，发放“两证合一”270份、“五证合一”187份、不动产权证3本。推行健康扶贫，制定出台《措美县健康扶贫工作实施方案》，实现建档立卡贫困群众在县域内住院费用全额报销。扎实推进金融扶贫工作，2017年度县内金融机构已向130户贫困户发放贷款723.80万元。实施“互联网+”行动，网销措美特色农产品20余万元。

【受援工作】 资金援藏。第六批援藏工作成效显著，计划内投资项目7个，总投资10360万元，累计完成投资3845.15万元；争取计划外投资项目4个，总投资3904万元，累计完成投资2020.56万元。创新建立援藏扶贫帮扶协作机制，投资3940万元实施扶贫项目3个。

人才援藏。第六批援藏工作队衔接协调“教育援藏”“医疗援藏”“智力援藏”，对口市县（区）派驻住建、交通、农牧、卫生等领域专业技术人才14名，带动相关行业水平有效提升。2批次34名干部到对口支援市县考察学习。两地交流。互派代表团增进交流，在安徽举办商贸推介会、文化交流会，对口市县代表团带资金到措美援助，民族之间、援受双方交流交往交融日益频繁。

错那县

【概况】“错那”藏语意即“湖前面”的意思，位于西藏自治区东南部，喜马拉雅山脉东南，东接印占珞隅地区，西邻不丹、南与印度接壤，是西藏自治区的重要边境县之一。县城所在地海拔4380米，距拉萨380公里，距泽当220公里。极端最低气温-32.9℃，极端最高气温18.2℃，全年无霜期仅有42天，常年天气寒冷，自然条件十分恶劣，自然灾害频繁，以雪、洪、霜灾尤为突出，是典型的高寒县。

2017年，全县辖9个乡1个镇（其中门巴族乡4个），25个行政村（其中居委会2个），56个村民小组，居住着藏族、汉族、门巴族、回族、珞巴族等多个民族。总人口15358人（其中农牧业人口13284人，非农业人口2074人）。

2017年，全县实现地区生产总值57613万元，同比增长14.9%，其中第一产业完成2510万元，同比增长3.4%，第二产业完成32048万元，同比增长26.6%，第三产业完成23055万元，同比增长5.6%；固定资产投资完成137721万元，同比增长6.2%；社会消费品零售总额完成10626万元，同比增长12.9%；农村居民人均可支配收入达到9760元，同比增长15.2%；税收收入完成2603万元，同比增长5.1%；财政收入完成3506万元，同比增长16.1%。

【农牧业发展】2017年，全县耕地面积2.2826万亩，总播种面积2.329万亩，其中粮食播种面积1.6740万亩、经济作物播种面积0.454万亩、饲料播种面积0.201万亩。粮食产量达5390吨，同比增长3.2%，油菜产量达420吨，同比增长0.243%，蔬菜产量达2420吨，同比增长89.06%。以错那县扎洞村农业机械化合作社名义购置农机具23台（套），购置总额138.4344万元，其中国家补贴资金23.04万元，自治区补贴金51.1922万元，县级配套资金64.2022万元；以农户为单位全县购置农机具61台（套），购置总额143.9248万元，其中国家补贴资金3.99万元，自治区补贴金19.2799万元，群众自筹资金120.6549万元，受益户数达387户。2017年新生仔畜24681头（只、匹），成活数23162头（只、匹），成活率93.8%；成畜死亡212头（只、匹），死亡率0.28%；牲畜出栏总数24601头（只、匹），出栏率达33%。全县共改良黄牛1423头，超额完成黄牛改良冻配任务。肉类总产量达1353.5吨，同比增长12.75%；奶类总产量达2453.5吨，同比增长0.4%；禽蛋总产量达33.51吨，同比增长1.5%。重大动物疫病防控应免189091头（只、羽），实免189091头（只、羽），免疫率100%。农牧业基层项目7个，共投资3183.82万元，其中国家投资1292万元，自治区配套462万元，群众投劳402万元。

【项目建设】2017年，错那县共录入国家重大项目库项目105个，总投资20.63亿元，排名山南市第三位，投资在线审批项目119个，总投资15.19亿元，排名山南市第五位。2017年，开复工项目116个，总投资28亿元。投资1.6亿元的县城集中供暖二期项目和投资8941万元的县城集中供氧项目开始试运行，投资3600万元县城市政道路建设项目，全面竣工投入使

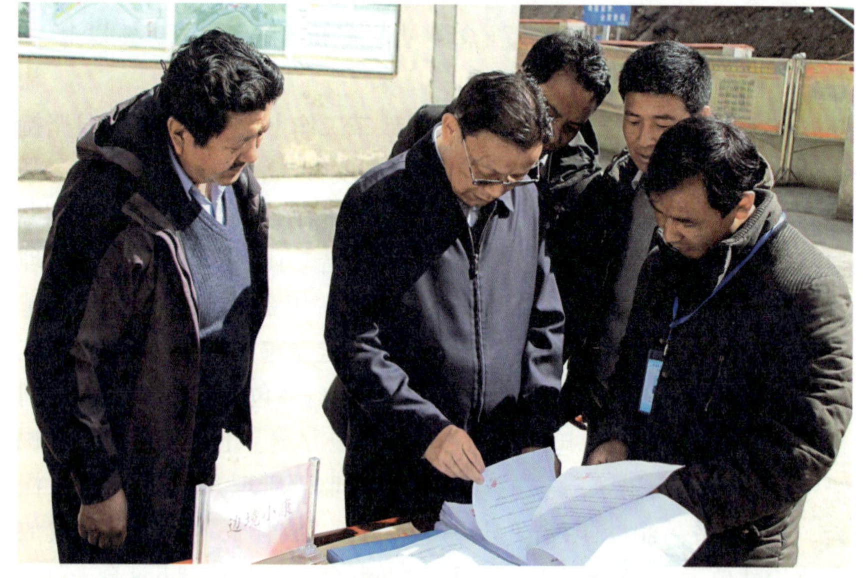

2017年11月14日，西藏自治区住建厅厅长斯朗尼玛在库局乡调研边境小康村建设情况

用。投资2.6亿元的5条农村公路续建项目进展顺利，行政村通畅率达100%。2017年投资3183万元实施县级防抗灾物资储备库、人工种草等7个农牧基本建设项目。投资800万元建成曲卓木乡高标准农田项目，投资3460.94万元建设卡达灌区、曲卓木灌区等农田水利基础设施。投资840万元开展水利基础水毁工程治理修复工程。投资532万元开工建设6处农村饮水安全巩固提升工程，农村饮水安全得到巩固。完成粮食产量5300吨。仔畜成活率和年末牲畜出栏均达到指标要求。

【教育事业】 2017年，错那县教育总投入8772万元（其中整合援藏资金5450万元），用于6所中小学改造项目，已竣工投入使用。兑现学生“三包”经费466.8万元，落实营养改善计划经费104.3万元，落实农牧民子女大学生补助资金327.2万元。2017年11月，义务教育均衡发展工作顺利通过国家验收。

【精准扶贫】 2017年，错那县陆续通过县级自验、市级验收、自治区各地市交叉验收考核、自治区第三方评估等考核。经考核，2017年年底贫困发生率为1.96%，漏评率为0，错退率为0，群众满意度达97.73%。2017年共清退不符合条件贫困户1430人、新识别贫困户1439人，剔除死亡111人，确保动态调整做法公平、过程公开、结果满意，对象精准。实施“民生提标”工程，提高民生资金补助标准，2017年共兑现1.2亿元。城镇低保、农村低保、寿星老人健康补贴均高于全区平均水平。全年共兑现低保资金202万元，“五保”户供养补助385万元，生态岗位补助535万元，边民补助3998万元，草原生态奖励补助资金1311万元。

2017年，错那县明确9个产业项目的市场经营主体，与8家企业签订产业扶贫开发协议，产业项目效益凸显，年收益达到1000万元以上。580名贫困人口参加技能培训。安排120万元贫困户培训创业资金，实施“微小创业扶贫示范店工程”。22家企业与15个深度贫困村居结对全覆盖。安徽省安排10360万元实施12个援藏扶贫项目。争取生态补偿岗位5480个。健康扶贫救助348人次，落实资金118万元。

【旅游业发展】 2017年，“勒布沟”景区荣获自治区级“平安景区”称号。错那县采取政府租赁产权，企业出资建设，市场运营管理的模式，在拿日雍措湖边、勒布沟景区等地段设置5处大型租赁广告牌。首次参加藏东南环线区域旅游战略合作活动暨藏中旅游东环线推进会，第十三届海峡博览会，提升错那县文化旅游对外知名度。加大旅游特色产品的扶持和开发力度，勒布茶叶等产品在区内市场供不应求。投资1000万元开工建设翼龙谷旅游基础设施建设项目，15座旅游厕所均已开工建设。成功举办2017·西藏仓央嘉措情歌文化旅游节。全年共接待区内外游客44769人次，旅游总收入1671.2万元。

【生态保护】 错那县始终牢记保护生态的重大使命，始终坚定“绿水青山就是金山银山”“冰天雪地也是金山银山”的理念，全力推进生态环保保护工作。围绕中央环保大督察工作，对县城垃圾填埋场、人民医院污水处理、县城3个集中式水源点进行全面技能改造、设备更新。排除层层阻力对全县7家采石采砂场依法进行关停整顿，梳理出的13项整改问题均已整改到位，取得阶段性成效。实施国土绿化工程，完成重点区域造林1351亩，生态安全屏障防沙治

2017年4月19日，错那县委副书记、县长布多在勒乡调研特色小城镇建设

沙11050亩，森林抚育项目10000亩，人工种草总面积1500亩，草原修复围栏10万亩。深化拓展生态保护“十大工程”内容内涵，推进县乡两级“河长制”工作。完成62个水源点水质监测工作。规划总面积106695亩的拿日雍措国家级湿地公园已获国家林业局批复。建成总投资647万元的县城湿地公园三期工程。

【社会保障】 2017年，错那县实施“民生提标”工程，提高民生资金补助标准，全年共兑现1.2亿元。城镇低保、农村低保、寿星老人健康补贴均高于全区平均水平。截至年底，全县共兑现低保资金202万元，“五保”户供养补助385万元，生态岗位补助535万元，边民补助3998万元，草原生态奖励补助资金1311万元。新农保保障金征收顺利，完成五大保险征缴，参保率达到99%，城镇登记失业率控制在2.1%以内。健全贫困儿童、留守儿童、孤儿、流浪乞讨人员和精神病患者关爱服务体系。对接结对企业帮扶，发展残疾人事业和慈善福利事业，不断提高救灾救济、医疗救助和特困人员供养水平；提高城乡低保标准，推进脱贫线、低保线“两线合一”。对因年龄、伤残、疾病等丧失劳动能力的家庭，实行政策兜底，确保如期脱贫。城镇低保、农村低保、寿星老人健康补贴均高于全市平均水平。

【文化事业】 2017年，错那县实施500户数字电视改造工程。村村通、户户通设备更新2563套。成功举办洞嘎达羌节和第22届亚玛荣物资交流会。开展文艺下乡56场，播放爱国主义电影476场次。扎洞六弦琴和洞嘎达羌节成功列入市级非物质文化名录，并将非物质文化、红色文化融入到校园。实施抵边地区广播电视直播卫星“户户通”工程。加快推进县民间艺术团排练场所和文化图书馆建设步伐，适度提高县民间艺术团人员下乡生活补贴，鼓励创作更多新时代主旋律的文艺作品。继续办好下乡政策宣讲和文艺演出活动，丰富群众精神文化生活。精心筹办23届亚马荣物资文化交流会和第七届仓央嘉措情歌文化旅游节，筹办“百名作家、摄影家、书画家探寻勒布沟、书写勒布沟、宣传勒布沟”活动。筹办好仓央嘉措研究协会错那研讨会。门巴民俗博物馆建成对外开放使用。做好古碉楼、古遗址、遗迹的抢救保护力度。

【医疗卫生】 2017年，错那县整合援藏和国家资金5000万元，实施县人民医院综合能力建设和创甲工作，规范化建设觉拉乡、曲卓木乡、卡达乡卫生院。实施“医疗报销补助提标扩面”工程，乡级医院住院报销比例从90%提高至100%，县级报销比例从85%提高至95%；新农合本级配套资金人均提高10倍，由人均10元提高到人均100元，有效缓解看病住院承受的经济压力，鼓励群众就近就便就医，切实做到中小病不出县。加强医疗技术人员的培训，加强对三级医疗人员的绩效考核。继续坚持弱势群体看病就医“免缴费”规定，提高孕产妇分娩奖励，本级新农合配套标准在2016年的基础上提高至5倍。全民健康体检工作全面完成。3个乡镇卫生院14个村级卫生室全部投入使用。并落实村医、兽医补助资金218.95万元。

2017年，错那县财政投入大病统筹资金400万元。开展包虫病筛查防治工作，筛查率、治疗率均达到100%。巩固包虫病筛查和防治工作。持续强化食品药品安全监管工作。持续加强食品药品监督管理工作，全年未发生一起食品药品事故，人民群众生命健康得

民族文化融校园（2017年10月17日摄）

到安全保障。

【人大工作】2017年4月27日，错那县第十三届人民代表大会第二次全体会议在县委一楼会议室隆重开幕。全县各族各界人大代表齐聚一堂，围绕全县改革、发展、稳定大局，共同参政议政、建言献计。大会应到代表94人，实到代表80人，符合法定人数。在家县级领导、县第二届政协全体委员以及驻军部队、各乡（镇）、县中（直）各单位负责人共77人列席开幕式。会议听取和审议错那县人民政府工作报告；审查和批准错那县2016年国民经济和社会发展计划执行情况与2017年国民经济和社会发展计划草案的报告，批准错那县2017年国民经济和社会发展计划；审查和批准错那县2016年财政预算执行情况与2017年财政预算草案的报告，批准错那县2017年财政预算；听取和审议错那县人大常委会工作报告；听取和审议错那县人民法院工作报告；听取和审议错那县人民检察院工作报告。

2017年，新成立县人大法制司法民族宗教委员会、财经农牧城建环保委员会和科学教育文化卫生委员会"三个专委会"。全年错那县人大常委会共依法任免国家干部34人次，其中任职23人次，免职12人次，接受辞职3人次。2017年，错那县十三届人大二次会议上代表提出的106件意见建议，全部转交政府各职能部门按期办理。错那县人大常委会于2017年11月召开常委会听取县人民政府关于代表意见建议办理情况的报告，代表意见建议答复率达100%，满意率达97%。

【政协工作】2017年4月26—27日，中国人民政治协商会议第二届错那县委员会第二次会议隆重召开，共收到委员提案56件，经提案审查委员会审查立案交办56件，立案率100%。

【小康村建设】2017年，错那县提出"以县城为中心、乡镇为重点、边境为突破口"的边境小康村建设工作思路，做到"挪穷窝"与"换穷业"并举、安居与乐业并重、搬迁与脱贫同步，全年开工建设边境小康村3个，分别为：错那县浪坡乡肖边境小康村、错那县错那镇吉松居委会（一期）边境小康村、错那县贡日乡斯木村边境小康村。肖边境小康村建设项目于2017年5月22日开工建设，11月13日竣工验收，涉及群众40户127人；吉松居委会（一期）边境小康村建设项目于2017年6月8日开工建设，截至2017年底已完成总工程量的92%；斯木边境小康村建设项目于2017年10月25日开工建设，截至年底，完成总工程量的10%。续建边境小康村1个，为勒乡勒村边境小康村建设项目于12月25日竣工，通过初验，涉及群众32户75人。

截至2017年底，错那县6个乡镇9个建设点（库局村、桑玉村、斯木村、勒村、肖新村、吉松一期、吉松二期、吉巴村、让村）已完成部分自筹资金收缴工作，收缴自筹资金共计4728.0345万元（其中现金1706.93万元，贷款3021.1045万元）。

隆子县

【概况】隆子县位于西藏南部，山南市南部偏西，喜马拉雅山东段北麓。全县境域面积10566平方公里，辖2个镇9个乡、80个行政村、445个自然村，总人口35682人，居住有藏族、汉族、珞巴族等10余个民族，其中藏族占99%以上。

建成后的肖边境小康村（2017年12月3日摄）

县城所在地海拔 3980 米。

【经济发展】 2017 年，隆子县生产总值完成 9.36 亿元，同比增长 15.6%，完成年度计划的 100.5%，其中，第一产业完成 0.63 亿元，同比增长 7.3%，完成年度计划的 100%；第二产业完成 6.4 亿元，同比增长 16.9%，完成年度计划的 100.8%；第三产业完成 2.33 亿元，同比增长 14.5%，完成年度计划的 100%。全社会固定资产投资完成 12.87 亿元，同比增长 66.4%，完成年度计划的 100%。县本级财政收入完成 0.91 亿元，同比增长 3.0%，完成年度计划的 100%；税收收入完成 1.44 亿元，同比下降 0.7%，完成年度计划的 102.9%。全县社会消费品零售总额完成 1.28 亿元，同比增长 13.1%，完成年度计划的 100.2%。农牧民人均可支配收入完成 10630 元，同比增长 14.5%，完成年度计划的 100.1%。

【项目建设】 2017 年，隆子县共开复工项目 122 个（新开工 89 个，续建 33 个，含政府集中采购）。共完成投资 12.87 亿元，同比增长 66.4%。其中，农林牧水项目开复工 25 个，完成投资 13822 万元；脱贫攻坚项目开复工 16 个，完成投资 11873 万元；交通设施项目开复工 17 个，完成投资 23239 万元；能源建设项目开复工 6 个，完成投资 21969 万元；科教文卫项目开复工 21 个，完成投资 4102 万元；基础设施建设项目开复工 21 个，完成投资 14894 万元；生态保护项目开复工 7 个，完成投资 3060 万元；招商引资项目开复工 6 个，完成投资 32741 万元；民间投资项目开工 2 个，完成投资 1768 万元；政府集中采购资金 1 项，完成 1183 万元。同时，援藏项目有序启动，通过筛选确定 3 大类 9 个援藏项目，涉及水、电、医疗等民生领域，其中投资 133.5 万元的宗雪村供水援藏建设项目已竣工，解决 100 余户村民的饮水、用水难问题。一大批建设项目有效改善隆子县基础设施条件、提升公共服务能力。

【农牧业发展】 2017 年，全县粮食播种面积达 4.44 万亩，其中黑青稞种植面积为 3.3 万亩，粮食产量 19865 吨，其中青稞产量 17222 吨。落实良种繁育田 6095 亩。县政府投资 130 余万元用于隆子县黑青稞的良种繁育工作。2017 年隆子县黄牛冻配任务为 7400 头，总投资 50 万元，截至年底，2016 年黄改冻配新生犊牛 6323 头，成活数 6197 头，成活率 98%。出售改良牛 1583 头，创收 901.5 万元。采集虫草 444 公斤，农牧民群众创收 4342 万元。加玉青稞加工基地加工黑青稞 54.4 万斤，出售黑青稞糌粑 47.2 万斤，实现产值 320.96 万元，带动群众增加收入 200.77 万元。农业基础设施夯实。隆子县 2017 年小型农田水利重点建设项目总投资 2495.53 万元，其中国家投资 2300 万元，县级财政配套 195.53 万元，共完成投资 2240 万元，占总投资的 90% 农田水利基本建设有序推进。县本级财政安排小农资金 195.53 万元，修复水毁工程 13 处，疏通河道 2.54 公里，清淤沟渠 12.44 公里，维修水池（塘）14 座，新修（加固）堤防 7.5 公里，改善灌溉面积 2520 亩。投资 2495.53 万元，新建水渠 18 条、水塘 3 座，改扩建水塘 5 座。农村饮水巩固提升工程持续推进。投资 51.16 万元，新建集中供水点 5 处，入户 115 户。顺利完成 2014 年、2015 年小农水项目审计工作。维修养护项目实施到位。投资 553.61 万元，完成 2017 年小型农田水利及农村饮

2017年4月26日，西藏自治区党委常委、宣传部长边巴扎西在隆子县检查“四讲四爱”主题教育实践活动情况

2017年6月28日，山南市副市长黄金城在隆子县气象局检查指导工作

水工程维修养护15个项目建设，全年争取到灌渠维修经费284万元，其中2017年度完成76万元。耕地确权工作稳步推进。农村耕地承包经营确权登记颁证工作顺利进行，全县2个镇7个乡76个行政村的耕地全部已测绘完毕，并将测绘结果进行公示。牧业工作有序开展。截至年底，新生仔畜44457头（只、匹），成活40470头（只、匹），成活率87%，成畜死亡2552头（只、匹）。有序开展春秋两季防控工作，重大动物疫病防控措施到位。紧密结合区、市两级重大动物疫病防控工作会议精神，采取有力措施，组织编制《隆子县2016年重大动物疫病防控实施方案》，成立重大动物疫病防控领导小组，和各乡镇签订《隆子县2016年重大动物疫病防控责任书》，牲畜强制免疫覆盖率达到100%。督促各乡镇定期开展牲畜常规疾病治疗、牲畜驱虫、牲畜棚圈消毒等工作，减少牲畜常规疾病患病率，消除传染疾病隐患，全年治疗牲畜各类常规病9266头（只、匹）。

【商业、旅游业】2017年，隆子县新增市场主体81户，注册资金9731.1万元，同比分别增长3.8%、194%。全县已建成1个县级配送中心，98家农家店，4个边贸市场（扎日、玉麦、加玉、准巴），3个乡镇商贸中心（日当、玉麦、扎日），完善消费服务网点，市场体系建设不断健全完善。隆子县加玉乡撬装式加油站建设项目已完成选址工作。2017年完成家电家具下乡补贴资金62285元，涉及5个乡镇农牧民群众和全县城镇低保户共54户。接待游客26567人次，实现旅游综合收入1500余万元。

【教育方面】2016—2017学年隆子县建档立卡大学生135人，资助资金145.40万元，已全部兑现完成。落实各项教育惠民政策，为4725名学生兑现“三包”经费1353.14万元，3824名学生兑现农牧区学生营养改善经费306.48万元。制定符合隆子县实际的全民健身活动计划和实施方案，成立领导小组，实施“干部群众阳光体育运动”计划，切实提高干部群众的身体素质。成功举办“聂雄杯”篮球比赛，参加山南市举办的第七次“体彩杯”足球比赛，取得全市第一名的好成绩。组织干部群众参与健身活动，组织体育指导员对干部群众健身路径进行使用指导，参加活动人数达2500余人次。顺利通过国家三类城市语言文字工作评估验收。

【文化事业】2017年，隆子县意识形态领域工作得到加强，社会主义核心价值观和中华优秀传统文化在隆子广泛弘扬。扎实开展县乡文化活动中心免费开放活动，全县各级文化活动中心全部实现免费开放。投入资金10万元，为10个行政村的农家书屋购置书柜，农家书屋管理更加规范。投入资金46万元对数字机房进行改造，广播电视水平提升。投入资金3.9万元组织群众演员排练，参加山南市雅砻文化节，隆子县群众表演的节目受到广大观众一致好评。加大文物和非遗保护力度，斗玉乡次塔被评为第五批国家级非遗传承人，投入资金15万元，为各级文物保护增设消防设施、改造老化线路、增设防护网等。

【医疗卫生】2017年，隆子县住院分娩人数为422人，住院分娩率达97.9%。发放住院分娩各类奖励163.91万元，补助1018人次。全县共有32427名农牧民参加个人医疗账户集资，集资金额648540元，参合率达99.9%。兑现2016年农牧区“一孩双女”和特殊子女伤残死亡扶助资金125.36万元。投入资金81286元实施计划生育免费技术服务725例。为20名困难大病患者预支资金79万元。完成34442名各类人群免费健康体检工作，体检率和建档率均达100%。先心病筛查人数2920人，发现疑似病例4例。扎实开展包虫病筛查工作。2017年隆子县B超筛查34574人，筛查率达98.2%。其中阳性109人、疑似180人；共采集血清14195份、血浆13511份，其中血清9088份、血浆8393份已送到自治区疾控中心疾病科，正在等待最终检查结果。采集包虫病患者（阳性、疑似）个案调查表289份，采集包虫病调查村基本情况调查80份，采集包虫病防治居民知识和行为问卷调查1750份。筛查组对每个乡（镇）以村为单位集中开展包虫病对健康的危害及优惠政策的宣传活动，共发放宣传画报、手册、台历、手袋等6000余份。

【创业就业】 2017年，隆子县严格按照年初所制定年度培训方案，因地制宜，采取措施，确保培训就业各项工作扎实有效推进。截至年底，已有1754名群众参加培训，其中贫困群众1506人。加强与山南市中保强盾保安公司、县菜篮子工程办公室等联系，开发218个就业岗位，实现70人（建档立卡贫困群众38人）就业。山南市“双业工程”工作现场会在隆子县顺利召开。同时，加强与常德市沟通联系，从扶贫产业开发、医疗卫生、教育发展等方面加大对接力度，2017年度已到位援藏技术人才8名，从援藏培训经费中列支24.07万元，

2017年5月26日，山南市审计组就珞巴民族生态功能区小康示范建设项目召开审计反馈会

组织13名贫困户赴湖南常德进行技能培训。

【社会保障】 2017年，隆子县周转房建设项目，新建周转房40套，总投资约927.7万元，其中批复指标32套，投资743.68万元，8套由县财政暂行垫资修建；总投资2608万元的县城污水处理及收集系统工程建设项目开工建设。总投资7010.36万元的37个基层政权示范点项目全线开工建设，其中550万元为山南市投资，剩余6460.36万元为县本级财政投入，采取代建模式，建设资金分三年拨付，迈出隆子基础设施建设代建模式第一步。

【惠民工作】 2017年，隆子县共计兑现民生惠民资金13956.19万元。兑现城乡居民最低生活保障102.77万元，农村低保475.92万元；兑现“五保”集中供养生活费、服装费等资金278.61万元；兑现城乡医疗救助资金273.34万元；兑现残疾人生活补助574.42万元；兑现临时生活救助资金43.95万元等。县本级财政投入2000万元用于全县人畜饮水工程建设、灾后基础设施建设和村级活动场所建设。

【脱贫攻坚】 2017年，隆子县按照人均可支配收入3840元的脱贫标准，隆子县达到脱贫标准的贫困人口为1328户3534人，超额完成2300人脱贫的既定目标。抓产业建设，根据隆子县产业扶贫总体规划，2017年计划投资2.04亿元，新建10个项目，续建7个项目，截至年底，完成投资3748万元。新建项目方面，总投资126万元的热荣乡才麦村粮油加工厂项目已完工，黑青稞发酵基地、扎日乡藏白酒、扎日乡高原特色茶叶、肉牛养殖场、雪沙乡藏药材、隆子县页岩石加工厂等6个项目已开工，“聂雄”标准化千头奶牛养殖基地、隆子县特色农产品加工生产线、日当镇加洛思孔汽修厂等3个项目即将开工建设，截至年底，已完成3962.86万元。续建项目方面，2016年年未

完工的扶贫就业楼、特色养殖等7个项目已全部完工。做好产业项目贷款融资，隆子县加强与邮储银行、农业银行对接沟通力度，已与两家银行签订战略框架协议，并注入风险抵押金1510万元，首批贷款下达88万元。县聂雄投资公司出资8000万元入股山南雅砻投资公司市直行政事业单位经营性房屋项目，并明确每年所得收益400万元全部用于精准扶贫及民生领域。抓易地搬迁，总投资1364.69万元的易地扶贫搬迁县城集中安置点一期工程已全部竣工，建设搬迁安置房28套及附属设施，28户76名贫困户搬迁入住。计划投资5520万元，建设热荣乡扎当村集中安置点，计划搬迁安置93户317人（建档立卡贫困群众70户234人），安置房和配套工程主体已完成，共完成投资为4968万元，已实现贫困户121户393人搬迁入住。计划投资1605.94万元实施易地扶贫搬迁县城集中安置点二期工程，公共工程建设完成形象进度达到70%，共完成投资1124.158万元。抓生态扶贫，结合隆子县实际，梳理上报生态脱贫岗位，截至年底，生态岗位已明确批复5056个。为将生态岗位责任落实到人，各行业主管单位分别与群众签订岗位责任书，并统一制定生态岗位证。

【生态文明建设】 2017年，隆子县贯彻落实《隆子县2017年度环境综合整治工作方案》和《隆子县2017年环境保护目标责任考核办法》，加大对城乡环境综合整治工作重视力度，强化城乡环境综合整治措施，城乡环境面貌改善。边久林村等10个村被评为2017年度自治区级生态村。落实环境综合整治经费72.7145万元。加快农村饮用水源地环境保护工程项目建设。投入资金200万元，实施20个农村饮用水源地实施环境保护工程。总投资89万元，建设一批乡镇垃圾中转池建设。开展环境执法专项检查，多次对华钰矿山、重点建设项目、养殖场、饮用水源地等现场执法检查，对存在问题的下发现场环境监察记录，责成限期整改。对尚未完成环评审批手续的建设项目责令停止建设，处罚未批先建项目1个，处罚金额182.9万元。调查处理各类环境信访投诉案件2件。对所有信访案件进行调处，做到件件有着落，事事有回音，回复率100%。顺利完成迎接中央环境保护督察工作，受理督察组转办案件10起，其中重点案件5起，已全部办结，召开转办案件专题会议15次，问责13人，行政处罚11.6万元。

【安全生产】 2017年，隆子县把安全生产工作纳入全县经济社会发展总体规划，与中心工作同安排、同部署、同考核，狠抓安全生产责任的落实。完成迎接国务院安委会安全生产巡查和综合督查工作，2017年，全县行业监管部门共排查一般事故隐患249条，整改215条，整改率86.3%。制定《隆子县安全生产“一票否决”制度》《隆子县安全生产述职制度》，层层签订责任状，层层压实责任。紧紧围绕“强化红线意识、促进安全发展”的主题，开展各类安全生产宣传13次，完善修订各行业领域应急预案4份。深入开展“安全生产责任落实年”“百日大排查、大整治”安全行动、打非治违专项行动。紧盯日常安全监管，突出重要时段和重要阶段，深化开展安全生产检查监督，截至年底，深入开展各类非煤矿山、危化品、烟花爆竹等领域排查治理隐患专项活动，开展执法行动123次，排查一般隐患395项，下达隐患整改指令书49份，整改率98%。各行各业打击无证或证照不全从事建设、生产、经营行为14起，取得较好的成效。2017年审理各类案件115件（含旧存17件），结案89件。各级调解组织共调处各类矛盾纠纷16件，调处成功15件，矛盾纠纷解决成功率达93.75%。抓好三月重要时期、萨嘎达瓦节、藏博会等重要节点期间的维稳安保工作。

【自身建设】 2017年，隆子县贯彻落实党的十八大、十八届三中、四中、五中、六中全会、党的十九大和习近平总书记系列讲话重要精神，紧紧围绕党中央、国务院和区党委、政府和市委、市政府的系列部署，层层压实责任，逐级签订责任书，加强纪检监察干部队伍建设力度，安排专项经费73万元，从人员、经费等方面给予支持。严控“三公”经费支出，人均标准明显下降，公务接待预算安排共计17.53万元，同比减少51%。按照监督执纪“四种形态”的要求，通过常态化开展明察暗访行动，各级纪检监察机关全年对公车私用、公款旅游、公款吃喝等作风建设各类检查70余次，查处政府系统违反中央八项规定精神的案件1起1人，给予党纪政纪处分，营造风清气正的政治生态。为贯彻落实扶贫领域监督执纪问责工作座谈会精神，对全县扶贫领域和灾后恢复重建资金进行专项监督检查。广泛深入地开展政风行风问卷测评，提高各单位开展政风行风建设的主动性和自觉性，增强社会各界对政风行风建设的认识和支持。

【民主法治建设】 2017年是深入开展“七五”普法工作关键之年，隆子县结合工作需要，确定责任人，落实责任制，切实把“七五”普法工作落实到实处。为服务基层，服务群众，依据学法用法的需求，通过采取制定藏汉两种法律书籍，满足基层法治宣传员、普法讲师团成员、法治副校长和法治辅导员工作的需要，并在农家书屋、学校图书室和寺庙书屋等公共场所摆放一定数量的法律书籍，供广大群众、学生和僧尼免费阅读。

2017年，全县共计21人参加市法制办组织的法治培训，21人获得执法证。就制定重大行政决策、推进依法行政等方面多次咨询政府法律顾问，累计答复共45次。换届工作完成，共选举出村“两委”班子成员共计441人，其中，党总支（党支部）书记80人，党总支（党支部）副书记116人，党总支（党支部）委员172人；村民委员会主任80人，副主任96人，委员171人。选举出村务监督委员会240人，真正选出一批群众基础好、发展能力强、责任心强、能为老百姓办好事、办实事的村干部。共接到人大代表提案20件，涉及农牧业发展方面3件；涉及农田水利方面9件；涉及人畜饮水方面2件；涉及环境保护方面1件；涉及其他方面3件。截至年底，代表意见建议已全部答复，办成的有2件，正在办理3件。接到政协委员意见建议38件。截至年底，提案见面率100%，答复率100%，办结率39%，列入下一步计划的45%，因客观条件限制不能办理16%。

曲松县

【概况】 西藏自治区山南市曲松县位于喜马拉雅山北侧，雅鲁藏布江中游南岸，东部与加查县、朗县接壤，南部与隆子县相连，西部与乃东县毗邻，北部与桑日县交界。曲松县四面高山环绕，河谷狭窄纵横，地势南高北低。境内山脉系喜马拉雅山脉北侧分支，主要有布章拉和亚堆扎拉两大山脉，均由北向南延伸，纵贯全县。县境内主要河流有色布河、贡布河、江扎布河等3条三级河，另有18条四级河，6条内流河，15条季节性河。全县河流总长度1217公里。县境内还有大小湖泊30余个，总面积7500亩，最大的酱错湖，面积4800亩。地处北纬亚热带，属于高原半干旱大陆性季风气候，因受海拔和高空西风带控制，属喜马拉雅雨影区，旱雨季分明，年降水量470毫米，以夜雨为主。光照充足，辐射强烈，无霜期短，年均无霜期110天左右，年平均气温8.7℃，最高气温28.5℃，最低气温-21.5℃，气温年差较小，昼夜温差较大，全年平均日较差13.5℃。全县平均海拔4200米，县城所在地海拔3987米，距乃东县泽当镇60千米，距贡嘎机场147千米，距拉萨210千米。全县地域面积为196700平方公里，主要以农牧产业为主，农业包括青稞、小麦、油菜、蔬菜等作物，畜牧业包括牦牛、绵羊等。耕地24943.5亩，粮食播种面积17166.3亩，经济作物耕地面积6405.45亩。林地面积5788.2亩，森林覆盖率0.2%。辖3个乡，2个镇，21个行政村，189个自然村，5296户，总人口16621万人。其中农村人口14433人，人口出生率1.02%，自然增长率1.06%。国家级野生动物有獐子、青羊、藏羚羊、岩羊、盘羊、狐狸、猞猁、水獭等，主要野生植物有冬虫夏草、贝母、雪莲花、红景天、党参、当归等数百个品种。已探明矿产资源有铬铁、铅、沙金、铂族等金属矿藏及玉石、水晶、大理石等矿产资源。人文景观有拉加里王宫（被列为全国重点文物保护单位）、堆随拉日石窟、洛村石窟、井嘎塘古墓群、朗真寺、东嘎曲德寺、加日贡寺、日果曲德寺、吾金古如拉康、拉加里产房遗址。自然景点有色吾温泉、布丹拉山、巴玉沟原始森林、邱多江草原、切错湖、下洛湿地。特色产品有邱多江乡的风干牦牛肉、慈成藏香、贡康沙陶瓷。

【经济发展】 2017年，曲松县实现地区生产总值5.98亿元、增长17.99%，完成年初计划数的104%；固定资产投资9.39亿元、增长20.2%，完成年初计划数的110.04%；财政收入6020万元、增长21.1%，完成年初计划数的105.3%；税收收入8606万元、增长37.3%，完成年初计划数的153.7%；社会消费品零售总额7179

万元、增长20.9%，完成年初计划数的105.3%；农牧民人均可支配收入11330元、增长17.1%，完成年初计划数的101%。

【第一产业】 2017年，曲松县实施涉农项目10个、总投资1304万元；农作物播种2.49万亩，实现粮食产量7605吨，油菜产量942吨，粮食单产提升行动成效显著；肉类总产量1961.43吨，奶类产量3054.38吨，蛋类产量33.18吨；牲畜存栏87289头（只、匹），完成牲畜免疫249357头（只、匹），完成黄牛改良2420头。特色产业优势凸显。扎实推进"一乡一品"工程，藏药材种植加工、苗圃种植和藏香、风干牦牛肉等特色产业初具规模。

【第二产业】 2017年，曲松县累计开采铬铁矿5.7万吨，实现工业总产值1.52亿元；40兆瓦光伏发电项目实现并网发电，输出电量2696.6万千瓦，实现产值3077.2万元。

【第三产业】 2017年，曲松县旅游业快速发展，全县接待游客7.34万人次，创收309.23万元。金融业保持健康发展，县农行存款余额9.68亿元，贷款余额3.8亿元。实体经济加快发展，新增市场主体103户、注册资金达6500万元。招商引资工作成效显著，招商引资突破1个亿。

【政治思想教育】 2017年，曲松县始终把拥戴信赖忠诚捍卫核心作为最重要的政治纪律、政治规矩，始终牢固树立"四个意识"，坚决维护党中央权威和集中统一领导，深入学习贯彻落实党的十九大精神，始终在思想上政治上行动上同以习近平同志为核心的党中央保持高度一致，一切行动听指挥，把改革发展稳定各项事业置于党的绝对领导之下，坚定不移、毫不动摇地向党中央看齐，向区党委、政府和市委、市政府对标，贯彻落实县委重大决策部署，确保党中央、区党委和市委、县委提倡的坚决响应，决定的坚决执行，禁止的坚决不做，任何时候任何情况下政治立场不移、政治方向不偏，做到绝对忠诚、绝对可靠、绝对一致。

2017年6月2日，曲松县委书记李世平调研产业扶持项目

【经济转型】 2017年，曲松县三次产业比重调整为5.9:59.7:34.4，"二三一"产业结构不断巩固。全面实施粮食单产提升行动，成功引进"山青9号""藏青2000""山冬7号"等优质粮食作物，单产提升11斤。建成百千亩公关示范丰产田2850亩、有效灌溉2.1万亩，实现粮食产量7605吨、油菜942吨、改良黄牛2420头。琼嘎村藏药材种植加工专业合作社"藏铭康"商标成功注册，"斯灵姜霸"生发露系列产品获国家化妆品许可专字号；慈成藏香荣获"首届2017年中国民族特色旅游商品大赛"金奖。"四轮驱动"稳步推进，全年生产铬铁矿5.7万吨，实现工业增加值1.52亿元。40兆瓦光伏发电项目实现并网发电，输出电量2696.6万千瓦、实现产值3077.2万元。发展文化旅游业，色吾温泉等重点景区加快推进，全年接待游客7.34万人次、创收309.23万元，分别增长20.4%、29%。金融存贷款余额9.68亿元、3.8亿元，被评为"自治区级农村信用体系建设信用县"。

【基础设施建设】 2017年，曲松县制定出台《曲松县基本建设项目管理暂行办法》等一批规范办法。充分发挥项目前置手续县级联审联批机制，成功录入国家重大建设项目库项目177个15.79亿元，储备三年滚动计划项目127个18.95亿元。全年开复工项目149个，国家投资、招商引资、民间投资分别完成8.15亿元、1亿元、2393万元，宗须油路、朱麦沙村至扎巴村油路、Y326至洛村龙村公路、拉林铁路曲松段等一批重大交通项目进展顺利，投资拉动作用十分明显。完成143个项目稽查审计。乡镇油路覆盖率和行政村公路通达率均达100%，行政村油路率达81%。堆随灌区续建配套与节水改造项目建成投用，色曲阿玛河防洪、马如饲草料基地灌溉、增嘎水库和曲松河下游治理等重大水利项目加快推进，新增和改善灌溉面积15376亩、行政村安全饮水覆盖率达100%。行政村通邮率和通电话率均达到100%，4G网络全面运营。

2017年8月8日，曲松镇举办“幸福曲松 健康人生 喜迎党的十九大”全民健身广场舞比赛

【脱贫攻坚】 2017年，曲松县坚决贯彻落实中央和自治区“六个精准、五个一批”“八个到位”，在2016年脱贫攻坚成果基础上，加大集中攻坚和精准施策力度，巩固自治区第三方评估、地市间交叉和市级初验考核等检查验收成果，1061户3183人贫困群众、21个贫困村达到自治区级摘帽标准，贫困群众人均可支配收入达4100元以上。12个7150万元扶贫产业项目推进有力，完成投资4260万元，带动贫困群众114户309人，人均分红2600元。县级配套资金251万元实施县内集中安置5户17人和县外分散安置16户59人，已入住；26户79人2个县外搬迁安置点即将入住。落实1128.3万元3761个生态补助岗位资金，兑现114名教育贫困大学生补助资金25万余元。落实产业信贷资金340万元、扶贫到户贷款资金3836万元。就业、社保、医疗等民生工作成效显著。

【城乡建设】 2017年，曲松县县城总规修订、控制性详细规划和乡镇总规待市级审定。加大县城区建设力度，收储县城规划区土地215亩。投入资金1.67亿元，实施“三水一路”工程，县城供水排水污水和南环路重大市政项目建成投用。城镇化率达22%，有效提升县城功能、改善乡村面貌。52户110人纳入市棚户区改造项目计划。建成48套公租房、24套周转房，完成新建和改造农牧民危房113户，实施农村人居环境整治工程21个，14个基层政权示范点建成使用。投入资金1000余万元，扎实推进5个标准化村委会建设。邱多江乡高海拔乡镇供暖试点项目稳步实施，曲松村生态文明小康示范村建设项目和达木热易地扶贫搬迁项目前期工作扎实推进，确保年内开工。

【民生工程】 2017年，曲松县落实自治区“十件实事”和市“十大民心工程”，整合资金3亿余元，实施“八到农家工程”；本级财政投入资金1500万元，实施县级民生“十件实事”项目15个。“5个100%”教育目标实现达标，荣获山南市2017年度教育教学质量先进县，顺利通过区市素质教育督导评估验收。创新公共文化服务供给，创作《埃巴伽罗》等文艺作品，成功申报3项自治区级非遗项目和3名市级非遗传承人。扎实推进“万人技能培训”和“双业工程”，完成培训473人、就业率达到60%，实现新增就业231人、劳务输出6360人，创收1968.75万元，城镇登记失业率控制在2.1%以内。社保参保实现全覆盖。新设立470万元农牧民大病统筹基金，全民免费健康体检实现100%，县人民医院创二乙工作稳步推进，医疗人才“组团式”援藏工作深入扎实。食品药品监管工作成效显著。兑现低保金218万元，社会救助、残疾人就业培训工作推进有力。落实乡镇干部职工交通补贴，不断提升一线干部工作性。

【改革开放】 2017年，曲松县严格贯彻落实市改革工作领导小组第一、二次会议精神，推进重点领域和关键环节改革。县政府机构改革全面完成，单独设立统计局和扶贫办，监察体制改革扎实推进。“放管服”改革不断深化，推进简政放权，依法削减和动态调整行政审批事项62项，确定县级行政职权3531项，政府部门权责清单和责任清单全面公布，县政务服务中心即将运营。农村土地“三权分置”不断推进，农村集体土地确权登记全面完成，不动产权工作深化推进。商事制度改革稳步推进，全面落实“六项减税”措施和“五放六支持”政策，为实体经济直接减负312.25万元，非公经济发展步伐加快、活力增强，实施“两随机、一公开”监管，事中事后监管体系不断加强，“五证合一”“两证整合”“一照一码”全面推行，全年新增各类市场主体103户、注册资金6500万元，分别增长33.7%、20.9%。成功与黄石6家公司签订招商战略合作协议，意向投资3.6亿元。

【社会治理】 2017年，曲松县坚决贯彻执行自治区维稳“十项措施”、市维稳“十条规定”，投入资金300余万元，全面加强社会治理体系建设，寺庙管理、综治工作、安全生产成绩显著。深入实施“三级信访接待日”制度，出台“信访工作十条制度”，群众来信来访17次、办结率达100%，“七五”普法持续推进，确保党的十九大期间等重要节点社会大局和谐稳定，获自治区民族团结进步模范集体、综治工作先进集体和区市“先进双联户”创建活动先进县等称号。坚决落实国务院安委会督查组各项督查整改任务，深入开展“百日大排查大整治”专项行动，加大重点领域排查整治，落实整改任务215件，全县安全生产形势持续向好，实现事故起数和死亡人数零工作目标，在全市安全生产考核中名列前茅。优化发展环境专项行动成效明显，全面提高县城规划区内农牧民失地安置保障标准，规范工程建筑领域市场秩序，发展环境不断优化，县政府依法行政水平不断提升。

2017年7月10日，曲松县“四讲四爱”主题教育实践活动之“藏汉民族一家亲黄石曲松手足情”赴寺庙巡诊活动

【生态环境】 2017年，曲松县全力推进中央环境保护督查整改工作，办理环境领域突出问题12件、办结10件，县政府组成专班赴四川叙永县考察矿山恢复治理，形成《生态恢复治理整改方案》，启动《地质环境恢复方案》和《矿产资源规划》《土地总体利用规划》编制工作，矿区生态恢复治理有序推进。全年完成植树造林3033亩、封山育林10100亩，森林覆盖率达27%。县乡村三级河长制全面推进。深入开展“喜迎党的十九大八项环境综合整治”工作，重点整治主要河流湖泊、污染物排放、建筑工地等领域突出环境问题，开展饮用水源地水质常规检测，各项指标均达标，环保基础设施基本实现全覆盖，农村饮用水源地环境保护、县城垃圾分类收集站等项目有序推进，东嘎下游湿地生态环境治理项目即将开工。获自治区级生态县，永久性基本农田划定工作全面完成，县域环境质量考核获市优秀等次。

【党建工作】 2017年，曲松县全面落实基层党建七项重点任务，实施“1314”工作举措，对6个机关党总支和32个机关党支部进行改选，建设标准化党支部活动室78个，党组织设置不断优化。建立领导干部参加双重组织生活制度和党员领导干部民主生活会制度。圆满完成村级组织换届选举工作。建立健全县、乡、村“三级联动”抓基层党建工作责任制，完善承诺、述职、评议、考核、问责“五位一体”

的责任考核体系。

【党风廉政】 2017年，曲松县深入开展党风廉政建设宣传教育月活动，扎实开展廉政考试、参观廉政警示教育基地、观看廉政教育警示片等7项专题工作，宣传教育活动取得显著成效。坚持运用监督执纪“四种形态”惩治和预防腐败行为，受理来信来访来电12件17人、给予党纪政纪处分1件1人，收缴各类违纪资金47万元，有效发挥震慑作用。

加查县

【概况】 加查县位于西藏自治区东南部，系山南市东大门，属多河流峡谷地带。县境东与林芝市朗县交界，西与山南市桑日、曲松两县相连，南与山南市隆子县毗邻，北与林芝市工布江达县接壤，东西跨度88.2公里，南北距离102.2公里，平均海拔4000米。加查县地处冈底斯山—念青唐古拉山与喜马拉雅山大地构造单位之陷凹地带，地貌区域为藏南谷地。全县境内有山峰211座，其中海拔5000米以上的有180座。加查地势西高东低，地形复杂，县域内峰峦叠嶂，河流纵横。全县有大小河、沟260余条。雅鲁藏布江从桑日县入加查县境，自西向东横贯全县，流经加查县境域河段长93公里，流量达4425立方米/秒。县境内有拉姆拉措、雍措、江斯拉措等天然湖泊160多个，主要分布在西北和北部高山地区，海拔在4500—5000米。湖泊面积都较小，最大者仅为几平方公里，均属直接受冰川作用而形成的冰川湖。加查县属高原温带半湿润气候，日照充足，辐射强烈，热量低，气温年变化相对小而日温差大，无霜期短，降水量小且降水集中，雨季明显，干湿季节分明，冬春季干燥多风。同时因境内地形复杂，海拔高低悬殊，加查县又具有水热再分配呈垂直性差异特点。全县大致可分为五种气候类型，即河、沟谷温暖半湿润气候，山地温和半温润气候，亚高山温凉半湿润气候，高山寒冷半湿润气候，高山寒冻半湿润气候。加查县河谷地区气候温和，2016年年平均气温8.9℃，平均气温最高月16.4℃，平均气温最低月-0.1℃，无霜期年均为149—169天。加查县邦达沟、色布荣沟、久布荣沟分布着大片原始森林，主要物产有虫草、贝母、麻黄、枸杞、红景天等数百个品种，以及麝香、熊胆、蛤蚧等几十种名贵药材。加查核桃驰名区内外，拥有酥油核桃、麻雀核桃、铁核桃等10多个品种，素有“核桃之乡”美誉。雅鲁藏布江水域中生长着拉萨裂腹鱼、裸腹重唇鱼、双须重唇鱼等7个品种。县城位于雅鲁藏布江中下游南岸，海拔3240米，西距山南市政府所在地乃东区107公里，距自治区首府拉萨市242公里，东距林芝市政府所在地巴宜区315公里。全县辖5个乡2个镇，74行政村，333个村民小组（自然村），6976户，总人口22305人。其中农村人口20006人，人口出生率14.7‰，自然增长率11.4‰。国土面积4646平方公里，长期以来加查县是一个以农业为主、畜牧业为辅的农牧兼营县。农业包括青稞、小麦、豌豆、蚕豆、玉米、胡豆、油菜、萝卜、土豆等作物，畜牧业包括山羊、绵羊、牦牛、犏牛、马、驴、骡、猪、鸡、鸭等。耕地面积60399亩，粮食播种面积23822.25亩，经济作物耕地面积5880亩。森林覆盖率34.89%，林地面积2685000亩。国家野生保护动物有西藏沙蜥、蛇、雪鹑、斑头雁、黄鸭、画眉、银

2017年9月13日，山南市委书记许成仓（中）率团在加查县开展基层党建和脱贫攻坚考核观摩活动

鸥、丛林猫等，已探明矿产资源有铬铁矿、岩金矿、铜矿、铅锌矿等。主要旅游景点神湖拉姆拉措、久布荣原始森林、色布荣曲风景、琼果杰风光、那玉河风光、结罗拉雪山、布丹拉雪峰、涅尔喀大瀑布、千年核桃林等。特色产品有核桃、木碗、石锅、虫草、蓝莓、竹编等。2017年完成全县生产总值119612.5万元，同比下降3.8%；其中第一产业7509.8万元，同比增长4.0%；第二产业完成79846.9万元，同比下降0.9%；第三产业完成32255.8万元，同比增长10.3%。全社会固定资产投资212862万元，完成邮政业务总量246万元；完成电信业务总量1108万元。固定电话用户2709户，使用率85%；移动电话用户12000户，使用率100%；互联网用户3315户。社会消费品零售总额34222万元。接待旅游7.21万人次，实现旅游（过境）收入46万，同比增加116%。地方财政收入6425万元，同比下降21.8%；税收收入5987万元，同比下降9.9%；地方财政支出60258万元。年末城乡居民储蓄存款余额67277万元。全年农村居民人均纯收入13881元，实现城镇就业335人，城镇登记失业率2.1%。截至年底，参加城镇失业保险819人；参加基本养老保险（城乡居民养老保险）10664人，城镇职工参加基本养老保险（城乡居民养老保险）316人，参加新型农村养老保险（城乡居民养老保险）10664人，已领取养老保险待遇1784人。参加新型农村合作医疗19556人，参合率100%。城镇居民中有22户43人得到政府最低生活保障金。

【党建工作】 2017年，加查县委把抓好党建作为最大的政绩，落实全面从严治党各项要求，为推动发展提供坚强保障。不断加强党的领导。全面落实地方党委工作条例和党组工作条例，制定《全县各党委（党组）定期向县委汇报工作制度》和《加查县党风廉政建设定期汇报制度》，明确全县各党委（党组）每半年至少向县委汇报一次党委（党组）工作和党风廉政建设工作；专题听取人大、政府、政协、法院、检察院党组工作汇报，及时了解掌握和研究解决工作中存在的困难和问题。深入推进“两学一做”学习教育常态化制度化，开展学习会、研讨会15场次，各级领导干部讲党课80次；持续开展“四个意识”教育，农牧民党员思想教育、党员干部理想信念更加坚定，“四个意识”和党员意识明显增强。不断夯实基层组织。将16个县直综合党支部合理调整为43个县直机关党支部，理顺党员与党组织隶属关系。将全县21个党员人数符合条件的行政村党支部规范调整为村党总支，将新成立且符合党员人数要求的易地扶贫搬迁村——共康村设置为村党委，农村基层党组织结构优化。在各虫草采挖点成立16个临时党支部，组织开展“党旗红遍虫草地、四讲四爱进帐篷”活动，扩大基层党组织的覆盖面；圆满完成全县村“两委”换届选举工作和软弱涣散基层党组织整顿工作，党的执政基础更加夯实。

2017年2月16日，加查县委书记李贤荣（左）率加查县党政代表团在对口支援省市湖北省宜昌市考察期间受到湖北省委常委、宜昌市委书记周霁（右）的接见

【廉政建设】 2017年，加查县把严明政治纪律和政治规矩摆在首位，坚持不懈推进党风廉政建设和反腐败斗争，层层压实党风廉政建设党委（党组）主体责任和纪委的监督责任，严格落实党政领导干部“一岗双责”。加强党员干部党风廉政教育，开展“党风廉政宣传教育月”“家庭助廉”“党员干部禁赌”“每月一课”等活动，确保警示在前，教育在先。持续深化

2017年12月27日，召开中国共产党加查县第九届委员会第三次全体会议胜利召开

正风肃纪，纠治“四风”顽疾，不断推进全县党风政风持续向好。全力支持纪委运用“四种形态”监督执纪问责，受理各类问题线索11件，初核了结6件，暂存1件，立案1件，正在办理2件，移交县公安局1件。特别是加大扶贫领域监督执纪问责，对发现的问题进行严肃处理。支持巡察工作，成立专门的巡察机构，配备办公人员和设备。严格按照工作程序开展巡察工作，严格实行组员分工负责、重点情况报告制度，2017年完成2轮巡察，组建6个巡察组对11个党组织开展巡察。保证巡察工作依纪依规、有序进行。

【农牧业】 2017年，加查县推广“冬青18号”等新品农作物9200亩，良种农作物推广率达31.62%，全县粮食产量8610.28吨，完成年度计划的100.12%；油菜产量369.76吨；肉类产量2204.89吨，完成年度计划的100.22%；奶类产量4882.33吨，完成年度计划的100.05%；全县年初牲畜总存栏数53735头（匹、只），年内出栏数达17542头（匹、只），出栏率达33.05%；全年完成黄牛改良冻配1400头，完成年度计划的100%。全年完成冻配1400头，完成年度计划的100%；虫草市场活跃，虫草产量达4500斤，是2016年同期的1.2倍，虫草产值达3.38亿元。农牧民专业合作社发展至184家。加快核桃产业规模化、品牌化战略步伐，推进蓝莓、山楂、胡麻等农林作物发展。

【教育事业】 2017年，加查县立足自身实际，实施素质教育提升工程，取消历年来在全县中小学生中实行的“虫草假期”。续建坝乡小学附设幼儿园建设项目、崔久乡幼儿园建设项目，新建加查县坝乡念村幼儿园建设项目、安绕镇热果村幼儿园建设项目、安绕镇惹米村幼儿园建设项目、洛林乡措古村幼儿园建设项目、安绕镇塘麦村幼儿园建设项目、洛林乡小学学生宿舍及饮水机井等附属设施建设项目、加查镇小学附属工程建设项目、安绕镇小学绿化工程建设项目。洛林乡措古村幼儿园、安绕镇热果村幼儿园、安绕镇塘麦村幼儿园、安绕惹米村幼儿园、坝乡聂村幼儿园建设项目的投入使用将有效地解决189户建档立卡贫困户子女就学问题。教育基础设施建设向学前教育和公共服务倾斜。资助农牧民子女上大学共465人、金额达350.76万元；足额拨付农牧区中小学生“三包”经费和营养改善经费，国家三类语言文字城市通过自治区验收。

【医疗卫生事业】 2017年，加查县稳步推进医疗卫生服务，县人民医院完成门诊3.49万人次、手术306台次，业务收入达710万元，同比分别增长6.9%、14.3%、76.8%，二级甲等医院创建工作通过山南市预评审。在宜昌市第四批援藏工作队的支持下，县人民医院整合优势专科力量，构建由1名院长、4名三年期和若干短期专技人才组成的“1+4+N”医疗组团式援藏机制，推动签订对口援助县医院协议。配套医院设施设备，开展线上线下培训和“结对”带徒弟，编写常见病诊疗规范，新业务新技术教学示范，规范医院管理，下乡义诊和健康知识宣传等，基本实现中小病不出县。强化慢性病防治和计划免疫工作，免疫接种率达95%以上。住院分娩率达99.67%，未出现孕产妇死亡。包虫病筛查22131人，其中阳性33例、疑似80例；儿童先心病筛查925人，确诊5例，符合手术特征的4例已赴宜昌免费接受治疗。完成全民健康体检工作，农牧民群众县域内就医全额报销和人民医院绩效考核通过实施。

【文化事业】 2017年，县民间艺术团共开展文艺会演、文艺下乡演出60场次，电影放映队深入农牧区、虫草采集地放映电影876场次。发放户户通设备458套，安装数字电视500套，全县广播电视覆盖率达99%。参演“长江三峡国际旅游节”“雅砻文化节”等区内外大型文艺演出，展现加查形象。免费开放达布文化艺术中心、乡镇文化活动室等公共文化服务场所，不断丰富干部群众业余文化生活。加查竹器编制技艺被评为自治区级非物质文化遗产，加查木碗、加查藏纸被评为市级非物质文化遗产。

【社会保障】 2017年，加查县成功举办第三届人力资源洽谈会，签订就业协议113人，指导服务大学生创业5人、残疾人就业2人、农牧民致富带头人创业5人，解决66名贫困户就业问题。组织开展农牧民技能培训36期1314人（其中贫困户1035人），开发就业岗位665个，实现转移就业815人，城镇失业率控制2.1%以内。全民参保登记率达98.9%，社会养老保险发放、基本医疗报销达100%，五险统征工作全面完成。发放239户534人城乡低保资金212.51万元，集中供养“五保”老人125名。投资2020万元的2016年保障性住房进入装修阶段。

【旅游业】 加查县是西藏“拉萨—林芝—山南—拉萨”黄金旅游东环线的重要一站，境内资源丰富。县城以东旅游线上，主要景点有神湖拉姆拉措、藏传佛教达布噶举派祖寺达拉岗布寺和久布荣原始森林、色布荣曲风景、琼果杰风光、那玉河风光等。县城以西旅游线上，主要景点有结罗拉雪山、布丹拉雪峰、涅尔喀大瀑布、千年核桃林等。其中千年核桃园林区有千年古核桃树300多珠，百年以上古核桃树1000多珠，还有距今1500多年的核桃王，堪称亚洲第一。成功创建“全国休闲农业与乡村旅游示范县”品牌，按照全域旅游思路打造景点线路，加快推进旅游基础设施建设和服务能力提升，全年共接待游客46万人次、实现旅游综合收入4350万元，分别较2016年同期增长538%、116%。

【生态保护】 2017年，加查县引导广大干部群众、企业业主牢固树立绿水青山是金山银山、冰天雪地也是金山银山的理念，不断强化资源开发和项目建设执法监管，重点建设项目环评执行率达100%。加快推进国家生态安全屏障建设，县乡村三级河长制全面建立，实施农村水源地保护工程17个。推进全面植树种草，推进农村“四旁”植树，全年义务植树造林400亩，生态安全屏障防沙治沙人工补栽1300亩，重点区域生态公益林建设17亩，创建自治区级生态村5个。加大环境整治和执法监管力度。77个行政村实现“户收集、村保洁、乡运转、县处理”垃圾统一清运模式，全县垃圾集中收集处理率达90%。加强水、大气、土壤污染防治工作，加强环境空气质量、饮用水水源地水质、地表水环境质量、重点湖泊水质状况、重点监督（监控）企业污染物排放等监测，检测结果均优于国家标准。

【维护稳定】 2017年，加查县突出重点部位和领域，加强对要害部位、人员密集场所的定点守护和流动巡查，强化对出租房屋、涉枪涉爆和特种行业的排查，确保安全稳定。不断加强信访隐患排查化解，全年来访来信55起（件），已办结34起（件），未发生群体性事件、越级上访事件。同时，加大联合执法力度，加强对道路交通、消防安全、重点工程、非煤矿山、民爆物品、娱乐场所和食品药品等领域安全隐患的排查整治，消除隐患，堵塞漏洞，全年未发生重特大公共安全事件。全面加强民族团结。开展民族团结宣传教育工作，中华民族共同体意识、“三个离不开”“五个认同”思想更加深入人心。深入推进民族团结进步创建评选活动，10个先进集体、15名先进个人受到表彰。民族交往交流交融力度不断加大，对口支援的宜昌市赴加查考察交流10批次82人，加查到其他省市汇报衔接工作11批次100余人次、200余名干部群众到内地学习培训。

【项目建设】 2017年，加查县坚持把协调服务项目建设，作为加快推进全面建成小康加查进程的重大举措来抓，全面实行县委书记、政府县长项目推进情况月调度制，全面推行一个项目、一名领导、一个部门、一队人马、一套方案、一抓到底的“六个一”工作机制，成立项目前置手续集中审批工作专班和项目推进工作归口专班，集中力量、集约时间加速推进项目进度。全县开复工项目共计74个，其中新开工项目47个，固定资产投资达21.3亿元。

【精准扶贫】 2017年，加查县把打赢脱贫攻坚战作为经济社会发展的头等大事和第一民生工程，用绣花的功夫全力推进精准扶贫、精准脱贫。规划并有序实施投资8.295亿元，覆盖2124名贫困人口25个产业项目。倡导干部职工结对帮扶、企业帮扶、援藏帮扶、社会帮扶，形成帮扶工作的强大合力。总投资1.063亿元，涉及369户1296人搬迁群众的莫热坝易地扶贫搬迁工程，已完成一期228户749人搬迁入住工作；二期141户494人住房建设正有序推进。2017年，加查县争取上级资金3689.51万元，并整合本级存量资金2576.23万元，本级预算资金1694.3万元（2016年、2017年）用于脱贫攻坚。2017年，为224户贫困群众发放1120万元小额信用贷款，并在邮储、农行加查支行共投入2000万元风险补偿金支持扶贫产业贷款，保障建档立卡贫困户创业资本。2017年，加查县达到自治区级贫困退出标准，贫困发生率降至0.1%，错评率为0、漏评率0，群众满意度达92.55%，787户1745人达到脱贫退出标准。

【受援工作】 2017年，宜昌市第四批援藏工作队突出目标、需求、问题、安全四个导向，以精准援藏助力精准脱贫为主线，推进“互联网+精准援藏”，得到全国和省援藏工作队、受援地各级党委政府和广大干部群众的高度赞誉。全国援藏总领队、自治区党委组织部副部长郭强专程调研总结推广宜昌工作经验。湖北省委常委、宜昌市委书记周霁充分肯定第四批援藏工作队为加查县的稳定发展作出的贡献。一年多来，宜昌市第四批援藏工作队扎实开展受援工作，坚持援藏项目资金向基层和民生倾斜，更好惠及群众，提高援藏资金使用绩效。主动跟踪省“十三五”援藏规划，将远程教育和远程医疗等纳入规划，共落实计划内项目5大类12个，资金近8000万元，同比增长2倍多。统筹所需与所能，在市委市政府支持下，多方争取计划外项目资金2000万元。截至年底，易地搬迁扶贫一期工程、塘麦村美化亮化工程已完工，CT室和远程医疗平台已建成投入使用，冷达小学扩建等项目有序推进。不断扩大招商引资，梳理西藏特殊优惠政策，结合实际出台招商引资政策。瞄准产业发展导向，科学研判资源市场优势及境内重大项目建设所带来的产业配套、要素保障等机遇，建立招商项目库，外引内联，推动一批企业落户。截至年底，先后与湖北峡州、湖北鑫鼎、西藏开投、山南文旅投、西藏众信实业等达成合作意向。峡州和众信实业项目已落地，投资60亿元的西开投水电旅游综合开发项目已完成规划编制，投资3亿元的光农互补现代农业示范园正协调选址，碧玉泉水等一批项目正在洽谈之中。抓医疗组团式援藏促医疗水平提升。着眼于中病小病不出县，以创二甲为抓手，以“医联体”为依托，加快建设区域医疗卫生中心。整合优势专科力量，构建由1名院长、4名三年期和若干短期专技人员组成的“1+4+N”县级医疗组团式援藏机制，签订市中心医院对口援助加查县人民医院协议。通过线上线下培训、“结对”带徒弟、编写常见病诊疗规范、加强和改革医院管理等，一年来，医护人员持证上岗

2017年12月29日，加查县级主要领导出席加查县共康村易地扶贫搬迁典礼大会

率提升 10%，开展新业务 20 余项，手术台次上升 70%，出院人次上升 143%，业务收入增加 23%。

【党的十九大精神宣讲】 2017 年，加查县深入开展党的十九大精神宣讲活动，紧紧围绕党的十九大主题，全面准确深入的宣讲习近平总书记重要报告的内容和重大指导意义，宣讲新修订的《中国共产党章程》激励和动员全县各族干部群众更加紧密团结在以习近平同志为核心的党中央周围，全面学习宣传贯彻落实党的十九大精神，特别是习近平新时代中国特色社会主义思想，深入贯彻中央、区党委市委关于学习贯彻落实党的十九大精神的重要决策部署，坚持贴近实际、贴近生活、贴近群众的原则，发挥好县宣讲团、各级党组织书记、农牧民宣讲员宣讲力量，构建县、乡（镇）村三级宣讲体系，通过集中宣讲、系统宣讲、重点宣讲、广泛宣讲等形式，开展宣讲活动 3000 余场次，受教育群众达 15 万余人次，宣讲覆盖率达 100%。推动党的十九大精神进企业、进牧区、进机关、进校园、进军警营、进寺庙、进网站，引导全县干部群众不忘初心、牢记使命，扎实做好加查持续稳定发展各项工作。

2017年4月8日，加查县召开“四讲四爱”喜迎党的十九大主题教育实践活动大会

桑日县

【概况】 桑日县隶属山南市，地处冈底斯山南麓，喜马拉雅山以北（桑日县位于西藏自治区中南部，山南市东北部，东邻加查县，东南接曲松县，西、南与乃东县毗邻，北靠墨竹工卡县，东北与工布江达县相连。县境东起夕拉崇山，西至大布卓布山口，北起那果木日，南到多果日山脚以南约 1.5 千米处，总体地势西高东低、北高南低，呈“两山夹一江”之势，有高山地貌、河谷地貌和风沙地貌三大地貌类型。地跨北纬 29° 00′—29° 50′、东经 91° 50′—92° 36′，东西最宽 61 千米，南北最长 62.2 千米），平均海拔 4065 米，最低海拔 3143 米，总面积 2634 平方公里。

桑日县蓄水量约 2.43 亿立方米，其中湖泊蓄水量约 0.11 亿立方米，冰川蓄水量约 0.33 亿立方米，地下水储量约 1.99 亿立方米。全县天然水能资源理论蕴藏量约 10.86 万千瓦。其中沃卡河理论水能资源约为 4.76 万千瓦，比巴河（笔乡曲）理论水能资源 2.37 万千瓦，曲松河理论水能资源 3.73 万千瓦。

桑日县在气候区划上属于高原温带季风半湿润气候，主要特点是气温偏低，长冬无夏，四季不明显；太阳辐射强，日照时间长，白天地面受热剧烈增温，气温升高，夜间空气保温效应弱，气温迅速降低，造成气温日较差大，年较差小，有“一年无四季，一日见四季”之说；干湿季分明，降水较少，蒸发强烈；立体气候显著，阴阳坡分异明显；灾害性天气频繁。受地貌影响，县境南北水热分布不均，雅鲁藏布江以北大部分地区为高原温带季风半湿润气候区，县域南部及河谷一带为高原温带季风半干旱气候区。桑日县海拔高温差大，气候垂直分异显著，从河谷往高山分别为河谷温暖半干旱气候、山地温和半干旱气候、山地温凉半湿润（半干旱）气候、高山寒凉湿润气候、高山寒冷半湿润气候五个垂直气候型。常见的自然灾害有地震、洪灾、霜冻、冰雹、病虫害、干旱和雪灾等。

桑日历史悠久，文化底蕴深厚，是西藏著名的帕竹文化发祥地，帕竹噶举派最早的寺庙丹萨梯寺、历届达赖喇嘛沐浴洗礼的沃卡温泉、诞生西藏女活佛的卡玛当寺、宗喀吧大师著名传教地曲龙寺，以及达古扎年舞等美名远扬区内外。

桑日下辖3个乡1个镇,43个行政村,83个自然村。共有5415户,总人口17554人。其中乡村人口15589人,城镇人口1965人;男性8806人,女性8748人。新生儿232人。

农作物有青稞、小麦、豌豆、油菜等;家畜家禽有牛、羊、马等,农业包括青稞、小麦、油菜、豌豆、土豆等作物,畜牧业包括牦牛、黄牛、犏牛、山羊、绵羊、藏香猪、藏鸡等,耕地面积2.3万亩,粮食播种面积1.54万亩,经济作物耕地面积5815亩,森林覆盖率37.48%,林地面积1837498亩,国家级野生保护动物有棕熊、西藏马鹿等,已探明矿产资源有铬、铜等。

主要旅游景点、寺庙景点有丹萨梯寺、曲龙寺、曲桑寺、卡玛当寺、巴朗曲康、增期寺、恰嘎曲德寺等7处寺庙,属自治区级文物保护单位。

景区有达古溪流景点、街需景点、白沟景点、达古第一峡谷等。其他景点有沃德贡杰雪山(神山)、思金拉措湖、镜湖、措姆钦湖、功德林草原、野生马鹿观赏区、里龙沟自然风景区、沃卡河谷、神湖朝圣路、鲁定颇章、鲁定林卡等。特色产品有达古石锅(自治区级非物质文化遗产项目)、达古木碗、沃卡清油、藏香猪、曲果萨糌粑、葡萄酒、藏香、贝母等。

2017年,桑日县完成生产总值143439.1万元、下降1.4%,固定资产投资293829万元、下降3.6%,税收收入17600万元、增长4.1%,一般公共财政预算收入首次突破10041万元、增长17%,社会消费品零售总额10726万元、增长12.9%,农牧民人均可支配收入12417元,增长14%。农村经济收入31740.4万元、增长16.5%。劳动力转移7926人,增长280人。

【第一产业】 2017年,全县粮食总产量9100吨,其中青稞产量4128吨,粮食安全得到保障。畜牧业生产平稳发展,牲畜存栏控制在25.51万只绵羊单位,牲畜出栏率达到33%,成畜死亡率控制在1.2%以内,仔畜成活率达到95%以上。葡萄种植面积达到1400亩。虫草产量达387.93公斤,实现产值1741余万元。

【第二产业】 2017年,桑日县实现工业增加值4.5344亿元,华新水泥、沃卡电站、4座光伏电站实现产值8.5亿元。新增农牧民专业合作社101家。招商引资完成投资4.8亿元。投资约7亿元的华新水泥三期120万吨生产线项目顺利启动。光伏项目投资规模与建设速度均居全区第一。

【第三产业】 2017年,桑日县服务业增加值完成1.87亿元,同比增长23.1%。县域景点接待游客29.2万人次,实现旅游收入630万元,同比分别增长229%、32%。全县通信业务收入1949.39万元,邮政业务收入60万元。

【优化产业结构】 2017年,桑日县总播种面积1.56万亩,坚决守住5.1万亩耕地红线。完成接羔育幼1.37万头(只、匹),成活率98.5%,牲畜总存栏87396头(只、匹),出栏率达33%。设立1150万元支农资金,促进现代农业发展。本级投入科技"三推进"经费100万元,重点做好良种培育、土壤改良、配方施肥等技术推广。农牧民专业合作社112家,葡萄产量达到20余吨,生产葡萄酒10余吨。虫草产量达387.93公斤,实现产值1741余万元。华新水泥产能突破117.5万吨,华新三期120万吨新型干法水泥熟料扩建工程顺利启动。全年完成招商引资2.3亿元。在2017年中国西藏雅砻文化节招

2017年8月20日,西藏自治区党委常委、常务副主席姜杰在桑日县达古景区调研

商暨旅游推介会上与岳阳经济技术开发区成功签约，构建起双方深化合作，实现互利共赢的战略合作平台。本级继续投入旅游产业发展资金100万元，开展农（牧）家乐、旅游接待点等建设。达古景区建成对外开放。促成与区建设公司合作，着手打造AAAA级景区，县域旅游发展规划加快修订。帮噶温泉完成升级改造正式营业，沃卡温泉旅游基础设施已动工建设。年底接待游客人数29.2万人，实现旅游收入630万元，分别同比增长20.33%、32%。各类市场主体达963户，注册资金9.5亿元，从业人员3975人。

【经济建设】 2017年，桑日县始终坚持以经济建设为中心，主动适应新常态，着力推进供给侧结构性改革，树立发展新理念，持续保持经济运行稳中向好的态势。全年生产总值、税收收入、财政收入、社会消费品零售总额、农牧民人均可支配收入和固定资产投资分别完成143439.1万元、17600万元、10041万元、10726万元、12417元和293829元。

【城乡建设】 2017年，桑日县周转房建设项目开工建设。该项目总投资336万元，建筑面积1114.48平方米，共计16套，建设地点为县检察院院内，该项目于9月30日开工建设。三乡一镇周转房附属项目全面建成。为改变各乡镇干部职工的居住环境，本级投资273.4万元对三乡一镇周转房附属进行完善，已全部竣工验收并投入使用。县城基础设施不断完善。在县政府的大力支持下，2017上半年本级财政投资116万元对伟色路沿街楼房进行立面改造，包括公安、司法、检察、林业、民政、水利、文化活动中心大楼的维修改造；共使用维修资金30万元，进行县城友谊广场、大门楼牌、敬老院门口人行道等基础设施进行维修；投入资金24.5万元对县城主街道两侧单位的亮化工程（司法局、老检察院、林业局等单位）进行亮化工程和增设垃圾箱230个，提升县城品位和环境卫生；投入资金16万元对县城桑日大道路灯更换中国结，于6月15日至7月20日完成100对中国结更换工作。针对城区内排水设施、护栏、路灯、交通指示灯修建不及时，维护不到位的问题进行整改。其中维修疏通市政下水道500米、厕所下水道50米；更换电气设备定时开关15套，更换路灯配件160套；维修政府大楼电梯房屋面卷材120平方米；更换各类雨水井盖、检查井80套，水厂、水源点开展清污、清除杂草，清洗水池共计8次。物业托管彰显成效。2017年6月，县人民政府以每年110万元，将桑日县政务中心及三个小区物业服务托管于海星物业公司运营，各小区服务和管理水平得到进一步提升。认真抓好建筑领域监管工作。严格按照用地审批、选址、出图、发证的程序，共办理乡村建设规划许可证23件、《建设项目选址意见书》30件、建设用地施工许可证15件，加强日常监管力度，全年共开展各类检查100余次，累计280余人次，排查解决安全隐患问题50多处，整改率98%，其中下发整改通知书10份，停工通知书1份。截至2017年年末，未发生一起建筑领域安全生产事故。企业监管成效显著。制订下发《县城“门前五包”责任制度的通知》《桑日县关于进一步加强县城环境卫生管理的通告》《桑日县关于县城街道实行“十不准”的通告》等相关制度，完成县城房屋维修前期摸底和审核工作；加大对国策环卫公司、农电公司、兴旺加气站的监督和管理力度，保障全县的环卫保洁、住房

2017年9月5日，西藏自治区副主席多吉次珠在桑日县调研工作

保障、基础供电供气。

【社会民生】 2017年，桑日县深入实施“双业”工程，增加就业。全县开展科技、技能培训11期，培训326人。全年新增就业230人（高校毕业生就业108人，贫困人口转移就业122人），年末城镇登记失业率控制在2.1%。教育事业持续发展。2017年投入568万元，建设桑日县增期乡岗布村幼儿园项目；新建桑日县中学附属工程建设项目及绿化建设项目；建设白堆乡仁青岗村幼儿园项目；投入2500万元的绒乡小学布局调整项目已开工建设。全年县中学“三包”支出228.2万元、小学及学前幼儿园“三包”支出513.3万元，中学营养改善支出56万元，小学营养改善支出98万元。以提升学校管理水平为重点，严格规范教师教育教学工作，强化教学工作管理和指导深化教师职称评聘改革。以提高教育质量为中心，深入开展素质教育，切实提升骨干教师模范带头作用，山南市教育督导委员会确定桑日县素质教育评估成绩为合格。医疗卫生条件进一步改善。人均寿命69.5岁。健康体检实现全覆盖，包虫病防治工作扎实开展，对农牧民、僧尼、学生、机关干部等共16999人进行筛查，筛查出疑似93例，确诊4例，并进行手术治疗，现已恢复。继续做好先心病免费筛查工作，共筛查儿童346人。截至12月末，县人民医院门诊共计就诊18000余人次，门诊静脉滴注5800余人次，收治住院人次412余例，急诊459余人次，出诊300人次，无死亡。各项计划生育免费技术服务1300余人次，手术12例。患者满意率持续保持在95%以上。兑现各类政策资金。兑现山南市“十大民心工程”政策资金3816.64万元，桑日县“十道保障线”资金385万元。兑现各类生态补偿资金624.9万元，农村低保资金215.8762万元，残疾人生活补助资金345.7380万元，五保户补助资金275.688万元；兑现大病救助基金903.44万元，农牧民孕产妇住院分娩专项奖励资金68.48万元。全年本级各类民生投入达到4305万元，支农资金1000万元以上，本级投入教育配套资金2150万元。为贫困群众小额信贷514.9万元，涉及贫困户109户。完成25户农牧区危房改造。始终牢记“人民对美好生活的向往，就是我们的奋斗目标”，持续保障和改善民生。脱贫摘帽工作有序推进，全县704户1884人已达到脱贫标准。2017年本级教育配套投入2150万元，加快教育现代化办好人民满意的教育，办学条件和教学质量不断改善。就业状况持续改善，全县城镇新增就业237人。增收工作成效显著，农牧民人均可支配收入实现12417万元。推进养老保险、医疗保险制度改革，参保率均达到100%。兑现县“十道保障线”资金426万元。全覆盖实施全民免费健康体检、先心病儿童筛查、包虫病筛查，农牧民合作医疗参保率达到100%。全年文化事业支出占上年财政收入的3.1%，广播电视人口综合覆盖率达99.7%。县广播电视台已获国家新闻出版广电总局批准挂牌运行。

【项目建设】 2017年，桑日大古水电站共完成投资32.5359亿元，沃卡电站产能8995万千瓦时，全县光伏总容量达到70兆瓦，光伏电站发电累计为7329.44万千瓦时，国电投三期20兆瓦、苏州协鑫20兆瓦光伏项目前期工作积极推进，光伏项目投资规模与建设速度均居全区第一，行政村通电率均达到100%。投资10.36亿元的加桑、桑墨公路项目建成通车，总投资1.65亿元的足苏、白堆、拉玉三条农村公路将于2017年11月下旬竣工。仁青岗、藏嘎公路已完工待验收，投资1.047亿元的达古农村公路建设加快实施。总投资6500万元的三条专项扶贫及脱贫摘帽交通项目已启动。桑日大桥改造工程已经开工投建，总投资5225万元。8个水利项目开工建设，总投资1751.12万元。小型农田水利重点县项目、比巴灌区项目通过市级验收投入使用，5.106万亩耕地灌溉条件得到改善，1.8万余群众从中受益。本级投入430.69万元实施完成堤防治理、寺庙供水和干渠修复。农村安全饮水巩固提升，水土保持、水资源配置等项目建设稳步推进。

【基础设施建设】 2017年，桑日县开复工项目78个，完成固定资产投资29.3829亿元。重点项目超常规推动，大古水电站、拉林铁路桑日段、拉林铁路供电工程完成投资19.04亿元。基础设施建设多点开花，加快实施桑日镇、绒乡扶贫就业楼，乡、村、组人居环境整治建设，岗布、达杰、白金、夏间、巴资5个村级基层政权示范点组织建

2017年5月17日，西藏自治区巡视四组副组长马静（中间）在桑日县调研工作

设，绒乡小学布局调整集中办学，增期乡、桑日镇公安检查站，消防大队及公安局、检察院附属工程，五保集中供养消防等工程。白堆至藏嘎公路建成通车；绒乡足苏桥至达嘎村等8条农村公路建设有序推进。持续深化民生水利进程，全面实施水土保持、饮水安全、干渠维修和堤防工程等项目建设。新增通讯基站97个，城乡信息化建设步伐加快。

【招商引资】 2017年，桑日县完成招商引资4.8亿元。在2017年中国西藏雅砻文化节招商暨旅游推介会上与岳阳经济技术开发区成功签约，构建起双方深化合作，实现互利共赢的战略合作平台。本级继续投入旅游产业发展资金100万元，开展农（牧）家乐、旅游接待点等建设。达古景区建成对外开放。积极促成与区建设公司合作，着手打造AAAA级景区，县域旅游发展规划加快修订。帮噶温泉完成升级改造正式营业，沃卡温泉旅游基础设施已动工建设。年底接待游客人数29.2万人，实现旅游收入630万元，分别同比增长20.33%、32%。各类市场主体达963户，注册资金9.5亿元，从业人员3975人。

【生态环保】 2017年，桑日县全力以赴做好迎检工作。按照区、市两级要求，及时组织开展联合自查自纠，认真查摆问题，狠抓整改落实，其间，共出动执法人员450人次，联合相关部门下达责令改正通知书78份，停工通知6份，行政处罚通知1份，通过蹲点、回头看等形式监督企业落实环境整改工作，确保中央环保督导组莅临桑日县督察时所涉及的40余个环保问题全部整改到位。历时7个月，完善县域内38家企业档案，建立信息数据库。在中央环保督察组在藏督察期间，共接到群众举报环保问题5起，其中1起经核实，举报不实，其余4起已办结。扎实推进生态创建活动。将增期乡以及增期乡雪巴村、措巴村、支巴村、白金村、卡乃村、增期村、帮贡村、达杰村、米东村、真措村、达古村、桑日镇塔木村和绒乡吉隆村等13个村纳入到创建工作。投入232.62万元购置乡村垃圾清运车及道路清扫车13辆，投入12.6万元购置生态乡村健身器材7套，投入110余万元购买生态乡村垃圾箱3438个，在三乡一镇、重要交通沿线设立环保宣传横幅14条，环保宣传牌14个，生态村宣传栏14个。以促进村域经济社会发展和改善农村生态环境质量为目标，相继在增期乡卡乃村、增期村、真措村实施农村环境综合整治和生态村建设项目，总投资379万元。截至年底，19个农村饮用水水源保护建设项目已全部完工，投入60万元为绒乡江塘村新修建饮水设施，投资74万元修建增期乡增期村便民饮水工程。扎实推进环境整治。组织动员全县干部群众开展各类环境整治活动20余次，整治脏乱差环境问题6处。投资30.571万元为全县59名环保监督员和保洁员配备工作服、反光背心、手套等相关设备，投入9.896万元购买400个垃圾桶（其中，小型垃圾桶176个，大型垃圾桶224个），投入3万余元制作5万个环保宣传袋。2017年，组织开展各类环境监测8场次，涵盖城镇、村（居）38个点位，投入资金40.926万元（其中包括常规检测3次，农村试点1次，农村饮用水水源点1次19个点，生态村1次13个点，水质全分析1次2个点），为全面掌握辖区内环境质量状况提供决策依据。1—9月份各项环境质量均达到良好指标。通过“3月综治宣传月”、开展“禁白”宣传、“6·5”世界环境日等活动，组织开展各类宣教活动6场次，散发各类宣传资料近1750余份，发放环保宣传袋10850个，受教育群众达2200余人次，努力营造“人人参与监督、人人关心环境”的良好氛围。

【**脱贫攻坚**】 贫困对象精准识别。2017年，桑日县建立脱贫攻坚调度责任机制，每周召开县指挥部办公室例会、每月召开县指挥部会议、每季度召开工作推进会，促进责任落实到人、工作落实到底和任务落实到位。建立“八看六不评”识别体系，确保精准识别贫困人口。按照“统计部门牵头审核、扶贫民政部门把关、乡镇精准识别对象、扶贫专干保证质量”的精准识别责任机制和一看房、二看粮、三看劳、四看学、五看病、六看残、七看婚、八看收，打牌赌博违法乱纪家庭不评、好逸恶劳游手好闲家庭不评、无理干涉阻挠优化发展家庭不评、家庭收入情况不明家庭不评、有国家公职人员家庭不评、不履行赡养义务家庭不评“八看六不评”识别法，并认真开展建档立卡动态调整工作。实施“五步一同”贫困对象退出机制。桑日县结合《山南市贫困对象退出机制实施办法》，创新实施“五步一同”贫困对象退出机制，建立扶志、扶技、扶业“三位一体”防止返贫机制，对接市“万人技能培训”工程，实施县藏式卡垫编制业“定向培训”计划，帮助贫困户就地就近稳定就业。建档立卡贫困户2017年退出707户1892人，剩余35户89人，贫困发生率0.5%。

扶贫政策全面落实。2017年兑现山南市“十大民心工程”政策资金3816.64万元，桑日县“十道保障线”资金262万元；兑现各类生态补偿资金624.9万元，农村低保资金215.8762万元，残疾人生活补助资金346.29万元；兑现大病救助基金634万元，农牧民孕产妇住院分娩专项奖励资金30万元；兑现“五保”户补助资金275.688元；为贫困群众小额信贷635.9万元，涉及贫困户135户。落实生态补偿岗位政策，桑日县2017年共计安排生态岗位1823个，已于10月之前兑现生态岗位工资546.9万元，其中机动岗位190个。绒乡共计安排生态岗位654个，桑日镇安排生态岗位316个，白堆乡安排生态岗位214个，增期乡安排生态岗位629个。

2017年8月22日，山南市委书记许成仓（右二）在桑日县华新水泥查看矿山整改情况，桑日县委副书记、县长吾金（右三）陪同

产业扶贫有序推进。2017年，桑日县涉及计划内项目8个，计划投资1.04亿元，已经开工完工6个，完成投资4200万元；涉及计划外项目（全额县本级投资“一乡一策”）17个，计划投资1500万元，开工完工11个，完成投资550万元。计划内8个项目中，有3个项目涉及金融贷款。桑日县通过“政府风险补偿基金+银行信贷”的合作模式，以1:9的比例，将第一批产业资金1287.16万元作为风险补偿基金进行贷款，截至年底完成抵押贷款110万元，正在洽谈2800万元。

易地搬迁全面落实。2017年，桑日县绒乡追塘坝易地搬迁集中点作为全市重点项目之一，县委提前安排、提前部署、提前实施，选派精干领导成立工作专班，深入群众家中实地了解情况，结合群众意愿，确定搬迁对象、搬迁地址，规划面积为1481.6亩（含居住和产业规划用地）107套不同户型的集中搬迁点，项目总投资5767.28万元。于2016年8月实施，2017年6月竣工，年底顺利完成搬迁入住104户421人。建设6个产业项目（农田建设、高效温室、核桃种植、人工种草、林果产业及奶牛养殖产业项目），本级财政划拨付55万元为贫困户配备家电家具等，确保搬迁群众“搬得出、留得住、不返迁”。开

2017年1月6日，山南市委副书记、市长普布顿珠一行调研组检查桑日县“菜篮子”工程，桑日县委副书记、县长吾金（右）陪同

展“感党恩、听党话、跟党走”主题教育活动及勤劳致富教育4次，群众思想状况积极向上，用自己的双手自力更生、勤劳致富，早日脱贫的愿望更加强烈。

【十九大精神宣讲】 2017年10月31日，县委召开传达贯彻党的十九大精神党员干部大会，传达学习党的十九大精神以及区党委、市委传达贯彻党的十九大精神领导干部大会精神，并对全县学习宣传贯彻党的十九大精神进行安排部署。11月3日，区党委吴英杰书记亲临桑日带头宣讲党的十九大精神；11月14日，区党委常委、组织部长曾万明深入桑日县白堆乡宣讲党的十九大精神；自治区党的十九大宣讲团成员、山南市委宣传部副部长郭世钦一行在桑日宣讲党的十九大精神；11月15日，市委常委、纪委书记吴维同志深入增期乡宣讲党的十九大精神。全县范围内共开展相关学习85场，参与学习的党员干部达6326人次，撰写心得体会600多篇，各级各部门共制作户外广告、墙贴标语20余面，横幅50余条，展板60余面，县域内所有LED显示屏滚动播放党的十九大标语口号，有效拓宽党的十九大精神的社会宣传面积。

受地厅级以上表彰的先进集体名录

表2

获奖单位	获奖名称	表彰时间	授予单位
山南市纪委	全国纪检监察工作先进集体	2017年	中共中央纪委机关、人力资源社会保障部
山南市人民检察院	文明接待室	2017年	最高人民检察院
山南市人民检察院	全国检察文化建设示范院	2017年	最高人民检察院
市安全监管局	全国“安全生产月”活动先进单位	2017年	国务院安委办
市安全监管局	全国“安全生产万里行”活动先进单位	2017年	国务院安委办
山南市公安局桑耶寺公安派出所	全国优秀公安基层单位	2017年	国家公安部
山南市看守所	公安监管工作成绩突出集体	2017年	国家公安部
洛扎县人民医院	全国卫生计生系统先进集体	2017年	国家卫计委、人社部
山南市统计局	全国统计系统先进集体	2018年	国家统计局、人社部
山南市统计局	第三次全国农业普查先进集体	2018年	国家统计局
浪卡子县国家税务局	“营改增”集体嘉奖	2017年	国家税务总局
曲松县国家税务局	全国税务系统法治基地	2017年	国家税务总局
加查县	2017年电子商务进农村示范县	2017年	国家商务部、财政部、国务院扶贫办
山南市环境保护局	全国环保系统先进集体	2017年	国家环保部
山南市环境监察支队集体	2015—2017年环境信访工作表现突出集体	2017年	国家环保部
格桑路工商所	第五届全国文明单位	2017年	中央文明办
山南市藏医医院	第五届全国文明单位	2017年	中央文明办
市水利局	全国文明单位	2017年	中央精神文明建设指导委员会

续表 2

获奖单位	获奖名称	表彰时间	授予单位
中国移动西藏山南分公司	全国文明单位	2017 年	中央精神文明建设指导委员会
农行山南分行	2017 年精神文明建设先进单位	2018 年	中国农业银行
加查县	全国第三批结合新型城镇化开展支持农民工等人员返乡创业试点	2017 年	国家发展改革委、工信部、财政部、人力资源社会保障部、国土资源部、住房城乡建设部、交通运输部、农业部、商务部、人民银行
加查县县教育局	群众体育先进单位	2017 年	国家体育总局
曲松县委宣传部	第五届全国文明单位	2017 年	中央精神文明建设指导委员会
曲松县下洛村	第五届全国文明村镇	2017 年	中央精神文明建设指导委员会
慈成藏香	“2017 中国特色旅游商品大赛”金奖	2017 年	中国旅游协会
措美镇玉美村	全国基本保障示范村	2017 年	国家住建部、财政部
色乡卫生院	2015-2016 全国群众最满意乡镇卫生院	2017 年	国家卫计委
洛扎县粉丝厂	国家地理标志保护产品	2017 年	国家质监总局
琼结县政法委	长安杯	2017 年	中央综治委
唐布齐寺	第五批全国民族团结进步创建示范单位	2017 年	中央民委
山南市烈士陵园	全国民族团结进步教育基地	2017 年	国家民委
琼结县政法委	《吐蕃故都·平安琼结》在“全国第二届平安中国微电影微视频比赛”荣获“优秀微视频”奖	2017 年	中央政法委办公室、综治办
斗玉村	全国文明村	2017 年	国家林业局
斗玉珞巴民族乡斗玉村	第五届全国文明村镇	2017 年	国家林业局
斗玉珞巴民族乡	全国民族团结进步创建活动示范乡镇	2017 年	国家民族宗教事务管理委员会
山南市气象局	全国文明单位	2017 年	中央精神文明建设指导委员会
山南市气象局	《挖掘藏族文化闪光点，古为今用科普新气象》获评 2017 年度全国创新工作项目	2018 年	中国气象局
山南市地震局	全国地市级防震减灾工作综合考核先进单位	2017 年	中国地震局
山南市科学技术协会	2017 年全国科普日活动优秀组织单位	2017 年	中国科协办公厅
山南市教育局（体育局）	2013—2016 年度全国群众体育先进单位	2017 年	国家体育总局
农行山南分行加查县支行	中国银行业文明规范服务三星级营业网点	2018 年	中国银行业协会
农行山南分行	2017 年精神文明建设先进单位	2018 年	中国农业银行
中国建设银行山南分行营业部	普惠金融千佳网点	2018 年	中国建设银行股份有限公司

续表 2

获奖单位	获奖名称	表彰时间	授予单位
中国邮政集团公司西藏自治区扎囊县分公司党支部	2017 年全国邮政系统基层党组织建设示范单位	2018 年	中国邮政集团公司党组
隆子县	全国双拥模范县	2017 年	自治区党委、自治区政府、西藏军区
山南市	全区双拥模范城（县）	2017 年	自治区党委、自治区政府、西藏军区
浪卡子县	全区双拥模范城（县）	2017 年	自治区党委、自治区政府、西藏军区
错那县	全区双拥模范城（县）	2017 年	自治区党委、自治区政府、西藏军区
贡嘎县	全区双拥模范城（县）	2017 年	自治区党委、自治区政府、西藏军区
洛扎县	全区双拥模范城（县）	2017 年	自治区党委、自治区政府、西藏军区
山南市委组织部	创先争优强基础惠民生活动先进驻村工作队	2017 年	自治区党委、自治区政府
山南市委组织部	自治区创先争优强基础惠民生活动优秀组织单位	2017 年	自治区党委、自治区政府
中共山南市委政法委	在全区“先进双联户”创建活动考评中荣获先进地市	2017 年	自治区党委、自治区政府
中共山南市委政法委	全区综治考评中第一名	2018 年	自治区党委、自治区政府
市强基惠民活动领导小组办公室	自治区创先争优强基础惠民生活动先进集体	2017 年	自治区党委、自治区政府
市政府办公室驻浪卡子县浪卡子镇浪卡子居委会工作队	创先争优强基础惠民生活动先进驻村工作队	2017 年	自治区党委、自治区政府
市政协办公室驻隆子县三林乡三林村工作队	创先争优强基础惠民生活动先进驻村工作队	2017 年	自治区党委、自治区政府
山南市公安局刑事侦查支队	模范刑警队	2017 年	自治区党委、自治区政府
山南市人民检察院	创先争优强基础惠民生活动第六批驻村工作先进集体	2017 年	自治区党委、自治区政府
司法局驻加查县玛岗村工作队	2017 年度自治区强基惠民工作先进集体	2017 年	自治区党委、自治区政府
司法局驻加查县玛岗村工作队	2017 年度山南市强基惠民工作先进集体	2017 年	自治区党委、自治区政府
山南市扶贫（农发）办	2017 年脱贫攻坚综合评价优秀奖	2017 年	自治区党委、自治区政府
市食品药品监督管理局派驻加查县加查镇江塘村工作队	创先争优强基础惠民生活动先进驻村工作队	2017 年	自治区党委、自治区政府
琼结县委组织部（强基办）	创先争优强基础惠民生活动先进驻村工作队	2017 年	自治区党委、自治区政府
山南市烟草专卖局（公司）驻扎唐镇杂玉村工作队	创先争优强基础惠民生活动先进驻村工作队	2017 年	自治区党委、自治区政府
山南市农牧局	自治区创先争优强基础惠民生活动优秀组织单位	2017 年	自治区党委、自治区政府
山南市商务局驻加查县拉绥乡拉绥村工作队	创先争优强基础惠民生活动先进驻村工作队	2017 年	自治区党委、自治区政府
山南市艺术团驻隆子镇娘嘎村工作队	创先争优强基础惠民生活动先进驻村工作队	2017 年	自治区党委、自治区政府

续表 2

获奖单位	获奖名称	表彰时间	授予单位
山南市人社局	自治区创先争优强基础惠民生第六批优秀组织单位	2017 年	自治区党委、自治区政府
浪卡子县张达乡人民政府驻张达乡巴多村工作队	创先争优强基础惠民生活动先进驻村工作队	2017 年	自治区党委、自治区政府
山南市质监局驻伦布雪乡帮来村工作队	创先争优强基础惠民生活动先进驻村工作队	2017 年	自治区党委、自治区政府
山南市气象局驻伦布雪乡拉康秀村工作队	创先争优强基础惠民生活动先进驻村工作队	2017 年	自治区党委、自治区政府
山南市邮政分公司驻多却乡尼玛龙村工作队	创先争优强基础惠民生活动先进驻村工作队	2017 年	自治区党委、自治区政府
浪卡子县发展和改革委员会驻打隆镇推瓦村工作队	创先争优强基础惠民生活动先进驻村工作队	2017 年	自治区党委、自治区政府
西藏自治区气象局驻普玛江塘乡下索村工作队	创先争优强基础惠民生活动先进驻村工作队	2017 年	自治区党委、自治区政府
山南市政府办公室驻浪卡子镇浪卡子居委会	创先争优强基础惠民生活动先进驻村工作队	2017 年	自治区党委、自治区政府
山南市农牧推广中心驻阿扎乡增巴村工作队	创先争优强基础惠民生活动先进驻村工作队	2017 年	自治区党委、自治区政府
山南市人民检察院驻卡龙乡东嘎村工作队	创先争优强基础惠民生活动先进驻村工作队	2017 年	自治区党委、自治区政府
山南市第二中等职业技术学校驻白地乡多扎村工作队	创先争优强基础惠民生活动先进驻村工作队	2017 年	自治区党委、自治区政府
山南市委办公室驻卡热乡边距村工作队	创先争优强基础惠民生活动先进驻村工作队	2017 年	自治区党委、自治区政府
中共浪卡子县浪卡子镇党委	自治区创先争优强基础惠民生活动第六批自治区级优秀组织单位	2017 年	自治区党委、自治区政府
浪卡子县人大、政协办公室	自治区创先争优强基础惠民生活动第六批自治区级优秀组织单位	2017 年	自治区党委、自治区政府
浪卡子县多却乡党委	自治区创先争优强基础惠民生活动第六批自治区级优秀组织单位	2017 年	自治区党委、自治区政府
贡嘎县人民政府	青稞增产先进县（区）	2018 年	自治区党委、自治区政府
县总工会驻杰德秀镇斯麦社区工作队	创先争优强基础惠民生活动先进驻村工作队	2017 年	自治区党委、自治区政府
浪卡子县张达乡人民政府驻张达乡巴多村工作队	创先争优强基础惠民生活动先进驻村工作队	2017 年	自治区党委、自治区政府
山南市质监局驻伦布雪乡帮来村工作队	创先争优强基础惠民生活动先进驻村工作队	2017 年	自治区党委、自治区政府
山南市气象局驻伦布雪乡拉康秀村工作队	创先争优强基础惠民生活动先进驻村工作队	2017 年	自治区党委、自治区政府
山南市邮政分公司驻多却乡尼玛龙村工作队	创先争优强基础惠民生活动先进驻村工作队	2017 年	自治区党委、自治区政府
浪卡子县发展和改革委员会驻打隆镇推瓦村工作队	创先争优强基础惠民生活动先进驻村工作队	2017 年	自治区党委、自治区政府
西藏自治区气象局驻普玛江塘乡下索村工作队	创先争优强基础惠民生活动先进驻村工作队	2017 年	自治区党委、自治区政府

续表 2

获奖单位	获奖名称	表彰时间	授予单位
山南市政府办公室驻浪卡子镇浪卡子居委会	创先争优强基础惠民生活动先进驻村工作队	2017 年	自治区党委、自治区政府
山南市农牧推广中心驻阿扎乡增巴村工作队	创先争优强基础惠民生活动先进驻村工作队	2017 年	自治区党委、自治区政府
山南市人民检察院驻卡龙乡东嘎村工作队	创先争优强基础惠民生活动先进驻村工作队	2017 年	自治区党委、自治区政府
山南市第二中等职业技术学校驻白地乡多扎村工作队	创先争优强基础惠民生活动先进驻村工作队	2017 年	自治区党委、自治区政府
山南市委办公室驻卡热乡边距村工作队	创先争优强基础惠民生活动先进驻村工作队	2017 年	自治区党委、自治区政府
洛扎镇	西藏自治区民族团结模范进步奖	2017 年	自治区党委、自治区政府
卓瓦寺管会	先进寺管会	2017 年	自治区党委、自治区政府
措美镇当许社区	创先争优强基础惠民生活动先进驻村工作队	2017 年	自治区党委、自治区政府
措美县委组织部	创先争优强基础惠民生活动先进驻村工作队	2017 年	自治区党委、自治区政府
措美镇玉美村	创先争优强基础惠民生活动先进驻村工作队	2017 年	自治区党委、自治区政府
下洛村工作队	创先争优强基础惠民生活动先进驻村工作队	2018 年	自治区党委、自治区政府
措堆村工作队	创先争优强基础惠民生活动先进驻村工作队	2018 年	自治区党委、自治区政府
曲松县委组织部（县强基办）	强基惠民第六批自治区级优秀组织单位	2017 年	自治区党委、自治区政府
曲松县民宗局	2017 年西藏自治区民族团结进步模范集体	2017 年	自治区党委、自治区政府
洛曲德寺	2017 年山南市民族团结进步模范集体	2017 年	自治区党委、自治区政府
邱多江完小	2017 年山南市民族团结进步模范集体	2017 年	自治区党委、自治区政府
加查县	自治区级平安县	2017 年	自治区党委、自治区政府
市人大驻安绕镇索囊村工作队	创先争优强基础惠民生活动先进驻村工作队	2017 年	自治区党委、自治区政府
市食药监局驻加查镇江塘村工作队	创先争优强基础惠民生活动先进驻村工作队	2017 年	自治区党委、自治区政府
加查县驻加查镇久堆村工作队	创先争优强基础惠民生活动先进驻村工作队	2017 年	自治区党委、自治区政府
加查县驻洛林乡加果村工作队	创先争优强基础惠民生活动先进驻村工作队	2017 年	自治区党委、自治区政府
市商务局驻加查县拉绥乡拉绥村工作队	创先争优强基础惠民生活动先进驻村工作队	2017 年	自治区党委、自治区政府
市委党校驻洛林乡普姆村工作队	创先争优强基础惠民生活动先进驻村工作队	2017 年	自治区党委、自治区政府
市科技局驻加查县洛林乡吉巴村工作队	创先争优强基础惠民生活动先进驻村工作队	2017 年	自治区党委、自治区政府

续表 2

获奖单位	获奖名称	表彰时间	授予单位
市司法局驻加查县冷达乡玛岗工作队	创先争优强基础惠民生活动先进驻村工作队	2017 年	自治区党委、自治区政府
山南市广播电视台	2017 年度全区民族团结进步先进集体	2017 年	自治区党委、自治区政府
山南市藏医医院	创先争优强基础惠民生活动先进驻村工作队	2017 年	自治区党委、自治区政府
洛扎县洛扎镇	全区民族团结进步模范集体称号	2017 年	自治区党委、自治区政府
隆子县委组织部	创先争优强基础惠民生活动先进驻村工作队	2017 年	自治区党委、自治区政府
山南市农业技术推广中心驻浪卡子县阿扎乡增巴村工作队	创先争优强基础惠民生活动先进驻村工作队	2017 年	自治区党委、自治区政府
山南市人大常委会办公室驻安饶镇索朗村工作队	创先争优强基础惠民生活动先进驻村工作队	2017 年	自治区党委、自治区政府
山南市国家税务局	全区强基础惠民生活动第六批驻村工作优秀组织单位	2017 年	自治区党委
洛扎县驻色乡色村工作队	先进驻村工作队	2017 年	自治区党委
隆子县人民医院驻隆子县雪沙乡斯巴村驻村工作队	西藏自治区 2017 年度第六批强基惠民工作先进集体	2017 年	自治区人民政府
山南市消防支队特勤中队	拥政爱民模范单位	2017 年	自治区党委、自治区政府
市委宣传部专项办	2017 年度全区法治宣传教育先进单位	2017 年	自治区党委宣传部、区司法厅、区普法办
山南市“四讲四爱”主题教育实践活动领导小组办公室	2017 年度全区宣传思想文化系统先进单位	2018 年	自治区党委宣传部
琼结县文广局	《雅砻春潮》荣获第十三届中国民间文艺山花奖·优秀民间艺术表演作品入围奖	2017 年	自治区党委宣传部
山南市文化局（市文物局）	《排练》（小品）在感党恩爱核心喜迎十九大全区民间文艺汇演中荣获优秀作品奖	2017 年	自治区党委宣传部、自治区文化厅、自治区新闻出版广电局
山南市广播电视台	2015 年至 2016 年新闻报道先进集体	2017 年	自治区党委宣传部、自治区新闻工作者协会
山南市广播电视台	《七个山南》系列专题片荣获西藏新闻奖	2017 年	自治区党委宣传部、自治区新闻工作者协会
贡嘎县司法局	普法先进集体	2017 年	自治区党委宣传部、自治区司法厅、自治区普法办
山南市工商局	2011—2015 年全区法制宣传教育先进集体	2017 年	区党委宣传部、区司法厅、区普法办
市委统战部	2017 年度自治区级理论调研二等奖	2017 年	自治区党委统战部
市委统战部	2017 年度信息先进集体奖	2017 年	自治区党委统战部
提吉寺	自治区级和谐模范寺庙	2017 年	自治区统战部、宗教办
山南市纪委第一纪检监察室	自治区纪检监察工作先进集体	2017 年	自治区纪委机关、自治区人力资源和社会保障厅、自治区总工会
山南市文化市场综合执法支队	2017 年全区“扫黄打非”先进集体 三等奖	2018 年	区新广局

续表 2

获奖单位	获奖名称	表彰时间	授予单位
贡嘎县国家税务局	2015—2016 年自治区级青年文明号	2017 年	共青团西藏自治区委员会
中国建设银行山南分行团支部	2017 年西藏五四红旗团支部	2018 年	共青团西藏自治区委员会
山南市妇女联合会	自治区妇联系统信息工作先进集体二等奖	2017 年	自治区妇女联合会
山南市人社局办公室	全区实施妇女儿童发展规划先进集体	2017 年	自治区人民政府妇女、儿童工作委员会
山南市公安局网安支队	集体二等功	2017 年	自治区公安厅
贡嘎县公安局	自治区优秀县公安局	2017 年	自治区公安厅
贡嘎县公安局然麦路便民警务站	优秀公安基层单位	2017 年	自治区公安厅
乃东区人民法院	先进集体	2018 年	自治区高级人民法院
桑日县人民法院	先进集体	2018 年	自治区高级人民法院
洛扎县委组织部	自治区级优秀组织单位	2017 年	自治区强基办
洛扎县强基办	自治区级先进单位	2017 年	自治区强基办
山南市公安消防支队委员会	好班子	2018 年	西藏消防总队
山南市公安消防支队防火监督处	先进处室	2018 年	西藏消防总队
山南市公安消防支队浪卡子县大队	基层建设先进单位	2018 年	西藏消防总队
山南市公安消防支队桑日县大队	先进基层党组织	2018 年	西藏消防总队
山南市公安消防支队措美县大队	十九大消防安保先进集体	2018 年	西藏消防总队
乃东区工商局	全区工商系统 2016 年度民族团结进步模范集体	2017 年	自治区工商局
山南市农牧局	自治区级 2017 年度落实强农惠农富农政策（基层农技推广改革与建设补助政策）延伸绩效管理工作先进单位	2018 年	自治区农牧厅
山南市农牧局	自治区级 2017 年度农村土地（耕地）承包经营权确权登记颁证工作先进单位	2018 年	自治区农牧厅
山南市农牧局	自治区级 2017 年度落实农牧业行政审批制度改革任务延伸绩效管理工作先进单位	2018 年	自治区农牧厅
市林业局	西藏工人先锋号	2017 年	自治区总工会
2017 年全区小学教师教学竞赛决赛	2017 年全区小学教师教学竞赛决赛优秀组织	2017 年	自治区教育厅
隆子县中学	“庆七一·颂党恩”歌咏比赛活动三等奖	2017 年	自治区教育工作委员会
隆子县列麦乡小学	全区教育系统先进基层党组织	2017 年	自治区教育工作委员会

续表 2

获奖单位	获奖名称	表彰时间	授予单位
哲古镇	全区乡镇(街道)工会规范化建设“八有”达标单位	2017 年	自治区总工会
山南市人社局	全区人力资源和社会保障宣传工作先进集体	2017 年	自治区人社厅
山南市人社局医疗保险局	2017 年度全区人力资源社会保障系统先进集体	2017 年	自治区人社厅
山南市人事考试组织机构	全区人事考试工作良好等次	2017 年	自治区人事考试中心
琼结县交通局	自治区第二批“四好农村路”示范县	2017 年	自治区交通厅
山南市农牧局	自治区级 2017 年度落实强农惠农富农政策（基层农技推广改革与建设补助政策）延伸绩效管理工作先进单位	2018 年	自治区农牧厅
山南市农牧局	自治区级 2017 年度农村土地（耕地）承包经营权确权登记颁证工作先进单位	2018 年	自治区农牧厅
山南市农牧局	自治区级 2017 年度落实农牧业行政审批制度改革任务延伸绩效管理工作先进单位	2018 年	自治区农牧厅
贡嘎县粮食局	自治区先进代储单位	2018 年	自治区粮食局
措美县	全区实施妇女儿童发展规划先进集体	2017 年	自治区人民政府妇女儿童工作委员会
措美县司法局	2011—2015 年全区法治宣传教育先进集体	2017 年	区党委宣传部、区司法厅、区普法办
哲古镇	爱国拥军模范单位	2017 年	自治区双拥工作领导小组、自治区民政厅、军区政治工作部
山南市气象局	2017 年全民阅读活动“书香机关”	2017 年	自治区全民阅读活动领导小组、自治区新闻出版广电局
山南市文化局（市文物局）	西藏自治区第一次全国可移动文物普查工作先进集体	2017 年	自治区第一次全国可移动、物普查领导小组办公室、自治区文物局
中国建设银行山南分行	2017 年“自助渠道提质增效”竞赛活动先进集体(智慧引导促转型优秀管理团队)	2017 年	中国建设银行股份有限公司西藏自治区分行
农行山南分行三农金融部	2017 年度三农金融服务综合管理奖	2018 年	农行西藏分行
农行山南分行	2017 年度“四好”领导班子	2018 年	农行西藏分行
农行山南分行资产处置部	2017 年度西藏分行风险资产处置工作先进单位	2018 年	农行西藏分行
农行山南分行	2017 年“激情仲夏”零售业务综合营销活动示范分行	2017 年	农行西藏分行
农行山南分行工会委员会	2016—2017 年度中国农业银行西藏自治区分行模范职工之家	2018 年	农行西藏分行
西藏银行股份有限公司贡嘎县支行	先进集体	2017 年	西藏银行股份有限公司
中国邮政集团公司山南市分公司	2017 年全区邮政业务对标发展先进单位	2018 年	中国邮政集团公司西藏自治区分公司
中国邮政集团公司山南市分公司	2017 年邮政通信服务质量劳动竞赛活动邮政通信服务质量先进集体	2018 年	中国邮政集团公司西藏自治区分公司
中国邮政集团公司山南市分公司	2017 年邮政通信服务质量劳动竞赛活动机要通信服务质量先进集体	2018 年	中国邮政集团公司西藏自治区分公司

续表 2

获奖单位	获奖名称	表彰时间	授予单位
中国邮政集团公司山南市分公司	2017—2018 年“决胜收官战 喜赢开门红”重点业务跨年竞赛活动金融专业产说会积分赛先进单位、包裹快递业务先进单位	2018 年	中国邮政集团公司西藏自治区分公司
中国邮政集团公司山南市分公司	2017 年全区投递邮路经营竞赛活动组织奖	2018 年	中国邮政集团公司西藏自治区分公司
中国邮政集团公司山南市分公司	2016 年全区邮政网路运行“达标争先”劳动竞赛活动先进单位三等奖	2017 年	中国邮政集团公司西藏自治区分公司
中国邮政集团公司山南市分公司	2017-2018 年“决胜收官战 喜赢开门红”重点业务跨年竞赛活动地市局融合发展奖	2018 年	中国邮政集团公司西藏自治区分公司
中国邮政集团公司山南市分公司	2016 年西藏邮政金融系统安全运行年暨运维质量竞赛活动网点营业率指标优秀奖	2017 年	中国邮政集团公司西藏自治区分公司
中国邮政集团公司山南市分公司	畅销报刊收订奖	2017 年	中国邮政集团公司西藏自治区分公司
中国邮政集团公司山南市分公司	2017 年全区邮政网络运行“达标争先”劳动竞赛活动一等奖	2018 年	中国邮政集团公司西藏自治区分公司
中国邮政集团公司西藏自治区乃东区中心支局	2017 年“五好支局”劳动竞赛先进单位	2018 年	中国邮政集团公司西藏自治区分公司、中国邮政集团工会西藏自治区委员会
中国邮政集团公司西藏自治区洛扎县分公司	2017—2018 年“决胜收官战 喜赢开门红”重点业务跨年竞赛活动县（区）及城市（金融）融合发展奖	2018 年	中国邮政集团公司西藏自治区分公司
中国邮政集团公司山南市分公司泽当镇营业大厅	2016 年全区“进位争先”竞赛活动城市网点“争先”先进单位	2017 年	中国邮政集团公司西藏自治区分公司
中国邮政集团公司西藏自治区错那县分公司	2016 年全区“进位争先”竞赛活动县分公司网点“争先”金融第二小组先进单位	2017 年	中国邮政集团公司西藏自治区分公司
中国邮政集团公司西藏自治区扎囊县分公司	2016 年全区“进位争先”竞赛活动县分公司网点“争先”金融第三小组先进单位	2017 年	中国邮政集团公司西藏自治区分公司
中国邮政集团公司西藏自治区洛扎县分公司	2016 年全区“进位争先”竞赛活动县分公司网点“争先”金融第四小组先进单位	2017 年	中国邮政集团公司西藏自治区分公司
中国邮政集团公司西藏自治区加查县分公司	2016 年全区“进位争先”竞赛活动“进位待遇”奖	2017 年	中国邮政集团公司西藏自治区分公司
中国邮政集团公司山南市分公司泽当镇营业大厅	2016 年度“五好支局”劳动竞赛优秀城市邮政支局	2017 年	中国邮政集团公司西藏组织区分公司、中国邮政集团工会西藏自治区委员会
中国邮政集团公司西藏自治区错那县分公司	2016 年度“五好支局”劳动竞赛优秀农村支局（所）	2017 年	中国邮政集团公司西藏组织区分公司、中国邮政集团工会西藏自治区委员会
中国邮政集团公司西藏自治区浪卡子县分公司职工之家	西藏邮政系统工会工作“模范职工之家”	2017 年	中国邮政集团工会西藏自治区委员会
中国邮政集团公司西藏自治区乃东区分公司职工之家	西藏邮政系统工会工作“模范职工之家”	2017 年	中国邮政集团工会西藏自治区委员会
中国邮政集团公司西藏自治区错那县分公司职工之家	西藏邮政系统工会工作“模范职工之家”	2017 年	中国邮政集团工会西藏自治区委员会
中国邮政储蓄乃东区湖南大道营业所	2017 年全区“进位争先”竞赛活动金融大雁组先进单位	2018 年	中国邮政集团公司西藏自治区分公司
中国邮政储蓄扎囊县株洲路营业所	2017 年全区“进位争先”竞赛活动金融雏雁组先进单位	2018 年	中国邮政集团公司西藏自治区分公司
中国邮政储蓄洛扎县嘎波西路营业所	2017 年全区“进位争先”竞赛活动金融雏雁组先进单位	2018 年	中国邮政集团公司西藏自治区分公司

续表 2

获奖单位	获奖名称	表彰时间	授予单位
中国邮政储蓄桑日县岳阳路营业所	2017 年全区“进位争先”竞赛活动金融雏雁组先进单位	2018 年	中国邮政集团公司西藏自治区分公司
中国邮政储蓄乃东区湖南大道营业所	2017 年全区“进位争先”竞赛活动金融雏“进位待遇奖”	2018 年	中国邮政集团公司西藏自治区分公司
中国邮政储蓄乃东区湖南大道营业所	2017 年“迎战鸡年 梦想起航”余额竞标大雁组优胜奖（金标王）	2018 年	中国邮政集团公司西藏自治区分公司
中国邮政储蓄扎囊县株洲路营业所	2017 年“迎战鸡年 梦想起航”余额竞标雏雁组优胜奖	2018 年	中国邮政集团公司西藏自治区分公司
中国邮政储蓄洛扎县嘎波西路营业所	2017 年“迎战鸡年 梦想起航”余额竞标雏雁组优胜奖	2018 年	中国邮政集团公司西藏自治区分公司
中国邮政储蓄曲松县宇拓路营业所	2017 年“迎战鸡年 梦想起航”余额竞标雏雁组优胜奖	2018 年	中国邮政集团公司西藏自治区分公司
中国邮政储蓄措美县增嘎路营业所	2017 年“迎战鸡年 梦想起航”余额竞标雏雁组优胜奖	2018 年	中国邮政集团公司西藏自治区分公司
殷志华家庭	安徽省直机关“最美家庭”	2017 年	安徽省妇联、省妇工委
琼结县委办	第六批驻村工作自治区级优秀组织单位	2017 年	山南市委、市人民政府
山南市委组织部	第六批驻村工作自治区级优秀组织单位	2018 年	山南市委、市人民政府
加查县委政法委（综治办）	2017 年度山南市社会治安综合治理工作先进集体	2017 年	山南市委、市人民政府
市委宣传部驻安绕镇惹米村工作队	创先争优强基础惠民生活动先进驻村工作队	2017 年	山南市委、市人民政府
市纪委驻安绕镇嘎麦村工作队	创先争优强基础惠民生活动先进驻村工作队	2017 年	山南市委、市人民政府
市委党校	2017 年度综合考评先进单位	2017 年	山南市委、市人民政府
山南市教育局（体育局）	山南市 2016 年度综合考评先进集体	2017 年	山南市委、市人民政府
山南市新广局	2017 年度综合考评先进单位	2018 年	山南市委、市人民政府
山南市人社局	2017 年山南市民族团结进步模范集体	2017 年	山南市委、市人民政府
山南市外事侨务办公室	山南市深入开展创先争优强基础惠民生活动第六批优秀组织单位	2017 年	山南市委、市人民政府
山南市质量技术监督局	2016 年度综合考评先进集体	2017 年	山南市委、市人民政府
山南市农牧局驻扎囊县扎其乡羊加村工作队	创先争优强基础惠民生活动先进驻村工作队	2017 年	山南市委、市人民政府
下江村工作队	创先争优强基础惠民生活动先进驻村工作队	2017 年	山南市委、市人民政府
白林村工作队	创先争优强基础惠民生活动先进驻村工作队	2017 年	山南市委、市人民政府
曲松镇党委	强基惠民第六批市级优秀组织单位	2017 年	山南市委、市人民政府
中国银行山南分行	创先争优强基础惠民生活动先进驻村工作队	2017 年	山南市委、市人民政府
中国建设银行山南分行	山南市强基惠民第六批干部驻村工作优秀组织单位	2017 年	山南市委、市人民政府

续表 2

获奖单位	获奖名称	表彰时间	授予单位
山南市职校	2016 年度综合考评先进单位	2017 年	山南市委、市人民政府
琼结县政法委	“先进双联户”创建活动先进县	2017 年	山南市委、市人民政府
琼结县政法委	2016 年山南市社会治安综合治理工作第一名	2017 年	山南市委、市人民政府
唐布齐寺	2017 年下半年山南市和谐模范寺庙	2017 年	山南市委、市人民政府
琼结镇	山南市“先进双联户”创建活动先进乡镇	2017 年	山南市委、市人民政府
山南市中级人民法院驻张达乡夏西村工作队	创先争优强基础惠民生活动先进驻村工作队	2017 年	山南市委、市人民政府
泽当饭店驻伦布雪乡美朵村工作队	创先争优强基础惠民生活动先进驻村工作队	2017 年	山南市委、市人民政府
浪卡子县水利局、司法局驻伦布雪乡次湖龙村工作队	创先争优强基础惠民生活动先进驻村工作队	2017 年	山南市委、市人民政府
山南市发改（粮食）驻多却乡特布拉村工作队	创先争优强基础惠民生活动先进驻村工作队	2017 年	山南市委、市人民政府
中国电信集团公司西藏分公司驻浪卡子县打隆镇康萨居委会工作队	创先争优强基础惠民生活动先进驻村工作队	2017 年	山南市委、市人民政府
浪卡子县委宣传部驻普玛江塘乡那木其村工作队	创先争优强基础惠民生活动先进驻村工作队	2017 年	山南市委、市人民政府
山南市国税局驻浪卡子镇曲度村工作队	创先争优强基础惠民生活动先进驻村工作队	2017 年	山南市委、市人民政府
浪卡子县公安局驻阿扎乡扎岗村工作队	创先争优强基础惠民生活动先进驻村工作队	2017 年	山南市委、市人民政府
浪卡子县卫生服务中心驻卡龙乡果巴村工作队	创先争优强基础惠民生活动先进驻村工作队	2017 年	山南市委、市人民政府
山南市职业技术学校驻白地乡龙桑村工作队	创先争优强基础惠民生活动先进驻村工作队	2017 年	山南市委、市人民政府
中国电信集团山南分公司驻卡热乡章普村工作队	创先争优强基础惠民生活动先进驻村工作队	2017 年	山南市委、市人民政府
中共浪卡子县白地乡党委	市级创先争优强基础惠民生活动第六批自治区级优秀组织单位	2017 年	山南市委、市人民政府
浪卡子县委组织部	市级创先争优强基础惠民生活动第六批自治区级优秀组织单位	2017 年	山南市委、市人民政府
浪卡子镇哈西居委会	2017 年度民族团结进步模范集体	2017 年	山南市委、市人民政府
措美县扎西曲林寺管会	2017 年度山南市先进寺庙管理委员会	2017 年	山南市委、市人民政府
措美县拉顶寺管会	2017 年度山南市先进寺庙管理委员会	2017 年	山南市委、市人民政府
市中行驻冷达乡玛尼工作队	创先争优强基础惠民生活动先进驻村工作队	2017 年	山南市委、市人民政府
市司法处驻冷达乡仲沙村工作队	创先争优强基础惠民生活动先进驻村工作队	2017 年	山南市委、市人民政府
自治区农科院驻洛林乡帮新村工作队	创先争优强基础惠民生活动先进驻村工作队	2017 年	山南市委、市人民政府

续表2

获奖单位	获奖名称	表彰时间	授予单位
自治区农科院驻洛林乡圭堆村工作队	创先争优强基础惠民生活动先进驻村工作队	2017年	山南市委、市人民政府
市交通运输局驻洛林乡门卡村工作队	创先争优强基础惠民生活动先进驻村工作队	2017年	山南市委、市人民政府
加查县崔久乡吉隆囊工作队	创先争优强基础惠民生活动先进驻村工作队	2017年	山南市委、市人民政府
山南市农牧局驻扎囊县扎其乡羊加村工作队	创先争优强基础惠民生活动先进驻村工作队	2017年	山南市委、市人民政府
山南市委组织部	创先争优强基础惠民生活动先进驻村工作队	2017年	山南市委、市人民政府
洛扎县	创先争优强基础惠民生活动先进驻村工作队	2017年	山南市委、市人民政府
加查县崔久乡	山南市“先进双联户”创建活动先进乡镇	2017年	山南市委、市人民政府
市非公党工委	山南市2016年度基层党建工作先进集体	2017年	山南市委
山南市财政局	全市综治目标考核先进单位	2017年	山南市委
山南市教育局（体育局）	山南市2016年度基层党建先进集体先进集体	2017年	山南市委
山南市教育局（体育局）	山南市2017年度“四讲四爱”主题教育实践活动先进单位	2017年	山南市委
武警西藏山南市消防支队桑耶寺大队	民族团结进步模范集体	2017年	山南市委
洛扎县宣传部	山南市2017年度“四讲四爱”主题教育实践活动先进单位	2017年	山南市委
曲桑村第六批驻村工作队	2017年度山南市驻村先进集体	2017年	山南市委
山南市教育局（体育局）	山南市2016年度消防安全目标管理先进单位	2017年	山南市人民政府
山南市教育局（体育局）	山南市2016年度安全生产工作先进单位	2017年	山南市人民政府
扎日乡庄那村	综治工作先进集体	2017年	山南市人民政府
隆子县人民医院	医疗服务综合考评先进医院二等奖	2017年	山南市人民政府
隆子县中学	山南市2017年度初中教育教学质量先进学校	2017年	山南市人民政府
洛扎县教育局	山南市2017年度初中教育教学质量先进学校第二名	2017年	山南市人民政府
琼结县教育局	2017年山南市初中教育教学质量先进学校第一名	2017年	山南市人民政府
琼结县教育局	2017年山南市教育教学质量先进县第二名	2017年	山南市人民政府

说明：由于各单位资料提供不全，可能有遗漏

受地厅级以上表彰的先进个人名录

表 3

姓名	性别	民族	工作单位	获奖名称	表彰时间	授予单位
索朗巴珠	男	藏	山南市公安局	全国特级优秀人民警察	2017 年	国家公安部
唐万森	男	汉	山南市公安局	全国优秀人民警察	2017 年	国家公安部
满　川	男	汉	山南市公安局	全国公安系统优秀教官	2017 年	国家公安部
巴　桑	男	藏	山南市公安局	全国公安优秀刑警	2017 年	国家公安部
吴海涛	男	汉	贡嘎县公安局刑事侦查大队	优秀现场勘查人员	2017 年	国家公安部
杜伟进	男	汉	加查县人社局	全国模范人民调解员	2017 年	国家司法部
次仁云丹	男	藏	山南市农业技术推广中心	全国最美农技员	2017 年	国家农业部
次仁云丹	男	藏	山南市农业技术推广中心	全国十佳推广标兵	2017 年	国家农业部
次仁云丹	男	藏	山南市农业技术推广中心	全国农业先进工作者	2017 年	国家人社部
李西宁	男	藏	山南市交通运输局	交通运输行政执法评议考核优秀执法人员	2017 年	国家交通运输部
次仁白吉	女	藏	市国土局	永久基本农田划定工作表现突出个人	2017 年	国家国土资源部
扎西群培	男	藏	山南市公安局	打击银行卡犯罪先进个人	2017 年	国家公安部经侦局
杨红波	女	汉	山南市国家税务局	中国好税官	2017 年	中央文明办、国家税务总局
吕　琳	男	汉	山南地震局	全国市县防震减灾人员考核先进工作者	2017 年	中国地震局
卓　玛	女	藏	山南市博物馆	第一次全国可移动文物普查先进个人	2018 年	国家文物局
查　色	男	藏	山南市藏医医院	全国少数民族医药工作表现突出个人	2017 年	国家中医药管理局
姜白拉珍	女	藏	农行山南分行	中国农业银行从源头上治理电信网络诈骗专项工作先进个人	2017 年	中国农业银行
德吉措姆	女	藏	建行山南分行	2017 年度中国建设银行优秀共青团干部	2018 年	共青团中国建设银行委员会
其米顿珠	男	藏	山南市教育局（体育局）	先进个人	2017 年	国家体育总局
格桑平措	男	藏	山南市藏医医院	国家级名中医和最美中医	2017 年	中华中医药学会
白玛群培	男	藏	山南市职校	2017 年度最美中职生标兵	2017 年	团中央学校部全国学联秘书处
尼玛旦增	男	藏	山南市第二中等职业技术学校	2017 年度最美中职生标兵	2018 年	团中央学校部、全国学联秘书处、中国青年报社
谈　鹏	男	汉	措美县	作品《汗洒雪域高原 情真格桑花开》获得“我的农普”征文一等奖	2017 年	国务院第三次全国农业普查领导小组办公室
张世江	男	汉	中国电信山南分公司	双领先地市分公司总经理	2017 年	中国电信集团公司

续表 3

姓名	性别	民族	工作单位	获奖名称	表彰时间	授予单位
张世江	男	汉	中国电信山南分公司	党风廉政建设先进工作者	2017 年	中国电信集团公司
侯宝萍	女	汉	市委组织部	创先争优强基础惠民生活动先进驻村工作队队员	2017 年	自治区党委、自治区政府
洛桑曲达	男	藏	市委组织部	创先争优强基础惠民生活动先进驻村工作队队员	2017 年	自治区党委、自治区政府
胡能军	男	汉	市委宣传部	创先争优强基础惠民生活动先进驻村工作队队员	2017 年	自治区党委、自治区政府
久美多吉	男	藏	市强基惠民活动领导小组办公室	创先争优强基础惠民生活动先进驻村工作队队员	2017 年	自治区党委、自治区政府
江楚	男	汉	市强基惠民活动领导小组办公室	创先争优强基础惠民生活动先进驻村工作队队员	2017 年	自治区党委、自治区政府
旦巴达杰	男	藏	市强基惠民活动领导小组办公室	创先争优强基础惠民生活动先进驻村工作队队员	2017 年	自治区党委、自治区政府
闫好	男	汉	市强基惠民活动领导小组办公室	创先争优强基础惠民生活动先进驻村工作队队员	2017 年	自治区党委、自治区政府
次旺	男	藏	市强基惠民活动领导小组办公室	创先争优强基础惠民生活动先进驻村工作队队员	2017 年	自治区党委、自治区政府
维色顿珠	男	藏	市强基惠民活动领导小组办公室	创先争优强基础惠民生活动先进驻村工作队队员	2017 年	自治区党委、自治区政府
来源	男	汉	市政府办公室驻浪卡子县浪卡子镇浪卡子居委会工作队	创先争优强基础惠民生活动先进驻村工作队队员	2017 年	自治区党委、自治区政府
央金卓嘎	女	藏	市政协办公室驻隆子县三林乡三林村工作队	创先争优强基础惠民生活动先进驻村工作队队员	2017 年	自治区党委、自治区政府
王萍	女	汉	山南市妇女联合会	创先争优强基础惠民生活动先进驻村工作队队员	2017 年	自治区党委、自治区政府
格桑卓嘎	女	藏	山南市司法局	创先争优强基础惠民生活动先进驻村工作队队员	2017 年	自治区党委、自治区政府
普布卓玛	女	藏	山南市司法局	创先争优强基础惠民生活动先进驻村工作队队员	2017 年	自治区党委、自治区政府
杨国福	男	汉	山南市司法局	创先争优强基础惠民生活动先进驻村工作队队员	2017 年	自治区党委、自治区政府
杨宁	女	满	山南市文化局（市文物局）	创先争优强基础惠民生活动先进驻村工作队队员	2017 年	自治区党委、自治区政府
谭爱民	男	藏	山南市艺术团	创先争优强基础惠民生活动先进驻村工作队队员	2017 年	自治区党委、自治区政府
旦增桑珠	男	藏	山南市畜牧兽医总站	创先争优强基础惠民生活动先进驻村工作队队员	2017 年	自治区党委、自治区政府
刚组	女	藏	山南市农牧局办公室	创先争优强基础惠民生活动先进驻村工作队队员	2017 年	自治区党委、自治区政府
顿珠	男	藏	市林业局	创先争优强基础惠民生活动先进驻村工作队队员	2017 年	自治区党委、自治区政府

续表3

姓名	性别	民族	工作单位	获奖名称	表彰时间	授予单位
次　珍	女	藏	山南市中级人民法院驻张达乡夏西村工作队	创先争优强基础惠民生活动先进驻村工作队队员	2017年	自治区党委、自治区政府
扎西旺久	男	藏	浪卡子县人民检察院驻张达乡康如村工作队	创先争优强基础惠民生活动先进驻村工作队队员	2017年	自治区党委、自治区政府
李穗琳	女	汉	山南市中级人民法院驻张达乡帮龙村工作队	创先争优强基础惠民生活动先进驻村工作队队员	2017年	自治区党委、自治区政府
王　洪	男	汉	浪卡子县人民政府办公室驻伦布雪乡策如那村工作队	创先争优强基础惠民生活动先进驻村工作队队员	2017年	自治区党委、自治区政府
普　珍	女	藏	浪卡子县农牧局驻伦布雪乡门嘎村工作队	创先争优强基础惠民生活动先进驻村工作队队员	2017年	自治区党委、自治区政府
西热加措	男	藏	浪卡子县人民法院驻伦布雪乡堆日村工作队	创先争优强基础惠民生活动先进驻村工作队队员	2017年	自治区党委、自治区政府
杜召军	男	汉	山南市质监局驻伦布雪乡帮来村工作队	创先争优强基础惠民生活动先进驻村工作队队员	2017年	自治区党委、自治区政府
边巴次仁	男	藏	山南市气象局驻伦布雪乡拉康秀村工作队	创先争优强基础惠民生活动先进驻村工作队队员	2017年	自治区党委、自治区政府
嘎玛多吉	男	藏	泽当饭店驻伦布雪乡美朵村工作队	创先争优强基础惠民生活动先进驻村工作队队员	2017年	自治区党委、自治区政府
洛桑欧珠	男	藏	泽当饭店驻伦布雪乡曲果冲村工作队	创先争优强基础惠民生活动先进驻村工作队队员	2017年	自治区党委、自治区政府
益西曲杰	男	藏	浪卡子县卫计委、食药局驻伦布雪乡曲增村工作队	创先争优强基础惠民生活动先进驻村工作队队员	2017年	自治区党委、自治区政府
仁　增	男	藏	山南市邮政分公司驻多却乡尼玛龙村工作队	创先争优强基础惠民生活动先进驻村工作队队员	2017年	自治区党委、自治区政府
陈宇林	男	汉	山南市发改委（粮食）驻多却乡卡东村工作队	创先争优强基础惠民生活动先进驻村工作队队员	2017年	自治区党委、自治区政府
拉巴次仁	男	藏	浪卡子县多却乡驻多却乡亚如村工作队	创先争优强基础惠民生活动先进驻村工作队队员	2017年	自治区党委、自治区政府
王亚彬	男	汉	山南市发改委（粮食）驻多却乡特布拉村工作队	创先争优强基础惠民生活动先进驻村工作队队员	2017年	自治区党委、自治区政府
扎　顿	男	藏	浪卡子县中学驻多却乡洞加村工作队队长	创先争优强基础惠民生活动先进驻村工作队队员	2017年	自治区党委、自治区政府
白玛参旦	男	藏	浪卡子县环保局驻多却乡吉古扎村工作队	创先争优强基础惠民生活动先进驻村工作队队员	2017年	自治区党委、自治区政府
强巴次仁	男	藏	浪卡子县发改委驻打隆镇推瓦村工作队	创先争优强基础惠民生活动先进驻村工作队队员	2017年	自治区党委、自治区政府

续表 3

姓名	性别	民族	工作单位	获奖名称	表彰时间	授予单位
王 亚 明	男	汉	中国电信集团公司西藏分公司驻打隆镇康萨居委会工作队	创先争优强基础惠民生活动先进驻村工作队队员	2017 年	自治区党委、自治区政府
巴桑卓玛	女	藏	浪卡子县人大、政协办公室驻打隆镇林西居委会工作队	创先争优强基础惠民生活动先进驻村工作队队员	2017 年	自治区党委、自治区政府
旦增拉姆	女	藏	浪卡子县委组织部、财政局驻打隆镇绒嘎居委会工作队	创先争优强基础惠民生活动先进驻村工作队队员	2017 年	自治区党委、自治区政府
潘 多	女	汉	浪卡子县教体局驻打隆镇达加居委会工作队	创先争优强基础惠民生活动先进驻村工作队队员	2017 年	自治区党委、自治区政府
顿 珠	男	藏	自治区气象局驻普玛江塘乡下索村工作队队员	创先争优强基础惠民生活动先进驻村工作队队员	2017 年	自治区党委、自治区政府
旦增顿珠	男	藏	浪卡子县国土局驻普玛江塘乡措果村工作队	创先争优强基础惠民生活动先进驻村工作队队员	2017 年	自治区党委、自治区政府
达 杰	男	藏	浪卡子县委宣传部驻普玛江塘乡那木其村工作队	创先争优强基础惠民生活动先进驻村工作队队员	2017 年	自治区党委、自治区政府
洛桑平措	男	藏	山南市政府办公室驻浪卡子镇道布龙居委会工作队	创先争优强基础惠民生活动先进驻村工作队队员	2017 年	自治区党委、自治区政府
次仁格旦	男	藏	山南市国税局驻浪卡子镇曲度村工作队	创先争优强基础惠民生活动先进驻村工作队队员	2017 年	自治区党委、自治区政府
平措洛旦	男	藏	山南市广电系统驻阿扎乡亚龙村工作队	创先争优强基础惠民生活动先进驻村工作队队员	2017 年	自治区党委、自治区政府
索朗拉姆	女	藏	浪卡子县电视台驻阿扎乡洞巴村工作队	创先争优强基础惠民生活动先进驻村工作队队员	2017 年	自治区党委、自治区政府
次仁卓嘎	女	藏	浪卡子县民宗局驻阿扎乡吾巴村工作队	创先争优强基础惠民生活动先进驻村工作队队员	2017 年	自治区党委、自治区政府
古桑卓玛	女	藏	山南市农牧推广中心驻阿扎乡增巴村工作队	创先争优强基础惠民生活动先进驻村工作队队员	2017 年	自治区党委、自治区政府
晋美贡布	男	藏	浪卡子县公安局驻阿扎乡扎岗村工作队	创先争优强基础惠民生活动先进驻村工作队队员	2017 年	自治区党委、自治区政府
杰琼罗布	男	藏	山南市人民检察院驻卡龙乡东嘎村工作队	创先争优强基础惠民生活动先进驻村工作队队员	2017 年	自治区党委、自治区政府
普琼次仁	男	藏	山南市人民检察院驻卡龙乡加珠村工作队	创先争优强基础惠民生活动先进驻村工作队队员	2017 年	自治区党委、自治区政府
扎西罗布	男	藏	山南市人民检察院驻卡龙乡学庆村工作队	创先争优强基础惠民生活动先进驻村工作队队员	2017 年	自治区党委、自治区政府
次仁群久	男	藏	山南市第二中等职业技术学校驻白地乡多扎村工作队	创先争优强基础惠民生活动先进驻村工作队队员	2017 年	自治区党委、自治区政府

续表3

姓名	性别	民族	工作单位	获奖名称	表彰时间	授予单位
罗布顿珠	男	藏	山南市职业技术学校驻白地乡龙桑村工作队	创先争优强基础惠民生活动先进驻村工作队队员	2017年	自治区党委、自治区政府
欧　珠	男	藏	山南市人民医院驻白地乡叶色村工作队	创先争优强基础惠民生活动先进驻村工作队队员	2017年	自治区党委、自治区政府
格桑罗布	男	藏	浪卡子县安监局驻白地乡白地村工作队	创先争优强基础惠民生活动先进驻村工作队队员	2017年	自治区党委、自治区政府
刘海勇	男	汉	山南市委办公室驻卡热乡边距村工作队	创先争优强基础惠民生活动先进驻村工作队队员	2017年	自治区党委、自治区政府
桑　珍	女	藏	中国电信山南分公司驻卡热乡章麦村工作队	创先争优强基础惠民生活动先进驻村工作队队员	2017年	自治区党委、自治区政府
旺庆格勒	男	藏	中国建设银行山南分行驻卡热乡最堆村工作	创先争优强基础惠民生活动先进驻村工作队队员	2017年	自治区党委、自治区政府
旦增云旦	男	藏	浪卡子县创先争优强基础惠民生活动领导小组	创先争优强基础惠民生活动先进驻村工作队队员	2017年	自治区党委、自治区政府
曲尼拉姆	女	藏	浪卡子县阿扎乡创先争优强基础惠民生活动领导小组	创先争优强基础惠民生活动先进驻村工作队队员	2017年	自治区党委、自治区政府
李　峰	男	汉	浪卡子县人力资源和社会保障局	全区地方志工作先进个人	2017年	自治区党委、全区政府
桑　珍	女	藏	中国电信山南分公司驻卡热乡章麦村工作队	创先争优强基础惠民生活动先进驻村工作队队员	2017年	自治区党委、自治区政府
廖玉红	女	汉	贡嘎县总工会	创先争优强基础惠民生活动先进驻村工作队队员	2017年	自治区党委、自治区政府
吴仕辉	男	汉	措美县	创先争优强基础惠民生活动先进驻村工作队队员	2017年	自治区党委、自治区政府
阿旺多杰	男	藏	措美县	创先争优强基础惠民生活动先进驻村工作队队员	2017年	自治区党委、自治区政府
郭长栋	男	藏	措美县	创先争优强基础惠民生活动先进驻村工作队队员	2017年	自治区党委、自治区政府
次仁央吉	女	藏	措美县	创先争优强基础惠民生活动先进驻村工作队队员	2017年	自治区党委、自治区政府
桑旦曲珍	女	藏	措美县	创先争优强基础惠民生活动先进驻村工作队队员	2017年	自治区党委、自治区政府
嘎　珍	女	藏	驻下洛村工作队	创先争优强基础惠民生活动先进驻村工作队队员	2017年	自治区党委、自治区政府
普　琼	男	藏	驻措堆村工作队	创先争优强基础惠民生活动先进驻村工作队队员	2017年	自治区党委、自治区政府
格桑玉珍	女	藏	驻下江村工作队	创先争优强基础惠民生活动先进驻村工作队队员	2017年	自治区党委、自治区政府
格桑旺堆	男	藏	驻白林村工作队	创先争优强基础惠民生活动先进驻村工作队队员	2017年	自治区党委、自治区政府
卓　玛	女	藏	驻东嘎村工作队	创先争优强基础惠民生活动先进驻村工作队队员	2017年	自治区党委、自治区政府

续表3

姓名	性别	民族	工作单位	获奖名称	表彰时间	授予单位
旦　增	男	藏	驻朱麦沙村工作队	创先争优强基础惠民生活动先进驻村工作队队员	2017年	自治区党委、自治区政府
拉　珍	女	藏	驻贡麦村工作队	创先争优强基础惠民生活动先进驻村工作队队员	2017年	自治区党委、自治区政府
阿旺扎西	男	藏	驻玛如村工作队	创先争优强基础惠民生活动先进驻村工作队队员	2017年	自治区党委、自治区政府
班旦次仁	男	藏	驻曲松村工作队	创先争优强基础惠民生活动先进驻村工作队队员	2017年	自治区党委、自治区政府
翟国栋	男	汉	加查县安绕镇	创先争优强基础惠民生活动先进驻村工作队队员	2017年	自治区党委、自治区政府
格　桑	男	藏	山南市广电局	创先争优强基础惠民生活动先进驻村工作队队员	2017年	自治区党委、自治区政府
格桑卓嘎	女	藏	加查县安监局	创先争优强基础惠民生活动先进驻村工作队队员	2017年	自治区党委、自治区政府
央　珍	女	藏	加查县安绕镇	创先争优强基础惠民生活动先进驻村工作队队员	2017年	自治区党委、自治区政府
索郎欧珠	男	藏	山南市委宣传部	创先争优强基础惠民生活动先进驻村工作队队员	2017年	自治区党委、自治区政府
扎　西	男	藏	山南市食药局	创先争优强基础惠民生活动先进驻村工作队队员	2017年	自治区党委、自治区政府
格桑德吉	女	藏	加查县文广局	创先争优强基础惠民生活动先进驻村工作队队员	2017年	自治区党委、自治区政府
吴建国	男	汉	加查县加查镇	创先争优强基础惠民生活动先进驻村工作队队员	2017年	自治区党委、自治区政府
洛桑罗布	男	藏	山南市总工会	创先争优强基础惠民生活动先进驻村工作队队员	2017年	自治区党委、自治区政府
赤列卓玛	女	藏	山南市委党校	创先争优强基础惠民生活动先进驻村工作队队员	2017年	自治区党委、自治区政府
仓　菊	女	藏	山南市科技局	创先争优强基础惠民生活动先进驻村工作队队员	2017年	自治区党委、自治区政府
古桑拉宗	女	藏	山南市统计局	创先争优强基础惠民生活动先进驻村工作队队员	2017年	自治区党委、自治区政府
赵小云	男	汉	加查县人大办	创先争优强基础惠民生活动先进驻村工作队队员	2017年	自治区党委、自治区政府
梁立水	男	汉	山南市委党校	创先争优强基础惠民生活动先进驻村工作队队员	2017年	自治区党委、自治区政府
洛桑党觉	男	藏	山南市藏医院	创先争优强基础惠民生活动先进驻村工作队队员	2017年	自治区党委、自治区政府
尼　玛	男	藏	加查县坝乡	创先争优强基础惠民生活动先进驻村工作队队员	2017年	自治区党委、自治区政府
索朗次仁	男	藏	加查县坝乡	创先争优强基础惠民生活动先进驻村工作队队员	2017年	自治区党委、自治区政府

续表 3

姓名	性别	民族	工作单位	获奖名称	表彰时间	授予单位
普布次仁	男	藏	山南市环保局	创先争优强基础惠民生活动先进驻村工作队队员	2017 年	自治区党委、自治区政府
耿江帅	男	藏	山南市环保局	创先争优强基础惠民生活动先进驻村工作队队员	2017 年	自治区党委、自治区政府
扎西平措	男	藏	自治区农科院	创先争优强基础惠民生活动先进驻村工作队队员	2017 年	自治区党委、自治区政府
彭军	男	藏	自治区农科院	创先争优强基础惠民生活动先进驻村工作队队员	2017 年	自治区党委、自治区政府
米玛次仁	男	藏	山南市交通运输局	创先争优强基础惠民生活动先进驻村工作队队员	2017 年	自治区党委、自治区政府
卓嘎	女	藏	山南市民宗局	创先争优强基础惠民生活动先进驻村工作队队员	2017 年	自治区党委、自治区政府
卓玛	女	藏	山南市民宗局	创先争优强基础惠民生活动先进驻村工作队队员	2017 年	自治区党委、自治区政府
刘海川	男	汉	加查县洛林乡	创先争优强基础惠民生活动先进驻村工作队队员	2017 年	自治区党委、自治区政府
朱安民	男	汉	山南市审计局	创先争优强基础惠民生活动先进驻村工作队队员	2017 年	自治区党委、自治区政府
索朗欧珠	男	藏	加查县公安局	创先争优强基础惠民生活动先进驻村工作队队员	2017 年	自治区党委、自治区政府
扎西达娃	男	藏	加查县教育局	创先争优强基础惠民生活动先进驻村工作队队员	2017 年	自治区党委、自治区政府
索朗多布杰	男	藏	山南市客运公司	创先争优强基础惠民生活动先进驻村工作队队员	2017 年	自治区党委、自治区政府
德吉次旦	女	藏	加查县扶贫办	创先争优强基础惠民生活动先进驻村工作队队员	2017 年	自治区党委、自治区政府
赵彬	男	汉	洛扎县委统战部	创先争优强基础惠民生活动先进驻村工作队队员	2017 年	自治区党委、自治区政府
尤刚	男	汉	洛扎县委组织部	创先争优强基础惠民生活动先进驻村工作队队员	2017 年	自治区党委、自治区政府
蔡志勇	男	汉	洛扎县委组织部	创先争优强基础惠民生活动先进驻村工作队队员	2017 年	自治区党委、自治区政府
央金卓嘎	女	藏	洛扎县教育局	2017 年全区教育系统优秀共产党员	2017 年	自治区党委、自治区政府
陈琼	女	汉	洛扎县妇联	创先争优强基础惠民生活动先进驻村工作队队员	2017 年	自治区党委、自治区政府
达瓦卓玛	女	藏	洛扎县拉郊乡	创先争优强基础惠民生活动先进驻村工作队队员	2017 年	自治区党委、自治区政府
益西多吉	男	藏	洛扎县扎日乡	创先争优强基础惠民生活动先进驻村工作队队员	2017 年	自治区党委、自治区政府
罗正金	男	汉	洛扎县洛扎镇	创先争优强基础惠民生活动先进驻村工作队队员	2017 年	自治区党委、自治区政府
韩碧微	女	汉	洛扎县洛扎镇	创先争优强基础惠民生活动先进驻村工作队队员	2017 年	自治区党委、自治区政府

续表 3

姓名	性别	民族	工作单位	获奖名称	表彰时间	授予单位
扎拉尼玛	男	藏	洛扎县边巴乡	创先争优强基础惠民生活动先进驻村工作队队员	2017 年	自治区党委、自治区政府
边巴次仁	男	藏	隆子县委组织部	创先争优强基础惠民生活动先进驻村工作队队员	2017 年	自治区党委、自治区政府
许世文	男	汉	市工商局驻曲古塘村队长	创先争优强基础惠民生活动先进驻村工作队队员	2017 年	自治区党委、自治区政府
拉多	男	藏	县人民医院	创先争优强基础惠民生活动先进驻村工作队队员	2017 年	自治区党委、自治区政府
次仁拉宗	女	藏	山南市商务局驻加查县拉绥乡拉绥村工作队队长	创先争优强基础惠民生活动先进驻村工作队队员	2017 年	自治区党委、自治区政府
巴果	女	藏	山南市人大常委会	创先争优强基础惠民生活动先进驻村工作队队员	2017 年	自治区党委、自治区政府
卓玛	女	藏	山南市人大常委会办公室	创先争优强基础惠民生活动先进驻村工作队队员	2017 年	自治区党委、自治区政府
达珍	女	藏	山南市财政局	创先争优强基础惠民生活动先进驻村工作队队员	2017 年	自治区党委、自治区政府
姜涛	男	汉	山南市财政局	创先争优强基础惠民生活动先进驻村工作队队员	2017 年	自治区党委、自治区政府
宗巴曲珍	女	藏	山南市财政局	创先争优强基础惠民生活动先进驻村工作队队员	2017 年	自治区党委、自治区政府
覃歇民	男	汉	曲松县委	西藏自治区 2017 年度民族团结先进个人	2017 年	自治区党委、自治区政府
强巴次仁	男	藏	松县强基惠办	创先争优强基础惠民生活动先进驻村工作队队员	2017 年	自治区党委、自治区政府
边巴扎西	男	藏	曲松县强基办	创先争优强基础惠民生活动先进驻村工作队队员	2017 年	自治区党委、自治区政府
嘎玛次仁	男	藏	曲松县委	西藏自治 2017 年优秀宗教工作者	2017 年	自治区党委、自治区政府
白玛次旦	男	藏	曲松县委宣传部	全区宣传思想文化系统先进工作者	2017 年	自治区党委、自治区政府
方承红	女	汉	山南市职校	民族团结模范先进个人	2017 年	自治区人民政府
次仁旺堆	男	藏	洛扎县政协	政协第十届西藏自治区委员会优秀提案	2017 年	政协西藏自治区委员会
次仁	女	藏	隆子县纪检委副书记、监察局局长	2017 年度全区纪检监察嘉奖	2017 年	自治区纪委
马玉玲	女	汉	山南市纪委	自治区纪检监察工作嘉奖	2017 年	自治区纪委
扎西顿珠	男	藏	山南市纪委	自治区纪检监察工作嘉奖	2017 年	自治区纪委
安政扬	男	汉	浪卡子县纪委	全区纪检监察系统先进工作者	2017 年	自治区纪委
马文清	男	回	山南市纪委	自治区纪检监察工作先进个人	2017 年	自治区纪委机关、自治区人力资源和社会保障厅、自治区总工会

续表3

姓名	性别	民族	工作单位	获奖名称	表彰时间	授予单位
陈奎胜	男	汉	市委宣传部	2017年度全区宣传思想文化系统先进工作者	2018年	区党委宣传部
次旺桑布	男	藏	山南市艺术团	全区"四讲四爱"网络歌手大赛二等奖	2017年	自治区党委宣传部
索朗卓玛	女	藏	山南市艺术团	三等奖	2017年	自治区党委宣传部
色珍	女	藏	隆子县司法局	2011—2015年全区法治优秀宣传教育先进个人	2017年	自治区党委宣传部、区司法厅、区普法办
单增旺扎	男	藏	市委统战部	2017年度自治区优秀信息工作者	2017年	自治区党委统战部
索朗巴珠	男	珞巴	斗玉珞巴民族乡	自治区民族团结模范个人	2017年	自治区党委统战部
扎西罗布	男	藏	塞卡古托寺	"四讲四爱"书法比赛自治区三等奖	2017年	自治区党委统战部、宗教办
格桑仁青	男	藏	塞卡古托寺	"四讲四爱"书法比赛自治区三等奖	2017年	自治区党委统战部、宗教办
加央丹达	男	藏	塞卡古托寺	"四讲四爱"书法比赛自治区三等奖	2017年	自治区党委统战部、宗教办
扎西多吉	男	藏	塞卡古托寺	"四讲四爱"书法比赛自治区三等奖	2017年	自治区党委统战部、宗教办
扎西江村	男	藏	山南市第二职业学校	在"颂扬新变化、点赞新西藏"喜迎党的十九大老干部书法美术摄影展中，荣获藏文书法一等奖	2017年	自治区委员会老干部局
益西措成	男	藏	山南市职校	在"颂扬新变化、点赞新西藏"喜迎党的十九大老干部书法美术摄影展藏文书法二等奖	2017年	自治区委员会老干部局
索朗次仁	男	藏	市委老干部局	全区先进老干部工作者	2017年	自治区党委组织部、区党委老干部局、区人社厅
韩丽	女	汉	山南市公安局	优秀共青团干部	2017年	自治区团委
史戈	男	藏	洛扎县中学	2016-2017年度西部志愿服务西部计划专项优秀志愿者	2017年	共青团西藏自治区委员会、西藏自治区青年志愿者协会
旦知草	女	藏	山南市司法局	全区实施妇女儿童发展规划先进个人	2017年	自治区妇联
卓嘎	女	藏	隆子县玉麦乡	西藏自治区2017年度民族团结先进个人	2017年	自治区妇联
魏小勇	男	汉	山南市检察院	西藏五一劳动奖章	2017年	自治区总工会
巴桑央金	女	藏	日当镇萨琼村	2017年西藏自治区驻村先进个人	2017年	自治区强基办
次仁多吉	男	藏	日当镇扎村	2017年西藏自治区驻村先进个人	2017年	自治区强基办
李永生	男	汉	列麦乡	自治区创先争优强基础惠民生先进个人	2017年	自治区强基办
次旺扎西	男	藏	列麦乡	自治区创先争优强基础惠民生先进个人	2017年	自治区强基办

续表3

姓名	性别	民族	工作单位	获奖名称	表彰时间	授予单位
洛桑赤列	男	藏	列麦乡	自治区创先争优强基础惠民生先进个人	2017年	自治区强基办
张 涛	男	藏	昌果乡人民政府	自治区优秀驻村工作队员	2017年	自治区强基办
巴 贵	男	藏	措美县	优秀驻村工作队员	2017年	自治区强基办
刘 磊	男	汉	贡嘎县公安局	自治区文明交警	2017年	自治区文明办
马红军	男	汉	山南市公安局	个人三等功	2017年	自治区公安厅
索朗群培	男	藏	山南市公安局	交警先进个人	2017年	自治区公安厅
索 朗	男	藏	山南市公安局	法制之星	2017年	自治区公安厅
拉巴占堆	男	藏	加查县公安局	全区优秀人民警察	2017年	自治区公安厅
次 央	女	藏	山南市中级人民法院	先进个人	2018年	自治区高级人民法院
索朗旺姆	女	藏	山南市中级人民法院	先进个人	2018年	自治区高级人民法院
索朗宗巴	女	藏	山南市中级人民法院	先进个人	2018年	自治区高级人民法院
解松娟	女	汉	山南市中级人民法院	先进个人	2018年	自治区高级人民法院
黄国强	男	汉	隆子县公安消防大队	优秀基层干部	2018年	西藏消防总队
达娃曲坚	男	藏	错那县公安消防大队	优秀基层干部	2018年	西藏消防总队
刘 欣	男	汉	山南市公安消防支队政治处	三等功	2018年	西藏消防总队
唐开峰	男	汉	山南市公安消防后勤处卫生队	三等功	2018年	西藏消防总队
焦荣双	男	汉	桑日县公安消防大队	嘉奖	2018年	西藏消防总队
米 玛	男	藏	桑日县公安消防大队	嘉奖	2018年	西藏消防总队
刘 欣	男	汉	山南市公安消防支队政治处	优秀共产党员	2017年	西藏消防总队
刘庆胜	男	汉	贡嘎县公安消防大队	优秀共产党员	2017年	西藏消防总队
格桑罗布	男	藏	扎囊县公安消防大队	优秀共产党员	2017年	西藏消防总队
段 荣	男	汉	隆子县公安消防大队	优秀共产党员	2017年	西藏消防总队
杨家军	男	汉	洛扎县公安消防大队	优秀共产党员	2017年	西藏消防总队
邓天龙	男	汉	浪卡子县公安消防大队	优秀党务工作者	2017年	西藏消防总队
雷 东	男	汉	山南市公安消防支队特勤中队	优秀党务工作者	2017年	西藏消防总队

续表 3

姓名	性别	民族	工作单位	获奖名称	表彰时间	授予单位
邓卜川	男	藏	山南市公安消防支队司令部	十九大消防安保先进个人	2018 年	西藏消防总队
陈则宇	男	汉	贡嘎县公安消防大队	十九大消防安保先进个人	2018 年	西藏消防总队
泽仁平措	男	藏	隆子县公安消防大队	十九大消防安保先进个人	2018 年	西藏消防总队
胡本来	男	汉	乃东区公安消防大队	党的十九大消防安保先进个人	2018 年	西藏消防总队
罗豪	男	汉	扎囊县公安消防大队	党的十九大消防安保先进个人	2018 年	西藏消防总队
吴林	男	汉	乃东区公安消防大队	三等功	2018 年	西藏消防总队
马新	男	汉	琼结县公安消防大队	三等功	2018 年	西藏消防总队
罗布扎西	男	汉	加查县公安消防大队	三等功	2018 年	西藏消防总队
张昊	男	汉	山南市公安消防支队特勤中队	三等功	2018 年	西藏消防总队
洛松扎西	男	藏	山南市公安消防支队司令部	三等功	2018 年	西藏消防总队
罗棱	男	汉	山南市公安消防支队特勤中队	三等功	2018 年	西藏消防总队
杨康	男	汉	山南市教育局（体育局）	先进工作者	2017 年	西藏自治区教育厅
嘎旦桑布	男	藏	洛扎县中学	优秀评卷教师	2017 年	西藏自治区教育厅
马艳	汉	女	洛扎县中学	全区初中教师教学竞赛决赛中荣获思想品德三等奖	2017 年	西藏自治区教育厅
蓝仁源	男	汉	措美县中学	2017 年自治区初中地理教学竞赛一等奖	2017 年	自治区教育厅
王云辉	男	汉	措美县中学	2017 年自治区初中物理教学竞赛三等奖	2017 年	自治区教育厅
索朗旺姆	女	藏	措美县中学	2017 年自治区初中化学教学竞赛三等奖	2017 年	自治区教育厅
扎西	男	藏	加查县教育局	2017 年全区小学教师竞赛教学组二等奖	2017 年	自治区教育厅
杨红波	女	汉	山南市国家税务局	第二届雪域高原好税官	2017 年	自治区国家税务局
达娃次仁	男	藏	山南市交通运输局	全区交通运输行业先进个人	2018 年	自治区交通运输厅
仁增曲扎	男	藏	山南市交通运输局	公路养护管理工作先进个人	2018 年	自治区公路局
欧珠措姆	女	藏	隆子县农牧局	“十二五”期间全区农科教工作先进个人	2017 年	自治区农牧厅
格桑	男	藏	加查县农牧局（科技局、科协）	“十二五”期间全区农科教工作先进个人	2017 年	自治区农牧厅、自治区教育厅、自治区水利厅、自治区林业厅、自治区农牧科学院、自治区气象局
卓玛次仁	女	藏	市委宣传部	2017 年度全区网评工作优秀工作者	2018 年	自治区网信办

续表 3

姓名	性别	民族	工作单位	获奖名称	表彰时间	授予单位
伍金多吉	男	藏	山南市文化局（市文物局）	自治区第二届优秀翻译作品一等奖	2017 年	自治区藏语文工作委员会
旦巴旺久	男	藏	山南市文化局（市文物局）	2016 年度全区文物工作先进个人	2017 年	自治区文物局
多　吉	男	藏	山南市文化局（市文物局）	西藏自治区第一次全国可移动文物普查工作先进个人	2017 年	自治区第一次全国可移动文物普查领导小组办公室、西藏自治区文物局
次　仁	男	藏	山南市群众艺术馆	《夯歌起舞》（舞蹈）在感党恩爱核心喜迎十九大全区民间文艺汇演中荣获优秀作品奖	2017 年	自治区党委宣传部、自治区文化厅、自治区新闻出版广电局
益西措成	男	藏	山南市职校	首届西藏仓央嘉措文化节藏文书法大赛优秀奖	2017 年	仓央嘉措文化研究协会、自治区文联
王　艳	女	汉	农行山南分行	2017 年“金钥匙管理明星”	2017 年	农行西藏分行
安　梅	女	汉	农行山南分行	2017 年“金钥匙管理明星”	2017 年	农行西藏分行
李　华	女	汉	农行山南分行	2017 年“金钥匙管理明星”	2017 年	农行西藏分行
旦增格列	男	藏	农行山南分行	2017 年“金钥匙激情仲夏优秀客户经理”	2017 年	农行西藏分行
贡嘎杰布	男	藏	农行山南分行	2017 年“金钥匙激情仲夏优秀客户经理”	2017 年	农行西藏分行
洛桑当曲	男	藏	农行山南分行	2017 年“金钥匙激情仲夏优秀客户经理”	2017 年	农行西藏分行
张婷婷	女	汉	农行山南分行	2017 年“金钥匙激情仲夏优秀大堂经理”	2017 年	农行西藏分行
尼玛美朵	女	汉	农行山南分行	2017 年“金钥匙激情仲夏优秀大堂经理”	2017 年	农行西藏分行
全巴朗珠	男	藏	建行山南分行	2017 年度优秀共青团员	2018 年	共青团中国建设银行股份有限公司西藏自治区分行委员会
刘　云	女	汉	建行山南分行	对私客户经理旺季先锋奖	2017 年	中国建设银行股份有限公司个人存款与投资部
阿旺培德	女	藏	建行山南分行	新一代实施推广优秀贡献奖	2017 年	中国建设银行股份有限公司西藏自治区分行
卫文君	女	汉	建行山南分行	新一代实施推广贡献奖	2017 年	中国建设银行股份有限公司西藏自治区分行
陆　英	女	汉	建行山南分行	新一代实施推广贡献奖	2017 年	中国建设银行股份有限公司西藏自治区分行
刘　聪	女	汉	建行山南分行	2017 年“自助渠道提质增效”竞赛活动先进个人（智慧引导促转型先锋个人）	2017 年	中国建设银行股份有限公司西藏自治区分行
卓　嘎	女	藏	措美县邮政分公司	优秀工会工作者	2017 年	中国邮政集团工会西藏自治区委员会
白玛央金	女	藏	市邮政分公司营业中心	工会积极分子	2017 年	中国邮政集团工会西藏自治区委员会
云　丹	男	藏	市分公司人力资源部	优秀共产党员	2017 年	中共中国邮政集团公司西藏自治区分公司党组

续表3

姓名	性别	民族	工作单位	获奖名称	表彰时间	授予单位
次仁德吉	女	藏	市分公司市场经营部	优秀党员	2017年	中共中国邮政集团公司西藏自治区分公司党组
多吉次旦	男	藏	桑日县邮政分公司	2016年全区投递邮路经营竞赛活动“投递邮路营销能手”	2017年	中国邮政集团公司西藏自治区分公司
扎西桑珠	男	藏	贡嘎县邮政分公司	2016年全区投递邮路经营竞赛活动“投递邮路营销能手”	2017年	中国邮政集团公司西藏自治区分公司
尼夏次仁	男	藏	洛扎县邮政分公司	2016年全区投递邮路经营竞赛活动“投递邮路营销能手”	2017年	中国邮政集团公司西藏自治区分公司
赤来多吉	男	藏	加查县邮政分公司	2016年全区投递邮路经营竞赛活动“投递邮路营销能手”	2017年	中国邮政集团公司西藏自治区分公司
拉巴次仁	男	藏	贡嘎县邮政分公司	2016年全区投递邮路经营竞赛活动“投递邮路营销能手”	2017年	中国邮政集团公司西藏自治区分公司
徐　雯	女	汉	市邮政分公司营业中心	2016年全区“营销创优”劳动竞赛优秀营销员“营销榜眼”	2017年	中国邮政集团公司西藏自治区分公司
梁晓锋	男	汉	市邮政分公司信息技术部	2017年西藏邮政金融系统安全运行年暨运维质量竞赛活动先进个人	2018年	中国邮政集团公司西藏自治区分公司
达瓦色珍	女	藏	市邮政分公司营业中心	2017-2018年“决胜收官战 喜赢开门红”重点业务跨年竞赛活动金融专业“十佳理财经理”	2018年	中国邮政集团公司西藏自治区分公司
白玛央金	女	藏	市邮政分公司营业中心	2017-2018年“决胜收官战 喜赢开门红”重点业务跨年竞赛活动金融专业“十佳理财经理”	2018年	中国邮政集团公司西藏自治区分公司
王　婷	女	汉	乃东区邮政分公司	2017-2018年“决胜收官战 喜赢开门红”重点业务跨年竞赛活动金融专业“十佳理财经理”	2018年	中国邮政集团公司西藏自治区分公司
索朗旺久	男	藏	西藏银行股份有限公司贡嘎县支行	先进个人	2017年	西藏银行股份有限公司
魏双云	女	汉	西藏银行股份有限公司贡嘎县支行	先进个人	2017年	西藏银行股份有限公司
普布顿珠	男	藏	山南市人民政府	2017年度市优秀公务员	2017年	山南市委、市人民政府
黄金城	男	汉	山南市人民政府	2017年度市优秀公务员	2017年	山南市委、市人民政府
张福臣	男	满	山南市人民政府	2017年度市优秀公务员	2017年	山南市委、市人民政府
刘桦铃	男	汉	山南市旅发委	创先争优强基础惠民生活动先进驻村工作队队员	2017年	山南市委、市人民政府
李　晶	女	汉	山南市艺术团	创先争优强基础惠民生活动先进驻村工作队队员	2017年	山南市委、市人民政府
次仁卓嘎	女	藏	山南市博物馆	创先争优强基础惠民生活动先进驻村工作队队员	2017年	山南市委、市人民政府
巴桑罗布	男	藏	山南市畜牧兽医总站	创先争优强基础惠民生活动先进驻村工作队队员	2017年	山南市委、市人民政府
边巴扎西	男	藏	山南市农牧局	创先争优强基础惠民生活动先进驻村工作队队员	2017年	山南市委、市人民政府
桑　珠	男	藏	驻罗布沙村工作队	创先争优强基础惠民生活动先进驻村工作队队员	2017年	山南市委、市人民政府

续表 3

姓名	性别	民族	工作单位	获奖名称	表彰时间	授予单位
次仁玉珍	女	藏	驻增嘎村工作队	创先争优强基础惠民生活动先进驻村工作队队员	2017 年	山南市委、市人民政府
索朗扎西	男	藏	驻加娃村工作队	创先争优强基础惠民生活动先进驻村工作队队员	2017 年	山南市委、市人民政府
尼玛拉宗	女	藏	驻琼嘎村工作队	创先争优强基础惠民生活动先进驻村工作队队员	2017 年	山南市委、市人民政府
白玛多吉	男	藏	驻宗须村工作队	创先争优强基础惠民生活动先进驻村工作队队员	2017 年	山南市委、市人民政府
次仁欧珠	男	藏	驻邱多江村工作队	创先争优强基础惠民生活动先进驻村工作队队员	2017 年	山南市委、市人民政府
索朗扎西	男	藏	驻色吾村工作队	创先争优强基础惠民生活动先进驻村工作队队员	2017 年	山南市委、市人民政府
刘宏杨	男	汉	驻堆随村工作队	创先争优强基础惠民生活动先进驻村工作队队员	2017 年	山南市委、市人民政府
卓　玛	女	藏	山南市司法局	创先争优强基础惠民生活动先进驻村工作队队员	2017 年	山南市委、市人民政府
李　超	男	汉	市工商联办公室	创先争优强基础惠民生活动先进驻村工作队队员	2017 年	山南市委、市人民政府
王世强	男	汉	市委老干部局	创先争优强基础惠民生活动先进驻村工作队队员	2017 年	山南市委、市人民政府
张业鑫	男	汉	市委组织部	创先争优强基础惠民生活动先进驻村工作队队员	2017 年	山南市委、市人民政府
吾金曲珍	女	藏	山南市外事侨务办公室	创先争优强基础惠民生活动先进驻村工作队队员	2017 年	山南市委、市人民政府
扎　西	男	藏	山南市食品药品监督管理局	民族团结先进个人	2017 年	山南市委、市人民政府
索朗次仁	男	藏	日当镇	2017 年度社会治安综合治理工作先进个人	2018 年	山南市委、市人民政府
旦增列单	男	藏	山南市羊湖建筑公司	2017 年度全国道德模范提名奖	2017 年	山南市委、市人民政府
达瓦次仁	男	藏	山南市中级人民法院驻张达乡康玛村工作队	创先争优强基础惠民生活动先进驻村工作队队员	2017 年	山南市委、市人民政府
洛桑顿旦	男	藏	浪卡子县张达乡驻张达乡巴多村工作队	创先争优强基础惠民生活动先进驻村工作队队员	2017 年	山南市委、市人民政府
扎西顿珠	男	藏	山南市移动分公司驻张达乡扎玉村工作队	创先争优强基础惠民生活动先进驻村工作队队员	2017 年	山南市委、市人民政府
魏文举	男	汉	浪卡子县农牧局驻伦布雪乡门嘎村工作队	创先争优强基础惠民生活动先进驻村工作队队员	2017 年	山南市委、市人民政府
格桑多吉	男	藏	浪卡子县林业局驻伦布雪乡色采村工作队	创先争优强基础惠民生活动先进驻村工作队队员	2017 年	山南市委、市人民政府
坚利恒	男	汉	山南市气象局驻伦布雪乡边嘎村工作队	创先争优强基础惠民生活动先进驻村工作队队员	2017 年	山南市委、市人民政府
白玛措姆	女	藏	浪卡子县农牧局驻伦布雪乡门嘎村工作队	创先争优强基础惠民生活动先进驻村工作队队员	2017 年	山南市委、市人民政府
巴桑卓嘎	女	藏	浪卡子县水利局、司法局驻伦布雪乡次湖龙村工作队	创先争优强基础惠民生活动先进驻村工作队队员	2017 年	山南市委、市人民政府

续表 3

姓名	性别	民族	工作单位	获奖名称	表彰时间	授予单位
次仁德吉	女	藏	浪卡子县	创先争优强基础惠民生活动先进驻村工作队队员	2017 年	山南市委、市人民政府
顿珠扎西	男	藏	山南市质监局驻伦布雪乡帮来村工作队	创先争优强基础惠民生活动先进驻村工作队队员	2017 年	山南市委、市人民政府
拉巴顿珠	男	藏	浪卡子县农牧综合服务中心驻伦布雪乡苏格村工作队	创先争优强基础惠民生活动先进驻村工作队队员	2017 年	山南市委、市人民政府
王　庆	男	汉	浪卡子县文广局驻多却乡夏日村工作队	创先争优强基础惠民生活动先进驻村工作队队员	2017 年	山南市委、市人民政府
格桑央金	女	藏	山南市发改委（粮食）驻多却乡热玛瓦村工作队	创先争优强基础惠民生活动先进驻村工作队队员	2017 年	山南市委、市人民政府
白玛吉扎	男	藏	山南市国土局驻多却乡绒布村工作队	创先争优强基础惠民生活动先进驻村工作队队员	2017 年	山南市委、市人民政府
钟洪瑞	男	汉	山南市发改（粮食）驻多却乡堆日村工作队	创先争优强基础惠民生活动先进驻村工作队队员	2017 年	山南市委、市人民政府
格桑扎西	男	藏	浪卡子县纪委、总工会驻多却乡柔扎村工作队	创先争优强基础惠民生活动先进驻村工作队队员	2017 年	山南市委、市人民政府
张永斌	男	汉	山南市国土局驻多却乡东热村工作队	创先争优强基础惠民生活动先进驻村工作队队员	2017 年	山南市委、市人民政府
荣维鹏	男	汉	浪卡子县发改委驻打隆镇推瓦村工作队	创先争优强基础惠民生活动先进驻村工作队队员	2017 年	山南市委、市人民政府
格桑罗布	男	藏	中国电信集团公司西藏分公司驻打隆镇康萨居委会工作队	创先争优强基础惠民生活动先进驻村工作队队员	2017 年	山南市委、市人民政府
普布次仁	男	藏	浪卡子县打隆镇驻打隆镇林西居委会工作队	创先争优强基础惠民生活动先进驻村工作队队员	2017 年	山南市委、市人民政府
格桑桑珠	男	藏	浪卡子县妇联、团县委驻打隆镇曲宗村工作队副队长	创先争优强基础惠民生活动先进驻村工作队队员	2017 年	山南市委、市人民政府
索朗旺堆	男	藏	山南市国网供电公司驻打隆镇德杰居委会工作队	创先争优强基础惠民生活动先进驻村工作队队员	2017 年	山南市委、市人民政府
旦珍次旦	男	藏	浪卡子县普玛江塘乡驻普玛江塘乡查布村工作队	创先争优强基础惠民生活动先进驻村工作队队员	2017 年	山南市委、市人民政府
晋　美	男	藏	山南市公安局驻普玛江塘乡萨藏村工作队	创先争优强基础惠民生活动先进驻村工作队队员	2017 年	山南市委、市人民政府
索朗次仁	男	藏	山南市公安局驻普玛江塘乡沙空村工作队	创先争优强基础惠民生活动先进驻村工作队队员	2017 年	山南市委、市人民政府
才丹康健	男	藏	山南市国税局驻浪卡子镇哈西居委会工作队	创先争优强基础惠民生活动先进驻村工作队队员	2017 年	山南市委、市人民政府

续表3

姓名	性别	民族	工作单位	获奖名称	表彰时间	授予单位
次旺拉宗	女	藏	山南市藏语委办（编译局）驻浪卡子镇柯来村工作队	创先争优强基础惠民生活动先进驻村工作队队员	2017年	山南市委、市人民政府
扎西罗宗	女	藏	浪卡子县浪卡子镇驻浪卡子镇翁果村工作队	创先争优强基础惠民生活动先进驻村工作队队员	2017年	山南市委、市人民政府
达娃旺堆	男	藏	山南市广电系统驻阿扎乡阿扎村工作队	创先争优强基础惠民生活动先进驻村工作队队员	2017年	山南市委、市人民政府
巴桑云旦	男	藏	山南市农牧推广中心驻阿扎乡康巴村工作队	创先争优强基础惠民生活动先进驻村工作队队员	2017年	山南市委、市人民政府
次　仁	男	藏	中国石油西藏山南销售分公司驻阿扎乡顶巴村工作队	创先争优强基础惠民生活动先进驻村工作队队员	2017年	山南市委、市人民政府
次　旦	女	藏	浪卡子县委政法委驻阿扎乡知巴村工作队	创先争优强基础惠民生活动先进驻村工作队队员	2017年	山南市委、市人民政府
白玛曲杰	男	藏	浪卡子县公安局驻阿扎乡苏角村工作队	创先争优强基础惠民生活动先进驻村工作队队员	2017年	山南市委、市人民政府
朗珍曲桑	女	藏	浪卡子县委办公室驻卡龙乡卡龙村工作队	创先争优强基础惠民生活动先进驻村工作队队员	2017年	山南市委、市人民政府
仓　巴	男	藏	山南市人民检察院驻卡龙乡巴结村工作队	创先争优强基础惠民生活动先进驻村工作队队员	2017年	山南市委、市人民政府
巴　珠	男	藏	浪卡子县人社局驻卡龙乡贡米村工作队	创先争优强基础惠民生活动先进驻村工作队队员	2017年	山南市委、市人民政府
扎西次旦	男	藏	浪卡子县委统战部驻卡龙乡宗巴村工作队	创先争优强基础惠民生活动先进驻村工作队队员	2017年	山南市委、市人民政府
兰　英	女	汉	自治区党委宣传部驻白地乡杂塘村工作队	创先争优强基础惠民生活动先进驻村工作队队员	2017年	山南市委、市人民政府
扎西坚才	男	藏	浪卡子县旅发委驻白地乡扎玛龙村工作队	创先争优强基础惠民生活动先进驻村工作队队员	2017年	山南市委、市人民政府
央　吉	女	藏	浪卡子县交通局驻白地乡曲色村工作队	创先争优强基础惠民生活动先进驻村工作队队员	2017年	山南市委、市人民政府
旺　堆	男	藏	中国电信集团山南分公司驻卡热乡彭珠村工作队	创先争优强基础惠民生活动先进驻村工作队队员	2017年	山南市委、市人民政府
次仁罗布	男	藏	山南市委办公室驻卡热乡卡普村工作队	创先争优强基础惠民生活动先进驻村工作队队员	2017年	山南市委、市人民政府
米玛扎西	男	藏	山南市委办公室驻卡热乡江热村工作队	创先争优强基础惠民生活动先进驻村工作队队员	2017年	山南市委、市人民政府
旦增列单	男	藏	山南市羊湖建筑公司	2017年度民族团结进步模范个人	2017年	山南市委、市人民政府
扎西顿珠	男	藏	山南市纪委	创先争优强基础惠民生活动先进驻村工作队队员	2017年	山南市委、市人民政府
党　薇	女	藏	山南市纪委	创先争优强基础惠民生活动先进驻村工作队队员	2017年	山南市委、市人民政府

续表3

姓名	性别	民族	工作单位	获奖名称	表彰时间	授予单位
尼玛措姆	女	藏	加查县安绕镇	创先争优强基础惠民生活动先进驻村工作队队员	2017年	山南市委、市人民政府
卓　玛	女	藏	山南市人大办	创先争优强基础惠民生活动先进驻村工作队队员	2017年	山南市委、市人民政府
仓　决	女	藏	加查县加查镇	创先争优强基础惠民生活动先进驻村工作队队员	2017年	山南市委、市人民政府
洛桑曲珍	女	藏	加查县加查镇	创先争优强基础惠民生活动先进驻村工作队队员	2017年	山南市委、市人民政府
白玛拉珍	女	藏	山南市广电局	创先争优强基础惠民生活动先进驻村工作队队员	2017年	山南市委、市人民政府
巴桑卓玛	女	藏	山南市委宣传部	创先争优强基础惠民生活动先进驻村工作队队员	2017年	山南市委、市人民政府
武金曲珍	女	藏	山南市外侨办	创先争优强基础惠民生活动先进驻村工作队队员	2017年	山南市委、市人民政府
扎西央宗	女	藏	加查县冷达乡	创先争优强基础惠民生活动先进驻村工作队队员	2017年	山南市委、市人民政府
罗　江	女	藏	人行山南支行	创先争优强基础惠民生活动先进驻村工作队队员	2017年	山南市委、市人民政府
阿旺卓玛	女	藏	山南市交通局	创先争优强基础惠民生活动先进驻村工作队队员	2017年	山南市委、市人民政府
央　啦	女	藏	加查县环保局	创先争优强基础惠民生活动先进驻村工作队队员	2017年	山南市委、市人民政府
次仁白珍	女	藏	加查县发改委	创先争优强基础惠民生活动先进驻村工作队队员	2017年	山南市委、市人民政府
仁青曲珍	女	藏	加查县安绕镇	创先争优强基础惠民生活动先进驻村工作队队员	2017年	山南市委、市人民政府
拉巴次仁	男	藏	山南市藏医院	创先争优强基础惠民生活动先进驻村工作队队员	2017年	山南市委、市人民政府
强巴旦增	男	藏	山南市食药监局	创先争优强基础惠民生活动先进驻村工作队队员	2017年	山南市委、市人民政府
旦巴曲培	男	藏	加查县纪委	创先争优强基础惠民生活动先进驻村工作队队员	2017年	山南市委、市人民政府
旦增曲扎	男	藏	加查县安绕镇	创先争优强基础惠民生活动先进驻村工作队队员	2017年	山南市委、市人民政府
次旦扎西	男	藏	加查县安绕镇	创先争优强基础惠民生活动先进驻村工作队队员	2017年	山南市委、市人民政府
巴　珠	男	藏	山南市藏医院	创先争优强基础惠民生活动先进驻村工作队队员	2017年	山南市委、市人民政府
罗布旺杰	男	藏	加查县加查镇	创先争优强基础惠民生活动先进驻村工作队队员	2017年	山南市委、市人民政府
罗布旦增	男	藏	中行山南市支行	创先争优强基础惠民生活动先进驻村工作队队员	2017年	山南市委、市人民政府
扎西次仁	男	藏	山南市雅砻工矿公司	创先争优强基础惠民生活动先进驻村工作队队员	2017年	山南市委、市人民政府

续表 3

姓名	性别	民族	工作单位	获奖名称	表彰时间	授予单位
平措旺堆	男	藏	加查县拉绥乡	创先争优强基础惠民生活动先进驻村工作队队员	2017 年	山南市委、市人民政府
旦增顿珠	男	藏	山南市安监局	创先争优强基础惠民生活动先进驻村工作队队员	2017 年	山南市委、市人民政府
刘力柃	男	汉	山南市旅发委	创先争优强基础惠民生活动先进驻村工作队队员	2017 年	山南市委、市人民政府
刘 华	男	汉	加查县拉绥乡	创先争优强基础惠民生活动先进驻村工作队队员	2017 年	山南市委、市人民政府
张 蒙	男	汉	加查县坝乡	创先争优强基础惠民生活动先进驻村工作队队员	2017 年	山南市委、市人民政府
次仁多米	男	藏	加查县洛林乡	创先争优强基础惠民生活动先进驻村工作队队员	2017 年	山南市委、市人民政府
扎西群培	男	藏	山南市安监局	创先争优强基础惠民生活动先进驻村工作队队员	2017 年	山南市委、市人民政府
仓决卓玛	女	藏	曲桑村第六批驻村工作队	创先争优强基础惠民生活动先进驻村工作队队员	2017 年	山南市委、市人民政府
阿米奶	女	藏	朗杰学乡人民政府	创先争优强基础惠民生活动先进驻村工作队队员	2017 年	山南市委、市人民政府
洛桑加措	男	藏	隆子县宣传部	山南市“四讲四爱”优秀先进工作者	2017 年	山南市委
杨红波	女	汉	山南市国家税务局	第五届“感动山南十大人物”	2017 年	山南市委
董惠军	男	汉	山南市公安局	消防安全先进个人	2017 年	山南市人民政府
李明金	男	汉	山南市职校	山南市学科带头人	2017 年	山南市人民政府
白 朗	男	藏	山南市职校	山南市骨干教师	2017 年	山南市人民政府
次仁群宗	女	藏	山南市职校	山南市骨干教师	2017 年	山南市人民政府
格列洛桑	男	藏	山南市职校	山南市骨干教师	2017 年	山南市人民政府
索朗次仁	男	藏	山南市职校	山南市骨干教师	2017 年	山南市人民政府
美朵曲珍	女	藏	山南市职校	山南市骨干教师	2017 年	山南市人民政府
顿 珠	男	藏	山南市职校	山南市骨干教师	2017 年	山南市人民政府
李 玲	女	藏	山南市教育局（体育局）	先进个人	2017 年	山南市人民政府

说明：由于各单位资料提供不全，可能有遗漏

感动山南十大人物

一、仁增

仁增，男，藏族，1979 年出生，琼结县拉玉乡强吉村党支部原副书记、三组组长。2016 年 6 月因见义勇为荣登“中国好人榜”，11 月荣获第五届西藏自治区道德模范。

2015 年 12 月 18 日，曲吉因家庭琐事同父母发生争吵，一时想不开便跑到江边。曲吉的父亲急忙来到仁增家求助。仁增听说后，一边安慰老人，一边匆忙出门，甚至顾不上同刚回到家的妻子说上几句话。

到了江边，看到站在泽当大桥下面的曲吉，仁增急忙呼唤，让其冷静。可是未等仁增近身，曲吉已经跳入江中。他不假思索跳入江中施救，两人不幸被卷入漩涡。仁增用尽全力将曲吉推出水面，曲吉得救了，他却牺牲了。

在强吉村，哪家有困难，哪家就有仁增的身影。现在西藏农牧学院上学的顿珠，上初中时，父亲索朗顿珠得重病，仁增将其送往医院，并垫付 4000 元医疗费。索朗顿珠去世后，家里没有经济来源，想让顿珠辍学，仁增得知后，从顿珠初一到大三，资助顿珠近 6 万元。在仁增的努力下，强吉村学龄儿童没有一个人辍学，受他资助的大学生就有 4 人。

仁增还努力为全组谋生计。在他的带领下，强吉三组人均年收入从当初的 2300 元达到 2016 年的 5600 元，村集体收入从 400 多元达到 14 万元。

二、达瓦

达瓦，男，藏族，1962 年出生，乃东区昌珠镇卡多社区居民。20 岁时，他从车轮下救出小男孩，自己失去左腿。他说：“我已经活了 20 年，孩子才 3 岁，孩子的命比我重要。”他刚能依靠拐杖行走的时候，毅然选择外出学习缝纫和绘画。学缝纫时，达瓦只能用一只右脚踩踏板，常常累的汗流浃背，甚至脚底磨出水泡。

学成归来，在有关部门的帮助下，他贷款成立卡多贡达缝衣店合作社。没有客户，村民帮他招揽生意；行走不便，政府帮他装上假肢。感恩的他把爱传递和播撒。

合作社年收入不过 15 万元，他每年帮扶贫困户花费都在 13 万元左右，他教的 28 名徒弟，全部来自贫困家庭。村里老人生病，困难村民缺钱少物，少则 100 元，多则 200 元、300 元，他从不犹豫，也从不要求还钱。

18 年前，妹妹离异，4 年前，弟弟支张身患重病，下肢瘫痪。两家 5 个孩子有 3 个孩子在读书。他挑起重担，过起了 1 人挣钱 8 人花的生活。

2016 年，支张罹患肾衰竭。他拿出全部积蓄立即带着弟弟到成都华西医院求医。住院 1 个多月，达瓦日夜守护在弟弟身边，翻身、按摩、洗衣、送饭……弟弟病情稳定，他却瘦成皮包骨头。看到他日子拮据，居委会决定将其纳入低保，可他却说：“我有合作社，把这个名额给其他人吧。”

三、揣丽颖

揣丽颖，女，汉族，1980 年出生，加查县检察院副检察长。2016 年 11 月荣获第五届西藏自治区道德模范。

2009 年，她与尼玛次仁一见钟情，步入婚姻的殿堂。从此，她担负起照顾藏汉双亲老人的重担。为照顾好亲人，她开始学习藏语，学习藏餐烹饪技术。乡下奶奶第一次来她家，晚上迟迟不肯上床休息，是怕弄脏床铺，她马上打来热水，给奶奶洗脚，那一刻奶奶感动地流下热泪。崔久的牧民亲戚每次到她家里，她也从不嫌弃他们身上的“味道”，同锅吃、同屋住。

在她回河北家中休产假期间，爱人一通电话让她坐立不安，公公患上了肝癌已到晚期，想见刚刚出生的孙女，面对患病卧床的父亲，如何取舍，让她陷入了两难境地。“闺女，快回去吧，你爸这有我呢。”母亲对她说。临行前晚，她整夜无眠伤心哭泣。回到西藏，望着平日里疼爱她的“阿爸”，她失声痛哭。半年多来每日为公公翻身子、换被褥、煮饭、喂药、护理按摩，以减轻公公的痛苦直至生命最后一刻。

公公过世不久，又传来爸爸病重的消息。她星夜兼程返回河北，看到父亲因长期下肢血液不流通，背部及下肢大面积溃烂，她泪如雨下。十多天一直日夜守候在父亲身边，悉心照料，直到父亲安然离世。

她是群众心中孝敬公婆、尊老抚幼的典范。这个藏族媳妇的汉家女子大爱孝道的故事，在雅砻大地口口称颂，延绵传扬。

四、洛桑金巴

洛桑金巴，男，藏族，1980年出生，曲松县琼嘎村藏药材种植加工专业合作社负责人。2013年，他辞去雍布拉康藏药厂稳定的销售工作，回乡创业。他动员村里群众一起种植藏药材时，都不愿意跟他干。他只好用父母那3亩地先干起来，成立琼嘎村藏药材种植加工专业合作社。他翻阅大量资料学习种植技术，多次到内地考察学习，顶着烈日，冒着风沙，开始艰辛的创业历程。饿了，吃糌粑；累了，倒在地头睡会儿。

2014年，合作社的藏药材种植成功，产品销售很好，他的种植事业不断发展。小有成就的他不满足于个人富裕，走村入户动员更多村民加入合作社，群众被他的诚心所感动，拿出土地入股。种植藏药材面积由2013年的30亩扩大到几百亩。当年，藏药材产值120.8万元，盈利80万元。

2015年，在党和政府的扶持下，合作社进一步壮大，成功种植冬葵、藏木香等16个品种的藏药材，开发斯灵姜霸生发露、巴桑姆酥油丸等产品，广销区内外市场，深受消费者喜爱。

周边村的群众看到收益后，纷纷请求加入合作社，他也总是敞开大门欢迎大家加入共同致富。截至2015年年底，在他带动下，曲松镇琼嘎村、下洛村、东嘎村共190户665人加入合作社，户均增收5000元。三年来，热心的他还拿出24万多元为群众解决各种困难。

3月28日，山南召开第五届"感动山南十大人物"颁奖晚会，市委书记张永泽（主席台左二），市委副书记、市长普布顿珠（主席台右二）与获奖人员座谈

五、次仁罗布

次仁罗布，男，藏族，1977年出生，山南报总编室主任、记者，荣获山南地区优秀共产党员称号。16年来，他始终活跃在新闻一线，用笔和镜头守望和记录着山南经济社会发展进程。做记者就要多一份关爱。他关心、关注弱势群体，通过深度报道，为“黑人黑户”的德吉母子一家三口、孤儿桑旦罗布一家四口争取到户口、廉租房，两家的孩子也顺利地考上初中、高中。

2005年的一次下乡采访，在翻越亚堆扎拉雪山时，车子打滑掉进沟里，他头部受伤缝合了7针；2007年，在刚通车的错那县库局乡采访时，车子差点儿掉下悬崖，他为保护手中的相机胳膊被撞得鲜血直流；2008年，在隆子列麦采访时，他一脚踩空，从二楼楼梯摔下来，右腿韧带撕裂。

2008年，五个边境高寒县遭受雪灾重创，他先后4次10多天徒步深入受灾点了解灾情，为政府救灾提供第一手资料。一次下乡采访，看到贡嘎县朗达村的乡亲们因危桥出行受阻时，他心急如焚，立即向有关部门争取资金，很快将桥修好，并建起防洪堤。

他白天采访，晚上写稿。女儿在作文中这样写道：“爸爸总是忙来忙去，很少在家，中午几乎不回来吃饭。所有家务活都妈妈来做，看着妈妈很辛苦，有时候我都讨厌爸爸了。”

六、杨红波

杨红波，女，汉族，1979年出生，山南市国家税务局货物和劳务税科科长。2016年7月，因爱岗敬业荣登“中国好人榜”。2016年11月荣获第五届西藏自治区道德模范提名奖。

她一直从事基层一线税收工作，在税务稽查、征收、管理岗位上工作和锻炼16年。2016年3月，国家发出“将全面推开营改增改革试点工作”的总攻令，她勇挑重担，克服家中老人病危、女儿升学考试的双重困难，默默无闻地坚守在营改增改革战线上。她加班加点，从不埋怨，每日超过15个小时的工作强度，使得她患上了严重的腰椎间盘突出症和失眠症。但她没有喊过一声累，叫过一次苦。5月1日零时，成功开出第一张增值税发票，标志着营改增第一场战役取得圆满成功。可她没有歇息，深夜冒雨到营业点，指导和实地查看纳税人开具发票情况，让纳税人深受感动。

杨红波和营改增团队还制作宣传动画《我们结婚啦》，充分发挥想像力和创造力，将营业税和增值税拟人化，向社会各界宣传重大税制改革的深刻意义，成为全区税务系统首个由地市局自行制作的宣传动画片，受到了广大纳税人的喜爱和好评。营改增改革试点工作的第二战役——税负测算分析已开始，她又开始忙碌在逐户进行纳税人身份界定、为纳税人开展申报表和测算表的摸拟操作工作上，每日加班到深夜，周末也从不休息。而将她从小带大、深深挚爱的外婆已经住院半个月，一直处于昏迷状态，自己的女儿也被寄宿在邻居家中，独自面对小升初的考试。

七、次仁多吉

次仁多吉，男，藏族，1961年出生，洛扎县扎日乡曲措村医。在曲措附近海拔4000米左右的地区，他是很有名气的村医。

43年来，他硬是靠着双脚，为周边近万群众送去医疗服务。村民索朗次仁不慎摔下悬崖，生命垂危。他迅速赶过去治疗，病人的血止住了，生命体质也平稳了，但他却累得瘫倒了。斯达卓玛老人37岁那年遭遇严重车祸瘫痪。通过针灸和藏医治疗，她竟奇迹般站了起来。她说：“是次仁多吉啦救了我，给了我第二次生命。”为了感激救命之恩，她把自己的名字白玛央金改成斯达卓玛。乃村二组五保户次仁患有脑出血，他主动将老人接到自己家中免费治疗，悉心照料半年多时间，直至次仁老人完全康复。

因为没有正式编制，他在公益岗位上每月仅有1000多元的工资，但他始终无怨无悔。看到来卫生所看病的人越来越多，他让刚拿到中专录取通知书的小儿子次旺罗布，留在村里当自己的助手。小儿子怎么也不理解父亲的行为，在相当一段时间里还憎恨过他。经过14年的亲眼见证后，次旺罗布说，“这些年，我看到病人的痛苦，也看到病人病愈后的欣喜，更看到父亲的坚守，这让我坚定做一名好村医的想法。”

曲措村村主任丹增久米说，“次仁多吉工资虽然低，但从医以来，却为当地群众垫付医疗费用达35000余元。”

八、扎西多吉

扎西多吉，男，藏族，1956年出生，乃东区结巴乡滴新村党支部书记、村委会主任。作为村里的领头羊，他认为“一个人富，不算富，全村人富才是富！”他肯闯敢干，面对困难从不屈服。

2005年，他不顾各方反对贷款58万元，并将家里的车放进砂石厂，共整合资金72万元，成立兴隆砂石厂，创办全村第一个集体经济。在他的努力下，滴新村又成立江北农机具合作社、丰收种植业合作社、奶牛养殖合作社，在泽当城区开起了惠民藏餐馆。

在他的带领和努力下，滴新村集体收入逐年递增，2015年实现全村集体收入1738万元，累计集体分红650万元，村集体固定资产也由当初72万元增长到现在的4000多万元，全村群众可支配收入由2005年的2030元提高到15030元，成为全市“十星模范村”。他创造的统一领导、放手发展，统一要素、集中分配，统一核算、强化监督“滴新经验”，已成为全市发展农业专业合作社、促进群众脱贫增收的榜样。

他始终把入党时“为人民服务”誓言牢记心头。多年来，他把扶贫帮困作为体现党员作用的一种坚持，为全村群众办事实好事不计其数，为贫困户出钱出力不计回报。他积极利用村集体经济和个人关系，帮助困难家庭劳动力找到工作，在他的努力下全村群众都富裕起来了。

九、白玛卓玛

白玛卓玛，女，藏族，1959年出生，退休干部，原山南地区纪委副书记、监察局局长。她在反腐一线奋斗20多年，把自己的青春年华奉献给山南纪检监察事业。退休后，虽然身体状况欠佳，她仍主动申请继续负责全市强基办工作，任劳任怨。在办公室人员少、任务重的情况下，她经常性地深入到山南市550个驻村(居)工作队，开展督导检查，每年重大节假日期间，克服高血压的危险，到海拔5000米以上的驻点村，看望慰问工作队员。她主动关心和帮助办公室人员的工作、生活和成长进步，充分调动同事们的积极性，认真完成大型会议筹备、重要文稿审核、集中巡回检查、后勤保障服务、衔接联系汇报等系列重要工作，为强基惠民活动顺利开展作出了重大贡献，得到各级领导的充分肯定。

她严于律己，模范带头遵守党的纪律，凡是送礼的人都被她毫不留情地拒之门外。每天上班她总是提前半个小时到，每天下班总是被同事们催着回家。每次下基层检查工作、开展调研时，她都是轻车简从，把该干的工作干完后就立即返回市里，尽量不给基层增负担、添麻烦。几十年来，她始终如一用自己的实际行动彰显一名共产党员的纯洁性、先进性，树立和维护党员干部的崇高威信和良好形象，受到广大基层干部群众的高度赞扬。

她以无私奉献、退而不休的实际行动，得到广大干部职工的尊敬和爱戴，也多次受到各级党组织的表彰。

十、普玛江塘乡干部群体

普玛江塘乡，平均海波5373米，是世界海拔最高的行政乡，堪称为“生命禁区”。16年来，普玛江塘乡267名干部职工，用青春和赤诚触摸着生命的高度，用不懈的拼搏构建起一片精神的高原。

这里的冬季长达9个多月，乡里的干部职工要克服高寒缺氧带来的不适，冒着零下二三十摄氏度的严寒走村入户，开展法制教育、防冻防寒、牲畜保暖、边境维稳等工作。普玛江塘乡经常发生雪灾，2006年和2008年的特大暴雪，使几个村的交通和通信中断，乡干部走4天山路，才赶到村子里开展工作。长年工作在海拔高、含氧量不足海平面的40%的环境里，全乡大部分干部都患有心脏病、红细胞增多以及关节炎等疾病，但面对组织的安排没有一个人退缩。

正是这些乡干部数年如一日的付出和奉献，这个条件艰苦的最高乡，群众生产、生活条件大大改善，277户牧民全部住进了宽敞明亮的土木结构新房，彻底告别住数百年的帐篷和草皮房；引进良种牛羊，有效改善畜群结构；完善牧道、防洪坝、药浴池、暖棚圈、大棚温室、畜产品加工点和畜种改良工程建设。2015年全乡农牧民人均收入9081元，高于全市乃至全区平均水平。

有人说，“在普玛江塘工作，躺着都是贡献。”可普玛江塘的干部说：“艰苦地区的老百姓更需要发展，更需要干部多带头、多吃苦、多想办法！”普玛江塘乡干部群体，既是广大党员践行“两学一做”的优秀代表，也是广大基层干部敬业奉献的典范。

附　录

党政机构和负责人

中共山南市委员会

书　记　张永泽（6月免）
　　　　许成仓（6月任）
副书记　普布顿珠（藏族）
　　　　丁哲峰
　　　　巴　珠（藏族）
　　　　陈正祥
常　委　张　晓
　　　　吴　维
　　　　龚　兵（满族）
常委、秘书长
　　　　赫　沛
常　委　格　桑（藏族）
　　　　王友华
　　　　丹　增（藏族）
　　　　燕　红（女，藏族）
　　　　张定成
　　　　廖良辉
　　　　方　旭
常务副秘书长
　　　　桑　旦（藏族）
副秘书长
　　　　孟子伟
　　　　胡　利
　　　　罗布次仁（藏族）
　　　　祝　刚（援藏）

山南市人民代表大会常务委员会党组

书　记　党宗莲（女，5月免）
　　　　王德文（5月任）
副书记　陈海清（藏族）
成　员　贡觉多吉（藏族）
　　　　扎　西（藏族）
　　　　尼玛次仁（藏族）
　　　　沈百存（女）
　　　　余胜能
　　　　邓　荃（5月任）

山南市人民代表大会常务委员会

主　任　党宗莲（女，5月免）
　　　　王德文（5月任）
副主任　陈海清（藏族）
　　　　贡觉多吉（藏族）
　　　　扎　西（藏族）
　　　　尼玛次仁（藏族）
　　　　沈百存（女）
　　　　余胜能
　　　　邓　荃（5月任）
秘书长　扎　西（藏族）
副秘书长
　　　　普布次仁（藏族）
　　　　杨娟宏（女）

山南市人民政府党组

书　记　普布顿珠（藏族）

副书记 王友华
成 员 格 桑(藏族)
廖良辉(援藏)
方 旭(援藏)
喻 昌
黄金城
张福臣(满族)
扎西加措(藏族)
张永林
索朗曲巴(藏族)
牟永文
董加峰(挂职)
罗天华

山南市人民政府

市 长 普布顿珠(藏族)
常务副市长
王友华
副市长 格 桑(藏族)
廖良辉(援藏)
方 旭(援藏)
喻 昌
黄金城
张福臣(满族)
扎西加措(藏族)
张永林
索朗曲巴(藏族)
牟永文
董加峰(挂职)
秘书长 罗天华
副秘书长
李全棉
刘国军
白江山
桑旦罗布(藏族)
邢运江
念 扎(藏族)
巴桑次仁(藏族)
文湘进(援藏)
田云松(正县级,离岗修养)

政协山南市委员会党组

书 记 丁哲峰
副书记 普布多吉(藏族)
成 员 加 央(藏族)
普 布(藏族)
尼玛扎西(藏族)
洛桑扎西(藏族)
王 霞(女)
谭次仁(藏族)
蒋明浩
郭建军

政协山南市委员会

主 席 丁哲峰
副主席 克 珠(藏族)
普布多吉(藏族)
加 央(藏族)
普 布(藏族)
尼玛扎西(藏族)
洛桑扎西(藏族)
王 霞(女)
谭次仁(藏族)
蒋明浩
秘书长 郭建军
副秘书长
索娜央金(藏族)
黄政海(9月免)
陈党飞

山南市纪律监察委员会

书 记 吴 维
副书记 杨日军
马文清(回族)

山南市中级人民法院党组

书 记 索朗扎西(藏族)
副书记 扎 桑(藏族)

山南市中级人民法院

院 长 索朗扎西(藏族)
副院长 扎 桑(藏族)

山南市检察院党组

书　记　刘志刚

副书记　罗布顿珠（藏族）

山南市检察院

检察长　刘志刚

常务副检察长

罗布顿珠（藏族）

中共山南市委组织部

部　长　张定成

常务副部长

沈百存（女）

中共山南市委老干部局

局　长　潘华泉

中共山南市委宣传部

部　长　燕　红（女，藏族）

常务副部长

严乃锦

中共山南市委统战部

部　长　丹　增（藏族）

常务副部长

罗布扎西（藏族）

中共山南市委政法委

书　记　龚　兵

副书记　喻　昌

副书记、秘书长、综治办主任

革　新（藏族）

中共山南市委党校（市行政学校）

校　长　丁哲峰

常务副校长　李国庆

山南市强基惠民活动领导小组办公室

主　任　沈百存（女）

常务副主任　白玛卓玛（女，藏族，返聘）

山南市总工会党组

书　记　赤　列（藏族，9月免）

次　仁（藏族，9月任）

副书记　尚变丽（女）

戴锡兰（女，离岗待退）

山南市总工会

主　席　尚变丽（女）

戴锡兰（女，离岗待退）

副主席　赤　列（藏族，9月免）

次　仁（藏族，9月任）

共青团山南市委员会

书　记　拉　宗（女，藏族）

山南市妇女联合会党组

书　记　徐　梅（女，藏族）

山南市妇女联合会

主　席　徐　梅（女，藏族）

山南市工商联党组

书　记　保　疆（藏族）

山南市工商联

主　席　保　疆（藏族）

山南市发改委（粮食局）党组

书　记　王　霞（女）

副书记　边巴次仁（藏族）

山南市发改委（粮食局）

主任（局长）

边巴次仁（藏族）

副主任（副局长）

王　霞（女）

山南市人民政府法制办党组

书　记　李爱辉

副书记　索朗扎西（藏族）

山南市人民政府法制办

主　任　索朗扎西（藏族）

副主任　李爱辉

山南市统计局党组

书　记　维色顿珠（藏族）

副书记　赵忠琼

山南市统计局

局　长　赵忠琼

副局长　维色顿珠(藏族)

国家统计局山南调查队党组

书　记　王　猛(1月任)

成　员　尹　锋(8月任)

国家统计局山南调查队

队　长　王　猛(1月任)

副队长　尹　锋(8月任)

山南市工信局(国资委)党组

书　记　拉　次(藏族)

副书记　翟　坤

山南市工信局(国资委)

局　长　翟　坤

副局长　拉　次(藏族)

山南市教育局(体育局)党委

书　记　董安学

副书记　赤列边巴(藏族)

山南市教育局(体育局)

局　长　赤列边巴(藏族)

副局长　董安学

山南市科技局党组

书　记　次仁多布庆(藏族)

副书记　郎立辉

山南市科技局

局　长　郎立辉

副局长　次仁多布庆(藏族)

山南市民族宗教事务局党组

书　记　平措扎西(藏族)

副书记　米玛次仁(藏族,9月任)

山南市民族宗教事务局

局　长　普布多吉(藏族)

副局长　平措扎西(藏族)

米玛次仁(藏族，9月任)

山南市公安局党委

书　记　龚　兵(藏族)

副书记　洛桑次仁(藏族)

夏仕全(9月任)

山南市公安局

局长、督察长

洛桑次仁(藏族)

常务副局长

夏仕全(9月任)

山南市公安消防支队党委

书　记　扎　西(藏族)

副书记　贾朝彬

山南市公安消防支队

支队长　贾朝彬

政治委员　扎　西(藏族)

山南市民政局党组

书　记　周智德

副书记　周　青(女,藏族)

山南市民政局

局　长　周　青(女,藏族)

副局长　周智德

山南市司法局党组

书　记　杨国福

副书记　罗　布(藏族)

山南市司法局

局　长　罗　布(藏族)

副局长　杨国福

山南市财政局党组

书　记　李文武

副书记　仓　决(女,藏族)

山南市财政局

局　长　仓　决(女,藏族)

副局长　李文武

山南市国土资源和规划局党组

书　记　中次仁(藏族)

副书记　渠　伟

山南市国土资源和规划局

局　长　渠　伟

副局长 中 次 仁(藏族)

山南市人力资源和社会保障局党组

书 记 罗布占堆(藏族)
副书记 李 虹(女)

山南市人力资源和社会保障局

局 长 李 虹(女)
副局长 罗布占堆(藏族)

山南市住房和城乡建设局党组

书 记 阿旺朗杰(藏族,9月免)
邓 荃(9月任)
副书记 邓 荃(9月免)
阿旺朗杰(藏族,9月任)

山南市住房和城乡建设局

局 长 邓 荃(9月免)
阿旺朗杰(藏族,9月任)

山南市交通运输局党组

书 记 陈 桑(藏族)
副书记 李国忠

山南市交通运输局

局 长 李国忠
副局长 陈 桑(藏族)

山南市水利局党组

书 记 邓建军
副书记 旺 青(藏族)

山南市水利局

局 长 旺 青(藏族)
副局长 邓建军

山南市农牧局党组

书 记 索朗格桑(藏族)
副书记 何 华

山南市农牧局

局 长 何 华
副局长 索朗格桑(藏族)

山南市农业技术推广中心党支部

书 记 仓 琼(藏族,9月免)
副书记 隋永建

山南市农业技术推广中心

主 任 仓 琼(副藏族,9月免)
副主任 明 久(藏族,9—12月主持工作)
隋永建

山南市商务局党组

书 记 范和平
副书记 索朗仁增(藏族)

山南市商务局

局 长 索朗仁增(藏族)
副局长 范和平

山南市文化局(文物局)党组

书 记 司刚存
副书记 多 吉(藏族)

山南市文化局(文物局)

局 长 多 吉(藏族)
副局长 司刚存

山南市新闻出版广电局(市版权局)党组

书 记 次 旺(藏族)
副书记 沈新军

山南市新闻出版广电局(市版权局)

局 长 沈新军
副局长 次 旺(藏族)

山南市卫生和计划生育委员会党组

书 记 孙红章
副书记 桑杰群培(藏族)

山南市卫生和计划生育委员会

主 任 桑杰群培(藏族)
副主任 孙红章

山南市食品药品监督管理局党组

书 记 油顺禄
副书记 罗 胜(藏族)

山南市食品药品监督管理局

局 长 罗 胜(藏族)
副局长 油顺禄

山南市审计局党组

书　记　张洪林

副书记　巴桑次仁(藏族)

山南市审计局

局　长　巴桑次仁(藏族)

副局长　张洪林

山南市外侨办党组

书　记　姜艳红(女)

副书记　丹增多吉(藏族)

山南市外侨办

主　任　丹增多吉(藏族)

副主任　姜艳红(女)

山南市工商局党组

书　记　陈国平

副书记　拉巴次仁(藏族)

山南市工商局

局　长　拉巴次仁(藏族)

副局长　陈国平

山南市烟草局(公司)党组

书　记　张连海

副书记　拉　果(藏族)

山南市烟草局(公司)

局长、副经理

拉　果(藏族)

副局长、经理

张连海

山南市林业局党组

书　记　张　超

副书记　阿旺多吉(藏族)

山南市林业局

局　长　阿旺多吉(藏族)

副局长　张　超

山南市旅游发展委员会党组

书　记　丹　吉(女,藏族)

副书记　罗　云

山南市旅游发展委员会

主　任　罗　云

副主任　丹　吉(女,藏族)

山南市环保局党组

书　记　刘　洁(女)

副书记　旺　庆(藏族)

山南市环保局

局　长　旺　庆(藏族)

副局长　刘　洁(女)

山南市质量技术监督局党组

书　记　刘敬峰

山南市质量技术监督局

局　长　刘敬峰

山南市安全生产监督管理局党组

书　记　曹祖宇

副书记　达娃次仁(藏族)

山南市安全生产监管管理局

局　长　达娃次仁(藏族)

副局长　曹祖宇

山南市信访局

局　长　阿旺多吉

副局长　苟　爽(副县级,9月免)

山南市执法局党组

书　记　张志福

副书记　旦　增(藏族)

山南市执法局

局　长　旦　增(藏族)

副局长　张志福

山南市扶贫办(农发办)党组

书　记　王　联

副书记　次仁达娃(藏族)

山南市扶贫办(农发办)

主　任　次仁达娃(藏族)

副主任　王　联

山南市藏语委办(市编译局)党组

书　记　洛桑平措(藏族)

副书记　索朗罗布(藏族)

山南市藏语委办(市编译局)

主任(局长)

索朗罗布(藏族)

副主任(副局长)

洛桑平措(藏族)

山南市地震局党支部

书　记　吕　琳

山南市地震局

副局长　吕　琳

山南市残联党组

书　记　吴菊玲(女)

山南市残联

理事长　吴菊玲(女)

山南市国家税务局党组

副书记　白玛旺扎(藏族)

山南市国家税务局

局　长　白玛旺扎(藏族)

山南市气象局党组

书　记　毛时成(藏族)

副书记　张　勇

山南市气象局

局　长　毛时成(藏族,7月免)

张　勇(7月任)

副局长　张　勇(7月免)

国网西藏电力有限公司山南供电公司党委

书　记　罗布次仁(藏族,11月任)

副书记　蒋浩然(11月任)

国网西藏电力有限公司山南供电公司

总经理　蒋浩然(11月任)

副总经理　罗布次仁(藏族,11月任)

山南市邮政管理局党组

书　记　邹　威(2月任)

山南市邮政管理局

局　长　邹　威(2月任)

山南市经济合作局党组

书　记　拉宗卓玛(女,藏族)

副书记　刘雪英(女)

山南市经济合作局

局　长　刘雪英(女)

副局长　拉宗卓玛(女,藏族)

中国邮政集团公司山南市分公司党委

书　记　张志明

中国邮政集团公司山南市分公司

党委书记、总经理

张志明

中国电信山南分公司党委

书　记　张世江

中国电信山南分公司

总经理　张世江

中国移动西藏山南分公司党委

书　记　普布次仁(藏族)

中国移动西藏山南分公司

总经理　普布次仁(藏族)

中国联通山南分公司党组

书　记　旺　加(藏族)

中国联通山南分公司

总经理　旺　加(藏族)

山南市职业技术(教师进修)学校党委

书　记　方承红(女)

副书记　巴　珠(藏族)

山南市职业技术(教师进修)学校

校　长　巴　珠(藏族)

副校长　方承红(女)

山南市第二中等职业技术学校党委

书　记　田凤元

副书记　扎西罗布(藏族)

山南市第二中等职业技术学校
校　长　扎西罗布(藏族)
副校长　田凤元

中国人民银行山南市中心支行党委
书　记　次旺朗杰(藏族)
中国人民银行山南市中心支行
行　长　次旺朗杰(藏族)

中国农业银行山南分行党委
书　记　李建军(2月任)
中国农业银行山南分行
行　长　李建军(2月任)

中国建设银行山南分行党委
书　记　张连国(6月免)
中国建设银行山南分行
行　长　张连国(6月免)

中国银行山南分行党委
书　记　陈　慰
中国银行山南分行
行　长　陈　慰

人保财险山南分公司
总经理　格桑玉珍(女,藏族)

山南市人民医院党委
书　记　吾根单增(藏族)
副书记　陈　伟(3月免)
虞德才(援藏,3月任)
山南市人民医院
院　长　陈　伟(3月免任)
虞德才(援藏,3月任)
副院长　吾根单增(藏族)

山南市藏医院党委
书　记　中次仁(藏族)
副书记　扎西次仁(藏族)
山南市藏医院
院　长　扎西次仁(藏族)
副院长　拉巴次仁(藏族)

乃东区
区委书记　尼玛次仁(藏族)
区　长　张　维
人大常委会主任
布阿林(藏族)
政协主席　彭　琼(女,藏族)

琼结县
县委书记　安兴国
县　长　索朗多吉(藏族)
人大常委会主任
何广海
政协主席　仁增多吉(藏族)

扎囊县
县委书记　雷　丰(藏族)
县　长　唐　勇
人大常委会主任
次　仁(藏族,10月免)
巴桑次仁(藏族,11月任)
政协主席　达　娃(藏族)

贡嘎县
县委书记　黄金刚
县　长　次　仁(藏族)
人大常委会主任
索朗平措(藏族)
政协主席　扎西巴珠(藏族)

浪卡子县
县委书记　次　仁(藏族)
县　长　罗文金
人大常委会主任
邢　飞
政协主席　扎西顿珠(藏族)

洛扎县
县委书记　赵天武
县　长　白玛多吉(藏族)

人大常委会主任
索朗顿珠(藏族)
政协主席
嘎玛扎西(藏族)

措美县

县委书记　牛　垄
县　　长　巴桑欧珠(藏族)
人大常委会主任
洛桑次仁(藏族)
政协主席　索朗欧珠(藏族)

错那县

县委书记　余胜能
县　　长　布　多(藏族)
人大常委会主任
西　洛(藏族)
政协主席　查　斯(藏族)

隆子县

县委书记　次仁加错(藏族)
县　　长　刘圣育
人大常委会主任
洛　桑(藏族)
政协主席　索朗巴珠(藏族)

曲松县

县委书记　李世平
县　　长　拉巴次仁(藏族)
人大常委会主任
何才康
政协主席　白玛顿珠(藏族)

加查县

县委书记　李贤荣
县　　长　西洛次仁(藏族)
人大常委会主任
扎　西(藏族)
政协主席　普　琼(藏族)

桑日县

县委书记　康爱民
县　　长　吾　金(藏族)
人大常委会主任
旺　庆(藏族)
政协主席　罗布次仁(藏族)

山南市2017年国民经济和社会发展统计公报

山南市统计局

2017年是喜事不断、盛事频传的一年，党的十九大和区党委九届三次全委会议胜利召开，在市委、市政府的坚强领导下，坚持以习近平新时代中国特色社会主义思想为指引，面对新情况、新问题，坚持“稳中求进、进中求好、好中求快、补齐短板”工作总基调，正确处理好“十三对关系”，全面落实“完善基础、产业立市、统筹城乡、新区引领”经济工作思路，攻坚克难，开拓进取，保持了经济平稳健康发展和社会和谐稳定。

一、综 合

初步核算，实现地区生产总值(GDP)145.83亿元，按可比价计算，同比增长10.1%，增速与林芝并列第一。其中第一产业增加值7.10亿元、增长4.2%；第二产业增加值76.27亿元、增长13.2%；第三产业增加值62.46亿元、增长7.5%；人均地区生产总值39998元，同比增长10%。分季度看，四个季度GDP增幅分别为10.9%、10.8%、10.1%、10.1%。

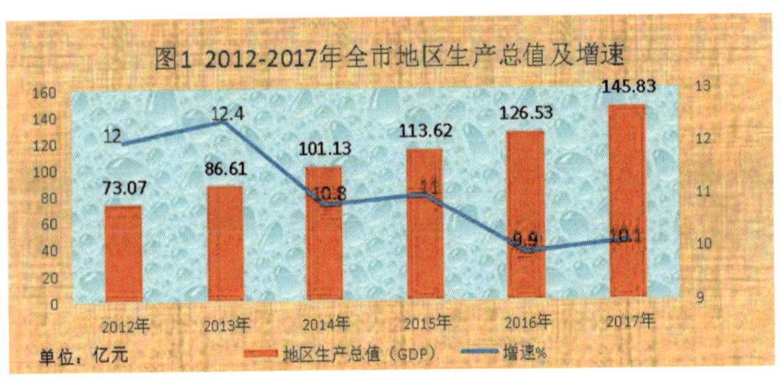

图1 2012-2017年全市地区生产总值及增速

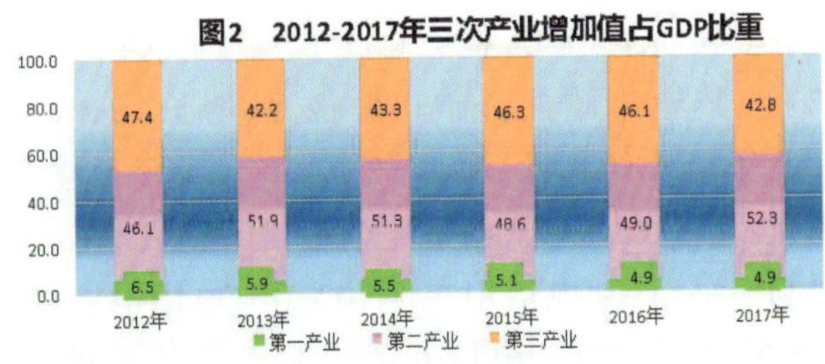

图2 2012-2017年三次产业增加值占GDP比重

三次产业比由2016年的4.9:49:46.1调整为2017年的4.9:52.3:42.8。

全市居民消费价格同比上涨1.6%，较上年回落0.9个百分点。八大类商品价格涨幅呈“一涨一降五平”格局，一涨即交通通信类上涨0.1%，一降即其他用品和服务类环比下降0.6%，衣着、居住、生活用品及服务、教育文化和娱乐、医疗保健类价格环比持平。

全市“四下”单位从业人员27756人，同比增加1691人，从业人员工资总额317010.2万元，增长6.5%，年人均工资115301元，增长1.03%。

二、农 牧 业

全市实现农林牧渔业总产值为11.67亿元，实现增加值7.1亿元，同比增长4.2%。其中农业产值5.4亿元、增长5.8%，牧业产值5.67亿元、增长5.7%，林业产值0.21亿元、增长14.1%。农作物总播种面积32743.6公顷，粮食作物面积24251.3公顷，比上年增加553.8公顷，其中，青稞、小麦、油菜籽、蔬菜、青饲料面积分别为16017.3公顷、7461公顷、3911.6公顷、1743.9公顷、2813.5公顷。粮食总产量16.3万吨、同比增长2.5%。其中小麦产量5.8万吨，下降15.9%；青稞产量10.1万吨，增长21.7%；油菜籽产量1.09万吨，下降7.6%；蔬菜产量3.7万吨、增长16.7%。年末牲畜存栏头数136.59万头(只、匹)，同比减少6.5万头(只、匹)，其中大牲畜、羊、猪、家禽存栏数分别为45.26万头、89.42万只、1.9万头、47.5万只。全年总出栏头数51.81万头(只)，其中牛、羊、猪分别出栏13.87万头、36.59万只、1.34万头，出拦率36.21%。肉类产量2.64万吨、下降0.4%，奶类产量4.83万吨、下降2.2%。

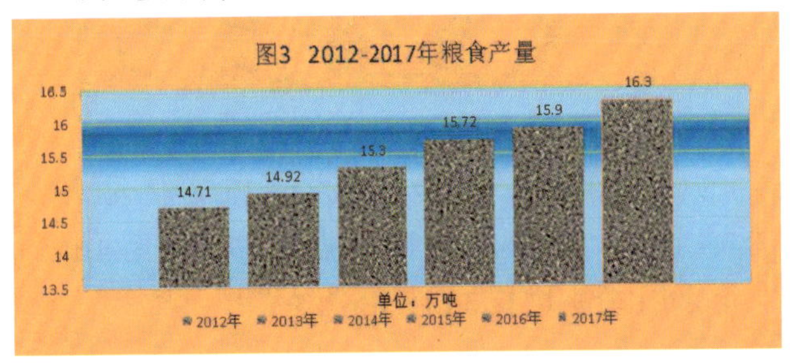

图3 2012-2017年粮食产量

三、工业和建筑业

全市规模以上工业企业共有15家，当年新增2家，完成工业总产值32.27亿元，实现增加值15.87亿元，同比增长14.4%。其中规模以上企业完成产值28.6亿元，实现增加值15.2亿元，增长6.2%，完成销售产值28.2亿元、增长13.3%。规下和个体工业完成产值3.67亿元，实现增加值2.06亿元，增长37.2%。主要产品产量：水泥产量133.17万吨、下降1.6%，中成药24.76吨、增长32.9%，铬矿石6.06万吨、下降10.9%，发电量21.85亿千瓦时（含规下）、增长9.2%。

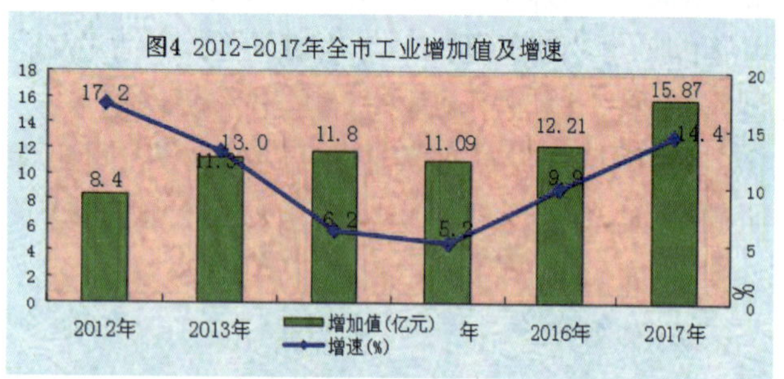

图4 2012-2017年全市工业增加值及增速

建筑业实现增加值60.4亿元，同比增长12.9%。

四、固定资产投资

全市共有在建项目1471个，完成投资261.75亿元，同比增长40.5%，增速居全区第2位。投资对经济发展的贡献率达到54.8%，拉动经济增长5.4个百分点。其中，国家投资占主导地位。完成投资243.59亿元、增长33.4%；民间投资成效显著。完成投资18.16亿元、增长408.8%。大项目建设进展顺利，对经济拉动作用持续增强。以能源、交通为主的5000万元以上项目共有110个，完成投资189.9亿元，占完成投资的72.5%。房地产开发投资完成额4.79亿元，同比增长238.5倍，商品房屋施工面积136190平方米，增长1099.4%，销售面积2602平方米，下降87.2%。

图5 2012-2017年固定资产投资完成及增速

分产业看，第一产业完成投资15.56亿元，增长38.5%；第二、三产业分别完成投资59.5亿元、186.69亿元，同比分别增长56.1%、36.4%。

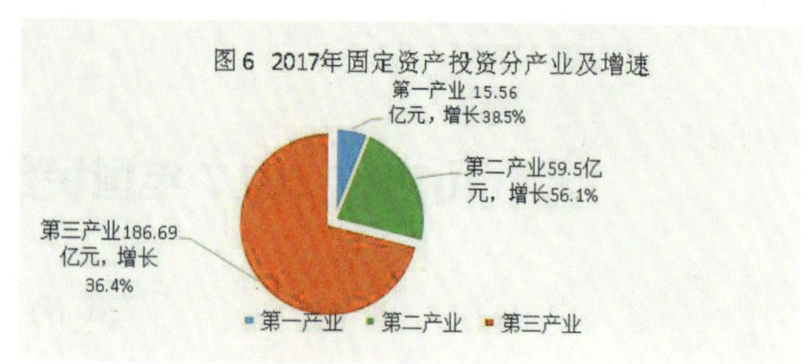

图6 2017年固定资产投资分产业及增速

五、商业和贸易

全市社会消费品零售总额完成50.7亿元，同比增长13.4%。按地域分：城乡市场分别完成零售额43.66亿元、7.07亿元，同比分别增长13.7%、11.5%。商品零售、住宿餐饮分别完成零售额44.5亿元、6.2亿元，分别增长13.9%、10.2%。分行业看：限上企业完成零售额17.04亿元、增长17.8%，限下企业完成零售额33.7亿元、增长11.3%。

图7 2012-2017年社会消费品零售总额及增速

全年进出口总额4075万美元，其中，出口总额617万美元，进口总额3457万美元。

六、交通、邮电和旅游

客运量及客运周转量分别完成134.7万人、25824万人/公里，同比分别增长12.2%、12%；货运量及货运周转量分别完成252万吨、88519万吨/公里，同比分别增长12%、12%。

全市年末公路通车里程7586.39公里，桥梁共有811座，桥梁累计长度21639.28米，年末全市民用汽车拥有量35778辆，同比增加5975辆。

全市完成邮电业务总量3.9亿元，同比增长12%。其中邮政业务量0.38亿元、增长32.2%，电信业务量1.57亿元、增长17.3%，移动业务总量1.8亿元、增长4.9%，联通业务总量0.15亿元、与去年同期持平，移动电话用户141033户，电信电话用户数45000户，移动、电信互联网上网用户分别达到119243户、30633户。

全市共接待游客348万人次、同比增长25.2%，实现旅游收入 14.19 亿元、增长 19.2%。

七、财政和金融

全市完成一般公共财政收入 16.57 亿元、同比增长 22.2%。其中税收收入完成 10.7 亿元、增长 15.7%，占地方财政收入的 64.6%。增值税完成 7.48 亿元、增长 66.7%，营业税完成 0.064 亿元、下降 97.2%，企业所得税完成 0.38 亿元、增长 34.8%，个人所得税完成 0.78 亿元、增长 2.5%。

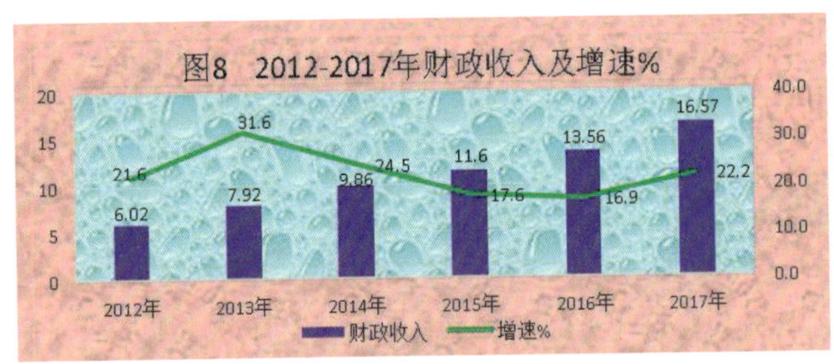

全市财政预算总支出 143.78 亿元、同比增长 14.05%。其中一般公共服务支出 29.85 亿元、增长 31.4%，公共安全 8.4 亿元、下降 11.5%，国防、教育、科学技术分别支出 0.093 亿元、25.71 亿元、0.25 亿元，分别增长 8.5%、50%、74.3%，文化体育传媒、社会保障和就业分别支出 3.42 亿元、8.47 亿元，分别下降 13.5%、0.4%，医疗卫生、环境保护、农林水分别支出分别 12.25 亿元、4.08 亿元、25.2 亿元，分别增长 34.7%、37.6%、5%，交通运输、城乡社区、住房保障分别支出 3.14 亿元、8.31 亿元、3.73 亿元，分别下降 5.1%、34.8%、37.8%。

年末金融机构存款余额 364.16 亿元，同比增长 17.5%，其中住户存款余额 85.21 亿元，增长 9.5%；贷款余额 266.01 亿元，同比增长 5.7%，其中短期贷款余额 24.36 亿元，下降 50.8%；中长期贷款余额 241.65 亿元，增长 32.8%。

八、教 育

全市共有各类学校 395 所，在校生 56199 人，其中高中生 6670 人、技校生 3215 人、初中生 12598 人、小学生 24044 人、幼儿园 9490 人、特校生 182 人。专任教师 4813 人。学前教育入园率达 90.08%，小学入学率达 100%，初中净入学率 99.53%，初中毛入学率达 102.4%，高中毛入学率达 92.64%。

九、文化、卫生

全市共有专业艺术团体 1 个，从业人员 39 人，民间艺术团体 13 个，从业人员 295 人，县级综合文化活动中心 12 个，从业人员 82 人。广播电视综合人口覆盖率分别达到 93.03% 和 98.16%。

全市共有卫生机构 186 家，其中，医院 17 所、卫生院 82 个（含乡镇）、疾病预防控制中心 13 个、妇幼保健院（站）13 个，各类诊所及医务室 74 个。实际开放床位 1491 张，其中市级 785 张、县级 499 张、乡镇 207 张。卫生技术人员 2988 人，其中市级 782 人、县级 721 人、乡镇 392 人、私立医院及诊所医务室技术人员 262 人、村级卫生人员 1100 人、公共卫生技术人员 140 人。

十、人口、人民生活和社会保障

年末总人口 368100 人，同比增加 7020 人，其中农牧民人口 296640 人，占总数的 80.5%。

城镇居民人均可支配收入 28535 元、同比增长 10.2%，农村居民人均可支配收入 11265 元、增长 13.7%，城乡居民收入比为 2.5:1。

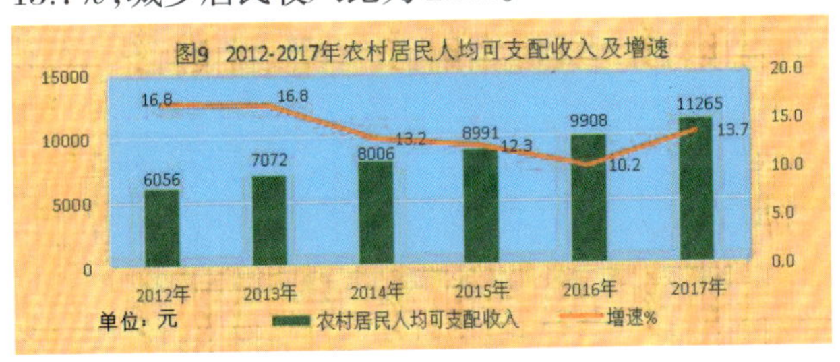

全市全年各项社会保险参保人数达到 348361 人次。其中，基本养老、基本医疗、失业、工伤、生育保险参保人数分别达到 222107 人、55964 人、15804 人、29185 人和 25301 人，参保率均达 97% 以上，征缴各类保费 14.8 亿元。城镇新增就业 5200 人，免费职业指导 3682 人，免费职业介绍 3211 人、职业介绍成功 1865 人，开发就业岗位 3406 个，城镇登记失业人员 1136 人，城镇登记失业率控制在 2.1% 以内。实现劳务输出 9 万人，劳务创收 3.4 亿元，实现转移就业脱贫 3316 人。

全市有 16640 人得到政府最低生活保障救助，共发放农村低保金 4258.79 万元，农村 2889 人五保对象共有 1607 人实现集中供养，509 名孤儿被妥善收养（含那曲地区 174 人），有意愿的收养供养率均达 100%。全年共安排救灾资金 400 万元。

十一、安全生产

2017 年全市共发生各类生产安全事故 37 起、死亡17人、受伤47人、直接经济损失56.13万元，同比分别下降41.3%、上升30.8%、下降7.8%、下降50%。道路交通方面：事故27起、死亡6人、受伤38人、直接经济损失17.18万元，同比分别下降44.9%、下降40%、下降18.4%、下降58.7%。火灾方面：发生火灾事故1起、直接经济损失7万元，与去年同期相比分别下降90%、下降89.7%。工矿商贸方面：事故9起、死亡11人、受伤9人，同比分别上升125%、上升266.7%、上升350%。

行政区划

单位：个

单位	行政区划代码	乡镇合计	乡	镇	居、村民委员会合计	居民委员会	村民委员会
山南市	540500	83	59	24	555	59	496
乃东区	540502	7	5	2	47	18	29
扎囊县	540521	5	3	2	62	5	57
贡嘎县	540522	9	4	5	42	8	34
桑日县	540523	4	3	1	43	—	43
琼结县	540524	4	3	1	20	5	15
曲松县	540525	5	3	2	21	—	21
措美县	540526	4	2	2	16	2	14
洛扎县	540527	7	5	2	27	8	19
加查县	540528	7	5	2	74	—	74
隆子县	540529	11	9	2	80	—	80
错那县	540530	10	9	1	25	2	23
浪卡子县	540531	10	8	2	98	11	87

注：含甲竹林镇和6个行政村

行政区划一览表

县（区）名	乡镇名称
乃东区	泽当镇 昌珠镇 亚堆乡 索珠乡 多颇章乡 结巴乡 颇章乡
扎囊县	扎唐镇 桑耶镇 扎其乡 阿扎乡 吉汝乡
贡嘎县	吉雄镇 甲竹林镇 杰德秀镇 岗堆镇 江塘镇 朗杰学乡 昌果乡 东拉乡 克西乡
桑日县	桑日镇 增期乡 白堆乡 绒乡
琼结县	琼结镇 加麻乡 下水乡 拉玉乡
曲松县	曲松镇 罗布萨镇 下江乡 邱多江乡 堆随乡
措美县	措美镇 哲古镇 乃西乡 古堆乡
洛扎县	洛扎镇 拉康镇 扎日乡 色乡 生格乡 边巴乡 拉郊乡
加查县	加查镇 安绕镇 拉绥乡 崔久乡 坝乡 冷达乡 洛林乡
隆子县	隆子镇 日当镇 列麦乡 热荣乡 三安曲林乡 准巴乡 雪萨乡 扎日乡 玉麦乡 加玉乡 斗玉珞巴民族乡
错那县	错那镇 卡达乡 觉拉乡 浪波乡 曲卓木乡 库局乡 麻麻门巴民族乡 贡日门巴民族乡 吉巴门巴民族乡 勒门巴民族乡
浪卡子县	浪卡子镇 打隆镇 张达乡 伦布雪乡 多却乡 普玛江塘乡 阿扎乡 卡龙乡 白地乡 卡热乡

县(区)分类

分　类	个数	县名称
边境县	4	洛扎县、隆子县、错那县、浪卡子县
农业县	8	乃东区、扎囊县、贡嘎县、桑日县、琼结县、洛扎县、加查县、隆子县
半农半牧县	4	曲松县、措美县、错那县、浪卡子县
粮食基地县	3	乃东区、扎囊县、贡嘎县

各县(区)基本情况

	国土面积（平方公里)	平均海拔（米）	县城距离市政府（公里）	耕地面（千公顷）	草地面积（千公顷）	森林面积（千公顷）
山南市	78896	3700	---	31.63	3093.11	1182.7
乃东区	2185	3580	2	4.11	170.48	71.38
扎囊县	2142	3550	47	4.84	156.86	82.3
贡嘎县	2386	3560	85	5.63	188.03	77.6
桑日县	2634	3560	30	1.53	182.84	98.66
琼结县	1030	3760	28	1.83	91.75	24.07
曲松县	2070	3900	57	1.66	166.65	49.34
措美县	4178	4242	130	0.98	371.11	45.22
洛扎县	5031	3880	354	2.08	222.17	170.14
加查县	4385	3250	160	1.61	189.98	134.05
隆子县	9894	3980	147	3.27	427.16	220.55
错那县	34979	4380	220	1.5	351.93	144.06
浪卡子县	7982	4454	227	2.6	574.15	65.33

注：山南市国土面积采用自治区测绘局的数据。泽当镇海拔3580米，距离拉萨135公里。

国民经济和社会发展情况

指标	2010年	2011年	2012年	2013年	2014年	2015年	2016年	2017年
人口（人）								
年末总人口数	341166	349030	352299	355648	358921	361167	361080	368100
#非农业人口	46736	47812	50447	52399	54452	62452	63086	71460
农业人口	294430	301218	301852	303249	304469	298715	297994	296640
从业人数（人）								
#职工人数	20634	21443	23287	23994	24208	25196	26065	27756
地区生产总值（亿元）	53.05	63.37	73.07	86.61	101.13	113.62	126.53	145.83
第一产业	3.98	4.39	4.76	5.12	5.55	5.85	6.14	7.1
第二产业	24.67	29.36	33.66	44.92	51.84	55.21	62.03	76.27
第三产业	24.4	29.62	34.65	36.57	43.74	52.56	58.36	62.46
固定资产投资总额（亿元）	55.02	65.15	86.72	107.30	137.36	145.91	186.24	261.75
财政（亿元）								
地方财政收入	4.00	4.95	6.03	7.93	9.86	11.60	13.56	16.57
财政总支出	28.53	37.95	49.20	61.60	76.72	121.84	126.08	143.70
物价指数（上年=100）								
商品零售价格总指数	101.6	102.8	101.6	101.8	101.6	100.5	101.7	101.1
居民消费价格总指数	102.78	104	103.2	102.7	102.5	101.2	102.5	101.6
人民生活								
农牧民人均可支配收入（元）	4329	5183	6056	7072	8006	8991	9908	11265
城镇居民人均可支配收入（元）	14179	15185	17037	19304	20797	23811	25894	28535
城乡储蓄存款余额（亿元）	23.64	28.01	35.63	45.23	52.22	63.67	77.79	85.21
职工工资								
职工工资总额（万元）	97022	107144	121269	163818	174946	262128	297453	317010
职工平均工资（元）	47597	49599	50313	56722	59519	105293	114120	115339
农业								
农林牧渔业总产值（亿元）	7.22	7.83	8.44	9.05	9.73	10.44	11.07	11.66
#农业产值（亿元）	3.42	3.74	3.97	4.28	4.54	4.83	5.07	5.36
牧业产值（亿元）	2.93	3.22	3.56	3.99	4.51	4.96	5.36	5.67
主要农产品产量								
粮食（吨）	143301	145583	147094	149221	153021	157207	159044	162993
油菜籽（吨）	11777	12156	12811	13164	13092	13062	11852	10921
肉类（吨）	20509	22321	24104	26134	24171	24534	23752	26383
年末牲畜存栏（万头只）	198.77	188.03	172.91	159.6	154.1	149.34	143.1	136.59
#：大牲畜（万头）	55.85	54.08	50.75	46.48	45.68	45.09	44.05	45.26
#：猪（万头）	2.7	2.16	2.06	1.89	1.95	2.0	2.1	1.9
羊（万只）	140.21	131.79	120.09	111.23	106.44	102.25	96.9	89.42
牛（万头）	52.64	51.21	48.2	44.35	43.69	43.3	42.44	43.7
工业总产值（亿元）	12.05	12.93	14.63	20.29	23.97	24.65	27.23	32.29
主要工业产品产量								
铬矿石（吨）	107640	114859	123544	132945	91052	91731	67941	60608
发电量（万千瓦时）	59608	55558	52813	55443	36933	211162	197733	218533.31
水泥（万吨）	74.4	79.5	118.5	123.1	132.3	126.7	135.0	133.17

国民经济和社会发展情况(续表)

	2010年	2011年	2012年	2013年	2014年	2015年	2016年	2017年
运输、邮电								
货运总量（万吨）	119.07	143.42	150.95	162.63	186	208	225	252
客运总量（万人次）	195.23	208.58	214.4	221.39	241	254	120.1	134.7
货运周转量（万吨公里）	16573	19282	20288	21933	32123	37102	79031	88519
旅客周转量（万人公里）	20018	22451	24582	25001	27479	29320	23056	25824
邮电业务量（万元）	23948	17312	25200	28900	24349	27104	34885	39124.0
国内贸易								
社会消费品零售总额（亿元）	18.27	21.80	25.50	29.17	36.06	39.60	44.74	50.73
城镇	14.0	16.8	19.9	22.8	32.6	33.95	38.39	43.66
乡村	4.3	5.0	5.6	6.3	3.5	5.65	6.35	7.07
对外贸易								
进出口总额（万美元）	860	1002	1040	1341	1275	617		4075
进口	486	360	310	1267	660	601		617
出口	374	642	730	74	615	15		3457
旅游								
旅游人数总计（万人次）	92.4003	114.84	139.00	165.90	196.90	234.98	278.4	348
旅游收入（亿元）	2.5	3.6	4.7	6.1	7.5	9.2	11.9	14.2
金融								
金融机构各项存款（亿元）	71.7	96.0	120.0	196.2	235.7	301.1	309.7	364.15
#城乡居民储蓄存款余额（亿元）	23.6	28.0	35.6	45.2	52.2	63.7	77.79	85.2
金融机构各项贷款（亿元）	19.1	20.4	38.5	168.5	189.3	231.5	251.7	266.0
教育								
在校学生数（人）	57785	57869	58972	57647	57291	57306	55790	56199
中等职业技术学校	4079	3306	3536	2723	2958	2874	2999	3215
普通中学	21884	21014	20815	20616	20109	20490	19445	19268
小学	28863	28027	27225	26158	25399	24899	24159	24044
中、小、幼学校所数（所）	132	167	216	244	271	293	339	341
中等职业技术学校	1	1	1	1	1	2	2	2
普通中学	17	17	17	17	17	17	18	18
小学	101	98	97	97	95	95	90	90
卫生								
医院、卫生院机构数（个）	122	122	121	121	121	122	123	186
医院、卫生院床位数（张）	905	951	1040	1044	1147	1297	1309	1491
卫生人员总数（人）	1426	1456	1259	1277	1327	1621	2685	2988

人均主要经济指标

年份	地区生产总值(元)	农业总产值(元)	工业总产值(元)	粮食产量(公斤)	社会消费品零售总额(元)	储蓄存款余额(元)	农牧民人均可支配收入(元)	城镇居民可支配收入(元)	全部职工人均工资(元/年)
2010	15433	2101	3485	425	5282	6837	4329	14179	47576
2011	18363	2269	3747	422	6317	8117	5183	15185	49599
2012	20837	2408	4172	419	7272	10161	6056	17037	50313
2013	24466	2556	5733	422	8242	12777	7072	19304	56722
2014	28305	2722	6708	428	9334	14615	8006	20797	59519
2015	31557	2890	6824	435	10977	17685	8991	23811	97896
2016	35038	3065	7540	440	12390	21540	9908	25894	107458
2017	39998	3169	8773	442	13781	23148	11265	28535	106735

全市生产总值(现价)

单位：亿元

年份	生产总值	第一产业	第二 产业	工业	建筑业	第三产业	人均生产总值(元)
2010	53.05	3.98	24.67	8.14	16.53	24.4	15433
2011	63.37	4.39	29.36	7.66	21.7	29.62	18363
2012	73.07	4.76	33.66	8.4	25.26	34.65	20837
2013	86.61	5.12	44.92	11.3	33.62	36.57	24466
2014	101.13	5.55	51.84	11.82	40.02	43.74	28305
2015	113.62	5.85	55.21	11.09	44.12	52.56	31557
2016	126.53	6.14	62.03	12.21	49.82	58.36	35038
2017	145.83	7.1	76.27	15.87	60.4	62.46	39998

注：本表按当年价格计算。

全市生产总值构成

单位：%

年份	生产总值	第一产业	第二 产业			第三产业
				工业	建筑业	
2010	100.0	7.5	46.5	33	67	46
2011	100.0	6.9	46.3	26	74	46.8
2012	100.0	6.5	46.1	25	75	47.4
2013	100.0	5.9	51.9	25.2	74.8	42.2
2014	100.0	5.5	51.3	22.8	77.2	43.2
2015	100.0	5.1	48.6	20.1	79.9	46.3
2016	100.0	4.9	49.0	19.7	80.4	46.1
2017	100.0	4.9	52.3	20.8	79.2	42.8

全市生产总值指数

单位：%

年份	地区生产总值	第一产业	第二产业			第三产业	人均生产总值
				工业	建筑业		
2010	112.3	103.7	121.1	137.2	114.4	106.5	111.7
2011	113.6	104.6	113.9	101	120.2	114.7	112.4
2012	112.0	103.8	115.4	117.2	114.7	109.6	110.5
2013	112.4	103.8	117.4	113	119.3	108.4	111.0
2014	110.8	104.3	115.8	106.2	119.3	105.6	109.8
2015	111.0	103.3	111.3	105.2	113.3	111.5	110.1
2016	109.9	105	112.1	106.2	113.6	108.2	110.1
2017	110.1	104.2	113.2	114.4	112.9	107.5	110.0

全市生产总值与构成

单位：万元、%

行 业	2015年总量	2015年构成	2016年总量	2016年构成	2017年总量	2017年构成
地区生产总值	1136224	100.0	1265339	100.0	1458306	100.0
第一产业	58519	5.2	61350	4.8	71000	4.9
农业	24202	2.1	25730	2.0	28937	2.0
林业	973	1.7	1088	0.1	1315	0.1
畜牧业	30065	2.6	34465	2.7	40656	2.8
渔业	67	0.01	67	0.01	92	0.0
第二产业	552047	48.6	620299	49.0	783287	52.3
工业	110868	9.8	122130	9.7	158702	10.9
采矿业	45832	4.0	44711	3.5	62712	4.3
制造业	44925	4.0	43714	3.5	56776	3.9
电力、燃气及水的生产和供应业	20111	1.8	33705	2.7	38906	2.7
建筑业	441179	38.8	498169	39.4	624585	41.4
第三产业	525658	46.3	583690	46.1	604019	42.8
农林牧渔服务业	3212	0.3	3512	0.3	3400	0.2
交通运输、仓储和邮政业	31345	2.8	33885	2.7	36346	2.5
铁路运输业	0	0.0	0	0.0	0	
道路运输业	20977	1.8	22666	1.8	24256	1.7
城市公共交通业	209	0.0	226	1076.2	362	0.0
航空运输业	5088	0.4	5488	0.4	6143	0.4
装卸搬运和其他运输服务业	0	0.0	0	0.0	0	0.0
邮电业	4965	0.4	5376	0.4	5450	0.4
信息传输、计算机服务和软件业	13244	1.2	15462	1.2	23600	1.6
电信和其他信息传输服务业	13244	1.2	15462	1.2	23600	1.6
批发和零售业	121466	10.7	131546	10.4	132500	9.1
批发业	47091	4.1	50974	4.0	52300	3.6
零售业	74375	6.5	80572	6.4	80200	5.5
住宿和餐饮业	24852	2.2	28989	2.3	28670	2.0
住宿业	12570	1.1	14091	1.1	13545	0.9
餐饮业	12282	1.1	14898	1.2	15125	1.0
金融业	28391	2.5	29685	2.3	31021	2.1
银行业	27934	2.5	29180	2.3	30492	2.1
证券业	18	0.00	21	0.00	23	0.0
保险业	439	0.04	484	0.04	506	0.0
房地产业	10647	0.9	16045	1.3	17925	1.2
房地产业	1724	0.2	6339	0.5	7010	0.5
居民自有住房	8449	0.7	9706	0.8	10915	0.7
租赁和商务服务业	6385	0.6	6550	0.5	11220	0.8
科学研究、技术服务和地质勘查业	2879	0.3	3378	0.3	3716	0.3
水利、环境和公共设施管理业	1242	0.1	1360	0.1	1496	0.1
居民服务和其他服务业	11724	1.0	15680	1.2	24190	1.7
教育	44604	3.9	50983	4.0	62295	4.3
卫生、社会保障和社会福利业	44346	3.9	49861	3.9	38190	2.6
文化、体育和娱乐业	9952	0.9	11306	0.9	10424	0.7
文化体育业	8479	0.7	9608	0.8	8901	0.6
娱乐业	1473	0.1	1698	0.1	1523	0.1
公共管理和社会组织	174581	15.4	185448	14.7	199592	13.7

各县(区)人口数

单位：户、人、个

	年末总户数		年末总人口			行政村	自然村
		#乡村户数		#非农牧业人口	#农牧业人口		
山南市	117414	79849	368100	71460	296640	555	2630
乃东区	29609	11744	76976	39677	37299	47	158
扎囊县	9554	7763	38553	3611	34942	62	172
贡嘎县	15159	10528	51752	6062	45690	42	335
桑日县	5393	4133	18600	2908	15692	43	103
琼结县	5541	3950	18338	2044	16294	20	71
曲松县	5296	4019	16621	2188	14433	21	189
措美县	4738	3704	15023	1785	13238	16	92
洛扎县	6064	4651	20075	1907	18168	27	329
加查县	7021	5674	22541	2558	19983	74	368
隆子县	12404	10290	35858	3558	32300	80	445
错那县	5981	4619	15358	2074	13284	25	168
浪卡子县	10654	8774	38405	3088	35317	98	200

各县(区)生产总值

单位：万元、%

	2010年	2011年	2012年	2013年	2014年	2015年	2016年	2017年	增速%
山南市	530500	633700	730700	866100	1011300	1136200	1265300	1458306	10.1
乃东区	220140	236873	262139	295270	338993	413412	429429	493694	10.2
扎囊县	27850	30886	37164	52425	56084	54292	104548	119432	9.0
贡嘎县	46768	57716	65563	72451	91392	108149	121856	143118	9.2
桑日县	39368	51948	69987	79093	95918	106642	150498	143439	-1.4
琼结县	15822	19624	23617	28534	31527	34048	32567	37160	9.2
曲松县	34537	46269	41146	43706	44436	43695	50697	57491	8.9
措美县	12765	15211	17315	21502	25132	28989	36041	56507	26.1
洛扎县	15920	22223	25243	29846	36706	33741	37414	52853	27.6
加查县	46165	59841	68706	88173	105025	105654	113063	119613	3.8
隆子县	36324	44117	53984	66722	73886	73252	80949	109900	21.3
错那县	16541	20602	31214	33675	37438	38931	45024	57613	14.9
浪卡子县	23315	29396	34983	36832	44108	47175	53679	73510	25.5

各县(区)生产总值

县区名	地区生产总值		第一产业		第二产业		工业		建筑业		第三产业	
	总量	可比价增速	总量	可比价增速	总量	可比价增速	总量	可比价增速	总量	可比价增速	总量	可比价增速
乃东区	493694.2	10.2	11118.0	4.1	115378	3.7	15488	35.9	99890	0.1	367199	12.5
扎囊县	119431.7	9.0	6764.7	4.0	80722	9.9	3333	25.7	77389	9.3	31946	8.1
贡嘎县	143117.6	9.2	7546.8	4.0	74411	11.5	4279	8.6	70132	11.7	61160	7.4
桑日县	143439.1	-1.4	4465.9	3.8	120271	-4.2	45344	2.9	74926	-8.2	18702	23.1
琼结县	37160.0	9.2	2863.3	3.5	17300	12.8	2102	10.6	15197	13.1	16997	7.0
曲松县	57490.7	8.9	3522.9	3.7	38310	11.4	16686	60.6	21625	-8.7	15657	5.0
措美县	56507.3	26.1	2381.9	3.0	39525	41.3	150	0.6	39375	41.9	14601	7.3
洛扎县	52852.6	27.6	4657.0	3.6	30161	36.4	842	25.6	29319	36.6	18035	18.9
加查县	119612.6	3.8	7509.8	4.0	79847	0.9	25567	53.1	54280	-13.6	32256	10.3
隆子县	109899.5	21.3	6418.5	4.1	80996	28.6	34550	4.7	46446	58.9	22486	6.5
错那县	57612.9	14.9	2510.0	3.4	32048	26.6	372	12.3	31676	26.8	23055	5.6
浪卡子县	73509.7	25.5	4941.9	3.5	35387	46.4	554	5.0	34834	47.8	33181	14.8

各县(区)农牧业生产

单位：万元

县（区）名	农林牧渔业总产值(万元)			粮食产量（吨）	蔬菜产量（吨）	油菜产量（吨）	牲畜存栏（头只匹）	肉类产量（吨）	奶类产量（吨）
		#农业	#牧业						
山南市	116658	53674	56706	162993	37024	10921	1365927	26383	48272
乃东区	20977	9068	9740	23251	12679	1103	94615	5600	3280
扎囊县	11180	5082	5246	25085	2999	1820	90518	1302	3330
贡嘎县	14113	7186	6481	32825	4602	1409	166565	2336	3971
桑日县	7800	4100	3397	9100	1380	967	84894	2303	3470
琼结县	5255	3319	1697	10822	2119	1034	50174	1014	1126
曲松县	6586	2169	4297	7600	999	943	87357	1962	3054
措美县	4172	1191	2745	3100	618	379	142488	2048	4442
洛扎县	7513	3426	3640	11009	1889	885	75846	1171	2414
加查县	13687	9586	3752	8610	3871	370	52501	2205	4882
隆子县	11686	4913	6539	19865	1885	1000	162693	3102	8026
错那县	4561	2005	2270	5559	2400	410	72113	1306	2456
浪卡子县	9128	1628	6903	6166	1583	602	286163	2034	7821

各县(区)农村居民人均可支配收入

单位：元

	2010年	2011年	2012年	2013年	2014年	2015年	2016年	2017年	增速%
山南市	4329	5183	6056	7072	8006	8991	9908	11265.396	13.7
乃东区	5310	6360	7315	8562	9687	10866	11974	13410.88	12
扎囊县	4080	4845	5618	6590	7385	8281	9134	10385.358	13.7
贡嘎县	4420	5356	6240	7325	8230	9242	10194	11519.22	13
桑日县	4610	5662	6600	7735	8773	9884	10892	12286	12.8
琼结县	4180	5070	5985	7034	7940	8922	9823	11178.574	13.8
曲松县	4255	5044	5895	6931	7811	8759	9679	11024.381	13.9
措美县	3620	4470	5354	6293	7192	8102	8912	10106.208	13.4
洛扎县	4160	5002	5838	6830	7740	8689	9601	10964.342	14.2
加查县	4950	6181	7225	8815	10026	11278	12383	13881.343	12.1
隆子县	3940	4750	5550	6541	7455	8401	9283	10536.205	13.5
错那县	3480	4269	5040	5920	6790	7667	8472	9759.744	15.2
浪卡子县	3688	4517	5385	6306	7175	8039	8859	10037.247	13.3

各县(区)城镇居民人均可支配纯收入

单位：元

	2013年	2014年	2015年	2016年	2017年	增速%
山南市	19304	20797	23811	25894	28535	10.2
乃东区	19484	21160	24440	26566	29064	9.4
扎囊县	18448	19980	22995	24904	27469	10.3
贡嘎县	18510	20100	23235	25210	27781	10.2
桑日县	18040	19540	22530	24400	26986	10.6
琼结县	18230	19370	22315	24167	26705	10.5
曲松县	18110	19640	22720	24628	27165	10.3
措美县	20220	21980	25450	27664	30375	9.8
洛扎县	18050	19630	22655	24603	27162	10.4
加查县	18530	20160	23305	25286	27789	9.9
隆子县	19090	20740	23960	26068	28597	9.7
错那县	20300	22090	25580	27805	30474	9.6
浪卡子县	20440	22260	25800	28070	30737	9.5

各县(区)工业经济情况

单位:万元

	工业总产值	按轻重工业分		按经济类型分			
		轻工业	重工业	国有经济	集体经济	股份制经济	其他经济
山南市	322935	27648	295287	109309	10432	151665	51529
乃东区	34232	14743	19489	8415	1002		24815
扎囊县	8197	3975	4222		3483	1348	3366
贡嘎县	9726	2779	6947	3974	2865		2887
桑日县	88629	0	88629	8909		70570	9150
琼结县	3211	3159	52		371	2427	413
曲松县	23116	168	22948	17376	123	5552	65
措美县	721	220	501				721
洛扎县	1239	332	907	739	149		351
加查县	72649	214	72435	67891	112		4646
隆子县	78936	584	78352	1762	406	71768	5000
错那县	805		805	243	447		115
浪卡子县	1474	1474	0		1474		

各县(区)固定资产投资情况

单位:万元

	2010年	2011年	2012年	2013年	2014年	2015年	2016年	2017年
山南市	550247	651454	867186	1073026	1373619	1459066	1862364	2617548
乃东区	104804	115249	153805	232995	283585	359984	264451	425062
扎囊县	28600	31700	49783	65527	93778	68198	256771	336474
贡嘎县	44641	83324	86267	93935	147604	180171	363052	369115
桑日县	39602	72162	82422	92080	128850	204255	304837	293829
琼结县	21439	24958	33987	45043	51349	53559	40738	66075
曲松县	19067	22880	38038	43774	54096	55856	78151	93695
措美县	16418	20223	27906	36989	43191	50223	78656	178976
洛扎县	16686	27685	42005	51964	69996	46462	60290	150352
加查县	159748	140489	170871	233700	291096	253561	201948	212862
隆子县	54849	48960	78900	75528	80335	80600	77327	201937
错那县	18084	25160	50618	52967	63332	54566	71785	137721
浪卡子县	26309	38664	52584	48524	66407	51631	64358	151450

各县(区)社会消费品零售总额

单位：万元

	2010年	2011年	2012年	2013年	2014年	2015年	2016年	2017年
山南市	194181	243337	275637	291729	333482	396084	447441	507398
乃东区（含市直）	155163	194823	220752	225240	253155	299294	333581	376517
扎囊县	2620	3500	4130	4873	5428	6157	7070	8033
贡嘎县	3304	4123	4901	5781	6886	8176	9589	11141
桑日县	3086	3810	4580	5500	6500	7700	9500	10900
琼结县	1590	1928	2410	2920	3440	4256	4925	5900
曲松县	1910	2315	2856	3413	4211	5208	5937	7179
措美县	2295	2740	3230	3914	4630	5509	6583	7439
洛扎县	3410	4063	4890	5788	6833	8033	9285	10488
加查县	9442	12152	12094	15419	20041	25128	29500	34222
隆子县	3845	4765	5630	6800	7980	9412	11316	12823
错那县	2966	3673	4498	5496	6605	8021	9412	10626
浪卡子县	4550	5445	5666	6585	7773	9190	10743	12130

各县(区)商业经济情况

单位：万元

	社会消费品零售总额			按构成分	
		城镇	乡村	批发零售贸易业	住宿餐饮业
山南市	507398	436659	70739	441966	65432
乃东区（含市直）	376517	346384	30133	342726	33791
扎囊县	8033	4777	3256	5228	2805
贡嘎县	11141	6685	4457	8210	2931
桑日县	10900	8165	2735	9966	934
琼结县	5900	3854	2046	4528	1372
曲松县	7179	5911	1268	6174	1005
措美县	7439	4314	3125	4642	2797
洛扎县	10488	5266	5222	7943	2545
加查县	34222	24892	9330	26595	7627
隆子县	12823	10388	2435	9407	3416
错那县	10626	7783	2843	8661	1965
浪卡子县	12130	8240	3890	7886	4244

各县(区)财政收入情况

单位：万元

	2010年	2011年	2012年	2013年	2014年	2015年	2016年	2017年
山南市	40005	49455	60298	79298	98641	116027	135563	165704
市直	18913	22037	25795	36096	44183	57128	74188	94647
乃东区	3190	4235	5279	8179	9664	9365	6525	12780
扎囊县	640	903	1154	1510	2432	2824	3500	4635
贡嘎县	4023	4630	5440	6388	7680	9366	6354	6358
桑日县	2300	4225	5275	6546	7600	7133	8600	10041
琼结县	648	813	1000	1200	1663	1956	2501	2862
曲松县	2697	1930	2712	3173	3681	4271	5500	6020
措美县	545	621	828	1000	1235	1500	2016	2346
洛扎县	642	761	1007	1281	1795	2150	3110	3270
加查县	4116	4733	5539	6481	7524	8728	8215	6425
隆子县	1100	3097	3686	4313	7223	6800	8807	9072
错那县	510	607	1000	1279	1794	2271	3021	3506
浪卡子县	681	863	1583	1852	2167	2535	3226	3742

各地(市)生产总值

单位：亿元

	2010年	2011年	2012年	2013年	2014年	2015年	2016年	2017年
全区	507.46	605.83	701.03	807.67	920.83	1026.39	1150.07	1310.63
拉萨	178.91	222.09	260.04	304.87	347.45	376.73	424.95	479.25
昌都	67.07	75.4	89.75	104.5	117.11	132.02	147.86	169.85
山南	53.05	63.37	73.07	86.61	101.13	113.62	126.53	145.83
日喀则	86.4	103.91	115.24	128.57	146.4	166.84	187.75	216.3
那曲	51.15	58.03	65.16	72.88	83.39	94.94	106.24	119.82
阿里	18.48	21.3	25.63	28.9	32.92	37.12	41.43	47.26
林芝	53.69	61.35	72.39	81.83	92.86	104.33	115.77	133.31

2017年各地(市)生产总值

单位：亿元、万人

各地市	生产总值	第一产业	第二产业			第三产业	人均生产总值（元）	总人口
				工业	建筑业			
全区	1310.63	122.80	514.51	103.02	411.49	673.32	39259	337.15
拉萨	479.25	17.54	189.38	56.78	132.60	272.33	70776	68.60
昌都	169.85	26.60	73.27	9.05	64.20	69.98	21384	79.80
山南	145.83	7.10	76.27	15.87	60.40	62.46	39998	36.81
日喀则	216.30	36.82	79.87	13.32	66.55	99.61	27006	84.53
那曲	119.82	17.43	30.14	1.04	29.10	72.25	23279	52.04
阿里	47.26	6.66	15.55	1.19	14.36	25.05	40544	11.90
林芝	133.31	10.66	50.02	5.76	44.26	72.63	58419	22.81

各地(市)生产总值增速

单位：%

	生产总值	第一产业	第二产业			第三产业
				工业	建筑业	
全区	10.0	4.3	11.9	10.4	12.2	9.7
拉萨	10.0	4.5	10.4	5.9	12.3	10.0
昌都	10.0	4.5	15.7	38.5	13.3	6.8
山南	10.1	4.2	13.2	14.4	12.9	7.5
日喀则	10.0	4.2	12.3	15.0	11.8	10.2
那曲	9.9	4.5	11.7	52.4	10.8	10.3
阿里	9.9	4.5	12.4	31.3	11.2	9.9
林芝	10.1	4.4	11.4	8.3	11.8	10.0

注：增速为可比价。

各地(市)工业总产值

单位：亿元

	2010年	2011年	2012年	2013年	2014年	2015年	2016年	2017年
全区	77.97	99.68	104.51	125.8	137.78	172.95	211.43	243.72
拉萨	41.62	59.16	65.69	71.9	79.34	108.49	132.16	150
昌都	7.62	9.11	5.94	11.8	9.88	10.52	15.11	22.78
山南	12.05	12.93	14.63	20.3	23.96	24.65	27.22	32.27
日喀则	6.98	10.05	10.46	10.99	13.44	15.67	23.85	23.81
那曲	3.31	1.22	1.12	1.19	1.09	1.96	2	2.78
阿里	1.3	1.42	1.11	1.7	1.53	2.01	1.88	1.99
林芝	5.09	5.79	6.68	7.92	8.54	9.66	9.22	10.09

各地(市)固定资产投资

单位：亿元

	2010年	2011年	2012年	2013年	2014年	2015年	2016年	2017年
全区	463.26	549.27	709.98	918.48	1119.7	1342.36	1655.5	2051.03
拉萨	176.46	222.22	285.05	376.16	455.4	546.01	582.3	611.72
昌都	58.07	62	88.28	123.17	152.6	172.62	220.7	282.73
山南	55.02	65.14	86.72	107.30	137.4	145.91	186.2	261.75
日喀则	61.39	79.7	93.39	106.83	115.9	140.1	253.4	375.46
那曲	40.04	43.02	56.91	73.58	93.1	122.1	141.4	185.49
阿里	21.61	16.29	24.35	31.41	40.3	51.5	68.5	86.54
林芝	50.66	60.9	75.29	100.03	130.69	163.71	202.2	247.31

各地(市)社会消费品零售总额

单位：亿元

	2010年	2011年	2012年	2013年	2014年	2015年	2016年	2017年
全区	180.84	213.69	249.11	286.7	324.35	408.08	459.41	523.32
拉萨	86.32	102.59	122.55	142.23	160.72	205.48	229.67	258.76
昌都	15.15	17.95	20.9	24.39	27.63	35.44	41.52	47.74
山南	18.27	21.8	25.5	29.17	36.01	40.11	44.74	50.74
日喀则	35.01	40.88	46.2	53.08	59.89	73.06	83.2	97.32
那曲	9.43	10.49	11.4	12.94	13.77	16.86	18.7	21.27
阿里	4.36	5.03	5.51	5.83	6.98	8.65	10.05	11.37
林芝	12.32	14.94	16.93	18.99	22	28.49	31.54	36.13

各地(市)财政一般预算收入

单位：亿元

	2010年	2011年	2012年	2013年	2014年	2015年	2016年	2017年
全区	36.64	54.76	86.58	95.00	124.27	137.13	155.6	185.83
拉萨	15.03	23.43	34.36	50.16	64.7	62.42	70.79	89.63
昌都	3.14	3.54	5.02	7.50	9	10.24	12.34	15.10
山南	4.00	4.95	6.03	7.93	9.86	11.6	13.56	16.57
日喀则	3.35	4.42	5.76	7.35	8.14	9.51	12.37	15.75
那曲	1.99	2.40	3.4	3.74	4.29	5.16	6.01	7.49
阿里	1.04	1.29	1.59	1.96	2.46	2.95	2.98	3.70
林芝	3.46	4.80	5.66	6.95	7.58	8.63	10.61	12.96

各地(市)农村居民人均可支配收入

单位：元

	2010年	2011年	2012年	2013年	2014年	2015年	2016年	2017年
全区	4139	4904	5719	6553	7359	8244	9094	10330
拉萨	5003	6019	7082	8265	9258	10378	11448	12994
昌都	3662	4332	4962	5900	6616	7311	8038	9148
山南	4329	5183	6056	7072	8006	8991	9908	11265
日喀则	3750	4473	5165	6027	6717	7402	8135	9225
那曲	4080	4860	5586	6398	7134	7862	8638	9782
阿里	3450	4183	5452	6391	7107	7903	8695	9843
林芝	5410	6433	7491	8612	9582	10703	11812	13407

各地(市)城镇居民人均可支配收入

单位：元

	2010年	2011年	2012年	2013年	2014年	2015年	2016年	2017年
全区	14980	16196	18028	20023	22016	25456.61695	27802	30671
拉萨	16567	17654	19545	21427	23057	26908	29383	32408
昌都	12730	13829	15593	17370	19256	22374	24335	26820
山南	14179	15185	17037	19106	20797	23881	25894	28535
日喀则	14700	16361	18075	19997	21694	25078	27338	30126
那曲	14623	15996	18426	20466	22314	26139	28308	31252
阿里	19615	21895	23077	24723	23406	27451	29936	33019
林芝	13439	15131	16143	17847	19526	22387	24452	26946

全国主要经济数据

指标	单位	2014年		2015年		2016年		2017年	
		总量	增速	总量	增速	总量	增速	总量	增速
年末总人口	万人	136782	0.50	137462	0.5	138271	0.6	139008	
城镇常住人口	万人	74916	2.70	77116	2.9	79298	2.8	81347	
农村常住人口	万人	61866	-2.20	60346	-2.4	58973	-2.28	57661	
国内生产总值（GDP）	亿元	636463	7.40	676708	6.9	744127	6.7	827122	6.9
第一产业增加值	亿元	58332	4.10	60863	3.9	63671	3.3	65468	3.9
第二产业增加值	亿元	271392	7.30	274278	6	296236	0.1	334622	6.1
第三产业增加值	亿元	306739	8.10	341567	8.3	384221	0.1	427032	8.0
人均生产总值	元	46531	6.80	49351	6.3	53980	0.1	59660	6.3
粮食产量	万吨	60710	0.90	62114	2.4	61624	-0.01	61791	0.3
固定资产投资	亿元	512761	15.30	562000	9.8	606466	7.9	631684	7.2
社会消费品零售总额	亿元	271896	12.00	300931	10.7	332316	10.4	366262	10.2
一般公共财政收入	亿元	140350	8.60	152217	5.8	159552	4.5	172567	17.4
全体居民人均可支配收入	元	20167	10.10	21996	8.9	23821	8.4	25974	7.3
农村居民人均可支配收入	元	10489	11.20	11422	8.9	12363	8.2	13432	7.3
城镇居民人均可支配收入	元	28844	9.00	31195	8.2	33616	7.8	36396	6.5

索 引

说 明

一、本索引采用主题分析法编制。索引范围包括篇目、类目、部(门)目、条目等。

二、本索引按主题词首字汉语拼音音序(同音按音调)排列,若首字拼音相同则按第二字音序排列,以此类推。

三、索引款目后的数字表示内容所在的页码,数字后的拉丁字母(a、b、c)表示栏别(从左至右)。

四、篇目、类目、部(门)目用黑体字。

A

B

C

D

E

F

G

K

M

N

P

Q

R

S

T

W

X

Y